中央企业价值管理：
框架·实务·案例

赵治纲　主编

龙成凤　何平林　副主编

经济科学出版社

图书在版编目（CIP）数据

中央企业价值管理：框架·实务·案例/赵治纲主编.
—北京：经济科学出版社，2014.3
ISBN 978 - 7 - 5141 - 4374 - 4

Ⅰ.①中…　Ⅱ.①赵…　Ⅲ.①国有企业 - 企业管理 -
经验 - 中国　Ⅳ.①F279.241

中国版本图书馆 CIP 数据核字（2014）第 036180 号

责任编辑：段　钢　卢元孝
责任校对：徐领柱
责任印制：邱　天

中央企业价值管理：框架·实务·案例
赵治纲　主编
经济科学出版社出版、发行　新华书店经销
社址：北京市海淀区阜成路甲 28 号　邮编：100142
总编部电话：010 - 88191217　发行部电话：010 - 88191522
网址：www. esp. com. cn
电子邮件：esp@ esp. com. cn
天猫网店：经济科学出版社旗舰店
网址：http://jjkxcbs. tmall. com
北京万友印刷有限公司印装
787×1092　16 开　30.5 印张　700000 字
2014 年 3 月第 1 版　2014 年 3 月第 1 次印刷
ISBN 978 - 7 - 5141 - 4374 - 4　定价：78.00 元
（图书出现印装问题，本社负责调换。电话：010 - 88191502）
（版权所有　翻印必究）

主 编 介 绍

赵治纲，财政部科研所副研究员，会计学博士，金融学博士后，高级会计师。华安财产保险公司独立董事，多家国有大型企业财务顾问。国资委研究中心、清华大学继续教育学院和上海财经大学 MBA 学院特邀经济增加值授课专家。2013 年参与起草国资委《以经济增加值为核心 加强中央企业价值管理的指导意见》文件，2013 年主持国资委综合局《中央企业价值管理现状及提升研究》课题。

出版《中国式经济增加值考核与价值管理》、《EVA 业绩考核理论与实务》等著作 12 本，发表论文 80 多篇，负责实施 10 余个 EVA 咨询和科研项目。

近七年来致力于 EVA 本土化研究、EVA 咨询、EVA 指导和 EVA 理念推广工作，取得了多项业界公认的 EVA 科研和应用成果，被称为"EVA 本土化第一人"、"国内 EVA 首席专家"。

作为北京思创值软件公司首席 EVA 专家，赵治纲博士及其专业团队开发了《EVA 价值管理信息系统》、《EVA 预警监测系统》和《EVA 对标数据库》等系列智能化软件产品。

北京思创值软件公司是国内首家专业从事 EVA 数据、EVA 软件、EVA 对标和 EVA 研究服务的高科技公司。思创值公司专注于 EVA 对标数据、EVA 应用软件开发、EVA 预测模型设计咨询业务，并提供 EVA 培训、EVA 价值管理体系设计、EVA 行业研究报告等管理咨询服务。

EVA 技术支持：http：//www. eva-soft. com. cn/

EVA 专家指导：zzhg126@ 126. com

前　言

何为"价值"？

"价值"一词听起来比较模糊，但实际上企业管理层和员工每天都在做着跟"价值"密切相关的工作。在现行的业绩衡量指标中，经济增加值是与"价值"最为吻合的衡量指标。"经济增加值"是衡量企业价值创造结果的业绩评价指标，经济增加值是指税后净营业利润大于资本成本的净值。

只有在创造的利润超过全部投入资本所产生的资本成本后，企业管理层才为股东创造了价值，这就意味着我们过去长期熟悉的"利润指标"并不完全等同于"价值"，也意味着企业决策不能只关注决策的利润结果，而应全面衡量决策对利润和资本成本的双重影响，更意味着企业价值观应从"利润最大化"转变为"价值最大化"。

何为"价值管理"？

"价值管理"一词目前没有权威的定义，国内外学者从不同角度对价值管理进行了定义，这些定义核心的共同点是："以企业价值最大化为核心目标，以创造价值为核心理念，以分享价值为激励手段"。

我认为，国内企业建立价值管理体系应以经济增加值（EVA）考核为抓手，以EVA制度化、工具化为核心，以ERP系统为支撑，以EVA预算控制为手段，以EVA激励为推动力，以EVA价值文化为终极目标。

为何要开展"价值管理"？

当前绝大多数企业负责人对价值管理缺乏系统、清晰的理解，对价值管理工作的战略意义认识不足，对价值管理存在许多疑虑。比如，价值管理与现有管理体系有何区别？价值管理与现有管理体系是否冲突？价值管理将给企业带来什么影响？价值管理如何开展才能取得实效？

我认为，中央企业开展价值管理体系建设，是中央企业转型升级、增强核心竞争力和可持续发展能力的现实需要；是中央企业实现发展转型和管理转型、价值理念制度化和工具化的重要抓手；是中央企业全员普及价值理念，强化价值考核导向，通过EVA考核"促投资、提管理、激活力"的关键举措；是中央企业加快实现"做强做优、培育具有国际竞争力的世界一流企业"核心目标的战略选择。

我认为，价值管理工作面临的首要问题是理念问题。中央企业建立价值管理体系需要企业负责人和高级管理人员真正全面接受这样的理念："价值管理"已成为推动企业转型升级和实现可持续发展的核心管理思想、管理制度和管理工具。只有当中央企业负责人和所有高级管理人员的思维与观念彻底从过去的"利润管理"转变为"价值管理"后，持久的行为变化才能辐射整个企业。

我认为，价值管理不是对现有管理的颠覆和否定，而是对现有管理的优化、调整和提升；价值管理不是企业经营管理的紧箍咒，而是企业转型发展的助推器；价值管理是一个系统工程，更是一个"一把手"工程，各级企业负责人应充分认识到价值管理建设任务的艰巨性、长期性和复杂性，应充分研究、系统设计和分步推进。

价值管理关键问题是什么？

中央企业开展价值管理需要解决以下关键问题：如何在集团内建立符合自身实际的价值管理体系？如何开展价值管理才能帮助企业实现转型发展和可持续发展？如何实现价值管理理念与现行管理制度、流程和文化的有效融合？如何实现价值管理的制度化、工具化和信息化？如何培养价值管理所需的高级管理人才？如何建立与经济增加值紧密挂钩的薪酬激励机制？等等。这需要中央企业从发展全局的战略高度来重视价值管理工作，并通过强化经济增加值考核、建立价值管理制度体系、持续培训和宣贯价值管理理念，形成强有力的价值管理长效运行机制。

为何要阅读本书？

通过阅读本书，可以让你从中收获以下重点知识：（1）价值管理理念及基本框架；（2）价值管理的主要工作内容；（3）国内企业 EVA 考核与价值管理方面最新应用案例；（4）部分中央企业价值提升措施。

为此，北京思创值公司特邀请长期研究、探索和实践本土化 EVA 应用的赵治纲博士担任本书主编。价值管理在中央企业尚处于探索阶段，国内尚无成熟的价值管理最佳实践范例，本书是国内首部全面介绍价值管理理念、做法和应用案例的著作。

本书由赵治纲博士担任主编，龙成凤和何平林博士担任副主编。内容共分 3 篇 17 章和 6 个案例。其中，价值管理理论篇由何平林博士编写，价值管理实务篇由龙成凤博士编写，价值管理案例篇由赵治纲博士编写，赵治纲博士对全书进行了修改、补充和完善。感谢杨思、张懿巍、袁钰茗、龙海、张璐源、林伟香 6 位研究生对书稿相关章节资料的整理。

本书不仅可以作为中央企业价值管理体系建设的应用指南，也可作为中央企业开展价值管理培训与学习的核心指导教材，还可作为高等院校人力资源管理专业、财务会计专业教学的重要参考用书。

在本书的编写过程中，虽然我们尽力做到内容全面、结构严谨、案例深入，但限于水平，书中难免会存在不足之处，恳请学界同仁不吝指正，以便今后进一步修改和完善。

赵治纲 博士

2014 年 1 月 10 日于财政部科研所

目　录

价值管理：理论篇

价值管理：实务篇

价值管理：案例篇

价值管理：理论篇

第一章

价值管理概述

第一节　企业价值观及价值管理定义

一、企业价值观及其演进

价值观是人们对价值问题的根本看法，是人们在处理价值关系时所持的立场、观点和态度的总和。价值观作为企业成功哲学的精髓，为职工提供了一种走向共同方向的意识，也为其日常行为提供了指导方针。在企业文化建设过程中，必须重视企业价值观的培育与塑造，使其真正落地生根，引导和规范员工的思想行为。

企业是依法成立并有自己的固定资产、组织机构、生产经营场所的以盈利为目的的从事商业生产活动、经营活动和商业服务的经济组织。企业作为一个独立追求自身利益的经济组织，作为一个经济法人，它在自身的商业活动以及与社会与他人的关系中，有自己的价值取向，在与自身有着直接或间接的事物与关系面前，要做出自己的价值判断、价值选择、价值评价。

简而言之，企业的价值观就是以企业为主体的价值观念体系，是企业决策者对企业性质、目标、经营方式的取向所做出的选择，是为员工所接受的共同观念。

在西方企业的发展中，企业价值观大致经历了三个阶段的演变：最大利润价值观——经营管理价值观——企业社会互利价值观。尤其是第三个阶段，它强调在追求企业最大利润的同时，要兼顾社会、企业、职工三者的利益，这已成为当代企业发展的一个基本方向。我国企业长期以来比较偏重于以产值为追求目标和价值取向，并且规范着企业的所有行为，这种内封闭循环造成了许多不合理现象。随着社会主义市场经济的建立和完善，企业价值观发生了深刻的变化，并且逐步形成了一些全新的企业价值观。

1. 利润最大化

利润最大化是西方微观经济学的理论基础。西方微观经济学家以往都是以利润最大化这一概念来分析和评价企业行为和业绩的。利润最大化价值观，是指企业全部管理决策和行动都必须从利润最大化出发，并以此作为评价企业优劣的唯一标准。

随着我国经济体制改革的不断深入，经济体制从高度集中的产品经济转向商品经济，企业的经营权限不断扩大，企业的经济利益得到确认，这使得企业不得不关心市场，关心利润，因此，企业形成了最大利润价值观。

追求利润最大化就必须讲求经济核算，加强管理，改进技术，提高劳动生产率，降低产品成本。这些措施都有利于资源的合理配置，有利于经济效益的提高。但是，利润最大化存在如下缺点：首先，利润最大化没有考虑利润实现的时间，没有考虑资金时间价值；其次，利润最大化没能有效地考虑风险问题，这可能会使企业管理层不顾风险的大小去追求最多的利润；最后，利润最大化往往会使企业财务决策带有短期行为的倾向，即只是实现目前的最大利润，而不顾企业长远发展。因此，利润最大化价值观不利于企业可持续发展。

2. 股东价值最大化

价值管理作为一种新型的企业管理模式，认为企业追求的终极目标是为股东创造价值，实现股东价值的最大化。汤姆·科普兰在《价值评估：企业价值的衡量和管理》一书中，提出了价值管理的唯一目标是股东价值最大化，即股东价值的管理是高层管理者的核心职责，提出了价值创造的基本原理，并在此基础上积极寻求股东价值最大化的方法。

股东价值最大化是指通过财务上的合理经营，为股东带来最大的价值。股东价值通常包含某一期间股东所实际获得的股利，加上由于股票价格波动而形成的资本利得两部分。而股东价值最大化的含义，并不是股利和股票价格波动而形成的资本利得越多越好，或者讲股东价值最大化并不是指股利越多越好，股票价格越高越好。相反，股东价值最大化是通过满足股东的最低要求报酬率来实现的，即如果股利和资本利得之和能够满足股东的最低要求报酬率，就可以认为企业的价值管理实现了股东价值最大化的目标。其中股东的最低要求报酬率就是该企业的资本成本，是该企业进行投资的最低盈利水平。为了实现这一目标，企业管理人员必须找到能够带来超过要求报酬率的投资项目，使得项目的报酬率能够大于或者等于股东的要求报酬率，只有这样，项目的净现值才能大于或等于零，才能够为股东创造价值。

与利润最大化相比，股东价值最大化有其积极的方面。这是因为，股东价值最大化考虑了风险因素，因为风险的高低，会对股票价格产生重要影响；而且，股东价值最大化在一定程度上能够克服企业在追求利润上的短期行为，因为不仅目前的利润会影响股票价格，预期未来的利润对企业股票价格也会产生重要影响。

但应该看到，股东价值最大化也有其缺点：首先它只适用于上市公司，对非上市公司则很难适用；其次，它只是强调股东的利益，而对企业其他关系人的利益重视不够；最后，股票价格受多种因素影响，并非都是公司所能控制的。尽管股东价值最大化存在上述缺点，但是如果一个国家的证券市场高度发达，市场效率极高，上市公司可以把股东价值最大化作为企业价值观。

3. 企业价值最大化

企业是营利性组织，其经营的出发点和归宿是创造价值。股东作为企业所有者，在企业中承担着最大的义务、风险，也获得最多的权利和报酬，但债权人、员工、经营者、客户、供应商和政府也为企业承担着风险，所以，不能只强调股东的价值最大化，还应考虑到各利益相关者的价值最大化。因此，以企业价值最大化作为企业价值观，比以股东价值最大化作为企业价值观更科学。

企业价值最大化是指通过企业财务上的合理经营，采用最优的财务政策，充分考虑资金的时间价值和风险与报酬的关系，在保证企业长期稳定发展的基础上使企业总价值达到最大。企业价值最大化是价值管理的最终目标。

企业价值最大化价值观具有以下优点：企业价值最大化考虑了取得报酬的时间，并用时间价值的原理进行了计量；企业价值最大化科学地考虑了风险和报酬的联系；企业价值最大化能克服企业在追求利润上的短期行为，因为不仅目前的利润会影响企业的价值，预期未来的利润对企业价值的影响所起的作用更大。企业价值最大化的观点，体现了对经济效益的深层次认识。

二、价值管理定义

价值管理理论发展至今，已趋于成熟，作为本书的理论基础，要明确价值管理的概念并在这一概念指导下明确其对中央企业管理的作用、实现模式等。关于价值管理，国内外学者给出了不同的定义，其代表性的观点有以下几种：

1. 国外学者对价值管理的定义

1997 年美国管理会计师协会提出，"价值管理（Value-Based Management，VBM）是一种管理方法，它将公司的整体构想、分析技术及管理程序都结合起来，通过将管理决策的制定集中于股东价值主要驱动因素上的方式使公司价值达到最大。"

汤姆·卡普兰等（2003）指出，价值管理，又称为基于价值的管理是以价值评估为基础，以价值增长为目的的一种综合管理模式。

2. 国内学者对价值管理的定义

汤谷良（2003）认为，价值管理，是根源于企业追逐价值最大化的内生要求而建立的，以价值评估为基础，以规划价值目标和管理决策为手段，整合各种价值驱动因素和管理技术，梳理管理和业务过程的新型管理框架。

汪双（2005）从不同角度对价值管理的众多不同定义进行了归纳和总结，认为价值管理的定义，大概可分为以下三类：

根据以价值为基础的管理的结果来定义：兰特（Ronte，1999）指出，"以价值为基础的管理是一个管理框架，可用于计量业绩，更重要的是用于控制公司业务，从而为股东创造出较高的长期价值并满足资本市场和产品市场的要求。"克里斯·托希兹·里亚尔斯（Chris towheads Ryals，1999）认为，"以价值为基础的管理是一种新的管理方法，关注于真正的价值而不是账面利润。只有当公司收入在弥补了投资人的全部成本之后仍有剩余，公司才创造了真正的价值。"西姆斯（Simms，2001）认为，"以价值为基础的管理从本质上是一种管理方法，其实质是通过产生超过资本成本的收益使股东价值最大化。"

按照以价值为基础管理的过程来定义：代表性观点是鲍罗斯·哈斯皮斯·拉格汉德·诺达（Boulos Haspes Laghand Noda，2001）提出的，"以价值为基础的管理是一种全面的管理手段，包含了重新定义的目标。重新设计的结构和体系、更新了的战略和经营程序以及修补了的人力资源实践。"

结合以价值为基础的管理的过程和成果来定义："以价值为基础的管理是一种管理方法，其主要目的是最大化股东的财富。公司的目标、体制、战略、分析技术、业绩计量和文化都紧紧地围绕着股东财富最大化这一目标而展开。"（Amold，1995）以价值为基础的管理是一种以股东价值创造为公司哲学的核心的管理方法。最大化股东财富引导着公司的战略、结构和程序，并决定管理者的报酬方式和业绩的监控方式。（KPMG Consulting，1999）

总之，尽管学者们对价值管理的定义侧重点不同，但是其核心是相同的，一个真正的价值管理体系要求在企业经营活动时，都要以企业的价值最大化为核心，以创造价值为基本理念，对企业组织每一个层面上都要求按价值最大化原则进行衡量和激励。

3. 本书对价值管理的定义

我们认为，价值管理是指企业基于持续创造价值和长期价值最大化目标，在企业经营管理各环节中全面遵循价值理念，做出符合价值最大化要求的管理决策，并最终建立价值分享文化和价值创造长效机制的一种综合管理模式。

中央企业价值管理体系建设应以 EVA 考核为抓手，以 EVA 制度化、工具化为核心，以 ERP 系统为支撑，以 EVA 预算控制为手段，以 EVA 激励为推动力，以 EVA 价值文化为终极目标。

三、价值管理研究综述

价值管理思想的源头最早要追溯到 20 世纪初期费希尔（Fisher，1906）的资本价值理论。莫迪利安尼（F. Modigliani）和米勒（M. H. Miller）的资本结构定理（MM 定理）对价值管理产生重大影响，唤起人们对企业价值的高度关注。

20 世纪 80 年代，信息和通信技术迅速发展，经济全球化、信息化态势逐渐显现，企业竞争日益激烈。争夺公司控制权市场的恶意收购活动盛行，企业如何实现价值创造的最大化和维持价值创造的竞争优势成为企业生存和发展的首要问题。西方理论界和企业界在总结分析企业经营管理实践的基础上提出价值管理的思想。1986 年，拉帕波特（Rap-paport）在其《创造股东价值》（Creating Shareholder Value）一书中，提出股东价值的管理思想和实践程序，从财务和经营两个视角分析价值增长，开创了价值管理的新纪元。

90 年代，价值管理在西方发达国家得到了广泛的拓展和运用，涌现出一系列有关价值管理的理论观念和实务方法。麦肯锡的汤姆·科普兰（Tom Copeland）等人的《价值评估——公司价值衡量与管理》和詹姆斯·A·奈特（James A. Knight）的《基于价值的经营》，明确提出价值管理的概念和应用模型，为价值管理的推广和应用做出了不可磨灭的贡献，标志着价值管理理论框架正式形成。

在 20 世纪 90 年代末，随着我国改革开放的深入和资本市场的不断发展，价值管理理论也逐渐引入我国。目前，我国理论界对于价值管理的研究在介绍国外的企业价值管理理论、方法、工具与理论框架基础上，正不断地尝试将其应用于战略管理、财务管理、并购、绩效评价与激励机制等管理活动中，取得了初步成果。蔡昌指出，价值管理是以提升企业价值为目标，能够创造价值，并持久实现企业价值增值。依据现金流量折现模型，企业价值最大化在一定意义上取决于企业现金流的最大化，因此，价值管理要求管理当局及其相关利益群体力争增进企业的现金流量，降低资金成本，并延长企业经营的存续期，使企业存在的微观价值和宏观价值得以实现。杜胜利对价值管理系统框架进行了研究并将其概括为基于组织变革的管理、基于战略成本的管理、基于计划预算的管理、基于战略控制的管理和基于资本重组的管理等 17 个方面，构成了价值管理较为完整的系统框架模型。张振川通过借鉴价值管理理念，研究并建立了始于战略决策、贯穿于过程控制、终于业绩考评和责任配置的风险管理循环体系和管理制度。汤谷良指出，基于价值的管理不仅是一种管理理念，也是一种管理技术，更是一种管理制度，提出了价值管理框架内财务管理流程梳理、模式再造的主张，并强调了财务分析工具在企业管理中的功能扩张，旨在使财务管理体系为公司价值提升发挥更大的作用。

综上所述，价值管理经过西方学者的长期研究和企业的长期运作，已形成一套行之有效的管理方法，并受到国内学者的广泛关注。价值管理可以通过把战略计划、财务报告、薪酬和激励机制等公司互相独立的活动联系起来创建经营和决策管理体系。当由价值指导的决策作为企业管理工作重心，并在战略、执行方法及企业行动等方面实现相互协调时，价值管理就会给企业带来成功。

第二节　价值管理的内涵

一、价值管理是一种管理方法

西姆斯（Simms, 2001）认为："以价值为基础的管理从本质上是一种管理方法，其实质是通过产生超过资本成本的收益来最大化股东的价值。"

以价值为基础的管理是一种新的管理方法，其主要目的是最大化股东的财富。公司的目标、体制、战略、分析技术、业绩计量和文化都紧紧的围绕股东财富最大化这一目标而展开。它关注于真正的价值而不是账面利润。只有当公司收入在弥补了投资人的全部成本之后仍有剩余，公司才创造了真正的价值。它包含了重新定义的目标、重新设计的结构和体系、更新了的战略和经营程序以及修补了的人力资源实践。以价值为基础的管理不是一个速成的方案，而是一条需要坚持和投入的长期道路。

二、价值管理是一种管理工具

价值管理是一种管理工具，以企业价值为核心，用"价值创造"的理念引导企业资源和权力配置活动。它强调决策模型化的流程式管理导向。将影响公司价值的关键变量纳入一个完整的价值评估和分析模型中，同时，建立了包括制定战略、确认价值动因、分解确认针对性目标、激励和管理员工努力实现目标等一系列逻辑性行动，即管理流程，以引领价值管理从理念过渡到日常的一切经营决策过程，否则，价值最大化目标也只能停留在抽象化的空中楼阁之中。

三、价值管理是一种控制系统

以价值为基础的管理是一个管理框架。该框架可用于计量业绩，更重要的是用于控制公司业务，从而为股东创造出较高的长期价值并满足资本市场和产品市场的要求。

首先，作为一种管理方法，一种管理手段，它是一个控制系统，在这个系统中，不仅注重价值实现的结果，更注重价值实现的过程，要求能够尽可能多地创造净价值，将企业的资源分配到最有价值的投资中去的方法。价值实现的过程，必须要有相应的程序保障。而价值的结果，可以通过一系列的指标如经济增加值（Economic Valve Added，EVA）、市场增加值（Market Value Added，MVA）以及现金增加值（Cash Value Added，CVA）等来进行衡量。其次，它是一种管理的理念，企业一贯持有和指导管理实践的价值观念和框架体系。价值管理的实施必须是全员范围的实施，在企业内部，从上至下，从公司高层领导者直到公司一线工作人员。价值管理的成功实施要求全体员工有"基于价值的管理"的理念，使全体员工对价值管理有一个清楚明确的认识，使他们清楚地知道他们如何通过自己的决策及行动而为公司创造价值，而这种行动又能为自身带来什么报酬，从而在公司范围内由上至下树立全员的"公司价值观"。

第三节　价值管理的特征

一、重视资本成本

以股东价值最大化为最终目标的价值管理作为一种管理模式，首先必须关注企业未来时期经营活动现金流量的创造，其次必须重视对现金流量的风险进行控制，通过对未来各期的预计现金流量、企业加权平均资本成本这两个基本因素进行预测和控制，从而实现股东价值最大化。因此，重视现金流量，重视资本成本成为价值管理的重要特征。

所谓资本成本是指企业获利水平的最低限，取决于企业投资活动风险程度的大小，以及投资者对投资报酬率的要求。从企业的角度讲，资本成本是进行投资决策时必须严格遵守的报酬率水平的最低限，达不到这一下限的投资项目不仅不会增加价值，反而会降低价值；从投资者的角度讲，资本成本则是其要求报酬率水平，是投资者根据投资项目的风险水平和证券市场上的报酬率水平估计、确定的报酬率水平。因此，资本成本又常被称为要求报酬率和折现率。可见，资本成本取决于企业投资项目的风险程度。如果企业不能通过实物投资提供这一要求的报酬率水平，投资者就只能放弃在该企业的投资而转投他处。

中央企业实施以 EVA 为核心的价值管理工作，有利于进一步强化央企的资本成本和价值创造理念，引导央企关注资本利用效率，改善生产经营业绩，调整产业经营结构，提升央企核心竞争力，实现国有资本保值增值和可持续发展。

二、重视关键价值驱动因素的管理

关键驱动因素（Key Driving Factors，KDF）是指影响或推动价值创造的那些决策变量。价值管理重视关键价值驱动因素的管理。从企业价值模型看出价值评估参数就是企业层面的关键驱动因素，包括销售增长率、营业毛利率、所得税税率、运营资本投资、固定资产投资、资本成本和价值增长期等因素。而这些关键因素又可以根据价值构成的角度以及因素的影响期限等方面分为当前运营价值的驱动因素分析和未来成长价值的驱动因素分析。价值管理强调全面分析企业价值的驱动因素。

企业当前经营价值的驱动因素分析，它是由当前已投入资本创造的价值和投入资本的价值构成。根据 EVA 的计算公式 EVA = NOPAT – TC × WACC = TC ×（ROIC – WACC），当前投入资本创造的价值主要表现为税后经营净利润（NOPAT），投入资本主要表现为当期资本占用（TC）。因此，提高企业当前经营价值有两个途径是提高企业当期的税后经营净利润和减少不必要的资本占用。归结为一点，就是努力提高投资资本回报率（ROIC）。

企业未来增长价值的驱动因素分析，这一类价值的驱动因素主要是企业投资的增加，包括并购等股权性投资、扩大生产规模等资产性投资以及增加人才储备培训员工等人力资本投资等，当然还包括了企业研发费用的投入、大型的技术改造和不能创造价值甚至是毁损价值的业务或领域的战略性资本退出等。这一层面因素具有战略性，是企业价值驱动因素研究和管理的重点，它能够推动企业不断进行价值创造，增加企业未来EVA 的现值，提高企业的未来成长价值（Future Growth Value，FGV）。

三、重视价值链分析和管理

企业创造价值的过程是由一系列互不相同但又相互联系的价值活动组成的，它包括以内部后勤、生产作业、外部后勤、市场和销售服务为内容的基本活动，和以采购、技术开发、人力资源管理和基本职能为内容的辅助活动。这几类活动相互联系，形成一个完整的链状结构，即价值链。

从价值链分析角度来讲，企业实质上是由一系列价值创造或增值活动构成的一个整体链条。该链条以原材料采购为起点，以员工和管理者的劳动、能力为手段，以基础设施等为支撑，以企业的各种经营需求为驱动因素，以企业价值创造或 EVA 增加为最终目标。价值链上的每一项价值活动都会对企业最终能够实现多大的价值造成影响。价值链分析就是核心企业将其自身的作业成本和成本动因信息与供应链中节点企业的作业成本和成本动因信息联系起来共同进行价值链分析。价值链分析这种方法帮助管理者辨识企业最重要的活动。

价值链管理就是改变作业管理策略和将组织调整到具有有效性和高效率的战略位置，以利用产生的每一个竞争机会。在价值链管理中，最终客户掌握着权力。他们定义什么是价值以及怎样制造和提供。价值链管理的目标是创造一个价值链战略，这个战略为了满足和超越客户的需要和欲望，为了实现链中成员的充分的无缝整合。一个好的价值链可以使链中的各成员像团队般的工作，每个成员都为了全部过程增加相应的价值——快速组装、更准确的信息、更快的客户反应速度和更好的服务等。价值链中的各成员合作得越好，就会更好地为客户解决问题。

价值管理可通过制定统一的以提高企业整体价值为目标的系统的分析和管理方法将雇员的知识和经验集中在一起，以改进成本和功能，从整体出发以最低的成本提供最大的顾客价值。价值管理以唯一的要素—价值的追求，将各个部门和不同雇员的工作联系起来，在这条价值链上每个人或者部门的目标是一致的—创造价值，这样就造就了一种平等的环境和氛围，有利于协作。

价值管理可通过深化价值诊断，认真梳理企业的业务链与价值链，建立从产品到合同、工序，从部门到车间、班组等单元的价值衡量体系，深入挖掘价值驱动因素，找出制约企业价值提升的关键环节和重点部位，制订有针对性的整改、完善方案。

四、重视价值创造和价值分享

价值管理是以价值创造为核心的新型企业管理系统。价值管理以提高企业的实际市场价值为目标，从战略的角度对企业资源进行系统的整合与优化，以求实现企业整体价值的最大化。价值管理涵盖了企业的财务、生产、营销等方面，注重价值创造的最大化，从而有助于实现企业的持续竞争力的提高。价值管理同传统的管理方式不同。传统的以利润或某个具体的生产或营销目标为目标的管理方式使得企业没有注意到未来的企业价值的变化，只注重成本的降低，造成了企业顾客价值的下降，或者只注重利润目标而不考虑机会成本和非财务的企业能力的发展，使得企业在未来的竞争中处于不利地位。以价值为管理目标则不然，企业不仅注重财务的利润而且将企业的整体市场价值作为其管理的目标，而企业的市场价值是以市场对其未来的竞争力的判断来衡量的，这样，提高企业的实际市场价值实际上也就提高了企业的竞争力，从而使企业获得持续发展的前提和保证。

　　价值管理强调管理是一个社会过程，要将价值评估和管理的方法引入管理过程的各个方面，包括战略、组织、计划、控制、评价等，特别关注如何运用价值观念进行战略和日常经营决策。管理层实施以价值为基础的管理，可以将公司的全局目标、分析技术和管理程序整合在一起，推动公司将管理决策集中在价值驱动因素方面，最大限度地实现其价值。

　　企业创造价值的关键在于使市场价值增加速度快于资本投入的增长速度。真正的价值创造来源于正确的企业战略以及带来经济利益的流程和体系。当企业追求价值的创造时，管理者的首要任务是为股东创造价值。但是，企业是一系列契约的集合体，在这些契约中，股东并不是唯一的利益相关者。企业主要利益相关者包括股东、政府、供应商、企业职员、债权人和顾客，如图1-1所示。

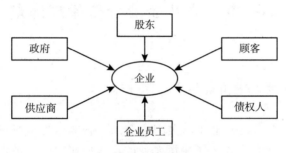

图1-1　企业主要利益相关者

　　利益相关者的贡献是公司最有价值的资源，离开其中的任何一方，公司将难以正常运行和长期生产；此外，无论是股东、政府、供应商、企业职员、债权人还是顾客，他们之间存在明显利益冲突，平衡各方利益，有利于实现企业经济增加值最大化。只有在为其他的利益相关者提供了价值之后，剩下的才是股东的价值。所以，当管理者的第一要务是为股东创造价值时，完成这一任务的唯一途径是先为其他各方提供价值和分享价值。

　　价值管理倡导企业经营者在为股东创造最大化价值后按一定比例分享价值成果，从而将经营者和股东利益一致化，实现企业经营者经营行为的长期化和企业的可持续发展。

第二章

中央企业价值管理缘起及意义

第一节　中央企业价值管理缘起

一、EVA 思维进入中国阶段

2001 年，EVA 价值管理理念由欧美引入中国。美国思腾思特管理咨询公司在上海设立了分公司，使 EVA 理念走入了中国企业的实践操作中。此举得到了许多知名公司 CEO 的积极响应。他们在企业管理的具体实践中吸纳了 EVA 的理念，既完善了本公司的管理，又丰富了 EVA 的理论体系，使其更加适合中国的国情。许多知名上市公司，如青岛啤酒、东风汽车、TCL 集团、华为技术、中国移动等相继宣布在今后的业绩管理中将引入 EVA 的考评办法。其中有很多公司都收效甚佳，在采用 EVA 价值管理后，不仅公司本身取得了引人注目的成长，并且其股价也大幅上扬。这说明，EVA 的管理理念在我国的资本市场也颇受欢迎。

2003 年 11 月 25 日《中央企业负责人经营业绩考核暂行办法》正式颁布实施，标志着国资委对央企负责人考核的开始。2004 年至 2006 年是中央企业实施绩效考核的第一个任期，以目标管理为重点，年度考核的基本指标包括利润总额和净资产收益率。我国中央企业一直在国民经济中占主导地位并起着重要带头作用，随着中央企业的逐步发展，简单的目标管理已经不能满足企业对于价值管理的急切需求，企业缺乏创新意识、只大不强、资本使用效率低下等问题逐渐暴露，EVA 绩效指标对于央企解决积累已久的问题有明显的引导作用，能够引导中央企业做大做强，在国际市场拥有更长远的竞争力。

2007~2009 年是中央企业绩效考核的第二个任期，主要以战略管理为重点，国资委鼓励企业使用经济增加值指标。在 2008 年，国资委就开始鼓励中央企业引入 EVA 进行年度经营业绩考核，规定凡企业使用 EVA 指标且 EVA 比上一年有改善和提高的，给予奖励。2008 年，有中海油、中国建筑、一汽集团等 93 户央企自愿参加了国资委 EVA 试点考核。

二、EVA引入中央企业考核阶段

国资委是在央企负责人的第二任期将EVA引入到业绩考核中来的。虽然，许多央企自2007年开始了EVA业绩考核试点，但当时EVA作为非强制指标，鼓励央企自愿参与考核，并对EVA实现增长的企业给予适当加分。过去的EVA考核试点是一个自行的试点，是一个没有标准的试点，是一个没有实质性考核压力的试点，是一个不全面的试点。

为了引导中央企业做强主业、控制风险、提升发展质量、增强价值创造和可持续发展能力，国资委在2009年年底正式颁布了《中央企业经济增加值考核实施方案》，从2010年开始，国资委在央企全面实施EVA业绩考核，EVA取代了净资产收益率，并占到40%的考核权重。EVA考核总的原则是，从央企的实际情况出发，简便易行，循序渐进，平稳过渡。

依据国资委的方案，EVA考核的实施划分为引入、强化和完善三个阶段。其中，2010～2012年为引入阶段，即明确价值导向，将EVA实质性地纳入央企经营业绩考核体系，实现新老考核办法的平稳过渡，引导中央企业做强主业，控制风险，调整和优化结构，加大科技投入，为可持续发展打下坚实的基础。这一时期的典型特征是传统的利润指标与EVA并行考核，即要求央企在规模扩张的同时更注重发展的质量及其可持续性。其实从EVA的计算公式就可以看出，利润总额是实现EVA的基础和前提，EVA表现较好的企业，其税后净营业利润通常都很高。但是，在双考核导向下，可能会发生考核体系的整体协调及协同问题，因此，在EVA考核引入阶段，应牢记国资委副主任黄淑和"先引入、后规范"的忠告，在集团层面以"维稳"为训诫；在广大成员企业层面以"衔接"为前提，以"个性化"为支撑。总之，要以点带面，逐步推广，这样才能保证EVA考核体系的顺利推行。

"做EVA考核并不是目的，我们的目的是要加强企业管理、提升企业的价值创造能力。"国资委综合局副局长刘源介绍，在中央企业考核中引入EVA，符合出资人定位，有利于加强国有资产监管；针对央企的短板，有利于完善业绩考核体系；符合科学发展理念，有利于引导央企转变发展方式。

此外，在确定EVA考核模式过程中，国资委吸收了大量中央企业的意见建议，密切联系企业实际、完善考核方案，建立符合央企特点的考核方式，包括会计调整项目、EVA的计算公式等，最终确定了具有中国特色的中央企业EVA考核模式。

三、中央企业价值管理试点阶段

2010～2012年为EVA考核的引入阶段。2010年EVA考核的全面实施标志着中央企业进入价值管理的新阶段。刘源介绍了EVA考核体系的4个主要考虑因素，4M管理体系，这是EVA的精髓，也是企业的价值管理体系框架。

（1）业绩考核（Measurement）。这是国资委使用 EVA 的重中之重，以考核企业的长期价值创造能力作为导向，引导企业健康发展。在进行考核时，首先要考虑企业的规模、发展阶段，科学合理地确定企业的考核目标值。最终，侧重用结果来考核，以成败论英雄。

（2）管理体系（Management）。这是 EVA 最为核心的部分。考核不是目的，目的是通过 EVA 的考核，使企业的领导人牢固树立价值创造的理念，加强成本管理，特别是要建立符合价值创造要求的管理体系。这要求企业在寻找关键驱动因素上下功夫，凭借分析能够影响 EVA 计算结果的指标项目，就可以通过财务、运营层面寻找那些对 EVA 贡献最大或最敏感的关键驱动因素，研究确定能够改善相关因素的管控手段和方式，并付诸实施。同时，把这些关键驱动因素作为央企对下属企业的考核指标，才能真正实现 EVA 管理的具体要求。

（3）激励制度（Motivation）。国资委推行的央企 EVA 激励制度具有自身的特点，它是在股东的回报要求得到满足后，给经营管理者一个很高份额的分享，一般由 3 个部分组成：①短期激励，通常具有分红的性质，来源主要是当期 EVA 的创造，并且不封顶。②中期激励，设立奖金池，管理者的奖金并不是一次全部发放，而是要放在奖金池里，只有今后一段时期经营者业绩符合股东要求的目标，经营者才能拿到奖金池里的全部奖金，这样促使经营者持续做到对企业有利的事情，避免短期及存在风险的行为。③以股票期权进行奖励，这来自公司股票溢价。

（4）理念体系（Mindest）。实施 EVA 考核，会在企业内部形成浓厚的 EVA 文化，建立一套以价值创造为核心的理念体系，能够保证管理者和股东的利益保持一致，并且使管理者和股东的利益保持一致，并且使管理者在进行投资决策时更加审慎，鼓励他们创造更多的 EVA，减少企业内部摩擦和内耗，更好地选择对公司有利的项目，加大投资的力度和扶持力度。

这样的理念体系包括几个重点理念：

①资本是有成本的。这个概念不同于以往，它不仅包括生产经营过程中的消耗和债务成本，还包括了反应股东或权益资本的成本，即股东成本。股东成本是一种机会成本，在相似风险条件下，只有投资者的回报能够弥补其所放弃最佳投资机会造成的损失，才能吸引投资者。资本成本反映的是预期的回报，预期回报是与风险相对应的。风险越高，股东要求的回报越高，资本成本率就越高。

②资本成本率与资本结构（股权资本与债券资本占比）紧密相关。通常情况下，股权资本比重越高，资本成本率就越高，但如果企业的负债率过高，超过了其承受能力。就可能引发系统风险，导致资本成本率更高。

③资本是有纪律的，要有效使用资本，不要单纯以规模作为追求的目标。要确保投资者有稳定的回报，不要涉足自己不能掌控的高风险领域。要以新增价值作为激励的基础，不要以牺牲股东利益获得丰厚报酬。

四、中央企业价值管理全面开展阶段

2014 年开始，中央企业将进入价值管理体系全面实施阶段。建立以 EVA 为核心导向的业绩考核办法和激励约束机制，引导央企建立价值导向的决策管理体系，提升价值创造和可持续发展能力。

价值管理工作总体目标是力争用两个任期左右时间，大多数中央企业力争实现经济增加值从指标考核向价值管理工具转变；基本建成诊断体系完善、考核体系科学、激励约束有效、监控体系健全的经济增加值管理体系，稳步提升价值创造能力。

第二节　中央企业价值管理的必要性

中央企业开展价值管理体系建设，是中央企业转型升级、增强核心竞争力和可持续发展能力的现实需要；是中央企业实现发展转型和管理转型，价值理念制度化和工具化的重要抓手；是中央企业全员普及价值理念，强化价值考核导向，通过 EVA 考核"促投资、提管理、激活力"的关键举措；是中央企业加快实现"做强做优、培育具有国际竞争力的世界一流企业"核心目标的战略选择。

一、国资委打造世界一流央企的需要

国资委为什么要大力推进 EVA 考核，又为什么选择这样一个时机？我们认为这主要是因为 EVA 所倡导的价值创造理念与央企所处的发展阶段不谋而合。就 EVA 而言，抛开其复杂的计算过程不谈，它带给企业的更重要的是一种价值创造的理念，引导企业关注发展质量，不断提高价值创造能力，从而成为一个真正的"强"企。而央企经过近几年的快速成长，虽然在做"大"上已经取得了长足的进步，但在做"强"上却仍然有很长的路要走。

国资委推进 EVA 考核的核心是引导央企做"强"，具体而言有三个方面的考虑：

一是增强央企价值创造能力。EVA 考虑了股东的资金成本，引入"有利润的企业不一定有价值，有价值的企业一定有利润"的业绩评判标准，客观上要求企业在战略目标和工作重点的制定中贯彻以长期价值创造为中心的原则，为所有者持续创造财富。

二是提高央企发展质量。资本成本的导向作用将使企业的投资决策更为谨慎和科学，有利于企业避免盲目投资，防范风险，提高资本使用效率，彻底消除重投资轻产出，重规模轻效益，重速度轻质量的现象。

三是促进央企可持续发展。将 EVA 纳入考核，要求经营者着眼于企业长远发展，关注企业长期业绩的提升。EVA 计算中的会计调整有一个重要作用，就是引导企业进行长远利益的投资决策，加大有利于科学发展的投入，避免短期行为，实现企业可持续发展。

二、央企转型发展，产业升级的需要

转型升级作为"中央企业'十二五'发展思路"五大战略之一，事关中央企业改革发展目标能否顺利实现。中央企业要把推动发展的立足点转到提高质量和效益上来，实现做强做优、培育具有国际竞争力世界一流企业的改革发展目标，就要大力实施转型升级、科技创新、国际化经营、人才强企、和谐发展战略。其中，转型升级居于核心位置，是中央企业能否把握机遇、战胜挑战、实现做强做优目标的关键。

"十一五"以来，中央企业在推动转型升级工作方面做了积极探索，打下了较好的基础。"十二五"时期，世界经济形势依然严峻复杂，围绕市场、资源、产业等方面的竞争更趋激烈。国内经济发展中不平衡、不协调、不可持续的问题仍很突出，能源资源、生态环境制约日趋强化，劳动力、土地、燃料动力等价格持续上升，生产要素成本压力加大，转型升级约束条件增多。

国资委推行以 EVA 为核心的价值管理，是根源于企业追逐价值最大化的内生要求而建立的，以价值评估为基础，以规划价值目标和管理决策为手段、整合各种价值驱动因素和管理技术，梳理管理和业务流程的新型管理模式。对于 EVA 业绩考核在引导央企转变发展方式中的作用，我们认为，EVA 考核有助于避免盲目投资，提高资本使用效率；帮助引导企业克服短视行为，关注长期业绩提升；改进管理方式，优化管理流程。

因而我们认为，央企价值管理的实施能够保证企业经营决策与加快转变发展方式、实现企业转型升级相结合，优化资源配置，确保资本增长与价值提升相匹配，推动转型升级工作取得重点突破。充分发挥中央企业在加快转变经济发展方式中的主导作用、骨干作用和表率作用，为中央企业做强做优、实现"十二五"总体战略目标做出新的更大贡献。

在引导企业加快推进结构调整上，中央企业要紧紧围绕核心主业，优化资源配置，完善产业链条，推动资金、技术、人才等各类资源向主业集中，向研发、设计、品牌等价值链的高端集中。要推动内部资源整合，培育综合竞争优势，实现市场竞争由依靠价格优势向依靠综合优势转变。要运用信息技术、高新技术和先进工艺设备改造提升传统产业，加快实现传统产业的转型升级；加快培育战略性新兴产业，抢占新兴产业发展的制高点。要加快清理非主业和低效资产，避免出现新的"出血点"。

三、央企经营管理和效率提升的需要

虽然国有资产管理工作开局较好，取得了一定的成绩，但是一些长期积累的问题还没有解决，深层次的矛盾逐渐凸显出来，面临着巨大的挑战。这些问题主要表现在：

（1）经营效率偏低。由于国企机制问题还没有得到根本解决，国有企业社会负担沉重，虽然资产经营效率有了一定的改善，但从总体上看仍然不高，盈利水平低，收入规模与国外企业相比有很大差距。

（2）资产质量不高。部分国企存在大量待处理净资产损失、挂账资金、三年以上应收账款等不良资产，应提未提、应摊未摊、高留低转等原因造成的潜亏问题依然存在。

（3）布局不合理。国有经济战线太长，涉及领域过多，难以集中优势，充分发挥作用。

（4）资产流失的问题在一些环节还比较严重。一些企业在实施管理层收购过程中，企业负责人自卖自买，暗箱操作；有的以国有产权或实物资产作为其融资的担保，将收购风险和经营风险全部转嫁给金融机构和被收购企业；有的损害投资人和企业职工的合法权益，引发一些不稳定因素等。另外，国有企业产权转让也存在着各种侵占私吞国有资产的违法违纪行为，造成了国有资产流失。

（5）技术创新意识和创新能力不足。

面对这些问题和矛盾，需要采取综合型的对策和措施，创造性地从各方面开展工作。其中，通过对中央企业开展 EVA 考核，发挥 EVA 考核的导向作用，是一种行之有效的选择。

企业经营管理的目的是为了完成企业战略目标，即企业价值最大化。在旧有的管理理念和考核机制下，中央企业上下一直将利润作为经营管理的核心目标。但是，随着 EVA 在中央企业的引入，价值管理的理念在企业各个层面逐步成为共识，EVA 也逐渐成为中央企业经营管理关注的重心。从 2010 年起，中央企业已将 EVA 作为核心的考核指标，各下属单位也在内部考核中将总部下达的 EVA 指标进行了分解，部分单位还制定了更高的 EVA 目标，应该说 EVA 已经完全融入到了中央企业的考核体系。

国资委实施 EVA 考核评价体系，将是切实履行国有资产出资人职责，维护所有者权益，落实国有资产保值增值责任，建立有效的激励和约束机制，引导中央企业科学发展，降低管理层投机行为的代理成本，提升国有企业经济效益的重要举措。

四、央企 EVA 考核持续深入推进的需要

EVA 考核办法是国资委规划、驱动中央企业战略的集中体现，它意味着中央企业的管理模式将由现行、传统的利润管理转型为价值管理，将以 EVA 作为考核中央企业负责人经营业绩的核心指标，中央企业将由此进入以股东价值创造、追求股东价值最大化为核心的价值管理新阶段。

依据国资委的方案，EVA 考核的实施划分为引入、强化和完善三个阶段。央企已经成功引入 EVA 考核，并处于进一步加强状态，在此期间，EVA 管理取得了良好的成效，但在实施过程中也出现了较多问题。通过我们的了解，当前部分央企，甚至大部分央企对如何有效开展 EVA 业绩考核、如何把国资委的考核压力层层传递下去、如何取得 EVA 业绩考核的实质性效果等问题依然感到困惑。从央企实施 EVA 的情况来看，大多采取的是简化版的 EVA 体系，即仍停留在将 EVA 作为考核工具的阶段，然而 EVA 的实施是一项系统工程。EVA 价值管理整合了公司的企业文化、战略规划、预算管理、内部报告、业绩评价和激励机制等管理子系统，最终形成的是一个综合性的企业价值管

理系统。因此全面实施以 EVA 为核心的价值管理至关重要。

国务院国资委下发《关于认真做好 2013 年中央企业经营业绩考核工作的通知》提出，2013 年是中央企业第四任期经营业绩考核的开局之年，今年中央企业要认真总结经济增加值考核的经验和不足，进一步明确深化重点，不断深入推进经济增加值考核。2012 年 12 月底，国务院国资委召开了中央企业负责人经营业绩考核工作会议，对于第四任期央企业绩考核，国资委在过去考核政策的基础上，新增和完善了 18 条考核政策。其中，经济增加值考核是促进中央企业转型升级、科学发展的有效手段，今后一个时期，还将继续坚定不移地推进经济增加值考核。

五、央企 EVA 与经营管理全面融合的需要

央企引入 EVA 的目的是加强企业管理，提升企业价值创造能力。因为 EVA 能够真实地反映企业业绩，是衡量业绩的科学指标；有效的管理体系，必须对企业管理进行变革，有效的管理体系可以促使企业提升其管理水平；此外，EVA 也是辅助企业做出决策的工具，尤其是在投资决策中帮助企业选择真正好的项目。

在整合 EVA 价值管理系统时，不仅要全面考虑各子系统的外部环境和内部环境变量的影响，突出开放性，而且要从整体效果最优化的角度考虑系统各组成要素的相互关系，强调整体性。EVA 价值管理体系导向下的央企经营管理行为具有如下特点：

（1）认真实施管理水平提升战略。更加重视企业管理工作，把管理创新作为转型升级的基础工程，向管理要效益。进一步更新管理理念，推行人性化管理、规范化管理、法治化管理。进一步完善法人治理结构和内部组织结构，优化管理流程，根治行政化顽疾，提高科学决策水平和执行效率。优化管理手段，推动信息技术与科学管理深度融合，以信息化促进企业管理创新。

（2）科学决策。以是否创造价值、风险是否可控作为投资决策的重要依据，切实提高投资效益和价值创造水平。

（3）精细化管理。减少资本占用，盘活低效资产，推动企业开源节流、降本增效，加快资金周转，提升资本使用效率。

第三节　中央企业价值管理的可行性

一、EVA 理念已全面普及，价值管理初步接受

国资委自 2010 年开始在中央企业推行 EVA 考核以来，中央企业经过三年多的 EVA 考核实践，EVA 考核和管理方面的效果已经开始显现：

（1）部分企业开始构建自己的价值管理体系。有一部分中央企业在 EVA 管理方面

步子走得比较快，如招商局、中国五矿、中国化工等，这些企业已经在企业内部业务板块，下属各个公司建立了 EVA 管理体系，而且把 EVA 管理的责任和要求通过这个管理体系逐步分解，层层传递，使得整个企业管理的变革开始显现。

（2）投资的决策趋于谨慎。很多企业已经开始有了一些积极的变化，运用 EVA 工具分析投资项目的回报情况，如果不能带来正的 EVA，那么这个项目是得不到通过的。

（3）开始重视资本占用的管理。过去企业要项目、要资金的冲动非常大，实施 EVA 以后，企业不但不盲目要资金、要项目了，有的还上交红利。

（4）更加重视研发投入，这个效果也开始显现了。在分析企业考核目标值的时候，设置了企业科技投入比率项。数据显示，2010 年该目标值从 2009 年的 4.5%提高到 5.2%，提高幅度是相当大的。

由此可见，EVA、资本成本和价值创造理念已经在中央企业得到了系统和全面推广。

2013 年，中央企业业绩考核工作进入了第四任期。按照第四任期业绩考核工作的总体要求，第四任期乃至更长一段时间，中央企业业绩考核工作的主要目标是，通过完善考核机制，引导中央企业进一步提升发展质量和效益，企业结构不断优化，价值管理显著进步，创新能力持续增强，国际化经营稳步推进，做强做优、科学发展的基础更加牢固。这为将来企业价值管理的全面展开打下坚实的基础。建立以 EVA 为核心的价值管理体系将成为央企的必然选择。

二、央企 EVA 考核全面实施，经营效益和发展质量快速提升

随着我国改革开放的不断深入和国民经济的高速持续发展，中央企业经过三个任期的持续发展，资产规模已经日益扩大，2012 年已经有 42 家中央企业进入世界 500 强。但是，随着中央企业资产规模和经营规模的迅速扩张，盈利水平却很难实现相应的增长，部分中央企业利润增长的方式和路径，已经偏离了健康发展的轨道：企业利润的增长主要靠投资拉动，而不是靠创新驱动和管理拉动。

国资委自 2010 年在中央企业全面启动 EVA 实质性考核，通过 4 年来的 EVA 考核引导，中央企业经济增加值考核范围不断扩大，考核标准不断提高，激励约束进一步强化。绝大多数企业将经济增加值考核延伸到了下级单位。

随着 EVA 考核的不断强化和深入，EVA 考核成效初步显现。多数中央企业投资决策趋于理性，资本占用增速明显趋缓，科技投入大幅增加，经营管理水平和价值创造能力显著提升。

三、央企管理水平有很大提升，具备开展价值管理的基础

国资委成立以来，中央企业通过深化改革，转换机制，创新发展，管理水平有了较大提高，有力地促进了企业经济效益和竞争能力的大幅提升，为国民经济快速发展做出

了较大贡献。

在当前应对国际国内错综复杂的经济形势、加快转变发展方式、实现"做强做优中央企业、培育具有国际竞争力的世界一流企业"目标的背景下，央企提升管理水平具有更加重要的意义。经过多年改革发展，一批中央企业初步具备了与世界先进企业同台竞争的基础。

中央企业已全面强化成本管理，积极推进全面预算管理，对成本和费用、资金、生产情况进行全面的预算，降低成本，提高效益。在管理水平上取得了较大程度的提升，并在管理理念和管理方式上不断地进行创新。

此外，国务院国资委2012年开始，利用2年时间在中央企业全面开展以"强基固本、控制风险、转型升级、保值增值、做强做优、科学发展"为主题的管理提升活动。国务院国资委将突出投资决策管理、全面预算管理、全面风险管理、科技创新管理、人力资源管理、产权管理、法律管理、采购管理、安全生产管理、管理信息化、社会责任管理、党建管理和反腐倡廉管理等13个方面的工作重点，实现中央企业管理方式由粗放型向集约化、精细化转变，全面提升企业管理水平。

中央企业管理提升活动的持续、深入开展，必将为国资委在中央企业全面推行价值管理体系建设奠定坚实的管理基础。

四、部分央企开展了价值管理试点，并取得了初步成效

价值创造贯穿于企业经营管理的全过程。绝大多数企业把价值管理与战略规划、全面预算、投融资决策、生产运营等结合起来，初步建立了以价值创造为核心的管理体系。

例如，华润集团建立了5C价值型财务管理体系，从资本结构、现金创造、现金管理、资金筹集和资产管理五个维度强化价值管控。南方电网、中广核集团、西电集团等企业积极构建基于价值创造的战略管理体系，合理确定企业的主攻方向，科学规划产业结构、产品结构和区域布局，促进了企业价值链的优化。

近年来，中央企业不断加大管理创新，努力构建以经济增加值为中心的价值管理体系。中核建设集团、中国电信、东风公司、南航集团、中国五矿等企业，把价值管理与战略规划、全面预算、财务管控等结合起来，使价值创造理念融入企业经营管理全过程。

此外，一汽集团、中国五矿、中国三峡集团、中国节能等企业探索建立"重价值管理、讲投资回报"的投资决策机制，从源头上控制无效、低效资产的产生。中国中铁把经济增加值作为资产管理的重要依据，对达不到预期回报要求的资产予以处置，并将价值创造水平作为选拔培养干部的重要标准。东航集团以价值管理为导向，引导企业科学决策，控制投资风险，资产负债率持续降低。中核集团、中航工业、中储粮总公司等企业推行全价值链成本管理，通过强化管理创新、技术创新和业务协同等途径，有效降低了经营管理成本。东方电气、华孚集团、有研总院、保利集团等企业加

大内部资金集中管理和有效调控，优化资本结构，降低资本成本。兵器装备集团、中国电信、中材集团等企业按月监控分析经济增加值变动情况，形成了动态管控机制。中国北车、中国中纺集团、中智公司、中国能建、中冶集团等企业运用信息化手段，在全集团范围内深入监测分析经济增加值，并对影响经济增加值的薄弱环节开展相应的专项管理提升活动。

第三章

中央企业价值管理目标取向

第一节 价值思维导入

价值思维是以创造价值作为决策依据和评价标准的思维方式，以创造价值为核心竞争力，更加注重长期、可持续地发展。

一、推动中央企业将提升 EVA 作为共同语言

中央企业开展价值管理体系建设，鼓励全体员工参与价值管理的实施及设计中，并形成一种人人学习价值理念，参与价值创造的企业文化，使价值创造（EVA 提升）成为企业内部沟通的共同语言。

EVA 的核心理念是关注资本成本，基本功能是绩效评价，实际上 EVA 价值管理实践的终极目标，是建立一种可以使公司内部各级管理层的管理理念、管理方法、管理行为、管理决策致力于股东价值最大化的制度体系。因而建立以 EVA 为目标的管理体系，是全面落实 EVA 考核，提升公司价值创造能力之关键。

EVA 主要是管理资金的来源与运用，它强调资金的成本意识与价值创造理念，要求管理层同时关注资产负债表管理和利润表管理。EVA 最基本的要求在于所有员工包括高管都要接受 EVA 的理念，这就需要内部的不断培训和沟通。对于高管来说，需要从过去的"追求利润最大化思维"转向"追求企业价值最大化思维"，实质上这种理念上的彻底转变不仅仅是口头上的转变，而且是决策方法、管理手段、激励方式等方面的全面转变，同时还应高度重视员工的培训工作，使他们清楚围绕其职责有哪些因素有利于提升价值，哪些因素会破坏企业价值，从而形成一种将价值创造作为所有管理活动核心的企业文化。

二、推动中央企业将价值增长作为决策前提

以会计利润为基础的财务会计数字，较能衡量企业过去的表现，却无法评估企业未来的绩效，同时，以权责发生制为基础的会计核算原则，可能使得中央企业的报告业绩

与其真实业绩相去甚远。一方面，传统上评价中央企业经营绩效指标，不利于新技术的研发投资与新市场的开发经营，而这两者是当今企业竞争优势的关键所在。另一方面，传统评价中央企业财务绩效的指标 EPS、ROS、ROE、ROA 可能会得出误导性的业绩结论，已经不利于当前和今后竞争环境的需要。具体对这些指标进行分析，每股收益指标（EPS）指标：有些中央企业不作资本投资、不追求长期目标，因为它不利于短期盈余，且 EPS 忽略权益资金成本。当公司运作的投资报酬率小于加权平均资金成本，大于税后负债资金成本时，公司经营仍可提高盈余，而这实质上是侵蚀股东权益。营业净利率（ROS）指标：ROS 是通过权责发生制会计原则计算出来的指标，所计算的获利率因素会受到不同会计处理方法的影响，如折旧、摊销、存货计价方法等，而与其真实的盈利能力相去甚远，促使中央企业经理人可能有动机去操控会计报表上的数字。总资产报酬率（ROA）指标：总资产报酬率是以所使用的资产而非以投入的资金为基础，且使用净账面价值，分子的税后净利未扣除股东权益的资金成本。因此，若资金来源以权益资金为主时，利息费用就可以降低，ROA 的分子就会变大，进而提高总资产报酬率，误导投资成长的决策。净资产收益率（ROE）指标：净资产收益率只考虑到举债资金成本，未考虑含股东权益之加权平均资金成本。中央企业为了提高 ROE 比率，可能会接受以负债融资的次佳方案，从而增加了企业财务风险。

中央企业追求企业价值最大化的基本目标要求将价值增长作为决策的根本前提。企业价值管理是围绕企业价值创造形成的一种经营管理理念。从价值管理的构成要素来看，它可以分为价值信息管理和增值活动管理两部分。增值活动所带来的企业价值增长将满足企业追求价值最大化的目标。

第二节　进行管理革命

一、当前营运价值与未来成长价值

企业实施价值管理提应当先明确价值的内涵。企业价值是由当前运营价值（COV）和企业未来成长价值（FGV）组成。

企业当前运营价值（COV），是资本投入与资本化的当前 EVA 之和，而资本化的当前 EVA 值就等于当前 EVA 值除以资本成本。企业当前运营价值主要考察的是企业目前拥有资源的利用情况，反映的是企业当前盈利能力对价值的贡献。因此，想要增加企业 COV，一方面，企业应当科学管理企业，使其日常的生产经营活动尽可能地增加收入，减少成本支出，提高企业长期资产和流动资产的使用效率，创造尽可能多的净收益；另一方面，企业还应当梳理业务流程和组织体系，提高企业管理的效率，尽可能实现人尽其才、物尽其用，避免人、财、物等各种资源的闲置浪费以减少价值毁损。

企业未来成长价值（FGV）是企业未来创造价值能力的体现，是资本化的 EVA 增长值，等于预期未来各年 EVA 的增长量以资本成本为贴现率进行贴现的现值总和。考虑到企业价值是着眼于企业的长远发展，强调的是未来收益的持续增加，因此这部分新增的价值及其来源是企业需要重点关注的领域。企业的各项投资活动能够带来企业未来价值大幅度的增加，这些投资活动包括加大研发费用等无形资产投资、扩大生产规模等资产性投资并购等股权性投资以及增加人才储备和培训员工等人力资本的投资，同时还包括企业在不能创造价值，甚至是出现企业价值毁损的业务领域的战略性资本退出。通过对企业未来成长价值的分析，可以减少经营者忽视长期价值的创造能力，而过于看重短期收益的行为，鼓励他们制定正确的经营发展战略，重视融资决策、投资决策、研究开发、激励机制等对企业价值的长期影响，注重企业未来的发展。

二、流程再造与内部控制建设

企业的行为是由一系列活动构成的，而企业的价值也正是产生于这一系列的活动，在企业发展过程中企业价值管理所体现的一系列活动构成流程，而流程又是业务再造的核心及对象。

价值管理体系贯穿企业再造的各个环节，包括企业战略、法人治理结构、业务流程、组织架构、管理制度和企业文化。在价值管理体系下进行企业再造，企业战略：以价值最大化为中心，将战略发展规划和资源配置导入价值管理（VBM）标准；法人治理结构：完善董事会职责、功能和相应的组织架构，建立董事会与高管之间的制约、协助机制；业务流程：以价值管理体系为基础，建立以流程导向为主的生产方式，将价值管理（VBM）引入流程评价机制，把价值增值作为再造的关键点。

流程再造理论引入我国后，我国企业达成了对业务流程再造的普遍共识：从根本上对原来的业务流程做彻底的重新设计，把直线职能型的结构转变成平行结构的流程网络，它强调以首尾相接的、完整连贯的整合性业务来代替过去的被各种职能部门割裂的不易看见也难于管理的破碎性流程。

企业内部控制顾名思义是指企业内部的控制活动或规则，但所谓的企业"内部"从哪里开始，又延伸至何处结束，这些都与企业的流程息息相关。

企业内部的各种生产经营活动都表现为一定的流程，各种不同类型的流程活动都有相对独立的内部控制系统对之实施控制，这些相对独立的内部控制系统之间相互联系、密切相关，构成了对企业内部各类流程进行控制的内部控制体系。因而，企业内部的控制系统与流程密切结合：一方面是各种类型流程的处理程序，即按照流程进展的先后顺序完成该项流程的过程；另一方面是相关的控制措施形成的控制系统。

由此可见，作为一种管理体系，良好的内部控制是企业内部各类流程活动正常运转的保证，从这个角度来看，流程的再造必然需要与之相适应的内部控制系统，内部控制是适应实现企业内部各流程的顺利运行而存在的，也就是说，流程运作的顺利实现是企业内部控制系统应首要保证的。

第三节　推动行为改变

一、基于EVA薪酬制度的探索性改革

在价值管理体系下，企业薪酬制度的设计必须有助于EVA的提高。这样做有如下3点考虑：

（1）EVA的提高能够加强公司在竞争性市场上的相应地位。

（2）只有当强调重点由EVA值转向EVA改善值指标时，一些测算上的具体问题就显得不那么重要了。

（3）强调EVA值的改善，会使那些经营业绩不佳的部门经理们相信EVA奖金体系的公正性。当管理者了解到只有EVA数值的提高才有意义的时候，他们就会愿意执行这一艰巨的任务。

因为EVA可以用来衡量组织中的每一个要点，把奖金与EVA相联系是一个对公司行为的强有力影响，价值管理关键在于与绩效相结合的报酬手段。将奖惩制度与股东价值增值目标相结合以激励公司员工，包括使尽可能多的员工在奖励范围内，奖金的多少并不是那么重要。将EVA于薪酬激励制度相挂钩不仅是十分重要的，而且必须在公司中推行得尽可能深远和彻底。

激励机制中最核心的两个要素就是薪酬与职位，现阶段国资委推行的EVA考核体系中明确规定了EVA的目标完成情况将与央企负责人的薪酬挂钩，但在薪酬激励方面并没有推行不封顶的EVA奖金制度，而且中长期激励制度也未完整建立。主要原因在于第三任期是EVA引入阶段，即实质性引入EVA考核指标，而不是完整的EVA管理体系，严格推行EVA薪酬激励制度可能会面临很大的制度性障碍，而且关于国企薪酬的相关法律法规对推行EVA薪酬激励制度也有很大的约束。尽管如此，《暂行办法》中还是提及了中长期激励，而且财政部在2009年11月12日发布的《关于企业加强职工福利费财务管理的通知》中也要求"结合企业薪酬制度改革，逐步建立完整的人工成本管理制度，将职工福利纳入职工工资总额管理"。这一系列举措都将有利于以EVA为核心的激励机制的建立。

二、部门和员工以价值创造作为行动指南

价值创造是价值管理的基础。企业价值管理活动是围绕价值创造开展的。价值管理体系下，EVA考核结果与员工薪酬密切相关。员工只有创造价值，实现持续增长的经济增加值，才能得到EVA奖金。因为，EVA价值管理体系一个好处就是让管理层、员工和所有者一样思考价值创造的来源和途径。

三、毁损价值的决策和行为惩罚机制

企业的经济活动都表现为价值的创造和价值的毁损。只有企业价值的创造活动才是企业价值管理的基础。企业应该鼓励价值创造的行为，而惩罚价值毁损的行为。投资决策是对企业价值影响最明显的一种经济活动，管理层在选择投资项目时要根据 EVA 的正负来选择。EVA 值长期大于 0，则说明，该经济业务创造了价值，应该坚持和加强投入。若 EVA 值长期小于 0，说明出现了价值毁损，应该舍弃。因而 EVA 有助于减少企业盲目扩张的行为。而当某一行为出现了价值毁损，企业管理层的奖金将下降甚至取消，从而使其得到相应的惩罚。

第四章

中央企业价值管理框架设计

第一节　价值管理框架介绍

一、思腾思特"4M"价值管理框架

20 世纪 90 年代初，美国思腾思特（Stern Steward）管理咨询公司率先将 EVA 引入价值评估领域，并将其发展成为一种崭新的价值管理体系。EVA 价值管理体系的创始者和主要推动者思腾思特公司将 EVA 价值管理体系的本质特征概括为 4M 体系：评价指标（Measurement）、管理体系（Management）、激励制度（Motivation）和理念体系（Mindset），综合概括了 EVA 价值管理体系的内涵。EVA 主要通过渗透到企业各个经营管理领域、各个业务环节来塑造企业战略架构。综合起来说，以 EVA 评价为基础，以管理体系为手段，以激励制度为核心，以理念体系为先导（见图 4 – 1）。

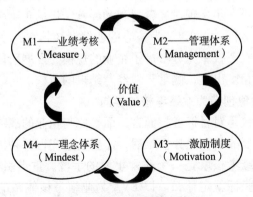

图 4 – 1　EVA 价值管理体系

EVA 价值管理体系从分析公司的 EVA 业绩入手，从业绩考核、管理体系、激励制度和理念体系四个方面具体提出如何建立使公司内部各级管理层的管理理念、管理方法和管理行为都致力于股东价值最大化的管理机制，最终目标是协助提升公司的价值创造

能力和核心竞争力。

4M 很好地概括了 EVA 价值管理体系的内涵，图 4－2 可以帮助更深刻的理解 EVA 价值管理体系的核心内容。

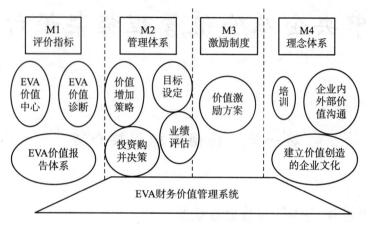

图 4－2 "4M" 价值管理体系核心内容

（一）M1——业绩考核（Measure）

业绩考核是以 EVA 为核心的价值管理体系的关键环节。EVA 是衡量业绩最准确的尺度，对企业处于不同时期的业绩，都可以做出恰当的评价。在计算 EVA 的过程中，需要对利润表和资产负债表的部分内容进行调整，从而消除会计准则对企业经营运作的扭曲反映。以 EVA 作为业绩考核的核心指标，有利于企业在战略目标和工作重点的制定中贯彻以长期价值创造为中心的原则，从而与股东的要求相一致。此外，考核结果与激励机制相衔接，可以进一步实现对经营过程和经营结果的正确引导，确保战略目标和实现和经营管理的健康运行。以 EVA 为核心的业绩考核体系，实现以企业的长期价值创造为业绩考核导向，在考核中充分考虑了企业的规模、发展阶段、行业特点和行业对标等因素，并从股东的角度出发，侧重于对经营结果的考核。

1. 以企业的长期价值创造为业绩考核的导向

考核的导向作用不仅是对目标考核而言，而且要与企业的战略规划和业务发展方向紧密结合。在确定了发展战略和业务框架后，需要通过实行各种措施和手段，来保证这一目标顺利地实现。业绩考核就是一个非常重要的手段，重点引导什么，就考核什么；想让企业干什么，考核指标就定什么。以 EVA 为业绩考核体系的核心内容，可以较好地满足股东的以长期价值创造为中心的要求，实现企业的健康发展。EVA 管理体系中科学的会计调整能够鼓励企业的经营者进行可以给企业带来长远利益的投资决策。譬如，在计算 EVA 时，将企业为提升其未来业绩、但在当期不产生收益的对在建工程的资本投入，在当期的资本占用中剔除而不计算其资本成本，这对经营者来说更加客观，考核结果更加公平，使他们敢于在短期内加大这方面的投入来换取企业持续的发展，从而为企业和股东持续创造财富。

2. 考核中要考虑企业的规模、发展阶段、行业特点和行业对标

以 EVA 为核心的业绩考核体系，强调要根据各企业的战略定位、行业特点、企业规模、发展阶段以及工作计划的具体情况来设计业绩考核方案：

（1）对相同或相近行业的企业，在设计考核方案的时候，考核指标也是相同或相近的，重点工作应放在根据企业各自的战略定位、企业规模、发展阶段和工作计划设定不同的考核指标基准值。

（2）对不同行业的企业，在设计考核方案的时候，除 EVA 之外的其他考核指标，还应尽量选取有代表性的行业指标，以充分体现行业特点。

（3）此外，在确定考核指标基准值时，还必须要与行业公司进行对标。对一些可比性较强的比率考核指标，如 EVA 率（资本回报率与资本成本率的差值）、总资产报酬率和净资产收益率，尽量以公司自身数据和行业公司对标数据的高者为考核指标的基准值，从而提出较高要求，促进被考核公司争当行业一流公司，提高核心竞争力水平。

3. 侧重对经营结果进行考核

战略目标和业务发展的落实集中体现在经营结果上，以 EVA 为核心的业绩考核体系侧重于对经营结果进行考核，可以对企业的经营业绩有正确、客观的判断，发现不足，从而有利于实现对企业发展的正确引导。但是，对于企业的经营管理过程也不能完全忽视，可选用少数传统的财务指标和部分非财务指标包括定性指标（如安全生产等）进行考核，以此作为对结果考核的补充和完善。

（二）M2——管理体系（Management System）

EVA 是评价企业所有决策的统一指标，可以作为价值管理体系的基础，用以涵盖所有指导营运、制定战略的政策方针、方法过程，以及作为业绩评价指标。在 EVA 价值管理体系下，管理决策的所有方面全都囊括在内，包括战略规划、资源分配，并购或撤资的估价，以及制定年度计划预算。采用 EVA 作为统一的经营业绩指标，会促进企业形成资本使用纪律，引导其谨慎使用资本，为股东的利益做出正确决策。

管理层在对企业进行日常管理时，最关心以下几个主要问题：

（1）公司整体的价值创造情况如何？哪些业务板块或下属公司正在创造价值或毁灭价值？

（2）每个业务板块或公司的历史价值创造情况如何？

（3）是否需要制定新的战略来保持价值创造的持续性？

（4）是否需要修订业务或投资组合策略来重新进行资源调配？

（5）实行新的战略或调整业务或投资组合策略后能够为公司未来增加多少价值？

对以上管理层最关心的问题，可以从完善战略回顾和计划预算两个方面加以解决。

1. 完善战略回顾

战略回顾的内容包括价值诊断、战略规划管理、分析和调整资源配置和业务组合策略、进行投资决策管理以及设计价值提供策略五个方面。

（1）价值诊断

企业必须通过 EVA 指标对其整体业绩状况和下属各业务板块公司的价值创造情况进行详细分析，这样才能真正知道其价值创造的实际情况，从而建立有针对性的价值管理体系。

通过对公司的各类业务、各下属公司、不同产品、不同客户、价值链上不同环节、公司各部门等进行的价值衡量，明晰公司内部价值创造的真实状况。同时，除了了解公司内部价值创造情况，也需要知道公司在整个行业中的价值创造情况，进行行业分析，旨在通过与国内外同行业进行的对比和基准分析，了解公司价值创造的优势和劣势所在，为制定正确的价值战略提供信息。

（2）基于价值的战略规划管理

通常公司的战略规划往往与业务计划脱节，经营计划又往往与公司的预算脱节。但实施价值管理的公司的企业的战略、战略规划和经营计划、预算是密不可分的整体，同时又需要通过平衡计分卡促使形成战略与实施相匹配的管理机制。

为了最大化股东价值，战略规划过程本身必须以价值为导向。战略规划的目标是设计、选择和实施价值最大化战略。

①以实现长期价值创造作为战略规划的设计、选择和实施的基础；

②对拟订的各种战略规划方案，按照价值最大化原则进行分析和相应改进；

③对改进的战略规划方案，以企业内部管理层预期目标和股东及市场期望目标为标准进行衡量和评估；

④在企业内部各主要部门和管理层讨论和评估的基础上，选择最终能反映价值最大化原则的战略规划加以实施；

⑤按照最终战略规划将战略目标合理分解为年度目标，并在企业内部制定资源调配计划和详细的业务计划预算。

（3）分析和调整资源配置和业务组合策略

基于年度战略规划目标和业务计划，以价值为基础进行资源配置。通过不同的业务组合决策分析，制定出合理分配资源的计划，将资源集中配置在能创造更多价值的业务单元中。

（4）投资决策管理

在投资、购并、扩张决策上，价值管理机制成为遵守资本纪律避免盲目扩张的行为规范。价值管理以是否创造价值作为任何决策的标准，投资和购并行为同样如此。以价值为基础的投资管理可以帮助公司提高投资决策的质量，使投资成为价值增长的重要驱动力。科学严谨的价值评估和风险分析帮助发掘价值增值的机会并提供投资购并的决策基础。完善的投资管理流程能够确保投资购并过程的有效性。科学的投资行为的决策机制和以 EVA 为基础的业绩衡量体系可以保证投资购并行为真正实现价值增值。企业应明确长期的投资方向，并在企业的投资、购并、扩张决策上，应充分运用价值管理机制，从而使企业制定并遵守严格的资本纪律，避免盲目扩张。

国内众多的公司在投资决策分析中普遍重视对投资项目的可行性评估，但是存在的主要问题是投资评估普遍采用的是静态的定点现金流贴现分析，缺乏对项目的资本成本和风险进行量化分析，同时对项目投资后的评估及项目运行绩效跟踪缺乏重视及配套的机制。

（5）设计价值提升策略

企业需要对其现有资产和未来投资设计不同的 EVA 提升策略。

①提升现有资产使用效率，改善业绩。EVA 具有"记忆"的功能，它能不断提醒企业管理层对企业现有资产的管理，提高现有业务的利润率或资本的使用效率，改善业绩。企业可以通过采取减少存货、降低应收账款周转天数、提高产品质量、丰富产品种类、增加高盈利产品的产量、寻找价格更合理的原材料供应商或改变销售策略等手段来提升现有资产的使用效率，进一步提升现有资产的收益率高于资本成本率。

②处置不良资产，减少不良资产对资本的占用。对不符合企业战略规划及长远来看回报率低于资本成本率的业务，则应采取缩减生产线、业务外包或行业退出的手段来处置，从而减少对资本的占用。

③投资于回报率高于资本成本率的项目，提高总体资产的价值创造能力。对现有创造价值的业务，企业可以继续加大投资以扩大业务规模；此外，企业也应对外寻找回报率高于资本成本率的新项目，从而提高总体资产的价值创造能力。

④优化财务和资本结构，降低资本成本率。通过对财务杠杆的有效使用，扩大融资的途径，从而降低付息债务的利息率，并最终实现资本成本率的降低，提高 EVA 回报率。

2. 完善计划预算

（1）完善计划预算编制流程

国内企业编制的业务和财务计划预算通常与其基于价值的战略规划和年度化的战略目标相脱钩，并且业务和财务计划预算目标没有与价值衡量紧密联系，导致一方面在提高收入、利润等指标的同时另一方面却在损毁企业的价值。此外，有的企业虽然对其战略规划也实行战略回顾程序，但其内容仍然较空泛，尚未能做到将战略规划合理分解为年度战略目标并在此基础上制订详细的年度经营计划，从而使业务和财务预算缺乏对价值创造目标的支持。

（2）完善预算分析和经营监控体系

为了实现管理层对计划预算的执行和经营的实时监控，企业还应从财务、运营和行业与竞争三个方面着手，完善其业绩分析和经营监控体系。

①在财务方面。需要对企业的财务状况用 EVA 进行分析，看其直接影响 EVA 的几个方面，如资本回报率、税后净营业利润和资本周转率等的表现如何，找出企业需要加强的薄弱环节。

②在运营方面。需要从企业运营的角度将价值驱动要素进行分解分析，如将税后净营业利润分解为投资收益、其他业务收入、销售毛利率、经营费用率和管理费用率等指标，将资本周转率分解为净营运资产周转率和固定资产周转率，进行分析，掌握影响企业价值变动的主要原因。

③在企业所处的行业情况与竞争对手竞争能力方面。需要对所处行业的国际、国内

竞争对手的相应指标进行对比分析，查找企业业绩变动原因，分析产品、渠道和客户价值贡献等情况，从而综合分析及预测企业未来的价值变动情况。分析企业的竞争能力，需要结合企业战略规划和计划预算，并对企业过去 3~5 年的 EVA 历史结果、当年 EVA结果和未来 3~5 年的 EVA 预测结果进行趋势分析，从而确定企业的竞争能力。

（3）发现最敏感的关键价值驱动要素

企业的关键价值驱动要素在企业不同的下属公司不是完全一样的，企业需要根据不同下属公司所处的行业以及其业务和资本规模等，找到与之相应的最敏感的关键价值驱动要素来提升 EVA，从而始终做到有效地提升企业价值，实现企业价值的长期健康增长，最终达到企业战略规划的要求。

（三）M3——激励制度（Motivation）

与以 EVA 为核心的业绩考核体系相挂钩的激励制度，可以有效地将管理层和员工获得的激励报酬与他们为股东所创造的财富紧密相连；避免传统激励制度下所出现的只关注短期目标的行为，在业绩好时奖励有限，业绩差时惩罚不足的弊端，实现以激励长期价值创造为核心的激励制度，既体现了经营者价值，又保障了股东利益，实现一种股东、经营者双赢的激励机制。

一个有效的激励机制能支持企业战略的实施，实现企业发展的目标，创造有特色的绩效文化，正确引导企业管理层和员工的行为，并能合理地协调管理层和股东之间的利益，平衡成本的付出和减少人才流失的风险。

1. EVA 激励方案构成

EVA 薪酬方案由四部分组成：基本工资、年度奖金、中长期奖金和股票期权。这四部分薪酬的比例及与 EVA 的关系如图 4-3 所示。

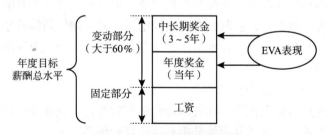

图 4-3　EVA 薪酬方案示意

其中固定部分的工资反映了人才市场的竞争性薪酬水平，应与在该员工所适用的营运力市场上具有类似教育背景、技能、经验、从事类似职业的人群的平均薪资水平相当；年度奖金和中长期资金共同组成 EVA 资金激励体系的目标资金部分，这两部分薪酬直接与 EVA 的表现相关。

2. EVA 激励制度的特点

（1）使管理层的利益与出资者的利益一致。管理层收入直接与股东盈利挂钩，引导管理层能够像股东那样思考和做事，并且在为股东创造价值的同时增加自己的回报。

（2）激励制度的基础不是 EVA 的绝对值，而是 EVA 的改善值。当前 EVA 为负的企业如果能减少负值，与提高正值一样能有效提高业绩、创造价值，这使所有的管理层站在了同一起跑线上，有利于吸引有才能的管理层和员工进行问题企业的转型和重组。

（3）激励制度是建立于对整体业绩的综合评估上的。许多企业在奖金计划中考虑采用许多衡量标准，而这些标准可能本身就是矛盾的，而且重点不突出，导致管理层无所适从，不知道究竟应该提高哪一个指标。而 EVA 指标结束了多指标引起的混乱，为实施激励提供了坚实的基础。

（4）奖金激励没有上下限设置。经营者为股东创造了多少额外价值就可以得到相应奖励，有利于鼓励管理层为提高个人财富而努力提升公司业绩。

（5）关注长期业绩改善与人才留用。EVA 激励制度的另一个特点是"奖金库"的设置。

奖金库中留置了部分超额 EVA 奖金：只有 EVA 在未来数年内维持原有增长水平，这些奖金才发放给经营者。奖金库的设置使管理层要考虑已实现的但仍保存在奖金库的超额奖金被取消的风险，从而鼓励管理层做出有利于企业长期发展的决策，避免短期行为，实现价值创造的持续增长。同时，奖金库的设置可以使付出的奖金在市场发生周期性变化的情况下保持一定的稳定性，也有利于留住人才。

（四）M4——理念体系（Mindset）

实施以 EVA 为核心的价值管理体系，有利于促进公司治理机制的完善，是企业管理文化的一种变化。当 EVA 管理体制在企业全面贯彻实施后，EVA 所带来的财务管理制度和激励报偿制度将使企业的文化发生深远的变化。采用 EVA 业绩评价体系，使企业所有营运部门都能从同一基点出发，大家会有一个共同的目标，为提升公司的 EVA 而努力，决策部门和营运部门会积极建立联系，部门之间不信任和不配合的现象会减少，企业管理层和普通员工都会从股东的利益出发来制定和执行经营决策。

通过实施 EVA 价值管理体制，以价值创造为使命，把 EVA 作为业绩考核指标，实施 EVA 激励体制，在股东、管理层和员工之间有效形成价值创造的机制，而这正是公司治理机制的核心。

公司治理指的是明确企业存在的根本目的，设定企业经营者和所有者（即股东）之间的关系，规范董事会的构成、功能、职责和工作程序，并加强股东及董事会对管理层的监督、考核和奖励机制。从本质上讲，公司治理之所以重要是因为它直接影响到投资者（包括国家和个人）是否愿意把自己的钱交给管理者手中去，它是企业筹集资金过程中的一个至关重要的因素。

二、麦肯锡价值管理框架

麦肯锡（McKinsey & CO.）价值管理模式由卡普兰等人（1990）提出的。该模式可以简单理解为一种价值思维机制及其应用于整个经营管理实践，同样强调股东价值的核心地位，提倡将股东价值法应用于价值战略和价值评估。

麦肯锡公司提出（汤姆·科普兰等，2003），以价值为基础的管理可理解为价值创造的思维和将思维化为行动的必要的管理程序和制度二者的有机结合，如图4-4所示。

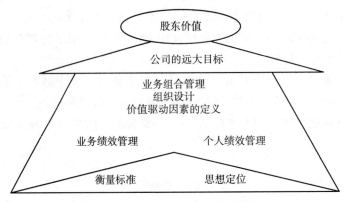

图4-4　麦肯锡公司的价值管理框架

首先，公司的行为建立在价值思维的基础上是使价值得以实现的前提。价值思维有两个方面：价值衡量标准和价值思想定位。价值衡量标准的核心问题是，管理层是否真正地了解公司是怎样创造价值的以及股票市场是怎样评估公司价值的。管理层是把长期和短期结果权衡看待还是只重视短期结果、是否把投资机会成本纳入了衡量标准、这些标准是基于经济结果还是基于会计结果等。价值思想定位是指管理层关心价值创造的程度，这种思想定位体现在管理者思维和行为的许多重要方面。一个方面是，管理者到底尽多大努力来创造价值；另一个方面是，管理者是把基于价值的管理看成是永久的行为还是一个短期的项目。其次，公司必须以价值创造的思维为基础，在既定的管理程序和制度的规范下采取必要的行动，以进一步强化股东价值的核心地位：第一，公司必须把长期目标与严格的价值创造指标结合起来；第二，公司必须严格管理所有的业务以创造最大的价值，在必要时还须进行重大重组；第三，公司必须保证其组织设计和文化能实现价值创造；第四，公司必须对每项业务的主要价值驱动因素有透彻的认识；第五，公司必须对每个业务单位的经营制定目标，并实行严格的绩效评估；第六，公司必须找到有效的途径，采用物质奖励和其他的激励方式，以激发管理者及全体员工创造价值的动机。

三、德勤价值管理框架

德勤公司的价值管理模式（朱蕾，2003）如图4-5所示，在价值驱动力和价值创造之间建立起了一种直观的联系，通过价值地图可以方便地考察在某个特定的公司里价值创造的具体过程。围绕如何提升价值，将企业创造价值的来源从增加收入、降低成本、资产管理和预期管理等方面，逐步细化为许多具体的细节问题，并称之为"价值驱动因素"(Value Drivers),这些价值驱动因素对公司价值的提升起着至关重要的作用。公司在选取了衡量企业价值创造的指标后很容易根据这个指标所包含的成分进行层层分解,确定所谓的"价值驱动要素",整个分解价值的过程就构成我们现在看到的"企业价值地图"。从地图上很容易看到围绕"现金流投资回报"这一终极目标,连续进行了不同层次的分解,构成了地图的金字塔结构。运用企业价值地图可以对企业现状进行分析,确定目前影响企业创造价值最大的驱动力是哪些;然后对这些"价值驱动力"的表现进行分析,以明确改善的方向和空间的大小;最后可以针对每一种特定的价值驱动力,制定具体的改善措施。在现状分析阶段,可以以自上而下的方式查阅地图,找出问题并进行分析;而在改善阶段,则可以以自下而上的方式查阅地图,随时对工作进展进行监控,明确关键之所在。

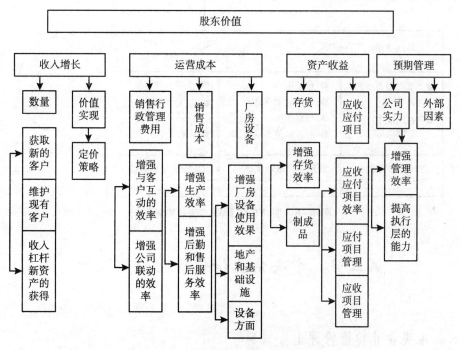

图4-5 德勤公司的企业价值地图

四、拉帕波特价值管理框架

在拉帕波特价值管理模式中,价值管理理论是建立在自由现金流的基础上,它沿袭了莫迪利安尼(Modigliani)和米勒(Miller)对企业价值的理解,把未来的现金流的折现视作企业价值,挖掘隐藏在企业价值背后的驱动因素,探讨这些因素之间的关系,实现股东价值增长的最大化。

拉帕波特价值管理模式的基本思想是应用股东价值管理方法制订战略计划、绩效评估和指导一系列决策活动。其核心是将价值创造的原则转化为具体的价值管理实践。首先，价值管理的成功实施需要管理层和组织内所有员工接受创造价值的一般原则：第一，价值受长期的、风险调整后的现金流，而不是短期收益的驱动；第二，不是所有的增长都能创造价值；第三，依托于毁损价值的战略的"价值创造计划"是一种劣质的投资。其次，价值管理的成功实施意味着组织接受了上述原则，并把这些原则转换为具体的实践：第一，不同的战略具有不同的价值创造潜力，应选择预期能产生最大股东增加值（SVA）的战略；第二，为所有资产寻找最高价值的用途；第三，将绩效评估和薪酬机制建立在股东增加值或其他长期价值指标的基础上；第四，当缺乏能够创造价值的投资机会时，将现金返还给股东。最后，公司以长期股东价值最大化作为目标来制定适合自己的管理程序和制度，一般包括三个阶段：第一，高层管理者必须坚信确实需要改革；第二，必须确定和正确导入适当的变革细节；第三，必须不断增强变革的势头以确保变革的持续。拉帕波特的价值管理模式（2002）如图4－6所示。

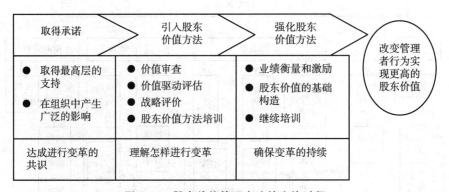

图4－6　股东价值管理方法的实施过程

第二节　中央企业价值管理框架设计

一、中央企业价值管理工作原则

中央企业建立价值管理体系，应坚持以科学发展为主题，以加快转型发展和结构升级为主线，以管理理念、管理行为、管理决策的重构和再造为重点，通过开展价值诊断活动、识别关键价值驱动因素、价值管理制度化、工具化和信息化建立起符合中央企业经营实际的价值管理和价值创造长效机制。

我们认为，中央企业建立价值管理体系，要把握以下原则：

1. 目标清晰，导向明确。价值管理体系要致力于企业价值最大化目标，致力于价值理念的全员普及，致力于EVA与经营管理的全面融合，致力于价值创造和价值分享文化机制的建立。

2. 统一认识，分步实施。中央企业负责人和各级管理人员要深刻认识建立价值管理体系的必要性和深远战略意义，统一价值理念和认识，高度重视价值管理各项工作的有序和协调推进，并持续和强力推进价值管理工作。价值管理工作分三个阶段实施，即：第一阶段为引入实施阶段；第二阶段为改进完善阶段；第三阶段为全面深入阶段。

3. 方案科学，切合实际。中央企业制定的价值管理工作方案和实施细则应切合自身经营管理实际，系统规划，科学设计，责任明确，做到方案易于理解和实际操作。

4. 理念先行，逐步深入。价值管理工作成功开展的关键在于集团公司和各级单位领导理念的转变，企业负责人要高度重视价值创造和资本成本理念的宣贯，组织实施全员系统培训。在价值理念全员普及的基础上逐步深入推进价值管理体系建设。

二、中央企业价值管理实施步骤

价值管理是一项长期而艰巨的任务，需要做系统的规划和长远的考虑。为实现中央企业价值管理工作总体目标，我们认为，价值管理工作按照三个阶段来实施比较可行。

第一阶段：引入实施阶段（1 年左右）。价值管理主要工作任务：

（1）全面开展价值诊断和关键驱动因素分析，明确价值管理重点；

（2）制定《价值管理体系工作方案》和配套管理改进办法；

（3）开展价值管理系统培训，全面宣贯价值管理理念和价值决策方法。

第二阶段：改进完善阶段（3 年左右）。价值管理主要工作任务：

（1）评估价值管理体系实施效果，改进完善《价值管理体系工作方案》；

（2）建立 EVA 预测和 EVA 决策数理模型，建立涵盖采购、生产、库存、销售、收款、投资和融资等核心业务环节的 EVA 决策分析工具；

（3）进一步深入推进价值管理体系建设，拓宽价值管理应用领域；

（4）研究建立价值管理信息系统，实现 EVA 考核、分析、预警、决策和对标的信息化。

第三阶段：全面深入阶段（5 年后）。价值管理主要工作任务：

（1）全面评估价值管理工作成效，在集团和所属各级单位全面运行基于 EVA 导向的战略规划、预算考核和薪酬激励等价值管理制度体系；

（2）全面强化价值创造和价值分享文化，最终建立切合中央企业经营实际的价值管理长效机制。

三、中央企业价值管理框架与核心内容

（一）中央企业价值管理基本框架

价值管理是中央企业经营管理模式的全面转型，是现有经营管理模式向价值创造、价值管理模式的根本转变，但价值管理不是对中央企业现行管理制度体系的否定

和全面变革，而是一种理念转变、制度调整和优化，因此，应在针对企业现行核心管理环节导入价值理念的基础上构建符合企业当前经营管理实际需要的中央价值管理框架（见图4-7）。

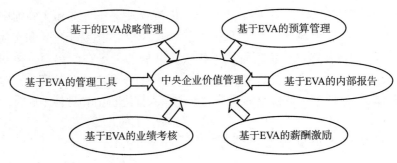

图4-7　中央企业价值管理框架设计

（二）中央企业价值管理的核心内容

1. 基于 EVA 的战略管理

基于 EVA 的战略管理是指企业基于企业价值最大化和 EVA 持续提升目标，形成企业长期经营的方向、方针、路线和指导原则，在对现有业务开展基于 EVA 的价值诊断和对新建项目投资进行 EVA 测算基础上，制定出规划目标、战略举措、资源配置、保障措施。基于 EVA 的战略规划主要包括基于 EVA 的战略规划、业务价值诊断和基于 EVA 的项目投资评价。

基于 EVA 的项目投资评价是指建立项目投资的 EVA 评价制度，评估项目投资资本来源、项目投资对企业资本占用、资本结构、资本成本指标的影响，预测项目投资一定周期内（或全周期）的价值创造情况。

2. 基于 EVA 的预算管理

基于 EVA 的预算管理是指企业在发展战略的引导下，基于价值创造和 EVA 持续提升目标而对现行预算管理目标、预算理念和预算指标体系进行基于 EVA 的适度调整和改革，在现行预算管理体系中建立基于价值最大化目标的预算约束机制，在预算管理体系设计、预算目标、预算编制、预算分析和预算考评环节全面体现价值导向和价值创造理念。

基于 EVA 的预算管理是在现行全面预算管理基础上进行调整和优化，主要内容是预算目标设定、预算起点、预算报表体系、预算分析、预算考评等预算管理环节以价值创造和 EVA 持续提升为核心导向。

3. 基于 EVA 的内部报告

基于 EVA 的管理报告是指企业建立针对 EVA 指标、EVA 关键驱动指标的日常跟踪、监控和定期总结分析的一套内部管理报告。EVA 管理报告制度体系的全面建立有助于集团和各单位管理人员及时掌握本单位 EVA 指标的变动情况、完成进度，以便及时做出价值改善决策。

EVA 管理报告制度体系主要包括 EVA 关键驱动因素分析报告、EVA 价值诊断分析报告、EVA 月度快报、EVA 季度分析报告和 EVA 年度总结报告等。

4. 基于 EVA 的管理工具

基于 EVA 的管理工具是指企业开发各项基于价值最大化和资本成本管理需要的各种管理决策工具，主要包括：建立 EVA 预测模型，EVA 驱动分析模型并建立采购、生产、库存、销售、融资等 EVA 日常管理决策工具。

5. 基于 EVA 的业绩考核

基于 EVA 的业绩考核是指企业按照发展战略目标，制定以 EVA 为导向的业绩考核体系，对企业经营者在一定期间的经营业绩和价值贡献做出客观、公正和准确的综合评判。

中央企业应按照"规范化、精准化和科学化"的要求，进一步完善现行业绩考核体系，进一步加大经济增加值考核工作的力度，不断拓展 EVA 考核的广度和深度，从而稳步提升中央企业价值创造能力和可持续发展能力。

6. 基于 EVA 的薪酬激励

基于 EVA 的薪酬激励是指企业从转变发展模式和树立价值最大化目标出发，建立以业绩考核为导向、以分享价值增值为重点、以工资预算总额和财务承受能力为约束、以短期和长期业绩相结合，以符合国有企业经营需要、发展阶段和行业薪酬水平的一套薪酬激励制度体系。

第三节 中央企业价值管理特征

EVA 可以真实地衡量企业的经营业绩，建立基于 EVA 导向的业绩考核体系相配套的激励机制，可以鼓励管理层积极进行价值创造。要保证价值的长期、持续提升，就必须建立以经济增加值为核心的价值管理体系，让价值管理真正成为核心管理的重要部分，是使价值管理能够指导管理层和企业员工的行为。

一、中央企业价值管理的目标：价值最大化战略

企业战略是设立远景目标并对现实的轨迹进行的总体性、指导性规划，是企业各种战略的统称。战略规划与企业价值创造密切相关。为了实现股东价值最大化，战略规划过程必须以价值最大化为导向。战略规划的目的是设计、选择和实施价值最大化战略。企业通过获取高于资本成本的投资收益实现价值创造，收益高于资本成本的投资越多，创造的价值就越大。

EVA 最大化是管理者做出各种决策的唯一准则，根据该准则可以按股东价值 EVA 最大化的原则对战略分析拟选的兼并、重组、投资决策等各种战略规划方案进行分析与

选择。中央企业可以通过 SWOT 分析选择可能的战略规划方案，并对每一个备选方案进行 EVA 分析，选择能够使企业实现 EVA 持续最大化的战略规划方案。首先，在对企业经营状况分析的基础上，根据公司业务 EVA 的正负情况，结合公司的市场运转及发展诉求提出可供选择的公司重组方案。其次，利用 EVA 进行资产重组分析，按 EVA 最大化确定重组方案。对 EVA 为正的业务进行投资，处置或出售 EVA 为负的业务。最后，分析选择提升 EVA 的关键价值驱动因素与业绩指标，提出促进企业健康快速发展的经营方案，如通过提出提升现有业务的销售利润率与资本周转率，改善资本结构，降低资本成本率等方式，分析提升该驱动因素与业绩指标的战略举措。

基于股东价值的战略规划分析，因判断依据都是最贴近企业实际的各项业绩指标，因此，更符合企业的经营目标和发展趋向，能够指导企业决策层围绕战略规划采取合理的运营手段。

基于价值的战略规划基本思路是：将价值衡量指标进行初步的分解，确定出基本的价值创造关键因素，再在既定的战略模式下围绕诸价值创造因素确定战略的基本内容。企业一旦确定了价值最大战略，必须将之转化为具体的长期和短期指标，且短期指标必须与长期指标相联系。指标的确定应结合企业的近、中远期战略规划，立足于经营单位的关键价值驱动因素，并应包括财务和非财务指标。其中，非财务指标可用所实现的具体的研究与发展目标的进度来补充财务指标，这对防止企业短期行为，保持企业持久的价值创造力尤为重要。指标是管理部门传达预期目标的手段。没有指标，企业管理人员就不知向何方向努力。指标不宜订得太低和过高，因为太低绩效平平；订得过高，可望而不可即，也就没有任何激励作用了。

二、中央企业价值管理的起点：业绩考核与驱动分析

（一）建立 EVA 为导向的业绩考核

国资委自 2010 年开始在中央企业全面开展经济增加值考核以来，实现了 EVA 考核在引入阶段的目标，取得了较好成效。当前，中央企业已经全面建立起以 EVA 为导向的业绩考核体系，价值创造和资本成本理念得到了贯彻和基本普及，投资决策也趋于理性。

为进一步深化 EVA 考核，推进 EVA 考核与管理融合，引导中央企业做强做优和科学健康发展，实现"规划、计划、预算、考核和激励"围绕价值主线一体化运行，迫切需要中央企业在现行 EVA 业绩考核的基础上逐步开展价值管理体系建设工作。

以 EVA 为导向的业绩考核要求中央企业：应建立以 EVA 为核心导向的经营业绩考核体系，实现 EVA 考核在所有子、分公司的全覆盖；大胆创新，并根据所处行业、经济规模、功能定位、发展阶段和管理基础等，制订和完善集团内部经济增加值考核方案；对二级企业的经济增加值考核权重应逐年加大，具备条件的企业力争达到 40% 以上，甚至全面取代利润指标；对第三任期开展的 EVA 考核工作进行全面总结，梳理存在的不足，把好的经验加以固化和制度化；将 EVA 考核范围逐步延伸到企业的各业务

领域，推动 EVA 考核工作与企业战略规划、计划预算、薪酬激励等经营管理环节的全面融入。

（二）开展关键驱动因素分析

价值驱动因素首先是由拉帕波特（Rappaport，1986）提出的概念，其主张企业价值就必须考虑股东权益价值，而企业股东权益价值的创造即来自价值动因。这些价值动因包括销售成长率、营业净利、所得税率、营业资金投资、固定资产投资与资金成本。股权价值驱动因素如图 4 - 8 所示。

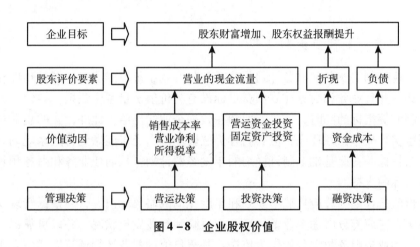

图 4 - 8　企业股权价值

奈特认为："价值驱动要素是对经营活动和财务运行效果有重大影响的运行因子，这一定义不仅仅限于运行效果，还包括所有决策得以实施的动力机制。"价值管理的一个重要环节是找出实际驱动企业价值的关键绩效变数，即关键的价值驱动因素。企业各个层面如产品开发、生产、营销及人力资源开发和利用等都存在不同的价值驱动因素。不同时期，由于企业所处的竞争环境、企业内部实力、企业或业务单位所处的生命周期存在差异，即使是同一个层面，其关键价值驱动因素也不同。

以 EVA 为导向的价值驱动因素分析包括当前经营价值的驱动因素分析和企业未来增长价值的驱动因素分析：

第一个层面是企业当前经营价值的驱动因素分析，它是由当前已投入资本创造的价值和投入资本的价值构成。根据 EVA 的计算公式 EVA = NOPAT - TC × WACC = TC × (ROIC - WACC)，当前投入资本创造的价值主要表现为税后经营净利润（NOPAT），投入资本主要表现为当期资本占用（TC）。因此，提高企业当前经营价值有两个途径是提高企业当期的税后经营净利润和减少不必要的资本占用。归结为一点，就是努力提高投资资本回报率（ROIC）。

第二个层面是企业未来增长价值的驱动因素分析，这一类价值的驱动因素主要是企业投资的增加，包括并购等股权性投资、扩大生产规模等资产性投资以及增加人才储备培训员工等人力资本投资等，当然还包括了企业研发费用的投入、大型的技术改造和不能创造价值甚至是毁损价值的业务或领域的战略性资本退出等。这一层面因素具有战略性，是企业价值驱动因素研究和管理的重点，它能够推动企业不断进行价值创造，增加企业未来 EVA 的现值，提高企业的未来成长价值（FGV）。

关键价值驱动因素确定后，对每个关键价值驱动因素，要制定具体负责和承担责任的部门和个人，通过企业上下各个部门和各位员工对他们各自可控的关键变量的管理来实现企业部门和企业整体的价值创造。

三、中央企业价值管理的抓手：价值预算与过程控制

（一）完善计划预算编制流程

国内企业编制的业务和财务计划预算通常与其基于价值的战略规划和年度化的战略目标想脱钩，并且业务和财务计划预算目标没有与价值衡量紧密联系，导致一方面在提高收入、利润等指标的同时，另一方面却在毁损企业的价值。此外，有的企业虽然对其战略规划也实行战略回顾程序，但其内容仍然较空泛，尚未能做到将战略规划合理分解为年度战略目标并在此基础上制订详细的年度经营计划，从而使业务和财务预算缺乏对价值创造目标的支持。

基于价值的计划预算应从战略规划和年度化的战略目标出发，并根据管理层和市场的预期制定，它应充分考虑企业整体运营的风险和行业发展状况，并以可靠的行业及竞争对手对标和业务财务数据分析作为依据。基于价值的财务计划预算以详细合理的业务计划为基础编制，其内容包括预算分析、预算执行预警和模拟不同财务风险和经营风险为基础的风险财务预算，从而为管理层的价值提升决策提供支持，实现对预算编制、修改和预算完成分析全过程的实时监控（见图4－9）。

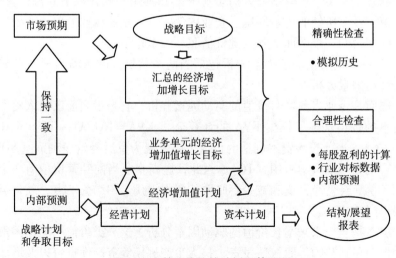

图4－9　基于价值的计划预算流程

（二）完善预算分析和经营监控体系

为了实现管理层对计划预算的执行和经营的实施监控，企业还应从财务、运营和行业与竞争三方面着手，完善其业绩分析和经营监控体系。

1. 在财务方面。需要对企业的财务状况用经济增加值进行分析，看其直接影响经济增加值的几个方面如资本回报率、税后净营业利润和资本周转率等的表现如何，找出企业需要加强的薄弱环节。

2. 在运营方面。需要从企业运营的角度将价值驱动因素进行分解分析，如将税后净营业利润分解为投资收益、其他业务收入、销售毛利率、经营费用率和管理费用率等指标，将资本周转率分解为净营运资产周转率和固定资产周转率，进行分析，掌握影响企业价值变动的主要原因。

3. 在企业所处的行业情况与竞争对手竞争能力方面。需要对所处行业的国际、国内竞争对手的相应指标进行对比分析，查找企业业绩变动原因，分析产品、渠道和客户价值贡献等情况，从而综合分析及预测企业未来的价值变动情况。分析企业的竞争能力，需要结合企业战略规划和计划预算，并对企业过去 3 ~ 5 年的经济增加值历史结果、当年经济增加值结果和未来 3 ~ 5 年的经济增加值预测结果进行趋势分析，从而确定企业的竞争能力。

四、中央企业价值管理的保障：合理划分 EVA 中心

为了更好地执行 EVA，中央企业首先将经营活动划分为一些内部联系的 EVA 中心。在这些 EVA 中心，EVA 将在一个持续进行的基础上被衡量和分析，更清楚地指出管理者行动和结果的关系，更好地承诺了薪酬和绩效之间精确和强有力的联系，并且引入了更有效率的风险管理方式。当然，EVA 中心更加明确划分了公司业务的上游和下游，此外，一些辅助性的 EVA 中心也应该在那些主要的 EVA 中心中建立起来，直到公司的最基层都建立了 EVA 中心。

没有两个企业拥有一模一样的 EVA 体系，每个企业都要按照自己的文化、历史、地域行业等特征制定自己的实施体系，每次实施过程中都会成立一个 EVA 实施指导委员会，由公司 CEO 等高管组成，这个委员会可以决定如何划分 EVA 中心，而无论公司的年报上如何披露公司的分部信息。由此可见，每个公司划分 EVA 中心的方法并不完全相同。

央企在划分可行的 EVA 中心过程中应考虑以下几个因素：

1. 特殊的管理体制。国内企业与国外企业在管理体制上的一个重要的区别在于权责划分的程度，尤其是在资本支出或者处置权、资本运作权方面。我国央企习惯于高度集权的管理方式，其下属企业难以获得充分授权，企业内部的业务单元就更得不到基本的资本处置与运作权。而 EVA 中心的本质在于它应该拥有资本处置权或者资本运作权。因此，央企在划分可行的 EVA 中心过程中，应该适当地放权，使下属企业拥有对应的

资本处置和运作权。

2. EVA 的实施是一个管理和控制的过程。必须服从企业的战略要求。EVA 中心并非建立在现有职能部门的基础上，而是以企业的发展战略为根本，根据具体业务流程的需要建立。只有能产生增值的业务单元，才能划分为 EVA 中心。因此，央企不能一味照搬国外企业的做法，应该根据各自的企业战略划分可行的 EVA 中心。

3. 机构设置。机构设置是以战略为基础的。企业战略的差异性使得每个企业的机构设置各不相同。因此，央企在划分 EVA 中心的过程中，需要考虑机构设置这一因素。有些企业建立了规范的法人治理结构，我们可以按照其法人机构划分若干可行的 EVA 中心。

4. 企业文化。又称组织文化，是指组织成员共有的价值体系，它使该组织独具特色，区别于其他组织。由于企业文化差异的存在，使得国内外企业在管理体制、机构设置等方面拥有各自的特点。所有央企在划分 EVA 中心时，应该结合自己特有的企业文化，形成具有本企业特色的划分方法，而不能照搬国外企业和其他国内企业的做法。

5. 转移定价。各 EVA 中心之间、EVA 中心与其他职能部门之间资源流动的转移定价同样是一个重要的制约因素。因为 EVA 作为一个价值指标，其引入并发挥作用的前提条件是内部定价的市场化以及内部市场的外部市场导向。做不到这一点，就表明资源定价是扭曲的，而由此产生的 EVA 也不具有真正的价值内涵。如果在集团内部尚未建立起完善的转移价格体系，不宜按照 EVA 中心的计算结果作为奖励的直接依据。因此，央企在划分 EVA 中心的过程中，可以建立或改进公司内各个 EVA 中心与其他部门之间的收费体系（如转移价格、成本分配），来改进对其的考核结果。

五、中央企业价值管理的动力：薪酬激励设计

与以经济增加值为核心的业绩考核体系相挂钩的激励制度，可以有效地将管理层和员工获得的激励报酬与他们为股东所创造的财富紧密相连；避免传统激励制度下所出现的只关注短期目标的行为，在业绩好时奖励有限，业绩差时惩罚不足的弊端，实现以激励长期价值创造为核心的激励制度，既体现了经营者价值，又保障了股东利益，实现一种股东、经营者双赢的激励机制。

构建以 EVA 为核心的经营管理人才激励机制，必须抓好两个要点：一是正确评估企业价值与经营管理者的业绩；二是在此基础上制定以 EVA 为核心的经营管理人员激励计划。

经济增加值薪酬方案由四部分组成：基本工资、年度奖金、中长期奖金和股票期权（见图 4－10）。其中固定部分的工资反映了人才市场的竞争性薪酬水平，应与在该员工所适用的人才市场上具有类似教育背景、技能、经验、从事类似职业的人群的平均薪资水平相当；年度奖金和中长期奖金共同组成经济增加值激励体系的奖金部分，这两部分薪

酬直接与经济增加值的表现相关。

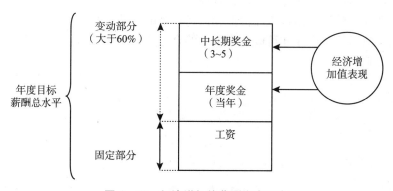

图 4 – 10 经济增加值薪酬方案示意

　　价值管理的核心是将价值与绩效和薪酬挂钩，从而赋予管理者和员工及股东关于企业成功与失败的同等使命和要求，使管理者和员工能真正为企业所有者着想，并站在股东角度长远地看待问题，且得到像企业所有者一样的报酬。有效的绩效评估与激励机制，能把价值驱动因素转变成价值创造的具体行动，并把价值创造的业绩与个人的薪酬结合起来，进而实现价值管理的目标。因此，实施价值管理比较成功的公司往往都会根据各自的价值驱动因素，特别是其中的关键价值驱动因素，建立覆盖范围非常广泛的绩效评估和激励机制。目前，在许多组织中，绩效考核与激励没有与公司或经营单位的战略联系起来，这样会对公司价值管理产生负面影响。因此，价值管理需要对公司现行的绩效考核与激励方式进行变革。在选择绩效考核与激励指标时，要在综合考虑价值驱动因素、评估对象、指标特征等方面的因素后，慎重选择。

六、中央企业价值管理的长效机制：价值文化改变行为

　　EVA 是一个超强的理念体系，它能凝聚股东、经理和员工，并形成一种框架指导公司的每一个决策，在利益一致的激励下，用团队精神大力开发企业潜能，最大限度地调动各种力量，形成一种奋斗气势，人人关心 EVA，共同努力提高效率，降低成本，减少浪费，提高资本运营能力，每增加一个 EVA，都有努力者的一份，所有员工协同工作，积极地追求最好的业绩。这种企业文化的作用力对企业来说具有非同小可的意义。

　　EVA 文化既不认可靠投机获取的价值，也不鼓励靠扩张来体现增长的行为，而是营造创造价值、提高效率、协同共赢的文化氛围。这一文化应该成为企业领导者和管理者达成共识的理念文化，作为长期关注企业效益的 CFO 们在助推价值文化建设的责任方面也是义不容辞的。

　　价值管理关注企业全体员工的价值思维，它把价值创造思维与将思维化为行动的必要管理结合起来。企业不仅要在日常活动和决策中体现价值思维方式，还必须通过制度

约束和宣传教育对全体员工进行积极引导，让每位员工都认同价值管理是企业必须进行的一项工作，从而让他们能够接受价值管理将会带来的变革，以调动全体员工参与价值管理的主动性和积极性，培育关注价值和创造价值的企业文化。只有员工的价值观与企业的价值观一致以后，企业才可能凭借员工的合力在竞争中获取优势地位，进而达到价值管理的最终目的。

第五章

中央企业价值管理的组织保障

第一节 EVA 价值中心及其划分

一、EVA 价值中心概述

"EVA 中心"是指一个集团公司或企业内部基于其运营模式、业务特点、管控模式、决策权利分配的要求来设计责权利统一且不同层级的 EVA 考核与价值管理中心。EVA 中心应能够对其自身创造的 EVA 进行计算和管理。最标准的"EVA 中心"是定位为投资中心的责任单位，利润中心和成本中心也可作为"EVA 中心"。EVA 中心的设置通常至少应该考虑两个因素：一是特征便于归纳，纳入同一 EVA 中心的各企业应当具有价值创造的完整性，同时这种特征明显且便于整理和总结，使集团管理层很容易将他们划分到一个 EVA 中心去。二是在划分 EVA 中心时应当符合企业实际情况，与企业产业特征相匹配。

理想的 EVA 中心通常具有以下特点：

1. 类市场的环境：价值中心与公司内其他业务部门发生经济关系时（通常是内部供应或内部销售），能够以类市场的方式进行。

2. 明确的权责：能够清晰地配置相应的决策权和相应的经济责任。

3. 一个相对完全的业务流程：理想情况下，价值中心应当对其从事的经济活动的经济结果有比较完整的影响能力。

4. 明确可分的收入和成本，包括资本成本：当从财务上定义价值中心的价值结果时，能够方便地确认收入、成本（包括资本成本）和费用，不牵涉到复杂的分摊。

当然，在公司内部划分权责中心和价值中心时，所形成的结果往往无法完全满足上面的诸多特点。因此，公司在进行划分工作，并依此进行价值单元管理的时候，应充分考虑到企业的自身特点，以价值管理的有效性和可操作性为原则，不宜生搬硬套。

EVA 中心不同于成本费用中心和利润中心，本质在于它应成为拥有资本处置权的价值中心。它关系到以下一些关键性因素：（1）各 EVA 中心间存量资产的形成并非按照自由市场原则，因而当 EVA 中心运作时，将面临各 EVA 中心资产质量良莠不齐、资本占用额与产出或收入配比不合理，以至于不同 EVA 中心无法在同一企业内部实现考核标准与相关激励制度的公平性。（2）中外企业在管理体制上的一个重要区别在于权责划分的程度，尤其是在资本支出或处置权、资本运作权方面，中国企业的子公司难以获得母公司的充分授权，企业内部的业务单元就更得不到基本的资本处置与运作权。在没有资本权限的情况下，EVA 中心又如何去创造、考核以至分享价值呢？（3）资本处置权之外，各 EVA 中心之间、EVA 中心与其他职能部门之间资源流动的转移定价也是一个重要的制约因素。因为 EVA 作为一个价值指标，其引入并发挥作用的前提条件是内部定价的市场化以及内部市场的外部市场导向。做不到这一点，就表明资源定价是扭曲的，而由此产生的 EVA 也不具有真正的价值内涵。（4）不仅如此，在企业内部的业务单元建立 EVA 中心，还意味着将公司层面的价值创造向下层或一线业务部门传递、分摊。但是，EVA 从本质上说，应当仅仅作为企业层面的价值概念，一旦往企业内部的下层分摊，就失去了原本价值衡量的规范。或者说，这时的 EVA 已不再是纯粹的价值概念了。

二、EVA 中心划分依据

EVA 中心是一个权责中心，能够对价值创造负责，能够独立核算，价值中心要体现权利一致，价值创造者能够享受价值回报。通常一个业务都是一个天然的 EVA 中心。EVA 的划分需要基于业务特点、组织模式、决策权利分配，来设计责权利统一的 EVA 价值中心，由于不同业务之间的性质不同，因此，在不同业务内部进行 EVA 划分也不同。

任何 EVA 中心都应当满足以下三个原则：（1）每个中心的资产责任与管理责任是明确的，EVA 是可计量的；（2）组织内部交易通过流程再造会大大减少，或者内部转移价格的制定有明确的为各中心接受的变动协议或规则；（3）每个中心内部流程不存在非增值作业。

为了达到上述目标，在 EVA 实施中需要进行组织设计，即对管理权限集约化与非集约化进行选择，增加内部责任及分权力度。但分权系统会牺牲集约化决策带来的利益，因此组织设计必须考虑除满足 EVA 中心划分原则以外的其他因素，综合判断组织与流程。

中央企业在划分 EVA 价值中心时主要考虑产权控股关系、业务部门或品种、产业链等。EVA 中心划分有三种思路：

1. 创立"群组结构"

若不同的业务部门或品种之间存在显著的协同关系，可以将这些部门或品种合并成一个"群组"，作为一个 EVA 中心，在此层面上衡量和考核管理者。其优点是鼓励群组主管承担市场风险，并激励该群组主管在组成该群组的各部门之间积极寻求协同，并在群组内解决有关成本分摊和收入分配的冲突。尽管在群组内仍存在间接费用的分摊和转移价格的问题，但最终不会对整个集团的业绩造成影响。该模式可能带来的负面影响是由于层级的增加可能降低对市场的反应。该模式比较适合于业务单元之间产品和服务的关联性和依赖性都很强的企业。

2. "事业部交叉挂钩的薪酬"模式

这种模式不谋求将内部交易相关的部门或组织进行合并，但在部门激励计划设计时，考虑相关部门间的交互性，以达到捆绑的目的，即：将部门的 EVA 红利计划和其他部门的 EVA 红利计划相联系，如甲部门是设计部门，而乙部门是制造部门，最终甲部门的红利 60% 依据本部门绩效，40% 依据乙部门的绩效。当然这也需要两个部门间的谈判和协调。

实施时需注意的问题：（1）可能会出现管理者以牺牲另一个部门的 EVA 为代价换取所属部门的 EVA 增长。（2）比例的确定仍可能是以协商为基础的讨价还价，这种谈判可能由于业务单元管理者的能力差异导致扭曲进而产生错误激励，即容易陷入"博弈"困境。（3）对行政管理人员的考核应按照企业 EVA 总额附带其可控的关键因素。该模式适合于分权的事业部，业务单元不是很多，且各自功效较容易界定的企业。

上述两种按照传统组织结构实施 EVA 的过程中，当公司采取垂直一体化管理时，集团内部间的转让和交易会增多，总部在全球利益最大化主导思想下对各经营单位的控制能力增强。可能出现的问题是：局部单元按最优化方式取得的 EVA 为正值，但对总部整体战略影响是负面的，因此必须要注意全部成本和收益的权衡，如果要实现全球利益最大化，必须考虑由总部统一制定的转移价格可能对局部单元的绩效评价产生的不公正影响，现实中可考虑两种处理的办法：一是在考评时剔除总部施加的转移价格影响，二是在局部单元中采取两套报表。

3. 价值链分析法

该方法不同于传统的将注意力放在部门的权责界限上，特别是那些对编制资产负债表和损益表负有完全责任的部门，而是将注意力集中在部门间的作业流程上，通过识别企业的价值活动，了解哪些作业在增加价值，哪些在损毁价值；哪些是价值创造的关键领域。对同类作业的活动进行合并、对非增值作业进行改造和调整，扩大关键领域作业。这要求各部门经理运用能够拥有的权力，对本部门所掌握的资源进行调整和整合，建立 EVA 中心，使每个部门相当于一个独立核算的分公司，这种按成本驱动因素而不以规模为成本分摊费用基础的管理模式，能更好地反映公司营运和间接成本之间的因果关系，还能够用于正确确定如何将各部门资产分摊到独立的营运部门，以提高计算部门资本成本的精确度。

实施前需注意的问题：（1）作业链分析方案高度依赖于与公司其他各职能部门和流程的联系，并且高度依赖于与关键外部环境如顾客和供应商的联系。如果没有考虑上述各种不同的活动和部门之间关系的反馈和动态特征，那么将导致高昂的附带成本。（2）随着公司继续寻求对外资源，企业活动有可能会超出机构的正式法律边界，相应要将一些职能部门从公司剥离出去，管理人员必须确保将这些单独的法律实体（包括供应商、分销商和服务商等）作为一个经济实体来管理。（3）流程改良的最终目的是确保业绩单元对市场迅速做出反应，并年复一年地创造卓越经营业绩。该模式比较适合管理组织追求网络化、扁平化、柔性化的发展趋势的企业，如战略经营单位。

当然，无论采取何种设计模式，都应当明确：（1）没有一种部门业绩衡量标准，不管是净收益、净资产收益率（ROE）或 EVA，能够完全反映部门间的协同效应——也就是使企业总价值大于各部门简单加总的共享收益或成本。如果各部门间没有协同效应，那么管理层就应重新审视他们的战略，考虑出售或分拆部门。（2）行业特征是 EVA 中心设立的重要变量。有些企业的业务单元有独立的资产负债表和损益表，是天然的 EVA 中心（如服务性企业），而制造业由于相互依赖的程度较大，很难界定业务单元的收入，可以采取人为的 EVA 中心。（3）对 EVA 中心以下的基层部门是无法考察其"EVA 结果"的，但却可以考察"EVA 状态"，即采取 EVA 驱动因素。这些因素相比 EVA 本身有两个长处：一是在基层可以更精确地加以衡量。二是与基层管理者的职责对应得更加紧密，比如营运周期、存货周转期等，在挑选指标时一定要确保指标与管理者的职责高度关联；同时，无论该指标是前瞻性的或非财务的指标，最终一定要与 EVA 高度关联，否则必定影响 EVA 实施的结果。

在 EVA 考核初期，中央企业应将投资中心或利润中心设置为 EVA 中心，并对这些 EVA 中心的企业负责人进行 EVA 业绩考核。由于 EVA 考核体系尚未成熟，中央企业目前不宜将成本中心、费用中心、收入中心以及车间班组设置为 EVA 中心，并对这些基层 EVA 中心开展 EVA 考核。

三、EVA 中心职责设置

中央企业及所属的各级 EVA 中心主要在于贯彻和落实国资委经济增加值考核要求，调整资产结构和业务结构，改善盈利结构和盈利质量，在确保集团公司整体 EVA 指标最大化前提下努力提升本级 EVA 中心的 EVA 指标。各级 EVA 价值中心的具体职责设置：业务价值诊断、驱动因素识别、日常指标监控、价值改进建议等。

驱动因素识别是在价值驱动因素分析的基础上，判断哪些因素会影响企业价值，并将所识别因素进行分类，形成一套 EVA 价值评价指标体系。日常指标监控要求工作人员利用 ERP 管理系统等对价值管理工作开展进行日常的监督控制，以确保价值管理工作又好又快开展；而价值提升是对价值管理实施过程中发现的毁损行为进行及时改正，减少企业资源浪费，提高资本使用效率，实现企业价值最大化。

第二节　中央企业价值管理部门设置

一、战略层面价值管理部门设置

价值管理联系着企业的现在和未来，中央企业各层级都应给予高度重视和大力支持，要在人力资源配置、组织机构设置等方面提供必要的保证。

中央企业可以在董事会下设立价值管理委员会，或指定相关机构负责发开价值管理工作，履行相应职责。价值管理委员会对董事会负责，成员可包括董事长和其他董事。

价值管理委员会委员应当具有较强的综合素质和实践经验。比如，熟悉公司业务经营运作特点，具有市场敏感性和综合判断能力，了解国家宏观政策走向及国内外经济、行业发展趋势等。同时，委员的任职资格和选任程序应符合有关法律法规和企业章程的规定。价值管理委员会主席应当由董事长担任；委员中应当有一定数量的独立董事，以保证委员会更具独立性和专业性。必要时，价值管理委员会还可聘请社会专业人士担任顾问，提供专业咨询意见。

价值管理委员会的主要职责是指导企业价值管理工作的开展，保证价值管理工作持续稳定开展下去。具体包括：制定公司战略规划、指导价值驱动因素指标体系的确定、指导 EVA 中心的划分、指导价值预算与过程控制方法的确定、指导企业价值文化建设、定期对价值管理工作的实施情况予以评价并提出改进建议等。

为确保价值管理委员会议事过程透明、决策程序科学民主，企业应当明确相关议事规则，对价值管理委员会会议的召开程序、表决方式、提案审议、保密要求和会议记录等做出明确约定。

二、执行层面价值管理部门设置

为了使公司价值管理委工作落到实处，企业除了在董事会层面设立价值管理委员会外，还应在内部机构中设置专门的价值管理工作办公室或指定相关部门，承担价值管理委员会有关具体工作。中央企业可将价值管理工作办公室分为若干个职权部门，每个职权部有专门的职权部长。企业经理层作为价值管理计划制定的直接参与者，往往比一般员工掌握更多的价值管理信息，对企业发展目标、战略规划和战略实施路径的理解和体会也更加全面深刻，应当担当价值管理实施的领导者，主要职责是：上传下达，负责价值管理工作的具体开展。价值管理委员会把制定好的价值管理工作指导原则进行细化，包括战略规划的具体分解、价值管理指标体系的分解及标准的确定，还包括公司年度、月度价值预算的编制、实施以及反馈，EVA 价值中心任务的下达和考核等。要根据"统一领导、统一指挥"的原则，围绕发展战略的有效实施，卓有成效地发挥企业经理层在资源分配、内部机构优化、企业文化培育、信息沟通、考核激励相关制度建设等方面的协调、平衡和决策作用，确保价值管理的有效实施。

三、操作层面价值管理部门设置

价值管理实施过程是一个系统的有机整体，需要研发、生产、营销、财务、人力资源等各个职能部门间的密切配合。因而还应成立价值管理工作小组，实际操作价值管理各部分具体事项。价值工作小组由价值管理工作办公室产生，对其负责，服从安排，并把价值管理执行结果汇报给价值管理工作办公室。

第三节　价值管理部门设置重要意义

一、全面规划和推进价值管理工作

在全面引入 EVA 价值管理之前，企业价值管理流于形式，没有相应的管理部门。央企内部依然存在各种毁损企业价值的行为，而创造央企价值的行为也没有得到及时的鼓励，资产使用效率底下，部分央企年年出现负的 EVA。因此，要确保价值管理工作的顺利开展，就要赋予价值管理人员相应的权力。而部门设置，对价值管理组织结构每个层级都匹配了相应职责和权限，确保价值管理工作在各自的权限范围内顺利、持续开展。另外，价值管理是全员性的工作。要真正开展价值管理工作需要企业全员参与。

二、理顺部门及其定位，防止相互推诿

价值管理体系要求企业从上至下全面树立起价值创造的观念，各部门之间的目标统一为如何创造价值，减少了部门间因目标不一致而导致的冲突。各部门只有密切配合才能实现企业价值的持续增长，才能获得更高的报酬，因此价值管理体系需要成立专门的部门来协同各部门积极协作推进。

价值管理体系开展通常应在董事会下设立价值管理委员会作为价值管理工作的决策层，对董事会负责，进行价值管理相关工作的指导；而执行层由价值管理办公室组成，价值管理办公室可以单独设置为一个职能部门，也可设立挂靠在负责 EVA 考核与管理的企业管理部、人力资源部、财务管理部等部门。价值管理办公室负责价值管理工作的具体执行；最底下一层是操作层，由价值管理小组组成，各小组对各办公室负责，具体履行价值管理工作职责，为企业直接创造价值。由此可见，价值管理三个层级各有分工、相互分工，确保价值管理工作能够层层分解并得到落实。

三、明确牵头部门，进行有效奖惩

由以上分析可知，价值管理决策层，即价值管理委员会是价值管理工作开展的牵头部门；执行层，即价值管理办公室是责任部门，而以价值管理小组为主的操作层则是价值管理工作的配合部门，由此开展价值管理各环节的工作，并对价值管理结果进行考核反馈。

第六章

价值管理常见问题与实施建议

第一节 价值理念全面融入问题分析

一、对 EVA 理念的解读

EVA 与其他衡量经营业绩的指标相比，有两大特点：一是剔除了所有成本。EVA 不仅像会计利润一样扣除了债权成本，而且还扣除了股权资本成本。二是尽量剔除会计失真的影响。传统的评价指标如会计收益都存在某种程度的会计失真，从而歪曲了企业的真实经营业绩。EVA 则对会计信息进行必要的调整，消除了传统会计的稳健性原则所导致的会计数据不合理现象，使调整后的数据更接近现金流，更能反映企业的真实业绩。因此，EVA 更真实、客观地反映了企业真正的经营业绩。然而，也不能简单的认为追求 EVA 值越大越好，而应该是质量约束下的越大越好。经济增加值的质量主要体现在：结构质量，即构成中的经营性经济增加值要占到 75% 以上；投入质量，即投入资本要占到总资产的 65% 以上；效率质量，即投入资本产出的经济增加值越大越有效率；增长质量，即当期比前期越来越好。

EVA 理论的本质在于以实现价值创造为目的，采用 EVA 考核、进而实行 EVA 管理最终达到"价值的实现"，或者说价值为资本市场所认同，即"公允价值"。企业不一定要按照正宗理论那样，只有将 EVA 作为唯一指标，或只有在企业中建立一个以业务单元为基础的"EVA 中心"，才能创造价值，而是以企业创造价值的方式，即以 EVA 作为核心业绩考核指标之一。

国资委对央企考核实行的是经济增加值替代净资产收益率的方案，采取的是经济增加值和利润总额双重目标的考核导向。EVA 指标强调的是资金的合理来源与资金的有效运用，即强调资本约束和价值创造，这与央企目前追求利润、加大投资和规模发展有些冲突。因此我们认为，央企在推进 EVA 考核的同时，还应该正确处理好 EVA 与利润、投资和规模发展的关系。

1. EVA 不是反对利润。EVA 与利润并不矛盾，EVA 指标实质上就是经济利润指标，只是对利润指标的再调整和计算，EVA 要求的是营业利润、可持续的利润和高质量的利润。

2. EVA 不是反对投资。EVA 与投资并不矛盾，EVA 不是减少投资或不投资。EVA 需要适度合理的投资，EVA 需要有价值回报的投资，EVA 需要理性和谨慎的投资，EVA 需要围绕主业和核心产业的投资，即 EVA 要求投资回归主业，杜绝盲目投资、重复投资和无效、低效投资。

3. EVA 不是反对规模发展。目前，一些央企及所属单位负责人依然偏好于"上项目、搞发展、铺摊子"的粗放式发展方式。虽然对于部分规模较小的央企而言，依然需要进行规模扩张，但对大多数规模较大的央企来说，更应在注重规模发展的同时，将发展重点转移到发展的质量和效益上来。我们认为，EVA 考核并不排斥规模发展，但 EVA 需要适度发展的规模，需要有核心竞争力和有价值创造能力的规模。

二、对价值管理的认识误区

中央企业负责人和各级管理人员应深刻理解和把握价值管理体系的内涵、目标、流程、步骤和关键成功因素等内容，这样才能统一思想和行动，有序开展和协调推进价值管理体系建设。

当前，部分企业管理人员对 EVA 考核和价值管理存在着较多误解，甚至反对 EVA 考核及价值管理工作。这些认识误区主要表现如下：

1. EVA 作为一项财务指标与利润指标一样存在严重的滞后性。因此，EVA 较为适合成熟稳定型企业，不适合快速发展或转型期企业。

2. 企业现有管理制度体系已经非常健全和完善，引入价值管理体系建设，是一种重复工作，与现行管理不相容。

3. 也有管理人员认为，价值管理是无所不能的，价值管理是一项无所不包的综合管理方法。

对 EVA 考核与价值管理体系的正确认识如下：

1. 不仅投资者要关注企业的内在价值，公司管理者更应当关注企业的内在价值。唯此，才能有效实施旨在提高股东价值的"价值管理"。

2. 价值管理的一项基本内容就是将企业所有的管理行动指向同一个目标：最大限度地提升企业的长期经济增加值。

3. 无论是对于美国的企业还是对于中国的企业，价值管理都还是一项高难度的工作挑战，都还有很长的路要走。企业负责人对此必须有清醒的认识。

4. 在推进价值管理的初期，不要一下子陷于具体细节的纠缠，比如 EVA 计算的调整事项等。那些应用 EVA 不成功的公司往往过多关注会计科目的调整，这样做不但成本巨大、缺乏实际操作性，而且会使企业管理人员对 EVA 产生畏难情绪。

三、EVA 考核和价值管理再认识

根据前面的分析，我们发现，如果使用恰当，EVA 可以帮助企业实施一项复杂的价值管理计划。当我们对 EVA 进行这种全方位的考察时，它会与价值管理的概念融为一体。我们将从以下几点对 EVA 和价值管理进行再认识：

1. EVA 业绩考核不仅是引入 EVA 指标的实质性考核，更是要建立一个基于 EVA 的价值管理体系

目前的 EVA 业绩考核不能仅仅认为就是引入了一个考核指标而已，EVA 不仅仅是一个考核指标，更是一个价值管理基本工具和正确的经营理念、思维和行为方式。EVA 业绩考核一定是需要企业负责人进行经营管理行为的转变，否则，EVA 业绩考核的效果将大打折扣。目前，许多央企认为这仅仅是考核而已，甚至认为仅仅是转换一个考核指标而已，其经营管理依然是利润导向下的思维和行为，经营管理理念和行为没有多大变化甚至没有任何改变。

2. EVA 考核与管理是"一把手"工程，应高度重视 EVA 考核与管理工作

EVA 业绩考核是对企业负责人的考核，EVA 考核与管理是系统工程，更是"一把手"工程，企业负责人应高度重视 EVA 考核与管理工作，应亲自宣传 EVA 的核心理念，强力推进 EVA 业绩考核与管理。EVA 考核与管理是企业各部门全力协同和合作的事情，因而，集团公司有必要成立 EVA 业绩考核工作机构（各职能部门负责人全面参加），来全面负责、实施和推进 EVA 业绩考核与管理工作。

3. EVA 业绩考核是考核、经营和管理的全面转变

EVA 业绩考核不仅仅是考核理念和方式的重大转变，即从利润考核转向价值考核，而且更是企业经营管理行为的转变，是领导行为和决策方式的转变。如果企业负责人的理念没有转变，职能部门负责人理念转变是没有意义，也是不太现实的。

4. EVA 业绩考核不是颠覆过去，是对现有绩效考核体系的完善

EVA 不仅仅是一个核心考核指标，更是一种管理理念，是一个价值管理体系。EVA 业绩考核不能被简单地认为是财务部门根据财务报表对其调整后计算出 EVA 指标用于对企业负责人的考核。EVA 指标应该是一个短期财务绩效结果和长期健康、可持续发展的综合衡量。央企应构建一个基于 EVA 的业绩考核体系，对现有绩效考核体系进行调整和补充，科学设计以 EVA 指标为核心的考核指标体系。

第二节　价值管理运行机制问题分析

一、"价值预算"实际效果问题分析

近年来，中央企业在内部推行现代企业制度，内部管理进步明显。然而，就预算来讲，尽管中央企业推行了全面预算管理，但预算管理的价值远远没有得到发挥。这主要源于认识偏差和实践方面的一些欠缺。

（一）认识偏差

在分析央企价值预算过程中，发现很多企业对全面预算的认识不太全面。比较突出的问题有两个，一是很多人认为国资委提出的若干张表就是全面预算要求的最终成果，二是很多人将预算误解为只有年度预算。

全面预算本身是一套管理体系，需要有预算的组织制度流程，需要有预算的目标分解、编制分析、执行控制，以及一整套体系和最后的经营成果和绩效考核。全面预算有一个重要视角，就是业务的视角。业务的视角强调的是从 KPI 的分解到业务逻辑和业务过程。央企能不能实现从财务预算到全面预算的转换影响着价值预算实施的效果。自2003 年成立伊始，国资委就开始在中央企业推行财务预算，经过数年来持续的努力，已使中央企业全面推行了财务预算。财务预算和全面预算的本质差异在于，全面预算不仅仅是财务问题，而是把战略落地当成预算的核心内容。而这个超出了财务部门本身的职能范围。

将预算误解为只有年度预算，这样做最大的问题就是很难兼顾长短期。预算如何避免这种年度和中长期两张皮的现象，是个难题。而如何解决年度目标与执行的问题，则同样令人困惑。

（二）实践方面的一些欠缺

中央企业组织结构比较复杂，层级结构非常多。由于每个层级本身定位不同，因而在各层级全面预算里面承担的责任也不一样，央企在做价值预算时需要进行详细划分。比如，明确说明总部在全面预算上管理的程度，以及总部到二级公司、三级公司、一直到基层单位。另外对于这种多层级架构的企业，价值预算能不能体现层级的差异性。

中央企业业务范围比较广，不同的业务应该采用不同的预算管理方法，即业务模式完全不同，很难用同一套预算管理体系来管理和控制。而且近几年来很多国有企业通过并购、重组扩大了自己的规模，发展非常快，新旧企业、管理好坏的企业所采用的价值预算也是有差别的。因此，央企在价值预算时要考虑到这些因素，而这正是现行价值预算管理的漏洞。

真正把业务预算作为编制内容的很少，对特殊业务编制滚动预算就更寥寥无几了。我们知道，企业可以通过滚动预算应对相关的外部经营环境的变化。在很多情况下，意外事件已经成为引起或者影响企业业绩的重要因素。然而，在面对意外事件的影响时，企业没有采用月度滚动预算做出迅速反应，有些央企还缺乏建立全面预算管理机制的信息化平台。这也给央企做全面预算带来了难度。

二、"对标管理"实际效果问题分析

对标管理也称标杆管理，即通过对比标杆寻找差距，是一种适用性很强的管理工具。对标管理认为，大多数企业具有相通的流程，因此可以寻找在某些活动、功能、流程等环节上表现优异的企业为标杆，将本企业的绩效与这些标杆企业进行对比，对存在的问题及时改进，从而缩小距离。对标管理是不断寻找和研究优秀企业的最佳实践，并以此为基准与本企业进行比较、分析、判断，从而使本企业得到不断改进，使自身创造优秀业绩的良性循环过程。

国资委在《关于认真做好2010年中央企业经营业绩考核工作的通知》中明确提出，央企应主动开展对标工作，通过对标工作，深入挖掘自身优势，找出差距，持续改进，不断提高经营业绩水平。在国务院国资委的大力推动下，对标管理已经被越来越多的大型央企所采用，他们纷纷与台塑、淡马锡等国际先进企业对标，在引进西方先进管理经验的同时，将其本土化、再创新，快速提升组织绩效和竞争力。

在国资委的大力推动下，各央企纷纷仿效优秀企业，开展对标管理，但在具体实践中，真正把对标管理运用到位的并不多。有些企业仍停留在较肤浅的层次上，甚至有企业在应用过程中误解对标理念，主要表现为：

1. 标杆选择不实际。部分企业脱离自身条件，盲目选择世界超一流企业为标杆，或者局限于同行业来选择标杆，其实标杆目标设置过高或过低都是不合适的。设置过高，脱离企业的实际而无法实现。设置过低，过于容易实现则管理水平得不到提升。

2. 指标选取不合理。部分企业提取对标指标没有以流程为导向，而是以职能为导向，导致将指标简单地指派到某个具体部门，而使指标无法落实。也有部分企业在实际操作中将对标单纯理解为对标指标上，选择标杆企业指标时，停留在历史数据和成本费用控制上，对未来发展趋势、战略目标和核心竞争力提升则缺乏关注。过于关注财务结果而忽视过程管理，会使对标管理不能发挥应有的作用，企业管理水平仍会停留在原先的水平。

3. 对标改进目标不明确。部分企业在对标管理工作过程中没有形成一个系统的改进计划，不知道对标管理应掌握运营成本、运营效率、研发能力还是其他方面，导致对标管理没有落实具体改进措施，这样也就难以使企业通过对标不断提升管理能力，形成良性跨越发展。

三、薪酬激励机制问题分析

国资委于2003年成立以后，陆续制定出台了中央企业负责人薪酬管理、业绩考核、股权激励、职务消费、兼职取酬等若干管理办法和指导意见，对企业负责人普遍实行了以业绩为导向的年度薪酬制度。企业负责人基薪根据国有企业职工平均工资水平，结合企业经济规模和收入状况等因素综合确定。绩效薪金与年度经营业绩考核结果挂钩，根据年度经营业绩考核级别及考核分数确定。同时，按照"规范起步、循序渐进、总结完善、逐步到位"的工作思路，国资委对中央企业建立中长期激励机制进行了探索。中央企业内部分别采用岗位薪酬制、技能薪酬制、结构薪酬制、绩效薪酬制等薪酬制度。2010年起，国资委在中央企业全面推行EVA考核，企业负责人薪酬跟绩效考核结果挂钩。

目前中央企业的薪酬分配制度，还处于不断探索和完善的改革试验阶段，与现代科学、公平合理的薪酬分配制度要求相比，还存在许多亟待研究和解决的问题。

（一）收入分配问题依然突出

1. 劳动报酬比重逐步下降。改革开放以来，中国经济高速增长，2007 年中国总产值超过德国，居世界第二，2010 年中国经济总量预测将超过日本，成为世界第二大经济体。由于资本、技术等生产要素参与分配，劳动报酬在国民收入初次分配总额中的比重逐年下降，劳动报酬占 GDP 比重，在 1983 年达到 56.5% 后持续下降，2005 年为 36.7%，连降 22 年，而从 1978 年至 2005 年，资本报酬占 GDP 的比重上升了 20 个百分点。

2. 收入分配差距未能有效缓解。职工平均工资地区差距仍在拉大，2000 年，在陕西省内各地市中职工平均工资最低的商洛市与职工平均工资最高的西安市差距为 1 848 元，到 2008 年，这一差距扩大到 12 687 元。行业间工资收入差距依然较大，1998 年，职工平均工资最低的行业与最高行业的差距为 2.35 倍。到 2005 年，行业工资差距扩大到 4.88 倍。

3. 各个阶层收入增长速度有差异。按照国际通用的社会平均工资法，月最低工资标准一般是月平均工资的 40% ~ 60%，目前中国所有地区的最低工资上限仅为平均工资的 43% 左右，平均水平则明显低于 40% 的下限，按照社会平均工资法，没有一个省份达到了最低工资标准水平。据国务院发展研究中心统计，居民收入基尼系数 1994 年突破警戒临界点，目前已超过 0.45，收入分配已走到了亟需调整的"十字路口"。

（二）国家收入分配监管力度不断增强

收入分配是整个社会经济系统中一个十分重要的子系统。收入分配的状况不仅会影响生产的效率，而且会影响人们的切身利益，从而影响社会的协调与稳定。国家领导把"收入分配不公"作为影响社会稳定和政权巩固的三大因素之一进行了重点强调，温家宝总理发文指出："当前，收入分配问题已经到了必须下大力气解决的时候"。2010 年政府工作报告对理顺收入分配关系，改革收入分配制度，完善对垄断行业工资总额和工资水平的双重调控政策做出了明确要求，国资委下发《关于深化中央企业劳动用工和内部收入分配制度改革的指导意见》，推行实施工资总额和工资水平"双控"预算政策，人力资源和社会保障部也将出台工资支付条例。从近期国资委监事会对中央企业的检查以及各类外部审计来看，收入分配是检查和审计所关注的重点之一，收入分配工作面临着巨大的压力和挑战。

（三）绩效管理在企业二次分配过程中的作用尚未充分显现

员工中"不患贫而患不均"的平均主义思想依然存在，绩效管理在体现"效益优先、按劳分配"的激励约束作用不够明显，助力员工发展方面的力度和深度不够。有些企业过度崇尚薪酬的激励效能，把薪酬看做是激励员工工作热情的万能钥匙，把激励简单等同于现金奖罚，忽视人的自我实现需要、尊重需要、社会需要；与此相对应，有些企业则轻视薪酬制度功能，过于依赖"狼性理论"、"大公无私"文化，忽视员工"经济人"的属性，不注意调整薪酬制度以适应企业外部的市场大环境，从而导致了员工积极性的丧失，甚至导致核心员工外流、企业竞争力下降。

（四）人力资源管理基础依然薄弱

科学的工作分析和岗位评价制度尚未建立，在劳动差别和岗位价值缺乏定量的依据，即对劳动技能、劳动强度、劳动责任、劳动条件等4要素没有进行较规范的评价，导致工作环境艰苦、技能要求高的岗位与一般岗位收入未能合理拉开差距。由于体制原因，大多数中央企业还存在着总体超员、部分专业工种缺员现象，历史包袱较重，适应企业特点的、系统化、规范化的组织机构管理体系和岗位管理体系有待完善，薪酬管理对于人力资源优化配置与人才合理、有序流动作用没有充分的发挥，未能充分盘活企业人力资源存量，人力资源向人力资本转化力度不强。

四、理顺中央企业价值管理运行机制的建议

中央企业要想持续快速健康发展，进一步做强做优，真正成为具有国际竞争力的大集团参与国际竞争，就要全面梳理现行管理中与价值管理要求不一致的制度、流程等问题。

改革开放以来，国有企业改革一直是经济体制改革的中心环节。经过20多年的努力，国有企业的管理体制和经营机制发生了深刻变化，市场竞争力明显增强。尽管如此，央企推行EVA价值管理能要进一步理顺企业体制机制问题。我们认为国有企业可以从以下几方面继续深入进行改革：

1. 首先要坚持政企分开、所有权和经营权分离。政企不分是阻碍国有企业走向市场、真正成为市场主体的一个根本原因。政企分开在改革之初就已经提出来了，但至今仍没有达到设想目标。

2. 层层落实国有资产保值增值责任。没有责任就没有压力。以前国有资产监管职能分散在多个部门，责任不落实。国资委作为政府授权的出资人代表，理所当然要承担搞好国有企业、实现国有资产保值增值的责任，但这一责任只有最终传递到企业才能得到真正落实。国资委成立后不久，就着手研究建立企业经营业绩考核体系，出台了《中央企业负责人经营业绩考核暂行办法》，与中央企业负责人签订了年度和任期经营业绩责任书，对中央企业经营业绩进行考核并严格兑现了奖惩。初步规范了中央企业薪酬分配制度，实现了业绩考核与收入分配挂钩。随着EVA考核的不断深入开展，国有资产保值增值责任的划分将越明确。

3. 要完善公司治理结构。完善公司治理结构，既是企业可持续发展的需要，也是完善国有资产监管体制，确保国有资产保值增值责任层层落实的客观要求。国资委作为出资人代表，不可能直接去管企业的经营决策，必然存在着委托代理的问题。这就要求企业必须建立起完善的公司治理结构，不仅是股份制企业，一些不能改制的国有独资公司也要建立规范的董事会，并配置以与市场化配置人才相结合的选人用人机制，向全球公开招聘企业高级经营管理者。

4. 引导企业优化资源配置。国有企业是我国国民经济的支柱。发展社会主义社会的生产力，实现全面建设小康社会的宏伟目标，始终要发挥国有企业的重要作用。这就要求国有企业优化资源配置，不断提高综合素质和竞争能力。中央企业要成为行业骨干力量，要围绕做强做大主业，优化资源配置，压缩管理链条，强化财务资金管理。

5. 切实加强对企业国有资产的监管。对企业国有资产的有效监管，为加快国有企业发展、实现国有资产保值增值提供有力的保证。坚持和完善监事会制度，能够加强国有资本权益和国有资产安全情况的重点检查，及时反映中央企业在投资融资、重组改制、清产核资、产权转让等活动中涉及国有资产安全及影响企业发展的重大问题。加强对国有企业改制和产权转让的监督检查，能够规范了国有企业改制，促进国有产权有序流转。

第三节　管理基础方面问题分析

一、流程管理问题分析

企业流程管理主要是对企业内部改革，改变企业职能管理机构重叠、中间层次多、流程不闭环等，使每个流程可从头至尾由一个职能机构管理，做到机构不重叠、业务不重复，达到缩短流程周期、降低运行成本的作用。流程管理最终希望提高顾客满意度和公司的市场竞争能力并达到提高企业绩效的目的。依据企业的发展时期来决定流程改善的总体目标。在总体目标的指导下，再制定每类业务或单位流程的改善目标。

流程管理在企业中扮演着越来越重要的角色，流程管理渗透了企业管理的每一个环节，任何一项业务战略的实施都肯定有其有形或无形的相应操作流程。传统金字塔形的组织结构和环节复杂的业务流程已无法应付现在和未来业务的挑战。同时大量的研究也发现，在流程管理实践中，相当多的企业重视业务流程规划，而轻视对业务流程管理，因此，导致企业的内部管理中出现了以下许多最为常见的问题：

1. 流程管理内容形同虚设：大部分企业制定了详细的流程管理内容，却没有执行力度，导致流程管理形同虚设。

2. 流程管理与企业实际运作脱节：企业的运作是随着外部环境的变化而变化，但是流程管理的规范内容还是停留在旧状态，这样会导致流程管理与企业实际运作脱节。

3. 流程繁多：企业制定了大量的流程管理内容，但没有对流程管理进行体系化的分层和分级管理。

4. 流程与流程之间的割裂：特别是集中在跨部门和跨业务单元的流程上，由于流程之间的割裂，导致企业内部存在着大量的界面冲突，于是只好借助大量的会议、更多和更复杂的流程来试图解决。

企业存在以上流程管理的问题，导致企业无法快速适应当前市场和经营环境的变化。

二、内部控制问题分析

国资委自成立以来，通过向央企集团公司派驻监事会，对央企进行现场监督，促进了中央企业的合规经营，起到了国有资产监管应有的作用。通过对大型央企集团开展董事会试点制度，改善了中央企业的所有者缺位的现状，实现了国有资产所有权与经营权分离，在治理结构方面满足了内控建设的要求。内控指引颁布以来，部分央企通过开展全集团内控制度建设，梳理了业务流程，识别了关键控制点和内控风险点，健全了控制措施，进一步明确了部门分工、岗位职责，加强了内部牵制。境外上市公司依据萨班斯法案的要求，单位内部开展内控自我评价、中介机构开展内控审计，既满足监管需要，又在某种程度上防范了经营风险，建立了内部监督机制。央企内部控制建设取得了阶段性成果。相对世界五百强的企业而言，央企内部控制建设刚刚起步，尽管获得了良好的开局，但是毋庸置疑仍然存在着若干问题。

1. 对企业内控建设目标理解不准确。内控指引的颁布，促进了央企建立、实施和客观评价内部控制，规范了会计师事务所内部控制审计行为，按照以往一贯的行文程序，无疑对于这套指引，部分央企通过财务部门逐级转发宣贯实施，部分央企将企业内部控制制度建设工作按照财务内控建设工作部署要求，或者由财务部门牵头实施，这很容易导致下属单位将企业内控建设理解为就是财务内控建设，从而忽视公司层面内控制度建设，尤其是内部环境的建设。目前的内控推进情况表明，一部分企业仍然处于"要我做"而不是"我要做"的状态，编制企业内控制度手册重形式，轻实质，对企业内控建设目标理解不够准确。

2. 治理结构不完善，内控环境薄弱。自国务院国资委2003年成立以来，央企集团所属大型企业逐步建立了董事会、经理层、监事会三权分立的组织机构基本形态，但其下属单位依然存在法人治理结构不完善，比如，部分央企改制事业单位依然采用院所长负责制，决策层管理层合二为一，治理结构缺乏监督层，这种缺乏监督的组织架构，只能寄希望于院所长的综合素养，可能由于院所长个人的风险偏好最终决定单位的风险取向，某种程度上事业发展带有一定的冒险色彩。

虽然大部分企业实行公司制，但是法人治理结构也并不健全，"内部人控制"现象时有发生，董事会的独立性时常受到外部干扰，监事会成员大多来自职工代表、工会组织、股东代表，行政关系上受制于董事会高层，有的单位经理层不能正确运用管理控制方法，各部门之间、各岗位之间难以形成有效的制衡。

3. 缺乏有效的监督机制。由于管理层对内部监督的认识不足，内审人员自身专业胜任能力的欠缺，因此内审机构设置形同虚设，部分企业内审机构作为财务部门的一个处室，无法发挥内部监督的职能。已经单独设立内部审计机构的，也因为内控评价过程中的徇私舞弊而大大降低了监督效力。

4. 缺少内控信息系统的支撑。会计软件满足会计核算要求，物资管理系统满足库存管理需要，人力资源管理系统满足劳资人事管理需要，合同管理系统满足合同文件管理的需要，档案管理系统满足文档资料管理需要，尽管央企已经建立了若干独立的信息系统，但是由于独立软件缺乏将各个业务流程与内部控制有机衔接的机制，因此目前的信息系统尚需要进一步升级改造，实现流程管理与内部控制有机结合。

三、夯实中央企业价值管理基础的建议

1. 加强对下属单位的管控。重点加强法人治理结构的建设和完善、战略规划管理、重大项目管理、投融资管理、财务和审计管理、领导班子的绩效考核与管理。建立和完善战略规划管理制度，确保集团与下属单位战略规划的统一；明确各管理层职责、权限；制定完善的资产管理制度、风险管理制度。

2. 构建以 EVA 为核心的价值管理体系。实施价值管理，有利于管理层了解企业的价值是如何创造的，并将注意力集中在识别企业的价值活动、优化价值创造过程上来；通过整合作业流程、优化资源配置、加强内部管理的质量和效率，以经济、有效的方式创造价值、获得比竞争对手更强的竞争优势。国资委对央企实施 EVA 价值管理的最终目的，是为了实现企业的集约化、可持续发展。提高管理水平，以适应规模化、多元化、国际化发展的要求。

3. 运用标杆理念，开展同业对标。开展同业对标是建立现代企业制度的重要途径，是企业管理变革和制度创新的重要举措，也是深化"标杆管理"和"流程管理"的创新实践，对于实现企业发展战略，增强企业核心竞争力，提高管理效率有着十分重要的意义。开展央企内部同业对标，首先，要大力倡导学先进、找差距、抓管理、创一流精神，广泛开展"标杆班组"、"学习型团队"等创建活动，建立规范、系统、有序的工作管理机制和过程控制机制，实现工作闭环管理，全面提升班组管理水平。其次，要根据班组管理特点和工作绩效，不断总结提炼班组建设典型经验和最佳实践，开展与"标杆班组"的学习交流和对标比较，营造"比、学、赶、超"的良好氛围，不断瞄准新目标，创出新业绩，通过同专业班组和跨专业的对标实践，为企业持续提升管理水平注入活力。

第四节 价值管理实施建议

一、价值管理实施步骤

价值管理包括三个要素：（1）创造价值（Creating Value），企业如何最大化未来的价值，这一点或多或少等同于企业战略；（2）管理价值（Managing for Value），企业治理、变革管理、企业文化、企业沟通、领导力等；（3）衡量价值（Measuring Value），即企业价值评估。

思腾思特公司认为，企业价值管理的实施包括三个步骤。如图6-1所示。

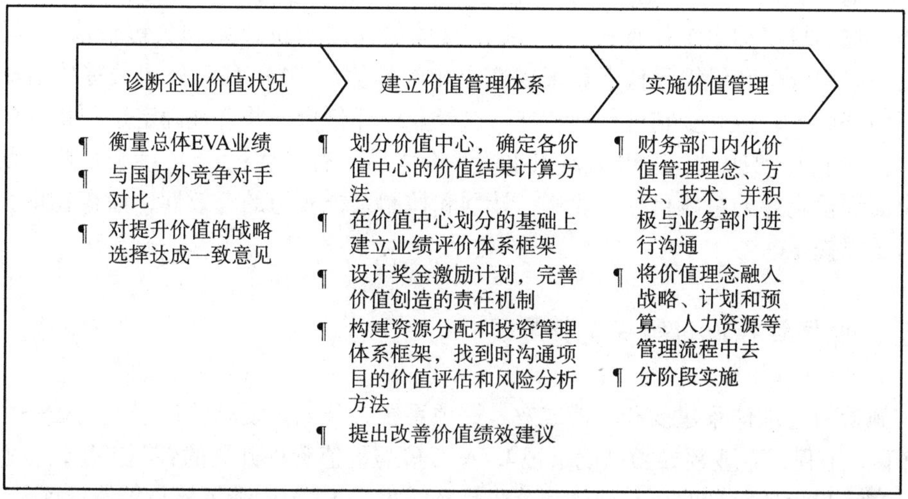

诊断企业价值状况	建立价值管理体系	实施价值管理
¶ 衡量总体EVA业绩 ¶ 与国内外竞争对手对比 ¶ 对提升价值的战略选择达成一致意见	¶ 划分价值中心，确定各价值中心的价值结果计算方法 ¶ 在价值中心划分的基础上建立业绩评价体系框架 ¶ 设计奖金激励计划，完善价值创造的责任机制 ¶ 构建资源分配和投资管理体系框架，找到时沟通项目的价值评估和风险分析方法 ¶ 提出改善价值绩效建议	¶ 财务部门内化价值管理理念、方法、技术，并积极与业务部门进行沟通 ¶ 将价值理念融入战略、计划和预算、人力资源等管理流程中去 ¶ 分阶段实施

图6-1 价值管理三步骤

麦肯锡咨询公司认为，企业价值管理的实施包括如图6-2所示的步骤。

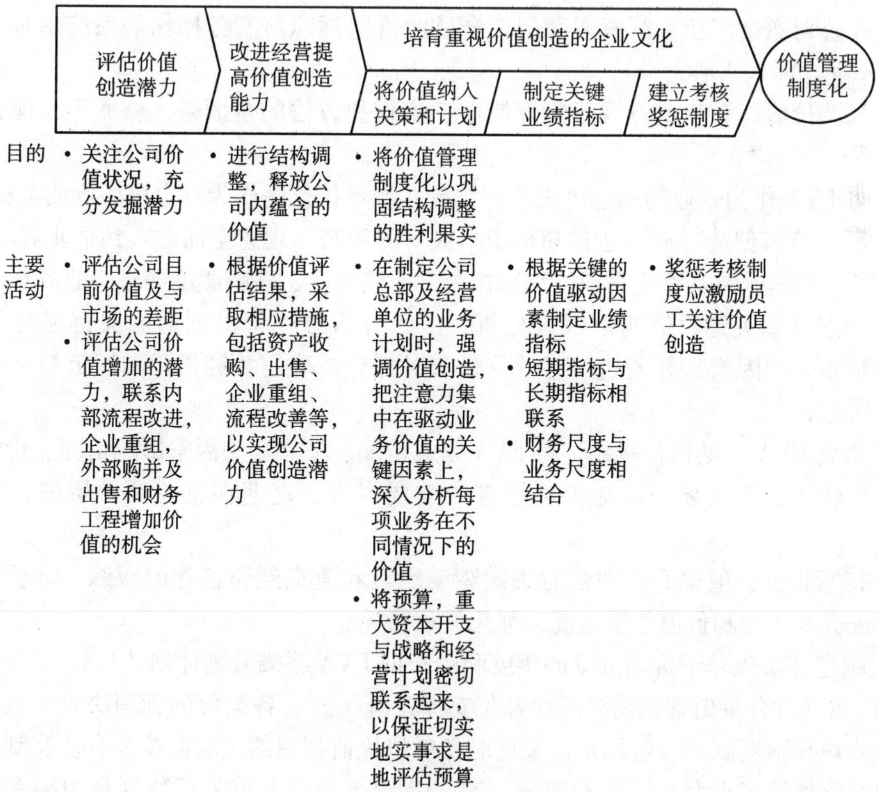

	评估价值创造潜力	改进经营提高价值创造能力	培育重视价值创造的企业文化			价值管理制度化
			将价值纳入决策和计划	制定关键业绩指标	建立考核奖惩制度	
目的	• 关注公司价值状况，充分发掘潜力	• 进行结构调整，释放公司内蕴含的价值	• 将价值管理制度化以巩固结构调整的胜利果实			
主要活动	• 评估公司目前价值及与市场的差距 • 评估公司价值增加的潜力，联系内部流程改进，企业重组、外部购并及出售和财务工程增加价值的机会	• 根据价值评估结果，采取相应措施，包括资产收购、出售、企业重组、流程改善等，以实现公司价值创造潜力	• 在制定公司总部及经营单位的业务计划时，强调价值创造，把注意力集中在驱动业务价值的关键因素上，深入分析每项业务在不同情况下的价值 • 将预算，重大资本开支与战略和经营计划密切联系起来，以保证切实地实事求是地评估预算	• 根据关键的价值驱动因素制定业绩指标 • 短期指标与长期指标相联系 • 财务尺度与业务尺度相结合	• 奖惩考核制度应激励员工关注价值创造	

图6-2 价值管理实施步骤

　　需要说明的是，虽然价值管理在各个企业的应用都不尽相同，但价值管理工作都应包括六个基本步骤：（1）确定具体的企业总体目标以改进股东的价值；（2）选择与该目标相一致的战略和组织设计；（3）确定具体的业绩评价体系和关键价值驱动因素，在既定的组织战略和组织设计下真正创造企业的价值；（4）在对公司关键价值驱动因素分析的基础上，进一步制订行动计划，选择业绩评价指标并合理确定这些指标的目标值；（5）评估行动计划、组织实施和业绩评价体系的有效性；（6）鉴于企业当前的现状，全面评价企业的总体目标、战略、计划和控制系统实施的有效性，如存在重大缺陷应及时予以修正。

二、价值管理成功实施关键要素

　　实施价值管理体系建设和取得成效是一项系统、长期而复杂的过程，更是一个企业"一把手"工程，企业领导须高度重视 EVA 考核与价值管理开展的各项工作，企业负责人应亲自宣导价值管理的核心理念和分步且持续推进 EVA 业绩考核与价值管理。

　　我们在借鉴国外企业成功实施价值管理经验和部分中央企业近几年价值管理实践调研总结的基础上，提炼出可供操作借鉴的价值管理"十大关键成功要素"：

　　1. 企业负责人和高级管理层的大力支持和持续推进；

　　2. 在公司通过广泛、跨职能部门、全员的价值理念与实务操作的系统培训，使得价值管理理念深入人心；

　　3. 强调价值理念与企业现行管理制度、流程和方法的全面融入，而不是颠覆现有管理体系；

　　4. 将 EVA 作为企业的核心决策管理工具，而不仅仅是作为一个核心业绩考核指标；

　　5. 把"价值创造"或"创造超出资本成本的利润"理念全面融入到企业战略规划、项目投资、资本运作、资金管理、预算控制、业绩考核、薪酬激励等核心业务环节；

　　6. 动态开展关键价值驱动因素分析，深入分析影响价值创造的关键财务驱动因素和非财务驱动因素，并通过敏感性分析和对标分析确定关键指标和短板指标作为业绩考核指标；

　　7. 建立 EVA 定期报告机制，将 EVA 完成情况、核心驱动因素影响情况、价值改善策略以及具体实施效果等作为价值报告的重要内容，定期在企业领导层进行汇报和讨论；

　　8. 持续推进价值提升，加强对关键驱动因素和重点经营指标的跟踪、分析，及时掌握企业资本占用和价值创造情况，强化过程管控；

　　9. 制定并实施基于价值分享的年度和中长期 EVA 薪酬激励计划；

　　10. 建立符合价值管理需要的信息化支撑系统，开发各类价值管理决策工具，将价值管理流程和制度固化、可视化，实现对各单位价值创造的实时监控和有效控制。

　　以上价值管理十大关键成功要素，对于我国企业、上市公司特别是中央企业开展EVA 业绩考核和价值管理工作，具有十分重要的借鉴和指导意义。

三、价值管理实施需要注意的问题

（一）价值管理需全面树立价值思维

价值管理可以被最好地理解成是全面建立创造价值的思维与这种思维化为行动的必要管理程序和制度两者的结合。只树立创造价值的思维不转化为实际行动将无法取得成效，必须将两者结合在一起，才能发挥持续的巨大的影响。

创造价值的思维确保企业领导、管理人员和全体员工清楚他们的终极财务目标是价值最大化，并确保企业全体员工以有利于企业价值最大化的方式行动。这些行动包括：每项经营业务所必须的工作计划、目标设定、绩效考核和激励制度等致力于价值最大化。

此外，他们还需要对哪些影响公司绩效的关键价值驱动因素有深入的分析和理解。例如，企业管理人员必须明白是提高销售收入增长率还是增加毛利将会创造更多的价值，同时，他们必须确保将企业资源和注意力集中在关键价值驱动因素上。

（二）价值管理应充分考虑企业所属的行业特点

EVA 是税后经营净利润与资本占用费用之间的差额，它衡量了企业使用资产的效率，因此对于使用较多的有形资产（厂房、设备、存货等）的企业来说，EVA 是非常有效的。这类企业可以很容易地测量出这些实物资产的资本成本并获得投入资本的价值，如机械制造型企业就比较适用 EVA 管理，但在专业的服务业中所使用的大都是人力资本，而人力资本的价值和成本是较难衡量的，EVA 在该行业就不是很适用。对于波动性较强的行业，如目前的采矿行业，它的 EVA 业绩会随矿石价格的变动呈现出很不稳定的变化趋势。如果 EVA 值的年度变化剧烈，则很难对 EVA 它的奖金计划做出衡量。有时，行业波动性的增强甚至会使 EVA 增长率为负数，导致管理者队伍不稳定，背离 EVA 应用的初衷。另一方面，如果该公司的工资水平是预定的，且能够与同类型企业的工资和奖金水平展开竞争，同时，目标奖金也是预先确定的，能起到强有力的财富杠杆作用，那么，该企业总的薪酬水平将远远超出竞争性工资水平，导致实施 EVA 薪酬计划的股东成本超出合理范围，从而损害股东利益。

（三）建立"价值创造与分享"的企业文化

EVA 管理能否发挥作用，在很大程度上取决于 EVA 管理体系能否与企业文化成功地融合。这里所说的企业文化包括企业员工的价值观念与接受新事物的能力、企业旧的管理体系遗留的影响、企业的组织结构、企业的管理信息系统建设等。如果 EVA 管理体系不能适应并融入这些文化，则其在企业中的运用只是徒有其表而已，它的实质和灵魂无法得到贯彻，价值管理体系将无法取得成功。使 EVA 成功地融入企业文化，首先是要让全体员工理解并接受 EVA，将实施 EVA 管理作为企业的一项长期战略性措施，成为企业文化的一部分，要做到这一点需要的是方法和时间。实施 EVA 管理要按照"自上而下"的方法进行，整个融合过程要讲究循序渐进。要使整个体系最终为全员接受并融入企业文化一般需要数年的时间。许多公司实施 EVA 管理失败的原因就在于太急于求成，结果欲速则不达。使 EVA 成功融入企业文化，还要求 EVA 管理体系与企业现有管理系统良好地配合，与全面预算、平衡计分卡等管理工具很好地融合。

（四）国有企业在 EVA 计算时的特殊调整

大部分国有企业既有经济职能，又要履行社会职能。我国在相当长的一段时期内，还将有大量的国有企业继续履行一定的社会职能。企业在履行社会职能方面要产生成本费用，如果将与社会职能相关的成本费用计算到经济增加值中反映企业业绩，不仅会使国有企业的管理者在进行经营决策时缩手缩脚，不能尽职履行经济责任和社会职能，还可能会严重影响企业的经营业绩，造成负面影响。经营业绩不佳，往往可能是由于企业办社会因素形成的，并非经营者管理因素，这种对国有企业管理者的业绩评价是不客观的，不公平的，会影响到管理者的积极性；另外，一部分企业的管理者也可能以履行社会职能为理由，拒绝为其不良的经营管理业绩负责。在目前还无法将国有企业的社会功能完全独立出来的情况下，对那些经济职能与社会职能不能完全分开的国有企业，一个有效的方法就是通过对 EVA 计算值进行的个别调整消除履行社会职能的影响，使调整后的 EVA 值只反映经济职能。在实务上，可以将企业由于履行社会职能所产生的成本费用和利润从税后经营净利润中加以扣除，并且将企业由于履行社会职能所占用的资产从总投入资本中扣除。

（五）价值管理是复杂的系统工程

价值管理是将 EVA 作为管理工具实现持续的价值创造，这经常需要对企业现行管理制度、流程、方法甚至企业文化进行优化和变革。因此，价值管理对企业来说无疑是一项复杂的系统工程。为了确保价值管理体系成功建立，需要投入大量的时间、资源以及耐心。价值管理听起来似乎要比企业战略简单得多，但事实并非如此。对企业来说，它们都是复杂的系统工程。EVA、绩效管理（Performance Management）和平衡计分卡（Balanced Scorecard）都是非常强大的管理和决策支持工具，但成本不菲，所以，陷入这些价值管理法的细节里或运用过于复杂的管理方法都是不明智和不可取的。对价值创造的衡量必须谨慎小心，避免失误，否则将会导致价值破坏。另外，价值管理需要一个强有力的 CEO 及执行委员会的支持。实行全面的企业培训或进行管理咨询虽然是明智的、必须的，但有时候也是相当昂贵的。至今，完美无瑕的价值管理方案及评估模型仍未问世。不管企业选择何种管理方法，它们总有缺陷，企业在执行过程中必须要考虑到这一点。

（六）价值管理应遵循简便易行的原则

国外应用经济增加值的实践表明，大多数应用经济增加值不成功的公司过多地在关注于 EVA 会计调整项目上，这样做不仅成本巨大，而且缺乏实际操作性；成功实行经济增加值的公司往往只设置少量且具有战略牵引功能的调整项目。

　　我国国有企业有着特殊的内外部生存环境和经营机制，多数国有企业具有企业和社会的双重属性，在中国特色的市场经济条件下，我国国有企业实施基于 EVA 的价值管理不必照搬国外某些企业推行价值管理的经验及结果，最重要的是从符合本企业的实际情况和需要出发，确保价值管理理念理解到位，绩效考核到位，指标监控到位，EVA 激励到位，管理工具到位，并设计出合理的价值管理体系建设方案。价值管理只有遵循简单易行和循序渐进的原则，才能达到目标管理与企业绩效的双向推动，实现国有企业资产的保值增值。

价值管理：实务篇

第七章

基于 EVA 的战略规划

第一节　企业战略规划概述

一、企业战略规划的定义

什么是企业战略？从企业未来发展的角度来看，战略表现为一种计划，而从企业过去发展历程的角度来看，战略则表现为一种模式。如果从产业层次来看，战略表现为一种定位，而从企业层次来看，战略则表现为一种观念。此外，战略也表现为企业在竞争中采用的一种计谋。加拿大麦吉尔大学教授明茨伯格（H. Mintzberg）指出，人们在生产经营活动中不同的场合以不同的方式赋予企业战略不同的内涵，说明人们可以根据需要接受多样化的战略定义。在这种观点的基础上，明茨伯格提出企业战略是由五种规范的定义阐述的，即计划（Plan）、计策（Ploy）、模式（Pattern）、定位（Position）和观念（Perspective），构成了企业战略的"5P"。这 5 个定义从不同角度对企业战略这一概念进行了阐述。这是关于企业战略比较全面的看法，即著名的 5P 模型。

企业战略（Corporate Strategy）决定着企业的总体方向，是为提升企业长期竞争力、创造竞争优势服务的。布斯·鲁伯特（Booth Rupert，1992）指出，一个有效的企业战略应该明确指出企业应该在哪以及如何做出竞争的选择，如何通过对企业每一个功能的研究找出自己战略焦点。企业战略不仅应该是形成竞争优势的基础，它还要求有相应的实施过程来伴随着它的实现。战略和战略实施可以使企业对其经济环境所出现的威胁和机会做出成功的反应。但是很少企业能够极为有效地实施其战略。正如鲁伯特（1992）所说，大部分企业常常是有计划无行动，然后便是有行动无计划。

企业战略规划是对企业战略的设计、选择、控制和实施，直至达到企业战略总目标的全过程。

战略规划涉及企业发展的全局性、长远性的重大问题，诸如企业的经营方向、市场开拓、产品开发、科技发展、机制改革、组织机构改组、重大技术改造、筹资融资等。战略规划的决定权通常由企业负责人直接掌握。

关于企业战略规划的含义存在两种理解：一种是广义的战略规划，指运用战略对整个企业进行管理；另一种是狭义的战略规划。

广义的战略规划认为，企业战略规划是运用战略对整个企业进行管理，其主要代表是美国企业家兼学者安索夫。"战略规划"一词最早出现于安索夫在 1976 年出版的《从战略计划走向战略规划》一书，1979 年他又写了《战略规划理论》一书。安索夫认为，企业战略规划是将企业日常业务决策同长期计划决策相结合而形成的一系列经营管理业务。

狭义的战略规划认为，企业战略规划是对企业战略的制定、实施、控制和修正进行的管理，其主要代表是美国学者斯坦纳。根据美国学者斯坦纳在《管理政策与战略》中的描述，企业战略规划是确立企业使命，根据企业外部环境和内部经营要素设定企业组织目标，保证目标的正确落实并使企业使命最终得以实现的一个动态过程。

二、企业战略规划的实施过程

具体来说，战略规划过程主要包括战略的制定、战略的实施和战略的评价三个阶段。这三个阶段是相互联系、相互影响并相互制约的循环反馈体系，如图 7 - 1 所示。

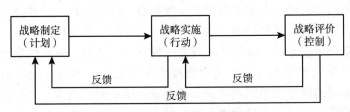

图 7 - 1 企业战略规划实施流程

（一）战略制定

战略制定是战略规划中的计划阶段，主要包括确定企业任务、认清企业外部的机会与威胁、识别企业内部的优势与劣势、建立长期目标、指定可供选择的战略方案、选择可供实施的战略方案等。

战略制定要求通过细致全面的分析，战略制定过程一旦完成，企业将来一段时间的经营方向、经营模式、资源配置等都将在一定程度上被确定下来。因此，战略制定过程中的决策质量将对企业的整体经营产生长远影响，决定企业经营的最终成败。

（二）战略实施

战略实施是战略规划的行动阶段，要求企业依据已经制定的战略方案，明确企业经营宗旨，确立年度目标，制定政策，激励企业员工并合理配置资源，以便使制定的战略得以贯彻执行。

战略实施是战略规划过程中难度最大的阶段，它的成功与否取决于管理者对员工的激励能力和对资源的配置能力。

（三）战略评价

战略评价一般包括战略的控制，是为了保证战略规划过程顺利进行而对战略进程信息掌控，并进行动态调整的过程，通常战略评价是通过战略评价指标体现对战略实施的效果进行评价。战略评价主要从三个方面进行：

1. 重新审视外部与内部因素，决定现时的战略是否需要调整。

2. 度量业绩，发现战略实施进展与预先设计的业绩指标之间的差异。

3. 及时获取战略反馈信息，采取纠正措施，对在战略实施过程中存在的问题进行纠偏，保证战略的有效贯彻和动态运行。

三、企业战略规划的作用

企业战略规划具有以下几个方面的作用：

（一）重视对经营环境的研究

由于战略规划将企业的成长和发展纳入了变化的环境之中，管理工作要以未来的环境变化趋势作为决策的基础，这就使企业管理者们重视对经营环境的研究，正确地确定公司的发展方向，选择公司合适的经营领域或产品—市场领域，从而能更好地把握外部环境所提供的机会，增强企业经营活动对外部环境的适应性，从而使二者达成最佳的结合。

（二）重视战略的实施

由于战略规划不只是停留在战略分析及战略制定上，而是将战略的实施作为其管理的一部分，这就使企业的战略在日常生产经营活动中，根据环境的变化对战略不断地评价和修改，使企业战略得到不断完善，也使战略规划本身得到不断的完善。这种循环往复的过程，更加突出了战略在管理实践中的指导作用。

（三）日常的经营与计划控制，近期目标与长远目标相结合

由于战略规划把规划出的战略付诸实施，而战略的实施又同日常的经营计划控制结合在一起，这就把近期目标（或作业性目标）与长远目标（战略性目标）结合起来，把总体战略目标同局部的战术目标统一起来，从而可以调动各级管理人员参与战略规划的积极性，有利于充分利用企业的各种资源并提高协同效果。

（四）重视战略的评价与更新

由于战略规划不只是计划"我们正走向何处"，而且也计划如何淘汰陈旧过时的东西，以"计划是否继续有效"为指导重视战略的评价与更新，这就使企业管理者能不断地在新的起点上对外界环境和企业战略进行连续性探索，增强创新意识。

四、如何制定企业发展战略

（一）企业增长的四大支柱

企业持续增长的四大支柱是 4C 战略框架（见表 7-1）：首先在战略的设计上，要做到凝聚人心，即战略的指导思想，具体内容就是公司发展的远景、核心价值观，以及战略目标。其次要整合业务链，即业务指导原则，具体讲就是制定出核心业务、增长业务，以及种子业务。再次是要确定核心业务，即创造比较竞争优势，具体内容包括价值战略和竞争战略。最后是寻找核心竞争力，即创造持续竞争优势，具体要做的就是核心竞争力的认定与培育以及基于核心竞争力的战略安排。

表 7-1 锡恩 4C 战略框架

战略设计	要解决的问题	具体内容
C1：凝聚人心 战略指导思想 （Convergence）	凭什么来指导我们的思想？	（1）远景 （2）核心价值观 （3）战略目标
C2：整合业务链 业务指导原则 （Coordination）	凭什么来指导我们对业务的安排？	（1）核心业务 （2）增长业务 （3）种子业务
C3：核心业务 创造比较竞争优势 （Core business）	凭什么获得比较竞争优势？	（1）价值战略 （2）竞争战略
C4：核心竞争力 创造持续竞争优势 （Core competence）	凭什么获得持续竞争优势？	（1）核心竞争力认定与培育 （2）基于核心竞争力的战略安排

上述四点，很多企业在实际操作过程中，都会遇到很多的问题。比如在凝聚人心方面，要解决的问题就是凭什么来指导我们的思想；在整合业务方面，面临的问题是凭什么来指导我们对业务的安排；同理类推，凭什么获得比较竞争优势，以及凭什么获得持续竞争优势也是摆在企业面前亟须解决的问题。

（二）制定战略的四大问题

1. 制定战略要回答的第一个问题就是凭什么来指导我们的思想

企业要保持持续发展，就必须按照时间顺序，依次制定出企业的战略目标——核心价值观——发展远景。

鼓舞人心的远景需要一个生动的描绘，在阐述的过程中，你要生动地描述出实现之后会是一个什么样子，并且用情绪化的、生动而清晰的语言描述，尽量不使用逻辑化的、分析性的语言。什么是核心价值观？创造核心价值的关键：人文价值商业化，即不依赖权力和金钱来激励员工。

2. 制定战略要回答的第二个问题就是凭什么来指导我们对业务的安排

今天、明天与后天的钱从哪里来？看待企业的业务，我们可以将其分为三个层面：第一层面是维持或革新的核心业务；第二层面是建立中的新兴核心业务；第三层面就是创造市场前景广阔的候选核心业务。

第一层面：企业现有的核心业务，直接影响近期业绩，是提供现金流，维持企业存在和第二、第三层面业务发展的基础。这一层面的挑战是如何保持和发展竞争地位，挖掘现有核心业务的潜力，通过创新延长其生命周期，扩大经营额和利润额。

第二层面：正在崛起的业务，具有高成长性，具有成为第一层面业务的潜力，并最终成为第一层面的替代业务。

第三层面：长远的种子业务，需要跟踪、投入、开发、培育。这些业务可能比较幼小，但数量相对较多，可以培育、淘汰、挖掘、轮换。这个层面业务和持续开发能够确保企业长期发展。

在经营过程中，领导者要时刻扪心自问，第一层面：我们的核心业务是否带来了足够的盈利？第二层面：我们是否有接替核心业务的新业务来创造同样或更多的盈利？第三层面：我们是否已有振兴现有业务或创建新业务的项目清单？

对于企业业务链的战略安排，三个层面具有不同的定位。针对第一层面要制定出年度经营计划、战术计划、资源决策、制定预算，以实现盈利，即拓展和守卫核心业务；针对第二层面要制定出业务建立战略和新业务规划，通过正确的定位确立企业优势，即建立新兴业务；针对第三层面要制定出项目初步计划和项目里程碑，确立战略远见，即创造有生命力的种子业务。

企业三个层面业务链对企业的真正挑战是对公司文化包容度的挑战，企业三个层面的均衡发展，即能均衡管理三个层面的企业最终获胜。

3. 制定战略要回答的第三个问题就是凭什么比别人强

竞争战略制定要分五步：

第一步就是，根据成长矩阵确定业务单元位置。当企业追求利润时，就要想办法如何突破利润陷阱，如何在利润改善的条件下增长？而当业绩落后时，就要设法在业务上和战略上重组和重新启动。企业如果要想寻求更高的价值，就要在增加价值创造，注重核心竞争能力和核心业务方面着手。

第二步就是提高公司战略价值主张。像麦当劳的战略主张就是我们不是在卖汉堡，而是在为人们提供美好的生活，面对客户，要建立关键客户价值观，针对产品，就要建立关键产品优势。

第三步就是价值定位。价值定位是获得比较竞争优势的前提。价值定位要回答两个问题：第一，用户为什么买你的产品？第二，如何比竞争对手更好地满足客户的需求？

像摩托罗拉的手机产品之所以成功，就是因为它根据不同人群制定出了不同的产品策略。

第四步就是通过价值曲线寻求战略突破点。

第五步就是通过节制获得三维竞争优势。在产品层面要充分考虑我们应该侧重于哪些产品？我们当前的产品结构是否合理？我们是否应该开发新的产品/服务？在业务地域方面要认真分析我们业务的地域分布是否合理？我们今后发展的重点应该在哪里？对于广大的客户群，要详细研究我们将如何细分目标客户群？向这些客户群提供服务的吸引力多大？

4. 制定战略要回答的第四个问题就是如何打造核心竞争力，让企业持续发展

"核心竞争力是群体或团队中根深蒂固的、互相弥补的一系列技能、知识和经验的组合，借助该能力，能够按世界一流水平实施一到多项核心流程。"所谓根深蒂固的：植根于企业当中，拥有良好的组织因素基础；互相弥补的：核心竞争力不是独立存在的，而是与企业各方面的能力相互补充，离开一定的环境和因素，该竞争力就无法存在；世界一流水平：企业的核心竞争力应该是超出世界同行业企业水平的，而不仅仅是企业自身相对较强的能力。

核心竞争力包括两类能力：洞察力/预见力，即能够有助于企业发现并掌握能够形成先行一步优势的事实或模式；执行力，即交付产品或服务的能力，产品和服务质量能达到顶尖工作者在理想状况下所能产生的最佳水平。

判定核心竞争能力的标准有价值性、卓越性、持续性和组织性。具体来说就是为客户创造价值，它的发挥能够使竞争对手渐渐丧失竞争优势，竞争对手模仿极为困难，存在于组织而不是个人之中。

（三）制定战略的关键所在

如果远景、核心价值观与战略目标与业务链、核心业务、核心竞争能力不匹配，持续发展将不可能。如果三层业务链不纳入一个平衡管理的渠道，持续的繁荣将不可能。其中任何一条业务链断掉，都会导致一些影响企业发展的问题出现，比如说遭到围攻、失去增长的权利、即将出局、风险企业、提出了种子项目但没有开发出新业务、没有着手开发未来等。

如果不将业务集中到安全区，进而形成核心业务，那么企业将面临资金链压力导致的崩盘危机。如果安全区的核心业务不能从三维获得竞争优势，那么企业将面临对手攻击导致的衰亡危机。如果业务扩张不是建立在核心竞争力的基础上，那么持续的增长将不可能。如果目前的繁荣不是建立内在的能力上，那么外在支撑失去之时，就是企业衰亡之日。

一个企业能否获得成功，拥有睿智的领导者、勤奋的高素质员工固然重要，但根据企业自身发展特点，制定出符合企业长期发展的战略方案，才是在激烈的市场竞争中使企业立于不败之地的决胜法宝。

第二节 EVA 与战略规划的融合

一、价值管理与企业战略规划的关系

（一）企业制定战略规划的终极目标就是实现企业价值增长

企业价值是指企业这一特定综合体在现实市场条件下的交换价值，它是由企业的获利能力决定的，企业价值是企业现有基础上的获利能力价值和潜在的获利机会价值之和，所以，企业制定发展战略既要关注现有的价值增长，也要关注潜在的价值增长机会。

基于价值的战略规划就是制定不断增加企业价值的具体行动指南（见图 7-2）。

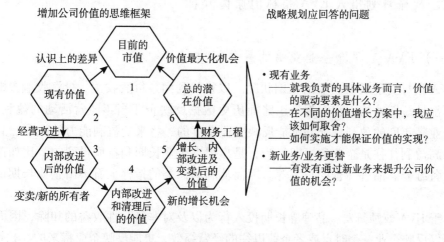

图7-2 基于价值的战略规划就是增加价值的具体行动指南

（二）价值管理是企业制定战略的核心关注要素

企业制定发展战略不是闭着眼想出来的，必须有理论依据和方法论，价值管理理论是制定战略的最重要依据，因此，在制定战略时要充分考虑企业现有的价值创造能力，以及未来要具备什么核心能力才能实现企业价值提升的战略目标。根据价值管理理论推导出的发展战略才是切实可行的。

（三）价值管理和发展战略都强调公司的可持续发展性，都强调企业核心竞争力的塑造

　　企业虽有自己特有的生命周期，但企业一旦失去了持续盈利的能力，根本就无法维持生命。持续发展已成为企业生存最基本的保障。谈到公司的价值，很多人自然就会想到公司的价值就是为了挣钱、获得更高利润，那么这究竟是不是一个公司真正的价值？企业最终要实现的是以追求规模转向追求效益，由追求效益转变成追求效益的效率，即不光要赚钱还要追求赚的更快。在这种衡量价值的标准下，企业所表现的竞争力取决于企业的持续盈利能力，衡量的已不再是你今年创造了多少利润，而是明年、后年乃至更长的时间里你能创造多少价值？一个成功的企业就是要不断追求公司的价值最大化，即要不断追求和创造持续增长的盈利能力。有了这样的盈利能力，才能保障企业的可持续发展，所以，公司价值的终极目标就是让企业真正实现可持续发展，而公司的发展战略就是可持续的价值增长战略。

二、战略规划引入 EVA 指标的原因分析

（一）EVA 是评价企业业绩的最佳标准

　　EVA 指标更能反映企业的长期状况。以往的利润、每股收益、投资收益等财务绩效指标都是短期性的，它们都是用账面历史数据反映企业当年经营活动的盈利情况。但是企业某年度的盈利状况并不能反映企业持续的、将来的盈利能力的强弱。且某些年度的高盈利往往是企业的短期行为，是靠损害企业长期利益而得到的，比如削减研发、设备维修、品牌商誉的投入等。因而从利润一类的指标上看不出企业长期的状况如何。

　　由于 EVA 鼓励研发、品牌等长期投入行为以及对非经常性收益的扣除，因而 EVA 指标不仅反映企业一个时点或者企业以往的经营绩效，更能反映企业将来的、长期的盈利能力。

　　此外，在传统的企业利润目标管理方式下，企业的总利润目标通常是通过其下属各业务部门以利润分解的形式来实现的，各部门都以本部门利润最大化作为经营的主要目标，而忽视对投入资本来源和资本规模的考虑。此外，利润指标不考虑投入资金的机会成本，对企业绩效的评价也仅仅使用了企业经营的部分信息，因此用利润标准来评价企业显得较为片面，甚至容易导致企业忙于追求短期投资回报率而忽视较长战略时期内的企业整体获利水平，不利于企业长期发展。而 EVA 标准则不然，它从企业整体的长期发展出发，采用现金流量折现评估模式，充分考虑到了不同部门、不同时期所产生价值之间的差异，因此能够较好地反映产生价值所需的投资大小及投资时机，也比其他任何尺度都更切合企业的实际市场价值。

（二）EVA能够更好地明确企业战略规划目的

战略规划方法的出现与发展是企业管理的一个重要阶段。战略规划对提高企业价值提供了更宏观、更有意义的管理方法。从价值的角度出发，战略规划的最终目的是把握企业价值增值的发展方向，为实现企业增值做出战略性贡献。

然而，战略规划对企业价值的贡献只是在把握企业价值增值的方向，而在企业价值增值量、增值量的控制上并不能提供有效的方法。引入EVA评价方法，对战略规划的效果进行价值评价，恰能充分体现出战略规划的效果。将价值管理和战略规划结合，使企业的各种活动特别是战略性活动，能从企业价值出发，从而为企业价值增值提供良好的方法。更重要的是，价值管理与战略规划的结合将提高企业管理效能，为企业长期实现价值增值打下良好的基础。

（三）EVA是建立稳定的企业经营战略的必要组成部分

与其他管理方法不同的是，价值管理强调价值改善或提升，但却并不是通过财务手段就可以创造价值，它需要强调长期的现金流量回报，而不是逐季度地计较每一股收入的变化；它还需要在整个组织内发展一种管理价值的理念并使之制度化。

可以说，价值管理实施的效果直接影响到企业经营战略目标的执行情况。我国大部分企业在其经营中制订公司级计划时，没有强调价值创造，同时在业务绩效的评估中对价值问题也重视不够。要建立真正意义上的现代企业制度，实现规范管理和持续发展，还需要把企业放在一个长期性的、全局性的战略层面上加以考虑，发展以价值为取向的方针来领导和管理企业，围绕价值创造中心确立企业经营优先顺序，调整业务计划、绩效尺度和物质奖励制度。

（四）EVA为战略规划提供有效的量化控制手段

在当前的战略规划过程中，战略规划控制通常是定性的控制，虽然说通过财务控制为战略规划提供了一定的量化控制手段，而且在战略规划层次的战略规划会计更进一步确立了这种地位，但从战略规划为企业创造长远价值的目的来看，价值管理很好地解决了战略规划创造企业价值的量化问题。

三、战略规划与EVA相融合的特点

战略规划与EVA价值管理的融合产生了一种新的企业战略规划方法，这种管理方法要求在战略规划中利用价值管理手段进行控制、考核。

战略规划与EVA相融合要求在整个战略过程中始终将价值放在第一位，即以价值为出发点和归宿点。其目的是尽最大的努力赋予企业各种活动以价值，尽可能降低活动成本的同时提高活动的收益，以推动企业价值的增值。同自动化、信息化概念一样，战略规划价值化是一个动态的过程概念，它侧重于企业在动态中的价值增值，它强调企业管理的所有活动必须始终以企业价值为中心，始终围绕企业价值增值展开。

基于价值的企业发展战略核心内容为：

1. 基于价值管理的发展战略所追求和强调的重点是企业可持续发展。

2. 核心竞争力是企业持续发展重要的保证。

3. 企业持续稳定地发展将给企业带来稳定的 EVA 和现金净流量。

4. EVA 和现金净流量的增加也就是企业创造了真正的价值。

与以往出现的战略规划方法有很大不同的地方在于，战略规划与 EVA 相融合具有以下两个重要的特征：

（一）价值增值是战略规划价值化方法关注的首要因素

企业的价值有两个层次的概念，其一是企业整体的价值。企业整体的价值即企业未来收益的资本化（即现值）。企业价值是衡量企业绩效的最全面的标准，是对企业的全局的、长期的一种考察。这一层次的价值增值是一个长期的动态的概念。企业价值的另一个层次是指企业的价值活动，企业的每一项作业都产生一定的价值；扣除成本，各项作业最终累计为价值的增值。在这个层次上，企业的价值增值是指企业的各项价值增值活动最终累计的结果。这一层次的价值增值是一个静态的概念。企业整体的价值增值是通过企业的价值增值活动来实现的，企业整体的价值增值是由长期的价值增值活动所决定的，或者说，是企业的价值增值活动结果的长期表现。因此，两个层次上的企业价值是在静、动形态上的统一，是价值形成、价值增值和预期价值评估的相辅相成的过程。

企业战略规划价值化特别重视企业的价值增值，因此也特别重视企业的价值增值活动，在企业价值管理过程中，企业的各种活动围绕价值增值来展开，并以价值增值来衡量各种增值活动的结果。战略规划价值化通常战略性地安排资金运用，把钱用在最能增值的地方，追求并创造资本成本的投资回报。

（二）价值管理是战略规划的重要手段

价值化管理作为一种以价值为基础的系统管理，是以价值目标来衡量企业效益的。现代财务管理理论认为公司的价值取决于其未来的现金流量折现，只有公司投入资本的回报超过资本成本时，才会创造价值。以价值为基础的管理特别关注如何运用这些概念进行战略和日常经营决策。基于价值的管理认为，管理阶层适当实施以价值为基础的管理，可以将公司的全局目标、分析技术和管理程序整合在一起，最大限度地实现其价值。

从企业整体层次上的价值出发，价值管理强调企业长期的现金流量回报。价值管理认为人们应该树立一种冷静的、以价值为取向的公司活动观，承认商业的本来意义，即商业就是投资于生产能力，赚取高于资本的机会成本的收益，或者，也可能赚不到这一收益。价值管理的角度在于能够采取局外人的商业观，并愿意捕捉机会，创造价值。而最重要的是，它还需要在整个组织内发展一种管理价值的理念并使之制度化，需要在整个企业员工内部建立的主动的持之以恒的价值观。

从企业价值增值活动层次出发，以价值为基础的管理是一个整体性过程，旨在强调关键的公司价值驱动因素，在整个组织内改善战略和业务决策。这种观点认为价值管理不应将重点放在方法上，更应当关注为什么和如何改变公司文化，就像注意以价值评估作为绩效标准和决策手段一样，应注意组织行为的微妙动向，这就是说是哪些因素驱动了企业的价值增长。虽然说，价值驱动因素其实就是影响公司价值的任何因素，但一般地，需要将价值驱动因素加以整理，以确认对价值影响最大的因素，即关键价值驱动因素。以价值为基础的管理的一个重要部分是深刻理解哪些绩效因素将实际驱动企业价值。

价值管理的另一个重要之处在于在价值驱动因素确定之后建立企业的价值管理指标体系，这包括价值实现指标体系和价值保障指标体系。指标体系建立的目的是使战略的实施更具有可实施性和可操作性。

四、战略规划与EVA结合的流程

从字面上理解，企业战略是一个名词概念，它是一个静态角度所产生的概念。但管理上所认为的公司战略应是从动态角度来理解，就是说企业战略在动态上应是一个过程，这就是战略规划。企业战略规划价值化强调价值管理理念，因此企业价值化战略过程是一个价值创造、价值保障、价值控制等价值管理的过程。图7-3列示了战略规划与EVA相结合的全过程。

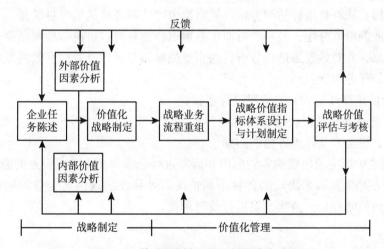

图7-3　战略规划与EVA相结合全过程

第一阶段：价值化战略制定。价值化战略制定是企业战略规划的起点。与传统战略制定所不同的是，在价值化战略制定的过程中，重点考虑了影响企业价值的因素，需要完成的任务包括：

1. 充分考虑影响企业价值的内外部环境，通过各种战略分析对影响企业发展和企业价值的关键价值因素进行细致、深入的分析；

2. 根据对影响公司价值因素分析的结果，进一步阐述企业的使命，并确定企业的战略目标；

3. 根据企业的企业使命和战略目标，制定企业各种战略。

第二阶段：战略业务流程重组。业务流程重组是战略规划价值化的重要手段和内在要求，其最终目的是通过业务流程分析、优化与设计使企业价值的实现过程更加畅通。该过程要完成的任务是：

1. 确定企业战略业务流程环节；

2. 对现有业务流程进行描述，分析找出那些影响企业价值实现的原因；

3. 根据企业战略目标，对企业业务流程进行优化设计；

4. 根据业务流程的需要，对企业的组织机构进行重组，以确定一个有利于企业价值实现的组织结构。

第三阶段：战略价值指标体系设计与计划制定。战略规划价值化的一个精髓就是通过寻找价值驱动因素，设计战略价值指标体系，而对战略进行价值化管理。

这也是战略规划价值化的难点和重点。该过程需要完成以下几点任务：

1. 通过企业价值指标分解，寻找企业价值的驱动因素；

2. 根据价值驱动因素，确定企业的公司层、业务层与职能层的价值指标及绩效指标，确定价值规划、价值创造与价值实现等环节的价值指标和绩效指标；

3. 根据企业战略目标，对各战略价值指标进行中长期规划和年度规划，并体现于企业战略价值预算指标和企业年度各种预算报表上。

第四阶段：战略价值评估与考核。战略价值评估和考核的重要目的是，一方面通过考核确定企业的价值分配，另一个方面也是更重要的是通过价值考核判断企业战略价值化实施的效果，并对该效果进行分析，为企业战略调整提供及时而有效的反馈信息。该过程要完成的任务包括：

1. 对价值预算计划的完成情况进行考核；

2. 根据指标完成情况提供给企业经营者、员工等在包括工资、奖金、红利、股权、职权、信息、机会、学习等方面的奖励；

3. 对造成价值实现出现偏差的原因和因素进行分析，找出造成偏差的原因；

4. 结合战略实施以来出现的各种市场情况以及将要出现的对企业将要产生影响的因素，对企业战略规划价值化方案进行及时调整。

第三节　基于 EVA 的战略规划制定

一、基于 EVA 的战略规划制定过程

基于 EVA 的企业战略规划是以实现企业价值增值为总体目标，实施价值诊断与价

值驱动分析、战略规划管理、分析和调整资源配置和业务组合策略、对投资项目开展EVA评价以及设计价值提供策略等五个方面。基于EVA的企业战略制定过程是对影响企业EVA的内外部环境进行充分分析的过程，图7-4列示了基于EVA的企业战略制定过程。

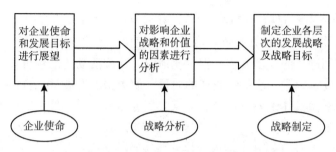

图7-4 基于EVA的企业战略制定过程

基于EVA的战略规划不仅仅只是采用了一些"时髦"的新型业绩指标（EVA），关键在于理念的转变。而想要持之以恒地提升企业长期价值创造能力，关键在于从创造价值出发制定企业发展战略。

通常公司的战略规划往往与业务计划脱节、经营计划又往往与公司的预算脱节。而实施EVA价值管理的公司，为使股东价值最大化，战略规划过程本身必须以价值为导向，企业的战略规划、经营计划和预算也必须紧密衔接。

国资委自2010年开始对央企全面推行经济增加值考核，因此，在EVA作为央企业绩考核核心指标并不断强化考核权重要求的前提下，央企现行战略制定的习惯性做法和规范，或者说战略制定的游戏规则均将发生根本性的变革。

央企若不与时俱进、及时建立战略制定的价值评价体系，将会陷入规模与价值相互冲突或指标间变化方向分歧的困境之中。例如，进入或退出某一产业、加大或减少对某一产品或服务的投入，可能会增加利润但却减少EVA，或者相反；而综合业绩考核得分是增加还是减少、是否实现最大化，却无从判断。在这种情况下，央企的资源配置将难以优化或将处于盲目状态，特别是当考核期结束时，央企的努力与其负责人的贡献衡量、激励薪酬可能出现事与愿违的结果。特别是在EVA为年度考核的情况下，2010年起及其后各年的央企负责人经营业绩考核，如不解决双重指标的对立问题，价值管理将难以达到预期的效果，央企负责人的努力、贡献将很可能与其薪酬水平背道而驰。

因此，在相互对立的指标之间建立协同关系，唯一可行的途径只能是建立战略制定的价值评价体系，即对战略制定过程中的各个环节，针对不同战略选择，同时计算利润与EVA指标的预期数值，并据其进一步计算业绩考核的综合得分与高管薪酬的水平，然后，根据综合得分与高管薪酬水平的比较和最大化模拟测算，以选择并制定最优战略。

以EVA为导向的规模发展应逐步成为集团发展的主流方式。央企应以最少的资本占用博取最多的收入，这是 EVA 式的规模发展方式。其基本做法是：

1. 将资本占用量大、非自身专长的业务外包，尽可能采用经营租赁方式；
2. 寻求减少存货的及时供货工作流程与供货模式；
3. 处置闲置与低效率的资产；
4. 开发、培育未来有高附加值的品牌；
5. 控制产业链中资源相对稀缺、进入门槛较高的战略性经营环节；
6. 从多项投资项目方案中选择 EVA 预期或模拟数值最大的方案，等等。

随着资本节约理念的发展逐步占据主流地位，并购活动的门槛可以根据投资领域的风险特征适度提高，以进一步提高资产的质量，使集团的发展进入良性循环的轨道。

用两个案例来做具体说明。曾经有一家大型国际汽车零部件供应商做出了一个重大的战略调整，该公司分析了汽车零部件零售服务的利润率（10%～20%）比生产制造（5%～10%）多，转而开始在全球大规模开展实施其零部件零售业务，但几年后以失败而告终。因为零部件零售业务虽然利润率较高，但其所带来的高库存和高应收账款占用了极大的资本，由此所产生的高额资本成本最终导致企业的生产经营陷入困境。

第二个案例是一家高速发展的设备制造企业，通过托管和直接投资的方式分别在南方和北方获得了两家工厂。南方工厂是自己投资兴建的，利润率为 10%～15%；北方的工厂是托管所得，不用出资购买，只需要包销其所生产的产品，利润率只有 1%。公司管理层因此担心北方工厂的前景。但实际上核算下来，北方工厂因不占用资本，不产生资本成本，它的经济增加值是正的，能为股东创造价值。

一个公司要实施基于 EVA 的战略规划，需要公司在条件成熟的情况下，结合流程管理原理，让 EVA 管理流程化。由于 EVA 不仅仅只针对整个公司，还可以运用于相对独立的责任利润中心。所以，在制定 EVA 战略规划时，不但要体现一个企业整体战略目标、还要体一些事业部门以及集团公司的下属子公司和分公司；结合这些方面因素，制定 EVA 战略规划，如图 7-5 所示。

（一）横向参与部门

对于参与公司战略的部门进行分类：第一类，决策部门。如图 7-5 中所列的理事会或董事会，该部门在整个战略流程过程中执行决策职能。第二类，主导部门。如战略与执行委员会。该部门在许多企业里面是一个临时成立的部门，接受理事会或董事会的直接领导。在整个战略流程里执行统筹、分析、上传下达的职能。第三类，辅助部门。在图 7-5 中，只罗列了财务部门，对于公司其他职能部门在战略流程管理中都需要做出一定的职能，以协助公司战略目标的实现。第四类，执行部门。由于 EVA 管理不仅仅用于整个公司，还可以运用于相对独立的责任利润中，所以除了整个公司而外，还存在事业部和下属公司，这些部门是战略目标的实现者，他们的职能就是在公司整个战略决策下，制定所属部门的战略目标——年度 EVA 值，并组织员工实施。

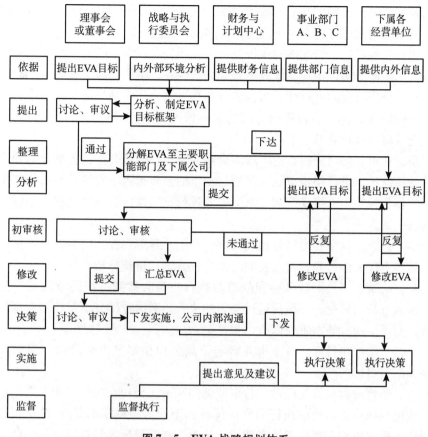

图7-5 EVA战略规划体系

(二) 纵向规划过程

EVA战略规划过程中，遵循收集信息→分析、整理信息→提出初始目标→进行反馈、修改→审批→形成最终结论→下发执行部门执行→过程控制与问题反馈→持续改进这样的一个从可行性分析到过程控制，从过程控制再到持续改进的完整过程。在这个过程里，不同的部门在其中所执行的职能也不同，从而就和横向的参与部门形成了一个二维流程模型。

二、基于EVA的战略规划制定流程

第一步，依据，收集信息。在这个过程中，理事会或董事会提出总体EVA目标，其他各参与部门根据这个总体EVA目标进行内外部信息收集。战略与执行委员会主要进行宏观上的信息收集；财务等其他辅助部门提供相应的财务、人力资源、法律、公共关系等方面的信息；事业部ABC和下属各公司收集各自所属的内外部信息。

第二步，提出初始战略目标——EVA目标。这一步主要由战略与执行委员会根据各个方面收集来的信息制定出一个初始的战略目标——EVA 值，并将这个目标提交公司理事会或董事会审批，这个过程可能需要多次反复进行。

第三步，整理意见。当战略与执行委员会收到公司理事会或董事会的意见后，进行战略目标的第一次分解，将其总体战略目标分解到各个事业部和下属公司。

第四步，分析目标的可行性。当各事业部和下属公司收到战略与执行委员会下发的战略目标——EVA 目标，结合所属部门的实际情况，进行综合分析，提出可行分析报告，并提交战略与执行委员会审批。

第五步，初审各部门分析结论。理事会和战略执行委员会接到各事业部和下属公司所提交的分析结论，进行初步审核，对通过初审的分析报告下发给各部门。如果分析结论与公司整体目标超出可接受范围，就会需要进行重新执行第三步过程，进行修改，直到最终达成一致为止。

第六步，修改。这主要是指公司决策部门在汇总各部门提交的分析报告后，发现与公司总体战略有较大的差异，需要发回各部门让其进行重新分析。

第七步，决策。当公司理事会和战略与执行委员会接到各部门修改后的分析报告后，进行深入分析与讨论，并做出通过与否的决策，对通过部分下发各事业部门与下属公司执行，对不能通过的需重新修改，重复第六步。

第八步，实施战略目标。各个事业部与下属公司根据董事会决策，组织相应的资源，实现其战略目标。

第九步，监督过程与持续改进。各事业部门和下属公司在执行公司下发的战略目标任务时，战略与执行委员会应履行监督职能，如定期考核、定期 EVA 总结报告等，并根据执行情况提出更加合理的意见和建议，让整个战略目标始终在可行的、优化的条件得以实现。

三、基于 EVA 的价值创造能力分析

（一）价值创造能力分析

对企业价值创造能力的分析包括财务能力、营销能力、组织效能、企业文化等方面的分析。

1. 财务能力分析

财务能力分析的目的是清楚地分析出企业财务及经营状况的优劣势，以确定企业价值创造的能力和战略的实现程度。

（1）EVA 完成情况分析：主要分析 EVA 指标、EVA 改善值（ΔEVA）指标、EVA 率指标（EVA 率 = EVA ÷ 投入资本）、EVA 与营业收入比、EVA 与总资产比等指标。

（2）发展能力分析：主要分析营业收入增长率、固定资产增长率和总资产增长率等指标。

（3）营运能力分析：主要分析存货周转率、应收账款周转率、固定资产周转率和

总资产周转率等指标。

（4）盈利能力分析：主要分析主营业务毛利率、成本费用率（成本费用÷营业收入）、净资产收益率等指标。

2. 营销能力分析

对生产、流通企业来讲，营销能力是企业能力的重要组成部分。它包括产品竞争能力、销售活动能力、新产品开发能力、市场决策能力等具体的市场能力。

3. 组织效能分析

组织效能分析的目的是确定企业组织的有效性、组织活动的可管理性。具体包括企业组织是否具有良好的有效性原则、统一指挥原则、合理管理层次和幅度原则、责权对等原则等，以及企业组织的管理层次和幅度的合理性问题、职责和职权的对等性问题等。

4. 企业文化分析

企业文化是指一个企业的全体成员共同拥有的信念、期望值和价值观体系，它确定企业行为的标准和方式，规范人们的行为。当文化、目标与战略三者协调一致时，就能形成企业的巨大优势。但不适应时，则成为严重劣势。因此，企业文化分析应当成为企业能力分析不可或缺的部分，它包括对企业文化特征、文化建设过程、文化与目标、战略的一致性、文化的环境适应性等。

（二）核心竞争能力分析

核心竞争能力是指居于核心地位、对企业价值及其增值有重要作用并能产生竞争优势的要素作用力，具体地说是组织的集体学习能力和集体知识，尤其是如何协调各种生产技术以及如何将多种技术、市场趋势和开发活动相结合的知识。

企业一般在以下方面容易形成核心竞争能力：市场和事业的开拓能力、对消费者福利贡献的能力、阻挡竞争者模仿的能力，企业技术与研发能力等。对企业核心能力的确定。企业核心竞争能力一般是通过占用性、耐久性、转移性、复制性等评价标准来衡量。

（三）基于 EVA 的 SWOT 分析

SWOT 分析是企业战略分析中经常使用的功能强大的分析工具：S 代表 Strength（优势），W 代表 Weakness（弱势），O 代表 Opportunity（机会），T 代表 Threat（威胁）。SWOT 分析实际上是将对企业内外部条件各方面内容进行综合和概括，进而分析组织的优劣势、面临的机会和威胁的一种方法。其中，优劣势分析主要着眼于企业自身的实力及其与竞争对手的比较，而机会和威胁分析将注意力放在外部环境的变化及对企业的可能影响上，但是，外部环境的同一变化给具有不同资源和能力的企业带来的机会和威胁却可能完全不同，因此两者之间又有紧密联系。图 7-6 是基于 EVA 的 SWOT 分析。

企业应以价值为基础配置资源，制定企业价值提升策略。将资源配置在那些能创造价值的业务单元，并根据企业的战略规划和 EVA 创造能力，设计不同的价值提升策略。

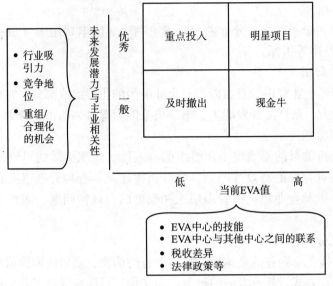

图 7-6　基于 EVA 的 SWOT 分析

1. 对现有资产进行全面管理，处置不创造价值的资产。

2. 调整现有资源配置，改善现有资产的价值创造能力。

3. 对投资回报率高于资本成本率的项目，加大投资规模，提高总体资产的价值创造能力。

通过图 7-7 分析可以看出，集团公司应针对不同类型的项目，在资源配置上应采取不同的平衡手段。融资渠道差异分析：对于①类项目，集团应重点投入，在资源配置上重点倾斜；对于②B 类项目，应通过收取较高资本费用的方式逼使相关业务单元采用债务融资方式；对于②A 类项目，主要采取权益资本的方式筹资；对于③类项目则应及时撤资。激励方式的差异：对于①类及②B 类项目，激励上应平衡 EVA 及 ΔEVA，而对于②A 类项目激励时则应侧重于 ΔEVA。

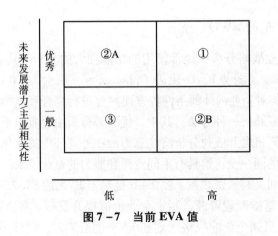

图 7-7　当前 EVA 值

四、确定中长期 EVA 目标和年度 EVA 目标

在企业战略制定的过程中，我们根据对企业使命的描述确定了企业的战略目标。而战略目标的实现是分阶段性，这就形成企业中长期目标和年度目标。企业中长期目标是对战略目标的一种分解，年度目标则是对中长期目标的再分解。不同于传统战略规划的目标分解，在基于 EVA 的战略规划方法下，企业的中长期目标是以企业战略目标为基本出发点，确定中长期 EVA 目标和年度 EVA 目标。

EVA 的年度目标是基于 EVA 战略规划方法的一种重要实施手段，它为监督和控制企业的绩效提供具体的可以衡量的依据，它明确指出了业务流程各环节之中各职能部门需要完成的具体价值任务，具有较强的可操作性。结合企业财务年度预算，企业的战略年度计划可以形成如下基本形式：

其一，中长期 EVA 目标年度计划表。中长期 EVA 目标年度计划表不仅确定从企业层面中长期 EVA 指标、年度 EVA 指标以及完成这些价值指标的财务驱动指标和业务驱动指标等不同层次的数据，同时也为企业年度预算报表编制提供一定的基础。

其二，企业年度预算报表。企业年度预算报表是一种计划表，它包括 EVA 预算表、现金流量预算表、资产负债预算表、利润预算表等年度预算体系表。在战略规划价值化方法下，企业年度预算报表不完全等同于会计学上的预算报表，其报表编制是一种不断滚动的流程，它需要根据实际绩效及时而准确地更正。

第八章

基于 EVA 的项目投资

第一节 项目投资管理基本理论与方法

投资是企业生产经营的核心内容，是企业价值增长的源动力。项目投资决策是按照一定程序、方法和标准，对项目的投资规模、投资方向、投资结构、投资分配及投资方案做出具体选择。项目投资决策必须符合国家宏观政策、产业政策、行业规划和地区规划的要求，通过对拟建项目建设必要性、可行性分析和方案比选做出最后决断。

一、投资项目评价的理论基础

（一）投资项目的可行性研究概述

可行性研究是项目前期工作的重要部分，是项目在投资决策前，通过对项目有关工程技术、经济、社会等方面的条件和情况进行系统的调查、研究分析，对各种可能的技术方案进行论证，并且对项目建成后的经济效益进行预测和评价，考察在技术上的先进性、适用性，在经济上的合理性，在财务上的盈利性以及建设的可能性，继而确定项目投资建设是否可行的分析方法。

项目可行性研究从广义上理解，可分为机会研究、初步可行性研究及可行性研究。机会研究是指寻求投资机会及鉴别投资方向，是对项目投资做出初步鉴定；初步可行性研究是在机会研究的基础上，做进一步分析，判断投资项目是否有真实的投资效益，对投资项目的关键性问题做专门的调查研究，进行投资估算；可行性研究是关键阶段，通常在项目成立以后投资以前，需要慎重选择方案，为项目实施提供详细科学的依据。

（二）投资项目基准收益率的确定方法

基准收益率也称基准折现率，是企业或行业或投资者以动态的观点所确定的、可接受的投资项目最低标准的收益水平，是投资决策者对项目资金时间价值的估值。基准收益率的确定既受到客观条件的限制，又有投资者的主观愿望。

基准收益率表明投资决策者对项目资金时间价值的估价，是投资资金应当获得的最低盈利率水平,是评价和判断投资方案在经济上是否可行的依据,是一个重要的经济参数。

1. 影响基准收益率的因素

基准收益率主要取决于资金来源的构成、投资的机会成本、项目风险以及通货膨胀率等几个因素。

(1) 综合资金成本

资金来源主要有借贷资金和自有资金两种。借贷资金要支付利息;自有资金要满足基准收益。因此资金费用是项目借贷资金的利息和项目自有资金基准收益的总和,其大小取决于资金来源的构成及其利率的高低。

资金来源是借贷时,基准收益率必须高于贷款的利率。如果投资者能实现基准收益率,则说明投资者除了归还贷款利息外,还有盈余,是成功的。基准收益率高于贷款利率是负债经营的先决条件。

投资来源是自有资金时,其基准收益率由企业自行决定,一般取同行业的基准收益率。这是该行业的最低期望收益率。如果不投资于本项目,投资者可以投资于其他项目,而得到起码的收益。

如果资金来源是兼有贷款和自有资金时,则按照两者所占资金的比例及其利率求取加权平均值,即综合利率作为基准收益率。

(2) 投资的机会成本

投资的机会成本是指投资者把有限的资金不用于该项目而用于其他投资项目所创造的收益。投资者总是希望得到最佳的投资机会,从而使有限的资金取得最佳经济效益。因此,项目的基准收益率必然要大于它的机会成本,而投资的机会成本必然高于资金费用,否则,日常的投资活动就无法进行了。因此,基准收益率 > 投资的机会成本 > 资金费用率。

(3) 投资的风险补贴率

搞任何项目投资都存在一定的风险。进行项目投资,投资决策在前,实际建设和生产经营在后。在未来项目建设和生产经营的整个项目寿命期内,内外经济环境可能会发生难以预料的变化,从而使项目的收入和支出与原先预期的有所不同。不利的变化会给投资决策带来风险,为了补偿可能发生的风险损失,投资者要考虑一个适当的风险贴补率,只有满足了风险贴补,才愿意进行投资。投资具有风险性,这是客观事实,而且往往是利润越大的项目风险也越大。投资者敢于冒风险,但对所冒的风险要求得到一定的补偿,因而他们会在风险和利润之间做一折中的选择。假如投资者对一笔能得到 5% 利润率的无风险投资感到满意的话,那么当风险度为 0.5 时,投资者就会要求有 7% 的利润率,其中 2% 是用于补偿该种程度的风险,称为风险补贴。而当风险度为 1.0 时,投资者会要求利润达到,其中 5% 为风险补贴。其差额的大小取决于项目风险的大小和投资者的要求。国外的风险贴补率一般取 2% ~ 5% 左右。

一般说来,资金密集项目的风险高于劳动密集的项目,资产专用性强的风险高于资产通用性强的,以降低生产成本为目的的风险低于以扩大产量、扩大市场份额为目的的。此外，资金雄厚的投资主体的风险低于资金拮据者的。随着市场经济的建立，以及国际国内市场竞争的日益激烈，项目投资的风险会越来越大，因此风险补贴率是投资者必须考虑的问题。

(4) 通货膨胀率

在预期未来存在着通货膨胀的情况下，如果项目的支出和收入是按预期的各年时价计算的，项目资金的收益率中包含有通货膨胀率。为了使被选项目的收益率不低于实际期望水平，就应在实际最低期望收益率水平上，加上通货膨胀率的影响。如果项目支出和收入在整个项目寿命期内是按不变价格计算的，就不必考虑通货膨胀对基准收益率的影响。

2. 基准收益率的计算公式

综合对以上诸因素的分析，在按时价计算项目支出和收入的情况下，基准收益率的计算公式可归纳如下：

$$IC = (1 + I_1)(1 + I_2)(1 + I_3) - 1$$

式中，IC 为基准收益率；I_1 为年资金费用率与机会成本之高者；I_2 为年风险贴补率；I_3 为年通货膨胀率。

在 I_1、I_2、I_3 都为小数的情况下，上述公式可简化为：

$$IC = I_1 + I_2 + I_3$$

在按不变价格计算项目支出和收入的情况下，不用考虑通货膨胀率，则：

$$IC = (1 + I_1)(1 + I_2) - 1$$

由上可知，基准收益率是由多种因素决定的，是随上述诸因素的变化而变化的，基准收益率的确定具有一定的难度。但基准收益率的大小则是采用净现值法的关键，它决定了项目的取舍。因此，作为投资者来讲应慎重确定基准收益率的大小。

(三) 投资效果评价指标

投资方案的经济效果评价指标是建设项目投资决策的重要依据，是判定建设项目经济可行性的主要标准，在财务评价工作中占有举足轻重的地位。

项目投资前期评价方法和指标的基本方法是现金流量折现法，评价指标包括净现值法 (NPV)、内含报酬率法 (IRR)。此外，还有一些辅助方法，包括回收期法和会计报酬率法。

1. 净现值法

净现值 (NPV) 是指特定项目未来现金流入的现值与未来现金流出的现值之间的差额，它是评价项目是否可行的最重要的指标。它把项目寿命期内的收益按基准收益率折成现值来分析拟建项目盈利多少，即除了基准收益外还有多少超额盈利。如果方案的净现值大于零，说明该方案经济效果较好。在若干备选方案中，净现值最大的方案经济效果最佳。

其优点是：(1) 考虑了货币的时间价值；(2) 考虑了风险的因素，这表现在其所用的贴现率是市场资金成本率，其随着风险的大小而调整。

其缺点是：（1）NPV是一个时点的概念，它主要衡量在某一时点上面公司价值的净增加量；（2）一旦资金被投入，没有程序检查实际现金流跟预期是否一致，从而使得项目预算几乎形同虚设；（3）没有考虑通货膨胀的因素；（4）它是净额的绝对值，在比较投资额不同的项目时有一定的局限性。

2. 内含报酬率法

内含报酬率法是指能够使未来现金流入量现值等于未来现金流出量现值的折现率，或者说是使投资项目净现值为零的折现率，是根据项目的现金流量计算的，是项目本身的投资报酬率。

在计算时，通常首先估计一个折现率，用它来计算项目的净现值，若净现值为正数，说明项目本身的报酬率超过折现率，应提高折现率后进一步测试；若净现值为负数，说明项目本身的报酬率低于折现率，应降低折现率后进一步测试。在只有一个备选项目的采纳与否决策中，采纳内部收益率大于预定资本成本的项目，拒绝内部收益率小于预定资本成本的项目；而在有多个备选项目的互斥选择决策中，选择内部收益率大于预定资本成本且最大的投资项目。

其优点是：（1）考虑了资金的是会见价值，并且为投资部门提供了一个适合于本行业的投资效益的衡量标准；（2）对于偏好于使用比率的人来说，容易理解和交流；（3）在计算时不必事先估计资本成本，只是最后才需要一个切合实际的资本成本来判断项目是否可行。

其缺点是：（1）可能出现多重报酬率，影响投资决策；（2）是相对值，并不能说明企业投资项目的收益总额，若投资规模较大，利润率偏低时，如果只是用内部收益率评价投资项目，可能会更多的重视那些投资小、利润率高的项目，而放弃规模较大的投资，这不利于企业的长远发展；（3）在比较相互持股的项目投资时，可能导致不正确的决策。

3. 回收期法

回收期是指投资引起的现金流入累计到与投资额相等所需要的时间。当投资项目的回收期少于投资者的期望回收期，则该项目具有财务可行性，可以选择，否则应当被放弃。回收年限越短，项目越有利。

其优点是：（1）对于各个层次的管理者来说，这种方法都是简单易行且易于理解。（2）偏向高流动性，趋向于偏爱那些可以很快地把自由现金投放到其他用途上的项目。

其缺点是：（1）没有考虑回收期内现金流量的时间序列和时间价值。（2）忽视投资收回后的现金流量。（3）可能拒绝NPV为正值的投资。（4）偏向于拒绝长期项目。

4. 会计报酬率法（ROI）

会计报酬率法计算比较简便，因此其应用范围很广。它在计算时使用会计报表圣桑的数据，以及会计上的收益和成本的观念

其优点是：（1）容易计算，所需的会计资料通常可以取得。（2）揭示了采纳一个

项目后财务报表将如何变化，是经理人员知道业绩的预期，也便于项目后评价。

其缺点是：（1）没有考虑现金流量、没有考虑货币的时间价值。（2）使用任意的取舍报酬率作为比较标准。（3）根据账面价值计算，而非现金流量和市价。

5. EVA 评价法

国资委以 EVA 作为央企负责人年度业绩考核的主要依据，其目标之一就是抑制央企投资冲动。基于 EVA 的相关项目评价指标全面考虑股权资本成本和债权资本成本，将企业的资金更多地用于能够真正提高企业价值的投资项目上。

（四）投资项目评价方法比较

1. EVA 与 NPV 比较

项目投资 EVA 评价方法相比 NPV 方法具有以下特点：

（1）EVA 方法可以使经营者在资本预算、年度利润计划和日常运营中使用相同的一致的分析架构，而净现值方法无法做到这一点。通过运用 EVA 方法，对项目的资本预算和经营业绩评价可以采用同一指标，避免传统 NPV 方法带来的事前预算与事后考核评价指标不一致的矛盾。

（2）EVA 方法可以让投资者和经营者很容易地看到一个投资项目每年带来的价值增加值。预测项目投资各年的净利润、净现金流量和 EVA 指标之间存在明显差异，可以发现净利润只考虑了经营成本，无法真正揭示项目创造的价值；净现金流量主要反映项目各年的现金流向，通过贴现后的 NPV 指标反映该项目创造价值的能力，但无法准确揭示该项目每年创造的价值量；而 EVA 可以说是一种真正的利润指标，它既考虑了经营成本又考虑了所使用资本的成本，并且将资金成本分摊在项目的整个寿命期中。因此 EVA 不但可以通过贴现后的 EVA 现值指标揭示项目创造价值的能力，并且可以更直接准确的描绘项目每一年创造价值的情况。

（3）NPV 不能用于项目运营管理，主要表现在如下几个方面：

第一，当我们使用 NPV 方法对某一项目的未来现金流量进行预测时，部门为了获得此项目的投资，有可能夸大其未来的现金流量值，但在项目实施以后，部门就很少再去关注此项目的实际现金流量是否和预测的相一致，某些资本对于他们来说就相当于免费的，从而造成拖延工期、挪用专款等损害企业价值或股东价值的行为。

第二，经理人在进行项目投资时采用 NPV 作为投资决策评价的指标，但在评价经营管理者的业绩时却采用了与 NPV 指标完全不一样的指标，如利润、投资收益率、净资产收益率等指标。项目投资评价指标与项目业绩考核指标的不统一，容易造成管理者无据可依，从而使企业的各项经营活动难以保持一致。

第三，现金流量指标有时并不能很好地反映企业的经营业绩。在项目投资的开始阶段，现金流量很可能出现负值，此时就无法判断企业的经营业绩，并且现金流量较高也不能说明企业的经营业绩就好，有可能是缺乏良好的投资机会或者是企业采取了过于保守的投资策略。

综上所述，尽管 NPV 指标是一个较好的评价项目投资指标，但不适合用于企业的日常管理，不能用于经理们的业绩评价。因此，EVA 指标要优于 NPV 指标。

2. EVA 与 ROI 的比较

投资利润率（ROI）与 EVA 相比，存在以下不足之处：第一，ROI 既没有考虑资金的时间价值，也没有考虑折旧的回收情况，即无法完整地反映现金净流量，无法直接利用现金净流量的信息。第二，在部门经理面对该指标时，可能会放弃那些大于资金资本成本而小于该部门此时投资利润率的项目，或者是减少对现有的投资利润率较低但大于资本成本的项目投资，虽然这样可以让部门的经营业绩得到好评，但是却损害了股东的利益，也损害了企业整体利益。第三，对于不同的资产，ROI 指标无法区分它们的风险，从而也就无法对这些不同风险资产进行分别处理，这就使得计算结果、评价结果与现实有了差异。

如果用 EVA 作为部门的业绩评价指标，那么只要是 EVA 大于零的项目都是可以为企业创造价值的项目，都应该被接受，从而避免上述第二个问题的出现；反之，就应该被拒绝。此时部门的业绩评价指标与企业价值或股东财富最大化目标就有了一致性，因此，在项目投资决策中，EVA 指标要比 ROI 指标更科学。

综上所述，如果用 EVA 进行评价，它将能更现实、直接的反映经理们的业绩，且将代表投资的现金费用作为资本而非当期的支出加以处理具有一定的优势，更能反映公司的真实业绩，也能更好地追踪企业的价值。

二、投资项目现金流量

1. 项目现金流量的构成

项目现金流量是在项目投资决策中，一个项目引起的企业现金支出和现金收入增加的量。这里的"现金"是广义的现金，它不仅包括各种货币资金，而且还包括项目需要投入的企业现有的非货币资源的变现价值。任何一个拥有常规模式的项目，其现金流量都由三个方面构成：初始投资现金流量、经营现金流量以及项目终结点现金流量。

（1）初始投资现金流量

初始投资现金流量主要包括购置新固定资产的投资（包括其买价、运费及安装费等）和由于生产能力的改变导致的对流动资产需求的增加而垫支的营运资本。这部分增加的流动资产属于短期资金，在初始投资时垫支，在项目终结时便全额回收。

（2）经营现金流量

$$项目经营现金流量 = 息税前盈余 + 折旧 - 税费$$
$$= 净利润 + 折旧$$

经营现金流量是指投资项目投入使用后，在其寿命周期内由于生产经营所带来的现金流入和流出的数量。经营现金流量一般按年度进行计算，这里现金流入一般是指营业现金收入，现金流出是指营业现金支出和交纳的税金。

（3）项目终结点现金流量

终结现金流量是项目经济寿命终结时发生的现金流量，主要包括处置固定资产的收入、残值的纳税影响以及收回垫支的营运资本。

2. 投资项目现金流量的预测

财务预测是从项目评估的角度出发，采用与财务口径一致的计算方法，对项目的财务数据和指标进行事先收集、测算和审查，并编制财务预测表的一系列工作。财务预测在项目中处于承前启后的中心地位，在经过项目市场调查、技术分析、市场分析、建设条件等分析之后，将前面分析中所确定的数据、参数的资料，转换成有关财务数据和指标，并在取得新的调查资料的基础上，于项目经济分析之前完成。

项目的财务预测要遵循一定的程序、规则和方法，这些程序是：搜集大量可靠真实的财务数据基础资料，然后根据这些财务数据建立财务报表，再根据财务报表的数据，使用大量的财务分析指标进行分析，得出正确的结论。

根据有无对比的原则，根据项目的产品方案、建设规模、工艺技术方案等要求，对投资项目的基础财务数据进行估算。

（1）项目投资估算。项目投资估算，指对项目建设期间各年的投资支出和建设项目的总投资进行预测，是进行项目投资数量的依据。预测准确，就能减少不必要的资金占用损失和筹资费用，又能保证项目足够的资金供应，减少投资的资金成本，这也是项目经济效益的重要方面。实践上，投资成本预测要参照同类、同等规模的投资项目来初步计算，然后再结合项目的实际情况来具体进行细算。项目总投资包括固定资产投资、无形资产投资、开办费、建设期利息和流动资金。资产投资部分由工程建设费、设备工器具购置费、安装工程费、工程建设的其他费用、预备费、建设期贷款利息、无形资产购置费构成。项目总投资估算时，可以根据行业经验数据和国家有关规定进行估算。

（2）产品销售收入或项目提供的服务营业收入预测。

销售收入是指项目销售产品或服务所取得的主营业务收入，通常不包括其他业务收入。估算销售收入主要考虑产品销售单价和产品年销售量两大因素。

销售收入预测是指在生产期间的一定时期内，对产品各年的销售收入进行的预测。其中，销售收入包括正常年份销售收入和未达到设计生产能力年份的销售收入。销售收入预测所提供的数据是利润预测和收益预测的重要依据。

（3）成本费用预测，指项目建成投产后，在一定时期（包括试生产和正常生产年份）内，对总成本费用及各年度成本费用进行预测。即对项目生产经营总成本、单位产品成本和经营成本进行预测。

（4）销售税金指企业销售商品产品，提供劳务应按国家税法规定缴纳的各种流转税金，包括产品税、增值税、营业税、城市维护建设税和资源税、教育费附加等。销售税金预测是指在生产期间的一定时期内，对产品各年的销售税金进行的预测。销售税金预测所提供的数据也是利润预测和收益预测的重要依据。

（5）利润预测指项目投产后各年的利润与收益的预测。利润包括销售利润、投资净收益和营业外收支净额。

三、投资项目社会评价

（一）项目社会评价的主要内容

社会评价是分析拟建项目对当地社会的影响和当地社会条件对项目的适应性和可接受程度，评价项目的社会可行性。

社会评价旨在系统调查和预测拟建项目的建设、运营产生的社会影响与社会效益，分析项目所在地区的社会环境对项目的适应性和可接受程度，通过分析项目涉及的各种社会因素，评价项目的社会可行性，提出项目与当地社会协调关系，规避社会风险，促进项目顺利实施，保持社会稳定的方案。

进行社会评价有利于国民经济发展目标与社会发展目标协调一致，防止单纯追求项目的财务效益；有利于项目与所在地区利益协调一致，减少社会矛盾和纠纷，防止可能产生不利的社会影响和后果，促进社会稳定；有利于避免或减少项目建设和运营的社会风险，提高投资效益。

社会评价主要内容如下：

1. 社会影响分析：项目的社会影响分析旨在分析预测项目可能产生的正面影响（通常称为社会效益）和负面影响。

2. 互适性分析：主要是分析预测项目能否为当地的社会环境、人文条件所接纳，以及当地政府、居民支持项目存在于发展的程度，考察项目与当地社会环境的相互适合关系。

3. 社会风险分析：对可能影响项目的各种社会因素进行识别和排序，选择影响面大、持续时间长，并容易导致较大矛盾的社会因素进行预测，分析可能出现这种风险的社会环境和条件。

（二）社会评价采用的指标和常用分析方法

投资项目社会评价的方法有很多，有定性的方法，也有定量的方法。一般习惯于将定性和定量方法综合使用。常用方法有以下四种：

1. 公众参与式方法

参与式方法的基本思想是强调"自下而上"的以及各个利益相关主体的参与，强调发展的核心是人的发展。参与式方法是通过一系列的方法或措施，促使事物（事件、项目等）的相关群体积极地、全面地介入项目过程（决策、实施、管理和利益分享等过程）的一种方式方法。通过这些方法或措施的运用，使当地人（农村的和城市的）和外来者（专家、政府工作人员等）一起对当地的社会、经济、文化、自然资源进行分析评价，对所面临的问题和机遇进行分析，从而做出计划、制定行动方案并使方案付诸实施，对计划和行动做出监测评价，最终使当地人从项目的实施中得到收益。参与式方法在社会评价中的具体运用包括参与式评价和参与式行动两个方面。参与式评价，如参与式贫困评估、参与式规划、参与式监测评价等，主要强调乡土知识对专家知识的补充和完善，侧重于应用参与式的工具来进行数据的收集、分析，以弥补专家知识的不足。参与式评价包括通过参与式方法来收集主要利益相关者的信息，特别是那些受项目消极影响的人的信息，从而根据充分的信息资料制定出能够为他们所接受的项目方案，以便最大程度地优化项目实施方案，扩大项目的实施效果。参与式行动更加注重的是从发展的角度来认识参与方法。与参与式评价最主要的区别是，参与式行动更偏重于让项目的利益相关者在决策和项目实施上发挥作用。当某个项目的受益群体（即受项目积极影响的群体或者机构）的积极参与和贡献对该项目的成败起关键作用时，参与式行动发挥的作用就更加明显。

2. 有无对比法

有无对比分析法是投资项目社会评价中比较常用的方法之一，主要是指有项目情况与无项目情况的对比分析。该种方法通过有无对比分析以确定拟建项目引起的项目区社会变化，即有项目情况下产生的各种效益与影响的性质和程度。这种方法重点分析有项目情况时产生的效益减去无项目情况时的效益所增效益产生的各种影响程度及其大小。有无对比法可以为同类项目提供一定的参考评价标准。

3. 多目标定量分析综合法

多目标综合评价有多种方法，例如多层次分析法、多层次模糊综合评价法、线性规划、动态多目标法等。评价人员可以根据项目的实际情况，针对评价目标、评价程序、评价人员专业水平及其技术可行性综合权衡，采取上述任一种评价方法。先确定其评价指标体系，并对各分项指标进行分析、评分，确定其在评价中的重要程度并给出相应的权重，最后计算项目的综合社会效益，得出评价结论。

4. 数据包络分析法

该方法是由美国经济学家查恩斯和库伯（Al. Charnes & W. W. Cooper）等人从相对效率角度提出的一种新的效率评价方法。此法以规划论为工具，解决不同量纲的多投入和多产出效率分析，是针对多个相同或相似类型的决策单元的"相对效率"进行评价的一种评价方法。数据包络分析方法针对多指标投入和多指标产出的投资项目方案进行综合分析，评价出规模且技术均有效的最佳方案，并对各个方案的优劣进行探讨。评价的目的是以较少投入产出更多的社会效益。

第二节　中央企业项目投资管理现状

一、中央企业投资管理现状及存在的问题

这些年来中央企业经营规模和效益的快速增长，很大程度上得益于投资活动。中央企业投资规模持续上升，一些重大投资项目动辄几十亿元、上百亿元、甚至上千亿元。

2006~2011 年中央企业累计完成投资约 13.8 万亿元，年增长约 16.1%。

2010 年国资委实施经济增加值考核以来，多数中央企业投资决策趋于理性，资本占用增速明显趋缓，科技投入大幅增加，价值创造能力显著提升。经初步测算，第三任期，中央企业资本占用年均增长 13%，比上一任期增幅降低 5.7 个百分点。

部分中央企业依然盲目追求高投资、高风险的投资项目，但随着资本成本日益上升，投资效率有所降低，企业经济增加值日益不容乐观，这对企业提高投资效率提出了挑战。审计署发布的 2011 年第 12 号至第 28 号公告表明：一些中央企业投资决策不够规范，造成国有资产损失和潜在损失触目惊心；一些中央企业盲目扩张甚至过度负债投资，一些企业进行非主业和高风险领域投资。归纳起来，中央企业投资管理中存在的问题如下：

（一）非主业投资比重大，盲目多元化

有些中央企业在进行项目投资的过程中，追求短期利益，严重偏离企业熟悉的领域和主要经营范围，有不少企业对矿产资源、能源、金融证券、房地产和保险等领域的热情较高，这种盲目多元化的行为损害了企业的长期利益，不利于企业创造价值。

还有一些中央企业的发展战略定位不清晰，战略执行不恰当，这也导致了盲目追求非相关多元化，偏离主业。特别是在企业通过上市、增发股票、发行债券等方式募集到充足的资金时，就转而开展与主业不相干的业务。

（二）投资决策机制不健全

投资决策是为企业未来的投资活动确定目标、制定方案，并从两个以上的可行方案中选择一个合理方案的工作过程。也就是为企业未来确定投资方向，选择投资项目以及投资方案的决策。企业的重大投资往往涉及企业经营发展方向，无论是在原有的经营范围内的扩大再生产的投资，还是改变原有经营内容，开拓新的经营范围的投资，对企业的生存发展都会产生重大影响。目前，部分中央企业的投资决策程序比较混乱，更多的是依靠经营管理者的个人经验和直觉。没有科学的决策程序，投资决策方法随意、不确定。投资决策没有建立在客观的信息基础上，没有经过严密的分析、论证，这样的投资决策机制必然是不合理的。

（三）投资总额超过自身承受能力

部分中央企业在进行投资活动时，其投资总额明显超过自身可以承受的范围，企业自有资金不足以支持项目投资，只能依靠债务筹资，由此导致企业资产负债率持续上升，财务杠杆越来越大，债务风险不断加大，总体风险也不断增加；同时，过度投资还可能导致浪费资源，重复建设，产能过剩等。这样，无论从短期还是长期来看，都不利于中央企业创造价值。

（四）投资责任追究机制不健全

投资项目在实际运营后，往往没有切实关注其实际运营情况与计划运营情况之间的差别，对于实际运营情况明显低于预计运营情况的情形，企业缺乏完善的责任追究机制，不能对责任人施加应有的奖励与惩罚措施，这具体表现在对于实际表现非常突出的项目责任人没有奖励，容易使其丧失积极性；而对那些表现较差的项目，则不能惩罚相关责任人，无法对未来投资项目决策起到警戒作用。

二、投资项目后评价现状及存在的问题

当前，我国中央企业项目后评价工作虽然取得了一定的进展，基本建立了项目后评价体系，但是与美、英等后评价起步较早的国家相比，仍然存在以下几个方面的问题。

（一）后评价工作体系尚不健全

我国后评价工作是从 20 世纪 80 年代开始的，最早进行后评价的机构是国家计委、国家审计署、中国人民建设银行及交通部、农业部、卫生部，但从机构设置上看，国家一级负责管理、协调、指导投资工作的工作机构尚未建立。已经进行项目后评价工作的机构，虽然设立了相对独立的后评价部门，但没有专门的后评价人员，无法保证项目后评价的客观独立性。

（二）后评价理论体系仍不完善

由于我国进行后评价方面工作的时间较短，因而在项目后评价理论与方法上没有形成系统性的研究，没有一套全国通用的项目后评价方法。各部门和地方虽然颁发了一些项目后评价的办法和制度，但尚不完善，且各自为政。全国只有部分高校开设相关课程，专门从事项目后评价研究的机构甚少，仅有一些研究生的论文和极少的科研课题涉及项目后评价的专门研究。因而导致了整个项目后评价体系不完善，评价方法滞后，指标体系不健全。并且，由于后评价工作方法简单，因而我国的后评价内容有限，目前主要集中于固定资产投资项目的项目决策和工程技术财务效益方面，项目的国民经济效益评价、可持续性评价、环境影响评价方面仍然很薄弱，并且缺乏对社会影响的分析和评价。

（三）对项目后评价的重视程度不够

近年来，我国加强了投资项目的前评价和项目决策方面的工作，绝大多数建设项目都根据规定开展了项目可行性研究和项目前评价工作，这对提高建设项目决策科学化水平，减少和避免决策失误，提高投资效益具有极其重要的意义。但是，项目实施后的实际情况如何，各项前评价的效益指标能否反映实际，前评价的结论是否正确，在项目的实施过程中出现哪些问题等，都有赖于项目建成投产后所进行的项目后评价，必须根据实际数据通过后评价来验证。由于目前我国对项目后评价工作的重视程度不够，因而在项目建设中，投资者、管理者不愿意暴露问题，不进行项目的后评价。这在一定程度上形成对项目后评价工作的障碍，阻碍了项目后评价工作的正常

发展。

（四）评价方法不理想

由于评价方法的不当致使评价不能满足决策者的要求已经成为后评价中最主要的问题。据调查表明，目前后评价并不很成功，因为很多公司的管理者对评价结果缺少信心。对于广大的具体项目的后评价要求来说，最迫切的问题不是去构建一个新的评价方法，而是在许多现成的评价方法中找出一个适合项目本身特性的方法，或是作适当改进后推广应用。在已有的理论、方法中，较多的强调静态、量化的评价，对于动态的研究则很少；对于评价指标，如何将模糊、定性指标进行量化以及指标数据的标准化处理，还都在讨论之中；评价指标权重的确定（即权重的确定方法及其合理性）也有待探讨。

第三节 基于EVA项目投资评价模型的构建

一、EVA导向下项目投资评价应重点关注的问题

在EVA考核导向下，企业项目投资应重点关注以下问题：

1. 投资方向应与企业主业和发展战略高度契合，严格控制盲目多元化的风险。企业应明确发展方向，确定发展目标，建立相适应的发展战略。项目投资的方向应与企业整体发展战略相一致，应有利于企业整体的可持续发展，而不应一味地追求短期高回报而严重脱离主业的项目，防止盲目多元化的风险。

2. 坚持投资项目的回报率不低于资本成本率的原则，保证项目运营后带来正的EVA。企业应确定合适的必要报酬率，审批通过的项目投资回报率应不低于项目的资本成本。企业应全面谨慎预测项目运营期内每年的EVA，确保未来运营期每年实现EVA的总现值为正。

3. 严控投资进度，降低投资成本，减少投资项目占用资本。全面强化项目投资的跟踪管理、强化进度意识、早投资、早生产、早见效，力争降低投资成本。同时，根据项目人员变化和业务情况，对投资项目成本进行相应的调整。项目建成后，需要对项目建设成本的管理与控制工作进行总结，找出不足和需要改进的地方，为以后成本管理与控制提供参考。

4. 完善投资项目考核。项目考核评价的目的应是规范项目管理行为，鉴定项目管理水平，确认项目管理成果，包括对项目投资进度、项目成本费用、资金结算、安全等多个方面。

二、基于 EVA 的投资项目评价模型的构建

（一）将 EVA 用于投资项目评价的优势

1. EVA 提供了科学的决策标准，可以准确把握项目投资的决策方向

从 EVA 的计算公式可知，企业 EVA 的持续增长意味着企业价值的持续增长。因此采用 EVA 作为项目投资决策的工具符合企业价值最大化的目标，利用 EVA 指标可以为企业的资本合理投资提供正确的评价标准，从而在各个不同的业务部门合理的分配资源。在目前的许多国有企业，项目经理为了满足自己的利益，对各个项目的可行性分析只是流于形式，往往不是以项目是否能够为企业创造价值作为决策依据，从而造成国有资产流失，如果以 EVA 为决策依据对投资决策方向进行把握。这种现象就会大大缩减。如果项目的 EVA 小于 0，根本不能为企业创造价值，那么必须将一些已经实施或准备实施的项目撤回来，因为它要求考虑包括股本和债务在内所有资本的成本。这一资本费用的概念会使经营者更为勉强、明智的利用资本以迎接挑战、创造竞争力。因此，应根据企业需要确定明确的 EVA 计算方法，进行一些具体科目的调整。以 EVA 为衡量标准，经营者就不会再做虚增账面利润的事，他们能更自如地进行进取性投资以获得长期回报。只有真正理解 EVA 并以优化行为作为目标，才能掌握经济增加值的精髓。

2. EVA 可以加强国有企业对权益资本的重视

传统的会计利润在计算时只考虑债务资本成本，而忽视了权益资本成本。一个企业运作需要的资本主要由债务资本和权益资本构成，由于资本的逐利性决定了资本都是有成本的，因此债务资本和权益资本的使用都不是免费的。债务资本需要企业定期支付利息，在财务报表上列支财务费用，因此这是一种显性的成本；而权益资本的投入者虽然也要求企业提供一定的资本回报，但是这种回报没有固定日期，这是一种隐性的资本成本。特别是在国有企业，权益资本一般是国家资本，企业往往形成了无偿使用的共识。这种认识显然是错误的，因为投入项目的权益资本也可以投向其他盈利项目，其他项目所带来的收益就是权益资本的机会成本。在传统的会计利润的条件下，许多项目是名义上在盈利，但是事实上在损害企业的利益，因为这种名义上的利润没有计算权益资本成本，而这种利润根本不够抵偿权益资本成本。

强调资本费用是 EVA 最突出、最重要的一个方面，EVA 所计算的利润是真正的经济利润。EVA 能真实反映项目的经营业绩，项目的经济利润必须弥补完所有的资本成本，剩下的才是为创造的价值。这样就可以提醒国有企业的管理者在项目投资决策时重视权益资本成本，意识到权益资本不是一种免费的成本。

3. EVA 有利于实现项目投资评价指标和业绩考核指标的统一

国有企业在进行资本投资决策时，一般都会用净现值法进行项目可行性分析，考虑的是整个项目寿命期内现金流量的分布。然而，现金流量在业绩评价方面很难执

行，因为在对项目经理评价时一般都是以自然年份为期限。如果企业投资于一个 EVA 为正值的项目，那么投资越多，为企业创造的价值就越多，但所得到的现时的净现金流量的负值也就越大，从而很难对项目经理进行评价。很多企业在项目被批准进入实施阶段后都采取如投资回报率、净利润等指标对项目经理进行业绩评价，这样很容易导致决策评价指标和绩效评价指标的不一致，不利于管理政策的延续性和管理者对项目的后续评价与控制。而 EVA 却可以作为项目投资决策时项目价值评估和项目经理业绩评价的双重手段。通过证明可得知，EVA 和 NPV 在项目投资决策前的评价是一致的，但是只有利用 EVA 才能将项目各阶段联系起来，实现项目决策和业绩评价的完美结合。以 EVA 值作为项目经理的业绩考核指标，可以对项目管理人员进行有效的激励和监督，就可以避免为获得年度报酬而忽视长期发展，并且具有很强的可操作性。年度奖励计划通常会对长期的激励计划造成伤害，因为它大多只基于年度绩效的评估，而对来年的报酬没影响。为消除这种短视行为，扩展决策者的视野，EVA 要求把奖金存储器或奖金库作为奖励制度的重要组成部分。每一年，正常范围内奖金会随 EVA 增长向员工支付，但超常的奖金则存储起来以后支付，当 EVA 下降的时候就会被取消。当经营者意识到如果 EVA 下降时存储的奖金就会被取消，他们就不会再盲目追求短期收益而忽视潜在的问题了。同时，如果公司项目经理想离去的话，就必须放弃存储的奖金，从而给他们戴上一副"金手铐"。EVA 以业绩的改善为标准支付奖金，使经营者们站在了同一起跑线上，可使其做出有利于企业长期发展的决策。

4. EVA 有利于企业的长期发展

由于 EVA 指标的设计着眼于企业的长期发展，因此应用该指标能够鼓励经营者进行能给企业带来长期利益的投资决策，如新产品的研制与开发、人力资源的开发等。这样就能杜绝企业经营者短期行为的发生，促使企业经营者不但注意所创造的实际收益的大小，而且要考虑所运用资产的规模以及使用该资产的成本大小。EVA 并不鼓励盲目投入，如果战略性支出并不能在以后的收益期间得到补偿，就能在以后会计期间的 EVA 值很清楚的看出来。

5. EVA 适用于对所有行业的评价

假设两个公司的资本结构不同，那么即使它们的债务资本成本、权益资本成本以及真实利润是相等的，但在损益表中表现出来的净利润也是不同的，权益资本比例高的企业将表现为更多的利润。这样，资本结构差异就成为企业获得利润的一个因素。显然，单纯依据传统的会计利润指标无法准确计算企业为股东创造的价值。事实上，股权资本收益率是股东期望在现有资产上获得的最低收益，不同的企业所预期的资本收益是不一样的。同时，EVA 还考虑了所有投入资本的成本，股权资本不再是免费的，因此剔除了资本结构的差别对经营业绩的影响。此外，EVA 能将不同投资风险、不同资本规模和资本结构的企业放在同一起跑线上进行评价，它适用于对所有行业的评价。

（二）基于 EVA 的投资项目评价模型

基于 EVA 的项目评价模型包括项目 DEVA、项目 EVA 回报率，下面对各指标的含义、计算公式和运用方法进行简要介绍。

1. 项目 EVA 评价指标

（1）项目 DEVA：项目 DEVA 是指项目运营期各年度创造的 EVA 的总现值。其计算公式为：

$$DEVA = \sum_{n=1}^{n} \frac{EVA_n}{(1+i)^n}$$

$$= \sum_{n=1}^{n} \frac{(I_n - C_n - T_n) - (IV_0 - D_1 - D_2 - \cdots D_{n-1}) \times i}{(1+i)^n}$$

其中：

I_n = 项目第 n 年收入；

C_n = 项目第 n 年营业成本；

T_n = 项目第 n 年税费；

IV_0 = 项目初始投资；

D_n = 项目第 n 年折旧；

i = 项目的加权平均资本成本；

n = 项目期限。

项目 DEVA 指标反应项目为企业创造的总价值，在数值上与项目 NPV 相等，但能克服 NPV 指标的缺点，因此可以将项目 DEVA 指标代替 NPV 指标。当 DEVA 为正时，说明该项目能够为企业创造价值，在财务上是可行的；当 DEVA 为负时，项目不为股东创造财富，不值得投资。

（2）项目 EVA 回报率：项目 EVA 回报率是指项目 DEVA 与项目初始投资额的比值，表示项目单位投资可以给企业创造的价值。

$$项目\ EVA\ 回报率 = \frac{DEVA}{IV_0}$$

其中，IV_0 为项目预计初始投资额。

项目 EVA 回报率从相对数的角度解释了项目的创造价值的能力，当企业在评价不同规模的投资项目时，可以通过比较 EVA 回报率来评价项目，剔除投资规模不同而带来的影响。

将 EVA 与传统的项目评价方法相结合，从绝对值指标和相对值指标两种角度对项目进行评价，从而选择能为企业创造价值的项目。同时，将项目每年的 EVA 与预测的每年 EVA 相比较，评价项目运营后的实际价值创造能力，建立相应责任追究机制，完善企业管理。

（三）项目 EVA 评价方法应用思路

1. 项目 EVA 指标的计算方法

项目 EVA 为项目税后净营业利润与全部资本成本的差额。其计算公式为：

新建项目 EVA = 税后净营业利润 – 资本成本

税后净营业利润 = 净利润 + 财务费用 × (1 – 所得税率)

新建项目资本成本 = 新建项目占用资金 × 适当的项目投资回报率

2. 项目 EVA 评价过程

首先，进行项目 EVA 评价。

针对强制性项目，同时将 EVA、会计利润作为项目立项的约束性指标，根据项目 EVA、会计利润的高低，将项目的投资效益水平分为五类：高效益、平效益、低效益、零效益、负效益。如果该项目具有高效益，表明此项目能够创造企业价值，需优先考虑通过 EVA 评价；如果具有平效益或低效益，可以考虑通过 EVA 评价；如果仅有零效益、甚至负效益，置后考虑通过 EVA 评价（见表 8 – 1）。

表 8 – 1　　　　　　　　　　　项目 EVA 五类评价比选

	项目累计 EVA	项目累计会计利润	项目比选规则
高效益	EVA > 0	会计利润 > 0	优先考虑
平效益	EVA = 0	会计利润 > 0	可以考虑
低效益	EVA < 0	会计利润 > 0	
零效益	EVA < 0	会计利润 = 0	置后考虑
负效益	EVA < 0	会计利润 < 0	

例如，表 8 – 2 是两个项目的主要参数，项目一和项目二都具有盈利能力，但站在经济增加值的角度去评价，结果显然不同：项目一的经济增加值为负数，明显不具投资价值；项目二则具有可投资性。

表 8 – 2　　　　　　　　　　　项目评价比选　　　　　　　　　　单位：万元，%

	5 年净利润	资金投入	资金成本率	经济增加值
项目一	252	5 475	5.58	– 54
项目二	293	3 023	5.58	124

针对扩张性项目、重置性项目和其他项目，将 EVA 指标作为项目立项的必要依据。根据投资项目 EVA，可将项目的投资效益水平分为三类：高效益、平效益、低效益。如果该项目具有高效益，表明此项目能够创造企业价值，通过 EVA 评价；如果此项目仅有平效益、低效益，则不能为企业增加价值，不予立项（见表 8 – 3）。

表 8 – 3　　　　　　　　　　　项目 EVA 三类评价比选

	项目累计 EVA	项目比选规则
高效益	EVA > 0	通过 EVA 评价
平效益	EVA = 0	不予立项
低效益	EVA < 0	

其次，进行项目立项评价。

当某项目既通过 EVA 评价，且财务内部收益率≥行业基准收益率时，准予立项。

最后，在准予立项的项目间进行比选，实现投资规模控制。在投资规模有限的前提下，在准予立项的投资项目中，根据财务内部收益率的高低来进行项目排队，确定项目实施的优先顺序，达到投资规模控制的管理目标。

三、基于 EVA 评价模型的投资项目评价举例

以下对某电厂汽轮机改造方案进行评价，该改造方案能够降低煤耗，每年可节约标煤约 7 425 吨。

在实际计算某电厂改造项目的 EVA 指标时，采用如下基本公式：

$$EVA = 税后营业净利润 - 资本总成本$$
$$= 税后营业净利润 - 资本余额 \times 资本成本率$$

其中，资本余额 = 当年累积投资额 - 累计折旧及摊销额。

由于我们的主要目的在于将 EVA 理念引入项目投资评价中，并不需要强调精确地计算 EVA，直接采用财务数据进行计算，而不再对 EVA 调整事项进行调整。

评价原始数据：

标准煤价：含税 652 元/吨；

机组原有设备已运行 9 年，改造后运行年限按 16 年计算，折旧年限按 15 年，残值率 3%（为方便计算，令其为 85 万元）；

电力增值税 17%，不计列城乡建设税及教育附加费；

所得税按企业 25% 计算；

行业内部收益率 9%；

机组改造总计的静态资金分两年投入，第一年 40%，第二年 60%。

收入预测：主要是节煤收益。

税后节煤收益 = 7 425 × 652 ÷ 1.17 × (1 - 25%) = 310.33(万元/每年)

项目 EVA 计算如表 8 - 4 所示。

通过计算，该项目的 DEVA 为 1 040.94 万元，大于零，该项目值得投资。EVA 回报率的计算结果为 36.5%，说明该项目每单位投资能给企业带来的新增价值为 0.365 元。从财务评价的角度看，该项目是可行的。

四、基于 EVA 的项目投资决策管理

（一）EVA 在项目投资决策管理中的 "4M"

EVA 不是一项简单的指标，而是一套相对全面的管理体系。这一体系主要包括四

| 表 8-4 | | | 项目 EVA 计算 | | | | 单位：万元 |

年份	税后营业净利润	资本余额	资本成本	EVA	折现系数	EVA 现值	
1		1 140					
2		2 850					
3	310.33	2 850	256.50	53.83	0.7700	41.56664	
4	310.33	2 666	239.94	70.39	0.7084	49.86605	
5	310.33	2 481	223.29	87.04	0.6499	56.57003	
6	310.33	2 297	206.73	103.60	0.5963	61.77330	
7	310.33	2 113	190.17	120.16	0.5470	65.73163	
8	310.33	1 929	173.61	136.72	0.5019	68.61516	
9	310.33	1 744	156.96	153.37	0.4600	70.61581	DEVA = 1 040.94
10	310.33	1 560	140.40	169.93	0.4200	71.78027	EVA 回报率 = 36.5%
11	310.33	1 376	123.84	186.49	0.3900	72.27100	
12	310.33	1 191	107.19	203.14	0.3600	72.22332	
13	310.33	1 007	90.63	219.70	0.3300	71.66145	
14	310.33	823	74.07	236.26	0.3000	70.69997	
15	310.33	638	57.42	252.91	0.2700	69.43342	
16	310.33	454	40.86	269.47	0.2500	67.87134	
17	310.33	270	24.30	286.03	0.2300	66.09386	
18	310.33	85	7.65	302.68	0.2100	64.16627	

个方面：考核体系（Measurement）、管理体系（Management）、激励体系（Motivation）和理念体系（Mindset），即"4M 体系"。

将 EVA 运用到企业的投资决策与经营管理中的"4M"体系体现在以下四个方面：

1. 考核体系

将 EVA 用于项目投资评价中，首先体现的就是 EVA 理念的考核体系。这种考核不仅包括项目前期对项目经济性进行的评价，还包括项目运营阶段，以及项目运营结束后对项目绩效进行的评价。这有利于企业的决策者考虑股权资本成本和时间价值，真正保护了股东的利益。同时，有利于企业的项目投资决策者树立以价值为导向的管理理念。

2. 管理体系

EVA 是衡量企业所有决策的单一指标。公司可以把 EVA 作为全面财务管理体系的基础，这套体系涵盖了所有指导营运、制定战略的政策方针、方法过程，以及衡量指标。在 EVA 体系下，管理决策的所有方面全都囊括在内，包括战略企划、资本分配、并购或撤资的估价、制定年度计划，甚至包括每天的运作计划。总之，增加 EVA 是超越其他一切的公司最重要的目标。从更重要的意义来说，成为一家 EVA 公司的过程是一个扬弃的过程。在这个过程中，公司将扬弃所有其他的财务衡量指标，否则这些指标会误导管理人员做出错误的决定。将 EVA 用于项目投资评价是一个整体的管理体系，它需要企业整体的通力协作。

3. 激励体系

EVA 使经理人为企业所有者着想，使他们从股东角度长远地看待问题，并得到像企业所有者一样的报偿。以 EVA 增加作为激励报偿的基础，是 EVA 体系蓬勃生命力的源泉。因为使得 EVA 的增加最大化，就是使股东价值最大化。在 EVA 奖励制度之下，管理人员为自身谋取更多利益的唯一途径就是为股东创造更大的财富。将 EVA 在项目前期的评价中得到的预测值与项目实际运营期的 EVA 相比较，如果实际 EVA 大于预测 EVA，则说明项目运营状况良好，应对相关人员进行超额奖励；如果实际 EVA 与预测 EVA 基本吻合，说明项目投入运营后各年度为股东创造的价值与预期一致，按照规定进行激励，但若如果实际 EVA 远远小于预测 EVA，说明项目投入运营后各年度为股东创造的价值不如预期，应该追究相关人员的责任。

4. 理念体系

如果 EVA 制度全面贯彻实施，EVA 财务管理制度和激励制度将使公司的企业文化发生深远变化。在 EVA 制度下，所有财务营运功能都从同一基础出发，为公司各部门员工提供了一条相互交流的渠道。EVA 为各分支部门的交流合作提供了有利条件，为决策部门和营运部门建立了联系通道，并且根除了部门之间互有成见，互不信任的情况，这种互不信任特别会存在于运营部门与财务部门之间。应用 EVA 进行项目评价时，可以将 EVA 理念深入到企业的各相关部门，增加它们之间的联系，提高企业创造价值的能力。

（二）构建项目投资 EVA 评价方法的效果

中央企业通过构建基于价值的项目投资评价和决策管理体系，通常可以取得以下效果：

1. 企业项目投资决策导向将由"利润导向"变为"价值导向"，项目投资将基于整体价值最大化目标实现与战略相对接；

2. 通过明确项目投资的 EVA 评价、EVA 考核和决策责任追究制要求，提高了投资决策编制的效率及准确性；

3. 分级、分类的投资决策控制路径，使得集团公司不仅关注项目投资的利润结果，更关注项目的价值创造和风险防范，从而促进企业持续、健康、稳定的发展；

4. 投资决策评价中 EVA 方法的引入，能够有效激励管理者和员工努力工作，提高企业经营管理业绩。

总之，中央企业构建基于价值导向的投资评价和决策管理能够对业务、组织以及投资决策管理流程进行很好的梳理，是兼具控制、激励、评价等功能的一种综合管理工具，能够很好地贯彻企业管理的战略导向，实现盈利、风险与增长等战略要素的协调互动。

（三）将 EVA 用于项目评价的注意事项

1. 有关 EVA 调整事项

企业在对投资项目开展 EVA 分析评价时，EVA 调整项目应遵循简单和针对性原则选取几个关键调整内容。此外，企业需要考虑成本效应原则，对某些对 EVA 影响不大的事项，应酌情进行调整。EVA 用于项目投资评价的体系中尚没有形成对调整事项的统一标准，因此，企业在应用 EVA 进行项目投资评价时，应该根据项目本身的特点和企业的特点，制定适合于本企业不同类型项目的调整事项标准。

2. 将 EVA 与传统项目评价指标相结合

EVA 无疑是一个好的体系，但目前其在项目投资评价领域的应用研究较少，缺乏权威的评价体系；而传统评价体系的相关理论研究和在实际工作中的应用都较为完善，因此，在应用 EVA 进行项目投资评价时，需要将 EVA 指标结合传统的项目投资评价指标一并运用。但针对不同指标的不同评价标准，可能导致企业在决策时有多种决策标准，因此，需要采用综合评价的方法，对项目的不同指标进行综合打分，选择最合适的项目。

（四）EVA 用于项目投资评价的后果分析

1. EVA 评价方法有助于抑制中央企业过度投资行为

国资委于 2010 年在中央企业全面推广经济增加值（EVA）业绩考核，以经济增加值作为中央企业负责人年度考核的核心指标，EVA 考核的主要目标之一就是抑制中央企业的投资冲动。

在实行 EVA 考核之前，国资委以净资产收益率（ROE）作为核心考核指标。净资产收益率等于净利润与净资产的比值。以净资产收益率指标考核企业负责人的业绩，企业管理层就会通过扩大负债规模来实现净利润最大化，从而提高净资产收益率指标。在这种考核方式下，只要该项目的利润能够补偿项目债务资本成本，则这些项目都会被企业负责人考虑进行投资。而采用 EVA 来考核企业负责人的业绩，则企业投资的项目表面看起来是有利润的，实际上 EVA 可能为负，而这是损害股东利益的。特别对于中央企业来讲，债务资金的取得相对容易，债务资本成本相对较低，只要能够提高企业利润的项目投资都会被企业接受。因此，企业管理层可能为了追求利润的最大化，以牺牲所有者的利益为代价，片面追求扩大企业规模，将资金投向利润大于零而 EVA 却小于零的项目，造成过度投资。

此外，在 EVA 作为企业核心业绩考核指标时，如果企业负责人继续将企业资金投向非主营业务的项目，那么将会降低经济增加值指标，国资委在对企业负责人进行考核的时候，将会对非主业投资收益进行全面扣除。因此，从自身利益角度出发，企业负责人将会减少非主业项目投资，将资金投资于能够扩大企业产能的主业项目，减少资金的浪费。

因此，从理论分析的角度来讲，经济增加值的价值理念和资本成本观念能够约束和激励中央企业谨慎投资，选择对企业价值增长有利的投资项目，能够起到抑制中央企业过度投资的作用。

研究表明，对企业负责人实施以经济增加值为核心导向的考核以后，企业过度投资行为能够得到显著的抑制。实施了 EVA 考核的企业，相对于没有实施 EVA 考核的行业内其他企业，其过度投资水平明显较低。

2. EVA 评价方法也可能导致企业投资不足行为

从理论上来看，经济增加值考核能够有效抑制企业过度投资行为。但是，我们也应该看到，EVA 考核和评价权重过高也可能会导致企业出现投资不足行为。

从经济增加值的计算公式来看，如果企业想要提高经济增加值指标，一方面是提高税后净营业利润，另一方面是节约资本成本。也正是从这两个角度出发，经济增加值对投资不足有正反两方面的影响。

一方面，从税后净营业利润的角度来看。对于企业的企业管理层来说，如果想要提高利润就需要付出较多的努力。特别是，国资委规定的税后净营业利润的计算需要扣除非经常性收益。中央企业历来有很大一部分的利润都来自于非主业经营的项目和补贴收入。如此的规定更增加了央企提高税后净营业利润的难度，企业管理层可能需要付出更多的努力才能实现经济增加值的提高。因此，当能够提高税后净营业利润的投资项目带给企业负责人的收益小于其付出的成本时，企业可能会放弃一些净现值为正的投资项目，造成投资不足。

另一方面，从节约资本成本的角度来看。既然提高税后净营业利润比较难，企业负责人可能就将目光转向资本成本。基于经济增加值的业绩评价可能进一步加深企业管理层的短期化行为倾向。这主要是因为，经济增加值的计算要考虑资本成本，企业资本投资的规模越大，资本成本就越高。企业管理层和股东之间存在着博弈，对于企业管理层来说，其更注重当前利益而不是长远利益。

因此，在经济增加值（EVA）为导向的业绩考核要求下，企业管理层有可能通过最大限度地从现有资产获取利润来提高当期的经济增加值，从而减少任何不能立即带来回报的投资项目，放弃那些初期可能亏损的投资项目，放弃那些资金耗费大、投资时间长但长期收益较高的投资项目，而且短期内控制资本量比提高税后净营业利润要容易得多，因此注重短期利益的企业管理层可能更倾向于选择前者。所以，采用 EVA 考核也有可能出现中央企业投资不足的现象。

五、基于 EVA 评价模型的投资项目后评价

EVA 由于固有的静态特性，在投资项目后评价中，与在前期决策中一样，不能作为评价项目成败的决定性指标。但在后评价中应用 EVA 指标，比前期决策中更有意义。

EVA 丰富了投资项目后评价指标体系，且比同类型的指标更具有参考性。相对于投资项目决策的常用的利润指标，如利润总额、净利润、项目总投资收益率、项目资本金净利润率，它考虑了资本成本或机会成本，比单纯的利润指标更能衡量项目为股东创造的价值。如一些净利润为正值的项目，一旦考虑占用资金的成本，其实质创造的价值可能为负，是在损害股东的财富，而不是为股东增加财富。

在投资项目后评价中，增加 EVA 考核，以项目前期评价中的 EVA 值作为考核标准，计算出该项目投产后的实际年度 EVA 值，进行对比考核。

　　由于项目投资后评价的 EVA 是项目当期的实际核算指标，不存在预测误差，具有硬考核功能。因此，通过项目后评价的 EVA 考核，可将项目前期评价和后评价有力的联系在一起，有效弥补净现值、内含收益率的预测误差带来的不足。

　　由表 8 - 5 可知，投资项目每期的折旧或摊销额影响当期的 EVA，但是由 DEVA = NPV 可知，整个项目周期内，每期折旧或摊销额的分配并不影响对项目价值的判断。这个结论的实践意义在于，如果采用 EVA 指标考核经理业绩，并且考核期限涵盖投资项目的整个周期，经理利用应计项目调节各个会计期间利润，将无法改变其整个考核期间的业绩。

表 8 - 5　　　　　　　　　　　　投资项目净现金流量和 EVA 的关系

净现金流量	I0	NCF1	NCF2	…	NCFn
折旧或摊销		D/A1	D/A2	…	D/An
会计核算利润		NCF1 - D/A1	NCF2 - D/A2	…	NCFn - D/An
占用资本额		I0	I0 - D/An	…	I0 - (D/A1 + D/A2 … + D/An - 1)
EVAi		NCF1 - D/A1 - I1r	NCF2 - D/A2 - I2r	…	NCFn - D/An - Inr

第九章

基于 EVA 的并购管理

第一节 并购管理的基本理论与方法

　　企业并购取自兼并（Merger）与收购（Acquisition），并购到底包括什么，学术界还没有形成一个公认的理论体系。并购有广义并购和狭义并购之分，广义的并购是指公司接管以及相关的公司重组、公司所有权变更、公司控制转变等活动。狭义的并购实质上是指企业通过股权收购、资产收购或吸收合并获取目标企业的财产权、控制权，是一种产权转让的行为，它会引起企业所有权、控制权的转移。

一、并购动因与方式

（一）并购的动因

有关企业并购动因的理论主要有 6 种：

1. 效率理论

　　效率理论认为公司并购能够给社会收益带来一个潜在的效益，而且对交易的参与者来说无疑能提高各自的效率，提高企业的经营业绩。这主要体现在企业的经营业绩提高或形成某种形式的协同效应。

2. 信号理论

　　信号理论是指信息优势一方通过某些行动向信息劣势一方传递他们的私人信息以证明其市场能力，也就是显示或制造市场信号。从信息不对称角度来看，内部经理层拥有比局外人更多的关于公司状况的信息，而企业并购能够表现和传递这些信息。如果一家企业被并购，那么市场认为该企业的某种价值还没有被局外人掌握，或认为该企业未来的现金收入将增加，从而推动股价的上涨。

3. 代理理论

　　代理理论认为并购是管理层追求私人利益的结果，这种部分的所有权问题会导致他们工作不积极，甚至还会导致额外消费，来追求自身的满足。

4. 自由现金流量假说

自由现金流量假说源于代理成本问题。该理论认为并购活动的发生是由于管理者和股东之间在自由现金流量的支出方面存在冲突。公司要实现效率最大化，自由现金流量就必须支付给股东，这也直接削弱了管理层对企业现金流的控制，管理层为投资活动进行融资时，就更容易受到公共资本市场的监督。这实质上也是由于代理问题产生的利益冲突，而并购将有助于降低这些代理成本。

5. 市场竞争理论

市场竞争理论认为，企业并购的动机是基于市场竞争的需要。一方面并购活动可以有效地降低进入新行业的门槛，通过利用目标企业的资产等优势，实现企业低成本、低风险的扩张；另一方面，通过并购，减少竞争对手，提高行业的集中度，提高市场占有率，增强企业对外部环境的控制，从而获取长期盈利机会。

6. 交易费用理论

交易费用理论认为，节约交易费用是企业并购活动的唯一动机。并购的实质是企业组织对市场的替代，是为了减少生产经营活动的交易费用。

（二）并购的方式

企业并购划分方式有多种，按照不同的划分标准，企业并购可以分为以下几种类型：

1. 按并购企业与目标企业的行业关系划分

（1）横向并购。横向并购是指生产同类产品，或生产工艺相近的企业之间的并购，实质上也是竞争对手之间的合并。一般地说，横向并购可以迅速扩大生产规模，节约共同费用，并提高通用设备使用效率。此外，横向并购有助于公司在更大范围内实现专业分工协作，采用先进技术设备和工艺。最后，横向并购便于统一技术标准，加强技术管理和进行技术改造，便于统一销售产品和采购原材料等。

（2）纵向并购。纵向并购是指与企业的供应商或客户之间的合并，即优势企业将同本企业生产紧密相关的生产、营销企业并购过来，以形成纵向生产一体化。纵向并购实质上处于生产同一种产品、不同生产阶段的企业间的并购，并购双方往往是原材料供应者或产品购买者，所以对彼此的生产状况比较熟悉，有利于并购后的相互融合。从并购的方向看，纵向并购又有前向并购和后向并购之分。前向并购是指并购生产流程前一阶段的企业；后向并购是指并购生产流程后一阶段的企业。纵向并购的优点是：能够扩大生产经营规模，节约通用的设备费用等，可以加强生产过程各环节的配合，有利于协作化生产；可以加速生产流程，缩短生产周期，节省运输、仓储、资源和能源等。

（3）混合并购。混合并购是指既非竞争对手又非现实中或潜在的客户或供应商的企业之间的并购。其主要目的是为了减少长期经营一个行业所带来的风险，与其密切相关的是多元化经营战略。由于这种并购形态因收购企业与目标企业无直接业务关系，其并购目的不易被人察觉，收购成本较低。

2. 按出资方式划分

（1）现金购买资产式并购。并购企业使用现金购买目标企业全部或大部分资产以实现对目标企业的控制。

（2）现金购买股票式并购。并购企业使用现金购买目标企业以部分股票，以实现控制后者资产和经营权的目标。出资购买股票即可以在一级市场进行，也可以在二级市场进行。

（3）股票换取资产式并购。收购公司向目标企业发行自己的股票以交换目标公司的大部分资产。

（4）股票互换式并购。收购公司直接向目标企业的股东发行收购公司的股票，以交换目标公司的大部分股票。对收购公司来说，换股式并购无须支付现金；对目标公司的股东来说，其所持股份由目标公司转到了并购公司。

（5）杠杆并购，指由一家或几家公司在金融信贷支持下进行的并购。特点是并购公司只需少量的自有资本即可进行对外并购，并且常常以目标公司的资本和收益作为信贷抵押。这是一种比较特殊的现金购买式并购。

3. 按并购企业对目标企业进行收购的态度划分

（1）善意并购，又称友好收购，是指收购方事先与目标公司协商，探讨诸如资产评估并购条件等事宜。征得其同意并通过谈判达成收购条件的一致意见，在友好的气氛中进行的"善意收购"。

（2）敌意并购，也称强迫接管兼并，是指收购方在收购过程中遭到目标公司抗拒但仍然进行强行收购，或者收购方事先没有与目标公司进行协商，而直接向目标公司股东开出价格或者收购要约的一种并购行为。

4. 按是否通过证券交易所公开交易划分

（1）要约收购，又称"标购"或"公开收购"，是指一家企业绕过目标企业的董事会，以高于市场的报价直接向股东招标的收购行为。标购是直接在市场外收集股权，事先不需要征求对方同意，因而也被认为是敌意收购。标购可以通过三种方式进行。第一种是现金标购，即用现金来购买目标企业的股票。第二种是股票交换标购，即用股票或其他证券来交换目标企业的股票。第三种是混合交换标购，即现金股票并用来交换目标企业的股票。

（2）协议收购。并购企业不通过证券交易所，直接与目标企业取得联系，通过谈判、协商达成协议，据以实现目标企业股权转移的收购方式。一般属于善意收购。

5. 企业并购程序

（1）前期准备及初选目标公司

企业根据自身发展战略制定并购策略，企业管理层对企业并购达成一致意见，做出初步决议，并授权有关部门寻找并购对象。初步选取目标公司，发布并购意向，政绩企业出售方，并对各目标企业进行初步比较，选出候选目标，并开始意向面谈。

（2）初步调查及制定并购方案

达成并购意向后，应进行初步调查，并形成初步调查报告，制定并购策略及初步的并购方案。同时，应向目标公司的所有者及有关主管部门咨询该并购计划的可行性。

（3）深入尽职调查及审计、评估

参与并购的人员应对目标企业从法律、财务、经营等重大方面进行深入调查。对企业资金进行审计并进行全面的清产核资，清理债权债务，再用合适的方法评估资产价值。并购企业应聘请具有相应资质的会计师事务所和资产评估机构对目标企业进行审计和评估，作为确定资产或股权转让底价的依据。

（4）确定并购成家价格及并购具体方案

根据尽职调查成果报告，进一步进行可行性论证，在此基础上提出具体的并购方案。

（5）并购的法律文件制作

由律师起草、参与并购的人员审核，形成并购转让协议和并购后的公司章程初稿，连同并购方案报给收购方内部权力机构审核后，作为谈判的基础法律文件。

（6）协商谈判并签署协议

并购双方就并购价格和并购方式等进行谈判，在达成一致意见后签订并购协议，并按所有者权限，由并购双方各自报所有者审批。

（7）报请主管部门及相关方审批

涉及国有资产或股权的并购应由具有管辖权的国有资产管理部门批准。并购国有企业还需经职工代表大会审议通过；并购集体所有制企业，须经所有者讨论，职工代表会议同意，报有关部门备案；并购股份在企业或收购其主要股东的股份，要按照其公司章程规定的程序履行相关行政和法律手续。某些特殊行业还需要办理工商登记变更前的准入前置审批。

（8）支付转让价款及办理工商登记变更

经履行法律审批手续后，并购双方按照协议支付转让价款，同时办理传奇变更登记并购后企业法人的工商登记或变更登记。

（9）交割和整合

并购双方办理移交手续，经过交界验收、造册，双方签证后，会计据此入账。目标企业的债权、债务，按协议进行清理和惩戒，并据此调整账户，办理更换合同等手续。

（10）发布并购公告

并购完成后，向社会公布并购，使与企业相关的各方知道并购实施，并调整与之相关的业务。

二、价值导向的并购战略选择

企业并购战略一定要与企业竞争战略相匹配，一定要与企业价值提升的目标相符。企业并购战略成功与否的检验标准是：并购是否实现了协同效应、实现了并购整合后的企业价值（EVA）持续提升；是否有利于提高企业核心竞争能力，达到竞争战略目的，实现了企业可持续发展。

实践中一些企业的并购战略带有一定的盲目性，与其实现资源优化配置和提升竞争力的目标不符，这种盲目性体现在并购的战略制定未基于企业自身核心能力与可持续发展上，致使企业价值遭到侵蚀。还有些企业并购之后，企业的竞争优势与获取超额报酬的能力下降，原因是没有做好并购后的整合，未能发挥协同效应，企业价值未能得到提升。

（一）战略性并购战略

并购战略是企业一项特殊的发展战略，应该建立在企业的竞争战略之上，从产业发展的角度来看，企业并购行为应能实现以下三大竞争战略中的一个或多个：即成本领先、差异化和专业化战略。因此，可以将战略性并购分为三大类型：

1. 产业整合型并购战略，即以扩大市场份额为目标的并购。为避免同质化的过度竞争，企业可以采取产业整合型并购来占领更大的市场，提高市场集中度。如国美并购永乐。这是与实现专业化竞争战略相对应的。

2. 产业扩展型并购战略，即为实现成本领先或差异化的目标，采取的前向或后向的并购策略，如攀钢集团并购渝钛白公司，是向其产业链下游方向的并购；攀钢集团合并攀矿公司，是向其产业链上游方向的并购。产业扩展型并购的另一种情况是：企业为了给客户提供更为全面的服务而将一些高度相关的产业整合在一起，以获得一些只从事某一种单一业务的公司所不具备的优势。如太极集团并购桐君阁和西南药业，形成了涵盖中药、化学药、生物医药和医药流通产业的完整医药产业群格局。

3. 新产业构建型并购战略，即企业投资新产品或者进入新产业，从时效性或承受的风险上来看，并购方式相对内部投资方式可能是一个更好的选择。

例如，三星电子总裁认为，用1亿韩元可以通过并购在一周内得到的新技术，投入10亿~20亿韩元花3~5年时间去研发就是投资浪费。

比如，美国通用公司每年都要并购许多企业，其中是一些新兴行业的企业，加以整合改造后，成为行业优势企业，对于整合不成功的企业，则迅速转让出去。当然这有赖于一个前提，美国通用财务状况良好，融资能力强，具备进入新产业的资本实力。对于一般企业来讲，就须考虑自己的资本实力和核心能力，谨慎做出进入新产业的并购决策。美国通用"在行业中数一数二"，说的就是多元化中的专业化。

（二）基于企业核心能力的并购战略

并购战略是建立在企业制定的竞争战略之上的，而竞争战略的制定又是基于企业自身的核心能力，有效的并购战略是充分实现协同效应的基础，通过整合，提升企业的核心能力、竞争力与竞争优势，使企业价值提升。

波特的竞争战略理论认为，产业结构是决定企业盈利能力的关键，企业可以通过选择总成本领先、差异化或专一化的竞争战略，影响产业结构，改善和加强企业的相对市场地位，获取市场竞争优势，这种竞争优势表现为成本领先或产品差异化，从而改善产品的市场组合或者投资组合，进而增加企业的价值。但波特的战略理论中没能解释这样的问题：即"为什么同一产业内企业间的利润差距并不比产业间的利润差距小；在没有吸引力的产业可以发现利润很高的企业，而在吸引力很大的产业也有经营状况不好的企业？受潜在高利润的诱惑，企业进入与自身竞争优势毫不相关的产业进行多元化经营，最终这些企业为何大多以失败告终。"

企业能力理论认为，与企业外部环境相比，内部条件是影响市场竞争优势的更为重要的因素，核心能力是市场竞争优势的源泉。研究证明，能力差异与产业间的结构差异相比，前者更能解释企业间的绩效差异。罗曼尔特发现，企业间的异质性可以解释其业绩差异的46%，是产业结构因素可解释的6倍。其他的研究也表明，产业结构只能解释企业间业绩差异的5%~15%。显然，产业结构对企业绩效的影响虽然存在，但它不是决定性的影响因素，而且产业结构的影响最终也取决于企业的核心能力。因此，有效的战略应以企业核心能力为基础，通过并购后核心能力的提升来获得或保持竞争优势。

（三）发挥协同效应提升企业价值

并购整合提升企业价值来源于获得的协同效应，协同效应主要体现在经营协同、管理协同和财务协同。

1. 协同效应是并购创造价值的源泉

国外研究并购绩效的成果表明，企业并购是从行业范围内的重组以及协同效应的方式创造价值。张新博士（2003）认为，成熟市场的并购动因是为了追求产业整合的协同效应，我国经济的转轨特征和上市公司所处的历史背景，决定并购存在着大量的通过财务和经营协同效应等创造价值的源泉。

2. 并购协同效应理论

企业并购的协同效应是指整体价值超过各部分价值之和，即 $1+1>2$，即指并购存在增值效应。

（1）管理协同

经济学家弗雷德·威斯通说，兼并和其他形式的资产重组活动有着潜在的社会效益。原因在于管理能力层次不同的企业合并可以带来效率的改善，这主要体现在有利于改善管理层的经营业绩或形成协同效应上。

（2）经营协同

经营协同效应主要来源于规模经济和范围经济。规模经济是指企业生产过程中各种要素的投入有一个最佳规模，在达到这一点以前"随着生产规模的扩大"生产成本会逐渐降低。并购企业在实现规模经济的同时，也可以在更多的产品上分摊研发费用或其他固定成本，从而降低单位成本。范围经济指企业能够利用现有产品的生产销售经验以较低的成本生产相关的附加产品。

经营协同效应与产业整合型并购：产业整合型并购可以迅速扩大企业的生产规模，并且通过资源互补达到最佳经济规模的要求，从而降低成本，以此提升企业价值，如国美并购永乐。

经营协同效应与产业扩展型并购：产业扩展型并购发生在处于生产经营不同阶段的企业之间，其直接效应就是交易内部化，节省交易费用。

经营协同效应与新产业构建型并购：由于行业有受宏观经济或产业周期的影响，经营协同表现为行业互补。如郎咸平分析了和记黄埔，发现其投资了七大行业，但依然能够创造稳定的现金流，其秘密在于 7 个行业资产组合以后成长率是 –5% ~20%。

（3）财务协同

第一，并购可使低成本的内部现金流得到较合适的投入资本回报率。即资源从需求放缓或产业衰退的并购方所在行业转移到目标企业高速增长行业，这是与新产业构建型并购战略相对应的。

第二，并购可使企业的资产营运能力得以提高。并购后通过对应收账款、存货和现金的集中管理，从而提高营运资本的运行效率。

第三，两家现金流量波动呈负相关企业，并购后的现金流量波动性就会降低，财务拮据成本与财务风险降低。

第四，优化资本结构降低加权平均资本成本。

资本结构是指企业负债和权益的比例关系及其改变对企业价值提升的效应。

企业通过并购可以优化资本结构以减少税收支出或者降低财务危机成本可能会带来一定的企业价值提升。如果财务杠杆比率较高的企业和财务杠杆比率较低的企业合并后，财务杠杆比率平均化，使资本结构改变。并购后企业的整体偿债能力也比之前各单个企业的偿债能力增强，使企业财务能力得到提高。

因此，并购后的整合过程中需要进行资本结构调整，企业价值的提升或毁损取决于相对于最佳资本结构的方向或偏离。另外，合理的资本结构还应考虑保持企业股权结构的稳定和控制能力。

三、目标企业的估值方法

（一）市场法

市场法又称相对价值法，其理论基础是类似的资产应该具有类似的价值。通过计算适当的价值比率或经济指标，在与被评估企业比较分析的基础上，得出评估对象价值的方法。经常采用的市场法是市盈率法。

市盈率反映了公司按照有关折现率计算的盈利能力现值。根据市盈率计算并购价格的公式为：

并购公司每股股权价值 = 公司预计每股净收益 × 公司的市盈率

（二）收益法

企业价值评估中的收益法是指通过将被评估企业与其收益资本化或折现以确定评估对象价值的评估方法，收益法一般适用于具有独立获利能力或获利能力可以量化的持续获利能力资产。常用的收益法包括收益现值法和现金流量贴现法。

1. 收益现值法

收益现值法是通过故事被评估资产的未来预期收益并折算成现值，借以确定被评估资产价值的一种资产评估方法。收益现值法对企业资产进行评估的实质是将资产未来收益转换成资产现值，而将其现值作为待评估资产的重估价值。

其基本公式是：

资产的重估价值 = 该资产预期各年收益折成现值之和

但收益现值法的应用需要满足一定的条件：被评估对象必须是经营性资产，且具有持续获利的能力；被评估资产必须是能够用货币衡量其未来收益的单项资产或整体资产；所有者承担的未来经营风险必须能用货币衡量。

2. 现金流量贴现法

现金流量贴现法是通过预测公司未来盈利能力，计算公司净现值，并按一定的折扣率折算，从而确定被评估对象的市场价值。

其计算的基本公式是：

资产的价值 = 该资产未来全部现金流的现值之和

未来现金流量可以是股权现金流量或实体现金流量。不同的现金流量折现需要使用的折现率也不同。股权现金流量对应股权资本成本，折现得到的是股权价值。实体现金流量对应加权平均资本成本，计算的结果是实体价值。

（三）成本法

企业价值评估的成本法也称为资产基础法，是指在合理评估企业各项资产价值和负债的基础上确定评估对象价值的评估方法。其计算主要有下列方法：

1. 账面价值法

会计上的账面价值反映了特定时点企业的会计核算价值。用每一会计年度企业资产负债表上的资产总额减去负债总额就是该企业的净资产，即为企业的账面价值。但由于通货膨胀、企业的历史、商誉等因素，账面价值往往比实际价值低，因此估算目标企业的真正价值，还须对资产负债表中的各个项目作必要调整，对目标企业财务报表进行审查、评估和调整后，买卖双方根据资产负债逐项协商，找到双方都能接受的目标企业价值。另外，由于目标企业选择的会计方法不同，通过账面上反映出的数据跟实际的往往有较大的出入。因此，账面价值只能作为目标企业价值的参考。

2. 市场价值法

对于上市公司来说，净资产价值可以用股票价格乘以所发行的股票数量来进行评估。这种方法比较适用于流动性较强的上市公司的价值评估。而我国现实情况下，股票市场的发展还处于初级阶段，市场处于弱势有效水平，其价值信息还不能反映上市企业的真实盈利能力。所以这种方法还不能单独使用。

3. 清算价值法

清算价值是指公司出现财务危机而破产或歇业清算时，把公司中的实物资产逐个分离而单独出售时的资产价值。估算所得的价格是目标企业的可能的变现价格，构成并购价格的底线，可用于收购限于困境的企业。

四、并购可行性与后评价分析

（一）并购可行性分析

企业开展并购行为应当编制并购方案，做好并购可行性研究，并购可行性分析主要内容包括：（1）并购主体包括并购方、出让方和并购对象的基本情况以及其他重要股东情况；（2）并购目的及理由分析；（3）并购方式和程序；（4）并购价格和定价原则、方法；（5）涉及的债权、债务和担保抵押等情况及处理办法；（6）涉及的职工安置、劳动关系处置等情况及处理办法；（7）涉及的重要法律纠纷、诉讼等情况及处理办法；（8）并购资金来源，如需筹集资金应当说明并购资金筹集及偿还等安排；（9）对于并购行为的合法性分析；（10）对于并购行为的投资收益预测及对并购方关键财务指标的影响分析；（11）并购过程中包括并购完成后存在的风险分析及防范措施；（12）并购完成后对于并购对象的战略规划或资产重组计划。

（二）并购后评价分析

企业并购完成1年后，通常应对并购项目开展后评价工作。并购后评价重点分析以下内容：（1）原并购方案和现实运营情况的比较分析；（2）并购后重组情况的分析；（3）投资收益预测中各假设情况的实现情况；（4）风险防范措施落实情况；（5）新风险点和防范措施。

第二节　中央企业并购管理现状分析

一、中央企业并购动因

中央企业并购的主要动因如下：

1. 实现做强、做大，成为世界一流企业。当今世界并购已经成为一个潮流，今后的并购会越来越频繁，企业如果不想融入这个并购潮流的话，可能自己就会被别人并购。在市场经济国家，大公司的发展实际上就是一系列的企业并购和重组的过程。为控制市场要做并购，为取得技术要做并购，为转型要做并购，进入新产业或新市场一般也要从并购开始。所以，对于国外的大公司来讲，能够做并购重组，并且能够把并购重组做好，是其发展的一项基本功，世界500强都经历过并购。我们认为，能做好并购重组同样也将成为中央企业做强做大应具备的一项基本功。尤其是国资委要培育一批行业排头兵企业，培育一批具有国际竞争力的大公司大企业集团，并购重组更是必不可少的途径。

2. 优化资源配置。优化资源配置是指将生产效率低下的资产及利用效率不高的资源通过公司并购或政府划拨等方式转移到高效率的公司。大部分中央企业受原来计划经济影响，在资源配置方面普遍存在"大而全、小而全"的问题，资源分散，经济效益低下，而没有突出优势环节。这些原因使得中央的资产、资源的利用效率低下，存在配置不合理的现象。具有某方面优势的中央企业在政府部门的主导下，并购资产、资源利用效率低下的其他中央企业，从而优化资源配置，发挥资源的最大效率。通过并购，实现中央企业的资产在不同所有制之间，不同地区之间、不同产业之间的流动，这有利于盘活国有资产存量，实现资源的优化配置，提高资源使用效益。

3. 优化股权结构。中央企业的绝对控股权依然保持在政府的手中，这不利于政企分开，约束了公司自我创新发展的能力。我国现行上市公司的股本结构中普遍存在着国家股、国有法人股占绝对控股地位的现象，国家股、国有法人股在上市公司总股本中比重过大、股权结构不合理。这主要表现为一股独大，同时也难以实现对公司的外部监控，集团公司、控股股东和上市公司之间没有完全分开，国有控制权不明确，导致产权虚位。为提高竞争力，许多中央企业开始进行国有股减持，股权转让等并购活动，以优化产权结构。

4. 实现中央企业转型升级和可持续发展。在资源环境约束日益严重、国际间产业竞争更加激烈、贸易保护主义明显抬头的新形势下，必须切实推进中央企业兼并重组，深化改革，促进产业结构优化升级，加快转变发展方式，提高发展质量和效益，增强抵御国际市场风险能力，实现可持续发展。

5. 实施专业化发展战略，提高核心竞争力。专注于核心业务求发展，是企业成长最基本的战略，也是企业成长的必由之路。实施专业化发展战略有助于增强公司的核心竞争力，建立稳固的竞争优势，因而它驱动的增长也会更加健康，更加稳定，更加持久。专业化发展战略源于对本行业的自信和主导欲望，带有很浓重的侵略性，当企业的规模发展达到一定程度时，会产生通过企业兼并推销自己价值观的强烈欲望。根据迈克尔·波特的价值链模型理论，企业并购的本质是将外部价值链的一部分转化为内部价值链，增加对本行业的可控力度。

中央企业的并购行为一方面可以减少市场竞争成本，另一方面可以通过业务量的增摊薄企业管理成本，形成规模效益，带来超额利润。例如，中国航空工业集团公司积极响应国资委的战略思路，在资产的投入和剥离方面采取了积极措施，2009 年出售了数个车辆生产企业，退出日趋饱和的国内汽车市场，集中优势资源主攻主业，使中国的航天工业得到突飞猛进的发展，获得国际同行的认同，并实现了该企业首个海外并购，并购了奥地利未来先进复合材料股份公司，成功的融入世界航空产业链，为企业未来的技术创新和市场开拓开创了广阔的空间。

二、中央企业并购方式选择

各中央企业要高度重视企业发展质量与效益、有效管控企业各项经营风险、加大投资并购控制力度、有效盘活低效无效资产、探索加强境外资产管理，为实现"有条件的企业都要建成世界水平的跨国公司"的发展目标和"努力提高国际竞争能力，实现世界一流"的管理目标提供坚实的财务保障（孟建民，2013）。中央企业的并购重组受到社会各界高度关注。通过并购重组，中央企业数量减少，规模明显扩大，运营效率和抗风险能力显著提高，中央企业布局结构趋于合理。

三、中央企业并购战略管理存在的问题

中央企并购重组以扩大规模为主，在短期内实现了企业资产、收入规模的迅速扩张。但当前部分央企还存在业务分布面过宽，资源分散，以及主业不突出、核心竞争力不强等问题，这样的发展模式具有不可持续性，为中央企业大而不强留下了隐患。国务院国资委改革局副局长刘文炳（2011）指出，央企在并购重组中存在三大值得关注的问题：

首先，一些中央企业发展战略不清晰，盲目扩张，带来诸多风险。一些企业过分注重做大企业规模，存在强烈的扩张欲望，没有想好就去并购；有的企业在并购过程中功课没有做足，出现了问题；有的企业超过自身资金能力、整合能力进行并购，背上沉重的债务包袱。

其次，有的企业在并购重组后内部资源整合不到位，难以实现预期目标。有的企业在并购重组后形式上实现了联合，但在业务、资产、机构、人员、文化、管理流程等方面并没有实质性的整合或整合不到位。

第三，伴随着并购重组快速推进，有的中央企业的管控能力却相对滞后。"十一五"期间一些企业的规模扩张了好几倍，主业增多了，产业链条拉长了，出现了管控风险。

四、中央企业并购目标企业估值存在的问题

中央企业并购过程中对目标企业正确的价值评估是并购成功的关键。通过科学合理的方法对目标企业进行价值评估，可以为买卖是否可行提供客观基础，也可以使并购企业和目标企业在并购谈判中做到心中有数。

企业价值评估先后形成了以资产为基础（成本法）、以市场为基础（市场法）和以收益为基础（收益法）的评估方法。其中，以资产为基础的评估方法由于其简单易操作，数据来源可靠，在实务中经常被采用。该方法将企业看做企业由各单项资产组合成的整体，企业价值等于个单项之资产的价值加总。其中：确定各项资产价值的方法主要有账面价值法、重置成本法、清算价值法。由于这种方法没有对企业未来的价值增值反映在内，因而评估结果难以全面反映企业价值。市场法以市场为基础，依据假设存一个市场中含有与被评估企业类似的参照企业，市场中存在一个影响企业市场价值的主要变量，企业市场价值与该变量的比值在个企业之间是相识的。常用的方法是市盈率法，这种评估方法简单易行，但由于评估结果反映的只是相对价值，且受市场整体估值因素影

响，在市场不成熟，信息有限的条件下，其评估结果不太准确。收益法以企业收益为基础，源自艾尔文·费雪（Irving Fisher）的资本价值评估理论，由于有扎实的理论基础，收益法在实务中应用较为普遍。

目前中央企业在并购目标企业估值中运用最广泛的是贴现现金流量（DCF）方法，该方法认为企业的价值为企业未来收益的现金流折现的总和。但是该方法仅以会计利润为收益指标，忽略了权益资本成本，结果有失公正。因此，部分学者在 DCF 方法的基础上，引入经济增加值的概念，建立了经济增加值价值评估模型。但是该方法在中央企业并购活动中并未广泛使用。

五、中央企业海外并购存在的主要问题

（一）中央企业海外并购受到东道国保护主义的阻碍

中央企业为获取能源、矿产资源、大宗商品等战略性资产的稳定供应而在海外频繁进行并购。许多西方国家认为中国的央企政企不分，央企海外并购既是企业行为，但背后更多的可能是政府的意志，由此正常的企业并购行为上升到了国家能源和资源安全的高度，东道国政府于是以保护国家主权和资源、能源安全为名，出手干预，严格限制甚至阻挠央企的海外并购。2005 年中海油收购美国第三大石油公司优尼科失败，2009 年中铝第二次增持力拓股份失败均出于这样的保护争议。

（二）中央企业跨国并购能力有待提高

缺少跨国并购经验和能力是困扰中国企业海外并购的软肋。2003～2010 年间中央企业发生的 151 次海外并购中，许多跨国并购属于史上首次，其他多数企业海外并购经验也不多。影响中国企业跨国并购能力的一个重要因素是基于语言和文化差异构筑的难以逾越的堡垒。当今市场经济及相关的国际惯例，绝大部分是欧美国家用 200 多年的时间逐渐确立的，绝大多数的语言、规矩、范式、惯例都是按照他们的模式制定的。日本和韩国虽然培育出许多强大的跨国公司，但却罕有成功并购欧美企业的案例，因为两国同属于典型的非西方语言文化国家，这些企业以往并购欧美等国的企业或参照欧美国家标准的发展中国家的企业的时候，都也曾面临相当大的难度，并且即使在较短的时间里完成了对上述企业的并购，也由于语言文化巨大差异造成的鸿沟和障碍需要很长的时间来融合。相反，属于类西方语言文化的印度，其并购欧美企业的成功率明显高于东亚其他国家。如塔塔集团在最近五六年里进行了 30 场跨国并购，无一例失败。

另一个重要约束性指标是精通中西语言文化和中外企业经营的人才。台湾明基公司并购西门子手机项目失败的教训值得中国企业借鉴。台湾企业海外投资比大陆早，国际经验及人才储备也比大陆好，但一年后这项并购宣布失败。董事长李焜耀在接受媒体采访时指出，之前明基一直寻找国际并购的机会，并为此储备了 8～9 个在欧美市场打拼过多年的高级人才，但实际做下来发现远远不够，也许要 30 个国际化的高级人才才够

用。2006 年麦肯锡公司曾做过专门研究，得出的结论是中国企业需要 7.5 万名有国际化经验的人才，而国内已有的合格人才只有 5 000 人。

（三）面临较高的主权风险

主权风险一直以来是我国对外投资中一个严重的问题，由于我国是后发国家，在全球分工梯度结构基本定型的情况下，自然资源类投资很多时候只能选择一些发展中国家，甚至是最不发达国家，其中包括很多政治局面不稳定、主权评级很低的国家。在我国对外投资排名前 20 位的国家（地区）中，有三个国家属于标准普尔"非投资级别"国（尼日利亚、巴基斯坦、蒙古国），外加苏丹（标准普尔没有相关评级），四个国家占中国企业对外直接投资的 2.4%。利比亚内战导致中国企业海外投资损失数百亿元人民币。

第三节　基于 EVA 的并购管理

一、基于 EVA 并购导向

EVA 导向下的企业并购不是规模导向，而是价值导向。EVA 约束下的并购注重的不仅是战略价值的提出，而且强调实际并购的战略价值实现。这个价值的实现要可描述、可计量、可管理。

为了实现中央企业 EVA 最大化目标，管理层需要在企业并购战略决策中考虑即将实施的并购战略决策将如何影响到 EVA，从而使 EVA 起到对企业并购行为的约束作用，除了在母公司层面，还必须考虑运用 EVA 约束和规范诸多子公司的经营管理行为。而经过并购方充分评估自己并购前绩效（EVA）、并购整合能力以及可能的并购后绩效（EVA），就能够在一定程度上规避目标选择偏差、高估值高支付，以及日后整合和经营风险问题。

二、并购方价值能力评估

（一）EVA 为负数的央企

如果中央企业 EVA 小于零，表明并不具备价值创造能力。需要自审：EVA 小于零的原因是什么？是行业整体因素还是企业自身因素？是长期问题还是临时问题？收购能解决自己价值创造不足的问题吗？这类中央企业有如下决策可供选择：

1. 放弃并购活动，而主要从事非主业的剥离，压缩企业规模，减少资产负债表所动用的资本，努力增加主营销售额，同时调整下属企业的日常经营管理行为，管理成本费用，增加税后利润。

2. 如果较长时期内无法使 EVA 扭亏，可以考虑从该行业退出。

3. 通过收购 EVA >0 的业务实现转型。如果中央企业有丰厚的现金或者再融资能力，可以选择对 EVA >0 或者具有独特竞争优势的目标企业进行收购，以此实现转型或者增厚自己的 EVA。问题在于，EVA >0 的目标企业可能与中央企业在企业文化、管理制度、战略导向和经营行为上存在冲突，会导致未来较高的整合成本。而较高的整合成本和费用支出可能会冲减 EVA。

（二）EVA 为正但不高的央企

这是一种临界状态。中央企业应该非常谨慎地对待并购，并且严于自审。一方面要提升销售收入，提升主营业务的经营管理能力，努力进行成本费用的精细化管理；可以适当地从不盈利行业通过剥离等方式实现退出，压缩企业经营规模，并把所得现金用于主营业务，提升主营业务规模和盈利能力。另一方面谨慎选择并购目标。寻找 EVA >0 或者与自己有协同效应的企业，进行主营业务的增强或实现转型。在这种临界状态上，企业可以放弃一些较长时间才能实现正的 EVA 的所谓的战略性收购，而采取更为务实态度，收购一些规模较小但 EVA >0 的企业，来增厚自己的 EVA。企业需要进行更为事前分析、精确的报表模拟和敏感性分析，以此确定收购行为给自己带来的业绩波动幅度和概率。如果并购目标选择不当，或者过高支付了兑价，很容易使 EVA 变成负数。

（三）EVA 良好的央企

此时的中央企业具有较强的盈利和运作资本能力，可以进行一些 EVA <0 但有战略意义的收购。但在并购前，并购方要充分结合本身战略意图，做好 EVA 预算和模拟：根据安全 EVA 的边际距离，测算和模拟所能从事收购的规模和次数：是进行一次性大规模的收购，毕其功于一役，耗尽可能的 EVA，还是进行几次小规模收购？能容忍几次多大规模的负 EVA（目标企业 EVA <0，协同效应 <=0）收购？换言之，中央企业需要考虑，为了承担战略性收购，目前的 EVA 能够承担多大规模的负 EVA？通过出让自己的 EVA 而获得的企业规模或者上下游整合能力所带来的协同好处需要多长时间才能实现？中央企业还可以从时间上对收购目标进行长短期搭配：可以同时进行一些短期内亏损 EVA <0，但具有长期盈利趋势的战略性收购。这需要企业对行业趋势和目标企业具体情况进行认真的研究。

三、目标企业价值能力评估

目标企业除了能在战略价值（规模效应、市场进入机会、核心资源等）上满足收购方战略意图外，EVA 还有助于并购方鉴别目标企业在绩效上是否真正能提高企业绩效，以规避传统评估方法所带来的种种的弊端。好的做法是对符合收购标准的目标企业按照 EVA 进行排序，结合并购方自身因素和收购预期选择可行收购目标，减少目标选择偏差。

传统的收购估值方法基本上以市盈率 P/E 为基础。该估值方法主要依赖于被收购企业历史盈利能力（如果以未来盈利能力为估值基础通常需要交易双方对赌），但没有直接考虑被并购企业日后为了维持或者提升盈利能力而需要的额外资本性支出和营运资本的追加。

而根据 EVA 公式，对目标企业追加资本是对中央企业和被收购企业的 EVA 产生影响的。显然，后续资本性支出和营运资本的追加会导致 EVA 的下降。而且，即使所追加资本即使能够提高企业的盈利能力，但从资本投资到形成盈利尚需要为期不短的转化时间。在此期间，EVA 多半是下降的。考虑到这一个因素，并购方选择并购目标时就要更加谨慎。

目前的并购市场还没有为每股 EVA 创造出一个类似市盈率的估值比率，例如 P/EVA，但用 EVA 评估目标企业收购价值，相对于市盈率等方法，会降低目标选择错误，避免高估企业价值。在 EVA 评估基础上，收购方需要仔细计量：为了获取目标公司每股 EVA，需要支付多少资本？目标企业的独立价值加上协同价值，扣除未来的整合成本外，是否可以回收收购成本。一般而言，分为对目标企业独立价值评估和协同价值评估。根据具体情况，有三种情况：

1. EVA >0

目标企业具有较强盈利能力和管理能力。收购这样的企业会增加收购方的盈利能力和 EVA。收购这样具有超强 EVA 的企业，支付一个额外的溢价在所难免。但多高的额外支付是合适的？这种高盈利可持续吗？可持续的依据是什么？收购方具有整合这种企业的能力吗？整合方式是什么？对这些问题进行回答，有助于规避过高的支付水平和过高的未来整合成本，避免 EVA 弱化。

2. EVA <0

目前企业盈利能力较弱。需要弄清楚 EVA <0 是行业整体现象还是企业个别现象？是经营理念导致的，还是管理问题导致的？收购方有无能力把这样的企业整合出正向协同效应？整合的依据和整合点是什么？为此付出的整合成本和后续投入是否高于这种估计的协同？

通过 EVA 评估目标公司，还可以设计出收购后的整合重组方案，即强调整合与重组剥离同步进行——保留具有战略价值部分业务和资产，剥离非战略意义和不盈利资产，所得现金用以补贴重组成本或增补主业。具体的剥离技术见资产负债表管理和损益表管理。

3. 协同价值评估

协同效应是交易双方之间可能有的化学反应。并购协同是大多数奉行战略并购的管理层所津津乐道的并购动因，并经常为此进行高额支付。但并购实践表明，管理层所热衷的协同效应基本上被整合中各种冲突、意外事件导致的额外支付和重整费用的费用增加而抵消掉，甚至成为负协同。协同价值挖掘是一项系统工程，是体现在日常经营行为中，很难直接简单地落在纸面上。

不以 EVA 为约束而单纯出于战略价值来考虑并购目标的价值，必然导致并购方以完成交易为目的，而弱化对价值创造的考虑，从而高估对方价值。高估的结果必然是高支付，高支付必然导致企业过度融资。过度融资一方面必然导致并购企业的 EVA 下降，另一方面可能给企业带来财务风险。EVA 作为考核的硬性指标，会对高估值、高支付和过度融资起到约束作用。

四、EVA 与融资支付

EVA 考核迫使企业追求最优的资本结构，降低资本成本率，以最低的资本成本来筹集企业发展所需资金。公司必须关注内部和外部资金的运作方式，寻求内部留存收益和外部债务和股权融资的最佳平衡。

（一）现金收购

某些企业账面上具有巨额的冗余的资金倒挂在银行，资金压力导致这些企业持币待购。现金冲动下，更容易导致企业滥投资行为，可能会收购到盈利不足的坏项目（Jensen，1986）。这实际上是低估了先进的资金成本的表现。

现金的资本成本需要根据现金来源具体划分，可分为有息、无息和权益性资金，而不能简单把银行同期存贷款率作为现金的机会成本。如果投资现金流来自企业经营现金流量，资金的资本成本应该是股权和债权的加权资金成本；如果来自融资现金流，需要具体区分是来自股权，还是债权，而采用不同的成本计量。但在企业实务中，管理层经常视企业货币资金成本为银行存款利息，低估了资金成本，导致投资冲动。实际上最基本的资金成本也需要用贷款利息来衡量，因为股权投资人风险高于债权人风险。

在现金过度冗余、而缺乏 EVA 约束的企业中，并购行为容易使 EVA 遭到破坏。是因为并购方低估资金成本，进而高估了自己的 EVA。如果收购的是坏项目，更容易导致并购方 EVA 波动。

（二）股权融资

股权融资和支付都容易产生"货币幻觉"——企业并没有支付真金白银，但却拿到了真实的股权或资产。尤其是以高估的股票进行兑价支付，无论是增发配股收购，还是直接换股收购，企业管理层更乐于采用股权支付（Myers，1984），因为这并不给企业带来支付压力。

股东承担的是剩余索取权，因此股权资本成本在理论上一定是高于债权的。增发配股现在这些看似无成本的资本，在 EVA 考核中，也有了不菲的成本。因此，采用增发、配股的支付方式，如果不能换来较强的盈利能力或较高质量的资产，仍然会导致 EVA 下降。

同时，如果增发配股股票数量巨大，导致每股收益下降，容易导致股价下跌，也容易导致控股股东实际控制权稀释。在一定条件下还可能引起控制权的转移。

（三）债权融资

在 EVA 考核中，利息费用视同税后利润，要在调整后的税后利润中加回。这在某种程度上鼓励收购方使用债权融资。适度负债一方面可以约束管理层投资冲动，另一方面可以给管理层带来压力，从而创造出更多地绩效，发挥公司治理效应（Willismson，1988）。如果并购方确定所收购项目的回报率高于债权成本，且经营性现金流量波动不大，就可以进行负债融资。而且，并购贷款也是一项不错的融资途径，还可减少并购方资产抵押和信用风险。但经营现金流波动较大、财务杠杆高的企业要规避过度负债，以避免流动性危机。

（四）金融工具创新

某些收购方受到资产负债率限制以及 EVA 考核约束，可能会面临投资不足问题，或者因为规避约束而面临丧失具有好的投资机会的项目。这要求企业可以考虑进行必要的金融工具创新，比如进行卖方融资。常见的卖方融资设计如下：

设立一个特殊目的主体，以此作为融资平台，可以以类产业基金方式融进一般合伙资金和有限合伙资金，以主并企业或目标公司为抵押（后者叫做卖方融资），进行负债融资或并购贷款融资。考虑到合并报表，并购企业可以在一般合伙出资重占据绝对或相对控股地位。如果仅为项目融资，或者项目风险较大、负债率高、绩效不稳定，可以通过合同安排等取得控制地位，特殊目的主体与母公司之间可以仅为长期股权投资关系，而无须合并报表，避免 EVA 波动。

五、EVA 与整合重组

中央企业对地方国企、民企的收购，几乎都是整体打包收购，难以对自己心仪资产挑挑拣拣。整体收购的结果就是资产包（或股权包）里存在大量不良资产，如难以收回的应收账款、过时的存货、冗余人员或有负债等。在日后整合和经营过程中，这些不良资产及或有负债很可能成为炸药包，需要并购方进行巨额的额外支付来解决问题。这会导致并购绩效下降，甚至导致并购失败。立足于 EVA，在尽职调查中就要搞清楚哪部分资产和业务需要保留，哪部分要剥离出去。在整合方案中，就要边整合，边重组，根据具体情况对所收购资产和业务采用剥离、出售、分立、分拆、破产、清算等资本运作技术，可提升并购方和目标公司 EVA 绩效。EVA 考核给剥离非主营业务和资产一个良机，非经常性损益可按 50% 加回税后利润。而对业务、资产的重组和整合绩效会直接反映在合并报表中。

（一）确立合并报表范围和入表原则

入表的原则：对 EVA 没有直接价值的业务不进入；有毒资产不进入；没有未来战略价值的资产和业务不进入。入表与否要有合法性、合理性。对不入表的业务先剥离分立，根据业务发展状态，可以选择日后并表，或出售或破产。但要加强对不并表业务和资产的管理、运营和监管，避免不入表资产的流失。

（二）入表科目管理——资产负债表

资产负债表管理的基本原则是，压缩资产规模，避免不必要的资本支出。改变过去各子公司在整合时多拿多占现象（杨忠智，2010），积极处置闲置（出售、破产、清算）资产和不盈利资产，剥离、分立有毒资产，提高资金使用效率，加速资产周转，解放沉淀资本。

手段是资产剥离和业务重整。把自己的企业不盈利或盈利性弱的资产和业务通过资本市场交换出去，得到盈利性更强或者与既有资产和业务更有协同效应的资产和业务。根据 EVA 考核原则和内容，需要处置的科目包括：

1. 现金：按照行业可持续经营保持现金的适度规模。

2. 应收账款：对信用等级不高和有重大嫌疑的应收账款可通过保理业务处理掉，回收资金，压缩资产规模，提高资产质量。

3. 存货：根据行业地位和存货性质，压缩存货规模。存货过多一方面占据资金，占据资源；另一方面其跌价拨备会降低税后利润，都会使 EVA 下降。

4. 其他应收：减少不必要的其他应收余额。在尽职调查和资产交割中要求交易方解释该科目来源并进行清理，在支付价款中进行扣减或补偿。

5. 长期股权投资：减少缺乏足够回报率（如回报率低于资金成本）的投资活动。对已有投资进行梳理，对明显的投资失败项目果断终止协议或追加资金，可采用拍卖、分立等方式剥离盈利不佳业务。或者降低持股比例，避免合并报表。

6. 长期待摊：是流动性较差的资产，占用资本，但能起到调节当期损益的作用。EVA 考核下，要衡量该科目对当期损益的调整贡献及由于对资本占用而导致 EVA 下降。压缩不必要的长期摊销，减少资本占用和资产规模。

7. 资本公积：资本公积看似股东权益，实际上既不是现金流，也不经营所得。该科目扩大了股东权益，减少了 EVA。要调查资本公积来源，进行必要科目和业务的清理，维持适当规模。

（三）入表科目管理——损益表管理

主要是对收入、成本、费用和非经常损益的管理。重点是降低产品成本，充分利用经营杠杆，提高销售收入的增长，从而尽可能在保持资本结构不变的前提下提高税后经营利润。

通行手法是深入挖掘并购的协同效应：

1. 收购销售收入有增长的业务，或者通过并购协同可大大促进自己收入增长的业务；

2. 收购通过整合改造可大幅提升税后利润的业务、收购研发型、勘探型业务；

3. 通过规模扩张（规模经济），共享采购和销售渠道上的议价能力，向上下游挤压利润，降低成本；

4. 通过共享研发、管理经验、交叉销售等降低管理费用和销售费用；

5. 通过某种形式的税负降低（如一体化并购或者收购亏损企业或具有高科技资质目标公司的选择，改变主并企业税率或递延纳税）；

6. 通过资产负债率的协同来增加财务弹性，降低财务费用，可以提升税后利润。

为改善 EVA 状况，企业要自觉调整业务结构，在缩减价值创造能力低的业务基础上，逐渐增加价值创造能力强的业务。

（四）资本化还是费用化

资本化还是费用化始终是企业的纠结。资本化的好处在于高估资产，高估净资产，低估费用，高估税后利润。但在 EVA 考核下，资本化导致被减数放大，EVA 会下降。因此，企业需要精心测算和平衡资本化在减数和被减数（利润和资本）之间的关系。类似的科目还包括长期待摊、诸项资产减值等入账政策的谨慎性和合理性。

六、基于 EVA 考核的并购评价

传统的并购评价指标之一是财务评价，一般基于市场价值和会计指标两种方法。这两种方法都有其偏颇之处。首先，市场指标法一般适用于上市公司，且需要资本市场至少半强有效性，股价能够反映并购前景并购协同的大小、支付的低估高估、支付方式是否为收购方企业管理层逆向选择等信息。

EVA 考核，实际上强调在投资项目的可持续的盈利质量（加回可持续因素）基础上扣除所动用的资本，考查的是企业股东的价值创造能力。从会计信息可靠性角度讲，税后利润剔除了一些干扰盈利的噪音，更为真实可靠。

如果一个新并购项目本身 EVA < 0，又无法通过协同效应给主并购企业带来价值，无法增加主并企业的 EVA，这种收购很难说是成功的。对此，要么并购前期就拒绝掉，要么收购后进行剥离。EVA 相对于传统评价指标，更有助于管理层对企业发展战略并购各环节的再思考、反省和修正。

第十章

基于 EVA 的资产管理

第一节　资产管理的基本理论与方法

一、资产定义与分类

资产是指企业过去的交易或事项形成的，由企业拥有或控制的，预期会给企业带来经济利益的资源。任何营商单位、企业或个人拥有的各种具有商业或交换价值的东西。

为了正确反映企业的财务状况，通常将企业的全部资产按其流动性划分为流动资产与非流动资产两大类。流动资产是指那些可以合理预期将在一年内转换为现金或被销售、好用的资产，主要包括货币资金、应收票据、应收账款、存货和待摊费用等。除流动资产以外的所有其他资产统称为非流动资产，包括持有至到期投资、长期股权投资、固定资产、无形资产等。

二、资产管理理论与方法

（一）固定资产管理理论及方法

固定资产管理是指对固定资产的计划、购置、验收、登记、领用、使用、维修、报废等全过程的管理。由于固定资产在企业资产总额中一般都占有较大的比例，为确保企业资产安全、完整、高效利用，企业通常将固定资产作为资产管理的关键内容。

1. 固定资产管理策略

固定资产管理是一项复杂的组织工作，涉及基建部门、财务部门、后勤部门等，必须由这些部门共同联手参与管理。固定资产管理一旦失控，其所造成的损失将远远超过一般的商品存货等流动资产。

（1）健全固定资产的购置管理。固定资产购置，严格按照企业制定的固定资产内部控制制度和业务流程来进行。比如，规定企业所有固定资产由设备部门统一购买（专用固定资产如电脑等信息资产除外），但必须先由各部门填写请购单，并由设备部门作技术经济论证，进行询价和价格比较，填写好拟采购设备的名称、规格、型号、性能、质量，估计费用等资料，送相关部门会签并报总经理批准。

（2）对重大工程建设项目，企业应成立专门管理小组，强化工程项目管理。项目管理小组成员应来自工程部，审计、财务，投资、专家及使用单位，共同参与项目论证、公开招标等环节的工作。既体现公平、公正原则，又通过招标等良性竞争手段，为企业创造经济效益。

（3）杜绝"重采购，轻管理"的现象。

固定资产购建完成后，对设备及时进行测试和清点，并贴上标识铭牌。验收不合格，不得办理结算手续，不得交付使用，并按合同条款及时向有关责任人提出退货或索赔。定期对设备进行盘点，核对账、卡、物，保证账账、账卡、账物相符。要抓落实，不搞形式，动真格，不走过场，要真正做到物物有人管，环环紧相连，依法办事，照章理财。

（4）对固定资产管理应尽量建立相应的固定资产管理信息系统，用电脑来管理固定资产数据。要及时对信息系统中的数据进行清理，查错防漏。

（5）加强对在建工程账户的检查和清理，对已经在用或已经达到预定可使用状态的固定资产及时验收入账或暂估入账。

（6）加强对固定资产退出管理。企业对出售、盘亏、报废、毁损、投资转出、捐赠转出、融资租出的固定资产，应由固定资产使用部门填写"固定资产减损单"，第一财务部门审核备份，第二使用部门审核，第三资产管理部门审核备份。减损单必须注明减损原因及处理意见，并经总经理在授权范围内签批后方可进行处置和财务处理。

（7）重视对闲置固定资产的处理。中央企业固定资产管理部门至少每3个月将经营上认为无利用价值的闲置固定资产予以汇总整理，并在拟定处理意见后呈报总经理（超出授权的呈报集团董事会），经核定后对闲置固定资产进行利用和处置。

2. 固定资产管理重点

（1）完善固定资产的购置管理；

（2）保护固定资产的完整无缺；

（3）提高固定资产的利用效率；

（4）重视固定资产的日常维修、维护和更新投入；

（5）强化对低效、无效和闲置固定资产的跟踪和管理。

3. 固定资产的日常管理

（1）固定资产的归口分级管理制度

固定资产归口分级管理是在固定资产管理中贯彻责任制原则，确立企业内部各部门，各级单位在固定资产使用、报告和维护中的权责关系。

实行固定资产归口分级管理，就是在厂长（经理）的带领下，按照固定资产的类别，由各个职能部门分工负责管理固定资产。例如，动力设备由动力部门管理；生产设备由生产部门管理等。在归口分级管理的基础上，按固定资产报告和使用的地点，交由各级使用单位进行管理。同时，根据"谁使用谁管理"的原则，进一步将管理固定资产的责任落实到基层，直至个人，建立严格的岗位责任制。

（2）固定资产的验收管理

对于企业新增加的固定资产，应当建立完善的验收工作体系，办理固定资产的交接手续，及时为新增固定资产建立账簿、卡片，便于对固定资产的后续管理提供准确、详细的资料。

（3）固定资产的维修管理

固定资产在日常使用中的磨损会影响固定资产的性能。按修理对固定资产性能恢复的程度，固定资产修理可以分为大修理和日常修理。日常修理的范围小、时间短、成本低，通常不需要停工；大修理的范围则较大，时间也比日常修理长，同时需要的费用也较多，通常情况下需要停工。

（4）固定资产的清理、清查管理

对企业固定资产进行定期或不定期的清点，做到账实相符。改进企业在固定资产的保管、使用、维护工作，尽量减少长期闲置资产、使用不当的资产以及非正常报废的固定资产，提高固定资产的使用经济效果。

4. 固定资产的折旧管理

企业在计提固定资产折旧时同时考虑两种损耗，合理确定固定资产的价值补偿数额。可见，固定资产的折旧体现着企业固定资产变旧的程度和投资收回的情况。企业在获得固定资产的同时，就应该合理地预计其使用年限，以便将固定资产投资在使用年限内分期摊销而收回，企业计提折旧分摊固定资产成本，会影响到企业产品成本和利润额的高低，因此，它必须遵守国家关于计提折旧的一系列规定。

（1）固定资产折旧的范围

按照财务制度规定，企业下列固定资产应计提折旧：房屋和建筑物；在用的机器设备、仪器仪表、运输车辆、工具器具；季节性停用和大修理停用的设备；经营租出的固定资产；融资租入的固定资产。

计提折旧按月进行，月份内增加的固定资产，当月不提折旧；月份内减少的固定资产，当月照提折旧。固定资产提足折旧后，不论能否继续使用，均不再提取折旧；提前报废的固定资产，也不再补提折旧，但有些固定资产因受无形损耗等原因影响而提前报废未提足折旧的，经企业主管部门审查，可以补提折旧。提前报废的固定资产，未提足折旧额，其净损失计入企业当期营业外支出。

（2）固定资产折旧的方法

固定资产折旧方法的选用，影响企业成本、费用和收入水平，也影响国家的财政收入。因此，各企业应根据国家的有关规定和自身状况来选用适当、合理的折旧方法。常用的折旧方法有平均年限法、工作量法、双倍余额递减法和年数总和法。

（3）固定资产的折旧计划

固定资产折旧计划是企业财务计划的一个重要组成部分，是反映企业计划期内应计折旧固定资产价值损耗情况的文件。编制固定资产折旧计划，主要是预计企业计划年度固定资产增减变动情况，并计算计划年度应提固定资产基本折旧额，以便于进行资金的合理调度和正确计算产品成本，保证企业固定资产的再生产，为企业制定成本、费用计划提供准确的资料。

（二）无形资产管理理论及方法

无形资产是企业所拥有的没有实物形态，但可以长期使用并能使企业获得超额收益的资产，主要包括专利权、非专利技术、上班权、著作权、土地使用权、特许经营权、商誉等。其特点是没有物质形态、其提供的经济利益是不确定的、可以给企业带来较高的收益、被特定的主体所独占。

1. 无形资产管理策略

（1）开发策略

为了鼓励中央企业加大研发投入，国资委 2010 年开始推行的经济增加值考核细则中对企业当年新增的研究开发费用投入给予了全部加回，这样有助于中央企业通过科研投入来实现"科技降本、科研增效"目标。

中央企业应采用一些先进的跟踪与分析的方法，经常与国际竞争者或同行业一流的领先者的状况进行分析对比，去观察、分析竞争环境和竞争者，研究评价本公司和领先者的无形资产开发差距，将竞争者或领先者的无形资产开发成就，作为本公司无形资产开发的超越目标，并将领先者的先进经验移植到本公司无形资产开发管理中去，进而制定一系列行之有效的无形资产开发策略，使企业保持无形资产开发上的强大竞争力并不断进步，最终取得无形资产开发的优势。

（2）延伸策略

世界一流企业不仅要有一流的产品和一流的服务，更要有一流的品牌。一流品牌是企业竞争力和自主创新能力的标志，是高品质的象征，是企业知名度、美誉度的集中体现，更是高附加值的重要载体。为提高中央企业品牌建设水平，国资委 2013 年 12 月下发了《关于加强中央企业品牌建设的指导意见》。

中央企业利用现有的品牌生产其他产品，在一把名牌大伞下聚集系列产品，形成名牌的"王国"。实施品牌延伸，可以帮助新产品顺利进入市场，减少新产品上市的风险。同时，可以大幅度降低产品介绍期的促销费用，消费者会有意无意地将对原产品的信任感传递到新产品上。并且，品牌延伸可以进一步扩大名牌的影响，增加名牌的价值。如著名的"长虹"、"海尔"、"娃哈哈"等品牌，通过延伸策略，很快打开了市场，并且使它们的品牌价值得到了巨大的增值。

（3）融资策略

中央企业利用本身的无形资本进行融资，或是利用企业的技术、管理、营销、人才等综合优势，借助一项优秀的创业方案吸收风险投资取得创业资本；或是将部分无形资产进行抵押，取得企业持续生产经营活动贷款；或是对企业的技术、人才、营销网络等重要资源进行全面评估、合理作价，以合资或合作方式吸收外资；或是以特许经营方式接受投资，对受资方来说前期只投入部分资金就可以取得特许方的先进管理经验、配方、商标权等无形资产的特许使用权。选用不同的融资方式，通过有效的经营管理，会给企业带来众多的先机与发展机遇。

（4）扩张策略

中央企业利用名牌效应、技术优势、管理优势、销售网络等无形资产盘活有形资产，通过联合、参股、控股、兼并等形式实现资产扩张。

（5）分配策略

在现代企业中，科技人员、管理人员的劳动不仅要按照他们为创造企业价值所作的贡献大小按劳分配，而且要把他们的劳动成果资本化，作为企业的无形资产参与利润分配，并且企业的品牌、技术、管理诀窍、计算机软件、营销网络等无形资产都可以作为资本投入其他企业，特别是那些高科技企业，在企业尚未投入运营之前，技术就可以作为资本投入，参与企业的利润分配。

2. 无效资产管理重点

（1）加强企业无形资产投入。即借鉴欧美、日本等国标杆企业的经验，在利用知识产权、产品质量信誉、广告宣传、人才培养与科技经费投入、经营管理等方面营造无形资产，使在人才、科技和广告的投入由"橄榄型"转变成"哑铃型"。

（2）充分利用和发展现有企业无形资产。企业应当在其有效的时间内，抓住现有无形资产的各种优势，主动开展各项业务，充分发挥无形资产的延伸、融资和扩张等功能，并努力将现有的无形资产尽快转化为现实的生产力。

（3）加强企业无形资产管理。一是加强对无形资产的成本核算；二是重视无形资产的价值评估；三是加强保密工作；四是及时取得法律保护。

3. 无形资产的日常管理

相对于固定资产而言，无形资产的日常管理比较简单。

（1）无形资产的计价

无形资产遵循历史成本原则，按取得时的实际成本计价，应视具体情况区别确定：外购的无形资产，以购买价款和支付的相关税费以及直接归属于使该资产达到预定用途发生的其他支出为计税基础；自行开发的无形资产，以开发过程中该资产符合资本化条件后至达到预定用途前发生的支出为计税基础；通过捐赠、投资、非货币性资产交换、债务重组等方式取得的无形资产，以该资产的公允价值和支付的相关税费为计税基础。

（2）无形资产的摊销

无形资产的摊销是无形资产的成本在其有效使用期间的分配。其摊销方法为直线法，按照规定的使用年限，平均摊销。无形资产的使用年限根据具体情况而定，但应不少于 10 年，其摊销不考虑残值。

（三）应收账款管理理论与方法

应收账款是企业对外销售产品、提供劳务等所形成的尚未收回的销售款项，是企业流动资产中的一个重要项目。

1. 应收账款的管理目标

商品与劳务的赊销在强化企业市场竞争能力、扩大销售、增加收益、节约存货资金占用以及降低存货管理成本等方面，有着其他任何结算方式都无法比拟的优势。但相对于现销方式，赊销产品产生坏账损失的可能性也比较高；同时，随着应收账款的增加，容易提高机会成本和管理费用。因此，应收账款的管理目标是通过应收账款的管理发挥应收账款强化竞争、扩大销售的功能，同时，尽可能降低投资的机会成本、坏账损失与管理成本，提高应收账款投资的效益。

2. 应收账款的成本

应收账款的成本包括三个方面：机会成本、管理成本及坏账成本。

（1）应收账款的机会成本

机会成本是指因把资金投放在应收账款上而丧失的其他收入。这一成本的大小通常与企业维持赊销业务所需要的资金数量（即应收账款投资额）、资金成本率有关。应收账款机会成本可通过以下公式计算得出：

$$应收账款机会成本 = 赊销业务所需资金 \times 资金成本率$$
$$赊销业务所需资金 = 应收账款平均余额 \times 变动成本率$$
$$应收账款平均余额 = 平均每日赊销额 \times 平均收账天数$$

式中，平均收账天数一般按客户各自赊销额占总赊销额比重为权数的所有客户收账天数的加权平均数计算；资金成本率一般可按有价证券利息率计算。

（2）应收账款的管理成本

管理成本是指企业对应收账款进行管理所发生的费用支出。主要包括对客户的资信调查费用；收集各种信息费用；应收账款账簿记录费用；催收账款所发生的费用；其他用于应收账款的管理费用。

（3）应收账款的坏账成本

坏账成本是因应收账款无法收回而给企业带来的损失。这一成本一般与应收账款数量同方向变动，即应收账款越多，坏账成本也越多。基于此，为规避发生坏账成本给企业生产经营活动的稳定性带来的不利影响，企业应合理提取坏账准备。

（四）存货管理理论与方法

1. 存货管理概述

存货是指企业在生产经营过程中为销售或者耗用而储备的物资，包括材料、燃料、低值易耗品、在产品、半成品、产成品、协作件、商品等。存货管理水平的高低直接影响着企业的生产经营能否顺利进行，并最终影响企业的收益、风险等状况。因此，存货管理是财务管理的一项重要内容。

存货管理的目标，就是要尽力在各种存货成本与存货效益之间做出权衡，在充分发挥存货功能的基础上，降低存货成本，实现两者的最佳组合。存货的功能是指存货在企业生产经营过程中起到的作用。具体包括以下几个方面：

（1）保证生产正常进行

生产过程中需要的原材料和在产品，是生产的物质保证，为保障生产的正常进行，必须储备一定量的原材料；否则可能会造成生产中断、停工待料的现象。

（2）有利于销售

一定数量的存货储备能够增加企业在生产和销售方面的机动性和适应市场变化的能力。当企业市场需求量增加时，若产品储备不足就有可能失去销售良机，所以保持一定量的存货是有利于市场销售的。

（3）便于维持均衡生产，降低产品成本

有些企业产品属于季节性产品或者需求波动较大的产品，此时若根据需求状况组织生产，则可能有时生产能力得不到充分利用，有时又超负荷生产，这会造成产品成本的上升。

（4）降低存货取得成本

一般情况下，当企业进行采购时，进货总成本与采购物资的单价和采购次数有密切关系。而许多供应商为鼓励客户多购买其产品，往往在客户采购量达到一定数量时，给予价格折扣，所以企业通过大批量集中进货，既可以享受价格折扣，降低购置成本，也因减少订货次数，降低了订货成本，使总的进货成本降低。

（5）防止意外事件的发生

企业在采购、运输、生产和销售过程中，都可能发生意料之外的事故，保持必要的存货保险储备，可以避免和减少意外事件的损失。

2. 存货持有的成本

持有存货也是有成本的，具体包括三种：

（1）取得成本

取得成本指为取得某种存货而支出的成本，通常用来表示。其又分为订货成本和购置成本。

①订货成本

订货成本指取得订单的成本，如办公费、差旅费、邮资、电报电话费、运输费等支出。订货成本中有一部分与订货次数无关，如常设采购机构的基本开支等，称为固定的订货成本，用 F_1 表示；另一部分与订货次数有关，如差旅费、邮资等，称为订货的变动成本。每次订货的变动成本用 K 表示；订货次数等于存货年需要量 D 与每次进货量 Q 之商。订货成本的计算公式为：

$$订货成本 = F_1 + \frac{D}{Q}K$$

②购置成本

购置成本指为购买存货本身所支出的成本，即存货本身的价值，经常用数量与单价的乘积来确定。年需要量用 D 表示，单价用 U 表示，于是购置成本为 DU。

订货成本加上购置成本，就等于存货的取得成本。其公式可表达为：

取得成本 = 订货成本 + 购置成本 = 订货固定成本 + 订货变动成本 + 购置成本

$$TC_a = F_1 + \frac{D}{Q}K + DU$$

（2）储存成本

储存成本指为保持存货而发生的成本，包括存货占用资金所应计的利息、仓库费用、保险费用、存货破损和变质损失，等等，通常用 TC_c 来表示。

储存成本也分为固定成本和变动成本。固定成本与存货数量的多少无关，如仓库折旧、仓库职工的固定工资等，常用 F_2 表示。变动成本与存货的数量有关，如存货资金的应计利息、存货的破损和变质损失、存货的保险费用等，单位储存变动成本用 K_c 来表示。用公式表达的储存成本为：

储存成本 = 储存固定成本 + 储存变动成本

$$TC_c = F_2 + K_c \frac{Q}{2}$$

（3）缺货成本

缺货成本指由于存货供应中断而造成的损失，包括材料供应中断造成的停工损失、产成品库存缺货造成的拖欠发货损失和丧失销售机会的损失及造成的商誉损失等；如果生产企业以紧急采购代用材料解决库存材料中断之急，那么缺货成本表现为紧急额外购入成本。缺货成本用 TC_s 表示。

如果以 TC 来表示储备存货的总成本，它的计算公式为：

$$TC = TC_a + TC_c + TC_s = F_1 + \frac{D}{Q}K + DU + F_2 + K_c \frac{Q}{2} + TC_s$$

企业存货的最优化，就是使企业存货总成本即上式 TC 值最小。

3. 最优存货量的确定

（1）经济订货模型

经济订货模型是建立在一系列严格假设基础上的。这些假设包括：①存货总需求量是已知常数；②订货提前期是常数；③货物是一次性入库；④单位货物成本为常数，无批量折扣；⑤库存持有成本与库存水平呈线性关系；⑥货物是一种独立需求的物品，不受其他货物影响。

假设 A 公司每年所需的原材料为 104 000 件。即每周平均消耗 2 000 件。如果我们每次订购 10 000 件，则可够 A 公司 5 周的原材料需要。5 周后，原材料存货降至零，同时一批新的订货又将入库。这种关系可参考图 10 - 1（a）。现设 A 公司决定改变每次订货量为 5 000 件。这样，每次订货只能供 A 公司两周半生产所需，订货的次数较前者增加了 1 倍，但平均库存水平只有前者一半，可参考图 10 - 1（b）。

本例中，存货的相关成本表现为订货成本和持有成本。订货成本与订货次数呈正比关系，而持有成本则与存货平均水平呈正比关系。设 A 公司每次订货费用为 20 元，存货年持有费率为每件 0.8 元。则与订货批量有关的存货的年总成本 TIC：

$$TIC = 20 \times \frac{104\,000}{Q} + \frac{Q}{2} \times 0.8$$

式中，Q 为每次订货批量。

我们的目的是要使公司 TIC 最小化。由此例，我们可抽象出经济订货模型。存货的总成本为：

$$TIC = K \times \frac{D}{Q} + \frac{Q}{2} \times K_c$$

式中：

TIC = 与订货批量有关的每期存货的总成本；

D = 每期对存货的总需求；

Q = 每次订货批量；

K = 每次订货费用；

K_c = 每期单位存货持有费率。

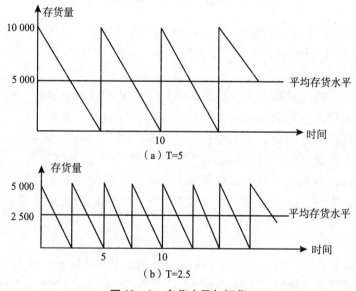

图 10-1　存货水平与订货

使 TIC 最小的批量 Q 即为经济订货批量 EOQ。利用数学知识，可推导出：

$$EOQ = \sqrt{\frac{2KD}{K_c}} \qquad TIC = \sqrt{2KDK_c}$$

从该公式，我们可算出 A 公司的经济订货批量和最小存货成本：

$$EOQ = \sqrt{\frac{2 \times 104\,000 \times 20}{0.8}} = 2\,280.35 \text{（件）}$$

$$TIC = \sqrt{2KDK_c} = \sqrt{2 \times 20 \times 0.8 \times 104\,000} = 1\,824.28 \text{（元/件）}$$

订货批量存货与成本、订货费用、持有成本的关系如图 10-2 所示。

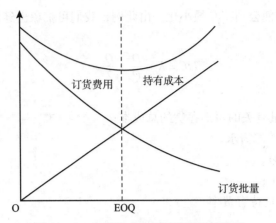

图 10 - 2 存货总成本与订货批量的关系

有很多方法来扩展经济订货模型，以使其适用范围更广。事实上，许多存货模型研究都是立足于经济订货模型，但扩展了其假设。

（2）保险储备

经济订货量是以供需稳定为前提的。但实际情况并非完全如此，企业对存货的需求量可能发生变化，交货时间也可能会延误。在交货期内，如果发生需求量增大或交货时间延误，就会发生缺货。为防止由此造成的损失，企业应该有一定的保险储备。图 10 - 3 显示了在具有保险储备时的存货水平。图中，在再订货点，企业按 EOQ 订货。在交货期内，如果对存货的需求量很大，或交货时间由于某种原因被延误，企业可能发生缺货。为防止存货中断，再订货点应等于交货期内的预计需求与保险储备之和。即：

$$再订货点 = 预计交货期内的需求 + 保险储备$$

企业应保持多少保险储备才合适？这取决于存货中断的概率和存货中断的损失。较高的保险储备可降低缺货损失，但也增加了存货的持有成本。因此，最佳的保险储备应该是使缺货损失和保险储备的持有成本之和达到最低。

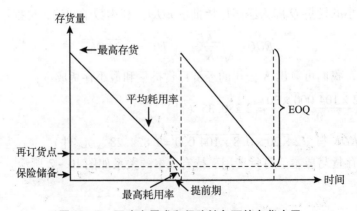

图 10 - 3 不确定需求和保险储备下的存货水平

至于因延误供货引起的缺货可以通过估计延误时间和平均每日耗用量来计算增加的保险储备量。库存管理不仅需要各种模型帮助确定适当的库存水平，还需要建立相应的库存控制系统。库存控制系统可以简单，也可以很复杂。传统的库存控制系统有定量控制系统和定时控制系统两种，定量控制系统是指当存货下降到一定存货水平时即发出订货单，订货数量是固定的和事先决定的。定时控制系统是每隔一固定时期，无论现有存货水平多少，即发出订货申请，这两种系统都较简单和易于理解，但不够精确。现在许多大型公司都已采用了计算机库存控制系统。当库存数据输入计算机后，计算机即对这批货物开始跟踪。此后，每当有该货物取出时，计算机就及时做出记录并修正库存余额。当库存下降到订货点时，计算机自动发出订单，并在收到订货时记下所有的库存量。计算机系统能对大量种类的库存进行有效管理，这也是为什么大型企业愿意采用这种系统的原因之一。对于大型企业，其存货种类数以十万计，要使用人力及传统方法来对如此众多的库存进行有效管理，及时调整存货水平，避免出现缺货或浪费现象简直是不可能的，但计算机系统对此能做出迅速有效的反应。

第二节 中央企业资产管理现状

一、中央企业资产管理存在的主要问题及原因分析

中央企业组织结构复杂、管理层次多、地域广、资产种类多、资产数量多、资产管理难度大。多数中央企业主要靠自我积累（母公司利润和折旧提取）、大量举债和中央财政支持（包括走出去、储备建设、重大科技专项、节能减排补助等）实现了较快发展，规模和实力显著提升，资产总额大幅度增长。截至2013年6月30日，中央企业资产累计457 164.6亿元，负债累计299 270.2亿元，所有者权益为157 894.5亿元。

近年来，部分中央企业资产、业务、收入虽然规模迅速扩大了，但是资产周转速度却减慢了、现金流量捉襟见肘、净资产收益率和投资回报率下降、中央企业控股的上市公司股票走势低迷、市盈率和市净率降低、再融资功能丧失。这将严重影响企业的健康和可持续发展。

部分中央企业资产收益水平或许受到国际金融危机、国内原材料价格和人工成本上涨以及国家财税政策调整等客观因素的影响，但主观原因显然更需要给予足够重视并深刻反思。比如，单纯强调投资的战略性，而忽略了投资回报率低和现金流的制约；没有认真考虑使用金融策略创新手段，未充分运用市场化的融资技术，基本上依靠银行借款、发行企业债等传统融资手段满足资金需求，资产负债率迅速提高等。说到底，其根源可能在以下几个方面：

1. 指导思想偏颇。近年来，中央企业资产规模扩张过程加快主要源于"战略机遇

期"和"两个必须"的基本判断，即中央企业是国有重要骨干企业，承担着保障国家资源、能源或经济安全和市场平稳供应的重大责任，要抓住重要战略机遇期加快发展，因而必须在国内集中建设一批战略项目和重点工程，优化生产布局和业务结构；必须加快"走出去"步伐，扩大海外合作，获取和掌控更多的能源和资源。按照这种逻辑，"投资规模降不下来，投资力度减不下去，甚至为解决有些方面的刚性需求还不得不继续保持较快的发展速度"，增加投资就成了一种无奈的选择。

2. 做大思维偏执。部分中央企业存在根深蒂固的做大思维，过度偏执于提高控股比例和控制力，习惯于集中集权集约管理，偏好上大项目、争投资规模，展示硬实力，而忽略企业自身轻资产和软实力的挖掘、整合和变现运作，效率效益优先原则在实践中常常被遗忘。

3. 过程纠错缺失。现行资产管理模式下，对于低效、无效、负效等问题资产难以及时处置变现；而且，受制于技术经济和工艺流程的约束，许多项目基建工程多、设备专用程度高，一旦上马就如同"开弓之箭难回头"，搞不好就骑虎难下，过程中纠错几乎不可能，严重制约了商业盈利模式的动态优化重构和资产轻量化运营，拖累了企业总体效益水平的提升。正如某家中央企业领导忧心忡忡的坦言：这几年新投产的项目回报率不高，投产不到两三年的装置就要报废已经不是个别现象，要引起高度重视。

二、中央企业资产管理应关注的重点问题

在现代商业社会，形成企业实际控制力的核心环节正逐步从资本、股权等物质手段控制向综合能力控制转化，高效的管理流程、利益相关方的关系维护及资源获取、品牌、企业文化、人力资源以及具有自主知识产权的核心技术、运作策划能力等无形资产（轻资产）越来越发挥着重要作用，以无形软实力巧妙整合有形硬资源（资金、设备等）是企业提升综合竞争力的重要路径，资产轻量化运营正在成为一种管理新趋势。中央企业首先要从思维和观念层面变革，破除规模为王、投资为重、垄断独尊的一味地"做大"思维，树立杠杆经营、动态优化和竞合共赢的"做强"理念；其次要根据企业的具体情况，不断优化资产配置和商业模式，重视无形资产经营，切实提升核心竞争力和经营绩效，实现股东利益和公司价值最大化。

（一）树立全新的资产管理理念

1. 破除规模为王的一味地做大思维，树立小资产控制大资源的经营理念

现代商业社会，提高控制力的手段日益多元化，所有权属于法律意义上的终极控制，管理能力和经验、技术开发能力、品牌与渠道等均是形成实际控制权的要素，有时甚至是决定性因素。而且，做大规模不等于做强企业，低效资产规模持续扩大有时甚至会导致重资产结构，不但没有做强企业反倒拖累企业的良性发展和灵活调整，影响业务转型，加重变革阻力和改善难度。因此，要破除规模为王的盲目

做大思维，树立小资产控制大资源的经营理念，有意识地提升企业综合智商和运作策划能力。

2. 树立资产在流动中增值的市场化资源配置理念

市场竞争的今天，总资产回报率、净资产收益率、投资资本回报率、经济增加值等效率和效益指标越来越受到重视，甚至可以说是企业生存发展的硬道理。中央企业要优化配置能力，实现集团与上市公司之间、上市公司内部各板块资产之间的高效整合；有利于以软实力驾驭重资产，杠杆利用外部资源，增强资源聚合能力，实现央企与社会资本之间的有序互动，有效推进企业尽快完成向资源组合型管理者转变的进程，用尽可能少的自有资本扩大社会资源控制力，做大主营业务规模，分散商业风险，谋求最大回报，实现国有资产保值增值。

（二）中央企业资产管理优化的策略选择

1. 动态配置存量资产

资产动态优化配置要从梳理产业链入手，按照业务重要性和资产盈利性细分研究各类资产和资产组的特性，发现高利润区所在，进而对现有资产和业务进行系统设计，提出产业链重要环节和各类资产的重组配置方案，恰如其分地匹配不同的资产轻量化策略，实现商业模式的优化。

发现低效、无效、亏损资产和负价值业务环节，全部或部分出售、转让以回收现金。或用于偿还负债，降低财务成本和费用；或用于增加流动资金，加快资产周转。

界定核心业务、高效资产，进一步集中加大投入，做大高利润业务，提高企业的投资回报率和净资产收益率。

2. 充分使用无形资产

活用无形资产是企业实现轻资产经营的重要策略，要尽量减少有形资产的投入，充分利用政策资源，以无形资产做对价开展对外合资合作，实现少投资甚至不投资也能扩大控制经营性资产，或获得收益权，或降低实际税负水平。

无形资产经营是企业资产经营的高级阶段，企业应以无形资产输出为手段，在更大的空间和范围内实施以无形资产参股甚至控股企业，或以无形资产形成战略联盟。

3. 高度重视闲置资产

（1）推行集中管理，有偿租赁的经营形式，提高企业闲置资产的利用率。对企业闲置的资产可以在政策允许的范围内，建立闲置资产租赁信息发布平台，在集团内部或对外发布各类闲置资产的招租信息。特别是对一些季节性使用、分散性强、工期集中、利用率低的固定资产，如施工设备、各种车辆等。这样既提高了资产的利用效率，同时还能给企业带来一定的经济利益。

（2）对闲置的资产设备进行技术改造。通过市场调研进行经济技术论证，花较少的资金，改造原有的闲置设备，使其增加新的功能，满足生产的需要达到以少量的增量激活大量的存量的目的。

（3）拓宽资产盘活渠道，加快资产盘活速度。各级资产管理部门应加强联系，充分利用现代网络技术，及时沟通信息，扩宽闲置资产的调剂范围，设法使沉睡多年的闲置固定资产重新发挥作用。

（4）制定和完善盘活闲置资产的奖励办法。为了激励各单位、各部门搞好闲置资产的盘活工作，上级有关业务管理部门应制定出一套完整的奖励政策，严格兑现，对表现突出的单位和个人，从经营政策上、物质上给予优惠、奖励和支持，充分调动其主动性和积极性。

（5）报废一部分闲置资产。为了减轻企业负担，使企业集中精力搞好生产经营，对按国家政策规定淘汰、强制性报废和确因技术落后，损坏的部分闲置资产，经过有关部门审批，应予以报废。

第三节　基于 EVA 的资产管理理论与方法

一、中央企业基于 EVA 的资产管理思路

中央企业在 EVA 导向下的资产管理基本思路是，将提高资产运营效率作为提升资本回报率的重要途径，加快资金周转，减少生产经营活动对资金的占用。要根据行业特征等因素合理确定最佳现金持有量及有效安排盈余现金，并通过现金周期、资金集中和现金持有量的管理，提高现金的周转效率和使用效率。要合理利用商业信用和相对低成本的供应链融资，降低营运资金规模，严控非生产经营资金占用。要加大销售力度，增强经营活动创现、收现能力，强化应收款管理，落实应收款催收责任，及时回笼资金，全面清理呆坏账。推进精益管理，合理确定最佳库存水平，清理滞销库存产品，加快存货周转。加强固定资产管理，定期评估厂房、设备等固定资产的利用率与周转率，探索、创新对单项经营性固定资产经营成果进行衡量、分析的方法，提高固定资产运营效率。

二、EVA 视角下的资产配置思路

在 EVA 管理模式下，要尽量降低资产的取得成本。一方面可以减少占用的资本，在加权平均资本成本率一定的情况下，扣除的资本成本就越少。另一方面可以减少固定资产的折旧等成本费用，增加税后净营业利润。中央企业降低资产取得成本、减少占用资本的措施主要有采购管理、租赁和外包等形式。

加强采购管理，降低资产取得成本的措施包括：（1）建立为订单而采购的采购理念。用户需求驱动制造订单，制造订单驱动采购订单，采购订单再驱动供应商管理，这样可以减少存货资产。（2）采取集中采购的管理模式。批量集中采购具有规模效应和竞争充分的特点，因而能降低购置成本。一部分中央企业正在做逐级的集中采购，中国石化、国家电网等少数企业已做到了全面的集中采购。（3）采用现代采购管理工具和

手段。采用电子采购平台、ERP 系统等现代采购管理工具不仅大大提高了采购效率，也使得采购活动程序透明、过程可控、结果可溯。采用反向拍卖、框架协议采购、战略性采购等新手段、新方法可以使采购管理的科学性、有效性、创新性进一步提升。

公司所需要的固定资产可以自建、自购，也可以选择通过租赁方式取得。通过租赁取得资产对 EVA 的影响：（1）可用较少资金获得生产急需的设备，也可以引进先进设备，加速技术进步的步伐，提升税后净营业利润。（2）可获得良好的技术服务，减少成本，提升税后净营业利润。（3）可以保持资金的流动状态，防止呆滞，也不会使企业资产负债状况恶化，降低资本成本率，增加 EVA。（4）可避免通货膨胀和利率波动的冲击，减少投资风险。（5）设备租金可在所得税前扣除，能享受税费上的利益，增加税后净营业利润。

中央企业非核心业务采用外包的方式，从而可以减少相应资产购入，减少占用资本，从而增加 EVA。

三、EVA 视角下的资产分类管理思路

中央企业要提升 EVA，需要加速资产的周转，提升资产的管理效率。根据资产在中央企业运营过程中发挥作用的情况，将资产分为优质资产、低效资产和无效资产。优质资产要真正做到全生命周期的管理，动态监控资产存放位置、谁在使用、状况如何，充分发挥资产的效率，提高资产的效益。对低效和无效资产的管理方法如下：

1. 通过资产租赁，盘活资产。中央企业内部存在的低效生产设备，可以通过选择经营性租出的方式，将固定资产租给短期需要使用该项固定资产的企业。出租方式可以是部分出租也可以整体出租，中央企业除获得一定的租金收入外，最重要的是可以对该项固定资产计提折旧。

2. 通过资产重组，达到盘活资产的目的。资产重组是指企业资产的拥有者、控制者与企业外部的经济主体进行的，对企业资产的分布状态进行重新组合、调整、配置的过程，或对设在企业资产上的权利进行重新配置的过程。

3. 利用拍卖转让，加速资金变现。企业对内部低效资产可以通过公开竞价的方式，将特定的物品或财产权利转让给最高应价者，可以把这部分占用资金腾出来，即把资金由"死"变"活"。

4. 对外投资，以达到盘活资产的目的。中央企业内部的低效资产可能无法满足企业生产发展的需要，但是这部分资产正是其他企业所需要的。中央企业完全可以考虑对外投资于其他企业，以期取得更好的投资收益。

5. 将低效资产托管，以达到盘活目的。低效资产托管是指企业资产所有者将企业的整体或部分资产的经营权、处置权，以契约形式在一定条件和期限内，委托给其他法人或个人进行管理，从而形成所有者、受托方、经营者和生产者之间的相互利益和制约关系。企业资产托管是在不改变或暂不改变原先产权归属的条件下，直接进行企业资产等要素的重组和流动，达到资源优化配置、拓宽外资引进渠道以及资产增值三大目的，

从而谋取企业资产整体价值的有效、合理的经济回报。

四、EVA 视角下的应收账款管理

应收账款增加有利于增加销售、减少存货，从而增加 EVA；但是应收账款增加又会导致占用资金成本的增加、坏账成本和管理成本的增加，从而减少 EVA。具体分析如下：

在赊销当期，当增加销售带来的税后净营业利润大于占用在应收账款上资金的成本时，能够提升 EVA。以后期间现金流的收回由于收入已经在销售当期确认所以对 EVA 不产生影响，但是现金流收回后资金占用减少，会节省资本成本，从而增加 EVA。然而，如果应收账款长期挂账，则会导致这部分资金被长期占用，则企业每年都会为这部分资金的占用承担相应的资本成本，这对以后的 EVA 是个不利影响。同时，由于应收账款长期挂账，企业要发生应收账款的管理成本、坏账成本和税收成本，这对 EVA 都是不利的因素。相比之下，现销的优点则得以呈现，企业通过现销，现金及早收回，这部分资金可以用来偿还债务、投资高于资本成本的项目、用于补充营运资本，这样一来，即节省了资本占用，也可能产生投资带来的收益，均会提高 EVA 水平。所以对于现销和赊销，销售当年两者的 EVA 影响差异不大，但对未来 EVA 的影响差异则会不断显现出来。例如，增加销售 100 万元，毛利率只有 5%，即可以获得毛利润 5 万元，但是如果需要给客户赊销 6 个月，即 6 个月的资金成本为 $100 \times 10\% \div 12 \times 6 = 5$（万元）（假设资金成本为 10%/年）。这时需要考虑该客户是否可以带来更加长远的利益或者是为了扩大市场份额或降低库存等其他方面的因素了，否则此业务不能增加 EVA，是不合算的。但如果销售部门将应收账款账期作为 EVA 的驱动因子，尽可能地争取到对公司有利的收款方式和更短的账期，例如，信用期减少到 30 天，则 30 天的资金成本只有 $100 \times 10\% \div 12 = 0.83$（万元）（假设资金成本为 10%/年），此项业务就能带来正的 EVA，提升股东财富。

综上所述，EVA 视角下的应收账款管理应比较应收账款的功能带来的 EVA 增量与应收账款的成本带来的 EVA 毁损，只有当前者大于后者时，增加应收账款才能为中央企业创造价值。

五、EVA 视角下的存货管理

储存必要的存货有利用保证生产或销售，能获得材料采购价格上的优惠，能够均衡生产，能够减少订货次数节约订货成本，从而增加 EVA。但是存货储存过多又会增加占用资本的机会成本、增加仓储费、保险费、维护费、管理人员工资、存货贬值损失等在内的各项开支，从而减少 EVA。

企业采购原材料时，需要比价采购，尽量减少采购成本，进而降低材料成本，增加税后净营业利润，这样提高 EVA；在采购价格一定的情况下，尽量争取较长的付款周期，减少存货占用资本的时间，减少资本成本，增加 EVA；材料进入生产流程后形成产成品对外销售，需要尽快收回货款，减少占用在应收账款的资金，减少占用资本，节约资本成本；同时要注意到无论是材料，还是产成品，其市场价格是不断波动的，如果价格持续下跌，就会带来原材料乃至产成品的减值，这对 EVA 产生不利影响；如果存货价格上涨，企业有可能减少销售额等待价格的进一步上涨以损害当期 EVA 为代价而换取下一期 EVA 的大幅增加。

因此，EVA 视角下的存货管理应在存货的功能与成本之间进行权衡，确定最佳存货量，在满足公司销售和取得价格优惠的前提下，尽量降低各项成本费用，缩短存货周期，尽量提升 EVA。

例如，贸易部门是 A 公司的核心部门之一。主要负责将销售人员获得的订单进行成品采购（即向公司下属的生产工厂下单）和管理、质量监督控制、包装材料的订单采购和物流操作、交单收汇等整个订单管理工作。在引入 EVA 之前，其经营业绩混同在整个公司业绩中没有单独反映。单独设立 EVA 中心后，其考核内容主要集中在采购成本、质量控制、消耗控制、物流成本、日常费用以及占用资金的资金成本等。由于加入了对该部门占用资金的资金成本作为考核指标，贸易部门在经营过程中将更注意应付账款的账期问题，并在实行 EVA 方案后将供应商的账期从原来的 30 天争取到了 90 天，这样就大大节约了企业的资金成本。再比如对于生产计划部门，将库存占用的资金成本作为驱动因子，这样就督促了该部门做好生产计划，控制库存水平。对于销售部门将应收账款账期作为驱动因子以便督促该部门尽可能地争取到对公司有利的收款方式和更短的账期。

六、应用 EVA 理念提高企业资产周转率

按照杜邦分析体系的方法对 EVA 指标计算公式进行分解，可得到 EVA =（营业利润率 × 资产周转率 − 资本成本率）× 资本总额（见图 10 − 4）。

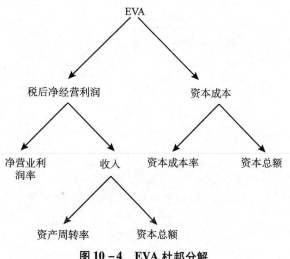

图 10 − 4　EVA 杜邦分解

　　从图 10 - 4 中可以看出只有资本回报率大于资本成本率时企业才能盈利。只有提高资产的周转率，加速资产的周转，才能带来利润绝对额的增加，提高总体资产的价值创造能力。企业传统的业绩评价体系往往一味地强调激励各部门管理者追求市场份额、销售收入等目标，却忽视了在这一过程中如何激励管理者提高资产周转速度，从而造成收入见涨而现金回笼效果差的现象。

　　既然 EVA 与资产周转率正相关，那么如何以 EVA 作为业绩评价标准，激励企业管理者关注资产周转率并进而提高资金使用效率呢？首先，企业在设计价值贡献模型时应充分考虑对应收账款的管理，分别确定整体价值贡献指标、销售系统价值贡献指标。销售系统价值贡献公式为：销售系统价值贡献 =（实际单价 - 预算单价）× 预算销量 - 销售费用 - 销售系统资本总额 × 资本成本率，其中，销售系统资本总额 = 应收账款 + 应收票据 - 预收账款。这样，企业通过加强对应收账款和应收票据的管理，占用资金得到更好控制，从而促进资产周转率得到持续增长。同时，无论是债务性资本还是权益性资本使用都是有成本的，有一个合理的资本结构对提高企业资产周转率非常重要。因此，企业主要是应通过财务杠杆的有效使用，扩大融资的途径，降低付息债务的利息率，从而提高 EVA 回报率。企业要通过选取一系列数据进行测算，找到较理想的资本结构。

第十一章

基于 EVA 的资本管理

第一节　资本管理的基本理论与方法

一、资本管理概述

资本管理是指企业通过确定融资规模，选择融资方式和融资渠道，降低资本成本，达到最优资本结构和实现 EVA 最大化。

资本结构及其管理是企业资本管理的核心。资本结构管理是指企业根据竞争环境变动引起的资产现金流入风险变化匹配现金流出要求而动态调整资本结构的过程，即债务资本和股东权益资本的比例确定问题。

资本结构是一个动态的运动系统，最优资本结构是相对的，为适应不断变化的内部和外部环境，企业的资本结构只能在运动中协调，在变化中择优。

资本结构管理的目标是建立企业的"最佳"资本结构。融资方式是影响公司资本结构的直接因素，融资方式选择也是资本结构管理的最主要的内容。选择融资方式，既要考虑不同融资方式的特点和相应金融工具的性质，以及公司自身及所处环境的具体情况，又要考虑债权与股权这两种基本融资方式之间内在关系对公司资本结构的影响。

资本结构决策是资本管理决策的重要内容，资本结构的变动会影响公司价值，因此，作为管理者必须将资本结构决策置于重大决策事项范围，明确其决策主体——股东大会及其董事会。但并不是说企业经理不需要承担此项任务，实际上，筹资方案往往是由经理人员提出的，并要参与决策过程。负债筹资确实存在税收的屏蔽及抵免作用，直到增加负债所带来的破产成本抵消其负债筹资收益为止，因此负债要有限额，而不能无节制。最佳资本结构的确定受公司面临的经营风险的影响，对于经营风险较高的企业，保持适度或较低的负债比率和财务风险是必要而可行的。当公司试图改变其资本结构时，这种改变事实上是在向市场及投资者提供关于公司未来发展、未来收益及其公司市场价值的一组信号，信号的潜在作用与反作用不能低估，企业负责人和管理人员必须高度重视资本结构的变化及谨慎作出资本结构变化相关的决策。

企业的融资渠道主要集中为股权融资和债权融资，相应的资本成本即为股权资本成本与债权资本成本。相比股权融资，债权融资具有独特的优点，那就是可以起到抵税的作用。但是由于我国债券市场不完善，发债规模小，企业发债条件限制严格等的原因，使得不少企业在融资选择时还是倾向于选择股权融资。另外，股权融资没有到期还本付息的压力，财务风险较债权融资小。一言以蔽之，两种融资方式利弊相当，各有千秋。所以要计算企业的资本成本，就必须分别研究债权资本成本与股权资本成本。

二、债务资本融资主要方式及其成本

（一）债务资本融资主要方式

负债经营是企业广泛采用的经营方式，适度的负债能够提高企业合理运用所筹集资金的效果，创造更多的经济效益。债务融资是与股权融资性质不同的融资方式，其特征为：第一，债务融资具有节税功能。利息在纳税前支付，可以减少所得税。第二，债务融资具有财务杠杆效应。当息税前利润增长时，财务杠杆可能会给股东带来更大的利益；当息税前利润下降时，财务杠杆可能会给股东带来更大的损失。第三，由于债务融资所筹集的资金不是企业的资本金，债权人不能分享企业的剩余利润，也没有企业经营管理的表决权，所以债务融资不会分散企业的控制权。第四，债务融资会加大企业的财务风险。债务融资获得的只是资金的使用权而不是所有权，负债资金的使用是有成本的，企业必须支付利息，并且债务到期时须归还本金。企业为取得财务杠杆效益增大债务，必然增加利息费用，当企业经营不善时，负债融资过多会增加企业破产的机会。

常见的债务资本融资方式主要有三种：

1. 银行借款

银行借款融资的特点有三。第一，筹资速度快，银行借款是企业与银行之间直接协商的结果，借款的手续比较简单，得到借款所花费的时间短，所以筹资速度比较快。第二，具有便利性。向银行申请借款时，企业可与银行直接交涉，有关的条件可以谈判确定，而在借款期间，如果情况发生了变化，也可与银行进行协商，修改借款的数量和条件，因此银行借款比较便利。第三，银行借款融资费用低，且利息还可以在所得税前扣除，融资成本也相对较低。第四，银行借款的限制性条款比较多，制约了企业的生产经营和借款的作用。为控制信用风险，银行通常对借款企业提出一些有助于保证贷款按时足额偿还的条件，这些限制性条款的存在制约了企业对借款资金的使用。

另外，根据借款期限的长短，银行借款融资可以分为短期借款融资和长期借款融资两大类。短期借款是企业为了解决生产经营活动对短期资本的需求而向银行申请借入的款项。短期借款融资具有筹资速度快、容易取得、资金的使用较为灵活、富有弹性、利率较低等特点。长期借款是指借入时间超过一年以上的借款，长期借款融资速度慢、不易取得而且融资不富有弹性，虽然融资成本高，但融资风险较小。

2. 普通公司债券

公司债券是指由公司发行并承诺在一定时间内还本付息的债权债务凭证，是上市公司债权融资的主要方式之一。公司债券融资有如下特征：第一，公司债券是面向社会公众募集的资金，募集资金对象广泛，债权人分散，市场大，易于获得较大规模的资金。第二，通过发行债券募集的资金，一般可以自由使用，不受债权人的具体限制；资金的稳定性较强，使用期限较长。第三，发行公司债券的限制条款较多，且融资的财务风险较高。

3. 可转换公司债券

可转换公司债券是一种介于债券和股票之间，兼具债券和股票性质的混合性融资工具，它是指发行人依照法定程序发行，在一定时间内依据约定的条件将部分或全部债权转换成股份的公司债券。可转债作为一种公司债券，具有普通公司债券的一般特征，即需要定期偿还本金和支付利息，除此之外，可转债还具有自己的一些典型的特征：第一，可转债具有债券和股票性质。由于可转债具有转换前属债券，转换后属股票的二阶段特征，那么对于投资者而言，转换前投资者是债权人，获得利息，转换后是股东，获得红利或资本收益。第二，融资成本较低，风险较小。一方面，由于可转债附有一定的转股权，因此可转债的票面利率一般低于普通公司债券的利率，有时甚至低于同期银行存款利率，因而融资成本较低。另一方面，可转债在到期之前可以转换成股票，可以将负债转换为权益，从而降低了公司支付利息和到期还本的压力，减少了公司的财务风险。第三，可转债在一定程度上能够缓和、协调投资者、股东和管理者的利益冲突，从而优化资本结构。

（二）债务资本成本

债务资本成本是企业通过举债方式从债权人那里获得资金使用权而必须付给债权人一定的报酬率。在我国，企业举债的方式主要是向银行贷款和发行公司债券。如果是向银行贷款的方式进行的筹资，那么筹资成本就包括支付给银行的利息以及贷款过程中所发生的一系列费用。如果是通过发行公司债券的方式进行的筹资，那么筹资成本就包括支付给债券购买者的利息和发行债券过程中产生的一些发行费用。相比银行贷款而言，发行债券使得企业的筹资成本较高。因为债务的利息均在税前支付，具有抵税的功能，因此企业实际负担的债务成本 = 利息 × (1 - 税率)。

三、权益资本融资方式及成本

（一）权益资本主要融资方式

权益融资是企业向其股东（或投资者）筹集资金，是企业创办或增资扩股时采取的融资方式。权益融资具有以下特征：第一，它是企业的初始产权，是企业承担民事责任和自主经营、自负盈亏的基础，同时也是投资者对企业进行控制和取得利润分配的基础。第二，权益融资是决定一个企业向外举债的基础，企业安全负债的规模受股本的制约，故具有财务杠杆。第三，权益融资形成的所有权资金的分布特点，即股本额的大小和股东的分散程度，决定一个企业控制权、监督权和剩余索取权的分配结构，反映一种产权关系。

企业获取权益性资本的方式主要有两种：一是通过发行权益性金融证券来获得；二是通过企业内源性融资来获得。而发行权益性金融债券又分为两种情况，第一种是公开发行，即发行金融债券向社会公众募集资金。公开发行方式组织严密，透明度大，容易募集大量的社会资金。但由于进入公开资本市场都有最低发行量以及其他条件严格的限制，公开发行会导致很高的融资费用和很长的融资时间。第二种发行权益性金融证券的方式是私募发行（也称为非公开发行）。与公开发行不同，它采取的是直接向少数特定投资者发行的方式。它的金融证券一般不能上市交易，因此流动性较差。

（二）权益资本成本率

股权资本成本是指企业发行股票募集资本，投资者出让资本的使用权所要求的最低报酬率。公司发行的股票有两种形式：普通股和优先股。所以股权资本成本分为普通股资本成本和优先股资本成本。但是由于我国法律没有对优先股进行明确的定义和阐述，我国还没有清晰明确的优先股形式，所以我们不讨论优先股。企业除了通过发行普通股来募集资金，还可以通过企业内部的留存收益来追加企业投资。这样又产生了一种资本成本——留存收益资本成本。留存收益包括盈余公积和未分配利润两部分，是企业积累下来的未用于派发给股东的利润，它是企业的经营活动所产生的利润。留存收益的本质是为了对企业进行追加投资，所以当留存收益用于再投资所获得的收益低于股东用这部分留存收益资金投资于其他项目所获得的收益的时候，这部分资金就不应该作为企业的留存收益来应用，而应该派发给股东。与普通股资本成本不同的是，留存收益资本成本没有筹资费用。

计算股权资本成本的模型主要有资本资产定价模型和戈登模型等。资本资产定价模型表达的基本理念是：风险越高，收益就越高，基于四个基本假设：（1）市场参与者都是理性的；（2）市场不存在摩擦；（3）市场不存在交易费用；（4）资产的选择和交易不受税收的影响。资本资产定价模型的公式如下：

$$Ri = Rf + \beta i(Rm - Rf)$$

公式中，Ri 代表第 i 种证券的期望报酬率，Rf 代表无风险报酬率，βi 代表证券 i 的风险对整个市场收益率的敏感程度。Rm 代表证券组合的市场平均报酬率。$Rm - Rf$ 又称为市场风险溢价。

四、资本结构与加权平均资本成本

（一）资本结构理论综述

广义的资本结构是指企业全部资本价值的构成及其比例关系。狭义的资本结构是指企业各种长期资本价值的构成及其比例关系，尤其是指长期的股权资本与债权资本的构成及其比例关系。资本结构理论的发展经历了 3 个阶段，即传统资本结构理论、现代资本结构理论和新资本结构理论。

传统资本结构理论仅限于对事实的简单陈述，既没有形成系统的理论观点，也没有经过科学的推导和验证。但这些零散的观点对日后现代资本结构理论的发展起到了铺垫和推动作用。最早的关于资本结构的三种理论是净收益理论、净经营收益理论以及介于二者之间的折中理论。净收益理论认为企业负债融资成本低于权益融资成本，企业可以通过调整负债资本和权益资本的融资比例来降低融资成本。当企业完全依靠负债进行融资时，企业的融资成本最小，从而实现企业市场价值的最大化。净经营收益理论认为由于负债比率的提高带来的财务风险，该风险使得权益融资成本增加，且认为负债比率提高所带来的好处完全被权益融资成本的增加所抵消，所以无论负债比率如何变化，企业加权平均成本都保持不变。折中理论认为负债比率提高所带来的好处并没有完全被权益成本的增加所抵消，成本被加权平均后首先呈现下降的趋势，之后又开始不断上升，而企业价值也经历了一个先上升后下降的过程，因此企业存在最优资本结构使企业价值最大化。

1958 年莫迪利安尼和米勒（Modigliani & Miller）提出的 MM 理论，开创了现代资本结构理论的开端。权衡理论在 MM 定理的基础之上进行了完善，它不仅考虑了负债的抵税能力，并且还考虑了由负债所带来的风险和额外费用。该理论认为企业存在最优资本结构，并且认为最优资本结构将会出现在税收获得的收益和负债产生的成本之间的均衡点。

MM 定理假设条件的不断完善，促使资本结构各理论流派的产生。主有流派有信号传递理论、代理成本理论和优序融资理论。信号传递理论的基本思想是：企业内部人比外部人更了解企业内部情况，更具有信息优势，内部人通过企业行为向外界传递有关信号，而外部投资者通过理性分析内部人的企业行为来判断企业真实价值。代理成本理论认为最优资本结构就是使代理成本最低的资本结构，它将资本结构的安排看做是解决代理问题的一种手段。优序融资理论认为企业在融资时一般偏好内部融资，其次才是外部融资，而外部融资则又主要偏好债务融资。

（二）加权平均资本成本

加权平均资本成本（WACC），是指企业以各种资本在企业全部资本中所占的比重为权数，对各种长期资金的资本成本加权平均计算出来的资本总成本。加权平均资本成本可用来确定具有平均风险投资项目所要求收益率。

加权平均资本成本计算公式如下：

$$WACC = Kd(1 - T)D/V + KsS/V$$

D 为债权资本，S 为股权资本，V 为资本总额，T 为所得税税率，Kd 为债务资本成本，Ks 为股权资本成本。

精确地计算加权平均资本成本率十分复杂，需要考虑的因素很多，主要由投资资本的数目和投资风险决定。

第二节　中央企业资本管理现状

一、中央企业债务资本管理现状

2009 年以来，中央企业资产负债率不断上升，经营风险不断加大，财务费用侵蚀了大量利润。2011 年 6 月，国资委有关负责人披露，半数以上中央企业平均资产负债率超过 65%，尤其是航空、发电、军工等关系国计民生和国家安全的中央企业，资产负债率远高于国际公认水平。而国际清算银行经济学家在 2011 年的一份报告中称，当一个国家企业负债超过 GDP 的 90% 时，就会拖累经济增长。2011 年 11 月 24 日国资委公布《关于进一步深化中央企业全面预算管理工作的通知》，《通知》要求通过对预算资产负债率、带息负债比率等债务风险类指标设定合理的目标控制线等措施，严格控制债务规模过快增长；结合速动比率、流动负债比率等指标分析，优化债务结构，切实防范债务风险。中央政府信息网披露，2013 年 1 ~ 6 月国有企业经营情况半年报数据显示，至 2013 年 6 月 30 日，中央企业累计负债 299 270.2 万元，总资产负债率大约为 67%，已接近国资委 70% 资产负债率考核上限。2013 年一季度，294 家央企、国资委控股上市公司中，有 79 家资产负债率超过 70%，占比达 26.87%。

中央企业的债务资本融资方式已经多元化，主要方式有短期借款、长期借款、短期融资券、中期票据、企业债、公司债券、长期借款。上述融资方式资本成本率由低到高的顺序是：短期融资券—中期票据—企业债券—公司债券—短期借款—长期借款。由于中央企业资产质量较好、运营情况较佳、信誉等级较高、所属行业盈利性和发展潜力较大等原因，在上述债务资本融资方面具有天然的优势，可以以较低的成本进行大规模融资。

中央企业负债率高企有其深刻的制度根源：一方面中央企业负责人有强烈扩张企业的冲动；另一方面中央企业信用较强，违约风险小，一向在贷款议价中占有优势。

中国人民银行 2013 年 7 月 19 日公布，将全面放开金融机构贷款利率管制，取消金融机构贷款利率 0.7 倍的下限。0.7 倍贷款利率放开后，中央企业可以通过用新的利率较低的贷款置换之前较高成本的贷款，缓解融资压力，降低财务费用。

二、中央企业权益资本管理现状

中央企业引入 EVA 评价前一直采用以会计利润为核心的业绩评价体系，传统的会计利润的计算只是扣除债务利息费用，并不考虑权益资本成本。我国社会经济体制决定了政府作为国企的股东和普通上市公司的股东扮演的角色大不相同，政府向中央企业投入资本，承担中央企业的大部分改革成本，既不考虑投入资本的成本，也不要求分红。2007 年 12 月 11 日，财政部会同国资委发布了《中央企业国有资本收益收取管理暂行办法》，155 家中央企业及所有烟草企业开始向财政部上缴红利，至此结束了国有企业 13 年不缴红利的历史。2011 年，5 个中央部门（单位）和 2 个企业集团所属共 1 631 户企业被纳入中央国有资本经营预算实施范围。一年后，四类共 301 家企业被新划入红利上缴范围。至此，上缴红利范围已覆盖了大部分经营状况良好的国有企业。2011 年，红利上缴比例做了新的调整，中央企业按收取比例具体分为四类：资源类中央企业上缴国有资本收益的比例为 15%，一般竞争类中央企业的上缴比例为 10%，军工科研类中央企业的上缴比例为 5%，第四类为免缴国有资本收益的两家政策性公司（中国储备粮管理总公司和中国储备棉管理总公司）。同时，中国烟草总公司 2012 年上缴的红利实际已经提高到了 20%。然而，提高红利上缴比例的呼声并未停止。审计署发布的 2013 年一号审计公告也指出，现有国有资本经营收益收缴比例仍偏低。报告透露，财政部正结合国有企业改革发展实际，研究调整和提高国有资本收益收取比例的合适途径和方式。

中央企业红利上缴意味着开始考虑国有资本的成本，但是在计算会计利润时仍然没有将权益资本成本予以扣除。未来中央企业红利上缴比例提高，意味着股权资本的成本在提高。

三、中央企业资本结构管理现状

中央企业坚持"依法合规、市场机制"的工作理念，着力提升市场化运作能力，借助股票市场、产权市场、债券市场，加快资本结构调整，保障企业改革发展的顺利推进。

一是积极利用股票市场进一步优化资本结构，提高资源配置效率。2012 年，中央企业稳步推进公司制股份制改革和重组上市。中国煤炭科工、中国电建等企业主营业务整体改制上市工作进展顺利。中国电信向股份公司出售 CDMA 网络资产，实现 CDMA 业务资产整体上市。武钢积极推进境内外矿产资源整合上市。华润集团、中国黄金通过一系列孵化注资，将优质资产注入上市公司，实现了上市公司与集团公司的共同成长。宝钢股份、中国建筑、中煤集团、中国三峡集团、西电集团、中航集团等企业结合证券市场情况，抓住有利时机，通过二级市场回购或增持股票，既为控股上市公司后续运作拓展了空间，也为维护股票市场稳定做出了贡献。

二是积极利用产权市场加快非上市公司结构调整。2012 年，中央企业公开转让国有产权 606 宗，成交金额 265 亿元。中国华电、国药集团等企业通过产权市场加大实施重组整合与投资并购力度。中国华能进场处置小火电关停报废机组 16 台，成交增值 52%。东航集团积极探索利用产权市场处置飞机等闲置资产。

三是积极利用债券市场筹集资金。2012 年，中央企业注重运用好债券市场进行融资，为企业实现保增长提供了重要的资金支持。中国国电 H 股上市公司龙源电力成功发行4亿美元永续债，成为第一家发行美元永续债券的H股上市公司。中国大唐等4户中央企业及子企业获准赴港发行人民币债券共计185亿元，成为第二批赴港发行人民币债券的非金融企业。

第三节 基于EVA的资本管理理论与方法

一、基于EVA的资本管理概述

中央企业基于EVA的资本管理目标是基于资本成本率最低、财务风险可控的目标，综合考虑行业特征、业务特点、资产流动性等因素，加强资本结构的规划与管理，确定目标资本结构及财务杠杆运用边界。

EVA的计算取决于三个变量：资本投入总额、投入资本收益率、资本成本率。不同的融资方式由于其风险不同，因而资本成本率也不同。基于EVA的资本管理主要目标是通过确定最佳的融资结构来降低资本成本，保证EVA最大化。

在传统的利润为指导的管理模式下，企业考虑的资本成本往往只包括债务资本成本而忽视了权益资本成本。在EVA思想的指导下，让我们清楚地看到权益融资也是会产生成本的，因为EVA是企业的经营利润扣除全部资本成本的差。以EVA为核心的资本管理的内容主要包括以下几点：

1. 正确认识权益融资的资本成本，这样能打破我国一直存在的融资悖论现象。在我国一直倾向于股权融资，这是由于在以利润为指导的管理模式下，企业经营者一直认为股权融资的资本成本低于债券融资的资本成本。引入EVA后，EVA中的权益资本成本是一种机会成本，这种成本也不一定低于债务融资成本。EVA可强化资本成本的概念，尤其是对于上市公司而言，树立EVA的资本成本观，能使企业充分认识到权益融资成本，促使企业重新权衡债务融资和股权融资的利弊，不再因为债务资本带来的利息会降低利润率而排斥债务融资，可能会转向债务融资，打破我国一直倾向于权益融资的现象。

2. 增强企业的融资能力。长期以来，国有资产保值增值是国有企业追求的目标，企业为了实现资产保值增值，企业存在过量生产和赊销，大量的资本资金闲置等现象。然而根据EVA的理念，企业赊销形成的应收账款，存货占用资金和闲置资金都是有机会成本的。在EVA的压力下，企业应努力提高资本运营能力，以提高企业经济效益，增强企业融资能力。

3. 影响管理者融资决策。激励制度是EVA管理的支柱，在EVA的激励体系中，要求企业有很好的经营绩效，当企业经营者认识到股权资本成本包含在EVA中，而EVA的结果会影响到业绩评价时，管理者可能不会再倾向于股权融资。

在EVA思想的指导下，企业应综合衡量债权融资成本和股权融资成本，确定合理的资本结构，以使企业的资本成本最小，达到EVA最大化。

二、基于EVA的资本结构管理

资本结构是企业价值创造的关键驱动因素之一。基于EVA的资本结构管理目标是确定企业最优资本结构目标，根据企业资本结构优化目标进行融资、投资和并购决策，从而实现企业价值最大化目标。资本结构的管理包括合理选择资本来源、降低资本综合成本率、优化资本结构等。在EVA考核导向下，企业在提升营业利润的同时，还应通过资本管理来降低综合资本成本，这样企业EVA指标才能持续提升并达到最大化。

（一）最优资本结构

最优资本结构是指企业在一定时期最适宜其有关条件下，使其综合资本成本最低，同时企业价值最大的资本结构。最优资本结构是一种能使财务杠杆利益、财务风险、资本成本、企业价值等要素之间实现优化均衡的资本结构，它应作为企业的目标资本结构。资本结构优化就是指企业通过筹资、融资等手段，使企业的资本结构达到最优资本结构状态的决策过程。

（二）资本结构优化策略

1. 强化资本结构意识，加强企业资本结构研究

在过去利润为核心的考核导向下，企业为了追求利润增长会尤其注重企业发展规模，这样一方面会造成企业的高额负债，另一方面也将使企业出现大量闲置资产。在EVA考核为核心的考核导向下，则要求企业必须全面树立资本成本和资本结构优化意识，促使企业有效地控制债务风险。同时，企业还应加强资本结构的理论研究。理论上讲，最佳资本结构是存在的，但由于影响资本结构的因素很多，而且各种因素具有很大的不确定性，所以在实务中确定最优资本结构几乎是不可能的，但是，我们可以综合各种影响因素建立一个目标资本结构，使得筹资决策所寻求的资本结构与目标资本结构趋于一致。

在企业实际的资本管理工作中，企业应针对自身情况来确定企业合理的资本结构。如果能加强理论研究，并借鉴国外已有的量化指标，在总结有关资本结构理论的基础上，对影响企业资本结构的数据进行综合整理和分析，从而找出相对合理的企业资本结构量化标准，将会有效指导企业的资本管理和价值管理工作的开展。

2. 提高资本运营能力，实现产融结合

企业资本结构优化应立足于企业所处的行业和发展阶段，并充分考虑企业自身的获利能力，要以降低企业综合资本成本和财务风险，提高企业获利能力为目的。资本结构也应该要降低财务风险。

资本运营要根据自身的盈利目标、实力和抵御风险的能力进行，不仅要考虑增加企业的价值，也要关注企业风险的适度性。通过不同的组合，使资本结构保持一定的弹性，从而以较低的风险获得较大的资本增值和盈利。

资本运营要因时而异。企业处于不同的发展时期应有不同的资本运营策略，应根据所处的成长周期，采取相应的资本运营策略。外部环境发生变化，企业也应该适时调整自己的资本结构，降低资本的加权平均成本，实现资本结构的优化。资本运营还要保持合理的举债能力。在现代企业制度下，充分认识并保持企业的举债能力，从而保证企业资本的安全、完整和增值。此外，举债能力直接影响企业在资本市场上的形象和竞争能力，因此无论是从企业外部环境需求，还是企业内部资本管理上，企业都要保持合理的举债能力。

3. 严格控制负债规模，保持合理负债水平

资本结构中保持一定比例的负债，可以节约税收，约束经营者行为，但其前提是负债额应限制在总资产的一定比例之内，这个比例应根据各企业的不同情况具体而定。

在EVA考核理念下，企业负债一般应符合以下原则：首先，债务资本的预期利润率应大于或等于借款利息率。其次，考虑到企业资金的暂时周转困难或企业的长远发展，企业借款的预期利润率可以小于借款利息率，但必须大于企业的加权平均资本成本率（WACC），或者说企业借款利息率必须小于总资产收益率，这样才能保证企业这笔借款产生以后总体资本仍保持盈利或至少持平。

企业面临莫测的市场，受消费者需求偏好、产品寿命周期、产品结构调整、经济运行周期和生产竞争环境的影响，企业的生产经营、经济效益有高峰和低谷，不可能持续高速发展，若企业资本结构在高位固化，一旦市场需求发生逆转，或企业经营步入低谷，过高的负债水平将使得企业陷入亏损而雪上加霜，而在经济繁忙时期，过低的负债比率又不利于企业利用财务杠杆手段来提高利润水平。这就要求企业在进行融资决策时，应根据企业实际需要和负债承受能力及企业经济效益预期变动的情况，随时调整其资本结构，始终保持企业盈利能力与经营风险、财务风险的协调平衡。

4. 全面建立资本结构动态优化管理机制

企业资本结构优化应与企业发展战略相协调，根据企业发展战略对资本结构进行动态优化。对于任何一个企业来说，由于市场的供求关系处于经常性的变化之中，资本结构也在不断发生变化，资本结构总是呈现动态变动的状况。对于资本结构的管理，应建立财务预警体系，随时根据企业所处环境的变化，采取相应的资本策略。同时，公司在选择融资工具时，应注意利用可转换优先股、可赎回优先股、可转换债券及可赎回债券等有较好弹性的融资工具，保持弹性的资本结构。

三、基于 EVA 的债务资本管理

根据资本结构理论，当资产负债率超过合理的范围后，中央企业财务风险加大，加权平均资本成本率增加，从而会减少 EVA。基于 EVA 的债务资本管理包括两个方面的内容：一是确定中央企业的目标资本结构，将资产负债率控制在合理的范围内。二是在债务总额一定的情况下，以降低债务融资成本为目标，选择合理的债务融资方式。

（一）基于 EVA 的债务资本融资方式选择

近年来，在股市融资困难的情况下，中央企业通过多元化的债务融资实现规模的扩张、流动资金的补充。目前中央企业债务规模大，财务费用升高是今年中央企业面临的巨大挑战，国务院国资委也多次对此示警。在 EVA 考核压力下，中央企业各显其能，拓宽融资渠道，优化融资结构，降低融资成本，防控融资风险。

银行间债券市场融资采用信用融资方式进行，对于中央企业这样的优质企业来说这种融资方式性价比高。这是因为：（1）银行间债券市场融资采用一次申请、分期发行、余额管理的模式进行，企业只需要一次性申请注册总额度，在两年注册有效期和注册额度内，根据自身资金需求灵活确定融资期限，分期发行。这有利于降低企业的融资成本，延长短券的发行时间，使得"短券不短"。（2）融资成本低，融资成本相比同期贷款可节省 100 至 200 个基点。以长江电力 2011 年 7 月发行的 11 长电 CP02 债券为例，同期贷款利率为 6.56%，而债券发行利率为 4.85%，中国石油 2012 年 1 月发行的 12 中石油 01 债券发行利率为 4.54%，同期贷款利率为 7.05%，对于融资企业来说，成本节省明显。

资本市场融资方式中，债券融资的成本比股票融资的成本相对较低，也能为企业节省下可观的财务费用。据国资委统计，2011 年，中央企业及其子企业发行债券规模创历史新高，发行总额达 9 977 亿元。在设计债券发行方案时，中央企业根据自身特点和监管要求，灵活选择组合不同债券品种，确保债券融资效益最大化。对于负债率较高的企业来说，发行债券也是企业融资的现实选择。负债率居中央企业前列的五大发电集团都已深度涉足债券市场。在 2012 年 1 月份，中国大唐集团公司总经理陈进行在该集团 2012 年工作会议上直言，金融机构对长期亏损企业贷款的审慎态度不会改变，特别是资本市场持续低迷，直接融资难度增加，保障资金供应、防控风险的压力依然较大。除了境内市场，一批中央企业已经将融资目标转向海外。在多部门协同努力之下，2011 年中国的宝钢集团获批赴香港发行 65 亿元人民币债券，完成了中央企业首例境外发行人民币债券试点工作，也直接拓展了中央企业海外融资的新渠道。

应付账款、应付票据、预收账款等作为无息流动负债没有资金成本，中央企业在公司日常运营中，合理利用供应商给予的信用政策，适当延迟付款，利用行业优势地位争取并合理利用销售方最大信用政策；扩大票据支付，可以适当使用带息票据支付；适当提高预收款的贴息利率，扩大预收规模。

（二）基于 EVA 的债务风险管理

当前大多数中央企业资本结构不合理，资产负债率偏高，债务风险是企业最致命的风险，加强企业债务风险预警与管控，及时掌握企业面临的经营困难和风险隐患，是中央企业债务风险管理的重要任务。中央企业较高的债务风险增加了企业加权平均资本成本率，减少了 EVA。

基于 EVA 最大化的目标，要求中央企业引入战略投资者等直接权益融资方式、合理控制债务规模、有效降低资产负债率。

近年来，国务院国资委始终将财务风险管控作为财务监督工作的重中之重，并采取综合措施开展中央企业的财务风险防范工作。通过制定下发《关于进一步加强中央企业债务风险管理有关事项的通知》，构建了企业债务风险监控机制，启动了分类管控工作，将高风险企业分为重点关注、重点监控和特别监管三个类别，分类实施管控；通过推进集团资金和债务融资集中管理，加强存货、应收账款和现金流量管理，巩固资金链条，有效防范资金风险。

为了有效防范债务风险，中央企业应强化债务风险管理，通过对不同债务风险的成因分析，建立债务风险预警系统、提高业务创收能力、硬化预算约束来防范财务状况失衡风险；建立贷款监督机制、加强贷款资金管理、制定还款计划来防范债务风险。

四、基于 EVA 的权益资本管理

（一）基于 EVA 的 IPO 管理

在我国一直倾向于股权融资，这是由于在以利润为指导的管理模式下，企业经营者一直认为股权融资的资本成本低于债券融资的资本成本。引入 EVA 后，EVA 中的权益资本成本是一种机会成本，这种成本也不一定低于债务融资成本。EVA 可强化资本成本的概念，尤其是对于上市公司而言，树立 EVA 的资本成本观，能使企业充分认识到权益融资成本，促使企业重新权衡债务融资和股权融资的利弊，不再因为债务资本带来的利息会降低利润率而排斥债务融资，可能会转向债务融资，打破我国一直倾向于权益融资的现象。

（二）基于 EVA 的再融资管理

股权再融资是指上市公司根据资金需求，为了扩大资产规模、提高资产质量、改进技术、扩展业务种类等而筹集资金或者股东为了将其所持有的股份变现而再次发行股票的行为。

1. 融资的理论基础

（1）资本结构理论

资本结构理论假定在进行再融资行为之前，上市公司的资本结构处于均衡状态，达到最优资本结构，则再融资行为会打破原有均衡而使其资本结构发生改变，这将对公司的价值造成一些影响，有可能增加其价值，也有可能减少其价值。资本结构变化假说认为上市公司的股权再融资行为增加了企业的股权资本，降低了资产负债比率，减小了企业的债务风险，使得企业在债务市场的价值增加，股权持有者的利益受到损害，从而会把从股东手中的财富转移至债权人。另外，股权融资降低了企业财务杠杆效应，增加了资本成本，使得公司价值降低。这会导致资本市场对该公司的不良预期，因此资本结构假说认为，上市公司应当采用债务融资行为筹集资金。

（2）信息不对称理论

在现代融资理论中，在 MM 定理的完美资本市场假设下，企业的总价值等于企业资产产生的全部现金流量的市场价值，它不受企业资本结构选择的影响。然而现实中，市场存在信息不对称。信息不对称理论认为，公司股东与公司管理者之间就存在着信息不对称，管理者作为公司的内部人可以掌握更多的内部信息，而投资者很难获得这些内部信息，因此管理者在做决策之前，可能利用信息不对称，做出对自己有利，对投资者利益有损害的不当行为。

（3）控制权理论

控制权理论认为上市公司管理者可以从其对企业的控制权获得收益。控制权等同于决策权，公司的管理者在进行再融资决策时会充分考虑控制权问题，并防范因公司收购而可能引发的控制权转移。因此公司管理者倾向于债权融资，并且债权融资往往还会提高公司的股价。对于公司管理者来说，债务融资是融资的最安全的方式。然而，债权融资的幅度也不能过大，否则会减少管理者的股权收益。同样，增加管理层持股将影响投资者的投资意图和能力。如果公司管理层的持股比例增加，外部投资者在进行收购时提供给公司外部股权所有者的股权溢价将会上升，要约收购的可能性会因此而下降，外股股东获得的股权溢价也会减少。因此，为了避免收购行为的发生，管理层要维持一定的持股比率，因此管理层将会更倾向债权融资。

（4）权益理论

根据权益理论，债务融资所产生的利息支出可以作为成本而在税前支付，而股息则必须在税后支付。因为债务融资可以"抵税"的效应，导致企业偏好债务融资。另外，负债的增加还有利于减少企业的自由现金流，从而减少效率低下的经营和非盈利项目的投资，并能减少企业管理者的在职消费，有利于企业管理者集中更多的精力在企业的经营与管理上。

（5）产业组织理论

产业组织理论主要从产业特征与竞争战略角度研究上市公司的股权再融资。不同的产业特征再融资方式也不同，行业要求低负债率的公司较多采用股权再融资方式，反之，采用债权再融资方式。产业组织理论认为公司管理者在决策时，应当使得股权价值最大化。从竞争战略的角度讲，公司财务杠杆比率的增加会导致股东利益的更大风险，因此公司应该避免较高的负债比率，相应的也较多选择股权再融资。

（6）非理性行为理论

传统经济理论假定每一个从事经济活动的人所采取的经济行为都是理性的，企图以最小代价获得最大收益的。行为金融学认为人是有限理性的，上市公司的再融资决策都会受到公司管理者与投资者的非理性行为的影响，从而导致该公司股票在证券市场的异常现象以及上市公司的错误定价，从而影响公司的价值。

2. EVA 与上市公司增发再融资

关于融资绩效，学术界有不同的定义。根据卢福财（2000），企业融资的绩效分成宏观绩效与微观绩效两种方式。宏观绩效指的是企业的融资及再融资行为对整个国家经济的影响，微观绩效指企业进行融资及再融资行为对于企业自身的经营发展影响。

白茹（2011）对 A 股上市的 96 家公司进行实证研究，研究结果表明股权再融资的融资规模对上市公司经济增加值的影响不显著；腾克（2006）的研究表明，企业在进行股权再融资后，经营业绩会下降，会对经济增加值产生不利影响。

（三）基于 EVA 的股利政策选择

1. 股利政策的理论基础

股利政策是企业总体决策的一部分。股利分配政策是股份制企业确定股利及与股利有关的事项所采取的方针和策略，其核心是股利支付比率的确定，此外还包括股利分派的时间、方式、程序的选择和确定。西方股利政策存在两大基本流派：股利无关论和股利相关论。前者认为股利政策对企业的股票价格不会产生任何影响；后者认为股利政策对企业的股票价格会产生较强的影响。基于 EVA 的股利分配决策是建立在股利相关论的基础之上的。

（1）股利无关论

1961 年，莫迪格利安尼和米勒提出股利无关论定理。该定理的成立需要有以下前提条件：不存在税收或者股利和资本收益的税率相同；投资者对资本收益和股利没有偏好；不存在通过出售股票把股价增值转化为现金的交易成本；发放股利过多的公司能在不受股价波动影响和无交易成本的条件下发行股票，筹集资金用于好的项目；公司的投资决策与股利政策相互独立，公司的经营现金流量不论采取何种股利政策都是相同的；公司的投资者与管理者同等地获得关于公司未来投资机会的信息；股利发放少的公司经营者不会用资金追逐个人利益（即拥有大量现金流量的经营者不会投资于差的项目）。该定理认为，公司的价值完全决定于公司的投资获利能力，公司的盈余在股利和保留盈余之间的分拨不会影响公司的价值，使得公司即使在有理想的投资机会但又发放了高额股利情况下，仍然可以通过募集新股得到所需的资金，而新投资者会认可公司的投资机会。在风险和从投资中可得的现金流量给定的条件下，公司必须提供给股东相同的利益，如果多发放股利，股价增值就会减少。

（2）股利相关论

该观点主要有两点：一是在现实生活中，公司的股利分配对公司的价格有影响，如果公司能给股东派发高股利会导致公司股票价格上涨，在资本市场有效的前提下，公司价值就会增加，股东偏好于现金股利。二是股利无关论中完全市场是不存在的，公司发放股利是在各种制约因素影响下进行的，影响因素主要包括：①相关法律法规的限制，如《公司法》规定公司不能用资本（包括股本和资本公积）发放股利，规定公司必须按净利润的一定比例提取法定盈余公积金等。②股东对待股利的态度，如依靠股利维持生活的股东，往往要求公司发放稳定的股利，反对公司留存较多的利润，而持有公司控股权的股东不愿看到公司由于发放较高的股利后出现缺少所需资金而发行新股、稀释控制权的情况，宁愿公司不分配股利。③公司对经营前景的预见，如果公司认为未来有良好的投资机会，就会少发放股利，保留大量现金，将大部分盈余用于投资；如果公司认为未来缺乏良好的投资机会，就可能会发放较高的股利。④其他诸如债务合同约束之类的影响因素。

公司股利政策主要有以下几种：

（1）剩余股利政策

公司将税后利润首先用于再投资，剩余部分再用于派发股利，有利于降低再投资的资金成本，实现企业价值的长期性和最大化。但是，执行剩余股利政策将使股利的发放额每年随投资机会和盈利水平的波动而波动，比较适合于新成立的或处于高速成长的企业。

（2）固定股利支付率政策

公司按每年盈利的某一固定百分比作为股利分配给股东，真正体现多盈多分，少盈少分，不盈不分的原则。股利随盈利的波动而波动，向市场传递的公司未来收益前景的信息显得不够稳定。此外，不论公司财务状况如何均要派发股利，财务压力较大；确定多少的固定股利支付率才算合理，难度也较大，实际应用起来缺乏财务弹性。

（3）正常股利加额外股利政策

一般情况下公司每年只支付数额较低的正常股利，只有在经营非常好时或投资需要资金较少年份，才在原有数额基础上再发放额外股利。公司支付股利有较大的灵活性。通过支付额外股利，公司主要向投资者表明这并不是原有股利支付率的提高。额外股利的运用，既可以使企业保持固定股利的稳定记录，又可以使股东分享企业业绩增长的好处，能够向市场传递公司目前与未来经营业绩的积极信息。该政策尤其适合于盈利经常波动的企业。

（4）稳定增长股利政策

公司在支付某一规定金额股利的基础上，制定一个目标股利成长率，依据盈利水平按目标股利成长率逐步提高企业的股利支付水平。该政策往往被投资者认为是企业稳定增长的表现，能满足他们稳定取得收入的愿望。当盈利下降而公司并未减少股利时，向投资者传递公司的未来状况要比下降的盈利所反映的状况要好，市场会对该股票充满信心，有利于稳定公司股价，树立良好的市场形象。但是，这种只升不降的股利政策会给公司的财务运作带来压力。尤其是在公司出现短暂的困难时，如派发的股利金额大于公司实现的盈利，必将侵蚀公司的留存收益或资本，影响公司的发展和正常经营。成熟的、盈利比较好的公司通常采用该政策。公司在制定股利政策时，要考虑许多因素，如法律限制条件、宏观经济环境、投资机会、偿债能力、变现能力、资本成本、投资者结构或股东对股利分配的态度等，从保护股东、公司本身和债权人的利益出发，才能使公司的收益分配合理化。由于这些因素不可能完全用定量方法来测定，因此决定股利政策主要依靠定性判断。管理当局在制定股利政策时，通常是在综合考虑了上述各种影响因素的基础上，对各种不同的股利政策进行比较，最终选择符合本公司特点与需要的股利政策。进一步分析，在投资既定的条件下，公司股利政策的选择，实际上是公司筹资政策的选择，即股利政策可以看做筹资的一个组成部分。如果公司已确定了投资方案和目标资本结构，这意味着公司资本需要量和负债比率是确定的，这时公司或者改变现存的股利政策，或者增发新股；如果公司的目标资本结构和股利政策已定，那么，在进行投资决策时，或者减少资本支出，或者从外部筹措资本。传统的股利分配往往以企业的利润为主要参考指标，忽略了会计利润本身所存在的弊端。在这种分配方式下，即便股东分到了股利，但这部分股利可能包含其所投入资金的成本，是其应得的，并不能真正反映公司的管理者利用股东的资金是否进行了或进行了多少新的价值创造。这种分配方法对股东来说是不公平的，他们往往不能明确把握自己的投入获得了多少超额回报。因此，基于会计利润的股利分配决策是不明智、不科学的。

2. 基于 EVA 的股利分配决策

基于 EVA 的股利分配决策的基本思想是：进行股利分配时，以企业当年 EVA 为主要参考指标，综合考虑其他相关影响因素。如果以后年度公司有比较理想的投资项目（EVA 大于零），公司可以考虑采取低股利支付率的股利政策，多使用内部资金，尽量降低减少筹资成本和资本成本，增加公司的 EVA（当然也要考虑到公司的资本结构）；相反如果缺乏较有把握的投资机会时，公司则可以采取剩余股利政策。这样，把公司的股利分配政策与 EVA 指标紧密地联系在一起，可以有效地避免传统股利分配政策的弊端，真正以企业价值增值为基础进行收益分配，使股东更加明确的掌握企业的价值增值情况。公司的管理者应审时度势，在股利相关论的前提下，综合考虑各种相关因素，制定合理的股利政策。以提高 EVA 为目标，股利分配决策应兼顾股东对本期收益的期望和企业的可持续性发展的需要，使公司拥有充足的资金投向优质的项目（EVA 大于零），降低资金成本，努力实现股票价格的最大化即企业价值的最大化，进一步提高 EVA 和企业价值。

第十二章

基于 EVA 的资金管理

第一节　资金管理的基本理论与方法

一、资金管理基本理论

（一）资金管理概述

1. 资金管理定义

资金是企业开展经济活动的基本要素，也是企业生存和发展的基础。资金贯穿于生产经营全过程，加强资金管理是企业保障资金畅通、预防企业资金危机发生、完善企业财务管理的必然要求。现代企业应该以资金管理为基础来开展企业财务管理，从而实现企业价值最大化。

资金管理就是对企业的资金流、资金调度、资金结算和资金运作等进行系统化管理。资金管理是企业财务管理的核心内容。所谓的财务管理，就是在使用资金及获得资金方面，尽可能达到最优化。

2. 资金管理策略

为解决提升资金管理水平，提高资金利用效率，中央企业应对资金实行集中管理，从而强化对资金的监控，节约成本，减少资金的占用，提高融资能力，同时要健全资金管理制度，完善资金预算管理体制，实现资金管理的信息化。

（1）强化资金集中管理

中央企业应通过集团财务公司或资金管理中心来实施资金集中管理，搭建集资金监控、结算服务、内部融资管理、资金调度管理、资金计划等为一体的资金管理系统，实现对集团成员企业资金的实时监控、调度，增强融资能力、降低财务费用。同时可通过利率弹性、信用额度等手段来监控和促进所属各单位的经营。

集团内所有成员单位在商业银行开设的全部账户都要纳入公司资金管理中心的管理范围之内，采用收支两条线的管理模式，集团公司可以通过财务公司或资金管理中心实时监控其资金的使用情况，可以利用集中的沉淀资金在集团内部调剂使用（即内部融资）。在实现上述资金集中管理的基础上，实现对结算、预算的统一管理，进一步加强资金风险管控，从而在集团实现资金事前控制、资金有序使用，融资统一管控。

（2）健全资金管理制度

中央企业应制度一套适合集团各业务类型、切实可行的资金管理制度，来统一规范各成员企业的资金管理。主要内容包括：资金管理基础工作规范、资金预算管理制度、资金结算管理制度、筹集资金管理制度、投资资金管理制度、流动资金管理制度和资金信息化管理制度等。

（3）完善资金预算管理

资金预算应该贯穿于资金管理的全过程，这有利于集团公司完成全方位的资金管理，进而提高整个集团资金使用的效率和效益，实现企业价值最大化目标。企业应每个月或每个季度对资金预算实际执行情况进行分析，对明显差异进行分析并制定相应的改进措施。

（4）资金管理信息化

资金管理信息化能实现资金的动态管理，实时控制，能够使集团的资金管理规范和高效运行。集团总部通过网络技术和资金管理软件，建立资金信息化管理系统，对集团的资金管理采取统一规划、统一筹措、统一调度、统一结算、统一考核的管理方法，对从资金筹措、投放和调配到资金收益产生的全过程进行控制，以提高集团公司资金的调控能力和使用效益。资金管理信息系统建设可采取"一点建设、全集团使用"的建设模式，即资金管理信息系统的所有建设工作全部由集团总部来顶层设计，集团下属成员单位均可以直接登录信息系统进行相应的操作，从而提高集团资金的整体使用效益，使资金创造最大价值，为集团可持续发展提供资金保证和财务支持。

（二）持有现金的动机

总括的来讲，企业持有货币资金的原因是为了满足交易性需要、预防性需要和投机性需要。

1. 交易动机

交易动机是指出于满足企业日常交易目的而持有的货币资金，如支付职工工资、购买原材料、缴纳税款、支付股利和偿还到期债务等。企业每天的货币资金流入与流出都有一定的差额。企业不能没有货币资金，就像机器不能没润滑油一样。一般来讲，满足交易活动持有货币资金的数量取决于企业的生产经营规模，规模越大的企业，交易活动需要货币资金就越多。

2. 预防动机

预防动机是指出于应付意外事件的目的而持有货币资金，如为了应付自然灾害、生产事故、意外发生财务困难等原因而持有的货币资金，预防性货币资金持有量的多少取决于企业对货币资金流量的可靠程度、企业承担风险的意愿程度和发生突发事件时的临时筹资能力。一般来讲，企业对货币资金流量的预防性越高，企业承担风险的意愿和临时筹资能力越强，预防性货币资金的需要量越少。

3. 投机动机

投机动机是指出于投机获利的目的而持有货币资金，如在证券市场价格剧烈波动时，进行证券投机所需要的货币资金、为了能随时购买偶然出现的廉价原材料或资产而准备的货币资金等。投机是为了获利，正如高风险高收益原理一样，也要承担更大的风险，所以企业应在正常的交易活动所需的货币资金的量上追加一定数量的投机性货币资金余额。

（二）货币资金的成本

持有货币现金是有成本的，在满足企业正常运营的前提下，现金持有综合成本最小化时的持有量是最优的现金持有量。最优现金持有量模型考虑的现金持有成本包括如下项目：

1. 货币资金的机会成本：指因持有货币资金而丧失的投资收益。通常可以用有价证券的利息率来衡量货币资金的机会成本。

2. 货币资金的管理成本：指企业因持有一定数量的货币资金而发生的管理费用。如出纳人员的工资，保证货币资金安全而发生的费用，货币资金管理成本在一定的货币资金余额范围内与货币资金的持有量关系不大。

3. 货币资金的短缺成本：指企业在发生货币资金短缺时所造成的损失，如因不能及时偿还贷款所支付的罚息，不能缴纳税金所支付的滞纳金。货币资金的短缺成本与货币资金持有量成反比，货币资金持有量越大，短缺成本就越小。若企业不允许企业发生货币资金短缺，则不会发生短缺成本。

（三）现金管理的目标

货币资金管理的目标就是在保证生产经营活动所需货币资金的同时，减少货币资金持有量，而将闲置的货币资金用于投资以获取一定的收益。要求既要满足日常货币资金的正常需求，又能充分利用闲置货币资金，增加企业的收益。就是要求在降低企业风险与增加收益之间寻求一个平衡点，确定最佳货币资金持有量。

（四）最佳货币资金持有量的分析模型

成本分析模式是最佳货币资金持有量的主要分析模型，根据现金有关成本分析预测其总成本最低时现金持有量的一种方法。

$$最佳现金持有量 = Min(管理成本 + 机会成本 + 短缺成本)$$

其中，管理成本属于固定成本，机会成本是正相关成本，短缺成本是负相关成本。因此，成本分析模式是要找到机会成本、管理成本和短缺成本所组成的总成本曲线中最低点所对应的现金持有量，把它作为最佳现金持有量（见图 12 - 1）。

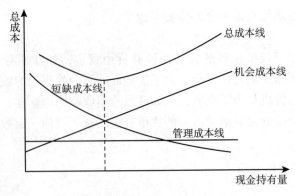

图 12 - 1　成本分析模式

在实际工作中运用成本分析模式确定最佳现金持有量的具体步骤为：

1. 根据不同现金持有量测算并确定有关成本数值；
2. 按照不同现金持有量及其有关成本资料编制最佳现金持有量测算表；
3. 在测算表中找出总成本最低时的现金持有量，即最佳现金持有量。

由成本分析模型可知，如果减少现金持有量，则增加短缺成本；如果增加现金持有量，则增加机会成本。改进上述关系的一种方法是：当拥有多余现金时，将现金转换为有价证券；当现金不足时，将有价证券转换成现金。但现金和有价证券之间的转换，也需要成本，即转换成本。转换成本是指企业用现金购入有价证券以及用有价证券换取现金时付出的交易费用，即现金同有价证券之间相互转换的成本，如买卖佣金、手续费、证券过户税、印花税、实物交割费等。转换成本可以分为两类：一是与委托金额相关的费用。二是与委托金额无关，只与转换次数有关的费用，如委托手续费、过户费等。证券转换成本与现金持有量即有价证券变现额的多少，必然对有价证券的变现次数产生影响，即现金持有量越少，进行证券变现的次数越多，相应的转换成本就越大。因此，在日常现金管理中需要通过控制最佳现金持有量来谋求最低总现金成本，从而减少资本成本，提高 EVA。当然，企业实际经营过程中情况错综复杂，有时需要通过经验判断最佳现金持有量。

二、资金集中管理

（一）资金集约化管理的优势分析

经济全球化、产业细分和通信技术的发展，将企业传统的封闭式发展模式打破，企业面临着由生产管理型向资本管理型的转变，企业的盈利重点也由降低成本、挖掘潜力向加速资本流动、高效配置资源转变。中央企业要想将规模优势转化为效益优势，必须加强资金集约化管理，降低资金成本，提高资金使用效率。中央企业资金集约化管理的优势如下：

1. 降低资金成本

（1）平衡资金，降低融资成本。资金集中管理通过集团内部资金融通，盘活了闲置资金，降低了集团平时保持的总现金资产，在同等投资和生产规模情况下，对银行的资金需求减少了，从而降低了因对外借款而支付的利息。

（2）统一计息，增加利息收入。目前银行对各成员公司单独开设的银行账户上的存款是以活期存款利率计息，而通过资金集中管理统一经营集团内部存款业务，有可能争取到以高于活期存款利率的优惠利率计息，以低于银行贷款的利率为集团提供贷款，这样对集团来说会形成一笔可观的收入。

（3）降低内部结算手续费。目前集团内成员公司之间的结算视同独立公司之间的往来，需要支付手续费用，通过资金集中管理将成员公司之间的结算转变为内部银行往来，提高财务工作效率，降低资金成本。

（4）集团统一授信，获得优惠的融资成本。通过资金集中管理，集团扩大信用功能，集团可以较容易地从银行获得融资，并且获得优惠的贷款利率。

2. 控制资金风险

资金集中管理是内部控制制度的一项重要内容，由于资金内控制度的不完善导致成员公司产生经营风险，甚至可能导致个别经营者面临法律风险，这是集团公司作为国有资产授权经营主体所不愿意看到的。因此，建立资金集中管理制度控制资金风险是对国有资产的高度负责，也是对集团内成员的负责。资金集中管理通过对资金监督的实时性和即时性，从源头对资金进行控制，是保障资金安全的重要手段。

3. 集中资源优势

在现代集团公司的经营战略中，通过兼并收购等一系列资本运作，实现集团公司的超常规发展是普遍方式。单独的企业在市场竞争中独善其身，小富即安的思想是缺少发展的眼光，只有集团的强大才能带动成员企业的整体发展。资金集中管理集中了资金优势，壮大了企业实力，为企业的可持续发展提供了保障。

4. 及时提供管理层信息，提高决策效率

公司现金流的管理是经营的重要信息，也是管理层决策的重要参考依据；通过资金集中管理，采用先进的计算机网络，集团公司管理者能够随时了解关于集团当日现金总收入、现金总支出、现金总结存、可动用的现金额度，即时了解各成员公司现金的流向、现金支付的内容等，并且对重要的资金支付履行审批职责，实现管理职能的及时性，提高经营决策效率，保障资金安全。

（二）资金集中管理的主要模式

1. 统收统支模式

统收统支模式是指企业的一切现金收付活动都集中在总部或母公司的财务部门，各分、子公司或者不单独设立账户，一切现金支出都通过财务部门付出，现金收支的批准权高度集中在中央企业总部或者总部授权代表手中；或者虽设置独立账户，但通过实行"收支两条线"及现金合并、账户集中等手段，将现金收付活动的控制权收归总部或母公司所有。信息化水平较低的企业一般采取前一种模式，而信息化应用水平较高的企业则采取后一种模式。用友、金蝶等软件集团所开发的 ERP 软件都有这种统收统支模式的支持软件。

统收统支模式的优点：在该模式下，中央企业总部或者总部授权代表高度集中资金管理权限，所以总部能掌握资金的收支平衡，全面了解和控制企业的经营状况及企业资金的运作情况，提高资金的周转效率，减少企业资金沉淀，控制企业资金流出，提高决策的效率。

统收统支模式的缺点

（1）由于权利的高度集中，不利于调动下属公司和分支机构各层次开源节流的积极性，降低下属公司和分支机构的应变能力，降低中央企业总部整体经营活动效率和财务的灵活性。

（2）在完全的统收统支方式下，资金的收付转账都需要委托总部结算中心进行，结算中心因此聚集了大量的工作，形成支付瓶颈，尽管通过使用计算机系统会在一定程度上提高工作效率，但事物的本质没有变化。

（3）在许多实际情况下，下属的具有独立法人资格的成员单位必须对外保持独立的形象。如对外支付增值税时就必须填写自己在税务申报登记时所填写的自己的独立账号。

（4）所有经营活动都通过一个集中账户来进行，对资金主账户也增大了许多连带风险。

2. 拨付备用金模式

拨付备用金模式是指中央企业总部按一定期限拨给成员企业一定金额的现金，备其使用。在这种情况下，成员企业的所有现金收入必须集中到总部财务部门，发生的现金支出必须持有关凭证到总部的财务部门报销以补足备用金。成员企业在总部规定的现金支出范围和支出标准内，可以对拨付的备用金的使用行使决策权。

与统收统支方式比较，其特点是：

（1）各分支机构或子公司有了一定的现金经营权。

（2）各分支机构或子公司在集团规定的现金支出范围和支出标准之内，可以对拨付的备用金的使用行使决策权。但是中央企业总部所属各分支机构或子公司仍不独立设置财务部门，其支出的报销仍要通过总部财务部门的审核，现金收入必须集中到总部财务部门，超范围和超标准的开发必须经过经营者或其授权的代表批准。

已注册为分公司或子公司并单独设置财务部门的跨地区分、子公司，不适宜这种模式。

3. 结算中心模式

在中央企业总部财务部门设立结算中心，办理内部各成员或分、子公司现金收付和往来结算业务，如集中管理各成员或分公司的现金收入、统一拨付各成员或分公司因业务需要所需的货币资金、统一对外筹资、办理各分公司之间的往来结算等。

在 20 世纪 90 年代中期，结算中心模式曾经红火过一阵。但是近两三年来，结算中心却已日趋沉寂，目前尚在有效运作的结算中心已经不多，有的流于形式，有的名存实亡，有的甚至已经被取消了。财务结算中心日益萎缩的主要原因如下：

首先，对国家有关政策法规存在片面认识，对结算中心的法律地位认识不清、定位不准是阻碍结算中心健康发展的最重要原因。长期以来，有一种广为流传的说法是结算中心及其所开展的资金信贷业务违反国家金融法规，是非法的。因此，很多企业集团即使有需要也不敢成立结算中心，有些已经成立的结算中心也不敢大张旗鼓地开展业务。

其次，国家宏观经济形势和金融政策的变化弱化了结算中心存在的必要性。

最后，成员单位普遍不欢迎结算中心。一方面，结算中心的存在使成员单位的银行结算多了一道环节，因而降低了结算效率；另一方面，有了结算中心，多了一层监督，成员单位因而对结算中心普遍持不欢迎态度。

4. 财务公司模式

财务公司是指依据《公司法》和《企业集团财务公司管理办法》设立的，为企业集团成员单位技术改造、新产品开发及产品销售提供金融服务，以中长期金融业务为主的非银行机构。1987 年批准成立了我国第一家企业集团财务公司，即东风汽车工业集团财务公司。截至 2011 年末，全国能源电力、航天航空、石油化工、钢铁冶金、机械制造等关系国计民生的基础产业和各个重要领域的大型企业集团几乎都拥有了自己的财务公司，财务公司的数量上百家，资产总额达到 2 万亿元左右。

三、财务公司与资金集中管理

（一）财务公司在中央企业资金管理中的作用

银监会 2006 年修订的《企业集团财务公司管理办法》中对财务公司的定位是：以加强企业集团资金集中管理和提高企业集团资金使用效率为目的，为企业集团成员单位提供财务管理服务的非金融机构。财务公司对中央企业资金管理的意义如下：

1. 在资金管理和使用上，财务公司促使中央企业资金管理从粗放型向集约型转变。财务公司成立前，集团公司成员企业之间不直接发生信贷关系，经常会出现一些企业资金十分紧张，而另一些企业资金闲置的状况。财务公司成立后，成员企业成为了财务公司的股东，在一定程度上集中了各成员企业的资本来进行一体化经营，同时财务公司可以运用金融手段将集团公司内部企业的闲散资金集中起来，统筹安排使用，这样能加快集团公司成员企业之间资金结算的速度，避免三角债发生，从而从整体上降低集团公司的财务费用，提高集团公司资金的使用效率，加速集团公司资产一体化经营的进程。

2. 财务公司以资金为纽带，以服务为手段，增强了集团公司的凝聚力。一方面，财务公司将集团公司一些成员企业吸收为自己的股东，用股本金的纽带将大家联结在一起；另一方面，财务公司吸纳的资金又成了集团公司成员企业信贷资金的一个重要来源，从而将集团公司成员企业进一步紧密地联结起来，形成一种相互支持、相互促进、共同发展的局面。

3. 及时解决企业集团急需的资金，保证企业生产经营的正常进行。由于各种原因，企业经常出现因资金紧缺而影响生产经营正常进行的情况，财务公司成立后，它比银行更了解企业的生产特点，能及时为企业提供救急资金，保证生产经营活动的正常进行。

4. 增强了企业集团的融资功能，促进了集团公司的发展壮大。财务公司不仅办理一般的存款、贷款、结算业务，而且根据企业集团的发展战略和生产经营特点，积极开展票据、买方信贷等新业务，为企业扩大销售、减少库存等发挥了很好的作用。

5. 有利于打破现有银行体制资金规模按行政区域分割的局面，促进大集团公司跨地区、跨行业发展。我国的金融机构存在纵向设置、条块分割等问题，资金管理体制是以行政区域为单位进行分级管理的，资金的跨地区流动比较困难。中央企业在地方往往得不到应有的支持，而财务公司可以突破地区的限制，向不与集团公司总部在同一地区的成员企业筹集、融通资金，向资金不能及时到位的项目提供资金支持，以保证生产的正常进行和建设项目的按期开工。

（二）财务公司模式的局限性

1. 财务公司是企业集团的子公司，依托企业集团而发展的，它的经营不可避免会受企业集团经营好坏和其行业周期的影响。

2. 财务公司对企业集团具有强烈的依附性，它的经营业务必须是为企业集团各成员的业务经营及发展提供服务，其经营发展目标与成员企业密切相关。但是财务公司是一个独立经济核算的企业法人，具有企业的一切权力，它有一定的盈利性要求，其股东利益可能会与企业集团利益发生冲突。一味地追求盈利也有可能导致财务公司偏离其基本功能。

3. 由于财务公司是具有独立法人性质的金融机构，因此监管部门对设立财务公司的企业集团要求很高。根据中国银监会在 2006 年修订的《企业集团财务公司管理办法》中的第七条规定，申请设立财务公司的企业集团应当具备下列条件：符合国家的产业政策；申请前一年，母公司的注册资本金不低于 8 亿元人民币；申请前一年，按规定并表核算的成员单位资产总额不低于 50 亿元人民币，净资产率不低于 30%；申请前连续两年，按规定并表核算的成员单位营业收入总额每年不低于 40 亿元人民币，税前利润总额每年不低于 2 亿元人民币。第十条规定，设立财务公司的注册资本金最低为 1 亿元人民币。虽然这一标准已经比 2000 年的版本有较大降低，但是大多数企业集团仍然无法满足这些条件。

4. 对合并纳税的企业集团或享受优惠税率的企业集团而言，由于财务公司是独立法人，须按照金融企业对外纳税，会增加整个集团的税务负担。

5. 根据证交所的规定，上市公司账户不能开立在财务公司内，对于成员企业多为上市公司的企业集团来说，不利于其实行财务公司模式。

第二节 基于EVA的资金管理理论与方法

一、基于EVA的资金管理核心内容

中央企业基于EVA的资金管理基本思路是：加强资金预算管理，将有限的资源优先配置到核心主业、优质资产以及有助于增强长期价值创造能力的项目上，提高资金使用效率。要深化内部资金集中管理，合理分配资金审批权限，提升资金集中度和统一运作水平，加速内部资金融通，消除不必要的资金需求，最大限度避免资金闲置，降低对外融资成本。要紧密围绕生产经营安排，细化各类资金计划，保障业务发展和现金流平稳顺畅。要密切监控资金风险因素变化，提前采取相应的保障性措施，确保资金安全。基于EVA的资金管理核心内容包括：

1. EVA考核提醒管理者，任何资本的使用都是有成本的，避免管理者为了片面追求高的净资产收益率而采取高财务杠杆的经营手段，EVA将促使经营者在负债和利润追求上找到平衡点，从而在一定程度上降低了企业财务风险。

2. 盘活应收账款，继续通过应收账款保理进行融资；充分利用无息负债，建立战略合作供应商联盟，提高应付账款规模。

3. 以合理的融资成本，进一步强化企业的财务实力，优化债务结构，以及延长账期。

4. 开展融资成本对标分析：以同行业最优水平实现融资。

融资成本降低取决于公司稳健增长的业绩、过硬的信用评级和资本市场的表现（发行债券则取决于公司债券收益率和债券价格在债券市场的表现）。

5. 通过加快产品和应收账款周转率的方式改善公司资金流。

6. 高度重视资金预算管理，细化资金预算安排，统筹规划生产经营预投融资活动的资金供求，谋求资金动态平衡。

7. 强化对公司重点客户财务状况和支付能力的及时评估，加强应收账款的预算管控，落实清理催收责任。

二、基于EVA的现金管理

通过EVA考核，要求企业必须重视资金的合理占用，加强资金流入流出的管理，提高资金的使用效率。

在EVA考核下，现金机会成本率是企业占用资本的加权平均资本率。当持有现金给企业带来的收益率超过企业占用资本的加权平均资本率时，持有现金给企业带来的EVA大于零，此时应采取恰当的融资方式筹集资金，增加现金的持有量；当持有现金给企业带来的收益率等于企业占用资本的加权平均资本率时，持有现金给企业带来的EVA等于零，此时的现金持有量是企业最佳现金持有量；当持有现金给企业带来的收益率小于企业占用资本的加权平均资本率时，持有现金给企业带来的EVA小于零，应将多余资金偿还债务或者分配股利，减少现金的持有量。

三、基于EVA现金计划管理

资金预算管理活动将预算管理的基本方法、原则应用于资金管理过程，对提高资金的利用效率具有重要意义。通过EVA理念可有效提高企业资金利用效率。

一是应用EVA综合指标。企业原采用的预算指标体系由盈利能力指标、费用控制指标、资产运营效率指标和现金流指标组成，主要包括收入、利润、现金流、资金周转率等绝对值指标和相对值指标。根据以往经验判断，业务单元（包括业务部门、分公司）比较关注收入和利润指标，而忽视了对资金周转率和现金流指标的关注，从而制约了企业的资产周转速度，资产可供运用的机会减少，资金使用效率降低。对此，企业应将EVA指标作为一个综合指标，来对企业各业务单元进行考核；将盈利能力和业务往来款管理纳入一个指标来考核；将营业收入和可控费用（差旅费、招待费、其他直接费用）偏离度作为辅助指标来考核。从而实现用一个综合指标替代多指标，由关注经营规模向重视经营质量转变，提高资金使用效率。

二是应用EVA预算表。EVA计算表是经济意义上的企业损益表，列示了如何将企业的会计账面利润经过一系列的调整转化为经济账面利润的过程。企业在确定预测EVA后，往下逐级分解，然后计算得出EVA与目标EVA，两者数值相差较小时，报预算管理委员会审核，审核通过可将计算所得EVA作为当年预算EVA；相差较大时或者审核不通过时，要继续调整EVA的分析项目，主要包括销售收入成本和费用等，直至达到预算目标EVA的水平，从而促进企业资金的合理利用。

四、基于EVA的资金集中管理

（一）基于EVA的资金集中管理的必要性分析

在EVA机制下，占用资金会增加占用资本，在其他条件一定情况下增加资本成本。通过有效的资金集中管理系统，中央企业能及时了解下属子公司的资金状况并集中使用，通过相互调剂余缺加快资金周转、减少资金占用、降低资金使用成本，增加EVA。

从企业的财务管理角度看，中央企业是通过资金整合在一起的，资金是企业的纽带，因此资金是中央企业总部管理的至关重要的资源。资金就像是企业的血液，能保证资金在企业内部高效的运转，让血液顺畅的流淌，是中央企业密切关注的问题。

资金集中管理，是现代化企业集团的资金管理一种方式，其含义是将整个集团的资金集中到总部，由集团总部统一调配、统一管理和统一运用。其内容主要是资金集中结算、统一支付、考核资金利用效果、投融资管理等，其中资金集中是基础，其他各方面运作均建立在此基础之上。通过资金集中管理，可以发挥集团公司整体资源优势，提高资金使用效率，降低企业集团财务风险。

资金管理属于财务管理的一部分，也是为中央企业的发展战略服务。资金集中管理，就是在综合考察企业管理环境后，根据各项资金活动与战略目标的相关性和重要性，对资金在中央企业内部各单位之间进行合理的分配。资金集中管理，并不是"集权"管理，在实际进行资金管理时，需要根据本企业的各项情况在集权与分权多种管控模式中进行选择。

中央企业内部资金余缺不平衡，对子公司资金运用状况的监控等困境依然存在，这就影响了资金利用效率，中央企业总部财务管理水平，对中央企业整体竞争力造成影响。

由于母公司向子公司投入资产，但是由于不亲自参与企业实际经营，造成信息不对称，且日常经营中"现金为王"，所以对资金实现集中控制也是中央企业对子公司实现出资人财务管控的关键监控点。通过对比国内外大型集团资金管理经验，可以看出实现资金集中管理，是提高集团财务管理水平的重要措施，实现资金管理的集中化、精细化管理可以加强集团总部对下属子公司资金流量、存量检测以及资金影响的经营管控，也是实现集团化发展、加强集团财务管控的有效手段。

（二）基于 EVA 的资金集中模式选择

在资金规模几百亿的中央企业，要想实现实时、动态的资金管理，如果不借助互联网和信息技术，几乎不可能做到。正因为如此，资金集中管理系统已经在部分中央企业如中电投、东风汽车、中铁股份等得到了应用，每年节约的财务费用上千万乃至亿元以上。业内人士认为，随着 EVA 考核制度的颁布实施，资金集中管理系统有望很快在中央企业范围内得到普及。

在欧美国家发达国家，资金集中管理模式已经被国际跨国企业集团广泛应用，经过多年的实践，资金集中管理模式已经发展得相当成熟，世界 500 强的公司，大多都采用了资金集中管理模式，GE、西门子、IBM 和 TNT 等知名跨国公司都建立有资金结算中心或财务公司，对集团内部资金集中管理，这种模式对于企业集团竞争力的提高，特别是对控制公司财务、防范财务风险的重要作用已经被理论和实践证明。

企业集团在选择资金集中管理模式时，主要是在集权与分权模式之间进行取舍。影响企业资金管理模式选择的因素主要有以下几点：一是企业的发展阶段；二是企业的组织结构；三是企业与下属公司的权属关系。

根据中央企业现行的管理模式组织结构复杂，产权结构较为复杂，因此建议选择财务公司模式。目前中央企业都已组建了资金结算中心或财务公司。

五、基于 EVA 的财务公司的资金管理模式

目前我国企业集团实行的资金管理模式主要有结算中心模式和财务公司模式，财务

公司模式对 EVA 的提升具有明显的优势。

第一，财务公司是独立的法人金融机构。财务公司是经银监会批准的非银行金融机构，是独立的法人金融机构，通过运营集团资金，为集团提供充足的流动性。财务公司是集团的子公司之一，与集团其他成员单位是一种平等的关系，有完整的法人治理机制，有独立的资金使用权，内部干预较少。

第二，财务公司管理规范。财务公司的设立必须满足《企业集团财务公司管理办法》中的各项要求，因其接受银监会与集团的双重管理与监督，所以财务公司的内部管理相对结算中心和内部银行来说更加规范，能够更加有效的防范金融风险。

第三，财务公司的业务种类多。财务公司是企业集团的非银行金融机构，在享有金融机构权利的同时承担着为整个集团提供资金供应、融通的职责，承担着金融机构的责任。财务公司相对于结算中心可以利用其金融机构的身份通过同业拆借、发行金融债等手段为集团拓展融资渠道，通过为成员单位办理融资租赁、买方信贷来解决成员单位产品购销的问题，通过为成员单位提供担保、办理财务和融资顾问、信用鉴证及相关咨询提供全方位的金融服务。

第三节　基于 EVA 的资金管理难点与建议

一、中央企业资金管理的现状及存在的问题

2012 年 5 月，国资委在《关于加强中央企业资金管理有关事项的补充通知》指出："资金集中管理是现代企业集团普遍采用的管理方式，对于提高资源配置效率、防范经营风险具有重要意义。近年来，各中央企业借鉴大型跨国公司资金集中管理经验，利用财务公司、资金结算中心等平台，积极探索集团内部资金集中管理的有效方式，资金集中度逐年提高，资金保障能力明显增强。但部分企业资金集中工作进展缓慢，一些子企业尚未纳入资金集中管理体系，'存贷双高'问题依然突出。"

与发达国家企业相比，中央企业在资金管理方法、控制手段等方面都存在明显的差距，在产权制度不清晰、公司治理结构不完善、总会计师制度缺陷等因素影响下，资金集中管理成为公司治理过程中的一个难题，这也制约了中央企业迈向国际的进程。

中央企业资金管理存在的问题如下：（1）资金管理手段落后，无法满足企业发展的现状。（2）通过行政手段的管理无法对整个企业资金流做出有效监控。（3）资金流向失衡，中央企业无法统筹安排，资金体外循环严重，无法掌握资金动向和信息。（4）各成员企业之间由于经营状况的不同，资金状况好的企业出现大量闲散资金沉淀，资金使用效益较低，而经营效益差的企业又无法获得足够资金进行发展，只有通过大量举债或银行融资来满足资金需求，融资成本较大。部分中央企业还存在着高存款、高贷款、高财务成本的"三高"情况。（5）资金的预算管理薄弱，资金管控能力

较低，对资金的收支使用和资金的流向无法准确预计和监管，导致资金的无序化管理。（6）资金管理体系不健全，资金管理制度不完善，各项资金管理流程不规范等方面的诸多弊端，多数中央企业没有建立统一的资金管理信息系统来掌控资金信息，无法为企业经营决策者提供及时、准确、全面的资金信息，对资金的管理和监控手段缺乏，造成资金管理的真空，无形之中加大企业管理的管理成本和财务费用。

二、中央企业实施基于EVA资金管理的难点分析

中央企业实施基于EVA资金集中管理面临以下难点：

（一）存在法律和税收方面的风险

目前，很多中央企业为加强资金的集约化管理，财务公司模式沿用至今，各个成员企业在财务公司开户，或成员企业资金全额上收到财务公司，由财务公司统一调配，这样成员企业与财务公司形成了一个从属的资金关系，被动地接受财务公司的资金调配和安排。成员企业在财务公司账户上开户，而财务公司在银行开户，当某一企业发生经济纠纷时，法院根据企业的现状只能冻结和查封总部银行账户，导致其他所有在总部开户的成员企业都承担连带法律责任。另外，由于各成员企业名称挂在财务公司名称之后，则存在所收款或开具的增值税发票所列企业名称与其收款的企业名称不一致的情况，从而导致进项税额与销项税额不能抵扣的风险。

证监会对上市公司与关联企业资金往来有专门规定，《公司法》对子公司单独核算也有一些相关的专门规定。倘若中央企业内有上市公司，则中央企业在资金统一调度和控制时又多了一层制度障碍。对此有的中央企业干脆不把上市公司纳入财务公司进行管理，有的则将财务公司业务分拆为上市和非上市两个部分，彼此独立运作，然而这两种做法都会导致中央企业资金管理存在一定的真空。事前没有必要的控制或控制不严，事后审计监督只是走过程，缺乏可行的考核办法，会造成企业的资金流向不清楚，与控制脱节，小金库、体外循环现象严重。例如有的中央企业对分、子公司的投融资情况、资金收支、利润等重大决策信息掌握不全，投资决策随意性大。

（二）成员单位积极性受到一定影响

在实践中，各成员单位同意中央企业总部对其实行资金集中统一管理，但这一做法并没有政策支持。同时，由于财务公司和成员单位存在一定的行政隶属关系，因此通过财务公司进行资金集中管理不完全是一种等价交换的市场竞争关系，而是带有一定的行政强制色彩，这在一定程度影响了成员单位资金运营的积极性，不利于树立企业的金融观念。同时，由于资金集中上划后，成员企业在银行账户上的资金余额较少，资金使用需事前申请，也影响了银企间合作和子公司的工作效率，挫伤了工作积极性。

（三）风险相对集中的问题

资金集中管理模式的实施在一定程度上减弱了子公司监管资金的主动性和自觉性，

使得管理风险随着管理权力的集中而增加，这对中央企业公司治理结构、内控体系、人员素质等方面提出了更高要求。随着市场化改革不断深入，中央企业的组织和产权结构也会日益复杂，各成员企业多元化的特征也日益显现，如何适应不同类型的子公司也是财务公司需要解决的重要问题。此外，如何保证财务公司管理人员的专业素质和水准，确保管理的专业化和规范化，避免因操作不当或违规操作造成损失，也是当前不容忽视的问题。

三、实施基于 EVA 资金管理的相关建议

资金管理困境势必增加运营风险和减少 EVA，随着国企改革稳步驶入"深水区"，加强资金管理，提高风险管控能力势在必行。

第一，中央企业加强资金集中管理的组织领导，主要负责人要高度重视并加快推进集团内部资金集中管理工作；第二，要不断扩大资金集中管理的范围和规模，将所属各级子企业的资金通过信息化系统全部纳入预算管理，并进行考核和奖惩；第三，要依据《中华人民共和国公司法》及相关规定，积极探索并推动所属控股企业及境外子企业资金规范纳入集团内部资金集中管理体系；第四，要加强对子企业资金的在线实时监控，对大额资金支出流向及时跟踪审核；第五，财务公司等集团管理平台要根据市场化原则提供安全、便捷、高效、专业的金融服务；第六，集团各企业要积极配合并大力支持集团内部资金集中管理工作，按照相关规定和公司治理规则要求履行必要的决策程序，做好相关信息披露，不得人为设置障碍。

在 EVA 考核导向下，企业资金管理可从以下几个方面进行完善和提升。

（一）树立资金管理的价值最大化目标

企业在实施以 EVA 为导向的业绩考核后，资金管理的目标就需要由"利润最大化"转向"价值最大化"。企业在 EVA 导向下应从以下几个方面加强资金管理：

1. 在资金投入方面，资金应投资于预期回报率超出资本成本率的项目。

2. 在资金占用及使用方面，重点改善应收账款和存货对企业资金的占用，提高应收款项的周转率，减少资金占用；关注无息流动负债，增加对无息流动负债的使用，尽量利用集团外部的非银行的各种结算资金；提倡改变租赁方式，减少融资的成本；企业必须拓宽资金的来源渠道和降低融资成本，加速资金流转。

3. 在资金结构方面，追求最优的资本结构，降低资本成本率，以最低的资本成本来筹集企业发展所需资金，并尽可能在保持资本结构不变的前提下提高税后经营利润。

4. 在资金规模方面，合理控制资本支出规模，改变过去各子公司多拿多占现象，积极处置闲置资产回笼资金。

（二）强化 EVA 考核提升资金管理水平

以利润为核心的传统业绩评价体系往往一味地强调和激励企业管理者追求市场份

额、销售收入和利润等经营目标，从而造成了企业经常出现销售收入见涨而现金回笼效果差的后果。在以 EVA 为核心导向的业绩评价下，企业管理者不仅要关注销售收入、利润指标，更要关注应收账款周转率、存货周转率等资金周转率指标的管理。

无论是债务性资本还是权益性资本使用都是有成本的，有一个合理的资本结构对提高企业资产周转率非常重要。因此，企业主要是应通过财务杠杆的有效使用，扩大融资的途径，降低付息债务的利息率，从而提高 EVA 回报率。

（三）应用 EVA 理念优化企业资金投放

企业在取得经营所需的资金以后，就要运用科学的理论、方法和手段，通过一定的程序进行资金投放。在进行资金投放时，企业能否选择有利可图的投资机会，直接影响着资金的效益水平。只有在 EVA 大于等于零时，企业才可以做出相应的资金投放决策，从而使得投放的资金至少应该获得与其资本成本相对等的收益，只有这样，才能优化企业资金的投放，提高企业资金使用效率。

第十三章

基于 EVA 的全面预算管理

第一节　全面预算管理的基本理论与方法

安达信公司"全球最佳实务数据库"（Global Best Practice）对预算这样表述："预算是一种系统的方法，用来分配企业的财务、实物及人力等资源，以实现企业既定的战略目标。企业可以通过预算来监控战略目标的事实进度，有利于控制开支，并预测企业的现金流量与利润。"这也是目前大多数企业和学者予以肯定的概念。

一、全面预算管理的特征与作用

（一）全面预算管理的特征

1. 战略性

全面预算管理从实质上讲是对企业将来的一种管理，这就意味着它必须具有战略性，通过规划企业将来一段时间如何发展来指导其经营实践，对企业战略起着方向性的、极其重要的支持作用。科学的全面预算管理方案是企业整体在未来一段时间内的"作战"方案，它涵盖着企业核心经营思想和战略目标，同时是对未来一定时期的经营思想、经营目标、管理决策的财务数量的说明和对经济责任约束的依据。

2. 全面性

全面预算管理的预算体系是一个包括企业经营预算、投资预算、筹资预算和财务预算等一系列的预算组成的相互衔接和勾稽的综合预算体系。同时，它对企业所有经济活动和资金运动均具有全面控制力。全面预算管理设计企业的一切经济活动以及企业的人、财、物各个方面，供、产、销各个环节。具有"全面、全额、全员、全过程"的特征，是一项综合性的系统工程。

3. 机制性

预算本身是个机制化的过程，具有鲜明的程序性，需要立项、编制、审批、执行、监督、考评等。通过实施全面预算管理，企业可以明确内部各层级、各部门的责权利区间，各职能机构及责任部门的权利、责任得以具体化。全面预算设立的目的是为了降低预算风险从预算本身的管理角度看，它是自我约束、自我管理的一种机制。

（二）全面预算的作用

1. 规划功能

全面预算管理的规划功能主要是指制定企业长、中、短期目标及各种经营政策，预测企业未来，合理安排资源，促使资源的有效利用。企业的目标和资源状况是不平衡的：企业目标可以是多重的，但企业能够利用的资源却是很有限的。企业要解决的难题就是如何把有限的资源来尽可能多的完成企业的各项目标。而全面预算管理的规划功能可以指导企业在既定有限资源的限制条件下如何进行选择，如何在各种选择方案中，选择最有利的能完成企业多目标决策的可付诸实施的方案。

2. 控制功能

在企业生产经营的全过程中全面预算管理的控制功能始终起着重要作用。预算编制是一种事前控制，通过制定全面预算，可以有效规划企业的经营活动，明确预定期内的工作计划，避免不必要的经营风险和财务风险；预算的执行是一种事中控制，全面预算在执行过程中，通过计量和反馈，上级可以及时掌握夏季预算执行的进度和结果，从而保证企业经营目标的实现；预算的分析与考评是一种事后控制，通过对比分析和考评，预算管理可以揭示实际工作与预算标准直接的差别，分析差异原因并落实责任。

3. 协调功能

全面预算管理通过全员参与预算的编制，来推动管理层、执行层、基层人员的相互沟通，达到共识，这样可以在有效减少预算执行的障碍，同时也使管理层能够得到来自基层员工的反馈信息，了解基层员工的需求与意见，同样通过全面预算管理的协调沟通过程，员工也可以体会管理层对基层员工的期望与态度。

4. 激励功能

全面预算管理的激励职能主要有两方面的含义。首先是整体评价企业的经营业绩：全面预算管理可以通过对全面预算执行结果的评价，检查经营者履行契约的情况并据此实施相应的奖惩；其次是对企业内部各管理部门的评价，同时也包括对各个层次的员工的业绩进行评价，目的就是让员工无一例外地参与预算，使全面预算成为全体员工精心规划的产物，挖掘员工的潜能，调动员工的积极性、主动性和创造性，促进企业战略目标的实现。

5. 考评功能

预算指标是企业数量化、具体化的经营目标，是企业各个部门的工作目标。因此，预算指标不仅是控制企业经营活动的依据，并且是考核、评价企业及其各职能部门、每一名员工工作绩效的最佳标准。

二、全面预算编制

（一）预算编制的原则

1. 全面性原则

全面性包括两层含义：一是从公司层面上看，每个内部单位都要成为内部责任单位，担负起一定的成本或利润责任；二是从单位的层面上分解，要将本单位承担的经济责任落实，分解到每一个内部员工，以形成总体责任目标的全员保障体系。

2. 及时性原则

及时性原则主要包括两方面：一是预算编制要及时，按照企业的有关规定，及时编制、上报和下达预算，以便各责任单位能及早安排经营管理活动；二是预算的调整或修订要及时，以便能及时抓住市场机会，增加企业的经济效益。

3. 实事求是原则

预算目标的确定要具备客观性，即经过努力确实具有完成预算的可能性，这是一条十分重要的原则，与预算的先进性共同形成预算管理的两个方面，相辅相成，有利于调动企业员工的生产经营积极性，有利于实现企业生产经营活动目标。

（二）全面预算编制流程模式及编制逻辑

1. 全面预算编制流程模式

全面预算编制程序是预算编制与年度总体预算目标的对接方式，通常有自下而上式、自上而下式和上下结合式三种方式。他们分别适用不同的企业环境和管理特点，并各具优缺点。

（1）自上而下式。这种模式建立在总部将下属各子公司或分部（包括各级职能部门）视为全面预算管理的被动主体，预算目标完全来自上层管理者，下层只是被动的执行单位，没有独立的决策权。其优点能够防止本位主义泛滥，保证预算目标最大化的实现。但其缺点是基层人员的参与程度低，既可能使预算偏离实际，还可能影响预算的顺畅贯彻执行。这种模式与集权制的管理思想与风格一脉相承，它适用于集权制企业。

（2）自下而上式。这种模式强调预算来自下属预算主体的预测，总部只设定目标，只监督目标的执行结果，而不过多地介入过程的控制。这种模式最大的优点在于能发挥二级单位的积极性，强化其参与意识，并具有管理的认同感。最大的缺点在于难以避免下级预算单位在预算编制上的"宽打窄用"，可能导致严重的本位主义使预算留有较大的余地，从而影响到最优化预算目标的实现。它更多的适用于分权制企业。

（3）上下结合式。它博采上述两式之长，在预算编制过程中，经历了自上而下和自下而上的往复，解决问题的方法只能在预算制定过程中经过几下几上、讨价还价，从而使得预算为各方所接受。事实上，任何可行的预算方案都离不开这一过程，没有这一过程，预算可能是一种由上而下的"决定"，也可能是自下而上的"瞒报"。

2. 全面预算编制的起点

全面预算编制以销售为起点，其他预算的编制都以销售预算为基础。在产品处于买方市场的情况下，产品供过于求，销售决定生产。这时，企业的生产必须贴近市场、适应市场，就必然以销售预算作为预算编制的起点，首先确定产品的销售数量，然后，以销定产，确定企业的生产预算、采购预算、人工预算、费用预算、利润预算、财务状况预算等。

（三）全面预算目标的确定与分解

公司总部预算目标的制定需要考虑公司类型。母公司的类型可以分为控股式的母公司，专门从事对子公司的买入、持有和卖出。另一类母公司，则兼具投资管理，与生产经营只能，这类母公司是经营型母公司。母公司类型不同，预算目标确定结果不同，其确定的复杂程度也不同。

1. 集团公司总部预算目标的确定

对于控股型母公司，由于收益的主要来源是子企业的股权收益分红以及股权转让等以及为子企业提供服务而收取的一些管理费用等，因此，母公司预算目标的确定包括两方面：即母公司股东期望收益率的确定和母公司总部管理费用预算。

对于经营型母公司，除了具有控股型母公司的特点外，本身还有经营活动，因此，其利润目标除了应具有控股型母公司的利润目标外，还应包括母公司因经营活动而取得的利润。

2. 子公司或分部预算目标的分解

虽然企业集团的子企业可以分为控股型成员单位和参股型成员单位两种，但是，由于参股型子企业母公司的影响力较小，所以，在利润目标分解的时候主要是考虑控股型子企业。对于控股型子企业利润目标的分解主要有"资产报酬率法"和"资本报酬率法"。两种方法的基本原理都是将母公司的目标利润除以成员单位的资源总额资产或资本，并用计算出来的比率分别乘以控股子企业实际占用的资源资产或资本，最后计算出控股子企业的目标利润。两种方法的最大区别在于资产报酬率法一般适用于集权管理的母公司，而资本报酬率法一般适用于分权管理的母公司。

（四）全面预算编制的内容体系

在编制的内容方面，一个企业的全面预算应当包括经营预算，财务预算和资本支出预算三大部分。经营预算是指与企业日常业务直接相关的基本生产经营活动的预算，通常是指在销售预测的基础上，首先对企业的产品销售进行预算，然后再以"以销定产"的方法，逐步对生产、材料采购、存货和费用方面进行预算。财务预算是指与企业现金收支、经营成果和财务状况有关的各项预算，包括现金预算、预计利润表及预计资产负债表。财务预算是基于整个企业的所有经营活动，对企业预计所要发生的活动进行财务预测，得出具体的财务数字和财务指标，在整个预算管理中占重要地位。资本支出预算主要涉及长期投资的预算，是指企业不经常发生的、一次性业务的预算，如企业固定资产的购置、扩建、改建、更新等都必须在投资项目可能性研究的基础上编制预算。

（五）全面预算编制方法

1. 常用的预算编制方法

（1）固定预算。固定预算又称为静态预算，是按固定业务量编制的预算，一般按预算期的可实现水平来编制。这是一种较为传统的预算编制方法。固定预算的主要优点是编制较为简便；缺点是实际业务水平与预算业务水平相差较大时，就难以发挥预算应有的作用，难以进行控制、考核、评价等。因此，在市场变化较大或较快的情况下，不宜采用此法。

（2）弹性预算。弹性预算又称变动预算，是一种具伸缩性的预算。在不能准确预测预期业务量的情况下，根据成本形态及业务量、成本和利润之间的依存关系，按预算期内可能发生的业务量编制的一系列预算。和其他预算方法比较有很多优点：它比固定预算运用范围广泛，使预算与实际具有可比基础，使预算控制和差异分析更有意义和说服力。一经编制，只要各项消耗标准和价格等依据不变，便可连续使用，从而可大大减少工作量。当然，运用弹性预算而不运用固定预算的最主要的原因还在于运用弹性预算能够在控制了数量变化后，更好地对某个职能部门或管理人员的经营业绩进行评价。

（3）滚动预算。滚动预算又称永续预算，其基本精神就是它的预算期永远保持一个固定的时间段，如 12 个月连续进行预算编制，每过 1 个月（或一个季度），都要根据新的情况进行调整，在原来预算期末再加 1 个月（或一个季度）的预算，从而使总预算经常保持一个固定的预算期。其实质是动态的不断连续更新调整的弹性预算。其优点是保持预算的完整性、持续性，从动态预算中把握企业的未来。能使各级管理人员始终对未来一个固定时间段的生产经营活动有所考虑和规划，从而有利于生产经营稳定而有序地进行。由于预算不断修整，使预算与实际情况更相适应，有利于充分发挥预算的指导和控制作用。但在实际中，采用滚动预算，必须与之相适应的外部条件，如材料供应时间等。此外，不足之处还有预算的自动延伸工作比较耗时，代价太大。

（4）零基预算。零基预算是指在编制预算时对所有的预算支出均以零为基础，从实际需要和可能出发，逐项审议各种费用开支的必要性、合理性，从而确定预算的一种方法。其优点是可以鼓励各部门改进工作，降低费用。缺点是工作量大，需要各项基础管理工作尤其是基础数据全面精确。

预算编制方法选择必须结合公司管理现状和管理基础及人员素质，实际上没有最好的方法，只有最适合的方法。在具体选用预算编制方法时，没有一种方法是孤立使用，往往是几种方法的有机结合。

三、全面预算执行与控制

（一）全面预算管理执行与控制的总体框架

企业未来保证预算执行部门在预算执行过程中不偏离预算目标，就需要针对预算执行的各个阶段采取一系列控制方法和措施。因此，预算执行与控制是以预算执行的三个级别阶段为主线展开的。

1. 预算执行前

预算执行前的阶段是企业各预算执行部门安排生产经营活动的过程。在这个阶段，预算执行部门需要安排具体的经营活动，预算管理部门则需要对这些具体的经营活动实施事前控制，以确保各预算执行部门从事的各项经营活动都在预算范围之内。

2. 预算执行中

预算执行中的阶段是企业各预算执行部门具体实施生产经营活动的过程。在预算执行过程中，企业管理当局需要对预算执行实施事中控制，以确保各预算执行的结果能够达到预算目标；预算执行部门需要严格按照预算从事生产经营活动，并及时向预算管理部门反馈预算执行情况；预算管理部门则通过审批、核算、分析、反馈、调整、审计等方法实现对预算执行过程的有效控制。

3. 预算执行后

预算执行后阶段是企业各预算执行部门实施的生产经营活动已经接受，预算执行结果已经出现的过程。在这个阶段，预算执行部门需要对预算执行结果进行决算、反馈；预算管理部门需要对预算执行实施事后控制，包括对预算执行结果进行审计、分析、考核、反馈等控制活动，以确定预算执行结果是否达到了预算目标。

（二）全面预算执行监控的责任主体及内容

预算监控包括经营活动、投资活动、现金流量等预算，涵盖了企业经营活动的全过程。预算管理监控的对象主要是预算的执行过程和结果。从某种意义上说，全面预算的执行者涵盖了企业达到各个环节和各个部门，预算的监控具有全面性、全员性、系统性的特征，企业的各个部门既是预算的执行者，又是预算的监控者。在进行预算执行监控时，通常由一个职能部门牵头，其他部门按照职能分工进行监控。构成全面预算管理监控网的牵头部门是企业预算管理办公室或内部审计部门。而其他部门，例如财务部门负责对预算执行过程中的资金流动及会计核算进行监控，生产部门对产品产量、品种结构及综合计划执行的情况进行监控。

（三）全面预算管理的执行与授权

1. 责任中心权限概述

预算管理执行机构是各级预算责任的执行主体，是企业内部具有一定权限，并能承担相应经济责任的内部单位。根据权责范围，责任中心可分为投资中心、利润中心和成本中心三个层次。

（1）投资中心。投资中心是预算责任网络体系的最高层次。投资中心不仅能控制成本和收入，而且能够对投资进行控制，它实质上就是全面预算的执行人。

（2）利润中心。利润中心处于预算责任网络体系的中间层次。它不拥有投资决策权，只需对成本、收入和利润负责。利润中心属于预算责任网络体系中的较高层次，具有较大的自主经营权，同时具有生产和销售的职能。

（3）成本中心。成本中心处于预算责任网络体系的最底层。它不拥有投资决策权和收入权，仅具有一定成本费用控制权，因而只能对其可控的成本费用预算负责。凡是不能形成收入、只对成本或费用负有一定责任的部门甚至个人，比如各职能部门和各具体作业中心，如车间、工段、班组、个人等，均可成为一个成本中心。

2. 预算授权体系建设

授权控制是一种事前控制，一般通过授权文件的形式来规定，授权文件处理授权人持有外，还要下达到公司各预算执行部门。预算授权体系应分为一般授权和特别授权。

一般授权是对常规业务的权利、范围、条件和有关责任做出的规定。其适用于重复性的日常生产经营活动，并且时效性较长。例如企业对各职能部门的职责权限划分就是一般授权。特别授权是对例外的非常规性交易的权利、条件和责任的规定。例如企业的重大筹资、投资活动、资产重组、关联方交易等。特别授权一般只涉及对特定经济业务进行处理的相关人员，其权利一般集中在高管手中。

预算授权体系建设的要点是：第一，企业的各项生产经营活动都应纳入；第二，应该根据经营活动的重要性和金额大小划分权限，以保证企业的不同层级都能有责、有权，且权责对等；第三，应该具体规定每类经济业务的审批程序，避免越权审批、违规审批、重复审批现象的发生；第四，要明确授权批准人所承担的经济责任，做到有多大权力，就要承担多大责任。

（四）预算差异分析

1. 预算差异分析的基本方法

（1）比较分析法

通过实际与预算之间的比较，来揭示预算与实际之间的数量关系和数量差异，分析预算执行过程中存在的问题和差距，为进一步分析原因指明方向。应用比较分析法时要注意所比较指标的可比性，比较指标的计算口径必须一致。

（2）比率分析法

通过经济指标的比率来确定经济活动变动程度。在全面预算管理中，运用比率分析法，可对实际发生额与预计总额进行比较分析，以此来考察预算执行的进度，并与预算的预定进度进行比较分析，从而发现问题，找出差距。

（3）因素分析法

通过对预算执行结果的影响因素加以确定，计算各种因素影响程度。在全面预算管理中，造成实际情况与预算标准之间差异的因素是多种多样的，有的是主要因素，有的是次要因素，各种因素对预算差异有着不同的影响程度；而因素分析法的核心要点在于：当造成差异的原因有多种情况时，先假定其他各因素都无变化，顺次确定每一因素单独变化所产生的影响，最后确定各因素对形成差异的总影响。

2. 调查预算差异产生的原因

预算差异的来源主要包括收入的预算差异和支出的预算差异。对收入的预算差异的分析，是从销售量和销售价格两方面来进行的。因为销售数量是我们无法控制的，而单价虽然是我们可以控制的，但随着市场的变化，单价也可能要相应地进行调整，所以对于收入的差异分析，要将销售量和单价联系起来进行分析，而不是只单纯分析某一方面。单价对销售量是有一定影响的，如果市场价格已经下降了，但我们还一直按预算确定的单价来销售，那可能对销售量造成影响，没有跟随市场而变化的单价有可能是导致销售量没有达到预算目标的原因之一。这种分析是比较复杂的，因为我们很难确定单价对销售量的影响有多大。如果单价和销售量都是由市场销售部门来控制的，分析起来就简单一些，不会牵涉责任不清的问题。支出预算差异的分析可以集中在两个方面：一是价格差异；二是效率差异。价格差异是指实际的投入乘以实际价格和预算价格之差；效率差异是指预算价格乘以实际投入量与计划投入量之差。对价格差异和效率差异的分析，对于分清各责任中心的责任有着重要意义。当对各责任中心进行考核和评价的时候，要将价格差异和效率差异考虑进去。

（五）预算调整

1. 预算调整的条件

预算通过后一般不轻易调整预算，但当实际情况与预计出现重大差异时，将预算教条化是不可取的。预算调整是指当集团企业主、客观条件发生变化，预算出现较大偏差，原有预算不再适宜时，为保证预算的科学性、严肃性、可操作性，对预算所进行的修改。

2. 预算调整的程序及审批

一般情况下，对于影响到预算目标的预算调整需要经过申请、审议和批准三个主要程序。

（1）预算调整的申请

如果需要修改调整预算，首先应由预算执行人或编制人提出申请。调整申请应说明调整的理由、调整的初步方案、调整前后的预算指标对比、调整后预算的负责人、执行人以及是否要求对相关考核目标进行调整等情况。

（2）预算调整的审议

预算执行人或编制人提出调整申请后，应经过预算委员会审议，提出审议意见。进行审议决策时，一般应当遵循以下原则：预算调整事项不能偏离企业发展战略和年度预算指标；预算调整方案应当在经济上能够实现最优化；预算调整重点应当放在预算执行中出现的重要的、非正常的、不符合常规的关键性差异方面；预算调整不宜过于频繁；应根据预算前提是否发生重大变化，决定是否相应调整预算目标责任等。

（3）预算调整的审批

由于预算调整属于非正常事项，而且其牵涉面广，对其他相关部门也会产生影响，并且可能引起一系列的变化，所以需要从严把握。鉴于此，预算调整的审批权限应该高度集中，一般应由单位的预算决策机构负责审批。对于单位内部临时预算增补以及预算的弹性调整，应根据本单位具体情况制定明确制度，规定调整程序。

四、全面预算考评

（一）全面预算考评的原则

预算考评是对预算完成情况的考核评价，以预算责任主体为考评主体，通过比较预算执行结果与预算目标，确定有利差异和不利差异，并分析差异形成的原因，据以评价各责任主体的工作业绩。通过预算考评来实现预算的激励与约束机制，是为了提高员工工作的积极性。如果考评过程不够科学合理，可能会起到相反作用，所以在预算考评中务必遵循以下原则：

（1）可控性原则。预算考评涉及预算执行结果的责任归属问题，也涉及各预算执行单位间利益分配的问题，各责任主体仅以其责权范围为限对预算差异负责。比如生产部门不负责采购原材料，不能控制采购单价，只能控制原材料的消耗量，所以该部门对原材料的成本差异只负责量差，不用负责价差。

（2）可量化原则。预算目标尽量做到可量化，这样在考评时容易掌握尺度。

（3）总体优化原则。考虑到局部利益和集团整体利益不是完全一致的，制定考评标准时，要把支持集团总目标放在第一位，防止以局部利益损害全局利益。

（4）分级考评原则。它要求预算考评应与预算目标的逐层分解相适应，针对每一层次责任主体进行业绩考核评价。

（5）公平、公开的原则。即对于相同的业绩应给予相同的奖励；考评必须公开并且有相应的标准，标准要公开以便于群众监督。

（二）预算考评的内容

预算考核必须与预算编制的内容相适应，以预算执行主体为考核主体，以预算目标为核心，比较预算执行结果与预算目标，确定差异，并且分析差异形成的原因，并且据以评价各个责任主体的工作业绩，按照奖惩制度将其与各预算责任人的利益挂钩，从而影响未来的行为决策，并以此为基础调整下期预算。

预算考核内容包括预算完成情况考核与预算管理情况考核。预算完成情况的考核是考核事项以及计划报告书的完成情况；预算管理情况考核是考核各责任中心预算编制、预算执行、预算分析、预算控制、预算调整、例外事项申请、执行的及时性、规范性等。

在预算考核的同时进行公司绩效考核，用绩效考核指标中关键财务指标与预算考核中心的重要财务指标是否一致进行评估。

（三）预算考评指标体系划分

考核以预算为基础，要求预算指标体系科学、合理、内在协调，这样才能合理评价经营业绩，有助于资源有效配置，提高经济效益。在预算考评中，要注意各行总评价指标结合，灵活运用，应该针对不同的分析对象采用不同的方法或者采用不同方法的组合。因此，我们在考虑定量指标时还是要结合定性指标，考核绝对指标时还要结合相对指标，关注局部目标时不能忽视总体目标。

（1）相对指标和绝对指标。相对指标指比率指标，绝对指标指总量指标。在预算考评中，相对指标与绝对指标应结合运用。不同的责任中心，其预算目标不同，采用考核指标也不尽相同。通常，对于成本（费用）中心的有关部门，其主要考核指标是成本费用控制总额、增减变动额和升降率；对于利润中心的生产经营部门，一般采用贡献毛益、营业利润、营业利润率等指标；对于投资中心的子公司，主要考核指标是其投资报酬率、剩余收益等。

（2）定量指标和定性指标。在预算考评中，人们一般比较重视定量指标，因为定量指标数据比较容易计算，是看得见的指标。但是，有时定量指标受定性指标的影响，忽视定性指标，可能会降低定量指标的效果。比如某制造企业，装置设计时要求采用高品质材料，生产部门多年来材料消耗一直处于先进水平，近年来由于高品质材料市场价格高居不下，产品利润空间大大降低，技术部门认为可以通过装置改进换用低品质材料来降低成本，但生产部门的材料消耗量预算指标将会被突破，并失去自己消耗率的先进地位。这时考核指标的确定必须考虑对企业整体发展的影响，考虑它引起的行为是否符合企业需要。

（3）财务指标和非财务指标。财务指标一般在预算考评中占主导地位，它能与当期业绩挂钩，是考评中必不可少的。但由于财务指标的固有缺陷容易导致短期化倾向、容易被操纵，因此对财务指标的不当考核会导致管理层的道德风险与逆向选择。企业财务目标是追求财务绩效的长期、持续改善，短期化考核势必会影响这种目标的实现。为此，企业可实施股票期权或红利延期支付方案，将管理层的报酬与企业未来的财务业绩联系在一起，从而引导他们把主要精力集中于企业未来的业绩增长上。红利延期支付方案，把薪酬分成两部分：一部分与当期业绩相联系，即根据考核目标制定，并结合实际与目标的差异进行调整；另一部分与未来业绩相联系，即与财务业绩增长挂钩，可以根据EVA实际增长发放延期红利的一部分。非财务性因素是财务因素的驱动因素，反映的是财务指标的实现过程。关注非财务性因素，一方面使得企业了解财务成果的形成过程；另一方面又推动管理层致力于长期价值的创造，这也是引入非财务性因素的主要原因。对非财务性因素的考核应根据战略重点给不同的指标赋予不同的权重，促使管理者在不同时期分别关注不同的战略因素，从而推动企业目标的实现。这一考核方法主要参考前面介绍的基于平衡计分卡的综合评价体系，通过引进非财务性因素的考核，确保考评的公正、合理性。同时，要加强相应的激励措施，对各个指标进行打分，然后累加得出总分，并根据指标体系的总分值支付薪酬。

第二节 基于 EVA 的预算管理理论与方法

一、基于 EVA 预算管理的优势

（一）传统预算管理的不足

我国企业传统的预算管理模式，一般实行以销售收入为中心的预算管理模式、以利润为中心的预算管理模式、以成本费用为中心的预算管理模式、以现金流为中心的预算管理模式以及以生产指标（产量等）为中心的预算管理模式。在预算编制的组织上一般有预算管理委员会等决策机构以及编制机构、监控协调机构、执行机构等。在预算的内容体系上一般有生产经营预算、专项预算和财务预算等。在实践中仍然存在一些问题，主要表现在：

1. 利润预算目标导向不利于企业价值创造

目前，国内多数企业以目标利润为导向进行预算的编制。以目标利润为导向的全面预算管理，将利润数额作为核心指标，将实现目标利润的关联指标，具体量化到销售收入、费用控制等获取目标利润的环节中，来指导预算的实现。但以目标利润为导向的预算管理，因其主要反映的是利润表项目，基本上不涉及资产负债等反映企业根本情况和对企业长远发展具有重要支撑作用的会计信息，所以不能称为全面预算管理。同时这种预算目标导向还有可能促使企业为完成预算而调节利润，并忽视资金使用效率和资产质量，影响企业的长远发展，损害企业价值创造的能力。

2. 预算和考核难以同步协调

预算是企业战略的执行书，对资源做好了分配，并明确了各层面的责权利。但由于预算编制中，多数是以价值量的形式量化，而且企业预算的核心指标往往是利润、费用等财务指标，所以预算结果的计量、分析、考核往往依赖于会计核算。对预算执行结果进行跟踪、分析和考核也是预算管理的必要环节。预算、核算和考核的总体协调一致是全面预算管理发挥作用的重要基础。由于预算指标的多元化，多样化等因素，在实际执行中，预算体系与会计核算体系差异较大，会计核算与预算管理不能较好配合；考核指标的设计存在整体利益与个别利益冲突；预算的弹性与刚性不好协调，使预算对环境的变化反应迟钝；预算监控体系不健全及分析表面化使预算管理的权威性受到挑战。上述因素使预算管理弱化了对目标的管控能力，往往沦为虎头蛇尾的结局。

（二）基于 EVA 预算管理的优势

1. EVA 预算重视价值创造能力的提升

股东财务最大化的理财目标决定了全面预算管理应该以 EVA 为核心。在这种要求下，全面预算管理应该构建一种新型的预算模式，它承载企业发展战略，以价值创造为主线，挖掘价值驱动因素，实现价值创造和价值管理的能力。EVA 作为预算目标，能够准确衡量股东价值的增加，切实反映了价值创造的导向，通过考虑资本成本、风险、收益，促使预算参与者从长远的观点和价值创造的观点进行经济活动，并使各项经济活动在价值创造的思想下进行协调。EVA 引入全面预算管理，提升了全面预算管理价值创造的能力。

2. EVA 预算强调企业资源配置的优化

在传统全面预算管理模式下，企业以会计利润、销售收入等指标为基础，以利润表为核心编制预算。在这种导向下，企业的资源配置倾向于规模的扩大（如投入资金进行扩大再生产）、期间费用、制造成本的压缩等方面。这种资源的配置方式，没有考虑资金的成本，尤其是股东投入资本无偿使用，投入资本未必产出超出资本机会成本的收益，同时一些对企业长远发展有利的活动（如研发支出、广告宣传）由于会计方法上费用化的处理，导致企业压缩此方面的开支，使企业的长远发展受到侵害。企业的资源没有得到优化配置。EVA 的引入，使预算管理考虑股东投入资金的成本，预算管理必须平衡资产的结构、资本的效率，从而使预算围绕资产负债表和利润表为核心来编制。并且由于 EVA 模式下对会计核算进行了符合经济利润的调整，使预算更加符合企业长远发展的利益。EVA 引入全面预算管理，改进了预算管理对企业资源的合理配置。

3. EVA 预算促进企业经营管理模式的转变

EVA 预算通过将 EVA 的观念传达给股东和经营者，将资本成本理念融入预算编制当中，从而成为事关各方利益的一个桥梁。同时，新的理念和新的预算编制方式将有利于经营管理模式转变。中国兵器装备集团以全面预算管理为起点，做好 EVA 事前控制，几年以来，兵器装备集团建立起了国资委业绩考核要求和集团发展目标相结合、总部资源配置预算与企业全面预算相结合、年度预算和 3 年滚动预算相结合的预算管理体系。在年度预算编制中强调体现 EVA 改进效果，要求各企业△EVA 必须为正、EVA 率要比上年有所提高，同时兵器装备集团把上述 EVA 要求固化到全面预算编制软件中，凡不符合上述 EVA 要求的企业其预算将无法上报。

4. EVA 预算对现行预算体系进行了重构

EVA 预算的推行将对企业现行预算管理内容进行优化和重构。在新的考核体系下，全面预算管理将以 EVA 为核心。在经营业绩提升因素分析时，需要兼顾损益表和资产负债表。在预算分析方面，不应局限于分析预算差异结果，而应针对预算中薄弱环节分析价值提升策略，制订有利于价值提升的行动方案。预算分析重点是从预算差异向寻求公司价值增长点转变。

二、EVA 预算管理体系

EVA 预算体系包括业务预算、资本预算和财务预算几部分，而且强调以企业价值最大化战略为目标开展预算编制。EVA 预算编制的起点和考核的指标是 EVA 和 EVA 改善值, 管理者将通过编制各项预算, 通过执行、控制、监督、分析和考评的程序来保证EVA预算目标的实现。

EVA预算管理体系如图13-1所示。EVA业务预算主要是以股东价值最大化为战略目标, 围绕销售、生产和经营活动中的价值驱动因素进行编制。由于预算编制与考评结合, 所有资金的占用都不是免费的, 因此业务预算就能挤出很多水分, 从以前的"讨价还价"模式走向"理性预测"模式。同样道理, EVA资本预算也要考虑把资金投放到有助于增加股东价值的项目中去以及如何以最低成本融到资金。在业务预算与资本预算之间还存在预算协调的问题, 如果企业一味地追求资本扩张, 尽管每个项目的预期EVA均大于0, 但如果业务预算的EVA为负, 企业的整体价值也可能遭到损坏。相反, 如果企业满足现有项目的业务运行, 而不去考虑通过上新的项目实现可持续发展, 就很有可能不断退化, 最终被市场淘汰。由此可见, EVA预算是把股东价值落实的过程, 而不是简单的金额分配。

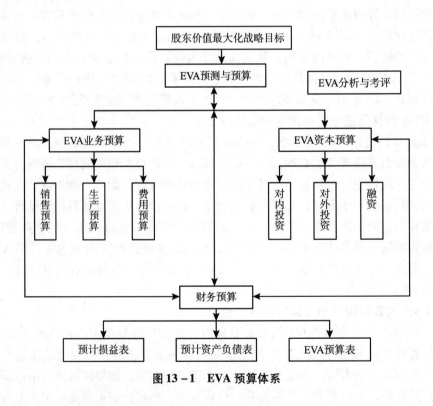

图13-1　EVA预算体系

三、EVA与企业战略

《企业内部控制应用指引第2号——发展战略》从企业层面重点阐释了控制环境、风险评估和控制活动等要素内容, 控制重点是企业层面的风险, 注重企业内、外部环境的适应性和协调性。企业应贯彻企业的发展战略来编制、实施全面预算。俗话说, "三分战略、七分执行", 企业战略制定得再好, 如果得不到有效实施, 终不能将美好"愿景"转变为现实，甚至由于实际运营背离战略目标而导致经营失败。如何有效实施企业战略？就是借助于全面预算，将根据发展战略制定的年度经营目标进行细化、落实，促使企业的长期战略规划和年度具体行动方案紧密结合，有效地将"化战略为行动"进行到底，确保企业发展目标的最终实现。

企业战略目标反映了企业在一定时期内经营活动的方向和所要达到的水平，既可以是定性的，也可以是定量的，比如竞争地位、业绩水平、发展速度等。基于EVA全面预算管理的企业战略是将企业的EVA作为主要的评判工具，即除了关注收入达到多少，利润达到多少，发展速度达到多少，更关注企业的EVA要在未来的一定时期内达到一个什么样的水平，看重企业的价值增长，全面预算管理的重心也由收入利润的预算转移到EVA的增加上来，然后再将企业的预算总体目标进行层层分解，形成预算分目标，最终实现全面控制。

EVA预算明确把EVA作为企业经营活动的主要评判工具，将企业战略分解为关键性驱动因素及关键绩效指标和各种行动方案，并以此为依据制定企业的预算，确保预算与企业的战略目标相一致。同时以是否有效创造价值为依据，关注企业如何创造性地完成战略目标、激励员工的创造性以及企业价值的创造。通过预算指标体系形成价值的传递路径，指标化企业战略目标，从而形成包括财务指标和非财务指标的各指标的目标，具体可以分为内部流程、创新、财务、顾客、员工素质等方面的指标。以此作为确定年度预算目标和行动方案的基础，之后再将年度经营计划转化为全面预算指标体系，并加强预算执行。

EVA不能替代企业发展战略，它是企业战略分析、制定、实施的工具，是衡量企业经营业绩与价值创造的度量指标。基于EVA制定企业发展战略步骤是：首先，以"为创造股东价值"为核心价值观，营造EVA的管理氛围，明确把EVA作为衡量企业经营业绩和价值创造的评判工具；然后，使用EVA对企业总体战略进行评价，确定企业EVA战略和分层级战略。改变原有组织机构，重新确定企业的核心业务，建立以业务协作、资源进行整合（并购、退出、内部资源纵向和横向整合）的组织架构；最后，通过预算指标体系形成价值的传递路径，对EVA目标进行分解，并通过关键驱动因素分析形成财务指标和非财务指标的目标体系，将经营计划转化为全面预算指标体系，落实责任中心和执行层级。

四、基于EVA的预算编制的原则

（一）价值创造的原则

实施预算管理，其根本目的是要实现企业目标。基于EVA的预算管理目标就在于为股东创造价值。这是实施预算管理的第一原则，也是基于EVA的预算管理区别于传统预算管理的根本区别。其预算体系的设计、预算控制、分析、考评都应体现价值创造这个精神实质，必须建设企业内部环境，营造EVA氛围，树立全员增值意识。管理层应通过各种方法培养员工对 EVA 的认同感。

（二）激励的原则

任何制度的实施必须有适应的激励机制来保障。在实施预算管理的同时，企业应设计一套与预算考评相适应的激励制度。通过实施基于 EVA 的全面预算管理，使企业根据自己的具体情况，制定科学、合理的奖惩制度，激励预算执行者完成或超额完成预算。

（三）时效性的原则

在目前环境下，企业的预算管理不再是一成不变的僵化的作业任务表。管理者应完善预算监控、执行机制，及时评估并迅速采取相应措施对预算进行调整，使之更好地适应公司实际经营情况和市场环境不断变化的需要，实现公司既定的战略目标。

五、EVA 价值中心的设置

中央企业实施基于 EVA 的预算管理是一项自上而下的系统工程，其重点是将 EVA 理念逐层向下渗透，层层分解到每个下属企业、每个部门甚至每个员工身上。在此过程中，首先要解决的难题是如何在中央企业内部确定 EVA 预算执行主体，即如何设置合理的 EVA 价值中心。

（一）EVA 价值中心的内涵

EVA 价值中心是指组织内部可以对自身创造的 EVA 进行度量和管理的不同层次的业务单位。首先，EVA 中心是一个实体权责中心，能够对价值创造负责；其次，具有独立财务衡量，其创造的价值是可以衡量的；最后，要体现权利一致，价值创造者能够享受价值回报。一个业务单位要成为 EVA 价值中心，须具备以下两个条件：

第一，在行为方面，必须从事一系列足够广泛和稳定的活动，并在利润和资本之间进行有意义的权衡。比如，花费在产品广告上的每元钱是否会在未来得到更多的价值？

第二，在结果方面，必须有经营利润，能从客观上反映确定的收入和成本。并且如果业务单位在产生那些利益时占用了资本，就必须在报告中记录净资产。公司的 EVA 价值中心并不需要完整的资产负债表，有一份资产清单以便于分配和跟踪就足够了。

（二）设置 EVA 价值中心应注意的问题

1. 深刻理解 EVA 价值中心的内涵

企业在设置 EVA 中心的过程中，要准确把握 EVA 价值中心的特征，将其与传统的成本中心、利润中心和投资中心区分开来。只有深刻了解 EVA 中心的内涵，企业集团才能为下一步选择 EVA 中心的设置原则和设置方法奠定基础。

2. 认真分析企业的发展战略和组织机构特征

由于各个企业的发展轨迹和发展目标不同，因此根据发展目标制定的企业发展战略就会存在很大的差异。另外，组织机构的特征也是影响 EVA 管理是否顺利进行的重要因素。因此，企业在设置 EVA 中心的过程中，要认真分析企业自身的发展战略和组织机构特征。只有从企业自身出发，才能使 EVA 中心真正起到价值创造和价值增值的作用。

3. 选择合适的设置方法

设置 EVA 价值中心的方法有多种，通常包括以下几种类型：按照职能划分、按照层级划分、按照事业部划分、按照市场划分、按照产品划分等。企业在设置 EVA 价值中心的实践活动中，不能简单地照搬以上几种设置方法，而是要在深刻理解 EVA 中心的内涵和认真分析企业发展战略的基础上，选择利于企业战略发展的设置方法。比如，有些企业为了实现多元化经营、产供销一体化发展的企业目标，在企业内部建立了完整且紧密的产业链，该类企业在设置 EVA 价值中心的过程中，就可以通过产业链紧密程度的分析，找到真正创造价值的业务单元，建立可行的 EVA 中心。

六、EVA 的预测与设定

EVA 指标是企业全面预算的总纲领。EVA 预测是企业全面预算管理体系预算编制的起点，从 EVA 预测出发，以 EVA 预算目标为中心编制各项预算，通过执行控制、分析、考核、评价和反馈的 PDCA 循环程序来保证企业 EVA 目标的实现。EVA 值的预测包括企业整体和各部门的 EVA 预测。

根据《中央企业负责人经营业绩考核暂行办法》，考核是建立在由前 3 个年度确定的基准值之上，尽管考虑到了原先的基础，但并没有区分之前已经试点与尚未试点的不同情况。我们认为，关于 EVA 目标值的预测，可分两种情况：

1. 对于之前已经进行 EVA 试点的中央企业而言，不妨结合行业特性与企业发展阶段，通过对比企业历史资料，通过对比企业历史资料，在采取企业历年的 EVA 均值的基础上，再加上本预算期的目标增加值，设定本期 EVA。具体有以下两种操作如下：

（1）以企业上一年度 EVA 实际值为基准值。即：经济增加值目标值 = 经济增加值基准值 + 经济增加值期望改善值 = 上期实际 EVA 值 + 经济增加值期望改善值 = （上期实际 EVA 值 + 经济增加值目标值）÷ 2 + 经济增加值期望改善值

（2）以上期的 EVA 实际数为基础，用一个系数进行调整，以调整的结果作为 EVA 预测值。即：EVA 预测值 = a + b × 上期实际 EVA 值。

2. 对于首次进行 EVA 年度经营业绩考核的央企，设立 EVA 目标的方法，可以类似于零基预算，根据 EVA 指标构成解析，先由预算管理委员会牵头设定企业整体的 EVA，再通过预算管理工作机构落实到预算执行单位的责任中心 EVA，这又类似于杜邦分析体系的逐级细化，科学合理地确定各个责任中心的责任与权利边界。

七、EVA 预算的分解

EVA 预算目标的分解是指在确定预测 EVA 值后，逐级分解计算得出各责任中心相

应的 EVA 值与目标 EVA 值，并使之成为各责任中心接受的经营目标，以此约束各责任主体的经营行为，自觉促进各利益集团的目标趋同。当两者相差不大时，且通过预算管理委员会审核，就将计算所得 EVA 作为当年预算 EVA 值；而当两者相差较大或审核不通过时，要不断调整 EVA 值的分析项目，如此反复，直至达到预算编制的目标 EVA 值的水平。

EVA 预算目标在各责任中心之间的分解问题可以分为单法人企业预算目标在内部各责任中心的分解和多级法人企业预算目标在各子公司之间的分解两方面问题，其中，单法人企业预算目标分解是预算目标分解中的基本问题。"同等投入要求同等产出"的市场化经营原则和"各责任中心责权利对等"的可控性原则是预算目标分解的基本原则。

（一）单法人企业 EVA 预算目标的分解

单法人企业 EVA 预算目标的分解主要基于公司的组织结构和建立在组织结构基础上的责任中心的定位。

一般而言，对于费用中心或成本中心，采用零基预算方法，在其工作职责和应完成作业量的基础上来确定其预算费用目标；对于利润中心，可以按其所占有的资产总额或是人力资本总额或是营业使用面积等作为预算目标的分解依据。

在对各责任中心进行 EVA 预算目标分解时，强调可控性原则的运用。对总部的各项管理费用一般不在下级责任中心中进行分解。

（二）多级法人企业预算目标的分解

在进行 EVA 预算目标分解时，基本的分解方法是依据各责任单位对财务资源（如：资产总额、净资产）和非财务资源（如经济发展水平、市场成熟度、顾客消费偏好和消费能力等指标，沿海省份就比西部省份占有更高的非财务资源）的占有状况进行分解，并对财务资源和非财务资源设置不同权重。

上述分解方法的一个基本前提要求各子公司的业务类型相同，并且处于盈利水平。如果各子公司的业务类型不同，由于行业利润率的差异，各子公司占有的财务资源将不具备可比性；如果各子公司处于亏损水平，将会出现财务资源占有越大，EVA 预算亏损目标分摊越大的情形，即使市场发展前景广阔，盈利前景良好的子公司为了年度业绩考评的需要，出现缩减投资的行为。例如，新组建电信公司在进行预算目标分解时，部分东部沿海省份电信分公司出现减少投资，压缩市场开发支出的行为。

实际在对多级法人企业 EVA 预算目标进行分解过程中，企业生命周期和预算管理模式是两种重要的影响因素。

1. 当企业处于初创期时，宜采用集权式的预算管理模式。战略标准（非财务标准）是企业 EVA 预算目标分解的首要标准。

从战略角度，它需要考虑不同的战略类型及相关因素分析对预算的影响，如市场竞争程度、规模经济、战略类型（如产品差异化型和成本领先型）、政府政策等。事实上，许多企业的预算目标分解是在综合考虑上述各种战略因素之后进行的。如通信行业为了提高语音通话质量、消灭盲区，需要提高其网络覆盖率，以此提高服务质量、强化市场占有率，在这种情况下，战略导向及其市场占有率标准成为预算目标分解的主导标准。

2. 当企业处于发展期和成熟期时，宜采用适度分权的预算管理模式。财务标准成为企业EVA预算目标分解的首要标准。

科学的企业EVA预算目标是企业预算管理体系有效实施的前提，企业必须站在发展战略的基础上，结合企业外部经营环境和内部资源占有情况确定企业预算目标。同时，企业应适时评价EVA预算目标的适用性，当企业的经营战略、经营环境发生重大变化时，企业EVA预算目标也应随之改变。

八、EVA 导向的预算编制

基于以EVA为核心的预算管理编制不仅包括业务预算、专门决策预算和财务预算，还包括EVA预算，它是以企业价值最大化的发展战略目标为基础并加以分析讨论来确定。

（一）基于EVA的业务预算的编制

业务预算是企业日常经营活动直接相关的经营业务的各种预算，是全面预算的基础，主要包括：销售预算、生产预算、材料采购预算、制造费用预算、直接人工预算、直接材料消耗预算、产品生产成本预算、销售与管理费用预算等。反映各责任中心和单位的作业目标、作业内容和作业量。

基于EVA的业务预算编制，重点关注业务发展方向的优化调整，将EVA分解为企业总收入和总成本，并根据部门预算对企业日常生产经营工作进行安排，提出预算期间的资源需求，确定各责任中心的EVA，提高资本的使用效率。通过业务部门之间的协调，关注业务优化调整，达到资源优化配置的目的。

（二）基于EVA的专门决策预算的编制

专门决策预算包括专项预算、投资预算和筹资预算。投资预算是企业通过对长期项目投资的分析和筛选，编制能反映投资项目时间、规模、收益等内容的预算。

基于EVA的投资预算的决策标准是能否为企业创造价值以及创造价值的多少，选择最优的投资组合方案有利于提高企业投资决策的质量。筹资预算是在预算期内，企业对长短期借款、股权筹资、债券投资的预算。以EVA为基础的筹资预算，由于考虑了资本成本，为优化资本结构，将促使企业多渠道融资，降低资本成本，实现企业价值最大化。

（三）基于EVA的财务预算的编制

在业务预算和专门决策预算的基础上，财务预算作为企业全面预算体系的最后环节，从价值方面总括反映企业预算期间的所有经济活动。汇总编制现金预算和预计财务报表。企业编制预计财务报表后，用 EVA 分析企业的财务状况，单独列支 EVA 指标调整项，细化预算。EVA 将税后净营业利润调整，还原企业真实盈利情况，反映资产的原貌。

（四）EVA 预算编制

EVA 预算的编制是一个自上而下，自下而上反复讨论、测算和协商的过程。各层面的预算在上述协调过程中基于 EVA 的目标，不断修改完善最终形成。对于预算内容的编制的主要流程和方法与传统预算是趋同的，这里不再赘述。不同之处在于所有预算所服务的目标不同，EVA 的预算的编制过程和结果都是围绕 EVA 为中心来开展的，另外相对传统预算体系它增加了 EVA 报表。

EVA 报表反映企业在预算期所创造的净收益在弥补了资金成本后的剩余，反映为股东创造的价值增值。它列示会计利润转化为 EVA 的过程。EVA 的计算过程并不是一个样板式的规程，它依据企业对 EVA 的理解来确定调整事项，计算本企业的 EVA 指标，并编制该报表。表 13 - 1 给出一个 EVA 报表的简化形式。

表 13 -1   EVA 预算表

指标名称	计量单位	2010 年财务决算数	2011 年财务决算数	2012 年财务决算数	2013 年财务决算数
一、税后净营业利润	万元				
其中：净利润	万元				
利息支出	万元				
研究开发费调整项	万元				
其中：研究与开发费	万元				
当期确认为无形资产的研究开发支出	万元				
勘探费用	万元				
非经常性收益调整项	万元				
所得税税率	%				
二、资本成本	万元				
其中：调整后资本	万元				
平均所有者权益	万元				
平均负债	万元				
平均无息流动负债	万元				
平均在建工程	万元				
平均资本成本率	万元				
三、经济增加值（EVA）	万元				
四、经济增加值的变动值（△EVA）	万元				

九、基于 EVA 的全面预算调控分析体系

基于 EVA 的企业预算编制经预算委员会审核通过后，就成为企业生产经营的纲领性文件，应该严格执行。为加强预算的执行力必须对预算执行情况进行监督、调整、控制，及时有效地调控能为完成 EVA 预算目标提供保障。全面预算管理涉及企业的一切经济活动，预算监控需要渗透到各个业务过程和经营环节，涵盖所有责任部门、单位和个人，要对整个预算过程的方方面面进行有效监控是十分复杂而艰巨的任务。因此，各行业企业进行有效的预算监督应充分利用现代信息技术，加强对重点环节的监控。如对于钢材企业成本费用事项进行控制可以运用资金集中管理系统、ERP 预算管理系统等方法，可以避免一些主观人为因素造成的预算差异，规范经营，增强预算管理的刚性，提高效益。预算的调控分析体系主要包括对预算审核、预算监控、预算调整和预算差异分析。

（一）EVA 预算的审核

1. 编制上报。根据预算管理委员会下达的预算目标，各责任主体结合业务情况和工作特性，编制本部门预算方案上报并逐级汇总。

2. 审查平衡。通过审查各预算责任主体上报的预算方案，预算委员会进行充分协调，并对于在审查过程中发现的问题，提出综合平衡的建议，反馈给各单位予以修正。

3. 审议批准。在有关预算责任主体修正调整的基础上，预算管理办公室讨论并编制出公司总预算，提交总经理办公会议批准。对于与企业目标有偏差的问题进一步修正和调整。

4. 下达执行。在总经理办公会议批准了年度总预算后，预算委员会将总预算权责划分，细化成一系列的财务指标和非财务指标体系，并逐级下达给各预算责任单位执行。

（二）EVA 预算的监控

各预算责任单位必须按照预算委员会的预算要求严格执行，将预算指标进一步细化分解至各部门、车间、人员，明确预算控制办法及责任，形成全方位的预算执行责任体系。各预算责任单位为保证年度经营预算目标的实现，应按照预算管理的目标和要求开展经营活动，采取分期预算的方式将预算期间分解成季度或者月度预算。严格执行预算审批程序内的各项支出，对于预算外的各项支出应按规定的审批办法追加审批。各预算责任单位要建立以现金预算为中心的预算控制体系，通过监控各类报表预算的执行情况，分析、控制和调整 EVA 的差异，预算管理的执行进度和执行差异需要及时向预算管理委员会以至总经理办公会汇报，尤其是影响到公司财务预算目标的信息，从而完成企业预算目标。

（三）预算的调整

在坚持预算刚性管理的基础上，为保证正常经营的需要和实现企业目标EVA，因政策法规、经营条件、市场环境等与预期产生重大差异，导致管理委员会下达的年度预算编制基础不成立，或者严重影响预算执行结果的，可以调整年度预算。企业调整预算的步骤是：首先由预算责任单位逐级向预算管理办公室提出书面调整报告，阐述客观因素变化情况、预算执行的具体情况及其对预算执行造成的影响程度，提出预算的调整幅度。预算管理办公室应当对调整报告进行审核分析后，如果准予审批需集中调整编制公司年度预算方案，经由总经理办公会审核后下达执行。

（四）EVA预算差异分析

预算差异分析是一种对历史资料的事后分析，只有及时而又经常进行，才能发挥其对生产经营业务的指导作用。引起预算差异的原因主要有内部的工作效率和外部因素的变化两个方面。

对由内部工作效率所引起的预算差异，应按照可控性的原则分清责任归属，正确评价业绩，通过奖惩制度将预算执行主体的实际业绩与其切身利益相结合，并根据产生的原因确定下期改进的措施，积极寻求新的效益增长点。

对市场环境、经营条件、政策法规等外部因素所引起的预算差异，如果变动呈现长期趋势，往往会影响企业的经营战略，应将其作为下一期预算编制时考虑的因素，适当调整下期预算目标，反之，则不应影响下一期预算目标的确定。

预算差异分析的步骤如下：确定影响预算目标的主要指标，用关键因素分析法对差异进行分析。例如，成本与目标成本存在差异，以预算目标成本为基础，将实际成本与目标成本进行对比，差异的影响因素可以分为价格差异和用量。实际产量下的总成本差异为：

$$预算差异 = 实际数 - 预算数$$
$$购买量差异 = （实际购买量 - 预算购买量）× 预算价格$$
$$价格差异 = （实际原料价格 - 预算原料价格）× 实际购买量$$

通过详细的差异分析，可以帮助企业发现执行过程或预算期末时出现偏差的原因，排除其他因素的影响，以便于企业在接下来或下一个预算期内改进工作，这样才能保证预算控制的效果。为了及时准确地掌握预算执行情况，在预算执行完成后通常会将实施业绩和效果与预算进行比较。差异分析应该是一个循序渐进的过程，即从财务指标入手，逐步分解，最后落实到具体的生产技术指标上。

以往的预算分析，强调预算的刚性，注重实际执行结果与预算之间的差异分析。在预算分析时，通过寻找预算偏差的原因，寻求改进空间，确保预算目标的实现。

在EVA考核体系下，需要转变预算分析的思路，预算分析重点从预算差异向寻求公司价值增长点转变。可以编制EVA预算差异分析表，其具体格式及内容可参考表13-2。

表 13 - 2
EVA 预算差异表

指标名称	计量单位	预算	实际	差异	原因分析
一、税后净营业利润	万元				
其中：净利润	万元				
利息支出	万元				
研究开发费调整项	万元				
其中：研究与开发费	万元				
当期确认为无形资产的研究开发支出	万元				
勘探费用	万元				
非经常性收益调整项	万元				
所得税税率	%				
二、资本成本	万元				
其中：调整后资本	万元				
平均所有者权益	万元				
平均负债	万元				
平均无息流动负债	万元				
平均在建工程	万元				
平均资本成本率	万元				
三、经济增加值（EVA）	万元				
四、经济增加值的变动值（△EVA）	万元				

备注：EVA 提升建议与措施。

差异分析是企业规划和控制的重要手段，通过详细的差异分析，企业管理者可以进一步揭示实际执行过程与预算期末时出现偏差的深层次原因，以便于企业在下一个预算期内改进工作，更好地凸显实际生产经营活动中存在的不足，达到预算控制的效果。差异分析是一个循序渐进、逐渐调整的过程，为了及时准确地掌握预算执行情况，由财务性与非财务性价值驱动因素入手逐级细化，分解到生产、经营和管理的具体指标上，将实际业绩和效果与预算进行差异比较。

十、基于 EVA 的预算考评与激励

预算考评是对企业内部不同层级的预算责任主体的预算目标实现和责任履行情况进行的考核和评价，是一种评价预算执行情况，衡量执行者业绩的有效激励和约束形式。基于 EVA 的预算考评体系以股东价值最大化为核心，将 EVA 评价的定性指标与定量指标相结合，并引用平衡计分卡，从财务、顾客、内部控制、学习与成长四个维度全面评价企业的经营业绩。预算考评指标指标体系的构建，将各责任主体实际 EVA 完成情况与预算指标值对比分析，确定预算考评结果，划分责任进行激励。

（一）EVA 预算考核

EVA 预算考核时一般采用定量指标与定性指标相结合的方法。在选取考核指标时，应坚持指标间相互修正、数据资料可采集、定性与定量相结合的原则。根据预算考评范围将考评指标分为预算执行管理类和预算执行结果类指标两大类。其中预算管理考核类指标有预算编制类指标、预算管理类指标、预算执行情况分析指标、预算控制类指标、预算调整类指标及持续改进类指标。

对投资中心、利润中心、收入中心和成本费用中心应有不同的指标体系。

（二）EVA 预算评价

判断被评价对象 EVA 预算执行情况是预算评价的基准。企业在制定基于 EVA 的预算考评办法时，应根据各责任中心的情况，确定相应的指标、权重和修正系数。

（三）EVA 预算激励

预算的激励是考评结果的反馈。一个完整的预算考评体系必须与相适应的激励制度相结合才能实现企业预算目标。对预算执行者进行激励，必须体现公平、合理、有效的原则，它是保证企业全面预算管理顺利实施的基本原则和要件。基于 EVA 的全面预算管理的激励机制必须与各责任中心的 EVA 业绩目标相联系，若完成预期 EVA 预算目标，就能获得相应的目标奖金；若超额完成或没有完成 EVA 业绩目标，则按比例增减奖金。

十一、基于 EVA 的全面预算管理体系的实施

为构建基于 EVA 的全面预算管理体系，促进预算目标的完成，保证预算管理的顺利实施，需要对传统预算管理的以下几个方面进行调整。

（一）重建预算组织管理体系

实施全面预算管理的关键是要建立一个良好的预算组织体系。企业自身的组织机构是建立预算组织体系的基础，是运行全面预算管理的基础环境。预算的组织体系由预算的管理体系和预算的执行体系组成。

预算管理组织体系主要包括预算决策、管理与执行三个层次。决策层由董事长、总经理、副总经理等人员组成，对企业的预算进行宏观控制。管理层主要负责拟定预算管理制度、设定 EVA 目标、上报预算编制、控制及监督方案，并对 EVA 目标执行情况做出评估分析，同时对平衡调整预算方案提出建议，主要由总会计师、计划管理、生产管理、副总经济师及财务管理、市场营销、物资采购及审计等部门组成。执行层主要是指在决策层的领导和管理层的协调下，通过各种技术手段，把预算组织目标转化为具体行动的全体员工共同参与的各基层职能部门。这三个层次既各自独立，又彼此联系，共同

维系着预算组织体系的不断发展。

在企业内部控制环境中，投资中心、成本中心、收入中心和利润中心作为传统预算管理执行体系下的责任中心都具有一定的经济权力和经济责任，在一定程度上能控制经济责任指标在各个部门、各个单位或个体上落实。这四个中心的区别在于各自控制责任的范围不同。而 EVA 的全面预算管理模式与传统的预算执行体系不同的是，其责任中心是 EVA 责任中心。其经济责任的考评标准是以企业经营单位获得的收益与按照资金成本率或最低投资报酬率来计算投资报酬后收益的差额。如此一来使得企业将资本成本列入决策的首要考虑影响因素。它其实是将传统的责任中心细化到每个经营单位，根据"持续经营"的原则，把企业内部不同层级的经营主体所创造的 EVA 量化并用于企业管理决策。将企业按照 EVA 责任中心分解分层级，帮助管理者在预算目标与决策、投资与绩效之间搭建桥梁，将企业管理的目标与预算管理责任中心的业绩评价协调起来。

然而，确立 EVA 责任中心并不是一件轻而易举的事情，它涉及一个特别重要的问题就是重建组织管理体系。建立 EVA 责任中心既要考虑激励基层组织的积极性，又要体现企业的整体利益。确立 EVA 责任中心，要综合考虑财务核算与管理、薪酬设计与激励、产品的定价与转移定价、管理决策权限、资本投入与产出等各方面的变量因素，在设置较高层级的责任中心时应遵循协同效应这一基本原则。一是在管理上进行横向资源配置整合，组合 EVA 责任中心。即将在经营活动中存在资源共享或者拥有显著协同作用的多个相互关联的实体部门整合，通过建立研发、市场、信息、人力等资源共享平台，使得企业内部多个运营实体之间相互联合。这种联合既使企业资源得到有效利用，同时还解决了共享资源分摊不合理和难以计量的问题。二是以作业的角度为视角，以价值链为中心，实现纵向一体化的联合。首先要识别作业活动的具体情况，将内部联系的作业流程联合成一个 EVA 责任中心。这种组合能够较为完整地从价值链角度来进行 EVA 整体评价，保证企业经营活动的完整性，同时避免如各职能部门的局部利益或转移定价的弊端等方面存在的问题。EVA 责任中心的业绩评价以 EVA 的驱动因素为起点，也是预算管理的归宿，它是通过关注资金成本利用率、设备管理、库存管理、购货成本、应收账款、应付账款等价值驱动因素，将 EVA 全面预算管理可操作化和数据化。

（二）制定适应 EVA 的激励机制

为了保证实现 EVA 的管理目标，必须建立一套与之相适应的激励机制。激励是保证企业预算业绩评价得以顺利实施的基础，是平衡动机、行为、目标和需要的协调机制。通过激励机制来协调企业所有者与管理者的利益关系，通过激励机制来提高管理者的工作绩效，保证管理者的收入水平和生活质量及心理需求，发挥管理者的积极性、创造性，使管理者为增加股东权益，股东利益最大化而尽力工作，实现管理与所有者"双赢"。另外，成功的激励机制策略，可以引导企业员工的良好行为，塑造员工良好的形象，建立良好的企业文化。

（三）建立适应 EVA 的文化环境

企业文化是企业员工共同拥有、认可、遵守的价值观念和经营实践。企业要走出一条发展快、效益好，员工素质不断提高的企业经济协调发展新路子，就要发展深化企业的文化环境，使之与 EVA 相适应。企业文化要融入员工的个人价值观，在实现企业目标时，体现员工个人价值，实际上就是把企业目标与员工目标统一结合起来，使员工切身融入到企业的文化环境中，进一步促进企业快速发展，达到战略目标。

基于 EVA 的全面预算管理，是对企业管理方式的一次变革。因为，在引入基于 EVA 的全面预算管理系统的同时，也调整了传统的企业管理模式，修正了财务核算与管理，协同并优化了企业内部运营管理，要求每一个员工都能树立价值增额创造观念，并创造良好的企业文化环境使员工自觉培养这个意识行为。

所以企业要有效实施基于 EVA 的预算管理，必须构建与基于 EVA 的预算管理要求协同的文化氛围。要从企业高层领导出发，制定相应规划，推动基于 EVA 的全面预算管理的建设。通过对企业员工的培训学习，使员工全面深刻地了解 EVA 的内涵和意义。企业在实施全面预算管理时，要制定出基于 EVA 的各项管理制度，形成企业以价值创造、业绩增长为目标的全员文化环境。在企业内部，树立价值创造的文化环境，用环境培养人；建立价值增长奖励机制，用机制激励人的企业文化环境。

第三节　EVA 预算管理成功关键要素

一、业务预算与资本预算的协同

传统预算管理模式下资本预算与经营预算往往相互分离，这不利于企业创造价值。当前的全面预算管理，主要发挥了费用控制功能，在调整组织结构、优化业务流程、促进价值增加等方面的功能还未得到彰显，不利于企业管理活动的价值协同，突出表现在生产经营与资本经营相分离上。企业战略指导企业的决策，企业决策决定了企业要做什么事情。具体到预算上来，业务预算是指为供、产、销及管理活动所编制的，与企业日常业务直接相关的预算，主要包括销售预算、生产预算等。这些预算以实物量指标和价值量指标分别反映企业收入与费用的构成情况。业务预算与财务预算密切相关，进而影响企业的 EVA 水平。例如，企业的采购预算如果采用赊购模式，那么形成的应付账款属于无息流动负债，不影响资本成本，但如果采用现金购买，则会占用企业的资本，增加资本成本。销售预算亦然，如果企业采用赊销，也会导致资本占用增加从而增加资本成本。研发预算是受鼓励的，它的费用支出可以等同于利润创造。工程预算则取决于项目是否竣工转资，如果不转资，则可以暂时不计算资本成本。因此，凡事预则立，不预则废。这些对 EVA 的驱动因素在进行业务预算乃至财务预算和资本预算时就应该予以充分的考虑。

财务预算与资本预算应该并重，对预算的增值性应充分重视。成本预算以控制为主，是预算的主要压缩、压减项目。为了降低成本，完成当年的指标，执行层破坏性地压缩日常维护性支出，结果是生产设备因过度使用而损坏或大大缩短了使用寿命，造成日后维护费用急剧增加或提前报废，不适应经营期总成本最低的价值要求。资本预算以"花钱"为主，主要考查是否完成项目建设工程、资金是否挪用为主，较少对投资回报持续跟踪和考查、激励。这样成本支出、投资支出与实际需求不协调、不统一，诱发诸多短期行为。

因此，应充分发挥业务预算与资本预算的协同效应，今天的投资就是明天的成本，明天的成本控制不力，同样影响后天的投资，无论是投资还是经营，都应该以 EVA 为导向，不但注重当期的 EVA，更要考虑整个寿命期内的整体 EVA 最大。

二、转变预算分析思路

传统预算分析以执行偏差为重点，不利于价值潜力挖掘，预算分析主要采用模板，重点分析执行与预算间的差异分析过程，较少对预算本身的合理性、科学性进行分析，缺少进一步优化预算，提高预算的可行性和符合率，不能有效地为降低成本提供依据。

预算分析不到位，导致预算调整准确性不高。或者调整过于随意，预算的严肃性和科学性受到破坏，价值潜力难以挖掘；或者过于强调预算的刚性，严禁出现"突破预算"的现象，降低了企业对环境变化的应变速度，导致企业丧失一些潜在机会。

传统的预算分析，强调预算的刚性，注重实际执行结果与预算之间的差异分析。在EVA 预算分析方面，不应局限于分析预算差异结果，而应针对 EVA 预算中薄弱环节分析价值提升策略，制订利于价值提升的行动方案。

在 EVA 考核体系下，需要转变预算分析的思路，EVA 预算分析重点是，应从预算差异分析向寻求公司价值增长点转变。

通过 EVA 预算分析现有的管理模式、业务流程、评估存量资产的使用效率等，寻求管理模式的创新、业务流程再造和生产流程、产线布局的调整可能，实现资产运营效率和经营绩效的提升。

预算差异原因来自企业内部的，需要认定责任归属，与业绩评价挂钩进行奖惩，并确定下期调整结构、降低成本、提高收入、增加价值改进的措施，积极寻求新的效益增长点，促进预算的优化，挖掘价值潜力空间。预算差异原因来自企业外部的，应分析变化趋势，确认是否应纳入下期预算编制考虑因素。

三、预算编制执行避免诸多博弈

由于信息的不对称，导致预算在编制和执行中，存在多次的博弈现象，比如编制博弈和执行博弈（部门博弈、上下博弈）。预算博弈存在的一个重要原因，是将预算管理仅仅作为成本控制的技术手段，而将企业战略、组织结构等多方面的因素视为既定的外生变量。企业战略、组织结构、职能划分等因素也是增进企业预算管理效率的变量，目前的组织结构往往限制了预算管理功能在企业中的运用。

把 EVA 仅仅理解为是个财务指标是错误的，也是极其危险的。通过 EVA 预算的编制和执行，通过发现问题，对成本、收入、组织结构、管理体制、流程乃至企业战略不断优化，才是价值管理的核心内容。具体应该对 EVA 的几个主要调整项目进行管理，包括财务费用（通过调整资本结构、降低贷款利率、调整贷款期限等措施）、研发支出预算、在建工程控制、各种资产减值准备控制、广告费用。资源类企业还重点涉及勘探费用、弃置费用、战略性投资、产量指标的权衡等。

四、预算考评和激励措施要到位

首先，传统的考评指标的科学性与系统性不强。重视产量指标和财务业绩指标的考核，而忽视了可以体现企业战略绩效的非财务业绩指标的考核；重视对预算执行情况的考核，而忽略了预算编制的科学性和准确性的考核。例如，财务业绩指标主要注重费用的节约和盈利的实现，致使个别部门和单位为了节约费用而削减一些必要的开支。这不利于企业经营活动的开展。其次，奖惩制度不完善，预算考核流于形式。主要表现为：一是"有指标，无考核；有考核，无奖惩"等现象普遍存在，起不到应有的激励作用。二是奖励容易，处罚难。由于奖惩不到位，使得预算考核流于形式，不能有效调动企业职工的主观能动性，从而影响了企业预算目标的实现。

预算离开考核毫无意义，EVA 激励机制是 EVA 预算中的关键环节，只有把基层价值创造的动力充分调动起来，才能实现价值的增加。可以通过以下做法：一是在弹性预算框架内，以月度执行预算为考核基础，构建生产经营指标、财务绩效指标的考核体系，按一定权重对责任部门进行考核，促使各职能部门注重指标的平衡，为 EVA 而努力。二是在激励时，充分利用 EVA 奖金池制度。通过递延的方式支付奖金，促进执行经理层为价值增值的工作，杜绝盈余管理等短视行为，促进企业价值增加。

第十四章

基于 EVA 的业绩考核

第一节　国资委推行 EVA 考核的背景与目的

一、国资委推行 EVA 考核的背景

加入 WTO 以后，我国对外开放的步伐进一步加大，国有企业随着不断发展壮大需要进入国际市场，这就需要与国际接轨的业绩评价方法和管理体系。EVA 企业管理系统在全球范围内的广泛应用以及在许多著名公司（如西门子、索尼、可口可乐等）提高业绩的事实，使 EVA 的科学性、有效性得到了充分的证明。因此，应用 EVA 对国有企业进行业绩评价和开展价值管理可增强我国国有企业与国际市场企业的可比性，使国有企业更快地融入国际市场。

EVA 在央企的考核试点工作已经开展了 6 年，自愿参加试点的中央企业逐年增多，2009 年已达到 100 户，超过中央企业总数的四分之三。经过 6 年的试点工作，EVA 考核在引导中央企业科学决策、控制投资风险、提升价值创造能力等方面发挥了积极作用。逐步改变了部分央企重投资、轻产出，重规模、轻效益，重速度、轻质量的现象，有效遏制了盲目投资、盲目要资源的冲动，逐步树立了减少资源占用和提高资源利用效率的现代经营理念。

为了进一步发挥业绩考核的导向作用，努力推动中央企业价值创造能力稳步提升，风险控制水平明显提高，创新能力显著增强，科学发展迈出新步伐，为实现国有资产保值增值、促进国民经济平稳较快发展做出新的更大的贡献。从 2010 年开始，国资委决定从第三任期开始实施新的经营业绩考核办法，全面推行经济增加值（EVA）考核，推动中央企业提高价值创造能力和科学发展水平。

国资委自 2010 年开始对所有中央企业推行以经济增加值为核心的价值导向考核，我们认为这主要是基于目前央企所处的经济环境、发展模式和"做大做强"的需要，国资委推行经济增加值考核主要基于以下几个方面的考虑：

（一）转变央企增长方式的需要

从现实情况看：中央企业与国际先进企业相比，一方面整体价值创造能力不强，另一方面部分中央企业还存在较强的规模扩张、单纯做大的冲动。引入 EVA 考核，有助于中央企业更好地贯彻"科学发展观"和"又好又快"发展的要求，转变增长方式，促使企业不盲目追求规模扩张，注重追求价值增长；形成资本纪律，有效利用资本；避免盲目投资，着力做强主业，最终提升企业价值创造能力和核心竞争力。

国资委成立以来，中央企业取得了长足进步，但发展还不平衡，一些企业内在发展能力提升还不够快，发展方式还比较粗放，效益增长的基础还不稳固。一些企业过分追求规模扩张，低效资本占用过多，资本使用效率不高。在这次国际金融危机中，国际上一些大企业相继破产或陷入困境，其中一个共性的原因就是过度扩张，盲目并购，大量资本投资于低效的领域。

1. 一些国有企业会在成熟产业重复投资，把股东财富浪费在低效率的生产能力扩张上。

2. 通过大幅度增加投资，扩大企业规模，从而增加企业所控制的资源量。

3. 企业过分追求净利润指标，盲目向主营业务以外的其他领域投资，如证券市场、房地产等。

做好主业是国资委作为出资人对央企的基本要求，央企要严格按照国资委要求，做大做强主业，严控非主业投资。非主业投资不仅不能带来稳定的现金流，而且会增加企业的经营风险。

（二）加强央企风险意识的需要

这几年央企发展很快，大部分能做到突出主业，围绕主业发展，核心竞争力进一步增强。对央企的考核要采用经济增加值考核方式，目的也是要引导央企突出主业，做强主业。中央企业的价值不仅仅是赚多少钱，更重要的是要在行业发展、产业发展中起引领和带动作用。央企要老老实实干自己本行的实业，不要"东张西望"、"左盼右顾"，寻找投资捷径，结果，管理不慎，容易造成"短路起火"，反而使企业造成更大的损失。推行 EVA 考核，也是为了引导央企做大做强主业，推动资金、技术、人才等各类资源向主业集中，加快清理非主业和低效资产，不属于企业核心主业、长期回报过低的业务，要坚决压缩，及时退出。

2008 年全球爆发严重的经济危机，经济危机给中央企业带来了很大困难和严重影响。面对经济危机，做好风险防范，实现稳健经营成为中央企业的重要任务。

面对后危机时代的发展机遇和新的挑战，央企在风险防控方面，要有超前防范意识，建立健全风险管控体系，在完善业绩考核机制过程中，限制非主业投资，对非经常性收益按减半计算甚至全部扣除，加快清理非主业和低效资产，围绕做强主业和实现主业收益最大化。

（三）培育一批具有国际竞争力的世界级企业的需要

大公司、大企业集团是一个国家经济发展的支柱，是技术进步、产业升级、结构调整的中坚和骨干。目前跨国公司拥有世界专利技术的70%，占世界技术贸易的90%、货物贸易的70%和跨国投资的90%，对世界经济、社会和文化的影响难以估量。要加快中国经济结构的战略性调整，加快经济增长方式的转变，就必须大力实施大公司大企业集团战略。

进入世界级企业，关键是要具有国际竞争力。国际竞争力是"企业目前和未来在各自的环境中以比他们国内和国外的竞争者更有吸引力的价格和质量进行设计、生产并销售货物以及提供服务的能力和机会"。既包括现实的企业核心竞争能力，也包括企业潜在的不断学习、改进和创新的能力，集中表现为特定产业的国际市场占有率和盈利率。

近年来，中国通过对国有企业的改革、国有经济的战略改组和企业组织结构的调整，促进一批大公司在境内外上市、鼓励发展企业集团等措施，形成了一批大公司和企业集团，发展势头喜人。但是，我们也应该看到，这些大公司和企业集团多数是由行政机构或行政性公司演变而来的，行政色彩还很浓厚，公司和集团内部的许多关系还没有理顺，重组的任务还很重。即便是通过自身实力发展起来的少数大公司和企业集团，也缺乏国际竞争力。事实证明，大并不意味着强，只有那些既具有很大的规模，又具有很强的国际竞争力的大公司和企业集团，才是我们的奋斗目标。

培育和发展一批具有国际竞争力的大公司大企业集团是党中央、国务院对我们的殷切期望。从中央企业的发展战略规划看，大多数企业都将发展战略定位于行业排头兵，很多企业提出要进入世界500强，还有些企业提出要进入本行业的世界前3名，这就决定了中央企业的竞争对手，主要是那些著名的跨国公司。目前，中央企业在一些重要领域发展势头很好，生产规模不断扩大，但由于缺乏核心技术和自主知识产权，往往不得不把大部分利润拱手让人。我们不少中央企业在与跨国公司"对标"中，已深感到我们与跨国公司的差距不仅限于规模和资本，更主要是体现在科技方面，尤其是自主创新能力上。

二、国资委实施 EVA 考核的意义与目的

EVA 等于税后净营业利润减去资本成本。它是一种全面评价企业经营者有效使用资本和为股东创造价值能力，体现企业最终经营目标的经营业绩考核工具，也是企业价值管理体系的基础和核心。过去的20多年，国外公司通过应用经济增加值这一管理工具，发现它在指导企业目标设定、战略评估、财务计划及核算、资源分配、薪酬设计、兼并收购、价值提升等方面，具有其他管理工具无法比拟的优势。在中央企业业绩考核中引入 EVA，对于加强国有资产监管，完善经营业绩考核体系，引导中央企业增强价值创造能力、提高发展质量和实现可持续发展具有重要意义。

（一）有利于增强企业价值创造能力

经济增加值考虑了资金机会成本和股东回报，其"有利润的企业不一定有价值，有

价值的企业一定有利润"的评判标准，反映的信息量比利润总额和净资产收益率指标更加真实和全面。以 EVA 考核企业的经营业绩较为客观，企业可以自我纵向比较，也能够与其他企业进行横向比较，找出自身的不足，确定改进和努力的方向，有利于企业在战略目标和工作重点的制定中贯彻以长期价值创造为中心的原则，为所有者持续创造财富。

（二）有利于提高企业发展质量

资本成本的导向作用将使企业的投资决策更为谨慎和科学，有利于企业避免盲目投资、防范风险、提高资本使用效率。同时，经济增加值的引入，可以对资本利用效率做最好的测度，能够比较科学、客观、准确地在需要国有经济发挥主导作用的领域遴选出一批成长性好、升值空间大、股东回报率高的企业，通过资产的流动、重组，有进有退、有所为有所不为，把有限资源配置到这些企业的主营业务上，尽量剥离或限制发展非主营业务，提高国有经济发展质量。

（三）有利于促进企业可持续发展

经济增加值纳入考核，不会鼓励企业以牺牲长期利益来夸大短期效果，而是要求经营者着眼于企业的长远发展，关注于企业长期业绩的提升。经济增加值计算中的会计调整，其中一个重要作用，就是引导企业进行长远利益的投资决策，加大有利于科学发展的投入，避免短期行为。经济增加值改善情况还可以与经营者的中长期激励实行挂钩，鼓励经营者的长期价值创造，实现企业可持续发展。

全面推行经济增加值（EVA）考核，是为了引导企业围绕提高资本使用效率，牢固树立资本成本意识，既要重视生产经营成本，更要考虑资本成本，实现真正意义上的全成本核算，保证为出资人提供更多的回报和利益。经济增加值突出了"三个导向"：突出企业的资本属性，引导企业增强价值创造能力，提升资本回报水平；突出提高发展质量，引导企业做强主业、控制风险、优化结构；突出可持续发展，引导企业更加重视自主创新，更加重视战略投资，更加重视长远回报。

国资委引入 EVA 业绩考核目的主要有 6 个方面：

1. 引导企业规范投资行为、谨慎投资；
2. 控制投资规模；
3. 新投资项目一律要有资本成本门槛，并以此作为考核投资效果的主要依据；
4. 中央企业要坚持围绕主业搞投资，做强主业搞并购；
5. 引导企业科学决策；
6. 引导企业不断提升价值创造能力。

EVA 考核是国资委从财务考核到价值考核转变的一个重要的部署。EVA 考核的一个要点就是资本成本，重点是 EVA 指标的持续提升。

第二节 国资委实施经济增加值考核相关要求

一、建立和完善促进中央企业科学发展的考核机制①

2010 年 4 月 12 日，国资委主任、党委书记李荣融主持国资委党委中心组集体学习，深入研讨交流如何通过全面推行经济增加值（EVA）考核，建立和完善促进中央企业科学发展的考核机制，引导中央企业加快发展方式转变，实现又好又快发展。国资委党委认为：

1. EVA 考核较好地处理了近期发展和长期竞争力提升的关系，对于促进企业加快发展方式转变，做强主业，增强核心竞争力，加强风险控制，实现可持续发展，必将发挥积极而深远的作用。

2. EVA 考核将引导中央企业价值创造理念和资本成本意识逐步深化，运营成本最低、投资成本最省、价值链条最优的资本管理模式得到认同，对抑制有的企业扩张过快、推进中央企业主辅分离辅业改制、增加科技投入和风险控制水平提高有着积极的作用。

3. 建立 EVA 考核制度的导向是正确的，但作为一项全新的考核制度，还需在实践中不断探索和完善。要加强委内各有关厅局的工作配合，做好分类指导，使 EVA 考核更符合企业实际，更好地发挥作用。

国资委第一任主任李荣融对央企建立 EVA 考核机制工作提出了三点要求：

一是明确国资委承担的重要责任，增强建立 EVA 考核机制的自觉性。中央企业是共和国经济社会发展的顶梁柱，引导中央企业又好又快发展，打造 30 ~ 50 家具有较强国际竞争力的大公司，应对后金融危机时期更高水平、更高层次和更加激烈的国际竞争，要求我们运用好 EVA 考核机制这个手段，促进中央企业向国际先进水平的大公司看齐，全面推动中央企业不断提升竞争力。

二是认真研究，进一步完善 EVA 考核机制。EVA 考核机制产生在成熟市场经济国家，我国有特殊的国情，中央企业处在不同的行业、规模和发展阶段，国资委要在掌握 EVA 考核机制的基本原理的同时，结合国情和中央企业的具体情况，提出符合实际的考核指标和考核方法。同时，要认真听取中央企业的意见，不断完善考核办法。

三是认准方向，积极推进。今年中央企业改革发展的任务繁重，环境复杂。国资委要认准 EVA 考核机制的方向不动摇，同时认真研究企业的实际情况，分步实施，既要积极，也要稳妥，扎实推进，不断完善促进中央企业科学发展的考核机制，促进中央企业加快发展方式转变，实现又好又快发展。

---

① 摘自 2010 年 4 月国资委党委中心组召开的关于认真学习研讨经济增加值考核问题的研讨会议。

二、全面推行经济增加值考核，提高央企价值创造能力①

2010 年，中央企业迎来了第三任期业绩考核。新的任期，中央企业业绩考核工作既有许多有利条件，也面临不少严峻挑战。

这次金融危机使世界经济经受了极为严峻的考验。经过各国的共同努力，目前全球经济开始出现积极变化。在党中央、国务院的正确领导下，我国经济率先实现回升向好。尽管国际金融危机还没有完全过去，不确定因素还很多，但总体上看，最困难的时期已经过去，世界各国都已经开始积极谋划后危机时代的经济发展，新的发展趋势已初现端倪。一是全球经济发展方式将发生重大变化。美国、欧洲、日本等发达国家和地区纷纷提出"绿色新政"，低碳经济和新能源等新兴战略产业将成为新的经济增长点，低碳经济、低碳环保技术等将成为国家竞争力的重要体现。二是全球竞争格局将发生重大变化。美国主导世界经济发展格局的地位有所削弱，以"金砖四国"为代表的发展中国家和新兴经济体异军突起，全球将进入空前的创新密集和产业竞争时代，抢占科技制高点的竞赛将更加激烈。三是全球制度规则将发生重大变化。随着国际政治、经济力量调整，国际金融、贸易、知识产权保护等规则将发生深刻变化。上述重大变化，对中央企业的改革发展提出了新挑战，同时也提供了难得的机遇。

面对后危机时代的发展机遇和新挑战，国资委决定从第三任期开始在中央企业全面推行经济增加值考核，进一步引导中央企业提高价值创造能力，提升发展质量，实现可持续发展。中央企业要立足当前，谋划长远，围绕打造新的竞争优势，继续在"抓改革、调结构、提质量、控风险、增实力"上狠下功夫，充分发挥业绩考核的导向作用，实现价值创造的新飞跃。

（一）引导中央企业更加注重资本使用效率，提高发展质量

经过改革开放 30 年的快速发展，我国经济规模迅速扩大，经济总量已跃居世界前列，但也为此付出了沉重的资源、环境代价。国资委成立以来，中央企业取得了长足进步，但发展还不平衡，一些企业内在发展能力提升还不够快，发展方式还比较粗放，效益增长的基础还不稳固。一些企业过分追求规模扩张，低效资本占用过多，资本使用效率不高。在这次金融危机中，国际上一些大企业相继破产或陷入困境，其中一个共性的原因就是过度扩张，盲目并购，大量资本投资于低效的领域。中央企业对此要引以为戒。在今后发展中，如何引导中央企业既量力而行又尽力而为，既保持必要的发展速度又注重资本回报和发展质量，是业绩考核工作面临的新挑战。

围绕提高资本使用效率，中央企业要牢固树立资本成本意识，既要重视生产经营成本，更要考虑资本成本，实现真正意义上的全成本核算，保证为出资人提供更多的回报和利益。要高度重视投资过程中可能出现的重复建设、产能过剩等问题，不盲目追求产

---

① 摘自国资委黄淑和副主任 2010 年年初在中央企业负责人经营业绩考核工作会议上的讲话。

能、产量和市场份额。要严守资本纪律，切实做到"自身不能掌控的高风险领域坚决不投，损毁股东价值的项目坚决不上"。

（二）引导中央企业更加注重做强主业，调整优化结构

在应对这次金融危机过程中，主要发达国家大型跨国公司的一个显著变化是，下大力气剥离非主业资产、清理低效资产、出售非核心业务，不断加大结构调整和产业升级力度，经过调整巩固了原有的技术、管理优势，进一步增强了主业竞争力。如何引导中央企业做强主业，加大调整力度，抢占经济发展的制高点，是业绩考核工作面临的新挑战。

围绕做强主业和实现主业收益最大化，中央企业要着力抓好以下三点：第一，紧紧抓住国际国内经济结构调整提供的重大机遇，突出战略重点，明确主攻方向，进一步调整优化结构和转变发展方式，更加合理地配置资源，推动资金、技术、人才等各类资源向主业集中，向研发、设计、品牌建设等价值链的高端集中。第二，按照国有经济布局战略性调整要求和国资委确定的主业，严控投资方向，专注优势产业和优势产品的发展，强化投资项目的经济增加值考核，防止过度扩张。第三，坚持有进有退，有所为有所不为，以壮士断腕的勇气和决心，加快清理非主业和低效资产，力争取得结构调整、产业升级的新突破。

（三）引导中央企业更加注重风险防控，实现平稳较快发展

当前，发达国家失业率居高难下，消费和投资仍比较疲软，国际资本市场还不稳定，大量热钱从发达国家流出，新的资产泡沫和投资风险还在积聚，不排除再次冲击实体经济的可能。许多国家迫于经济衰退引发的政治和经济等压力，纷纷出台保护措施，贸易摩擦不断加剧。与此同时，我国经济回升的基础还不牢固，经济运行中新老矛盾相互交织，保持经济平稳较快发展、推动经济发展方式转变和经济结构调整的难度加大。我国将继续实施积极的财政政策和适度宽松的货币政策，保持宏观经济政策的连续性和稳定性，但同时将对宏观经济政策的力度、节奏、重点做出有针对性的微调。在这种形势下，如何引导中央企业密切跟踪市场和政策的变化，及时做好风险防范，是业绩考核工作面临的新挑战。

做好风险防范是取得企业良好业绩的一项重要基础工作。当前中央企业要着重抓好以下三点：第一，要有超前防范意识，居安思危，坚持稳健经营，经得住短期利益的诱惑。尤其是要慎重进入股市、房地产和期货等高风险领域，已经进入这些领域的，要规范程序，严格考核。第二，要建立健全风险管控体系。针对企业发展中的薄弱环节和管理难点，优化考核指标设计，并根据不同发展阶段的特点实施动态调整，持续改进。要加强内控制度建设，强化资金预算控制，从严控制资产负债水平，严格管控现金流量，努力降低经营风险。第三，要有效规避"走出去"带来的风险。充分搞好市场论证和需求调查，加强对境外政治、经济、社会、法律环境和财务、税收、审计制度等风险因素的评估，把各类风险控制在最低程度。

（四）引导中央企业更加注重可持续发展，增强国际竞争力

这次金融危机对实体经济造成很大伤害，一批企业被淘汰出局，但许多企业反应灵敏，及时调整发展战略，加快优化组织结构和产品结构，不断提升技术能力和管理水平，大幅削减成本，竞争能力得到了提升。一批浴火重生的跨国集团不仅巩固了传统竞争优势，而且还通过体制、机制、技术和管理的创新，形成了新的竞争优势。如何引导中央企业适应当前竞争格局的新变化，不断提高核心竞争能力和可持续发展能力，在更加激烈的市场竞争中立于不败之地，是业绩考核工作面临的新挑战。

围绕引导中央企业实现可持续发展，业绩考核工作要把握以下三点：第一，要加强自主创新能力的考核。密切关注科技发展动态，集中优势力量，加大关键领域和占领未来制高点的研发投入，完善技术创新能力建设的制度保障，提高研发效率。第二，要加强成本考核。低成本是我国企业参与国际竞争的一大比较优势。面对跨国公司大幅度削减成本的局面，中央企业要有紧迫感。要强化成本的全过程管理，降低采购费用，优化原材料使用，改进工艺和管理流程，降低管理费用，确保成本竞争优势。需要注意的是，降低成本是一个持续的过程，不能以牺牲长期竞争力为代价，关系到企业长期发展的项目支出不能轻易减少。第三，要加强节能减排考核。优化能源结构，提高能源使用效率，大力开发清洁能源技术，减少温室气体和污染物排放，尽快形成低能耗、低污染、低排放的清洁发展方式。

总之，各中央企业要把全面推行经济增加值考核作为应对后危机时代新挑战的一个重要举措，不断强化价值创造导向，为中央企业实现又好又快发展提供更有力、更有效的引导。做好经济增加值考核工作，关键是要做到：准确把握"三个导向"，突出抓好"四项重点"，用好用足"四条政策"。

"三个导向"是：第一，突出企业的资本属性，引导企业增强价值创造能力，提升资本回报水平。第二，突出提高发展质量，引导企业做强主业、控制风险、优化结构。第三，突出可持续发展，引导企业更加重视自主创新，更加重视战略投资，更加重视长远回报。

"四项重点"是：第一，提升现有资本使用效率，优化管理流程，改善产品结构，减少存货和应收账款。第二，抓紧处置不良资产，不属于企业核心主业、长期回报过低的业务，坚决压缩，及时退出。第三，提高投资质量，把是否创造价值作为配置资源的重要标准，确保所有项目投资回报高于资本成本，投资收益大于投资风险。第四，优化资本结构，有效使用财务杠杆，降低资本成本。要将价值管理融入企业发展全过程，抓住价值驱动的关键因素，层层分解落实责任。

"四条政策"是：第一，鼓励加大研发投入，对研究开发费用视同利润来计算考核得分。第二，鼓励为获取战略资源进行的风险投入，对企业投入较大的勘探费用，按一定比例视同研究开发费用。第三，鼓励可持续发展投入，对符合主业的在建工程，从资本成本中予以扣除。第四，限制非主业投资，对非经常性收益按减半计算。这些政策，对于提升中央企业发展质量，实现可持续发展，将会产生重要的促进作用。中央企业要

用好用足这些政策，制定配套办法，完善考核制度，确保政策发挥效用。

三、国资委关于做好经济增加值业绩考核工作的要求

（一）2010 年关于 EVA 考核工作的要求

1. 认真学习和贯彻新的业绩考核办法

从 2010 年开始，在中央企业全面实施新的经营业绩考核办法，体现了科学发展的新要求和应对后危机时代挑战的客观需要，标志着业绩考核工作进入了一个新阶段。各中央企业要结合实际，认真学习，积极贯彻。

新的考核办法坚持了目标管理、考核指标"少而精"、"分类考核"、"短板考核"、"对标考核"等原则和要求，并重点从四个方面进行了完善：一是将经济增加值纳入考核体系，引导企业不断提升价值创造能力，提高发展质量，实现可持续发展。二是将全员业绩考核纳入考核办法，引导企业更加重视国有资产保值增值责任的层层落实。三是将考核结果与年度和任期激励、企业负责人调整挂钩，进一步完善激励约束机制。四是完善与法人治理结构相适应的考核评价机制，实现董事会企业与非董事会企业业绩考核的有效衔接和合理平衡。

2. 扎实抓好经济增加值考核的组织实施

在中央企业全面推行经济增加值考核，是业绩考核工作的一次重要尝试，极具挑战性和复杂性。各中央企业要提高认识，认真组织实施，确保取得成效。

一要加强领导。荣融主任对业绩考核工作高度重视，对推行经济增加值考核部署很早，要求很高。我分管此项工作，深感责任重大，压力不小，曾多次组织研究，广泛听取意见。委内有关厅局认真开展调查研究，反复测算比选方案，"三上三下"大范围征求中央企业意见，形成了考核实施细则。总体考虑是，先引入后规范，先简单后精准，分阶段、分步骤实施和完善。在引入阶段的主要任务是，树立资本成本意识，引导企业做强主业，控制经营风险，加大科技投入，提升发展质量。各中央企业要高度重视，把思想统一到国资委的决策上来。企业领导班子要集中研究一次经济增加值考核工作，认真分析实施经济增加值考核的有利条件和不利因素，针对薄弱环节，提出改进措施，做出全面部署。

二要加强有针对性的培训。培训工作至少要覆盖到三级企业领导班子和考核工作部门。企业负责人要充分了解经济增加值的精神实质和核心理念，并切实贯彻到决策、执行、监督的全过程。考核部门要充分了解经济增加值考核的规定和要求，熟练掌握经济增加值考核的具体实施方法，做好本企业经济增加值考核的培训组织工作。要不断拓宽培训范围，逐步在企业内部形成对资本负责、对价值创造负责的责任机制和企业文化，营造人人关心价值创造的良好工作氛围。

三要抓紧制订和完善企业内部的经济增加值考核方案。各中央企业要认真领会经济增加值的精髓，不能简单照搬国资委的方案，要按照企业业务类型和实际情况，大胆创

新。要根据企业的资本结构和所处行业风险程度，科学设定资本成本率。从国际上看，多数行业的资本成本率在10%以上，根据测算，中央企业为7%到10%。国资委从中央企业的实际出发，本着稳健起步的考虑，把资本成本率基准暂时设定为5.5%。各中央企业可以结合自身情况，设定更有针对性和挑战性的资本成本率。经济增加值的会计调整，要遵循重要性、导向性和可操作性原则，分类确定，不同企业、不同业务类型、不同发展阶段要有所区别。要把奖惩与经济增加值改善情况密切挂钩，根据国资委对中央企业薪酬管理的总体要求，合理确定薪酬结构和奖惩水平，引导企业避免短期行为，实现长远发展。

四要加强考核过程监控。各中央企业要加强调查研究，密切跟踪实施过程中遇到的新情况和新问题，及时提出改进措施。对于突出问题，各中央企业要及时向国资委反映，有关厅局要加强汇总分析，提出完善措施。

（二）2011年关于EVA考核工作的要求

1. 进一步明确业绩考核工作的主要任务

2011年及"十二五"时期业绩考核工作的主要任务是：围绕"做强做优中央企业，培育一批具有国际竞争力的世界一流企业"的目标，明确业绩考核主攻方向，完善业绩考核相关政策，引导中央企业夯实发展基础，转变发展方式，提升发展质量，实现科学发展。当前及今后一个时期，业绩考核工作要突出抓好以下五个重点：一是引导企业提高结构调整、资源整合并购重组和经营管理质量，提升价值管理水平。二是引导企业加强能源保障、完成军品任务、落实国家宏观调控政策，着力完成国家重点战略任务，增强服务经济社会发展全局的能力。三是引导企业着力解决历史遗留问题，夯实发展基础。对有政策依据、企业自身有能力解决的，要力争用三年左右的时间予以解决。四是引导企业着力加大研发投入，推动一批关键技术和核心技术取得突破并尽快实现产业化，提高自主创新能力。五是引导企业着力加强安全生产和节能减排，落实责任，严防重特大生产安全责任事故和环保责任事故的发生，实现企业安全发展和绿色发展。

2. 深入推进经济增加值考核

各中央企业要进一步提高认识，认真总结经验，完善实施方案，分步骤、有计划地将经济增加值考核推向深入。一是切实把思想和行动进一步统一到国资委的决策部署上来，坚定信心，正视困难，扎实做好推进工作。二是进一步完善实施方案。中央企业要根据所处行业、经济规模、功能定位等，采取更加符合企业实际、更加切实可行有效的实施办法。要根据本企业及所属企业实际情况，逐步扩大经济增加值考核的企业范围，逐步加大经济增加值在考核指标体系中的权重。要研究经济增加值目标的分解落实办法，科学合理地设定所属企业的考核目标和工作任务。三是要把经济增加值考核融入企业管理全过程。要从企业战略规划、投资决策、生产经营、技术创新等各个环节入手，认真梳理企业价值链条，发现影响价值创造能力的关键因素，切实把提高资本使用效率贯穿于企业决策、执行、监督的全过程。四是要主动开展与国际国内同行业先进企业对标，取长补短，提升价值。五是要强化考核结果应用。要积极探索建立与现行薪酬管理制度相衔接、与中央企业实际情况相适应、以经济增加值为核心的中长期激励机制。

(三) 2012 年关于 EVA 考核工作的要求

1. 明确业绩考核工作的主攻方向

2012 年国内外经济形势复杂严峻，中央企业业绩考核工作任务艰巨。各中央企业既要充分认识当前形势的严峻性和紧迫性，统一思想，抓紧做好应对准备工作，更要坚定信心，积极抓住新的发展机遇，实现稳中求进。要把业绩考核工作的主攻方向集中到"保增长、提质量、调结构、抓管理"上来。一是引导企业实现有效益的增长。要聚焦主业，通过优化资源配置、结构优化、科技进步和管理创新等，增强企业活力和竞争力，推动企业实现转型升级、科学发展。二是引导企业提升发展质量。要谨慎投资，减少资本占用，加快资金周转，提高资本使用效率。要加强全成本核算，抓好降本增效，提高盈利水平。三是引导企业调整优化结构。要围绕主业有进有退，向国家需要控制的领域、有技术优势领域、有人才储备领域、有核心竞争力的领域稳步迈进。四是引导企业提高管理水平。要全面开展精细化管理，深化与国际国内一流企业对标找差距。要通过强化管理，有效控制风险，从管理中要效益、求发展。

2. 加快推进经济增加值考核

各中央企业要认真总结实施经济增加值考核以来的经验和不足，抓住关键环节，进一步加大经济增加值考核工作的力度，不断拓展考核的广度和深度。一是加大经济增加值考核范围和权重。要认真分析所属单位发展阶段、行业特点、功能定位，逐步扩大经济增加值考核的范围，2012 年争取覆盖到所有三级企业。集团公司对二级企业的经济增加值考核权重要比上年有所提高，具备条件的企业力争达到 40% 以上。二是抓紧建立健全经济增加值动态监测制度。建立包括经济增加值完成情况、各业务单元价值创造能力、主要驱动因素影响等内容的月度监测数据系统。业绩考核部门要加强与运行、财务、投资等部门的沟通联系，加强数据收集、整理和分析，及时发现问题，研究解决办法，确保经济增加值考核和价值管理工作的持续改进。三是全面开展价值诊断活动。对所属企业资本占用和价值创造情况进行全面分析，根据不同的价值创造能力，加强分类指导，优化资源配置，提升价值水平。

(四) 2013 年关于 EVA 考核工作的要求

1. 认真贯彻实施好新修订的业绩考核办法

《中央企业负责人经营业绩考核暂行办法》(国资委令第 30 号) 已经公布，各中央企业要认真学习，贯彻实施好新修订的考核办法。一是切实把学习领会新办法作为一项重要工作，企业主要领导和班子成员要带头学习，理解和支持考核工作；分管领导和业绩考核部门同志要深入学习，吃透考核政策，准确把握出资人关注的重点和方向，提高考核工作水平。二是按照国资委新的考核办法的要求，结合企业实际，把业绩考核重点放在引导企业提高发展质量、调整优化结构、加强科技创新、提高国际化经营水平上来，抓紧修订内部考核制度，完善促进科学发展的考核体系和考核机制。三是认真总结考核工作经验和不足，把好的经验加以固化，上升到制度层面；对于突出矛盾和问题，要抓住薄弱环节，不断改进提升。四是进一步创新考核方法，突出考核导向，增强业绩考核的科学性、针对性和有效性，推动本企业各项重点工作任务的落实和目标的实现。

2. 不断深入推进经济增加值考核

各中央企业要认真总结经济增加值考核的经验和不足，进一步明确深化重点，不断深入推进经济增加值考核。一是客观分析企业内外部环境和自身特点，结合发展战略，明确价值提升的方向、目标和路径。深化重点要实现与市场化改革方向、加快转型升级、科学决策、精细化管理和激励约束相结合。二是认真梳理业务链与价值链，深入挖掘价值驱动因素，加强对关键驱动因素和重点经营指标的跟踪、分析，及时掌握企业资本占用和价值创造情况，找出制约企业价值提升的关键环节和重点部位，制订有针对性的整改方案。三是站在提升企业价值创造能力和发展质量的高度，将经济增加值考核融入到企业决策和生产经营管理的各个层面，将考核范围逐步延伸到各级企业和各业务领域，并逐步加大考核权重，提高考核标准。

（五）2014 年关于 EVA 考核工作的要求

进一步深化经济增加值考核。经济增加值考核已经全面实施四年。各中央企业要认真总结、细致分析，抓住薄弱环节，不断完善经济增加值考核体系。一是将经济增加值作为主要指标纳入企业考核体系，进一步加大考核力度。结合企业内部不同板块、不同发展阶段的特点，科学设定资本成本率和计算调整项。探索研究符合企业战略定位和发展规划的重大投资并购等资本占用的处理方法，引导企业做强做优。二是完善经济增加值监测体系，定期分析预警关键驱动因素和考核指标变化情况。参照行业和本企业历史数据，及时把握经济增加值变动趋势，对战略、运营、财务、内部控制等方面进行适时调整。三是探索以经济增加值为基础，以管理团队、核心业务骨干为主要对象，依据考核目标完成情况和价值贡献大小，实施专项奖励和中长期激励。对损毁价值的，建立健全严格的约束机制。四是结合企业实际，认真贯彻落实国资委《关于以经济增加值为核心加强中央企业价值管理的指导意见》，全面提升价值管理水平。

四、国资委实施经济增加值考核的战略考虑与工作原则

（一）实施 EVA 考核的战略考虑

在中央企业全面推行 EVA 是一项长期而艰巨的任务，需要全面的视野和长远的考虑。国资委初步考虑，将整个 EVA 考核实施周期划分为三个阶段：

第一阶段为引入阶段（第三任期）：明确价值导向，将 EVA 实质性纳入考核体系，实现新旧考核方法的平稳过渡，引导中央企业转变发展方式，调整和优化经营结构。

第二阶段为强化阶段：进一步强化价值导向，建立以 EVA 为核心的业绩考核办法与激励约束机制，引导中央企业建立价值导向的决策管理体系，提升价值创造和可持续

发展能力。

第三阶段为完善阶段：完善价值导向，与国外同类企业对标，计算出中央企业行业资本成本率，并将其引入EVA计算中，逐步建立具有中国特色的EVA业绩考核体系，引导中央企业推动以价值创造为核心的企业文化和组织变革，提高国际竞争力。

（二）实施EVA考核的工作原则

EVA运用于中央企业的业绩考核，要在全面借鉴国外EVA实践经验的基础上，结合我国国情和企业特点，加以消化、吸收和改进。

1. 突出主业原则。实施EVA考核，要坚持引导企业做强做大主业。企业非主业收益和主业收益，在EVA计算时要有所区别。

2. 风险控制原则。实施EVA考核，要引导企业分析EVA关键驱动因素，通过降低资产负债率、减少存货占用和应收账款，控制经营风险，提升经济效益。

3. 可持续发展原则。实施EVA考核，要引导企业关注长期、可持续的价值提升，增加研发、结构调整等有利于企业长期发展的支出，增强企业的核心竞争能力。

4. 分类指导原则。要根据企业类型和所处行业特点，在EVA计算时的重大调整事项和资本成本率确定等方面，进行分类处理，分类指导。

5. 循序渐进原则。要根据外部环境和配套条件的完善，结合企业特点，分阶段、分步骤地实施和完善考核办法，保持考核工作的延续性，做到平稳过渡。在2010年开始的第三任期内，EVA考核将重点引导企业突出主业发展和风险控制。

第三节　EVA平衡计分卡设计

业绩考核方法是一个不断发展完善的过程，各种绩效管理方法，都必须和企业发展要求相适应，必须通过对企业的透彻分析，包括企业的规模，所处的行业，竞争的状况，发展的阶段，企业的文化，内部的运营状况等，选择一个适宜于自己企业的绩效及战略管理框架，并取其精华，去其糟粕，更好地发挥绩效考核的导向作用，促进企业的大发展，达到企业预期的战略目标及远景目标。

业绩评价体系在决策支持、过程控制和作为确定报酬的依据方面发挥着至关重要的作用。按照詹森（Jensen，1986）的观点，业绩评价系统是企业最重要的组织规则之一。随着人类社会从工业社会进入知识与信息社会，企业的业绩评价系统也随之进行了创新。如前文所述，其最具代表性的是EVA和平衡计分卡。这些创新代表了当前公司业绩评价方面的最先进实践，对现代企业的管理具有重大的影响。埃巴（2001）称EVA为"现代公司管理的一场革命"，而卡普兰和诺顿则将平衡计分卡（BSC）作为"企业战略管理的基石"。

EVA和BSC评价体系是自20世纪90年代以来出现的两种业绩评价模式创新，它们都超越了传统的财务业绩评价系统的计量范围和领域，代表了当前公司业绩的计量与评价方面的最先进实践，对现代企业的管理具有重大的影响；这两种业绩评价模式适应新形势的要求，对企业的全要素进行计量与评价。它们有着各自的优缺点。

虽然我们已经引入了许多业绩评价工具，如 EVA、平衡计分卡等，但由于缺乏对这些工具差异与互补关系的理论认识，致使企业在具体应用这些工具时，不同程度地存在以下三种倾向：（1）单纯强调某个单一管理工具的系统性和全面性；（2）误认为各种管理工具越多越好；（3）不断更新管理工具。这些倾向的存在造成企业管理无序化，甚至出现相互矛盾和相互抵触的现象，不但不能帮助实现战略目标，而且还会给股东价值创造活动带来负面影响。因此迫切需要改变这些倾向，以提升企业管理水平，增强企业核心竞争力。改变这些倾向的根本途径就是对企业业绩评价系统进行整合。

一、EVA 与 BSC 融合的可行性

1. 股东财富最大化

企业价值最大化或股东财富最大化以及利益相关者财富最大化是目前占主流地位的企业目标。前者认为股东是企业的所有者，如果企业无法实现股东的预期目的，股东就有可能"用脚投票"，将资金抽离企业。因此，企业目标就是要通过财务上的合理经营为股东带来最大化的财富。在这一目标下，企业业绩评价体系的核心是 EVA。后者认为，企业只有通过满足各利益相关者的利益要求才能获得可持续发展，因此应将利益相关者财富最大化作为企业目标。利益相关者包括国家、股东、债权人、经营者、员工以及其他人。

既然业绩评价体系是为实现企业目标服务的，企业应建立这样的业绩评价体系，该体系中平衡计分卡是框架，是平衡工具；EVA 是最终评判"准则"，目的在于促进价值创造。这就是所说的价值驱动型的 EVA 平衡计分卡。

这里强调 EVA 的核心作用，是因为在实践中平衡计分卡虽然可以使管理者的目标从收益类指标转移开来，而将工作重点放在公司所面临的其他重要事项上，如与供应商和客户的关系。这些指标在监督业绩和调整企业计划方面起到了重要作用，而这样做使管理者容易固定地把一组特定的指标作为企业目标，而事实上，这些特定指标之间并不一定呈正相关关系，如客户满意度提高了，而同时股东资本收益率却下降了。因而这样可能会使企业发展误入歧途。因为我们最后想要的是企业价值的增加，而不是各种业务水平的变化。这就好比在评价某支球队时，先统计各项技术指标，然后用不同的权重加总评出总分，但是比赛的胜利并不由数据的加总决定，一切由最后比分说了算。同时，它没有指出如何在不同指标中进行权衡，说得更明白一些，平衡计分卡没有产生一个能使我们辨别获胜者的结果。由于管理者无法在平衡计分卡上确定一个明确的业绩标准，其结果就是退回到简单的、不完善的财务指标。如何解决这个问题？迈克·C·简森认为，一个组织恰当的衡量指标是价值创造，并且建议使用 EVA。

2. EVA 与 BSC 的互补性

EVA 侧重于采用新的财务指标来克服传统财务指标的某些局限性；BSC 则是将更多

的注意力集中在具有"前瞻性"的、有助于培植企业长期核心竞争能力的非财务指标上。随着两种方法的推广与应用，前述所分析的各自的优缺点也都不同程度的表现出来。任何技术、管理方法的进步都是在不断总结经验，汲取他人所长的基础上得到的，因此有些学者开始设想将 EVA 与 BSC 相结合，试图找到一个更好的业绩评价方法。

（1）对 EVA 方法产生直接影响的理论包括资本成本理论、代理理论、价值管理理论。对 BSC 方法产生直接影响的理论包括利益相关者理论、战略管理理论等。虽然这两种方法在理论基础方面存在种种区别，但各个理论之间并无冲突之处，只是从不同角度对企业进行业绩评价。

（2）BSC 是一个开放的体系，具有可扩展性，其最可贵的是综合考虑企业一切驱动价值创造、价值实现的财务因素和非财务因素，并且与企业战略结合，从而能使计划有效的实现。关键就在于"综合考虑"这一特性上，这就内在地要求凡是对企业价值创造有重要影响的因素 BSC 均要考虑；而 BSC 将非财务因素与财务因素结合也为其不断纳入新的内容提供了理论框架。

（3）EVA 绩效管理体系尽管没有将非财务指标作为业绩评价指标，但也强调一方面非财务因素是使部门和员工易于理解的价值创造动因，另一方面非财务因素可以更好地预测未来 EVA。

BSC 中则更是将财务角度作为十分重要的内容进行考察，虽然没有明确财务指标以 EVA 指标为准，但 EVA 指标首先是财务指标。从这个角度来说，EVA 绩效管理体系可融入 BSC 绩效管理体系。

（4）EVA 具有滞后的特性，不能很好地预测未来 EVA 及其未来增长机会；若想保持 EVA 的持续增长，就应该了解反映价值的先导指标，考察非财务性价值驱动要素，BSC 最大的特点是考虑了非财务因素，更便于识别那些能被部门经理施加影响的 EVA 驱动要素。BSC 中考虑的传统的财务指标不能考核全部资本成本，不能很好地解决股东与管理层之间的代理问题，而 EVA 指标可较好的解决这一问题。从这个角度来说 EVA 绩效管理体系与 BSC 绩效管理体系有互补的需求。

美国资深 EVA 顾问戴维·扬和斯蒂芬·F·奥伯恩（S. David Young & Stephen F. O'Byrne）在所著《EVA 与价值管理：实用指南》一书中说道："虽然卡普兰与诺顿在设计 BSC 时并没有考虑 EVA，但这个框架与 EVA 是高度互补的。"

思腾思特公司针对 EVA 与 BSC 在实践过程中出现的问题新创了"EVA 平衡计分卡"，可称为一种新型"平衡计分卡"，他们认为与一般 BSC 相比，EVA 平衡计分卡进行了以下的重大改进：

（1）将 EVA 放置于"平衡计分卡"的顶端，处于平衡计分卡中因果链的最终环节。企业的发展战略都为实现 EVA 增长这一总目标服务。以创造 EVA 为导向，其他所有战略和指标都围绕其运行，各部门的活动必须融入提升 EVA 的活动。

（2）EVA 平衡计分卡中引入时间维度。企业要做出未来 EVA 的预算，分别包括次年预算、中期预算甚至长期预算，并在平衡计分卡的时间轴上标明管理者必须达到的目标。

（3）将企业的战略部署分解与 EVA 时间轴紧密相连，"平衡计分卡"的布局尽量从短期 EVA 向长期 EVA 的增长倾斜，这也是 EVA 与 BSC 的"综合"之处。

二、EVA 平衡计分卡设计思路

构建 EVA 与 BSC 相融合的业绩评价模式的总体思路是：以 EVA 为核心，运用 BSC 的基本原理，运用价值链分析工具进行 EVA 价值驱动分析，与 BSC 各维度相融合，并相应设置 BSC 各层面的评价指标。我们将分别从财务、客户、内部业务流程、学习与成长四个维度进行 EVA 与 BSC 的融合设计。需要说明的是，由于企业所处的发展阶段不同，以及行业特点和环境的复杂多变，并不存在普遍适用的、一成不变的业绩评价模式。企业应根据其自身的特点以及所面临的环境及时做出调整，构建适合本企业实际情况的业绩评价模式。

（一）EVA 平衡计分卡的设计原则

原则是设计业绩评价系统时必须遵守的规则，它们是人们从长期的经济活动中总结出来的，具有普遍的适用性，集中体现了企业业绩评价活动的共性。EVA 平衡计分卡作为一种价值驱动型的业绩评价系统，在设计指标时要遵循以下原则：

1. 以因果关系链为联结原则

提升 EVA 是衡量企业业绩的最终评价"准则"，应把 EVA 置于业绩评价指标因果关系链的顶端，同时，其他业绩评价指标必须是因果关系链上的一部分，这样才能保证企业业绩的提升最终会带来 EVA 的增加。

2. 平衡系统原则

指标系统要在外部衡量和内部衡量、结果衡量和动因衡量、财务指标与非财务指标衡量以及战略与实施这些战略的行动之间取得平衡，以全面、系统地评价企业的经营业绩，既可以反映企业目标实现程度又可以反映企业目标实现过程；既可以全面反映企业的现有状况，而且还能够体现企业的未来发展趋势。

3. 灵活可操作原则

所谓可操作性，就是指标的易理解性和有关数据收集的可行性，使所设计的指标能够在实践中较为准确地计量。同时，指标体系的设立应该有足够的灵活性，这种灵活性一方面要求企业能够根据自身特点和情况来设计，另一方面要求对企业战略变化以及内外部的变化表现出良好的应变性，以适应变化的要求。

4. 科学适用性原则

该指标体系应该能够科学地反映企业的实际情况，适中实用。如果指标体系过大、层次过多、指标过细，将会分散评价的注意力，不能体现整体；而指标体系过小、指标过粗又不能反映企业的实际水平。

5. 拓展性原则

因为各个产业和行业的企业都有自己的特殊要求，因此需要加入一些特殊的指标，这就要求指标体系有一定的拓展空间。

6. 成本效益原则

在选取和设计业绩评价指标时，也同样要考虑成本效益原则。如果为获取一项指标所花费的成本大于其带来的收益，一般应放弃该指标而采用其他成本较低的可替代性指标。

企业在选取业绩评价指标时，应综合考虑以上原则，可以通过"选取指标工作底稿"来对备选的指标进行评分，选出在以上方面表现较好的指标来构建适合企业自身的、驱动企业价值创造的业绩评价指标体系。

（二）EVA 平衡计分卡的建立步骤

1. 在董事会和管理层形成对 EVA 平衡计分卡的认同

要想建立 EVA 平衡计分卡并使它融入到企业的管理体系中，必须让企业的董事会和管理层对它形成认同。假如管理层不认同 EVA 平衡计分卡，就无法让广大员工接受它，这样 EVA 平衡计分卡就只是一种"管理时尚"，无法有效发挥其作用。

2. 选择恰当的业务部门

较适合建立 EVA 平衡计分卡的业务部门是分权下的、已进入成熟阶段的战略业务单位。

3. 确定战略业务单位与总公司的联系

选择了战略业务单位以后，需要确定该业务单位与企业其他业务单位、分公司以及总公司的关系，主要包括：该业务单位的财务目标（如 EVA 的增长）、总公司的战略目标、与其他战略业务单位的联系（如内部供应商与客户关系）等。这样做可以避免该战略业务单位制定的 EVA 平衡计分卡对自身有利而对其他业务单位和总公司不利。

4. 建立对战略目标的共识

企业可以通过座谈会的形式，在管理层就战略目标达成共识，同时收集他们对 EVA 平衡计分卡四个方面指标的建议。达成共识的过程可以获取管理层对 EVA 平衡计分卡的意见，并促进业务单位的不同职能部门在计分卡实施过程中更好地合作，为计分卡的有效实施奠定基础。

5. 选择和设计业绩评价指标

这个步骤是要针对取得共识的战略目标来确定最能够传达这个目标意图的评价指标体系。在指标选取和设计过程中，要遵循上文提到的原则，特别是要注意保持指标间的因果关系。

EVA 平衡计分卡需要保持评价指标与战略目标之间清晰的关系，以便于控制和证实，而战略是一套关于因果关系的假说，这就要求设计指标体系时应保持各评价指标相互之间的因果关系。

例如，对一个商业企业，通过对 EVA 的分析发现，企业价值的创造主要依赖扩大客户或驱使现有客户重复惠顾，创造忠诚客户，因此设定企业的战略核心为创造忠诚客户；但企业怎样才能得到忠诚的客户呢？在分析客户的取向，发现客户价值在于准时送货。因此，提高送货的准时性可增加忠诚的客户，继而达到卓越的财务结果。因此，EVA 平衡计分卡的客户方面包含了忠诚的客户及准时送货这两个指标；而要达成准时送货，企业需要有一个短周转期及高素质的操作流程，因此将这两个指标包含在 EVA 平衡计分卡的内部业务流程方面；紧接着就是怎样在内部业务流程方面改善素质及缩短周转期，这可以通过学习与成长方面的员工技能培训及技能改善来达成。

6. 制定目标值和行动方案

在确定了业绩评价指标以后，工作重点将落在目标值以及行动方案的制订上。目标值以及行动方案通常应由中层管理者提出、高级管理层核准，以保证目标值的挑战性、行动方案和业务单位战略的一致性，最终有利于业务单位的价值增值。

7. 向企业员工传达 EVA 平衡计分卡

EVA 平衡计分卡的有效实施需要获得广大员工的认同，同时要保证评价指标落实到相关责任人，这些有赖于 EVA 平衡计分卡的有效传达。传达可以通过制订培训方案以获得员工对 EVA 平衡计分卡的认同，鼓励和指导员工制定属于他们自己的"个人业绩评价卡"等来实现。

8. 执行的反馈与学习

作为企业的管理控制工具，EVA 平衡计分卡并不一定在第一次设计后就是完美的，同时业务单位的内外部环境在不停地发生变化，战略目标在变化，这就要求该系统相应变化，保持其动态性。

（三）EVA 平衡计分卡各维度指标设计

1. 以 EVA 为核心的财务维度评价指标设计

财务目标和指标是业绩评价指标体系中其他各层面目标和指标的核心，是其他各层面的出发点和归宿点。由于传统的财务业绩评价所具有的局限性：一方面是没有考虑股权资本成本从而低估了成本，高估了利润，造成在此基础上的决策失误、偏离股东财富最大化的目标；另一方面是会计体系的谨慎性原则使得管理者往往拒绝那些投资报酬率低于企业目前的投资报酬率却高于资本成本的投资机会，对企业的价值增值产生负面影响，影响企业的长远发展。而 EVA 作为一种全新的财务理念和评价体系恰恰能够弥补上述不足，有助于管理者将财务的两个基本原则融入到经营决策中，一是企业的主要财务目标是股东财富最大化；二是企业的价值增值依赖于投资者预期的未来利润能否超过资本成本。

企业的最终目标是实现股东财富最大化，那么在设置业绩评价体系时也应该紧紧围绕这一目标展开，尤其是在设置反映企业最终财务结果的财务层面业绩评价指标体系时，应该以价值创造为核心，追求股东财富的真正增加。因此，我们在设置财务层面业绩评价指标体系时，以反映企业价值创造的 EVA 指标为核心，然后对其进行指标分解，从几个方面对财务层面进行行业绩评价指标设置。在前面分析 EVA 的分解及与 BSC 的对接的基础上，可以构建出下面的框架（见图 14 – 1）。

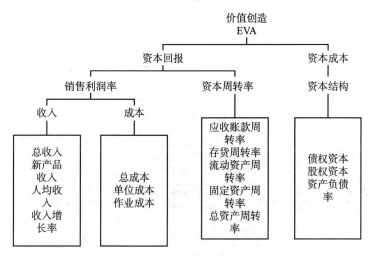

图 14 - 1 EVA 财务维度衡量框架

从图 14 - 1 中可以看出，以价值创造指标为核心指标，通过对 EVA 指标进行层层分解，分解成收入、成本、资产周转率、资本结构几大方面，进而针对这几大方面设计相应的评价指标。需要指出的是，由于各个企业的组织背景不同，所以设计的评价指标会有所不同。企业应根据自身组织背景特点，深入分析价值创造的驱动因素，以 EVA 指标为核心指标，从成本、收入、资产周转率、资本结构等方面有侧重的设计财务层面的业绩驱动指标。

2. 客户维度评价指标设计

在过去，企业可以集中精力提高内部能力，强调产品性能和技术创新。但是，对客户需求茫然无知的公司最终发现，竞争对手能够提供比较符合客户偏好的产品或服务，从而侵占了他们的地盘。因此，现在的企业无不把眼光从内部转向外部，对准客户。如果企业想要取得长期的卓越的财务业绩，就必须创造并提供客户青睐的产品和服务。通过客户层面的分析，企业确定他们希望竞争的客户群体和细分市场，这些细分市场代表了公司财务目标的收入来源。客户层面使企业能够根据目标客户和细分市场，调整自己核心客户的结果指标：满意度、忠诚度、保持率、获得率和获利率。它也协助企业明确辨别自己希望带给目标客户和细分市场的价值主张，而价值主张是核心客户成果指标的动因指标和领先指标。

客户层面的核心评价指标一般包括市场份额、客户保持率、客户获得率、客户满意度、客户获利率。这些指标之间存在着一定的逻辑关系：（1）客户满意度的提高不仅决定了新客户的获得和老客户的保持，同时决定了客户获利能力的增加。（2）客户获得和客户保持共同决定了市场份额。（3）客户获利能力和市场份额结合在一起，就成为企业财务目标实现的关键。（4）客户满意程度的提高，取决于客户价值主张的提高，即取决于产品和服务的特征（功能、质量、价格、时间）、形象、关系的不断提高。如图 14 - 2 所示。

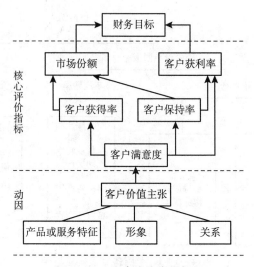

图 14 - 2　客户维度衡量框架

图 14 - 2 中的企业客户层面的核心评价指标是一些概括性的指标，还需要找到影响客户成果的业务驱动因素。这些业绩动因指标抓住了企业要向它的目标客户和细分市场提供的价值主张，即客户价值主张，代表企业通过产品或服务而提供的特征，其目的是创造目标细分市场的客户忠诚度和满意度。价值主张一般包括三个方面：一是产品和服务的特征，包括产品和服务的功能、质量、价格、时间。这是其中最重要的一方面，因为客户接受本企业的产品或服务，首先注重的是其质量、价格等。二是客户关系，包括产品和服务的交货、涉及反映时间、交付周期和客户购买产品的感觉。三是形象和声誉，这是企业吸引客户的无形因素。企业应从价值主张这三个方面分析应提供什么给客户，才能获得高度的客户满意度、保持率、获利率，最后达到较高的市场份额。当然，一般不同产业有不同的价值主张，甚至同一产业中不同细分市场价值主张也有所不同，所以企业应根据本企业的不同特点，寻找客户价值主张，设置相应的客户成果的业绩驱动指标。

3. 内部业务流程维度评价指标设计

对于企业来说，内部业务流程是提高企业业绩最有力的驱动因素。战略通过内部业务流程得以实施，客户需求通过内部业务流程得到满足。内部业务流程就是从顾客的需求开始到研究开发出能满足顾客需求的产品或服务，制造并销售产品或服务，并提供售后服务满足顾客要求的一系列活动。根据内部价值链的划分，内部业务流程可以从创新流程、经营流程、售后服务流程三个方面进行评价。如图 14 - 3 所示。

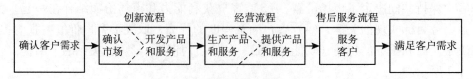

图 14 - 3　内部业务流程维度框架

（1）创新流程。创新流程是企业价值创造的长波。只有不断地创新，企业才有持续不断的活力和积极上进的动力，才能获得稳定的利润。因此，企业必须重视设计反映研究开发方面的指标以激励企业不断创新。

衡量创新流程这方面的基本指标主要有研究开发费用率、新产品投资回报率、研究开发成功率。另外，能够反映企业创新流程的其他辅助指标包括研究开发费用增长率、新产品研究开发费用率、成本降低研究开发费用率、产品质量研究开发费用率、新产品产销率、新产品销售率、新产品贡献率等指标。

（2）经营流程。经营流程是企业价值创造的短波。它从接到客户的订单开始，到递交产品或服务给该客户为止，强调以高效率、一致和及时提供既有的产品和服务给既有的客户。在信息技术飞速发展的今天，企业所处的商业环境和市场背景已经发生了根本性的变化，要求企业以最低的成本、最高的效率、最好的产品和服务来满足瞬息万变的客户需求，应对日益激烈的市场竞争。这方面的指标主要是有关产品的生产效率的指标和有关机器设备运作效率的指标。

有关产品生产效率的评价指标主要有两方面的内容：产品的生产周期效率和产品达标合格率及质量效益率。有关机器设备运作效率的指标主要有生产能力利用率和安全生产率两个指标。

（3）售后服务流程。售后服务流程是企业内部价值链的最后一个环节。面对激烈的市场竞争，产品质量差距日益缩小，良好的售后服务成为企业赢得顾客的重要手段。这方面的评价指标主要有售出产品的保修期限和售出产品故障排除及时率。

4. 学习与成长维度评价指标设计

财务、客户和内部业务流程层面的目标确定了企业为获得突破性业绩必须在哪些方面表现突出。学习与成长层面的目标为其他三个层面宏大目标的实现提供了基础框架，是前面三个层面获得卓越成果的驱动因素。企业战略经营强调的是未来的发展，对未来的投资，可使企业保持核心竞争力，形成战略竞争优势，而人则是形成这些优势的关键，因为，所有一切工作需要有人的操作。员工的学习培训，素质的提高，工作热情的调动至关重要，它直接影响着企业的发展潜力。企业削减对员工学习与培训的有关投资可以轻而易举地增加短期收益，但却于企业的长远发展不利。因此，具有战略经营眼光的企业管理者应十分重视对其员工学习与培训的投资，帮助员工成长。

学习与成长维度的业绩评价包括两套指标：一是衡量学习与成长层面目标的成果指标；二是根据成果指标设置的特定驱动因素。如图 14-4 所示。

学习与成长维度的核心成果评价指标一般包括员工满意度、员工保持率、员工生产率。企业除了确定学习与成长维度的核心成果评价指标外，还应该确定其独特的驱动因素。这些驱动因素一般包括员工能力、信息系统能力以及激励、授权和协作。

5. EVA 平衡计分卡各维度指标之间的因果关系

上述所构建的 EVA 与 BSC 融合后的业绩评价模式包括财务、客户、内部业务流程、学习与成长四个维度，这四个维度并不是相互独立、互不相干的，而是由一连串的因果关系相联系。如图 14-5 所示。

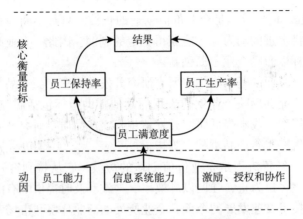

图14-4 学习与成长维度衡量框架

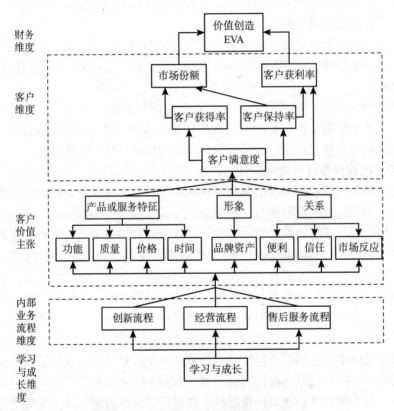

图14-5 各维度评价指标之间的因果关系

  首先，企业的财务目标是追求股东财富最大化，那么企业的各项活动就应该围绕这一目标进行，企业在设置业绩评价系统的财务方面评价指标时，应以增加股东财富为目标，以价值创造 EVA 指标为核心，然后将其进行分解。

  财务方面的业绩评价指标是结果指标，具有滞后性，所以企业不能仅仅关注财务结果，而应该对形成这种财务结果的动因进行分析和控制，设置相应的过程评价指标。企业要想取得一定的财务效益，进而实现企业战略目标，首先需要在目标市场中占有一定的份额，这是一个基数，其次还要达到一定的客户获利率，否则也不能获得目标利润。而企业要取得一定的市场份额和客户获利率，需要留住老客户吸引新客户，这就需要满足客户的需求，让客户满意。而客户的满意与否主要取决于企业所提供产品或服务的价值主张，即企业所提供产品或服务的特征、客户关系以及企业的形象和声誉。

其次，企业要提供较高的客户价值主张以满足客户的需求，就需要相应的科学合理的内部业务流程作支撑。内部业务流程就是从顾客的需求开始到研究开发出能满足顾客需求的产品或服务，制造并销售产品或服务，并提供售后服务满足顾客要求的一系列活动，其目的就是要创造出令顾客满意的产品或服务。

最后，科学合理的内部业务流程安排离不开人的作用，需要人的参与。而且随着客户需求的日益复杂和多样，对企业的内部业务流程提出了更大的挑战，需要企业不断改进原有的内部业务流程，甚至重构企业内部业务流程，这些都需要高素质的人才来完成。所以，企业应加大对员工学习与培训的投资，提高员工的素质，以满足市场对企业内部业务流程提出的更高的要求。

以上分析中可以看出，EVA与BSC融合后的业绩评价模式的几个方面并不是简单的拼凑，更不是主观随意的想象，而是根据企业总体战略，由一系列因果关系链条贯穿起来的一个有机整体。

（四）EVA平衡计分卡设计举例

我们在给某公司实施的EVA咨询项目中，为某公司专门设计了EVA平衡计分卡。如表14-1所示。

表14-1　　　　　　　　　　某公司EVA平衡计分卡设计举例

指标维度		考核指标	权重（%）	目标值	考核得分
EVA价值指标		年度EVA	20		
		主营业务收入	10		
		经营活动现金流量净额	5		
重点业务指标	客户方面	市场占有率	5		
		新产品销售额比率增长率	10		
		客户满意度	5		
	内部运营方面	研发目标达成率	10		
		产品合格率	5		
		生产设备利用率	5		
	学习与成长方面	员工满意度	5		
		核心员工保持率	5		
		员工建议被采纳的次数	5		

指标维度	考核指标	权重（%）	目标值	考核得分
管理类指标	战略及投资管理	2		
	人力资源管理	2		
	内控及风险管理	2		
	行政事务管理	1		
	品牌及文化管理	1		
	财务管理	2		
综合得分				

第十五章

基于 EVA 的薪酬激励

随着人力资源管理理论的发展，人们对"薪酬"的认识也在不断深入。薪酬不再仅仅是对员工付出的回报，而是逐渐成为了企业管理中的一种不可或缺的激励手段。有效的薪酬激励不仅可以吸引优秀人才进入并长期留在企业，而且可以促使员工高效工作。从现代企业管理的角度，设计一套既科学又符合企业自身特点的薪酬激励机制是必要的。

第一节　企业薪酬激励的基本理论与方法

一、薪酬理论综述

薪酬是员工因向所在的组织提供劳务而获得的各种形式的酬劳。狭义的薪酬指货币和可以转化为货币的报酬。广义的薪酬除了包括狭义的薪酬外，还包括了获得的各种非货币形式的满足。美国的薪酬管理专家马尔托奇奥在《战略薪酬》一书中，将薪酬界定为：雇员因完成工作而得到的内在和外在的奖励，并把薪酬划分为内在薪酬和外在薪酬。内在薪酬是雇员由于完成工作而形成的心理满足感，而外在薪酬则包括货币奖励和非货币奖励。这种薪酬的定义，更多的是将薪酬作为企业吸引、改变、保留和激励员工的一种手段及工具，也是现代薪酬管理的主流思想。

（一）早期的工资理论

1. 生存工资论

18 世纪末 19 世纪初由亚当·斯密和大卫·李嘉图提出的生存工资论是西方薪酬理论发展史上的开端。该理论认为，劳动者的工资应当等同于或者略高于能够维持其生存的水平。劳动像其他商品一样拥有自然价格和市场价格，劳动的自然价格取决于劳动者维持其自身及其家庭所需必需品的价格。一旦必需品价格上涨，劳动的自然价格也会随之上涨。劳动的市场价格取决于劳动力在市场上的供需关系，但市场价格一般会围绕着自然价格上下波动。生存工资论是早期比较流行的工资理论，它体现了一种资本原始积累的状态，国家或企业靠压低工资来实现资本原始积累，后来这种生存工资理论随着经济的发展和人们需求的增长而逐渐落没。

2. 工资基金理论

19 世纪中叶，约翰·穆勒（John S. Mill）提出了工资基金论，主要是为了弥补生存工资论的不足。穆勒认为，在企业资本总额一定的条件下，工资取决于劳动力人数和用于购买劳动力的资本与其他资本之间的关系而不是以劳动力本身维持生存水平的多少为标准；用于支付工资的资本就是短期内难以改变的工资基金。该理论认为，在任何国家，短期内作为支付工资的基金是一个固定的量，基金固定后工人的工资水平取决于工人的人数。工资基金在所有职工中进行分配，因此职工的工资总和不能超过工资基金的数量。这种理论也意味着，只有在资本增加的条件下，职工的一般工资总水平才有可能上升，工人阶级为提高工资所做的任何努力都是没有意义的。

3. 边际生产力工资理论

19 世纪后期，美国经济学家约翰·贝茨·克拉克在其著作《财富的分配》中提出了边际生产力工资理论，被称为是现代薪酬理论的先驱。克拉克认为劳动和资本一样存在边际效率递减规律，他认为工资决定于劳动的边际生产力，初始阶段在其他要素不变的情况下，劳动的产出大于劳动的投入，即边际产出高于边际工资水平，但随着劳动力的继续投入，劳动产出的增速会逐渐减小，直到边际劳动产出等于边际工资水平，此时雇主就既不增雇也不减少所使用的工人，否则继续投入劳动力产出会小于付出的工资水平，所以此时的工资支付水平最优。边际劳动生产力薪酬理论的开创不仅将薪酬理论研究从总体薪酬问题转移到了微观薪酬的分析，而且还建立了工资水平与劳动生产率的关系，对于薪酬管理的理论和实践都具有十分重要的作用。

4. 均衡价格工资理论

英国著名经济学家阿弗里德·马歇尔对边际生产率工资理论进行了改进，从劳动力的需求与供给两方面考虑，研究了如何确定工资水平。马歇尔认为，工资是劳动这一生产要素的均衡价格。他引入边际劳动生产力理论和劳动的生产成本理论，用前者来说明劳动的需求价格，用后者来说明劳动的供给价格。当厂商愿意支付的工资水平与工人愿意接受的工资水平相等时即为劳动的均衡价格。马歇尔认为，无论劳动的需求曲线还是劳动的供给曲线都不能单独决定薪酬水平，薪酬水平取决于两者的均衡，也就是说，是由这两条曲线的交点，即供需均衡点决定的。马歇尔的均衡工资论确立了工资的市场决定机制，至今仍是薪酬理论研究和企业制定外部薪酬策略的重要依据。

5. 集体谈判工资理论

19 世纪末，英国的 A．C 庇古和莫里斯·布多等经济学家创立了集体谈判工资理论，所谓集体谈判就是以工会为代表的工人集团为一方，与以雇主或雇主集团为另一方进行的劳资谈判。"二战"前后，工会势力在美国等发达资本主义国家迅速增长，工会会员人数达到产业工人总数的四分之一左右，再加上许多未参加工会的工人的收入实际也受到工会活动的影响，因此，工会在薪酬决定中的作用引起了高度关注，集体谈判薪酬理论就应运而生。该理论认为工资是市场上雇主与工人集体之间进行的，公平合理地交涉后的产物。集体谈判工资理论的最大特点是避免了工人间的竞争，使工人成为劳动供给的垄断者，避免了整体工资水平因恶性竞争导致下降。当薪资水平由雇主与员工集体谈判决定时，薪酬的谈判结果变成了一个范围。工会的最初薪酬要求决定了这个范围的上限，雇主最初愿意提供的薪酬决定了这个范围的下限。集体谈判工资论虽带有浓厚的实用主义色彩，仍不失为一种应用广泛的有效理论。如果说边际生产力工资论决定了工资运动的长期趋势，那么集体谈判工资论则决定了短期货币工资水平。

（二）现代薪酬理论

1. 人力资本理论

20世纪60年代，美国经济学家西奥多·舒尔茨提出了人力资本理论，后来加里贝克尔对其理论加以发展。人力资本是通过人力资本投资形成的，其目的在于提高人口质量，教育投资是人力投资的主要组成部分。人力资本理论突破了传统理论中的资本只是物质资本的束缚，将资本划分为人力资本和物质资本，并将其纳入了经济学的范畴。强调了在产品的生产中不仅包含了物质资料的成本，同时还凝结着生产者通过普通教育、职业培训等支出而蕴含在人身上的各种生产知识、劳动与管理技能和健康素质的人力资本。并且这种教育投资的支出越多，蕴含在人身上的人力资本越多，如果未来产生的经济效果越多，那么其得到的薪酬水平就会越多。人力资本理论可以用来解释企业内员工之间的收入差距，并且在解释职位工资差异方面也具有较强的说服力。此外，人力资本理论同样可以运用到企业的人力资源开发与利用中去，从而越来越受到企业的重视。

2. 分享工资理论

分享工资理论是20世纪60~70年代发达国家出现的滞涨现象的情况下，由麻省理工学院经济学教授马丁威兹曼提出的，他认为传统的工人工资是固定的，与企业的经济活动无关，不能随企业经济效益的变化而变化，所以市场不景气时，企业只能通过降低产量而无法降低产品成本或价格来适应市场，导致市场收缩或失业。分享工资理论的核心思想是工人与雇主一起分配企业的利润，工人的工资与企业利润挂钩。这样，工人和雇主在劳动市场上达成的就不再是规定每小时多少工资的合同，而是工人与雇主在企业收入中各占多少分享比例的协议。分享制度可能是"单纯"的，即雇员的工资完全取决于企业的业绩；也可能是"混合"的，即雇员的工资由有保障的工资和利润（或收入）分享基金两部分构成。分享工资理论在一定程度上激发了员工的主人翁意识，也对企业的薪酬管理提供了新的思路和方法。

3. 效率工资理论

20世纪70年代，索洛等人提出了效率工资理论，并在20世纪80年代被夏皮罗和施蒂格利兹等人进一步发展。效率工资理论的基本观点为工资等于边际产值并不是使劳动生产率最大化的条件，劳动力的投入还取决于工人的实际努力程度。而工人的生产效率取决于工资水平，高工资可以激励工人的劳动热情，作为监督工人工作的成本，定性的讲，效率工资指的是企业支付给员工比市场保留工资高得多的工资，促使员工努力工作的一种薪酬制度。定量的讲，厂商在利润最大化水平上确定雇佣工人的工资，当工资对效率的弹性为 1 时，称它为效率工资。此时工资增加 1%，劳动效率也提高 1%，在这个水平上，产品的劳动成本最低，即效率工资是单位效率上总劳动成本最小处的工资水平，它保证了总劳动成本最低。效率工资理论提高了员工的偷懒成本，约束工人的行为，利用效率工资制度有利于解决企业的监控难等问题。

4. 宽带薪酬理论

组织结构的扁平化是现代企业组织结构发展的一种趋势，这种结构使得企业的运作效率更高，市场反应更灵敏，但也同时导致了晋升职位的减少，这助长了员工的惰性，不利于员工职业技能的拓展和企业绩效的改善。20 世纪 90 年代一种与扁平化组织结构相匹配的薪酬管理模式应运而生——宽带薪酬。所谓宽带薪酬就是在组织内用少数跨度较大的工资范围来代替原有数量较多的工资级别的跨度范围，将薪酬等级压缩，将同一等级的薪酬浮动范围拉大，如同为销售人员其年薪可为 8 万 ~ 20 万元，副总的年薪可为 15 万 ~ 35 万元。宽带薪酬体系可以引导员工重视个人技能的增长和能力的提高，使得其即便是在本职岗位上也可以通过自身努力提升薪资水平，相对于传统的薪酬管理模式更具激励效果。

5. 全面薪酬管理理论

全面薪酬理论开始于 21 世纪初，是现代薪酬管理理论的重要体现，现代管理理论越来越强调以员工为核心，适应员工的工作理念与追求，使得间接收入和一些非经济性报酬在薪酬设计中的地位越来越重要。现代薪酬管理强化了薪酬的激励作用，强调整体薪酬的效能。

全面薪酬管理的设计可用下面表达式表述：全面薪酬 = 外在薪酬 + 内在薪酬 = 货币性薪酬 + 非货币性外在薪酬 + 内在薪酬 = 直接薪酬 + 间接薪酬 + 非货币性外在薪酬 + 内在薪酬 =（基本工资 + 可变薪酬）+（法定福利 + 非固定福利）+ 非货币性外在薪酬 + 内在薪酬。由其公式可以看出，全面薪酬管理理论不仅提高了薪酬的质量，还大大扩充了薪酬的内容，将传统的薪酬项目与新型的奖酬项目结合起来，将固定薪酬与可变薪酬相结合，使薪酬管理更加灵活，并最大限度地发挥薪酬对于组织战略的支持功效。通过经济与非经济手段使企业与员工间的关系更密切，沟通更有效，促使企业吸引并留住人才。

6. 战略性薪酬理论

近年来，随着战略管理的不断发展，战略薪酬管理越来越受到企业重视。战略薪酬管理是战略性人力资源管理发展的产物，它是以企业发展战略为依据，根据企业某一阶段的内部、外部总体情况，正确选择薪酬策略、系统设计薪酬体系并实施动态管理，使之促进企业战略目标实现的活动。战略薪酬管理强调薪酬制度要根据环境的变化而变化，尤其是企业战略的变化。战略性薪酬管理包括薪酬策略、薪酬体系、薪酬结构、薪酬水平、薪酬关系及其相应的薪酬管理制度和相应的动态管理机制。实施战略薪酬管理可提高企业的执行力与竞争力。企业应从科学管理体系着眼，找出薪酬管理系统与执行力系统的相交环节，调整完善薪酬管理制度，使薪酬策略服从企业发展战略和执行目标，解决薪酬发放与完成绩效的关系问题，把薪酬分配与绩效考核紧密挂钩，根据绩效结果实际发放薪酬；通过战略性薪酬管理提升竞争力，主要是在采取薪酬激励措施提升知识力、开发创新力上下功夫。关注并解决中长期薪酬激励问题，关注企业全体人员知识、技能的提高、潜能的开发和创造性的调动，关注潜在的劳动形态和流动的劳动形态，将薪酬发放向核心竞争力的部分倾斜。

　　根据以上理论综述，我们发现薪酬管理理论的发展已从原来的静态管理转向动态管理，从单项管理转向全面甚至战略管理，薪酬管理不再仅仅专注于企业自身的经济效益更强调以员工为导向，专注员工的真实需求，薪酬不再仅限于一个成本的概念，而变成了一种监督激励甚至增强企业核心竞争力的必要手段。

二、薪酬管理的主要内容

（一）薪酬管理的框架

　　薪酬管理，是在组织发展战略指导下，对员工薪酬支付原则、薪酬策略、薪酬水平、薪酬结构、薪酬构成进行确定、分配和调整的动态管理过程。

　　企业的发展战略决定了人力资源管理的战略方向，而薪酬管理作为人力资源管理的一种重要手段一定要围绕企业发展战略展开。

　　薪酬管理工作一般包括薪酬体系设计与薪酬日常管理两个方面。其中，薪酬体系设计主要包括薪酬水平设计、薪酬结构设计和薪酬构成设计；而薪酬日常管理是由薪酬预算、薪酬支付、薪酬调整组成的循环，这个循环可以称之为薪酬成本管理循环。

　　薪酬设计是薪酬管理最基础的工作，如果薪酬水平、薪酬结构、薪酬构成等方面有问题，企业薪酬管理不可能取得预定目标。薪酬预算、薪酬支付、薪酬调整工作是薪酬管理的重点工作，应切实加强薪酬日常管理工作，以便实现薪酬管理的目标。

　　薪酬体系建立后，应密切关注薪酬日常管理中存在的问题，及时调整公司薪酬策略，调整薪酬水平、薪酬结构以及薪酬构成以实现效率、公平、合法的薪酬目标，从而保证公司发展战略的实现。

　　薪酬管理框架如图15-1所示。

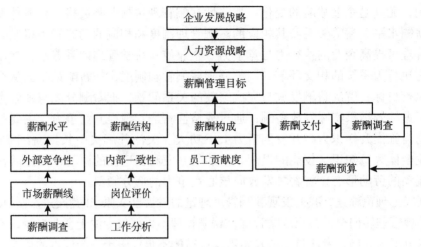

图 15 - 1　薪酬管理框架

（二）薪酬结构设计

薪酬结构是指在企业不同职位或不同技能员工薪酬水平的排列形式，强调薪酬水平等级的多少、不同薪酬水平之间级差的大小以及决定薪酬级差的标准，它反映了企业对不同职务和能力的重要性及其价值的看法。

薪酬结构设计属于薪酬体系中的一个子模块，是薪酬设计最主要的组成部分。薪酬设计首先要解决的就是员工薪酬各构成项目及各组成比例的确定问题。

薪酬结构包括纵向和横向两个维度。前者主要是指组织内不同职位、不同能力员工的薪酬等级和标准；后者则指构成外在薪酬的各种形式如基本薪酬、激励性薪酬、福利津贴的比重。

通过多年的研究和实践，我国企业在纵向维度上逐步形成了以下四种薪酬结构：以工作为导向的薪酬结构、以能力为导向的薪酬结构、以绩效为导向的薪酬结构、组合薪酬结构。

1. 以工作为导向的薪酬结构

以工作为导向的薪酬结构主要依据其所担任的职务或岗位的重要程度，责任的高低以及工作环境对员工的影响来确定薪酬水平，并且薪酬水平将随职务的变化而变化。以工作为导向的薪酬结构有利于激发员工的工作责任心及劳动热情。但是不利于区分同一职位中不同能力贡献员工的工资差异。

2. 以能力为导向的薪酬结构

以能力为导向的薪酬结构是根据员工的能力水平来支付工资，此能力主要包括理论知识、员工素质、技术能力、工作热忱度等，这种薪酬结构有利于促进员工提高技术水平，但企业可能会忽略工作绩效与能力的实际发挥程度不一定对等，同时此种薪酬的成本较高。

3. 以绩效为导向的薪酬结构

以绩效为导向的薪酬结构即将员工的工资与企业的实际经营绩效联系在一起，员工的薪酬会因劳动绩效量的不同而不同，而并不仅仅因为不同岗位不同技能而薪资不同。这种薪酬的设计将员工的实际工作质量与薪酬水平挂钩，使得薪酬水平与企业的经营效果紧密相连。

4. 组合薪酬结构

组合薪酬结构主要是将薪酬分解成几个组成部分，分别依据绩效、技术与培训水平、职务、工龄等因素确定薪酬。这种薪酬结构的确定更加综合，使得员工在各个方面的付出都可以在薪酬上反映出来，全面考虑了员工对企业的整体投入，可以将不同薪酬组合方式的优点汇合在一起发挥作用，扬长避短。

在横向上薪酬结构按固定工资及浮动工资所占比例的不同，可分为三种激励程度不同的薪酬结构模式：高弹性薪酬结构、高稳定薪酬结构、调和型薪酬结构。

（1）高弹性薪酬结构

高弹性薪酬结构的固定工资所占比重不多，主要组成部分是绩效薪酬等浮动工资，从而这种模式的激励效果最强，员工所获工资的高低更多地取决于绩效量的大小。不同绩效水平的员工间薪酬差异较大。这种薪酬结构一般适用于竞争性较高的行业，因为在充分市场竞争条件下，企业很难从市场中获取超额利润，而且企业绩效和发展受市场的影响较大，增加员工收入的波动性，将企业与个人绩效挂钩，是内外部共同作用的结果。

（2）高稳定薪酬结构

这是一种稳定性较强的薪酬结构，固定工资是此薪酬结构的主要组成部分，绩效工资所占比重不高，此种方式下员工的薪水区分度较差，员工不用怎么突出表现就可以获得几乎全部薪酬，所以激励效果不显著，相对来说企业负担的成本较高。这种薪酬结构一般适用于垄断型行业，因为企业的利润收入与市场因素的关联度不高，加大稳定性的固定收入不会对企业的利润造成太大的影响。

（3）调和型薪酬结构

调和型薪酬模式是将以上两种类型的模式相结合，根据不同的组织结构及不同部门的工作性质，即可以以激励为主又可以以稳定为重，固定工资与稳定工资的比重都适中，试图将短期激励与长期稳定相结合，使员工既可以从自身的利益出发又可兼顾企业的长远发展。

在具体的薪酬结构决策中企业要首先分析不同岗位的工作性质，明确不同岗位责任的差异性、明确不同岗位需要什么素质、能力、层次的人才，并做好薪酬水平的市场调查，根据工作性质的不同及时调整固定工资与浮动工资比例，有效激励员工行为，使员工的劳动绩效向着有利于企业发展的方向靠拢。

（三）绩效考核与绩效工资制

绩效考核通常也称为业绩考评或"考绩"，是针对企业中每个职工所承担的工作，应用各种科学的定性和定量的方法，对职工行为的实际效果及其对企业的贡献或价值进行考核和评价。绩效考核是现代组织不可或缺的管理工具。它是一种周期性评价管理人员或普通员工工作绩效的管理系统。有效的绩效考核，不仅能确定每位员工对组织的贡献或不足，而且可在整体上对人力资源的管理提供决定性的评估资料，及时反馈并促使员工提高工作绩效，并作为公平合理地酬赏员工的依据。

一般来说，考核内容分为三个方面：工作业绩、工作能力、工作态度。不同部门和不同职位的员工，其考核权重也不同，各部门应根据各职位的要求来确定其权重所占比例的大小。

绩效考核可通过以下几个步骤完成：

第一步　确定考核周期。

依据企业经营管理的实际情况（包括管理形态、市场周期、销售周期和生产周期），确定合适的考核周期，工作考核一般以月度为考核周期。每个周期进行一次例行的重点工作绩效考核。对需要跨周期才可能完成的工作，也应列入工作计划，进行考核。可以实行时段与终端相结合的考核方法，在开展工作的考核周期，考核工作的进展情况，在完成工作的考核周期，考核工作的终端结果。

第二步　编制工作计划。

按照考核周期，作为考核对象的职能部门、业务机构和工作责任人，于周期期初编制所在部门或岗位的工作计划，对纳入考核的重点工作内容进行简要描述。每一项重点工作都要明确设置工作完成的时间指标和质效指标。同时按照预先设定的计分要求，设置每一项重点工作的考核分值。必要时，附加开展重点工作的保障措施。周期工作计划应按照时间要求编制完成，并报送考核执行人确认，然后付诸实施。

第三步　校正量效化指标。

绩效考核强调要求重点工作的开展和完成必须设置量效化指标，量化指标是数据指标，效化指标是成效指标。重点工作的量效化指标，反映了重点工作的效率要求和价值预期。另外，在实际工作的操作中，并不是所有的工作结果或成效，都可以用数据指标进行量化的，而效化指标则比较难以设置和确定，需要一定的专业素质和及时的信息沟通。因此，考核执行人应会同考核对象，对重点工作的量效化指标进行认真校正并最终确定，保障重点工作的完成质效。

第四步　调控考核过程。

在管理运转中，存在并发生着不确定性因素，容易造成工作变数，考核也是如此。当工作的变化、进展和预置的计划发生冲突时，首先应该对变化的事物进行分析，准确识别变化的原因和走向，然后对工作计划和考核指标做出及时、适当的调整改进。

第五步　验收工作成效。

每个周期期末，在设定的时间内，考核执行人依据预置或调整的周期工作计划，对考核对象的重点工作完成情况，进行成效验收。按照每项工作设置的量效化指标和考核分值，逐项核实工作成效，逐项进行评分记分，累计计算考核对象该考核周期重点工作完成情况的实际得分，并就工作的绩效改进做出点评。

绩效考核的结果一般会与绩效薪酬挂钩，绩效薪酬又称绩效加薪、奖励工资或与评估挂钩的工资，其本质是根据工作的成绩支付工资，工资支付的唯一根据或主要根据是工作成绩和劳动效率。但在实践中，由于绩效的定量不易操作，除了计件工资制和佣金制外，更多是指依据员工的绩效而增发的奖励性工资。

绩效薪酬的优点：有利于员工工资与个人业绩挂钩，将激励机制融于企业目标与个人目标中。企业可以通过设定适当的业绩目标来引导员工行为，使其向着有利于企业的方向发展。同时，由于绩效薪酬是一种变动成本，它的实施减轻了组织在固定成本方面的压力，有助于组织根据自身经营状况灵活调整。

绩效薪酬的缺点：当对员工的业绩评估不准确或有效监督不够时，会出现员工瞒报或虚报业绩目标的现象，使得薪酬激励失效。绩效薪酬还可能导致员工只注重竞争而忽视合作。同时，还可能导致员工只关注与绩效考核有关的短期业绩目标而忽视企业的可持续发展。

绩效薪酬管理的适用条件：企业要有完善的绩效考评体系。绩效薪酬是以员工、群体甚至企业整体的业绩作为奖励支付基础的，如果没有功能公平合理、准确完善的绩效考评体系，绩效薪酬的激励作用将难以体现；同时，绩效薪酬体系一般不单独使用，企业必须认识到，绩效奖励只是企业整体薪酬体系中的一个重要组成部分，尽管它对激励员工和提升企业业绩有一定的作用，但是它不能取代其他薪酬计划。只有与其他薪酬计划密切配合，绩效薪酬才会真正发挥作用。最后，要强调的是绩效薪酬的激励作用要紧密围绕企业未来发展战略展开，通过激励规范员工行为，维护企业价值，推动企业文化构建，避免企业的奖励行为与组织目标相背离。

第二节 国内企业 EVA 薪酬激励尝试

一、TCL 集团的 EVA 薪酬激励方案

（一）EVA 考核与激励方案实施背景

TCL 集团股份有限公司创办于 1981 年，是一家涉及家电、信息、通信、电工、文化产业领域，集技、工、贸为一体的特大型国有控股企业。从 20 世纪 90 年代初开始，集团以彩电业务为主的整体事业部平均每年以 50% 左右的速度递增。但进入 1999 年，一个值得关注的现象是，利润增速出现停滞甚至下降趋势，而且这种趋势在 2000 年进一步加剧。随后，集团领导层认识到，盈利支持规模，没有利润的规模不可持续。同时，确立了以盈利支持增长的指导思想后，TCL 集团决定从调整绩效考核体系入手，改变过去那片面追求规模的考核导向。为此，集团从 2001 年起引入了 KPI 考核体系。

TCL 集团近十几年的快速成长，走的是一条销售拉动模式。2003 年起，集团领导人通过对索尼、三星等世界级企业进行细致考察，以及对其成功经验进行深入思考的基础上，重新修订并正式提出了 TCL 集团的发展规划。在指导思想上，从简单的设定规

模发展路标，转向设定要追赶世界级标杆企业。通过与世界级标杆企业比较，找差距，定措施，然后制定追赶计划。正是在这种背景下，TCL 集团领导层认识到要实现成为世界级企业目标，新的发展模式必须是一种销售拉动和研发驱动相结合的模式，在原有的盈利支持规模基础上，进一步向以战略投入支撑长期盈利的模式转型。因此，要贯彻建立世界级企业竞争力战略，在 KPI 考核体系设计上必须突破传统的利润最大化概念的局限，树立企业价值新理念。为此，TCL 集团开始尝试建立基于 EVA 导向的 KPI 考核新体系。

（二）EVA 激励方案核心内容

1. 确定 EVA 计算标准

EVA 的计算标准是 EVA 激励体系建立的关键，简明和实用是 TCL 集团确定 EVA 计算方法的两个原则。简明是指方法要简单明了，易于被考核企业及其经理人理解接受；实用是指要和集团被考核单位的会计核算体系相契合，要切合单位的实际情况。

EVA 计算公式如下：

$$EVA = 利润总额 + 财务费用 + 收益类调整事项 - （权益资本 + 应付票据 +$$
$$其他有息负债 - 资本类调整事项）\times 加权资本成本率$$

TCL 集团 EVA 调整事项分为收益类调整事项和资本类调整事项两部分，EVA 激励体系对集团战略的牵引集中体现在调整事项上。TCL 集团 EVA 调整项目及资本成本率的设定如下：

（1）研发投入

高科技企业：EVA 激励不但要鼓励研发投入，还要对"是否投够一定的量"进行约束和规范。

TCL 集团创造性提出了"责任利润"的概念。"责任利润"是指完成集团规定的研发等战略性支出最低限额投放责任后的利润，是指以规定的研发投入最低限额为标准计算的利润。

（2）项目投资处置损失

为了鼓励被考评单位积极清理不产生 EVA 的投资项目、提高资本的使用效率，设置了"重组损失"调整项目。

（3）IT 建设费用

调整思路和"研发投入调整事项"一样。即：根据被考评单位的具体情况确定每年度 IT 建设费用支出的最低限额，以最低限额为准计算"责任利润"。IT 建设费用的具体口径由集团信息中心、财务部、审计部、企管部共同确定。

（4）资本成本率设定

权益资本成本率确定的标杆，是被考评单位所处产业的平均毛利率。选择毛利率作为标杆的原因有两个：第一，相对于公开途径得到的行业平均净资产收益率数字，毛利率被操纵、粉饰的可能性要小得多，更具可信性；第二，毛利率不受并购、重组、补贴收入、营业外收入等非经营性因素的影响，可以更公允反映行业盈利空间的大小。

将毛利率最高行业内的被考评单位的权益资本成本率设定为20%，毛利率最低行业内的被考评单位权益资本成本率设定为12%，其他单位的资本成本率，根据"行业毛利率越高、资本成本率越高"的原则及被考评单位具体情况来确定。

债务资本（应付票据）成本率按一年期银行基准贷款利率5.31%计算，负债额等于企业负债月均余额减去企业在集团结算中心现金余额。

应付票据参照商业银行担保收费水平和集团财务风险控制需要，按2%计算资本成本率，应付票据额等于企业应付票据月均余额减去企业在结算中心的应收票据贴现的日均存款余额。

债务资本成本率要低于权益资本成本率，为了减少财务风险，避免企业为减少加权资本成本率而过分负债，集团还规定：当负债比例超过一定限额后，权益资本成本率将上浮。

2. EVA与KPI结合考核

从2001年到2003年，TCL集团实施的是以"收入、利润、周转"为核心的KPI考核，2004年引入了EVA，如何处理好原KPI考核体系和EVA的关系，是EVA激励体系设计的一个关键。

2004年引入EVA，并不是对原有KPI考核体系的否定，而是在原体系的基础上，进行适当的优化和更新，是对原KPI考核体系的继承和发展。

在原有考评体系下，经理人年薪计算公式为：

$$A = A_0 \times r$$

式中，A为年薪，A_0为基薪，r为"KPI达成率"对应的挂钩系数。

A_0的确定：根据单位规模和盈利水平确定，规模越大，盈利水平越高企业的A_0越大。

KPI达成率：根据各项KPI指标目标完成情况和考评权重来计算。

$$KPI\,达成率 = \sum_{i=1}^{n} 某指标权重 \times \frac{KPI\,实际完成数}{KPI\,目标}$$

r：根据KPI达成率确定。

当$1 < KPI\,达成率 < 1.3$时，$r = 1 + (KPI\,达成率 - 1) \times 4$

当$KPI\,达成率 > 1.3$时，$r = 1 + (1.3 - 1) \times 4 + (KPI\,达成率 - 1.3) \times 6$

当$0.8 < KPI\,达成率 < 1$，$r = 1 - (KPI\,达成率) \times 2$

当$KPI\,达成率 < 0.8$，$r = 0.6$

在新考评体系下，经理人年薪被分为三部分：基础年薪、达成率年薪和EVA年薪：

$$经理人年薪 = 基础年薪 + 达成率年薪 + EVA\,年薪$$

基础年薪的确定依据是目标年薪。经理人的目标年薪比照TCL集团已经实施的"职级系统16~19级工资"来设计，各企业具体级别由集团人力资源部根据企业规模、产品销售区域、员工数量等综合测定。

$$基础年薪 = 目标年薪 \times 40\%$$

$$达成率年薪 = 目标年薪 \times 30\% \times KPI\,达成率$$

当 KPI 达成率小于 80% 时，达成率年薪为零。KPI 指标的种类，达成率计算办法与原方案相同。

以 EVA_0 表示上年度 EVA，EVA_1 表示本年度 EVA，r 为分享系数，EVA 年薪计算办法为：

当 $EVA_1 > EVA_0$，$EVA_0 > 0$ 时：

$$EVA 年薪 = EVA_0 \times r + (EVA_1 - EVA_0) \times 130\% \times r$$

当 $EVA_1 > 0$，$EVA_0 < 0$ 时：

$$EVA 年薪 = EVA_1 \times r$$

当 $EVA_1 > 0$，$EVA_1 < EVA_0$ 时：

$$EVA 年薪 = EVA_1 \times r$$

当 $EVA_1 < 0$ 时：

$$EVA 年薪 = 0$$

经理人的年薪目标结构平均维持在基础年薪 40%、达成率年薪和 EVA 年薪 60% 上。

3. EVA 分享系数

EVA 分享系数是被考评单位经理人和集团公司关于企业剩余利润的分成比例。EVA 激励目的，就是通过对企业实现 EVA 的分享，建立起经理人和股东风险共担、利润共享的机制。EVA 分享系数制定办法是 EVA 分享机制的核心。TCL 集团 EVA 激励体系中 EVA 分享系数的制定遵循以下原则：

首先，突出责任。"强调责任"是 EVA 分享体制建立的主线。这里的"责任"，是经理人要对自己手中的资本使用权负责，要保证资本增值保值。而且，这种责任要随着权利的增大而增大，即随着被考评单位资本规模的增大，被考评单位产生 EVA 的额度要求也应该越高。

其次，平稳过渡。为了实现原考核方式向新方式顺利过渡，EVA 激励实施的第一年要保证"EVA 不减则薪酬不减"，即开始实施年度与上年相比，如果 EVA 水平增加，新考核办法计算的年薪应该大于上年年薪。

第三，鼓励增长。EVA 增长部分的分享系数大于一般分享系数 30%，鼓励企业持续提升 EVA。

第四，做好对接。分享系数的制定，要综合考虑企业原有的工资职级体系，不能产生大的冲突，要在既定的年薪目标结构框架下进行。

经过反复测算，TCL 确定的各单位 EVA 分享系数基本呈现出一种资本规模越大、分享系数越小的特征，这和"突出责任"的基本要求相符合。分享系数的范围在 0.5‰ ~ 60‰ 之间。

（三）EVA 激励方案的实施

1. 实施步骤：循序渐进

在产业方向的选择上，TCL 集团一直扮演着谨慎的"跟随者"角色，在新管理体系的推进方面，TCL也遵守循序渐进的务实原则。为了EVA激励模式的有效实施，TCL进行了长时间的论证和准备。

2002年，TCL集团的高级顾问就"什么是EVA、为什么用EVA评价公司业绩、EVA奖金计划的特征、EVA在中国企业的实践"等一系列相关的EVA理论和EVA实践案例进行了讲解，集团内部就EVA在TCL集团实施的必要性、可行性和有效性进行了深入的研讨。

2003年上半年，集团企业管理部就拟实施EVA激励单位的经营数据进行了收集整理和测算，走访了集团主要经营单位，听取他们关于EVA激励实施的意见，在此基础上，形成了TCL集团EVA激励模式的初步方案。

2003年下半年，集团企管部和相关部门一直进行方案可行性的论证工作，在顾问的帮助下，几经修改后于10月份形成正式的考核文件。2003年EVA激励的试行单位为：TV内销业务、移动通信公司、电脑公司、空调事业部、文化公司。

2004年初，根据2003年考核情况，对EVA激励方案进行了补充完善，计划在集团所有子公司（事业部）全面铺开。

2. 实施保证：完善制度

EVA激励体系的建设是一个系统工程，它需要其他相关制度的配合和支持。TCL集团认为：基础管理和EVA激励可以相互促进。基础管理的夯实，为EVA激励实施提供保障，而EVA激励的推行，又会为基础管理的完善提供方向和动力。EVA激励可以和完善基础管理形成良性的互动。

配合EVA激励，TCL集团配套制度完善包括以下几个方面：

第一，规范研发管理和IT建设支出管理。EVA激励中"研发投入"和"IT建设费用"调整事项虽然可以牵引经理人在投入方面放开手脚，但如果没有相关的约束，就无法避免投入浪费和低效的现象。为此，TCL集团将逐步完善研发立项制度、预算制度、审核制度、评价制度、会计核算和审计制度。

第二，规范项目投资管理。将逐步建立和完善项目投资立项、投资效果分析监控、投资清算审批、项目投资核算和审计制度。

二、青岛啤酒的EVA薪酬激励

（一）EVA薪酬激励实施背景

青岛啤酒股份有限公司（简称青岛啤酒）前身为国有青岛啤酒厂，始建于1903年，是中国历史最为悠久的啤酒生产厂，1993年完成改制，于当年同时在香港和上海上市，成为国内首家在两地同时上市的股份有限公司。作为全国最大的啤酒生产企业，自1996年起，青岛啤酒采取了以并购为主要手段的"低成本扩张"战略。经过大规模的兼并，已基本完成了在中国市场的战略布局，成为覆盖全国17个省市、拥有48家啤酒生产企业和3家麦芽厂的全国龙头啤酒集团。公司规模和市场份额居国内啤酒行业之首，其生产的青岛啤酒为国际市场上最具知名度的中国品牌，已行销 40 余个国家和地区。

在 2001 年以前，青啤啤酒的发展战略是：兼并收购，外延发展，并率先整合全国市场，追求的目标是产销量、市场份额第一。从 1997 年开始，青岛啤酒以"高起点发展、低成本扩张"的发展战略，加快了扩张的步伐，先后收购兼并了近 40 家啤酒生产企业。通过几年的大规模兼并，青岛啤酒的销售量和利润都大幅增长，至 2001 年年底，青岛啤酒的年产量由 1996 年的 37 万吨猛增到 251 万吨，市场份额由 2.2% 提高至 11%。然而这种单纯追求规模（收入、利润）的快速增长，而忽视价值平衡增长的扩张策略，使得青岛啤酒的净资产收益率连续数年一直处于较为低下的水平。2001 年年报显示，青岛啤酒当年净利润为 10 289 万元，与预期实现净利润 17 051 万元相差 40%，净资产收益率为 3.47%，扣除非经常性损失后的净资产收益率只有 0.8%，每股收益仅为 0.1046 元，公司在证券市场上的再融资能力几乎丧失。而此时，正是雪花、燕京等啤酒巨头快速扩张的时期，市场形势非常严峻。

2001 年以前青岛啤酒以扩大生产经营和市场份额为目标，激励机制以年薪和奖金及福利为主，随着青岛啤酒经营的扩大和完成市场战略布局目标的实现，原有的管理方式逐渐阻碍公司的进一步发展，特别是激励机制，原有的评价体系并不能真实反映企业的经营状况，从而导致激励的效果不明显或不长效。

（二）EVA 薪酬激励方案核心内容

EVA 薪酬激励的核心观点就是将薪酬与 EVA 挂钩，使得经营者与股东的目标趋于一致。EVA 薪酬激励体系的重点就是以 EVA 指标体系为参照核心，通过计算 EVA 的大小来确认对员工的激励大小，换句话说就是把 EVA 增值的一个部分回报给员工，特别是经营者。用公式表示为：EVA 奖金 = 目标 EVA 奖金 + m × (ΔEVA − EI)，其中 ΔEVA 为增量 EVA = 当年 EVA − 上年 EVA，EI 表示预期 EVA 增量 = 目标 EVA − 上年 EVA。经营者由于和股东以相同的形式获得回报，其经营决策行为和目标的追求就会更接近于股东所期望的，管理者甚至包括企业的一般员工就会像企业的股东那样关注企业的发展能力，真正把企业的荣辱兴衰当成自己的荣辱得失，加强员工的主人翁意识全心全意为企业的生存发展服务。

1. 设定目标 EVA 奖金

目标奖金是指当企业达到目标 EVA 时，经营者和员工就可以获得所期望得到的奖金，是由市场上经营者和员工一般情况下能产生的业绩大小所决定。在青岛啤酒公司，目标奖金根据管理人员和普通员工的级别不同来划分不同层次的激励。最基本工资收入（固定、无风险工资）和目标奖金一起构成员工的期望总薪酬，总薪酬水平反映的是员工在其适用的劳动力市场上的，为供求关系所支配的市场价格，也反映股东所需付出合理的人力资源成本，它由当前市场情况下劳动者一般性薪酬决定。劳动者一般性薪酬是指，在当前正常市场竞争环境下员工的薪资水平应与在该员工所适用的劳动力市场上，并在类似的教育经历、技术水平等情况下，所从事类似职业人群的平均薪资水平相当。该报酬的立足点在于，人才是自由的，要留住这些人才，就必须付出当时的劳动力竞争市场上由供求关系所决定的该类人才的一般价格。该价格和贡献业绩无关，其薪资水平是由竞争市场供需所决定，因而企业要做的，就是确定公司需要什么样的人才（教育背景、技能、经验）来实现企业的目标。当然每个企业应根据自身的背景特点设定适当的目标奖励，如青岛啤酒公司设定的目标奖金应体现行业同类岗位的平均激励水平，也应体现青岛啤酒公司在劳动力市场中对自己竞争力的定位。

目标奖金每年都不同，一般是每年设定一次的，受经济、政治等因素的影响，各层次人才的市场价值也一直是处于变化当中的，目标奖金就应当以这种变化为依据来设定。某岗位上的员工的薪酬水平（基本工资＋目标奖金）应当设定在一个范围内的，并随着员工在该岗位上的技能、认知和经验水平的变化而变化，换句话说，就是随着该员工自身市场竞争能力的提高而相应的提高。因此，应当每年对基本工资和目标奖金都作一次必要的调整，但是基本工资和目标奖金所代表的意义不同，基本工资所表达的是市场一般价值，是员工生存下去的最低保障，它的提高不能代替目标奖金水平的提高，而后者是收益机会的增加，可以将目标奖金设定为目标EVA的一个比例。

2. 设定EVA激励权重

EVA激励权重的设定主要是根据参加EVA激励计划的人员在企业内部所担负不同责任和岗位特点来确定的，既要反映跨部门合作的要求，也要反映企业各员工自身业务特色的要求，还要反映一些非财务指标的要求（如质量、安全、职能履行有效性等）。

EVA激励权重的设置也是分不同层次的人员而分级设定的，具体如下：

第一层次是高级管理人员，如董事长、总经理、副总等。他们的分工并不是按部门或职能进行的，分工也不是以业务独立性为主要原则进行的，因此他们在各自的职责范围之间有着明显的密切合作要求，当然，由于每个高管负责的具体事务不同必将导致他们之间也会出现信息不完全对等，但是他们所在的级别层次决定了他们是决策层，既使是在信息不完全的情况下也要做出决策，而这些决策又通常会对其他部门乃至整个公司产生影响，所以他们在公司的作用不仅是各自分工范围的领导人，而且是公司核心管理层团队的一员，这个团队以公司整体价值最大化为目标。在很多时候，公司领导所作的决策结果不能直接地体现在某些具体量化指标上。因此，在设置他们的评价指标时，主要考虑合作要求和整体贡献，整体贡献体现在股份公司实际EVA业绩上。在设置他们的权重时引入一定的定性评价内容，青岛啤酒公司总经理的定性评价主要由董事会负责，副总、总工等高层领导定性考评工作主要由总经理负责。

第二层次是企业各职能部门的管理人员。他们的分工比较明确，业绩划分可以以业务独立性为主要原则进行。当然，各职能部门也存在一定的联系，所以在设置权重时也考虑了一些定性的考评，青岛啤酒公司就推出了360度考核框架。

第三层次就是普通员工。他们的分工就更加明确了，业绩可以单个考评，权重好设置。

定性评价指标主要是设定评分范围而确定指标，范围可以设定在0~10分，也可以设定为0~100分，预期的均值是通过企业评估所要实现的预期目标来确定的，实际均值可能发生在任何分数上，对确切的分布也没有要求。非财务指标的选取数量要尽可能的少，只需那些 EVA 指标确实未覆盖的指标，但也必须多方面考虑这些指标，过多的指标会降低考核制度的可沟通性和理解性，这样就会增加考核和核算的成本，在公司推行上也会加大实施难度。当然也要避免指标间（或与 EVA 间）互相冲突的情况，以免损坏 EVA 考核制度的评价考核能力。评价指标的设定应根据实际情况的要求来逐一制订，最后将结果数值带入所设定的评分范围即可。

3. 建立 EVA 红利银行

根据公式的设定，超 EVA 奖金 = m×（ΔEVA – EI），EVA 激励权重 m 的确定按管理层级划分，ΔEVA = 本年 EVA – 上年 EVA，EI 为企业设定的预期增量 = 目标 EVA – 上年 EVA，EVA 由提供的报表相关财务数据及其相应调整计算，目标 EVA 由企业高层根据企业以前年度情况估测而来。实际上公式可以简化为超 EVA 奖金 = m×（本年 EVA – 目标 EVA），但前面这个公式却有理论意义的。最初的 EVA 薪酬激励计算超 EVA 奖励用 ΔEVA = 本年 EVA – 上年 EVA，这种计算扩大或减少了激励额，因为业绩的提高有可能是由于那些外生因素所引起的，例如经济的景气循环、行业或者市场的变化等因素作用的结果，而预期增量的设定就是为了排除这种因素的影响。

员工特别是管理者每年获得的奖金薪酬并不会全部发放，而是要先存入为其设置的"红利银行"账户中，当年获得的报酬只是其中的一定比例，一般是 1/3，这一比例并不是固定的，而是根据公司的实际情况自己设定。"红利银行"的设置，使得各年度的奖金报酬不会有太大的波动，即使某一年度奖金是负值，只要"红利银行"有余额，还是可以获得正的奖金报酬，这将更加有效地激励员工。"红利银行"的设置，也降低了管理者的短期行为，因为即使某一年度管理者通过短期行为提高了当年的业绩，但对当年奖金报酬的提高并没有很大的影响，管理者的短期行为也就没有很大的意义，这样就能使公司的管理者和员工考虑问题能从公司的长期发展利益出发，同时这还能说明公司只对那些有利于公司长期持续稳定发展的行为和决策进行奖励。此外，"红利银行"的设置，也可以留住优秀的管理者，减少离职行为的大量发生，因为无故离职会使员工失去"红利银行"中已有的奖金。

奖金库余额的发放比例决定了"长期激励"的长度，比例应适中。奖金库的设置既保证了 EVA 的持续增长，奖金的激励也能得到持续的增长，这样就能让管理者在经营决策时更多的考虑长期行为，有利于留住优秀的员工。当年所有宣布发放的奖金（正值或负值）都是先进入个人的奖金账户，充抵奖金库中以前年度可能出现的负奖金余额部分后，先向个人付出本年的现金奖金部分（要低于或等于现金奖金的支出上限），若仍有剩余，再向个人付出奖金库余额的一定比例，剩下的余额部分带入下一年。业绩较差的年度，负奖金亦计入奖金库带入下一年度。

4. 高层 EVA 股票期权奖励

EVA 虚拟股票期权是以 EVA 为基础来确定给予企业管理者一定行权数量以及行权价格的股票期权的一种薪酬激励机制。具体来说，就是企业股东通过 EVA 的考评机制考评企业管理层为企业创造的 EVA，然后通过 EVA 值的大小来确定给予管理者一定数量虚拟股票期权，也就是约定管理者可以在某一时段内有以一个相对较低的价格去购买公司股票的权利，而且这些有该项权利的管理者必须在约定的时间内确定是否接受该项权利，如果在规定的有效时间内未确定是否接受，则作为弃权处理。虚拟股票期权是股票期权的衍生品，是真实股票期权进一步发展的产物，它们有相同的理论基础，实质上虚拟股票期权就是基于真实股票期权的基础之上发展演变过来的。这些股票期权的虚拟表现在管理者只是在名义上购买了约定数量的股票，而并不是在现实操作中购买了公司的真实股票，对这些买定数量的股票并没有像真实股票那样有实物凭证，而是通过有以一个较低的价格去购买一定数量股票的事实，来赚取真实股票变动的差价作为获得红利的权利。虚拟股票期权仅仅是公司内部虚拟出来的股票，只在账面上记录和安排虚拟股票的赠与数量及行权价格这项事实，而并未在实际上实施这项事实，也就是说管理者在实际上并没获得相应股票的所有权以及买卖该股票的权利，而只是获得了名义上的股票，在行权时，内部市场行权价格也仅记录在账面上，受赠人通过内部市场行权价高出真实股票行权价的部分来获得奖励，所以就不用到股票二级市场上买卖股票等交易活动。虚拟股票期权计划的实施情况和基本组成要素仅记录在企业内部方案中，股票的二级市场变动状况仅为经营者获得多少红利提供参考，并不会影响到虚拟股票的任何要素，只按照企业内部制订的方案来进行，这相比较普通股票期权就显得更加灵活，对高管而言也没有任何交易和风险上的压力。对于非公开上市的企业来说虚拟股票期权的实施更能有效的解决雇员激励的问题。

概括的说要进行 EVA 股票期权激励时必须确定以下五个要素：（1）激励的对象。激励的对象一般都是企业的核心领导层，即为企业的高级管理层。（2）奖励基金数额。企业的奖励基金数额一般是指根据企业每年的经营业绩，从管理者当年所创造增加的 EVA 价值中按一定比例提取的基本奖励金额。（3）标的股票数量。标的股票数量是指企业管理者行权后所能获得的股票总额。首先确定管理者为企业创造增加 EVA 值的大小，再根据当前的股票价格按照计算出的 EVA 值来确定标的股票数量。（4）行权价格。行权价格是指股票期权激励中企业管理者在规定的时间内行权获得虚拟股票所支付的价格。行权价格与行权时的股价差额是管理者所获得的红利。（5）行权期限。行权期限为股票期权计划中等待的时间，一般情况下期限越长，持有者能获得的红利就越多，股票期权的内在价值也就会越大。

（三）EVA 薪酬激励实施效果

总体来看，以 EVA 为核心的价值管理方案的实施，为青啤公司带来了良好的效益，不仅体现在经济指标的提升上，而且体现在企业公司治理结构和文化的提升上。在公司内部，EVA 的价值管理使得公司的战略、组织架构和管理制度得到了理顺，提高了内部管理的效率。以 EVA 为核心的新的激励制度得到了普遍的认可和接受，极大地提高了激励效应。公司重组后的管理流程和管理工具促进了企业管理费用的降低，提高了公司产能，提升了决策水平，并有效地支持了企业产品及竞争策略。

1. 树立了 EVA 价值分享的企业文化

青岛啤酒引入 EVA 薪酬激励机制在于公平公正地评价员工的业绩，调动员工的积极性，要使 EVA 薪酬激励机制能够贯彻下去，就必须让员工理解和接受 EVA 价值管理理念。青岛啤酒公司对企业高管、中层干部和普通员工进行了系统的学习培训和实务培训，让员工们认识和了解 EVA，理解 EVA 价值管理的真正内涵，明白 EVA 薪酬激励的科学性及其公平公正性，这样才能让员工明白如何才是真正为企业创造了财富，也让员工明白在工作中应以什么为标准，才能更全面的了解企业的经营情况。为此企业管理层在管理企业时就会以企业价值最大化为追求目标，实现企业资本的增值。

通过加强对员工的培训和 EVA 薪酬激励机制在企业几年的实践，青岛啤酒的员工逐步解放思想，对 EVA 价值管理理念也不那么排斥了，对 EVA 薪酬激励机制也有初步的了解。在工作中人人以 EVA 薪酬激励方案为基准，在企业中初步形成以 EVA 大小来衡量业绩的文化，加强了企业的凝聚力。EVA 薪酬激励的长效性在于提供的超 EVA 奖励和股票期权奖励，其激励的基准为企业的 EVA 值，它是一个总的概念，对于每个人的激励来说，它取决于个人的表现情况所设定的权重，权重固定，员工要想获得更多的激励就必须提高企业 EVA 值的大小，所以这就要求员工之间通力合作和加强沟通来提高企业的业务效率，这样部门与部门之间、个人与个人之间就要讲究团队精神，企业的凝聚力就得到了加强。

2. 改革了企业的组织结构

EVA 薪酬激励机制使公司认识到了，要顺利贯彻实施这项激励机制就要做出必要的组织结构改革。明确权力中心和责任中心、利益中心和成本中心，精简机构和缩小人员规模，加强对公司各级员工的监督和对各人力资本的核算与管理，强化会计信息质量，明确各层次激励的权重设定。改革企业的内部治理结构，规范董事会的设置，强化监事会的职能。组织结构重组方案将青岛啤酒总部做出了划分，分为专门负责战略规划的、专门负责投资决策的和专门负责资源调配的这三个中心，建立一种扁平化的组织结构，在管理上实行以区域为负责单位，按区域事业部进行管理，形成统一的自我管理，在经营、监督和财务核算上统一负责，事业部的工作重心也都集中到 EVA 的创造上。

3. 提升了企业的经营业绩

从青岛啤酒财务报表来看，2001~2011 年青岛啤酒的营业利润率比较稳定，通过对 2001~2011 年青岛啤酒财务报表计算出的 EVA 数值来看，很明显在应用 EVA 价值管理以前公司的 EVA 值都为负数，也就是说，公司在损害股东的利益，而从青岛啤酒应用 EVA 价值管理开始两年后就出现了明显好转，企业的 EVA 数值不但变成正值了，而且数值还一直在扩大，也就是说，从 2003 年以来经营者都在为股东创造财富，这也表明企业的经营业绩得到了真正意义上的提升。

三、东风汽车公司的 EVA 薪酬激励

东风汽车公司始建于 1969 年，是中国汽车行业骨干企业之一。公司总部设在武汉，主营业务涵盖全系列商用车、乘用车、发动机及汽车零部件。公司现有总资产 732.5 亿元，员工 12.4 万人。2008 年销售汽车 132.1 万辆，实现销售收入 1 969 亿元，综合市

场占有率达到 14.08%。2008 年公司位居中国企业 500 强第 20 位，中国制造企业 500 强第 5 位。经过 40 年的发展，公司已经构建起行业领先的产品研发能力、生产制造能力与市场营销能力，随着公司的经营规模和经营质量快速提升，公司提出了"打造国内最强、国际一流的汽车制造商，创造国际居前、中国领先的盈利率，实现可持续成长，为股东、客户、员工和社会长期创造价值"。

（一）EVA 薪酬激励的实施背景

长期以来，东风汽车实行的是岗位技能结构工资制度。如科技人员实行项目奖励工资制，产品开发、营销人员实行提成奖励工资制等。固定和浮动工资的比例为 4∶6，普通员工之间的收入差距最大达到 5~6 倍。但是东风汽车还是认为当时的绩效考核制度存在弊端，如激励不够充分、单纯以利润为挂钩指标难以反映经营活动全貌、缺乏长期激励机制等。

为了应对国际、国内市场的竞争态势，鼓励企业领导人关注长期价值创造，该公司在分析原有薪酬分配制度的基础上，准备建立一个体现股东、经营者利益的公平合理的业绩考核体系。公司的高层管理者既需要保证所有者（包括国有资产所有者）拥有按照出资收益、选择经营管理者和重大决策的权利，又需要使经营者对企业资产拥有占有、使用、收益和处置的权利，并参与剩余收益的分配。因此，需要一个整合所有者、经营者和员工三者利益的公司薪酬分配制度。经过调研，东风汽车决定使用 EVA 作为考核及奖励的机制。

（二）EVA 薪酬激励的要点

东风汽车公司经济增加值的特色主要体现在其激励体系的创建上，其要点是对经济增加值进行增量分配，将经营管理者乃至员工的报酬与其为股东创造财富的增量挂钩，保护了股东权益。主要表现在以下几个方面：

1. 不设临界值和上限，实施双向激励；

2. 设立"奖金库"进行长期激励，当年仅将其中的一部分以现金兑现，其余大部分转入专门的账户（奖金库），在以后若干年逐步兑现；

3. 按照公式确定业绩目标，经济增加值目标是随着实际业绩变化而相应调整的，同传统的年度经营目标核定方法相比，淡化年度指标确定时的"讨价还价"和"谈判"色彩；

4. 仅对达到或超过设定目标的经营管理者给予奖励。

（三）EVA 薪酬激励方案框架

1. 公司薪酬总量设置

实行双向激励，滚动考核方式。公司及所属各经营单元，以年度经济增加值考核结果为依据，确定工资总量。按照经济增加值目标超额部分的一定比例（A）计提（减扣）工资增量，计提比例的取值区间为 [0.1，0.35]，本年度经济增加值完成数和应提工资总额自动转为下年度基数。按照上述分配原则，公司薪酬总量设置如下公式：

$$W_{n+1} = W_n + (E_{n+1} - E_n)A$$

式中：

W_{n+1} = 当年工资总额；

W_n = 当年工资基数；

E_{n+1} = 当年 EVA 实际完成数；

E_n = 当年 EVA 预算目标；

A = 增量工资提取比例（%）。

2. 研发部门薪酬总量设置

$$W_{n+1} = R + (E_{n+1} - E_n)A + P$$

式中：

R = 当年工资基数；

P = 项目奖励。

其中，EVA 目标及完成情况以公司主业单元为计算范围，项目奖励按照公司年度项目任务书的规定，实行节点考核并兑现。职能部门由公司核定工资基数，增量工资与公司 EVA 总体目标完成情况考核挂钩，双向激励。

3. 经营者年薪制

$$S_{n+1} = S_n + (E_{n+1} - E_n)B$$

式中：

S_{n+1} = 当年年薪；

S_n = 上年年薪；

E_{n+1} = 当年 EVA 实际完成数；

E_n = 当年 EVA 预算目标；

B = EVA 超额奖提取比例（%）。

经营者年薪提取要先审计，后兑现。效益年薪的 50% 作为风险抵押，离任后兑现，经营者年薪适用于公司的主要领导团队。

4. 高级管理人员薪酬分配

$$S_{n+1} = 12(S + J + P) + C$$

式中：

S_{n+1} = 当年年薪；

S = 年功工资；

J = 岗位基础工资；

P = 绩效工资；

C = EVA 超额奖励。

岗位基础工资、绩效工资和年功工资执行公司统一标准，绩效工资与年度 EVA 目标考核完成率挂钩，岗位基础工资作为保底薪酬，EVA 超额奖励最低为零。

5. 员工薪酬分配

根据岗位劳动要素，进行职位分析和岗位归级，参照劳动力市场价位设定；动态考核，绩效工资按照薪酬总量分配办法确定。

$$S_{n+1} = 12(S + J + P)$$

式中：

S_{n+1} = 当年年薪；

S = 年功工资；

J = 岗位基础工资；

P = 绩效工资。

公司鼓励各单位在 EVA 岗位工资制的基础上，根据本单位实际，制定灵活多样的具体分配形式，鼓励并提倡管理、技术、资本等生产要素适度参与效益分配，包括计时工资、计件工资、项目工资和提成工资等。

（四）EVA 薪酬激励的实施效果

1. 提升公司业绩

改变了过去单纯以利润为挂钩指标的做法，完善了经济增加值业绩考核体系。通过改革原有分配办法，进一步完善了业绩评价体系，从而比较全面地反映了单位的经营状况，有效防止了盲目投资和经营管理上导致的短期行为；在新的薪酬管理体制下薪酬总量管理的权限定位更加明确，企业的业绩迅速得到了提升，当年公司利润、销售收入等均增长了 1.5 倍左右。

2. 突出贡献和价值的关系

由于过去过分的强调体力劳动的重要性，造成简单体力劳动的薪酬高于市场价位，甚至某些简单工种高于复杂劳动的工资分配水平，造成分配不公，学习动力不足，员工的素质难以适应市场竞争的要求。EVA 绩效体系使公司基本上实现了个人薪酬水平与其业绩贡献的对接，业绩导向下的高管人员薪资收入格局基本形成，收入差距和风险收入比重进一步加大。各类岗位的薪酬待遇标准趋于市场化，关键岗位的薪酬收入水平初具市场竞争力。通过这次岗效工资实施，使员工清醒地认识到提高自身的技能水平和业绩是提高自己收入的最有效手段，改变了员工对技能培训的认识。

3. 薪酬激励作用有效发挥

员工的勤奋、热情和创造性是公司成功的重要因素，而员工这种优秀的工作态度则又主要取决于企业对他们的回报，即企业是如何对待他们给予他们什么样的报酬和认可度。按照 EVA 度量方式来支付薪酬，使其成为一种改变员工行为的工具，使员工进一步认识到，只有企业效益好，自己的贡献大，收入才能高，从而有效激发了员工的忠诚企业、敬业爱岗、勤奋工作、努力学习的热情。

4. 完善企业竞争机制和激励机制

原来，由于各类岗位之间的收入差别不是很大，员工从事什么岗位基本上是组织上"要我干"，而现在推行的岗位工资改革，由于参照了劳动力市场价位，使得各类岗位之间的收入差别拉大，员工开始有了"我要干"的意识，主动竞争更高一级的岗位。同时，在推进薪酬改革工作中，还相应地建立了人员退出机制，即对落聘人员进行转岗分流和妥善安置，这些使企业劳动用工制度改革推向深入，良性竞争机制、激励机制和退出机制得以建立和完善。

（五）实施中存在的问题

1. 会计调整不够合理

在实施过程中没有对财务数据进行相应调整，淡化了经济增加值的导向和评价作用。汽车公司所采用的经济增加值公式是个变通的公式，公式中的各要素都进行了简单化处理，没有按照经济增加值的理念进行相应调整，而是直接用财务数据或行业数据加以替代，这淡化了经济增加值价值最大化的导向作用。

2. 培训工作不够充分

普通员工对经济增加值只有一个模糊的概念，对经济增加值如何能够在企业内部发挥作用缺乏清晰的了解。在企业分配体系方面由于受传统的平均主义思想的影响，企业不同层次的员工有着不同的看法：中高层管理者普遍认为企业内部薪酬差距过小，没有体现出管理者承担的责任与贡献，而低层的员工则认为差距过大，这对企业的凝聚力造成了极大地伤害。

3. 实施过程规划不足

推行过程中急于求成，没有处理好改革过程中的相互衔接与平稳过渡。公司内部全面实行经济增加值薪酬制度，从上到下推行到了企业的普通员工，只用了不到一年的时间。可是，从国外成功实施经济增加值公司的经验中可以看到，经济增加值在实施过程中不能太急躁，应该从上到下逐步推行，理念的转变才是推行经济增加值价值管理体系成功的关键要素。另外，在经济增加值激励制度的设计中，将普通员工的薪金与经济增加值以较大的权重进行直接挂钩，这样的做法欠缺合理性。

第三节　国有企业薪酬激励的现状分析

一、国有企业普通员工薪酬激励现状

1. 员工持股计划

1994 年企业员工持股在深圳的国有企业中开始试行，并颁布了《关于内部员工持股制度的若干规定（试行）》。同年，上海在推进现代企业制度建设中，也颁布了《上海市关于公司设立员工持股会的试点办法》。1997 年，在部分试点经验的基础上，深圳市政府颁布了《深证市国有企业内部员工持股制度试点暂行规定》，北京、上海、浙江等 20 多个省市也陆续发布了关于组建职工持股会的规范性文件，按照这些规范性文件，职工可以组织共同投资的职工持股会，以实现职工持股的有序运作。

2006 年 1 月 1 日正式实施的新《公司法》对内部职工股的进一步规定为"允许公

司收购本公司不超过已发行股份总额的 5% 股份，用于奖励本公司职工"。这个政策的出台意味着公司回购的股份可以作为实行员工持股计划的股份来源，与国外资本市场的做法初步接轨。与此同时，员工持股在实践上也有了发展。中国企业中上海大众、海尔等都有了自己的员工持股计划。

员工持股计划（Employee Stock Ownership Plans，ESOP）是指企业员工通过投资购买、贷款购买或红利转让、无偿分配等方式拥有企业全部或部分股票，以劳动者和所有者双重身份参与企业生产经营管理，是一种既能满足企业融资需求，又能实现员工与企业利益高度一致的新型组织方式。

我国大型国企改制公司实行的职工持股主要有三种模式：一是企业法人载体。指职工共同出资成立一家公司，然后再通过这家公司向改制企业投资。企业法人载体分有限责任公司和股份有限公司两种。二是职工直接持股。即职工以自然人身份直接持有公司股份。由于有限责任公司对股东人数作了限制（2 人以上 50 人以下），而大部分国企改制愿意实行全员入股，一般采用股份有限公司或者股份合作制方式。三是职工持股会。所谓职工持股会，是经民政部门批准设立的社团法人（50 人以上），专门从事企业职工持股资金管理，认购本企业股份，代表持有职工股的职工行使股东权利、履行股东义务，维护出资职工合法权益的社团法人组织。由于职工直接持股和职工持股会，解决了股东多于 50 人的问题，同时考虑到设立企业法人载体这种"外部"管理机构的组织运行成本和委托代理成本较高，从"经济"的角度讲，在企业内部采用职工直接持股和职工持股会比较合适。

在国有企业改制过程中，鼓励员工购买公司股票有利于避免一些大型企业国有股一次性撤出带来的企业注册资本不足等问题。实行职工持股后，公司股权基本由三部分组成：一是将评估后的国有净资产投资入股，为国有法人股。一般国有法人股比例占到改制企业总股本的 50% 以上，成为绝对控股的股东。二是职工以现金和企业的工资含量结余分配出资组建职工持股会，作为社团法人入股，或职工持股，为职工股。职工持股比例一般占总股本的 10% ~ 20%。三是将社会法人债权转为股权投资入股，为社会法人股。社会法人股比例一般占总股本的 20%。实行职工持股，实现了股权多元化，达到了北京市政府对国有企业建立现代企业制度的要求，所以在 20 世纪 80 ~ 90 年代企业改制中，国有企业大都采纳了实行职工持股和职工持股会。

但是，由于长期以来我国没有明确的法律法规对职工持股的管理和运作进行统一指导和规范，在实践中其内在的缺陷和弊端逐渐暴露出来。因此，ESOP 这一被西方国家倍加推崇的制度在我国却一再受挫。

这里我们将总结我国员工持股计划与西方员工持股计划的区别，总结员工持股计划受挫的原因。

（1）目前，我国至今尚未制定规范职工持股制度的全国性法律法规，仅一些地方政府或有关部门制定了一些职工持股的试行办法。而美国国会早在 1974 年就通过了《美国雇员退休收入保障法》，该项法律明确提出公司实行员工持股计划问题，并就各类税收优惠政策做出了法律规定。20 世纪 70 年代后，美国国会和政府又相继颁布了

《税制改革法》、《收入法》、《赋税人信托法》等20多部法律，迄今，美国50个州中也有一半颁布了鼓励员工持股的立法。我国的职工持股会始终没有明确的法律地位，且政府有关部门的意见和规定都不相同，具有很强的自发性、地方性和部门性。现在对于职工持股会比较普通的定位是社团法人，但在我国法律上不认可社团法人，并没有成为正式的立法用语。在有限责任公司股东超过50人时，由谁来持股。职工持股会不具有法律地位，无法作为企业发起人参与企业的发起设立。

（2）我国员工持股的资金来源稀缺。信用和预期劳动支付是美国员工获得股份的主要形式。我们企业中职工参加持股，获得股份的主要方法：一是职工用现金购买股份，二是企业用工资含量结余资金，按照职工参加工作年限和行政职务配股。就我国目前的法律法规，职工持股不能直接从银行获得资金支持。因此，目前操作的银行融资大都是通过股权质押贷款的形式完成。但这种操作存在一个时间差，甚至会引起一些非法的资金流动。另外，各大商业银行对股权质押贷款非常谨慎，持不鼓励原则，折现率很低，因此一般不能完全满足收购人的资金需求。有的银行想以个人消费贷款将资金贷给个人，由个人再买股权。但是消费贷款必须指明用途，这种变通方式实际上违反了不能将消费贷款进行股本权益性投资的规定。很多员工持股计划的融资求助于民间资本，即职工持股的"私募资金"，但是通常其资金成本较高，如果无法按时还款将丧失质押的股权。

（3）我国员工在企业中的持股比例甚微。员工的参与和股份的分配兼顾广泛性和公正性，美国法律规定，实施员工持股计划的公司，必须有70%的非高薪阶层员工参与，且非高薪参与者从中获得的收益至少要达到高薪阶层平均收益的70%。我国部分企业虽然是全员持股，但经营管理者与职工所持股权比例相差过大，也不尽合理。使得员工没有真正的通过持股来参与企业管理，表达意愿。

（4）多数企业将职工股金作为企业的资金增量。由于国有企业中国有资产的交易制度不健全，实现与国有资产交易的成本很高，因此，企业在实施职工持股时多采取将职工股金直接作为其资产增量，存量部分基本没有变化。这种状况必然影响职工股在企业股权结构中的比重，进而影响职工对企业的参与和控制。

2. 分红权激励

国资委2011年7月29日正式启动央企分红权激励试点工作，对符合如下条件的企业进行分红激励：

（1）注册于中关村国家自主创新示范区内中央企业所属高新技术企业、院所转制企业及其他科技创新型企业（以下简称试点企业）。上市公司及已实施股权激励的企业暂不参与分红权激励试点。

（2）试点企业应当制定明确的发展战略，主业突出、成长性好，内部管理制度健全；人事、劳动、分配制度改革取得积极进展；具有发展所需的关键技术、自主知识产权和持续创新能力。

（3）实施岗位分红权的试点企业近3年研发费用占企业年销售收入比例均在2%（含）以上，且研发人员人数不低于在岗职工总数的10%。

分红权激励是企业股东将部分分配利润奖励给为企业发展做出突出贡献的科研管理骨干的一种激励方式，目的是将职工利益与企业利益更紧密地结合起来，进一步调动科研管理骨干的积极性。中央企业是科技创新和产业化的重要力量，在国家创新体系中发挥着重要作用，在中央企业特别是高新技术企业和院所转制企业中开展分红权激励，符合中央企业做强做大的实际需求，对于促进中央企业深化内部改革，转换经营机制，加快形成科技创新体制，提高中央企业自主创新能力具有重要的现实和长远意义。

试点企业实施分红权激励，主要采取岗位分红权和项目收益分红两种方式。航天恒星、有研稀土成为国资委确定的先行试点者。两家企业激励方案的激励额度与企业业绩增长相挂钩。其中，航天恒星的激励总额与企业当年的经济增加值和经济增加值改善值挂钩，且与增加值改善值挂钩的激励额度占总额度的 50% 以上，有研稀土则将采用当年净利润额与净利润增加额作为计提总额，且当年净利润增加额比例超过计提总额的一半。同时，激励对象将向科技人员倾斜，靠竞争上岗，希望实现分配结构优化。航天恒星和有研稀土的科研类岗位和激励额度占比均达到 90% 以上，其余岗位也均为与科研成果转化密切相关的经营管理岗位。据初步测算，航天恒星和有研稀土两家企业的激励方案实施后，核心岗位的科研人员收入水平平均可提高 30% 以上，能够实现有效激励，同时一般员工也不会出现大的不平衡，符合中央企业实际和可接受水平。上述两家企业的方案获得了国资委肯定。国资委表示，此次分红权激励试点启动之后，将加快推进试点工作，并逐步扩大分红权激励的试点范围。试点企业要结合企业改革发展实际，公平、公正、公开地设计与制定激励约束机制，严格考核，确保规范运作。

根据国资委 2010 年 11 月底公布的《关于在部分中央企业开展分红权激励试点工作的通知》（下称《试点通知》），试点企业实施分红权激励，主要采取岗位分红权和项目收益分红两种方式。岗位分红权激励对象原则上限于在科技创新和科技成果产业化过程中发挥重要作用的企业核心科研、技术人员和管理骨干，不超过本企业在岗职工总数的 30%。项目收益分红激励对象应为科技成果项目的主要完成人，重大开发项目的负责人，对主导产品或者核心技术、工艺流程做出重大创新或改进的核心技术人员，项目产业化的主要经营管理人员。激励对象个人所获激励原则上不超过激励总额的 30%。

分红权激励试点有效期为 3 年，试点企业实施中当年业绩指标其中一项未能达到有关要求的，将终止激励方案的实施。中央企业负责人暂不纳入分红权激励范围。企业监事、独立董事、企业控股股东单位的经营管理人员不得参与试点企业的分红权激励。国资委表示，"让生产要素真正参与分配，拉开合理的收入差距，坚持薪酬水平由市场价位决定，是我们近几年非常想做的事情，现在通过这项工作，在试点企业中有了实质性的开端和落地，这一点对中央企业很重要。"

二、国有企业负责人薪酬激励现状

（一）年薪制

年薪制又称年工资收入，是指以企业会计年度为时间单位，根据经营者的业绩好坏而设计发放的一种薪酬制度。主要用于在企业中有实际经营权并对企业经济效益负有职责的公司经理、董事长、企业高级职员的收入发放，也称为经营者年薪。它一般由基本年薪和风险年薪两部分组成。基本年薪主要根据企业经济效益水平和生产规模，并考虑本地区和本企业职工平均收入水平来确定，用来保障经营者的基本生活需要；风险年薪以基本年薪为基础，是对经营者实际经营效益的报酬。经营者风险收入与经营效益成正比，是经营者创造的总体经营效果刚好达到所有者要求指标时所能得到的风险报酬，可看做是利润的分享。风险收入根据企业经济效益的情况、生产经营责任的轻重、风险程度等因素确定，企业经济效益考核的主要指标为资金利润率、销售利润率、国有资产增值率、劳动生产率等指标。考核企业经营者的年风险收入以经过审计的财务报表为准。风险年薪用于激励经营者提高企业的经济效益。年薪制存在的问题有以下几方面：

1. 管理者的实际年薪与企业绩效脱节。据统计，我国相当一批国有上市公司高管的薪酬与上市公司业绩无关，国企高管年薪高低与企业绩效的相关系数仅为 0.4。高管薪酬与企业绩效之间的低联系，使得企业管理者的目标与企业所追求的目标不一致。企业管理者追求个人效用的最大化，而不是企业利润最大化。

2. 传统业绩衡量指标在计算时没有扣除股权资本成本，只考虑了债务资本的成本，而没有考虑股权资本的成本，导致成本的计算不完全，这就造成公司在追求业绩指标最大化的同时，可能会偏离"股东价值最大化"的目标。

3. 缺乏长期激励。年薪制实质上是根据经营者在过去一年的经营业绩而确定经营者收入的报酬形式，即收入与上年利润水平或上年度的财务状况有关，所以，经营者更多的是着眼于当前，倾向于一些短平快的短期项目。而有些涉及公司战略发展问题，诸如公司购并、重组以及重大长期投资、技术研究和开发等，则是着眼于长期发展，经济效益往往要在若干年以后才会体现出来，而在收益显露之前，更多的是费用支出，这种支出和收益的时间差造成的是公司当前利润的下降。因此，经营者往往放弃长期利益，只着眼于当前利益、追求短期的高收入后一走了之。

4. 在职消费缺乏有效的制约。实现年薪制后，部分单位在职应酬、车辆、电话费等方面缺乏有效制度，在职消费数额大，个别经营者灰色收入多，这在一定程度上降低了年薪制的激励作用。

（二）股票期权激励制度

2001 年 3 月《国民经济和社会发展第十个五年计划纲要》中指出对国有上市公司负责人和技术骨干的激励手段可以试行期权制。2006 年 1 月，国资委公布了《国有控股上市公司（境外）股票期权激励试行办法》，并声称将尽快推出境内上市公司股票期权激励的规则，该规则于 2006 年 10 月 11 日开始试行，使得股票期权激励机制在现实中得以实施。股权激励的理论依据是股东价值最大化和所有权、经营权的分离。股东为达到所持股权价值的最大化，在所有权和经营权分离的现代企业制度下，实行的股权激励。即以股票作为手段对经营者进行激励。在理想的情况下，股票内在价值是企业未来收益的体现。于是，股票期权激励机制在经营者的个人利益与企业的未来发展之间就建立起了一种正相关的关系。当股票价格取决于公司价值时，股票期权使得企业经营者的个人收益成为企业长期利润的增长函数。从而公司董事会在股东大会的授权下，代表股东与以经营者为首的激励对象签订协议，当激励对象完成一定的业绩目标或因为业绩增长、公司股价有一定程度上涨，公司以一定优惠的价格授予激励对象股票或授予其一定价格在有效期内购买公司股票，从而使其获得一定利益，促进激励对象为股东利益最大化努力。股票期权激励制度的缺陷如下：

1. 我国目前由于资本市场不发达，股票信息失真，导致股价不能反映真实的企业价值，严重地影响了对经营者的业绩考核。因此，在我国现在的证券市场还属于准弱势有效市场的情况下，如果完全按股价来评价经营者的业绩，不但期权的激励效果得不到实现，而且会引发新的代理失效问题。此外，股票来源也是一个问题。2008 年 5 月 6日，中国证监会连发两个备忘录，要求国有企业股权激励从严审批。备忘录规定：限制性股票价格不低于基准价 50%；无特殊原因不得预留股份以及股东不得直接向激励对象赠与（或转让）股份。

2. 但是随着管理人员级别的降低，期权的效用也急速下降。对于广大的中底层管理人员而言，很难注意到个人业绩与公司股票价值间的联系，容易导致"搭便车"的现象，从而削弱股票期权激励的有效性。

3. 由于我国大多数企业并非上市公司，没有现成的股票价格可以利用，期权市场也尚未发展起来，这些都决定了我国利用普通的股票期权解决企业经营者激励问题的难度，使我国的股票期权激励方式具有很大的局限性。

4. 忽视了经营者的真实努力程度。仅仅以股票价格作为企业业绩考核指标，无法排除由于外部因素造成的企业股价的波动，在经济环境利好时，管理者可以不用费力就得到丰厚的薪酬，而经济不景气时，管理者却得不到应有的回报，这种奖励办法有失公平。

5. 股票期权对管理层的业绩完成情况"只奖不罚"。当股票价格升至行权价之上时，经理人可以行权购入股票使自己获益，但当股价一直低于行权价时，持有期权的管理人却不会有任何损失。

（三）年度考核与任期考核相结合的中央企业负责人考核制度

2003 年 10 月，国资委出台《中央企业负责人经营业绩考核暂行办法》，并于 2004年开始对中央企业负责人的经营业绩进行年度考核和 3 年任期考核。该考核制度按照年度考核与任期考核相结合、结果考核与过程评价相统一、考核结果与奖惩相挂钩的原则，明确了中央企业负责人的经营责任、权益和评价机制，从根本上改变了之前国有企业无人关心、无人负责的状态，使国有资产保值增值的责任得到层层传递、层层落实。该业绩考核办法于 2012 年 12 月 26 日由国务院国有资产监督管理委员会进行了第三次修订，并于 2013 年 1 月 1 日起执行。新修订的考核制度再次明确了考核对象包括以下人员：

1. 国有独资企业的总经理（总裁、院长、局长、主任）、副总经理（副总裁、副院

长、副局长、副主任)、总会计师;

2. 国有独资公司的董事长、副董事长、董事 (不含外部董事和职工董事)，列入国资委党委管理的总经理 (总裁、院长、局长、主任)、副总经理 (副总裁、副院长、副局长、副主任)、总会计师;

3. 国有资本控股公司国有股权代表出任的董事长、副董事长、董事，列入国资委党委管理的总经理 (总裁、院长、局长、主任)、副总经理 (副总裁、副院长、副局长、副主任)、总会计师。

年度经营业绩考核和任期经营业绩考核采取由国资委主任或者其授权代表与企业负责人签订经营业绩责任书的方式进行。

年度经营业绩考核与任期经营业绩考核指标都分别包括了基本指标与分类指标。如图 15 - 2 所示。

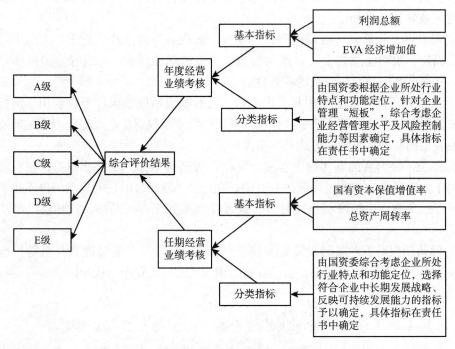

图 15 - 2　国资委年度和任期业绩考核指标及分级

根据企业负责人经营业绩考核得分，即年度经营业绩考核和任期经营业绩考核的综合分数 (具体计算方法参见《中央企业负责人经营业绩考核暂行办法》)，按由高到低的顺序分为 A、B、C、D、E 5 个级别。基本指标考核得分低于基本分或考核最终得分低于 100 分的，考核结果不得进入 C 级。利润总额为负或经济增加值为负且没有改善的企业，考核结果原则上不得进入 A 级 (处于行业周期性下降阶段但仍处于国际同行业领先水平的企业除外)。

国资委依据年度经营业绩考核结果和任期经营业绩考核结果对企业负责人实施奖

惩，并把经营业绩考核结果作为企业负责人任免的重要依据。

企业负责人年度薪酬分为基薪和绩效薪金两个部分。绩效薪金与年度考核结果挂钩。绩效薪金＝绩效薪金基数×绩效薪金倍数。当考核结果为 E 级时，负责人的绩效薪金为 0；且对于利润总额低于上一年的企业，无论其考核结果处于哪个级别，其绩效薪金倍数应当低于上一年。绩效薪金的 70% 在年度考核结束后当期兑现；其余 30% 根据任期考核结果等因素，延期到任期考核结束后兑现。对于离任的法定代表人，还应当根据经济责任审计结果，确定延期绩效薪金兑现方案。

此次修订的变化如下：

1. 进一步强化了业绩考核的价值导向，国资委将绝大多数中央企业 EVA 考核指标权重提高到 50%，利润总额指标权重下降为 20%。进一步规范 EVA 指标口径，将"应付职工薪酬"和"应付股利"视同无息流动负债，减少了企业对指标计算的歧义，增强了考核工作的操作性。设置 EVA 条件作为 A 级企业晋级门槛，规定"利润总额为负或经济增加值为负且没有改善的企业，考核结果原则上不得进入 A 级"。

2. 更加突出业绩考核在促进自主创新方面的导向作用。一是在计算 EVA 时，企业管理费用项下的"研究与开发费用"和当期确认为无形资产的研究开发支出，继续予以加回。二是对取得重大科研成果或在国际标准制定中取得重大突破的企业，年度考核给予加分奖励，任期考核给予特别奖。三是对科技进步要求较高的企业，应选择一项符合主业发展的科技投入或产出指标，作为分类指标纳入考核。四是在确定业绩考核系数（原经营难度系数）时，引入技术投入比率作为计算因子（权重为 5%），进一步强化科技投入的考核导向。

3. 更加突出对标考核，促进企业做强做优、争创一流。一是鼓励中央企业选择反映所处行业特点和增强核心竞争力的指标，与国际或国内先进水平进行对标，并将对标内容纳入考核。二是完善目标值报送及计分规则，对年度和任期基本指标目标值达到行业领先水平的，完成后直接加满分，引导企业向优秀水平看齐。

4. 完善差异化考核，提高考核的针对性和有效性。一是在确定考核指标权重上，区分军工、储备和科研企业，电力、石油石化企业和其他企业。二是对企业处理历史遗留问题等而对当期经营业绩产生重大影响的因素，经国资委核准后，可以在利润目标值审核或完成情况核定时予以考虑。三是企业报送的考核目标建议值，原则上不低于规定的基准值，但处于行业周期性下降和受突发事件重大影响的企业除外。

5. 完善与考核紧密挂钩的奖惩内容。一是将考核办法中"完成全部考核目标值（经济增加值指标除外）为 C 级晋级点"修改为"基本指标考核得分低于基本分或考核最终得分低于 100 分的，不得进入 C 级"，以督促企业更加关注管理指标的提升。二是增加"未完成任期经营业绩考核目标或连续两年未完成年度经营业绩考核目标进入 D 级和 E 级的企业负责人，国资委将提出调整建议或予以调整"的规定。三是除国际化经营、自主创新外，对业绩优秀及在管理进步、品牌建设、节能减排方面取得突出成绩的，也给予任期特别奖。四是关于任期激励。将"在综合考虑中央企业负责人整体薪酬水平和考核对象薪酬水平的基础上，根据任期考核结果给予企业负责人相应的任期激励，具体办法另行确定"等内容写入《考核办法》。五是绩效薪酬延期比例由40%降低至30%，以增强考核激励效果。

由以上变化可以看出，央企负责人第四任期（2013～2015年）经营业绩考核标准更为严厉。新的《考核办法》继续坚持了目标管理、考核指标"少而精"、"分类考核"、"短板考核"、"对标考核"等近几年来考核工作实践证明行之有效的做法；突出企业价值创造，不断提升股东回报和投资效益，确保国有资产保值增值；加强对企业自主创新、做强主业和控制风险的考核，引导企业关注长期、稳定和可持续发展；推动企业建立健全全员业绩考核体系，增强企业管控力和执行力，确保国有资产保值增值责任层层落实；强化考核结果运用，完善激励约束机制。

自2003年10月，国资委出台《中央企业负责人经营业绩考核暂行办法》以来，以价值管理为导向的业绩考核效果显著，央企的主营业务收入已从2003年的4.47万亿元增加到22.5万亿元，利润从3 006亿元增加到1.3万亿元，央企全部经济增加值在2003年仅有21亿元，而截至2012年经济增加值已达到3 748亿元。

考核是央企经营活动的"指挥棒"，这根指挥棒将引导各央企对EVA经济增加值进行进一步的学习和运用，以便最终实现由EVA指标作为主要业绩衡量标准的考核与薪酬激励制度。

第四节　基于EVA的薪酬管理基本内容

目前，虽然在少数的大公司中，拥有大部分股权的人仍在管理着本公司，但在典型的现代公司制度下，CEO所持股份不应超过公司总股本的1%。为此，公司的董事会必须解决好这样一个问题：如何才能创立一个有效的激励机制，使得并不拥有公司大部分股份的管理者能够为了增加公司的股东价值而努力奋斗。基于EVA的薪酬管理计划经过多年的理论与实践研究，被证实对于大多数企业来说，是最有效的激励机制。

一、基于EVA薪酬激励的优势

（一）协调股东与管理者的利益

EVA是从股东角度定义企业是否盈利，突出了资本增值的概念，并以此作为管理人员业绩考核的主要指标，EVA薪酬管理将增加个人财富的机会与风险同时转移到管理者身上，促使管理者要像股东一样行为与思考如何进行管理决策，实现了管理人员与股东行为取向的一致，减少了由于利益冲突及管理权与控制权的分离而增加的委托代理成本，使得管理者在努力增加股东财富的同时，通过EVA的业绩考核得到相应的薪酬回报，避免了长期以来企业管理行为与企业价值最大化的脱节现象。

（二）奖罚结合激励效果显著

在EVA奖金计划中，奖金上不封顶，下不保底，EVA完成度越高获得的奖励越多，即便是EVA基期为负，只要EVA在量上有所改进就可获得按改进部分的一定比例而计提的奖金。大大提高了员工参与EVA薪酬管理的积极性，激发了员工致力于如何改进EVA并创造股东财富的欲望。如果EVA在当年不增反降，企业将按减少值的一定比例计提"负奖金"，在原累计的奖金库中扣减，作为对员工的惩罚。

（三）激励指标趋于科学化

在过去的薪酬管理中岗位评价与薪酬比例的计提标准较为主观，业绩考核多以预算指标为标准，而预算指标是员工与企业谈判后的结果，设定的预算指标含人为因素较多，且每年设定一次，管理成本较高且激励效果不显著，而EVA指标是刻画公司财富创造和衡量公司绩效的科学指标，其计算方法更接近于企业的真实经营状况，弥补了传统的会计指标过于保守、易被操纵的缺陷，使得考核指标更为合理，利润分配更显公平。

（四）重视企业的长远发展

EVA指标对会计利润进行调整，如对研究开发的支出由费用化改为资本化，并在受益年限内摊销。并且EVA薪酬管理采用"红利银行"的形式来递延薪酬，与传统的会计利润指标相比，防止了管理者的短期行为，有利于企业鼓励价值创造与技术创新。6EVA薪酬激励计划完全改变了管理者的管理决策理念，资本成本概念与价值管理理念将不断在企业内渗透，并会贯彻到企业的计划、预算、执行与考核中去。这将彻底改变企业的价值理念，不断提升企业的价值创造，保证企业长期业绩的提高。

（五）多元化企业的薪酬激励方式

EVA薪酬激励机制将包括EVA奖金激励机制、EVA股票期权激励机制与EVA虚拟股票期权激励机制，不仅适用于上市公司还适用于非上市公司，企业可根据实际情况选择不同的方式对应不同的管理层级。同时，为更好地实现薪酬分配的公平性，EVA分红将与技术人员创造的经济增加值直接挂钩，避免了中下层管理人员的"搭便车"行为。此外在EVA股票期权激励机制中，是否行使期权将由员工自己决定，行权价格采用递增方式，而不是固定的行权价格，与传统的激励机制相比EVA薪酬激励更加灵活，并有待于更广泛的开发。

二、EVA薪酬激励的适用性分析

随着全球化和放松管制席卷股份公司，股东回报的压力在增大，EVA价值管理理念越来越受到企业的青睐，建立基于EVA的激励机制和监督系统，促使管理人员树立股东价值创造的理念，使得股东财富最大化。然而 EVA 不是万能的，它并不适用于所有的企业，或是企业的所有发展阶段，一般而言，考虑 EVA 的适用性要考虑行业因素、公司的发展阶段、激励的对象范围等方面。

（一）行业因素

由于 EVA 可以很好地衡量资产是否得到有效利用，因此 EVA 薪酬激励机制对于一些比较稳定的、有形资产占较大比重的行业或企业较为有效。从而，EVA 不适用于那些无形资产比重很大的或以人力资源作为主要资产和提供专业服务的公司，因为这些公司的真实价值无法通过 EVA 来传达。此外，EVA 不适用于金融机构、周期性企业、风险投资公司等企业。金融机构有着特殊的法定资本金要求，不适用于 EVA 管理，并且把贷款总额作为使用资产将高估资本成本。周期性企业由于利润波动太大，易引起 EVA 数值扭曲，对于这类企业，通过与竞争对手比较来分析公司更为恰当。

（二）企业发展阶段

对于发展较为成熟的企业，资产投入较为稳定，投入与产出效果显著，资产回收较快，现金流稳定，EVA 可以很好地衡量企业所创价值。而对于初创期、与高速发展阶段的企业，单凭 EVA 进行行业绩评价效果不明显，因为企业的前期投入较大，且投资的回报不能立即体现在 EVA 指标中，甚至连续几期的 EVA 为负增长，激励效果被严重削弱。

（三）考核对象范围

在比较 EVA 实施成功的企业与 EVA 实施不成功的企业时，我们发现那些成功的企业不仅能为企业的管理者提供 EVA 奖金激励而且 EVA 的考核可延伸到各部门中，因为它们的部门大部分拥有独立核算的权限，更容易建立薪酬计算体系。如果企业不能建立更多独立的核算单位，企业在实施 EVA 时尽量将激励范围控制在高级管理层、经理人及少数的核心技术员工，以防止业绩考核时出现"搭便车"行为。与此同时，我们发现 EVA 更适合于员工变动不频繁的企业，因为如果人员变动较为频繁，就不会起到长期激励的效果，递延薪酬的作用就会失效。

三、基于 EVA 的薪酬激励框架

（一）EVA 薪酬激励的基本原则与目标

1. 短期激励与长期激励相结合

为了避免员工的短期行为及企业一次性奖金支付造成的激励效果欠佳，企业将通过目标红利、薪酬延期发放及股票期权等 EVA 薪酬激励方式对企业的员工进行长短期激励。有利于树立良好的价值理念，使得企业能健康有序发展。

2. 管理者与股东的利益协调一致

EVA 薪酬激励机制通过调整后的会计利润考核业绩，将股东的资本投入考虑其中，真实地反映了企业的价值创造。促使管理者要像股东一样思考，并做出有利于企业未来发展的管理决策，去实现管理人员与股东行为取向的一致，减少由于利益冲突及管理权与控制权的分离而增加的委托代理成本。

3. 建立科学合理的薪酬体系

EVA 薪酬激励机制跳出了传统业绩考核所利用的会计指标范围，使用考虑资本成本的业绩指标对企业员工进行规范，避免了会计造假等传统激励机制的弊端对激励效果的影响，企业要在努力优化 EVA 薪酬计量指标的核算方法外，针对各类员工的自身特点，制定灵活多元化的薪酬激励机制，及建立更加科学合理的薪酬体系。

（二）基于 EVA 建立具体激励制度

1. EVA 奖金制度

EVA 奖金制度的建立主要包括两个方面：一是 EVA 奖金制度的原则；二是奖金激励的具体实施方法。

（1）EVA 奖金激励制度的原则：EVA 奖金制度本着长期激励的原则，将目标 EVA 值和 EVA 改进值作为业绩考核的主要指标。奖金上不封顶，即使企业本身 EVA 为负的，只要经营者可以使得 EVA 有所改进，即可得到奖金，且改进值越大，奖金越多。如图 15 - 3 所示。

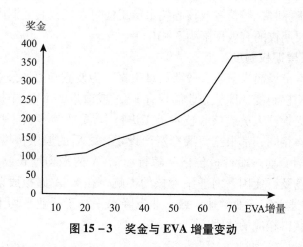

图 15 - 3　奖金与 EVA 增量变动

（2）EVA 奖金激励的具体实施方法：企业根据设定的目标 EVA 考核高级管理人员或核心技术员工，当其完成目标 EVA 值时，可得到目标红利，且超过目标 EVA 的部分还可按一定比例获得超额的奖金，但是这些奖金并不在当期全部发放，而是在发放目标红利后将员工的超额奖金的三分之二汇总起来，形成奖金库，延期发放，当员工的 EVA 改进值为负数时，将其奖金按一定比例在奖金库中扣除（见图 15 - 4）。

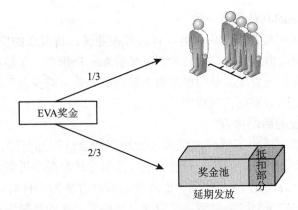

图 15 - 4　EVA 奖金激励实施示意

2. EVA 的股票期权制度

建立基于 EVA 的股票期权制度的意义在于将经营者的经济利益与公司的股票价值即股东在市场上的财富直接挂钩，该制度的前提是认为，资本市场是完善的，经营者为股东创造财富，提高公司治理效率，改善了企业的 EVA，则股价便会上升，如果赋予经营者一定的股票期权，经营者便可以在改善企业 EVA 的同时获得股价上升高于其行权价格部分的利益。

企业在增发配股或通过大股东的转让时，留有一部分股票期权发放给管理者及核心技术人员，企业将会使用剔除行业因素影响的 EVA 指标作为考核依据，当企业的 EVA 增长高出预期设定指标时，经营者或核心技术员工便可在期权有效期内行使期权，从而获得收益，一般股票期权的有效期限为 3～10 年。

3. EVA 虚拟股票期权制度

考虑到我国资本市场尚未完善，股票信息失真，为使激励更加公平科学，公司可以考虑使用虚拟股票期权制度，即从企业的现有 EVA 或改进的 EVA 中提取部分金额作为激励基金，并对高级管理人员或核心技术员工进行 EVA 业绩考核。基期虚拟股票的价格与基期的行权价格相同，都根据每股净资产设定，之后的股票价格将随企业 EVA 的增长或减少而同比例变动。而行权价格将随行业 EVA 的平均增长或减少同比例变动。为了更好地排除市场及行业因素对业绩考核的影响，在 EVA 虚拟股票期权制度中，只要企业的 EVA 的增速大于行业增速，或企业下降水平小于行业平均下降水平，激励对象便可进行行权并获得相应的奖励。

（三）EVA 薪酬激励的具体实施环节

EVA 激励机制的具体实施环节主要包括准备阶段、试点阶段、全面实施阶段、实施反馈阶段。

1. 准备阶段

这一阶段主要是在高层管理者中达成共识，分析 EVA 对于企业的适用性程度以确定是否实施 EVA 激励计划以及在哪些方面实施。

首先，召开股东大会通过以 EVA 为基础的高管人员长期激励计划，并由股东大会确定激励对象，由股东大会直接聘任或授权董事会组成薪酬委员会，在该委员会中外聘专家应占多数，其中应包括生产与运作专家、财务专家、法律专家、本公司的行政主管、生产主管、人事主管、财务主管和销售主管必须列席。

其次，由薪酬委员会抽调各中层管理者和骨干人员集中进行 EVA 知识培训并对培训内容进行考核以确保他们掌握。最重要的是告诉他们 EVA 的核心理念是在提高股东价值，并且考核的核心是 EVA 的改善值而不是现有的 EVA 值。

2. 试点阶段

EVA 管理将改变下属企业考核激励模式，但是 EVA 考核不是完全取代原来的绩效考核体系，选择部分企业和部门进行试点是非常必要的，在实施 EVA 考核步骤上采取逐渐过渡模式。由公司的管理层选择试点的企业或部门，对于进行试点的企业或部门的财务信息进行调查，对经营情况进行了解，由薪酬委员会中的企业外部专家与企业内部专家一起确定企业或部门的 EVA 值，试点期间公司可以考虑以 EVA 考核指标部分取代净资产收益率，合理设置 EVA 指标和净资产收益率指标考核权重比例。此外，在保持经营者基薪和年薪绩效奖金核算办法的同时，将效益奖金核算方法进行相应改进。试点阶段要及时总结 EVA 的经验和教训，并通过子公司股东会、董事会，相应完善下属企业预算管理、经营考核和经营者薪资核算等办法，为实施 EVA 管理体系打好基础。

3. 实施阶段

这个阶段的主要工作是在总结试点企业或者部门经验的基础上，成立 EVA 全面推广小组共同制定出真正适合本企业的激励计划并制定明确的奖励制度。首先，由薪酬委员会中的企业外部专家与企业内部专家一起初步确定本公司 EVA 的计划方法及确定有可能对 EVA 产生较大影响的关键部门并大体确定本公司在上年度中的 EVA 值。其次，由薪酬委员会组织成立 EVA 全面推广小组，小组成员由经过培训并且必须要有财务部门人员参与，并受薪酬委员会直接领导和技术支持，它的工作主要有：与各中基层部门的员工接触，收集关于财务原始信息、了解基本业务流程等第一手资料，并向薪酬委员会及时报告，以帮助设计出真正适合本企业的 EVA 实施方案；从试点的企业或者部门开始扩展到其他部门；由这个小组负责对本部门的基层员工进行培训，使他们掌握 EVA 知识并减少顾虑；EVA 小组在发现本企业存在的业务流程不合理及其他管理缺陷和问题时应及时向薪酬委员会汇报。最后，薪酬委员会应提供对 EVA 实施工作的支持，并至少每月召开一次例会，讨论 EVA 小组反映的问题，拟定解决办法，进行协调，并对企业实施 EVA 计划的进程进行监督。

薪酬委员会要着重帮助 EVA 小组解决如下问题：各部门现有的成本水平状态和成本核算；内部产品、中间产品的转移定价；各部门业务的模拟资金回报率的确定。薪酬委员会与其下级的各 EVA 小组不断交流后，应由薪酬委员会最终确定适合本企业的 EVA 计算办法。

4. 考核及改进阶段

EVA 考核按月按季按年展开，通过企业编制的 EVA 分析报告，将各部门及企业整体的 EVA 完成情况进行汇总，交至薪酬委员会进行业绩考核，根据奖励制度的规定对激励对象进行奖罚，同时记录员工在实施 EVA 阶段的改进意见，分析 EVA 预计目标与实际完成 EVA 值之间的差异，找出贡献最大的部门，及企业 EVA 的关键驱动因素。并根据企业的特点变化情况对 EVA 指标进行调整。

第五节　基于 EVA 的薪酬激励设计

一、基于 EVA 的奖金激励机制设计

（一）EVA 奖金的计提方法

奖金激励模型是 EVA 薪酬管理中使用最为广泛的形式，其设置的奖金体系上不封顶、下不保底，与传统的奖金体系截然不同，有很强的奖罚效果。此模型主要通过红利计划实现，其 EVA 奖金的计提方法包括纵向比较法与横向比较法。

1. 纵向比较法

此方法经历了由 X 红利计划、XY 红利计划到现代 EVA 红利计划的演变过程。

（1）早期的 EVA 红利计划

早期的 EVA 红利计划起源于 1992 年的美国通用汽车公司，该公司规定如果资本收益率超过 7%，就建立总值相当于利润总额 10% 的红利库。在扣除了管理人员的工资与股东的最低回报后的利润总额中，10% 归管理人员所有，其余 90% 归股东所有。从而产生了早期的以固定比例计提红利的模式：

早期的 EVA 红利确定方法：$B = x\% \times EVA$

即从当年 EVA 中以 x% 提取一定数额作为员工的红利，其中 x% 作为提取的比例由股东大会决定。与传统的奖金制度相比，早期的 EVA 红利计划没有最高值限制，激发了管理者创造股东财富的欲望。但它也存在着明显的缺陷：首先，EVA 红利只体现了奖励而没有惩罚，当预期 EVA 增量为负，股东财富流失时，企业仍要进行固定比例的红利分配。其次，该红利计划缺乏前瞻性，以 EVA 绝对数作为计提奖金的基数不利于 EVA 的持续增长，容易导致管理者的短期行为，以牺牲企业未来价值为代价而获取当期高额的奖金。最后，该红利计划多规定的提取比例由股东确定，会导致激励强度与激励成本之间权衡无效率。比例过大，激励成本也加大，比例过小，不会有效激发经营者的潜力。

（2）XY 红利计划

为了解决早期 EVA 计划所存在的缺陷，EVA 奖金计划不断地进行创新，其公式也在原有的基础上出现了新的变化。新的计算公式中奖金支付额在原来红利计划的基础上添加了按照 EVA 增加额的比例支付的奖金。即红利的确定不仅依赖 EVA，也依赖 EVA 增量（△EVA）。

EVA 的红利确定方法：当 EVA > 0，B = x% × EVA + y% × ΔEVA

当 EVA ≤ 0，B = y% × ΔEVA

这就是著名的 XY 红利计划，美国和欧洲的一些企业一直沿用至今。与早期的奖金计划相比，无论企业的 EVA 是正还是负，XY 奖金计划对于管理人员的激励效率都有所改善。对于业绩比较好的企业，y% 可以通过提供强有力的激励机制，激励经理人创造出更多的超额 EVA，并且 x% 可以为企业提供同行业具有竞争性的薪酬标准；而当企业业绩不好甚至为负值时，x% 对于经理人完全不起作用，但是 y% 可以激励公司的管理人员减少 EVA 的负值使得公司的业绩不断改善。

虽然 XY 红利计划可以创造出很强的激励效果，但是如果企业业绩的提高是企业管理人员无法控制的市场或行业因素作用的结果，就会加大管理薪酬成本。

（3）现代 EVA 红利计划

为了使 EVA 红利奖金计划更加科学合理，并且具有更大的适应性，现代红利计划模式对 XY 红利计划做了两方面的改进：

①用目标红利代替了 XY 红利计划中的 x% × EVA；

②用超额 EVA 增量（ΔEVA − 预期 EVA 增量）代替了 XY 计划中的 ΔEVA。预期 EVA 增量记作 EI。则红利计划公式为：

$$B = 目标红利 + y\% × (ΔEVA − EI)$$

由图 15 − 4 可知，现代 EVA 奖金计划中，奖金收入总额等于目标奖金加上超额 EVA 增量与一个固定百分比乘积的总和。其中，目标红利是在取得预期 EVA 值后获得的比较固定的红利，如果仅达到了预期 EVA 值时超额 EVA 增量为零。可见，在现代 EVA 红利计划中特别强调了对超额 EVA 增量的奖惩。如果企业业绩超过预期，经营者可以获得超额收入；如果企业业绩不好，他们的收入会低于目标红利。这种方法的原理在于为经营者提供无限的发挥潜力的空间，激励他们超过而不仅仅是达到预期。红利的发放额是依据红利银行的收支平衡情况来定，而不是依据当年赚取的红利数额而定的。即现代 EVA 红利银行在累积红利支付和累积经营业绩之间建立起稳定的关系。

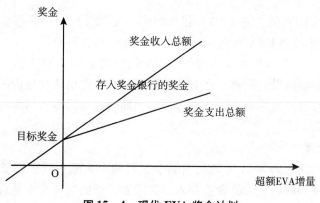

图 15 − 4　现代 EVA 奖金计划

2. 横向比较法

横向比较也称为相对业绩比较，即标尺竞争（Yardstick Competition）。最早由施雷弗提在 1985 年提出，该方法通过对经营条件、经济水平相近的同类企业进行比较，以其中效率较高的企业作为参照，激励垄断企业提高效率、降低成本、改善服务。将标尺竞争理论与 EVA 薪酬管理相结合，即在 EVA 目标值设定时，考虑将行业 EVA 水平作为标杆，激励企业经理人的行为。

假定市场里同质的企业有 I 个，对于第 i 个企业引入增值率 $\rho_i = EVA_i / TC_i$，同业平均 EVA 增值率 $\rho_0 = \sum EVA_i / \sum IC_i$，红利方案可以取 $B = B_0 + u(\rho_i - \rho_0)TC_i$。

但是获取行业的 EVA 水平是有成本的，有时需要专业咨询机构的帮助，如果难以获得行业的 EVA 水平，可以选取行业中最优企业的 EVA 水平作为标杆，设其 EVA 水平为 EVA^T，根据本企业的资本组合与资本构成确定一个恰当的比例系数 λ，用 λEVA^T 代替 $\rho_0 TC_i$，红利方案为：

$$B = B_0 + u(\rho_i TC_i - \rho_0 TC_i) = B_0 + u(EVA_i - \lambda EVA^T)$$

EVA 薪酬激励的横向对比法将 EVA 的考核指标提高到了行业水准，有利于行业间的比较与借鉴。

（二）EVA 奖金激励机制设计中的关键要素

1. 目标 EVA 及目标奖金

目标 EVA 包括基准 EVA 与 EVA 期望改善两部分。其中，基准 EVA 的设定主要依据上年的 EVA 完成情况，并结合企业本年的实际经营管理能力，通常每年调整一次。基准 EVA 的确定充分考虑了不同行业不同企业的经营业绩间的差异，或同一行业不同年度间经营业绩的差异，避免用同样的业绩标准要求不同条件下的企业行为。EVA 改善值一般由公司管理层和财务部根据 EVA 的具体计算公式及企业未来发展状况结合公司市值，制定合理的财务预测来推算，一般三到五年设定一次，并保持设定期间不变，避免每年进行谈判，以保证公司战略目标的实现，EVA 期望改善值的设置使目前 EVA 值为负的企业也可以因为改善 EVA 值而获得足够的奖励，即减少了负 EVA 值也视同创造了正 EVA 增量。

EVA 目标奖金即当员工完成 EVA 目标时可获得的奖励，一般根据设定的不同权重在基准 EVA 与期望改善 EVA 间划分后求和，计算公式如下：

$$目标奖金 = x\% 基准 EVA + y\% 期望改善 EVA$$

同时，目标奖金的设定要建立在对竞争性薪酬水平做出认真分析的基础上，分析竞争性的薪酬水平有助于确保本公司管理人员的预期收入与同类公司中相似级别的管理人员的收入保持一致。

2. EVA 奖金库

每年将经营者获得的 EVA 奖金记入奖金银行的个人账户延期发放，负值奖金将会从奖金银行额度中扣除，正值奖金被存入。管理者获得的奖金并不是直接支取的，而是存入事先设立的奖金库中。奖金库账户的设置具有以下两种不同的类型：

（1）"超额"奖金库账户，目标奖金 100% 用现金支付，当期超额奖金的一定比例存入奖金库的账户，并逐年发放该账户中的一定比例，如三分之一。这种方法要适当控制目标 EVA 的数量，如果目标过高将不会产生激励作用，如果目标过低将大大提高管理成本。

（2）"完全"奖金库账户，即把当期确定的奖金全部放入奖金库中，每年派发账户余额的一定比例，如三分之一。

大多数使用 EVA 奖金库的企业规定是：如果奖金库余额为正，则支付目标红利额加上奖金库余额超过目标红利额部分的三分之一。如果奖金库的余额为负，则不进行红利分配。例如，如果企业的红利计算公式采用：

B = 目标红利 + y% × (ΔEVA − EI)，其中目标红利为 10 万元，Y% 取值 2%，期望 EVA 为 500 万元，假设企业当年 EVA 增量为 1 500 万元，原奖金库的余额为 0，则红利计算结果为：

$10 + 2\% (1\,500 - 500) = 30$（万元）

该笔红利额将首先存入奖金库，在通常的支付规定中，为保持奖金库的收支平衡，所支付的奖金为目标红利加上奖金库余额超过目标红利部分的三分之一。

$10 + (30 - 10) \times 1/3 = 16.7$（万元）

分配后的 EVA 奖金库余额为 13.3 万元。

二、基于 EVA 的股票期权激励机制设计

（一）激励对象

我国《上市公司股权激励管理办法（试行）》明确规定：股权激励计划的激励对象可以包括上市公司的董事、高级管理人员、核心技术（业务）人员以及公司认为应当激励的其他员工，但不应当包括独立董事。可见，我国对股权激励计划的激励对象的界定范围很广，只要是公司员工，只要公司认为有必要，就可以被认定为股票期权激励计划的激励对象。但是考虑到我国的股票期权激励制度在发展过程中出现了诸多问题，如平均持股带来新的"大锅饭"和"搭便车"现象；强制入股减弱甚至抵消了对员工的激励作用，并且引发员工股的黑市交易；持股员工参与企业管理的权利得不到保障或者流于形式，对持股员工的激励作用并没有得到完全体现。股权激励对象选择的不合理是导致这些问题的主要原因之一。从而 EVA 股票期权制激励的主体主要包括高层管理人员、核心技术人员。

（二）期权股票的来源

一般来说，股票期权所需股票通常有三个来源：一是公司发行新股或增资扩股时预留一部分股票作为股票期权激励计划的可用股份；二是通过留存股票账户回购股票；三是大股东让出一部分股票作为股票期权激励高层经理人员。

（三）行权价格的确定

股票期权的行权价格是指股票期权受益人在规定的期限内购买股票的价格，它是股票期权激励中的关键因素。如果行权价格过高，经理人会对激励计划失去兴趣和信心，很难达到激励目的；如果行权价格过低，经理人很容易就能获得收益，同样也达不到激励的目的。

从理论上讲，行权价格有三种情形：高于现值（价外期权）、等于现值（平价期权）和低于现值（价内期权）。理论上股票价格是公司业绩的函数，随着业绩上升，股票市场上的价格即得到反映，这样就能够将经理层的报酬与企业业绩有机地结合起来。但是在我国这样一个弱有效市场的情况下，企业业绩的外部指标——股价，显然很难做到正确衡量经理人业绩。因此，比较稳定的解决方案是采取非市场评价方法修订行权价格，引入 EVA 指标。同时，视股票期权的行权价格为一种可变的行权价格，引入相对EVA 业绩评价指标对行权价格进行修订时，使经理人的激励报酬与其业绩贡献的联系更为直接。与此同时引入股票指数参数，以剔除股市走势和宏观经济环境等外部因素产生的影响，从而使其达到应有的激励效果。

1. 相对 EVA 指标的引入

相对 EVA 是指企业剔除行业因素，基于经营者自身经营能力而取得的 EVA。其计算方法如公式所示：

$$EVA_2 = EVA - EVA_1 = EVA - (D_m + E_m)K_a$$

其中，EVA_1 是基于行业因素而获得的 EVA，D_m 代表债务资本总额，E_m 代表权益资本总额，K_a 代表行业平均投资报酬率。由此可见，单个企业的相对 EVA 与企业的业绩呈正相关，将企业所在行业的平均业绩表现（或主要竞争对手的平均业绩表现）引入到企业的业绩评估中来，能更合理地反映企业经理人的真实业绩。经理人通过努力而获得的 EVA 增长率可表示为：

2. EVA 增长率的引入

$$d = \frac{EVA_{2t} - EVA_{20}}{EVA_{20}} \times 100\%$$

其中，EVA_{2t} 为行权日基于经营者自身经营能力而取得的经济增加值，EVA_{20} 为授权日基于经营者自身经营能力而取得的经济增加值。

3. 股票指数参数的引入

该指数参数是指本公司股票价格与整个股票市场价格指数的一种较为固定的比例关系。引入该指数是为了反映证券市场的整体变动，使得行权价格能够随着股市的整体走向而变化，从而剔除股市噪音所带来的影响。假设对历史资料进行回归分析的结果如公式所示：

$$\theta = kH$$

其中，θ 是本公司股票价格的涨跌幅，H 为整个股市大盘的涨跌幅，k 为公司股票价格对整个股市变动的灵敏度，由此确定的 k 即为本书所指的股票价格指数参数。

4. 行权价格的确定

$$P_e = \frac{P_0}{1+d} \times (1+kH)$$

此公式中引入了 k（公司股票价格对整个股市变动的灵敏度）与 H（整个股市大盘的涨跌幅），在一定程度上剔除了行业因素、市场因素的影响。

（四）期权的发行数量

根据我国证监会的规定，上市公司全部有效股权激励计划涉及的标的股票总数累计不得超过公司股本总额的 10%，非经股东大会特别决议批准，任何一名激励对象通过全部有效股权激励计划所获授的本公司股票累计不得超过公司股本总额的 1%。其中，股本总额是指股东大会批准最近一次股权激励计划时公司发行的股本总额。

在所有者确定股票期权的授予数量时，需把握一个度的问题：股票期权的授予数量太小，不足以起激励作用；授予数量太大，可能会稀释股东的所有权，在一定程度上影响原有股东的权益，还可能会导致经营者引发新的道德风险，从而出现操纵股市价格和掩盖企业利润的情况。

为了使激励对象的收益与业绩更相关，将能力性 EVA（剔除行业因素影响后基于经营者自身的经营能力而取得经济增加值）作为股票期权授予数量的基础，将剔除行业影响的 EVA 绝对量和增量作为股票期权激励基金的计量依据，设计计量模型。

$$Q = \begin{cases} aEVA_{2t} + b(EVA_{2t} - EVA_{2t-1}) & EVA_{2t} > EVA_{2t-1} \\ aEVA_{2t} & EVA_{2t} \leq EVA_{2t-1} \end{cases}$$

其中，Q 为公司第 t 年的激励基金，EVA_{2t} 为经营者当年能力性经济增加值，EVA_{2t-1} 为经营者上年能力性经济增加值，a 为经营者当年创造的 EVA_{2t} 的提成比例，b 为经营者比上年多创造的 $(EVA_{2t} - EVA_{2t-1})$ 增量给予的提成比例。

综合上述分析，经理人的股票期权收益公式为：

$$M = \text{Max}[(P_1 - P_e)Q, 0]$$

其中，P_1 为行权日的股价，P_e 为行权价格，Q 为股票期权发行数量。

（五）期权股票的行权条件

行权条件一般涉及两个方面，一是公司的主体资格必须符合要求，另一个是期权持有人即激励对象的资格必须符合要求。如果激励对象在授权时符合要求，但在行权期间不符合资格，已授予的期权则不具备行权条件。

对于公司来说，如果发生如最近一个会计年度的财务会计报告被注册会计师出具否定意见或者无法表示意见的审计报告；最近一年内因重大违法违规行为被证监会予以行政处罚或者被证监会认定为不能实行期权激励计划的其他情形等情况，这也就同时意味着公司自身已丧失实施股票期权激励计划的主体资格。公司都不具备实施股票期权激励计划的条件，已授予的股票期权也就自然不能行权。

对激励对象来说，如果发生最近 3 年内被证券交易所公开谴责或宣布为不适当人选的，最近三年内因重大违法违规行为被中国证监会予以行政处罚的，以及具有《公司法》规定的不得担任公司董事、监事、高级管理人员情形的情况之一的，说明该激励对象已不具备授予期权的基本条件，显然其持有的期权不能行权。

对具体的 EVA 业绩考核结果来说，必须同时满足以下两个条件：

1. 在执行期权时企业的 EVA 要大于 0；
2. EVA 剔除行业影响因素后的增长额大于 0。

股票期权的被授予者只能在等待期结束后有效期截止前以事先约定的价格购买公司股票。经理人要获得期权激励必须以企业价值最大化为目标。经理人一般在每年一次的业绩评定的情况下获赠股票期权，期权为获受人所私有，不得转让，获受人不得以任何形式出售、交换、记账、抵押、偿还债务或以利息支付给第三方。除经理个人死亡、完全丧失行为能力等情况，该经理人的家属或朋友都无权代表其本人行权。

三、基于 EVA 的虚拟股票期权设计

（一）授予对象

EVA 虚拟股票期权的激励对象与股票期权的激励对象相同，主要包括高层管理人员、核心技术人员。

（二）激励基金的提取

公司的激励基金是公司开展虚拟股票期权薪酬管理的基础和资金保障。对于不同的企业其激励基金的来源有所不同，当企业的 EVA 为正值时，企业可通过计提一定比例的 EVA 作为激励基金的来源。当企业 EVA 为负数时，企业可通过计提 EVA 改进值的一定比例作为基金来源，其作为与股票期权激励机制类似。

$$Q = \begin{cases} aEVA_{2t} + b(EVA_{2t} - EVA_{2t-1}) & EVA_{2t} > EVA_{2t-1} \\ aEVA_{2t} & EVA_{2t} \leqslant EVA_{2t-1} \end{cases}$$

其中，Q 为公司第 t 年的激励基金，EVA_{2t} 为经营者当年能力性经济增加值，EVA_{2t-1} 为经营者上年能力性经济增加值，a 为经营者当年创造的 EVA_{2t} 的提成比例，b 为经营者比上年多创造的（$EVA_{2t} - EVA_{2t-1}$）增量给予的提成比例。Q 并不是一个固定不变的值，它会随着 EVA 的增长而逐渐增加。

（三）虚拟股票内部市场价格的确定

目前为止学者们对具体 EVA 虚拟股票期权的价格确定并不统一。2002 年陈朝晖在《基于 EVA 的虚拟股票期权价格模型》一文中，介绍了国外上市公司的虚拟股票计划的确定价格主要有两种方式：溢价收入型和股利收入型。溢价收入型虚拟股票的价格确定是将在授予虚拟股票时的二级市场的价格（Fair Market Price，FMP0）作为将来的行权价。若将来公司的市场价格 FMP1 高于 FMP0，高层管理人员将获得虚拟股票溢价带来

的收入。股利收入型是指虚拟股票获受者只享有股票分红的权利，其价格（严格上说不能称为价格）是公司每年派发的每股红利数额，由于这种方案不能获得公司的股票或溢价收入，激励效果很差。而非国有企业虚拟股票价格往往是由公司或公司外部的中介机构来确定的。在定价时，主要考虑两个问题：第一，虚拟股票的价格要反映公司达到的某种财务标准；第二，假设公司的股票上市，在一个模拟的市场中，在未来某个时间的市场价格应该是多少。这种价格一般是每年确定一次。

公司虚拟股票的价格并不等同于公司实际二级市场的价格，而是要根据公司具体基本面情况通过某种确定的方法计算出来的，该价格随公司 EVA 指标的变动而变动。笔者认为可以采用每股净资产值作为基期虚拟股票价格。此股票价格将会随企业 EVA 的增长而增长，公式为：

$$P_t = P_{t-1} \times (1 + g_t)$$

式中：

P_1 ＝第 t 年的虚拟股票价格

P_{t-1} ＝第 $t-1$ 年的虚拟股票价格

g_t ＝企业当年的 EVA 增长率。

当 $g_t > 0$ 时，企业的虚拟股价上涨，企业价值增加；当 $g_t < 0$ 时，企业的虚拟股价下降，企业价值减少。

我们将行权价格定为一个动态值，它的基期值同样为每股企业的每股净资产，但是其增长率不取决于企业而取决于行业 EVA 增长率的平均水平，即：

$$P_e = P_{t-1} \times (1 + r_1)$$

r_t ＝行业 EVA 平均增长率。

如果行业的 EVA 增长率不好收集，可将其代替为主要竞争对手的 EVA 增长率的平均值。由于没有现成的股票价值，采用行业 EVA 增长率可以很好地排除市场因素对企业 EVA 波动的影响。

（四）虚拟股票的授予条件

由于公司没发行真实的股票，少去了股票期权行权的过程，可直接根据虚拟股票与行权价格的差确定奖励金额，以现金的方式发放给激励对象。与传统的股票期权激励机制相比，考虑了宏观经济因素对企业 EVA 的影响，当经济发展利好时，企业整体 EVA 水平都会上涨，这种上涨与管理人员的努力程度相关性较小，此时，只有 EVA 的增长率超过行业平均水平时，企业虚拟股票期权激励机制才允许持有期权的员工行权。相反，当外部的宏观经济形势不景气时，可能员工再怎么努力企业的 EVA 水平也会受到宏观经济形势的影响而下滑。从而在虚拟股票期权激励机制中我们仅要求企业的 EVA 下降幅度小于行业整体下降幅度，激励对象便可以行权，因为这时的股票价格也是高于行权价格的。

综合以上分析，激励对象的获利额为：

$$M = \text{Max}\big[(P_t - P_e)Q, \, 0\big]$$
$$= \text{Max}\big[(P_{t-1}(1 + g_t) - P_{e(t-1)}(1 + r_t))Q, \, 0\big]$$

其中：

P_t = 第 t 年的虚拟股票价格；

P_{t-1} = 第 $t-1$ 年的虚拟股票价格；

$P_{e(t-1)}$ = 第 $t-1$ 年的行权价格；

g_t = 企业当年的 EVA 增长率；

r_t = 行业 EVA 平均增长率；

Q = 期权持有数量。

基于 EVA 薪酬激励实施建议如下：

1. 实施必须从最高层开始。由于公司管理人员与股东具有不同的风险偏好，前者更偏向于回避风险。同样，管理者与一般员工对待风险的态度也不一样，他们更加厌恶风险。从而实施 EVA 薪酬管理必须从最高层开始。必须向董事会、CEO 及其他高层管理队伍灌输全心全意为股东创造价值的概念。EVA 的管理远远超过一个仅调整后利润减去资本成本的范畴，它是一个管理理念的改革，首先要在管理层得以实施，通过薪酬的激励使得管理人员的态度及管理方式发生改变。基于 EVA 的管理是一种自上而下的变革。

2. 激励强调 EVA 的改善值。无论 EVA 的计算方法如何，EVA 薪酬激励一定重点围绕 EVA 的改善值进行。因为首先只要 EVA 得到改善，其企业在市场上的竞争力就会相应提高，其次当以变化了的情况为基础进行核算时，测算中产生的争议就算减少，比如，管理人员有时会产生这样的疑问：问什么 EVA 计算不是建立在市场价值或资产重置价值的基础上，而是建立在账面价值的基础上？当我们把重点放到 EVA 改善上时，问题就不会那么重要了。这样 EVA 薪酬管理的应用性才会更广，在负的 EVA 企业中也可以运用其提高企业的竞争力。

（五）重视实施过程中的反馈

EVA 薪酬激励机制的具体实施将经历准备、试点、实施与反馈等阶段，在试点与实施的过程中 EVA 小组会汇总各部门的 EVA 实施情况，并对实施过程中遇到的困难进行记录，尤其是试点过程中的反馈尤为重要，因为它影响到试点后企业 EVA 薪酬制度的制定，对于 EVA 业绩考核采用的方法，薪酬激励的固定及改进各占的比重，都将通过不断地实验试点得以改进，从而企业一定要做好应对反馈而进行的改进 EVA 考核工作。

第六节　EVA 薪酬激励的难点及实施建议

一、实施基于 EVA 的薪酬激励的难点

（一）对 EVA 缺乏系统认识

中国人民大学会计财务研究所所作的问卷调查分析显示：我国理论界和实务界人士

对 EVA 指标并不熟悉、甚至非常陌生，即使在了解 EVA 指标的人中，大部分人也并不认为 EVA 在评价企业价值创造能力、进行企业业绩评价方面有很好的作用，并且没有一个人认为在我国实施 EVA 会非常容易或者比较容易。其中实务界人士大多数认为在当前我国实施 EVA 难度较大。

（二）资本市场不够完善

我国资本市场仍是一个新兴的资本市场，还存在许多不完善的地方，这就为计算上市公司的加权平均资本成本造成了一定的困难。因为我国的股票市场投机气氛浓厚，股票价格并不是公司经营业绩的真实反映，由此计算的该公司股票的系数就失去了真实性，从而影响 EVA 股票期权模型的应用。其次，激励性股票期权的股票虽然可以来源于新股预留、增资扩股、大股东出让或回购，但有些具体实施措施是法律所不允许的，例如采用股票回购方式的股票要求公司设置库藏股，这就与现行法律规定相抵触。

（三）缺乏必要的中介机构

在国外，EVA 薪酬激励方案的实施离不开众多社会中介机构与媒体的参与。以美国为例，有专门从事 EVA 研究、核算与咨询的市场中介机构，如咨询公司、会计师事务所和律师事务所。美国的财经权威刊物《财富》会在每个企业财务年度结束时，公布由权威机构发布的全美 EVA500 强企业名单及 EVA 财务指标，这为一般大众获取公司的经营业绩提供了相应的渠道。而我国由于刚刚引进 EVA 业绩评价体系与管理理念，缺乏这方面的专业机构和管理人才，因此会影响 EVA 薪酬激励计划现阶段在我国的推广和实施。

二、实施基于 EVA 的薪酬激励的建议

（一）建立科学的绩效考评体系

在分析央企薪酬激励的现状时我们发现，央企的激励办法存在着严重的业绩与经理人年薪脱节的现象，我们也经常会看到有关某某央企巨额亏损但高管年薪百万的报道，这些现象的背后是缺乏科学合理的绩效考评体系的结果。科学的绩效考核体系的标准是能通过系列的手段、方法测出或者量化每个员工的工作成绩，并将它有效地应用在企业的各个方面。基于 EVA 的绩效管理体系的构建，通过企业的战略规划和业务发展方向紧密结合，从企业经营角度发现价值创造变动因素分析、公司创造价值的大小和效率分析等设定考核指标进行构建。基于 EVA 的绩效管理体系的构建，要形成职责分明，奖罚分明的责任机制，需要明确各个板块和区域的管理职责，赋予各板块负责人资产管理权，并同时承担价值创造的职责。

（二）健全和完善经理人机制

我国目前还没有较为完善的经理人市场，央企的高管人员仍然保留着改革前的行政

色彩，多为国务院直接任命，很少走市场化的公开选拔、竞争上岗的方式，使得企业在实行股票权激励过程中，容易产生权利寻租现象，使得激励与约束的效果不平衡，风险与收益的效果不对等。然而经营者的股票期权激励机制不仅要求有效的股票市场发挥外部激励作用，而且也需要成熟的职业经理人市场的竞争性对经理人施加压力产生约束效益。因此，我国要加快经理人市场的建设，而央企也要逐渐实行公司经营者的公开选拔制度，或在现有经理人的基础上进行全面的基于 EVA 的企业管理培训，这样更有利于 EVA 薪酬管理在技术层面上的开展，在认知层面上达成共识。

（三）采用多元化的 EVA 薪酬激励手段

EVA 薪酬激励机制主要有 EVA 奖金激励机制、EVA 股票期权激励机制与 EVA 虚拟股票期权激励机制，其中奖金激励机制与虚拟股票期权激励机制可同时适用于上市公司和非上市公司，而股票期权激励机制对企业及资本市场的要求较高。公司可根据企业具体情况，选择使用奖金激励与股票期权激励或虚拟股票激励相结合的方式，因为由于法律上的约束，股票期权激励本身在总量上发行较少，如果再在员工间分配则每个激励对象分得的份额可能暂时起不到明显的激励作用，而奖金激励方式可以弥补这方面的不足，企业每年在公司薪酬总额中实施基于 EVA 的奖金激励手段，其范围也可以覆盖到企业大多数员工。

第十六章

基于 EVA 的分析报告

"以价值为基础的缜密分析"和"以分析为基础的持续改善"是企业真正实施价值管理的两大核心特征。价值管理的理念影响企业的经营管理,势必影响企业的决策与控制模式。基于 EVA 的分析报告就是这样的信息系统——以 EVA 指标为核心,将价值管理理念与管理会计报告相结合,用于满足企业决策与控制的需要,全面提高企业的管理水平;促使企业进行有效的资源整合,提升企业核心竞争力,对企业的长远发展意义深远。

第一节 EVA 分析报告概述

现行会计报表分析方法之一是杜邦分析,其核心是以净资产收益率为中心,通过乘数关系先将其延伸到总资产净利率及资产负债率,再延伸到销售净利率、总资产周转率及负债总额、资产总额,并如此逐步延伸。与之相对应,EVA 分析报表可以 EVA 增长率为核心,先将其分解为投资资本报酬率(ROIC)及资本成本率(WACC),再进一步细化分解为销售净利率、营业资产周转率及负债总额、资本总额,并可如此逐步细化分解,形成一个完整的指标体系,并通过与相应指标的目标值进行因素分析,从而直观地找出经营指标上的改进方向。

一、EVA 分析报告编制主体与目标

EVA 分析报告是在对企业经营活动进行 EVA 管理的基础上,对企业整体及各部门 EVA 预算指标的完成情况、EVA 增长幅度、EVA 关键驱动因素对企业价值影响程度及基于 EVA 的非财务影响因素等分析总结而形成的一份工作总结及评价性的文件。其目的是反映经营周期内企业基于 EVA 管理的价值创造的结果。EVA 分析报告对企业各部门的 EVA 增加值及 EVA 分解后的指标进行测算,将原财务报表中的"死"的数字和企业经济活动中"活"的情况进行结合,利用科学的方法,分析、研究相应企业在一段时期内经营活动中哪些部门哪些活动创造的价值更多,从而考核及研究相应企业价值创造的变动及企业未来可以投资发展或给予改进的重点。

（一）EVA 分析报告的编制主体

为使 EVA 管理更加规范，企业首先应该指定固定人员进行 EVA 分析报告的编制及协调工作，大型的企业集团可单设一个 EVA 价值管理委员会，其中一部分人从财务部门调过来与其他部门人员一起专门负责价值 EVA 数据的收集及驱动因素指标的核算并编制 EVA 分析报告，小型企业可在财务部门指定专门人员及所需的其他部门人员一起负责 EVA 数据的核算及分析报告的编制。当然最好是成立一个企业内部财务及 EVA 分析的常设机构，企业将指定其为 EVA 分析的责任部门，或指定固定人员组成的分析小组为 EVA 分析小组的责任组。有这一部门或小组为企业的管理层级有关部门提供定期的 EVA 分析报告以满足管理决策需求。在企业集团中，总部要设一个 EVA 分析小组或 EVA 分析的常设机构，来汇总各子公司的 EVA 增长情况及其分析报告，并分析整个集团的价值增长状况是否良好。各子公司也要分别设置本公司的 EVA 分析小组用于本公司的 EVA 管理所需。

"EVA 分析小组"的人员组成必须考虑全局性和动态化，从事企业 EVA 分析工作的人员需要具备两方面的素质：一是熟练掌握财务知识，二是熟悉企业具体业务。分析人员只有达到这两方面的要求，才可能将 EVA 等财务数据与具体的经营活动相结合，进行贴近企业实际、有血有肉的分析。因此，"EVA 分析小组"的人员组成应该满足"全局性"的要求，不能局限于财务人员，还要包括计划部门、人事部门以及具体业务管理部门的主要业务人员，同时还要兼顾经营常态与突发状况的需要，当企业发生经营失控、蒙受自然灾害等突发状况，或特定的分析需求被提出时，分析小组的人员构成还可根据需要加以拓展和变化，凡是有助于实现分析目的，提供高质量分析的业务人员都可予以吸纳。这样就能够从组织机构层面克服一般财务分析"就数据论数据"的缺陷，保证 EVA 分析的全面、实用。同时，分析人员自身也要注意做到学以致用，力求将 EVA 分析与企业实际有机结合。

（二）EVA 分析报告的编制目标

要确定 EVA 分析报告编制的目标首先要明确 EVA 分析报告的使用者是谁，目前为止分析报告的使用者主要是企业内部的各层管理人员及员工。EVA 分析主要是为了记录企业的 EVA 改善情况，总结在经营期内企业各部门的价值创造，通过 EVA 分析发现工作中哪些环节损害了企业的价值，哪些环节在为企业的价值创造作贡献，并将 EVA 分析报告作为薪酬奖惩的重要依据。为实现以上目的，现将 EVA 分析报告的编制目标总结如下：

EVA 分析报告目标可以分为最高目标和基本目标两个层次。最高目标应符合企业追求价值最大化的经营目标，要求提供的信息具有足够的价值相关性，跟踪、反馈和预测企业的价值信息，对企业的价值创造活动进行事中和事后控制，理想是满足事前控制的目的。从根本上为优化资源配置和实现资本保值增值提供信息保证；基本目标如下：

1. 全面反映企业价值创造情况

EVA 分析报告是要涵盖需要考核的所有部门的 EVA 完成情况，并要注明该部门之前设立的 EVA 指标，算出 EVA 增减值，并分析原因。同时分析报告要对 EVA 的价值驱动因素进行细化分解并详细地记录每个关键驱动因素的业绩指标的数值，并在后面注明可能涉及的责任部门或个人，在对 EVA 非财务指标分析的过程中要注重宏观经济分析与微观企业内部分析的结合，总之要让分析报告的需求者了解企业近年来的价值增值情况，指标完成情况或 EVA 改善情况等。如果有条件还可以进行行业内部的对比，选择行业标杆企业的 EVA 指标进行绝对数与相对数的比较，寻找差距，努力改进。

2. 突出分析发现的重点问题

毕竟 EVA 分析报告是为了发现企业在创造价值时的缺陷，并加以改进，从而对分析中发现的企业价值创造的薄弱环节或关键问题要详细调查，尤其是分析小组中熟悉业务的人员要结合发现的问题根据以往工作经验分析企业在此价值创造环节上的缺陷，并提出改进意见。意见要切实可行，不可泛泛而谈，作官样文章。

3. 分析尽可能采用多种方法

在 EVA 相关问题的分析中切忌以偏概全，要切实做好验证工作，防止在指导管理工作时出现不必要的错误。如在进行 EVA 变动额的因素分析时可采用回归分析、专家打分及敏感性分析等。EVA 分析一定要有理有据，要细化分解各项指标，因为有些财务数据是比较含糊和笼统的，要善于运用表格、图示，突出表达分析的内容。分析问题一定要善于抓住当前要点，多反映公司经营焦点和易于忽视的问题。

4. EVA 分析报告的内容要结合过去且有前瞻性

大型企业集团在经营发展中所遇到的，需要通过分析来判断、解释或解决的问题有很多，管理层希望从中得到对企业未来发展趋向的把握，因为只有未来才会受到决策的影响——过去的已经过去，无法改变。虽然基于 EVA 的数据分析都是对历史数据的解读，但可以企业根据价值创造的分布情况，预测企业未来投资的方向及重点，以及需要改进及撤销的资产、项目等，为企业的未来决策提出合理的建议，通过科学的方法为管理层提供合理的企业远景描述。

二、EVA 分析报告编制原则及意义

（一）EVA 分析报告编制的原则

基于 EVA 的分析报告要求企业从 EVA 价值管理的角度指导决策并执行控制职能，确定企业的价值驱动因素，而不是过多地多关注冗长的会计科目调整。因此，其编制原则应同时包括传统分析报告的编制原则和适应 EVA 价值管理模式应用的原则：

1. 重要性原则

由于基于 EVA 的分析会计报告的核心是 EVA 指标，EVA 分析报告应重点关注和分析 EVA 指标的变动，EVA 关键财务驱动指标的变动和这些指标变动背后深层次的业务原因。

2. 成本效益原则

由于 EVA 需要根据企业财务报表重新调整计算才能得出，会造成企业管理成本的

增加，因此基于 EVA 的分析报告的编制应重视成本效益原则，即企业管理层为获取决策和控制所需信息所造成的成本只有在小于其增加的收益的情况下才是可行的。如果为获取这些信息的成本高于其收益，则是与企业价值最大化的经营目标相背离。

3. 可理解性原则

可理解性原则要求基于 EVA 的分析报告提供的信息应该清晰明了。只有管理者正确理解这些信息，才能有利于其进行决策和控制，才能实现基于 EVA 的分析报告的报告目标。报告提供的信息专业性较强，要求企业在编制时权衡可理解性原则和重要性原则的关系，对管理者决策和控制重要性高的信息进行详细披露，对重要性低的信息则应简单提供或者省略提供。

4. 预警性原则

在瞬息万变的市场环境中，企业面临着激烈竞争，随时可能陷入经营失误，大型企业集团经营规模巨大，组织机构复杂，管理层次繁多，经营过程中出现的任何纰漏都可能招致灭顶之灾，英国巴林银行破产就是由于子公司经营失控导致整个集团覆灭的典型案例。对于企业的管理层而言，EVA 分析报告主要的作用就是告诉管理者哪些作业在毁灭价值、哪些经营活动在创造价值。使管理层能够针对出现的问题做出快速反应，及时制订解决方案，避免出现重大损失。

5. 及时性原则

EVA 计算所需相关数据收集核算完应尽快编制 EVA 分析报告，作为改进与部署下一步工作的依据，如果 EVA 分析报告发布的不及时，难以实施事前、事中的分析控制，也难以形成激励员工，改善企业 EVA 的动力。为了使 EVA 分析报告及时有效，EVA 分析小组或有关部门要抓好日常资料的积累，促进预测分析，即在季、年终前一个月，根据已有日常积累的资料，加上本月推算出来的尚未实现的数字，匡算出本期关键业绩指标的轮廓，做出粗略的预测。这样，当季、年度结束后，根据 EVA 及相关指标，再调整核实，从而迅速地研究确定本期应分析的重点和关键问题，以加快 EVA 分析报告的速度。

（二）EVA 分析报告编制的意义

基于 EVA 的分析报告是企业管理信息系统的重要组成部分，动态跟踪、预测与反馈实物流和资金流，对象主要是公司的员工与管理层，其目的是为了管理的需要而促进企业经营活动和管理活动的内部信息的流动和转化，找到关键的价值驱动因素，从而为企业决策和控制等管理职能提供参考和依据。

与传统的财务分析相比，EVA 分析报告更多的分析价值驱动因素，这是以往所忽视的，在过去的经营管理中很多经营者为提高业绩投资一些毁损企业未来价值的项目，很多时候，这种对企业价值的损害在传统的财务报表中不能清晰明了地反映，相比之下 EVA 分析报告会重点呈现这些 EVA 为负的项目，以引起管理者的重视。

因此，写好 EVA 分析报告具有不可忽视的作用：第一，促进企业明确主业经营方向。通过 EVA 分析报告所反映、分析的情况，可以检查企业的经营活动是否符合企业价值最大化的经营目标，进而促进企业不断提高财务管理水平，端正经营方向。第二，有助于跟踪企业价值创造，引起企业领导的重视，同时完善企业价值的监督机制，通过 EVA 分析报告，企业会随时发现价值链上的问题，找出价值创造的突破口以及价值毁损的源头，及时处置不增值的资产与项目等，为企业的长期发展奠定了基础。第三，EVA 分析报告有助于企业基于 EVA 的业绩考核，报告将作为业绩考核的主要依据，这将有利于薪酬分配的公平性，同时 EVA 分析报告还为管理者及员工提供了业绩改进的使用性意见，管理者及员工可据此改进自己的工作业绩，从而 EVA 分析报告将成为管理者及员工的"镜子"和行为指南，引导管理者及员工的行为向着更有利于企业价值创造的方向发展。

三、EVA 分析报告编制周期

企业要根据自身需要设定 EVA 分析报告编制的周期，一般来说，EVA 分析报告根据时间的不同可分为月报、季报、半年报、年报。

企业的经营周期较长、经营环境较稳定时可编制年报或半年报，企业经营的影响因素较多，企业资金流动性较快，可编制月报和季报等。

第二节　EVA 分析主要内容与方法

基于 EVA 的分析报告反映企业 EVA 价值管理的全过程，其编制重点在于记录创造价值的活动过程与结果进而预测企业创造价值的潜力。据此梳理和组织重要的企业价值信息，为信息使用者提供更完整和有用的价值信息。

一、EVA 与预算目标的差异分析

EVA 预算差异分析，就是由 EVA 财务分析小组通过对 EVA 实际完成数的计算整理，比较实际与预算目标，确定其差异额并分析差异原因的过程。实际成果与预算目标的比较，是控制程序的重要环节。通过差异分析，可以把复杂的差异成因分解为若干具体问题，并由最适合的部门分别进行进一步的分析、解释，从而为实施控制提供依据。如果实际成果与预算标准的差异重大，企业管理当局应审慎调查，并判定其发生原因，以便采取适当的矫正措施。另外，预算差异分析还能够更准确地反映差异的责任者，区分可控差异与不可控差异，并能够记录经营者为消除不利差异所作的努力，从而更真实反映经营业绩，有利于责任中心的绩效考核。

目前 EVA 的预算分析主要分两个方面：

（一）EVA 与预算目标的财务分析

预算的财务分析就是对差异进行分解和细化，从数据上挖掘到差异的最底层。在进行预算的财务分析时一般采取因素分析法。通过拆分因素并与预算的目标值比较，可以进一步了解预算无法达标的深层次原因，从而制订相应的管理行动方案，为管理决策提供支持。预算的财务分析可避免目前我国在进行财务分析时仅仅注重水平分析，而不注重因素分析的现象。下面进行分项说明：

1. 对净利润的分析

企业可将净利润根据计算过程进行分解，如分解为营业收入、营业成本、管理费用、销售费用、财务费用、投资收益、营业外收入、营业外支出等。通过对每一细分指标近三年数据的对比确定主要差异变动的因素。

2. 对利息支出的分析

企业可将利息支出分解为银行借款利息、应付债券利息、票据贴息等小项目，对每一种项目的变动情况进行分析。

3. 研发费用的分析

为确定具体的差异来源，研发费用的差异分析可分研发项目或研发产品进行比较。

4. 平均资本成本率分析

企业可将平均资产成本率按资本结构、债务资本成本、权益资本成本进行细分，比较资本成本近三期的变化情况，找出差异原因。

其他报表项目的分解较为直观，如资产负债可按不同资产负债项目进行细分，非经营性调整项目可按不同项目进行细分。从中找出变动的异常项目便是企业要找的形成差异的原因。

（二）EVA 与预算目标的经营分析

预算只有将过程与结果进行比较，才能真正发挥其系统控制的作用。因而除了预算的财务分析外，还应进行预算的经营分析，即针对相应的预算对各方面的生产经营情况进行比较分析，查找差异的原因并提出解决方案。对于预算的经营分析可采取经营分析会的形式，所涉及的特定主管、领班及其他人员开会磋商，分析工作情况，包括工作流程、业务协调、监督效果，以及其他存在的环境因素。同时要做好实地调查或由内部稽核辅助进行稽核的工作等。这种比较分析越及时，对于预算执行行为的调控越主动，也就越利于保证预算目标的实现。企业至少应每个月进行一次经营分析会。月度经营分析一般由各个责任部门来完成。每月初，各部门都需要根据预算分析小组提供的详尽的预算分析数据，对本部门上月的经营情况进行分析，从经营的角度分析预算差异产生的原因并提出解决方案。最后，各部门的经营分析报告由专人汇总成为公司经营分析报告，提交月度经营分析会进一步商讨确定应对的管理行动方案。通过月度经营分析制度，可实现预算分析与经营分析的结合，也可实现财务分析与非财务分析的结合。

二、EVA 变动因素分析

EVA = 税后净营业利润 – 调整后资本 × 平均资本成本率

= 调整后资本 × 资本回报率 – 调整后资本 × 平均资本成本率

= 调整后资本 × (资本回报率 – 平均资本成本率)

= 调整后资本 × { (调整后经营性资产比例 × 调整后经营性资产周转率 × 经营性净营业利润率 + 投资性资产比例 × 投资性资产回报率) – (债务比例 × 债务资本成本率 + 权益比例 × 权益资本成本率) }

当然，EVA 公式的分解方法有多种，只要能找出想要的驱动因素即可。我们就以这种分解后的公式进行因素分析。

由分解后的公式可知 EVA 的驱动因子有调整后资本、调整后经营性资产比例、调整后经营性资产周转率、经营性营业利润率、投资性资产比例、投资性资产回报率、债务比例、债务资本成本率、权益比例、权益资本成本率 10 个因子。

这里采用经济活动分析中常用的 "连环替代法" 对 EVA 的变动额进行原因分析。

设上期的 EVA 为 EVA^0，10 个因子分别为 X_1，X_2，X_3，$\cdots$，X_{10}，上述分解公式用 f 表示。则有 $EVA^0 = f(X_1^0, X_2^0, X_3^0, \cdots, X_{10}^0)$，同时设本期的 EVA 为 EVA^1，则有 $EVA^1 = f(X_1^1, X_2^1, X_3^1, \cdots, X_{10}^1)$。

根据连环替代法的原理：

X_1 变动引起的 EVA 变动记作 ΔEVA_1，则：

$\Delta EVA_1 = f(X_1^1, X_2^0, X_3^0, \cdots, X_{10}^0) - f(X_1^0, X_2^0, X_3^0, \cdots, X_{10}^0)$

X_2 变动引起的 EVA 变动记作 ΔEVA_2，则：

$\Delta EVA_2 = f(X_1^1, X_2^1, X_3^0, \cdots, X_{10}^0) - f(X_1^1, X_2^0, X_3^0, \cdots, X_{10}^0)$

X_3 变动引起的 EVA 变动记作 ΔEVA_3，则：

$\Delta EVA_3 = f(X_1^1, X_2^1, X_3^1, X_4^0, \cdots, X_{10}^0) - f(X_1^1, X_2^1, X_3^0, X_4^0, \cdots, X_{10}^0)$

X_t 变动引起的 EVA 变动记作 ΔEVA_t，则：

$\Delta EVA_t = f(X_1^1, X_2^1, \cdots, X_t^1 X_{t+1}^0, \cdots, X_{10}^0) - f(X_1^1, X_2^1, \cdots, X_t^0, X_{t+1}^0, \cdots, X_{10}^0)$

$$\Delta EVA = EVA^1 - EVA^0 = \sum_{t=1}^{10} \Delta EVA_i$$

从而我们可以根据连环替代法得出每个因子对 EVA 变动额的贡献，每种因子的 EVA 变动额加总便可得出 EVA 总变动额的大小。企业可根据分析结果得出每种因子对 EVA 变动的影响及企业在运营过程中存在的问题。例如，如果投资性资产回报率对 EVA 的变动大于经营性营业利润率对 EVA 的变动，说明企业在经营过程中主营业务活动没有投资性活动的贡献大，这种运营状态是不合理的，企业要加强主营业务的增值能力。

三、EVA 关键驱动指标的敏感性分析

EVA 关键驱动指标的敏感性分析是指从众多关键驱动因素指标中找出对 EVA 指标有重要影响的敏感性因素，并分析、测算其对 EVA 指标的影响程度和敏感性程度，揭示 EVA 与有关因素之间的相对关系。

敏感性分析的步骤：

第一，确定分析的企业价值指标，一般为可反映状况的综合性指标，这里选用 EVA。

第二，选择影响企业 EVA 的若干因素，如经营性资产周转率、经营性营业利润率、投资性资产回报率、加权平均资本成本等。若从 EVA 的角度衡量企业价值，可首先将 EVA 指标按公式进行细化分解，将分解后的指标作为敏感性分析的因素。

第三，设定目标值。一般将在正常状态下企业价值评价指标数值作为目标值，并计算正常状态下的分解后的指标值作为目标值。

第四，设定每个因素的变化范围，例如变化 -10%、-5%、5%、10% 等。

第五，计算因素变动对企业价值的影响程度，找出敏感性因素。在此过程中可采用单因素分析与多因素分析两种方法。

单因素敏感性分析在计算特定不确定因素对项目经济效益影响时，须假定其他因素不变，实际上这种假定很难成立。可能会有两个或两个以上的不确定因素在同时变动，此时单因素敏感性分析就很难准确反映项目承担风险的状况，因此必须进行多因素敏感性分析。

多因素敏感性分析是指在假定其他不确定性因素不变条件下，计算分析两种或两种以上不确定性因素同时发生变动，对项目经济效益值的影响程度，确定敏感性因素及其极限值。多因素敏感性分析一般是在单因素敏感性分析基础上进行，且分析的基本原理与单因素敏感性分析大体相同，但需要注意的是，多因素敏感性分析须进一步假定同时变动的几个因素都是相互独立的，且各因素发生变化的概率相同。以下是单因素敏感性分析表，这里只选用了几个主要的总括的 EVA 关键驱动因素指标，多因素分析可在此基础上进行，如使得任意两个或多个指标同时变动，测算 EVA 的变化幅度并记录（见表 16 -1）。

表 16 -1　　　　　　　　　　单因素敏感性分析

方案类型	变化幅度（%）	EVA 变化幅度
经营性资产周转率变化	-10.00	
	-5.00	
	0.00	
	5.00	
	10.00	

续表

方案类型	变化幅度（%）	EVA 变化幅度
经营性营业利润率变化	−10.00	
	−5.00	
	0.00	
	5.00	
	10.00	
投资性资产回报率变化	−10.00	
	−5.00	
	0.00	
	5.00	
	10.00	
加权平均资产成本变化	−10.00	
	−5.00	
	0.00	
	5.00	
	10.00	

通过以上分析便可得出不同因素对 EVA 变化的影响，那些变化较小幅度就会引起 EVA 较大幅度变化的指标相对于 EVA 的敏感程度较高。敏感度较高的指标将在以后的工作中被特别关注，企业可通过提高敏感度较高的指标来高效的提高企业 EVA，也可通过控制敏感性指标来防止 EVA 降低的程度过大，从而实现 EVA 的改善。

四、EVA 非财务指标定性分析

在对 EVA 的总结分析中，非财务指标的分析是不容忽视的环节。我们将与 EVA 相关的非财务指标分为两个层面：一是企业层面；二是行业层面。在企业层面我们借鉴了平衡计分卡中除财务以外的因素并加入了智力资本的内容，而行业方面主要围绕波特的五力模型来讨论企业在行业中的竞争能力对 EVA 的影响。期末企业可按表 16-2 中的非财务指标对 EVA 的影响进行客观分析。

表 16-2   EVA 非财务指标分析

层面		指标	业绩表现
企业层面	1. 客户与市场方面	顾客保留率	
		顾客满意度	
		顾客增长率	
		大客户利润率	

层面		指标	业绩表现
	2. 内部流程方面	意外事故发生次数	
		废品率	
		退货率	
		交货时间	
		项目完成时间	
		问题处理时间	
		资产周转率	
	3. 学习与成长方面	员工满意度	
		员工保留率	
		员工生产率	
		员工提建议次数	
		员工建议被采纳的次数	
行业层面	行业竞争能力	资源占有率	
		市场占有率	
		核心技术比重	
		产品差异化程度	
		产业链成熟度	
		价格优势	

　　客户与市场方面的 EVA 分析主要是为了提高企业的盈利能力，只有保住客户、扩大市场才会使企业价值得到根本性的提高。企业必须将客户按不同产品不同消费水平进行划分后测算不同客户群的保留率、交易量、增长率与利润率，同时配合图表分析会更加直观明了。这样容易了解每种产品的盈利能力情况，以便针对不同产品在盈利方面出现的问题提出具体应对措施。企业要从不同角度对盈利水平进行研究，如顾客所需是否发生变化、价格制定是否合理、成本费用是否过高、产品有无质量问题等。

　　内部流程的 EVA 分析主要是为了提高企业的营运能力，公司营运效率及管理效率将直接影响企业经营管理活动是否有效运行，价值创造过程是否顺利。企业可按车间或生产线对价值链上的运营进行监控。找出哪条生产线或部门的意外事故发生次数最多、产生废品最多。在产品的传送方面，小到一个餐馆的送餐时间，大到一批产品的远程运输都要有时间上的约束，要及时获取客户的反馈，调查他们的等待时间是否太久，导致了客户的不满意而使得客户流失。同理一个项目的完成时间是否合理、客户提出的问题是否及时得到解答也要在企业分析的范围之内。同时，对于资产的管理也是内部流程的重要组成部分，企业不仅要关心经营性资产的盈利状况，还要将投资性资产的盈利情况进行记录分析，将不盈利的资产及时合理地处理掉，平时要做好存货及固定资产的盘点工作，在分析过程中要考虑资产管理工作是否高效。

　　学习成长方面的分析是对企业内部核心竞争能力的一种总结与评价。员工是企业智慧的结晶，员工的技术能力、创新能力、品德修养将直接影响着企业产品与服务的质量水平，最后将影响企业的价值创造。从而对学习及成长方面进行分析时主要考核企业员工的学历水平、技术水平、是否定期接受培训、员工的生产效率、企业的文化氛围是否适合员工积极工作，即可通过测评员工满意度、员工保留率、员工流动率来衡量，同时在分析的过程中可通过行业间不同企业的对比来把握企业在此方面是否做得很好。

行业竞争能力分析有利于企业在做好内部经营管理的基础上，通过定位市场、分析企业占用资源情况及技术研发水平来寻找企业价值创造的突破口，在进行行业竞争能力分析之前，企业要做好资料收集工作，对竞争对手及整个行业的发展状况有清晰的认识，对技术的更新、对市场的需求有准确的方向上的把握。企业可通过自身的资源占有量比例、市场份额比例、核心技术比重来清晰地把握市场格局，通过供应商及经销商的数量，分析产业链格局等。企业要试图找出市场能为企业提供的价值增长的机会，通过分析未来经济走势、需求走势、技术发展来为企业的进一步投资指引方向。

第三节　EVA 分析报告的管理与应用

一、EVA 分析报告的编写

本节我们将借鉴财务分析报告的编制内容与方法来探索 EVA 分析报告的编写。

一般的财务分析报告主要包括以下五方面内容：（1）提要段。即概括企业报告期内的综合情况，让报告接受者对分析报告说明有一个总括的认识。（2）说明段。是对企业的运营及财务现状的介绍。该部分要求文字表述恰当、数据引用准确。对经济指标进行说明时可适当运用绝对数、比较数及复合指标数。特别要关注单位当前经济工作的重心，对重要事项要单独反映。（3）分析段。是对企业的经营情况进行分析研究。在说明问题的同时还要分析问题，寻找问题的原因和症结，以达到解决问题的目的。分析一定要有理有据，要细化分解各项指标，因为有些报表的数据是比较含糊和笼统的，要善于运用表格、图示，突出表达分析的内容。分析问题一定要善于抓住当前要点，多反映企业经营焦点和易于忽视的问题。（4）评价段。做出说明和分析后，对于经营情况、财务状况、盈利业绩，应该从财务角度给予公正、客观的评价和预测。财务评价不能运用似是而非，可进可退，左右摇摆等不负责任的语言，评价要从正面和负面两方面进行。（5）建议段。即财务人员在对经营运作、投资决策进行分析后形成的意见和看法，特别是对运作过程中存在的问题所提出的改进建议。分析报告中提出的建议不能太抽象，而要具体化，最好有一套切实可行的方案。

需要注意的是 EVA 中期报告与年报的编写都要依赖于财务数据，从而编报期限要考虑财务数据是否容易获得。如果数据的搜集较慢就只能编写半年报或年报，如果企业数据信息收集较为容易，可考虑编写月报或季报。

二、EVA 分析报告主要内容与应用

根据以上报告内容的简介可以设定 EVA 分析报告的内容同样分为五部分：

1. 提要段。提要段概括企业报告期内的综合情况，例如报告期企业的宏观经济环境如何，当期的经济效益如何，产品及材料成本的市场价格有无波动，企业当期有无影响企业价值变动的重大事项等。

2. 说明段。说明段是对当期企业 EVA 价值管理中各种价值驱动数据进行列示，如税后经营利润的数值及其变动幅度，研发费用的支出情况，非经常性收益调整项的大小，企业当期的资产、负债、所有者权益的变动及 EVA 总额的变动，主要财务数据的列示要绝对数与比较数相结合，非财务指标要简单介绍其情况及对企业价值的影响。

3. 分析段。分析段是对企业的当期 EVA 情况进行分析研究。主要包括 EVA 与预算目标的差异分析、EVA 变动额的因素分析、EVA 关键驱动指标的敏感性分析、EVA 非财务指标的定性分析。根据因素的分解找出影响 EVA 变动的主要因素及敏感性因子，并作重点标识。

4. 评价段。对企业的 EVA 做出分析后，要对企业本期的 EVA 管理做出公正客观的评价，可结合历史数据、行业数据等。评价可针对不同部门，不同产品的 EVA 贡献。对于价值创造多的相关人员注明相关奖励，对于价值毁损部门注明相关惩罚，这样 EVA 的价值管理才会引起更多相关人员的重视。

5. 建议段。根据分析结果企业将明确价值创造的关键指标及价值毁损的原因，这一部分可再次列明本期分析结果并相应提出具体的责任人要进行的改进工作。如撤出不增值的投资、处置不增值的资产，解决方案要列明相应的分析过程。分析报告中提出的建议不能太抽象，而要具体化，最好有一套切实可行的方案。

EVA 分析报告比起月报，季报的数据更加丰富，它涵盖了本季度三个月的 EVA 指标的数据，从而可以进行季度内各月份的对比分析，更好的分析未来发展趋势。

月报与季报都增加了企业 EVA 价值管理信息披露的时效性，加快了企业 EVA 信息传递的速率，有助于企业相关责任人及时了解价值创造中出现的问题并提出解决办法，从而提高管理效率，规范企业行为。

第四节 EVA 分析报告难点和建议

一、EVA 分析报告的现状分析

部分中央企业已经对 EVA 完成情况进行动态监控和对标分析。例如，中国兵器装备集团、中国电信、中材集团等企业按月监控分析经济增加值变动情况，形成了动态管控机制。中国北车、中国中纺集团、中智公司、中国能建、中冶集团等企业运用信息化手段，

在全集团范围内深入监测分析经济增加值，并对影响经济增加值的薄弱环节开展相应的专项管理提升活动。航天科技、中国移动、宝钢、中国建筑、中国商飞、中国建材、中交集团等企业选取国内外领先企业作为标杆，建立了集团层面的战略对标体系和经营单元的业务对标体系。中国电子建立由近百家上市公司组成的对标库，通过对标确定考核重点。中航集团选择 56 家国内外主要航空公司进行对标，寻找管理短板，持续改进短板。中国石化全面开展国际对标，并选取关键短板指标纳入考核，形成了以标杆管理为基础、"比学赶帮超"为重点、短板考核为核心的综合对标体系。中粮集团以主要竞争对手的市场份额、产品结构、产品售价、成长速度、效益效率为标杆，将市场竞争激烈业务的对标考核权重定为 40%，鼓励经营单位超越竞争对手。港中旅集团根据所属企业的业务规模、经营特点、成长阶段等实际情况，个性化确定标杆企业，横向对标权重占 80%。东风公司、华润集团、武汉邮科院等企业从商业模式、运营方式、风险管控、人才激励等关键要素出发，根据企业薄弱点进行对标考核，使对标考核更具针对性。中远集团以集装箱、干散货两大重点业务板块为突破口，将与国际同行业先进企业的对标考核结果与公司负责人年度工资总额的 40% 挂钩，使公司船队实际租金水平、燃油采购成本有了明显改善。中国华能、中国华电、中国国电、中电投集团等五大发电企业建立了月度对标考核通报机制，使所有考核单位及时掌握工作中的薄弱环节以及最新的努力方向。兵器装备集团每年下发各企业相关指标对标值，以此作为考核目标确定和考核结果核定的重要依据。中盐公司设置对标管理奖，对综合指标和单项指标达到先进水平或明显改善的给予奖励。

但是到目前为止，各中央企业还没有对外报出的 EVA 分析报告，对已有的企业报告进行评价，其主要存在以下两个缺点：(1) 拘囿于财务报告。不可否认，近十多年来企业报告模型在很多方面都进行了改进，但大部分依然拘囿于财务报告范围内的改进。财务报告作为企业报告的主要部分，长期以来由于其地位的特殊性，以至于将其与企业报告等同起来。特别是财务会计程序增加了表外披露之后，大量的信息涌入表外披露，使得表外披露信息急剧膨胀，并且倾向把不应当由财务会计提供的信息强加于财务会计。将公司报告的概念与财务报告的含义等同起来是不可取的，不利于企业报告模型的改进。(2) 缺乏统一的逻辑结构。企业价值信息的重要性已经得到普遍认同，但大部分文献和报告倾向于从某一个角度来研究企业价值的信息披露，使用者需要什么信息就报告什么信息，倾向于在原有报告模式上的简单附加，缺乏统一的逻辑结构。这也直接造成企业报告的信息越来越多，但提供的却是零星的和不完整的信息，从而以 EVA 为核心的企业价值报告的编制是必要的，它将系统的阐述 EVA 的变动额，企业价值驱动因素的变化及 EVA 预算指标的完成情况，并实时跟进基于 EVA 的管理，有利于企业价值的改善。

二、中央企业 EVA 分析报告的难点分析

(一) 计算调查工作量大

EVA 分析报告中的数据有些需要通过财务报告调整，有些非财务指标需要准确的

描述，涉及企业创造价值的各个环节及各个部门，从而数据收集的工作量很大，如果平时不注重数据的整理和准确记录，在短时间内出 EVA 月报、季报是很困难的，从而会造成 EVA 分析报告的滞后性。

（二）EVA 分析过程中细化责任方较难

EVA 的计算更多是针对于企业整体或可独立核算的部门，对于依附于企业整体的成本费用中心则无法单独计算该部门的 EVA 值，只能通过企业价值驱动因素分解后的具体指标，比如某车间制造费用占总收入的金额要控制在多少这样的方式来控制部门的成本，通过计算成本变动得出影响 EVA 变动的金额。这样会降低此类部门对于 EVA 分析报告的重视程度。

三、中央企业进行 EVA 报告分析的相关建议

撰写的 EVA 分析报告一定要符合企业管理工作需要。对企业的财务及非财务指标情况做出慎重评价，绝不可以想当然。另外，相应的分析报告的编制人员不仅要及时了解国家经济环境及相应政策的变化，更要及时有效的掌握对手的状况，从而做到知己知彼。具体来讲，要从以下几个方面进行准备。

（一）建立起相应的 EVA 数据库

企业 EVA 管理人员可以利用计算及网络技术，使用相应的分析软件来获得企业价值管理的数据，利用相应的分析软件使得工作流程化。

（二）关注企业的重要事项

EVA 分析报告编制人员必须对企业的经营运行和价值创造中比较大的事项进行记录，例如对相应事项的计划、时间、预算、责任人和将会发生 EVA 的变化幅度等进行详细记载。

（三）重视经营运行状况

编制人员在撰写分析报告之前一定要和领导进行一次细致有效的沟通，从而掌握领导真正需要的信息，避免写出一些无用信息。结合企业自身的具体情况，从价值创造的角度对实际业务进行分析，找到 EVA 的驱动因素，然后使用恰当的词汇提出可行的建议。另外，还要和其他相关部门积极进行沟通，从员工处获得一些基础性信息，然后用数字加以证实。

（四）定期收集相应的报表

EVA 分析报告的编制人员不仅要收集企业会计核算数据，还要收集企业各个部门的采购、生产、市场等各方面的材料及报表，认真审阅相关的资料，从而及时发现相应的问题，进行有效的思考及研究。

第十七章

EVA 关键驱动因素分析

第一节 价值驱动因素概述

一、价值驱动因素概念

目前，理论界从市场交换的角度对企业价值进行了界定，即企业价值取决于企业未来的获利能力，它等于企业在未来各个时期产生的自由现金流量的现值之和。此外，我们可将企业价值按时间划分为维持当前收益不变的企业价值和未来一定年限内企业创造的价值增量，即企业价值＝维持当前收益不变时的企业价值＋未来一定年限内企业创造的价值增量，式中价值增量的来源便是企业价值创造的驱动因素。

企业价值驱动因素是影响和推动价值创造的决策变量（Thakor，2002），是对经营活动和财务运行效果有重大影响的运行因子，其影响范围涵盖了整个经营管理的全过程（奎特，2002）。价值管理的任务就是要将企业的价值创造与管理程序相结合，寻求和挖掘价值驱动因素并使之工具化、制度化，通过驱动因素的重要程度决定企业的资源配置。

二、价值驱动因素主要观点综述

寻找并挖掘企业价值驱动因素是企业价值提升的关键，近年来中外学者提出了很多颇有见地的观点。

（一）国外价值驱动因素主要观点综述

1. 从经济学的角度

经济学家亚当·斯密、大卫李嘉图、凯恩斯、马歇尔等最早提出了在经济学角度的企业价值驱动因素，认为劳动是创造价值的源泉，通过改进劳动工具、劳动方式，发展科学技术，提高劳动效率，减少劳动成本可以创造公司价值，同时效用价值论提出顾客对商品或服务的主观感受或效用决定了商品的价值，提升顾客价值也是创造公司价值的驱动因素之一。

2. 从管理学的角度

随着市场竞争越来越激烈，企业所面临的环境更加恶劣。为了求得企业的生存和发展，美国哈佛大学教授迈克尔·波特于 1985 年出版了其后来引起世界广泛影响的专著《竞争优势》，依据波特的竞争优势理论，从管理学角度来看，创造公司价值的驱动因素主要包括公司战略、公司治理和管理控制。

3. 从财务的角度

公司理财是公司增加价值的基本手段之一。阿尔弗洛德·拉帕波特阐明了创造股东价值与价值驱动因素之间的基本关系。认为价值驱动因素主要包括：销售增长率、营业毛利率、所得税税率、企业价值增长期、营运资本投资、固定资产投资、资本成本，前三者反映了公司的经营决策水平，后三者反映了公司的投融资决策水平，中间的公司价值增长期指管理层对公司投资收益率大于资本成本的预期年限。

此外，美国麦肯锡公司的库帕兰德（Copeland，1994）认为，价值的根本驱动因素就是投资资本回报率与企业预期增长率这两个基本财务指标。库帕兰德等人在其所著的《评估》（1996）一书中，还将价值驱动因素分为三个层面：第一个层面是投资回报率，投资回报率是从一般意义上讨论各种类型企业的价值驱动因素，适用于几乎所有的经营单位。缺点是缺乏特性，不能圆满地应用于基层；第二个层面则是从某一具体的经营单位的角度识别价值驱动因素；第三个层面是最基层的操作性价值驱动因素。

4. 从价值链与价值网的角度

哈佛大学商学院教授迈克尔·波特于 1985 年提出价值链理论，该理论把企业看做一系列创造价值和支持价值创造的功能活动的集合。这些创造价值的活动不仅来源于企业内部，也来源于与企业上下游相关联的其他企业。波特通过成本领先战略、差异化战略和目标聚焦战略三大战略和五力模型，分析出企业获得竞争优势、创造更多价值的驱动因素分别为顾客、成本、行业环境与利益相关者关系。

而后，布兰德伯格和纳尔波夫提出价值网管理模型，用来解释所有商业活动参与者之间的关系。在价值网中，除了顾客、供应商和竞争者以外，还包括商业活动中一个新的因素：互补者（指那些提供互补性产品而不是竞争性产品和服务的公司）。价值网强调竞争与合作。企业在价值网中可同时扮演客户、供应商、竞争者或互补者的多重角色。所以企业要想创造价值，首先应该认清自己扮演的角色，通过竞争与合作使得企业价值最大化，因此竞合关系成为价值网模型中企业价值的关键驱动因素。

5. 从知识成本与顾客价值角度

斯图尔特于 1991 年在美国《财富》杂志上发表了《知识资本：如何成为美国最有价值的资产》，其中提到了被人们忽视的知识资本及其重要性。他认为知识资本包括了人力资本即员工拥有的各种技能，结构性资本即企业的文化、制度规范，顾客资本即市场营销渠道、顾客忠诚、企业信誉等经营性资产。同时爱德文森和沙利文也认为企业真正的市场价值与账面价值之间的差距是知识物质资本与非物质资本的合成。从而可以看出知识资本理论认为，知识资本是企业的核心竞争力，是企业价值驱动的最主要因素。

而在当今服务经济和体验经济时代，企业价值被认为是由顾客赋予的，来源于顾客使用产品或服务时的一种满意程度，即顾客价值。寻找、发现和满足顾客的需求成为企业最重要的使命，1994 年菲利普科特勒在《营销管理》一书中提出了"顾客让渡价值"

的概念，即总顾客价值与总顾客成本之差。企业要通过为顾客提供具有高附加价值的产品或服务，获得顾客忠诚，促进顾客让渡价值的增长。从而可以看出顾客价值是企业价值的驱动因素。

（二）国内价值驱动因素主要观点综述

1. 从企业内部发掘价值驱动因素

周炜和刘向东（2003）将企业价值的影响因素归结为企业的内部流程和内部资源，这使得价值的影响要素从静态的资源扩展到动态的过程。同时，张纯（2003）指出价值驱动因素是企业策略性的核心驱动力和内部资源竞争优势，对于低成本定位的企业，内部运作的高效率是基本的价值驱动因素。对于产品更新换代较快的企业，新产品的研发速度与推向市场的时间是其价值驱动因素，对于服务型企业，客户的满意度是其价值驱动因素。此外价值驱动因素还可以是财务运作的效率和供应链管理技术等。虽不同企业的价值驱动因素不同，但价值驱动因素一般分为策略性和经营性，策略性价值驱动因素是公司竞争优势和市场定位的基础，同时还可确定公司的中心策略和经营范围。经营价值驱动因素是通过与当前业绩的直接挂钩，反映日常经营业绩和现金流量。这两种价值驱动因素都将影响经济利润。

宋常和郭天明（2004）认为，关于公司价值驱动因素，应该从公司价值及价值创造本质出发，即价值创造及其所基于的价值范畴是以创造顾客认同的价值为根本途径，以实现公司价值创造最大化为目标，以股东价值最大化为表现形式的一种在增强公司价值创造能力基础上全面提升企业业绩的企业经营管理活动。

同时，与国外学者相同，危伟（2004）也看到了知识资本对企业价值驱动的重要性，他认为结构资产与创新性智力资产一起，是驱动企业价值增长的重要因素。其中智力资产，包括人力资本和知识资产，是驱动企业价值增值的主要资本因素。此外马广林、孙平（2011）也指出，人是最根本的驱动因素，企业价值管理应当以"人"为本，从制度建设入手营造激发人力资本价值创造积极性、挖掘人力资本价值创造潜力的动力机制，从而确保企业价值驱动链条步入高效率运行的良性循环状态，实现企业价值最大化。

此外，刘淑莲（2004）从财务和经营观两个方面得出影响企业价值的动因：销售增长率、经营利润、所得税税率、投资支出与销售收入的比率、资本成本和获取超额收益的期间。而张鼎祖（2009）则分别从企业财务视角和战略视角来分析企业价值创造驱动因素，两者表现出不同的特点：基于财务视角的分析侧重于价值评估和投资决策，强调现金流量和灵活性价值；基于战略视角的分析则是从竞争优势来源和未来战略地位的角度切入，强调利益相关者相互作用对战略决策和公司价值的影响。前者重视定量的价值判断，后者重视定性的思考过程。

2. 从企业内外结合的角度发掘价值驱动因素

朱超（2002）指出，企业的价值影响因素分为内外两种，内部影响要素即企业的资产，外部影响要素则包括社会政治经济环境，经营竞争状况和科技发展水平等。朱明秀（2007）认为资源提供者的满意程度是确定企业长期发展的根本，换言之，股东、员工、顾客是对企业价值起决定作用的关键主体，股东满意度、员工满意度和顾客满意度是知识经济条件下企业价值的主要驱动因素。王化成与尹美群（2005）两位学者以凯瑟达拉曼提出的价值网模型为基础，对价值链的价值体系进行了较为完整的阐述。他们着眼于价值链创造体系的分析，将价值链影响因素定为顾客价值、核心能力与价值链节点企业间的互相关系。在三要素中顾客价值居于首位。

3. 从不同层次分析影响价值创造的驱动因素

宋常和郭天明（2007）基于不同层次的角度总结了价值驱动因素，表层因素是公司价值的财务表现，具体包括反映公司盈利能力的指标如销售利润率、每股盈余、总资产收益率、净资产收益率；反映资产营运能力的指标如存货周转率、应收账款周转率；反映公司成长性的指标如销售增长率、利润增长率、总资产增长率；反映营运、投资支出的指标如营运资本增长率、投资资本增长率；反映资本成本的指标如负债比例、不同资金来源的筹资成本等。中层因素指标主要包括平衡计分卡中的非财务指标，即包括顾客、内部运行、学习与创新，顾客指标包括：顾客满意度、顾客忠诚度、市场占有率等。内部运行指标包括：产品设计水平、产品设计周期、产品技术水平、成本管理等，创造与学习指标包括员工满意度、员工知识水平、员工培训次数、新产品开发能力、研发费用增长率等。核心层因素由公司的核心技术、核心管理和核心营销网络三个要素构成，它们是公司在长期发展过程中形成的获取竞争优势的独特资源和能力，是最重要的价值驱动因素。这种独特的资源和能力具有价值性、稀缺性、难以模仿性、难以替代性的特征。公司的核心能力是由公司的核心技术、核心管理和核心营销网络三个要素构成的。核心技术包括公司内部所拥有的独特的、具有优势的技术，它能使产品或服务从成本、质量或独特性方面处于领先地位。核心管理知识包括公司的各项规章制度、组织结构、公司战略、公司文化等，它是公司高效有序运转、实现其核心能力的组织和制度保证。核心营销网络包括品牌和商标、商誉、销售渠道、顾客忠诚度等。

4. 将价值驱动因素与 EVA 相结合

史青春、田中禾（2006）认为价值驱动要素可分为两种基本类型：一是 EVA 的组成部分，即财务性驱动要素；二是反映 EVA 的先导指标，即非财务性驱动要素。在非财务性驱动因素方面，作者认为顾客满意度、战略目标的实现程度和质量最为重要，并且作者给出了 4 个可供选择的衡量标准：研发费用和销售额的比率、市场价值与账面价值的比率、雇员和销售额的比率、新产品的引进。同时，作者提出价值驱动要素具有一定的动态性。曹冬艳、杨晓明（2009）充分考虑商业银行的行业特征，通过对经济增加值指标逐层分解，排除不可控的宏观政策因素和非关键影响因素，最终将商业银行价值驱动因素归纳为：央行货币政策和监管要求、商业银行传统业务盈利能力、创新能力、国家税收政策、商业银行成本费用控制能力、风险控制能力、EVA 调整项和股权资本投入。其中，银行经营管理者可操纵的四个关键价值驱动因素为：传统业务盈利能力、创新能力、成本费用控制能力、风险控制能力，并针对这四个关键价值驱动因素提出了具体的管理意见，帮助银行经营管理者实现价值最大化的经营目标。

通过对以上价值驱动因素的综述，你会发现价值驱动因素已从一个个单一的指标逐渐变得越来越系统和完善，传统的财务指标已经远远满足不了企业价值管理的需求，而纷繁复杂的非财务指标又难以掌控，EVA 的出现似乎合乎情理的将两者相结合，因为 EVA 更注重企业价值的创造过程，将促使价值创造的成本费用合理的进行调整，将创造价值的表外因素适当的进行考虑与计量，将非财务指标因素考虑其中作为 EVA 的先导指标。

通过研究国际上 20 多年里应用经济增加值管理公司实例和经验，发现 EVA 指标在指导企业战略评估、财务预算及核算、薪酬设计、兼并收购、价值提升等方面具有其他管理工具无法比拟的优势，在引导企业科学决策、控制投资风险、提升价值创造能力等方面经济增加值考核发挥了积极作用。从"传统业绩考核"到"综合绩效考核"，从对央企负责人的考核扩展到对企业的全面评价，表明国资管理部门对央企的绩效考核经过了"目标管理"、"战略管理"阶段，正在向"价值管理"阶段悄然转变。

第二节　EVA 关键价值驱动因素分析

2009 年 12 月，国务院国资委发布了《中央企业负责人经营业绩考核暂行办法》，从 2010 年开始在中央企业全面施行经济增加值（EVA）考核，并将经济增加值（EVA）作为权重最高的指标，和利润指标一并作为基本指标来考核中央企业负责人年度经营业绩。通过前几章的内容，我们已经了解到 EVA 是一个最综合的业绩评价指标，这意味着所有的经营成本和所有的资本成本都将包括在内，这将有利于衡量高层管理者的业绩。然而，由于下级管理者的行为和决策结果被大量的、高层管理者不可控的却影响着 EVA 的因素所左右，高层管理者为了控制 EVA 业绩不得不将 EVA 指标分解并分配到组织各级层。为了迎接这一挑战，公司要充分利用 EVA 驱动要素，这些要素比起 EVA 本身具有两方面的优势：一是与 EVA 本身相比，EVA 驱动要素在一些部门中可以更精确地加以衡量；二是 EVA 驱动要素与部门管理者的职责对应的更加紧密。

一、EVA 关键驱动因素

基于 EVA 的价值管理不仅要树立以价值增值为驱动的管理理念并制定发展战略，更重要的是将驱动企业价值增加的 EVA 指标"细化分解"，即一方面通过把战略的预期结果转化为 EVA 目标，再把 EVA 目标分解为细化的财务预算目标，为战略的实施提供预算支持，另一方面通过价值驱动因素分析等手段，找出保障战略成功和价值创造目标实现的关键驱动因素（CSF），再将 CSF 量化形成关键绩效指标，构筑起基于价值创造的业绩管理体系。

一般来说，驱动企业价值增值的因素要从两方面考虑：即财务性价值驱动因素与非财务性价值驱动因素（EVA 先驱指标）。现从这两个方面对价值驱动因素以 EVA 为目标进行分解研究。

（一）财务价值驱动因素

由于 EVA 是结合资产负债表和损益表得出的衡量企业价值的指标。所以在分析方法上可以借鉴过去的分析理论，如杜邦分析体系等。

EVA 的计算过程为：

$$EVA = 税后净营业利润 - 资本成本$$
$$= 税后净营业利润 - 调整后资本 \times 平均资本成本率$$

由以上公式可知，EVA 的计算结果取决于三个基本变量：税后净营业利润、调整后资本和平均资本成本率。

其中：

$$税后净营业利润 = 净利润 + \left(利息支出 + 研究开发费用调整项 - 非经常性收益调整项 \times 50\% \right) \times (1 - 25\%)$$

这里的利息支出调整项不包括企业用于工程、研发项目等发生的资本化利息，也不包括央企资金利息收入和汇兑损益。研究开发费用调整项是指企业财务报表中"管理费用"项下"研究与开发费"和当期确认为无形资产的研究开发支出视同利润予以加回。非经常性收益仅指非经常性业务实现的收益，不包括发生的损失。目的是为了鼓励央企发展主业，提高主业盈利能力。

调整后资本 = 平均所有者权益 + 平均负债合计 - 平均无息流动负债 - 平均在建工程

从 EVA 的计算过程，结合财务报表的内在关系，可以将 EVA 的财务价值驱动因素分解如下（见图 17-1）。

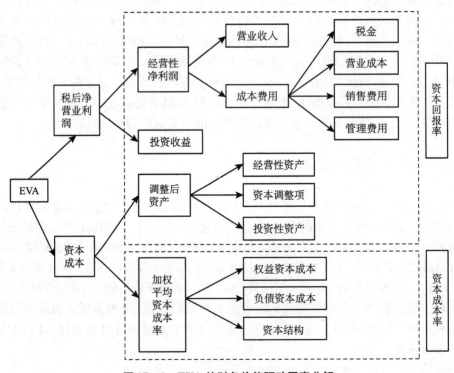

图 17-1　EVA 的财务价值驱动因素分解

由 EVA 财务驱动因素分析框架图可以看出，EVA 的直接决定因素是税后净营业利润和资本成本。税后净营业利润反映了企业运用资本经营的成果，是资产经过经营运转的直接结果。为使企业的经营成果与实际占用资产相关度更强，在此引入"调整后资产"的概念，与国资委定义的"调整后资本"概念相对应，调整后资产是在"总资产"的基础上减去资本调整项，"调整后资产"与"调整后资本"在金额上相等。税后净营业利润与资本占用的比例即资本回报率，对应调整后资产，资本回报率的公式可以表示如下：

资本回报率 = 税后净营业利润 ÷ 调整后资本 = 税后净营业利润 ÷ 调整后的资产

$$EVA = 税后净营业利润 - 调整后资本 \times 平均资本成本率$$

$$= 调整后资本 \times 资本回报率 - 调整后资本 \times 平均资本成本率$$

$$= 调整后资本 \times (资本回报率 - 平均资本成本率)$$

以上分析可以清晰地看出，EVA财务驱动因素的分析其实是在研究调整后资本规模的变动及资本回报率与平均资本成本率的差额之间的关系。调整后资本规模是基础，资本回报率与资本成本率的差额是核心。即可将基于EVA的价值驱动因素分为以调整后资本为基础的资本回报率与资本成本率两大方面。

1. 资本回报率的分解

一般来说，为企业创造价值的资本主要包括经营性资产与投资性资产，根据杜邦分析法的原理，资本回报率分解公式如下：

$$资本回报率 = \frac{税后净营业利润}{调整后资产} \times 100\%$$

$$= \frac{经营性净营业利润 + 投资收益}{调整后资产} \times 100\%$$

$$= \frac{经营性净营业利润}{调整后资产} \times 100\% + \frac{投资收益}{调整后资产} \times 100\%$$

$$= \frac{调整后经营性资产}{调整后资产} \times \frac{营业收入}{调整后经营性资产} \times \frac{经营性净营业利润}{营业收入} \times 100\%$$

$$+ \frac{投资性资产}{调整后资产} \times \frac{投资收益}{投资性资产} \times 100\%$$

根据以上分解公式可将资本回报率分解为图17-2所示的各项指标。

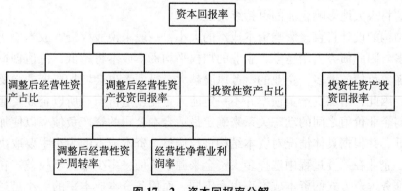

图17-2　资本回报率分解

由此可见，从提高资本回报率的角度提高企业价值，一方面是增加企业经营性资产的周转率和增加经营性净营业利润率，另一方面可通过提高投资性资产的回报率来实现。

经营性资产的周转率及经营性净营业利润率的主要指标包括边际贡献率、经营性资产周转率、主营业务利润率、净利润增长率、收入费用比、经营活动现金流量比率。投资性资产的回报率主要包括净资产收益率、总资产收益率、每股收益等。

2. 资本成本率的分解

在经济增加值考核中，资本成本是经济增加值的核心。《中央企业负责人经营业绩考核暂行办法》规定：中央企业资本成本率原则上定为 5.5%；承担国家政策性任务较重且资产通用性较差的企业，资本成本率确定为 4.1%；资产负债率在 75% 以上的工业企业和 80% 以上的非工业企业，资本成本率上浮 0.5 个百分点；资本成本率确定后，3 年保持不变。

企业在计算自身企业的价值时要根据自身情况计算加权平均资本成本，加权平均资本成本是债务资本成本率与权益资本成本率根据各自在资本结构的比重加权而得的，现将加权平均资本成本率分解如图 17 - 3 所示。

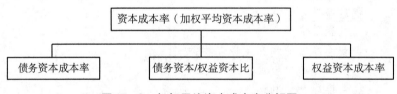

图 17 - 3   加权平均资本成本率分解图

资本成本取决于投资者或债权人要求的必要报酬率，所以企业的信用度越高，投资者与债权人所承担的风险便较小，企业付出的资本成本就会变小，所以努力提高企业的信用程度是必要的。企业可用官方的信用评级指标作为企业业绩的衡量指标。

加权平均资本成本是衡量资本成本最直观的指标，因为加权资本成本能说明投资者及债权人所要求的最低报酬率，若企业不能达到这一水平，投资者可能将资金转为其他项目，而这将极大地影响企业的可持续发展。

资本结构的设计将直接影响资本成本的大小，一般来说股权资本成本要比债务资本成本高得多。因此债务占用越多，企业的加权平均资本成本将越低，价值创造就能够实现，然而随着负债的增多，企业的财务风险越大，投资者也会增加要求的必要报酬率来弥补风险。因此，增加资产负债率并不一定能为企业创造价值。所以企业要通过衡量资产负债率与企业价值之间的动态关系来确定最适合本公司的资产负债率以使加权后的资本成本最低，并根据具体情况对资本结构进行调整，资本成本的大小主要取决于企业的筹资决策，企业在筹资过程中选择多少资金来源于负债，多少来源于权益。在债务筹资中不同的债务筹资方式的资本成本率也会不同，而债务资本成本率的大小是通过不同债务融资方式的资本成本加权而得。从而提升企业价值降低资本成本不仅要考虑整体的资本结构，还要考虑债务融资与权益融资的内部结构分配。驱动因素指标可以选用资产负债率、债务资本成本、股权资本成本来分析。

（二）非财务价值驱动因素

财务驱动因素与非财务驱动因素的差异表现为，前者衡量企业过去一段时间的业绩。而非财务驱动因素则起到公司未来业绩以及未来现金流量的前期预测作用。企业是一个开放的复杂系统，企业价值创造是企业所处经营环境中各种因素共同驱动的结果。这些因素不仅包括财务性的还包括非财务性的，不仅包括企业内部的，还有来自企业外部的影响。

1. 企业层面的非财务价值驱动因素

在企业层面非财务价值驱动因素的分析中，我们将借鉴平衡计分卡中除财务以外的因素，并加入行业竞争的内容来全面分析企业的价值驱动因素指标。

（1）客户与市场

企业在市场与客户方面首先要明确细分的市场与目标客户人群，然后通过明确客户需求，改善产品及服务的质量与功能、改善企业形象及企业与客户间关系，提高顾客满意度、顾客忠诚度等，从而提高企业市场份额，最终达到增加销量，提高企业价值的目的。

进入目标市场、赢得关键客户是大多数企业竞争成败的关键。对于意在获取超额 EVA 的企业而言，客户不仅包括产品或服务的买方，还包括了企业资金来源的提供者——债权人与投资人，因为根据企业 EVA 的组成，企业不仅要考虑销售利润，还要考虑资本成本的大小，而资本成本是债权人与投资者决定的。此外我们还要关注供货商与经销商，在产业链上他们是企业是否能够创造价值的关键环节。

①与顾客相关的业绩指标

企业通过增进与顾客间的交流，最大限度地获知顾客需求，根据顾客需求设计新产品、改善产品功能与质量，提高服务水准，最关键的是塑造企业在消费者心目中的价值感知，提高企业的市场竞争力，核心的测量指标主要包括顾客保留率、顾客满意度（即顾客打分）、顾客增长率、大客户利润率等。

②与债权人及投资者相关的业绩指标

企业要尽量给债权人与投资者传递可信赖的资信状况与稳健的业绩表现信息。债权人最看重的就是企业能否保持良好的资信状况，企业可通过衡量资产负债率、利息保障倍数、流动比率等，确保资信状况的稳定。而投资者则更关注企业的持续发展能力、盈利能力及股利分配政策，企业可通过衡量净利润增长率等盈利性指标及股利支付率等，确保企业在投资者心目中稳定发展的良好形象。

③与经销商及供货商相关的业绩指标

应收账款和存货等流动资产的管理水平直接影响着企业投入总资产的水平，与供货商及经销商建立良好的关系将有助于企业维持理想的应收账款、存货及一些流动负债的水平。企业要从整个经营价值链的角度考虑，在与这些合作者交易时，要防止局部最优，因为追求局部最优非常容易使价格成为谈判的中心问题。好的战略是对经销商与供货商进行管理，使其支持企业的长远发展。因此，企业可通过衡量应收账款周转率、存货周转率、信用期限等指标来检测企业与经销商及供货商的关系状况。

（2）内部经营流程方面

内部经营过程是指以顾客需求为起点，企业投入各种原材料到生产出对顾客有价值的成品和服务的一系列活动。一旦企业对财务方面和顾客方面有了清晰的认识，经营部门就可以确认那些为达到顾客的价值观和特定财务目标而改善生产率的关键作业过程了，一般该过程可细分为四个部分：一、产品设计开发过程。该过程提倡企业产品的创新，开发新产品与新服务，并对新的目标市场和客户进行渗透，为企业价值开辟新的增长点。二、增加顾客价值的过程，该过程主要通过针对现有顾客的需求对产品及服务进行改进，以扩大及加深企业与现有客户的关系，保住现有市场份额及企业价值。三、卓越经营过程，该过程是从经营管理的角度，从整体上考虑企业供应链、内部沟通、资产利用是否合理；是协调整体目标与局部目标的关键环节。四、成为一个优秀良民的过程，该过程强调企业要协调与相关利益者的关系，如政府、员工及当地社区等，与其建立良好关系。以上过程可采用市场占有率、意外事故发生次数、废品率、退货率等来衡量产品及服务的开发及质量，通过衡量交货时间、项目完成时间、问题处理时间等作为提升顾客满意度的业绩指标，通过资产周转率、资产由于管理不周而毁损的金额来衡量资产管理情况。

（3）学习与成长方面

学习与成长方面是企业要创造长期价值的关键因素。财务、客户与市场、内部流程方面一般会揭示企业的实际能力与实现突破性业绩所必需的能力之间的差距，为了弥补这个差距，企业必须投资于员工技术的再造、改善信息技术与信息系统、完善组织流程和理顺日常工作、努力构建和谐积极的企业文化等，在此方面最为重要的是提升企业的人力资本与组织资本，提高人力资本就是提升公司员工解决问题的能力、逻辑思维能力、抽象思维能力、接受新事物的能力。驱动因素可选用员工满意度、员工保持率、员工生产率、员工提出建议的次数、员工建议被采纳的次数等。

2. 行业层面的非财务价值驱动因素

行业分析通常是企业价值创造分析的一个重要部分。企业在市场中生存少不了行业竞争，这种竞争主要体现资源的占有量、市场的占有量、核心技术的多少、产品的差异化、产业链的成熟度、价格上的优势等。企业可将以上几个方面分别设定指标，如资源占有率、市场占有份额、核心技术产品的种类等。

通过对 EVA 价值驱动因素的分解，可将 EVA 的驱动因素总结如图 17 - 4 所示。

虽然存在很多的价值驱动因素，且各个都对企业价值的创造发挥作用，但是企业要根据自己所处的环境选择最重要最关键的几个因素进行重点控制。

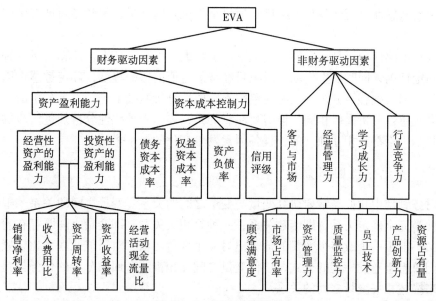

图 17 - 4　EVA 指标分解

二、EVA 关键价值驱动因素的识别方法

(一) 敏感性分析

敏感性分析是指从众多不确定性因素中找出对投资项目经济效益指标有重要影响的敏感性因素，并分析、测算其对项目经济效益指标的影响程度和敏感性程度，进而判断项目承受风险能力的一种不确定性分析方法。同理，针对于关键价值驱动因素的识别，我们也可利用敏感性分析方法，找出对企业价值有重要影响的敏感性因素。

敏感性分析的步骤：

第一，确定分析的企业价值指标，一般为可反映状况的综合性指标，这里选用EVA。

第二，确定影响企业价值的若干因素，如投资报酬率、销售收入、资产周转率等。若从 EVA 的角度衡量企业价值，可首先将 EVA 指标按公式进行细化分解，将分解后的指标作为敏感性分析的因素。

第三，设定目标值。一般将在正常状态下企业能实现的价值考核指标数值作为目标值。

第四，设定每个因素的变化范围，例如变化 -10%、-5%、5%、10% 等。

第五，计算因素变动对企业价值的影响程度，找出敏感性因素。在此过程中可采用单因素分析与多因素分析两种方法。

单因素敏感性分析在计算特定不确定因素对项目经济效益影响时，须假定其他因素不变，实际上这种假定很难成立。可能会有两个或两个以上的不确定因素在同时变动，此时单因素敏感性分析就很难准确反映项目承担风险的状况，因此必须进行多因素敏感性分析。

多因素敏感性分析是指在假定其他不确定性因素不变条件下，计算分析两种或两种以上不确定性因素同时发生变动，对项目经济效益值的影响程度，确定敏感性因素及其极限值。多因素敏感性分析一般是在单因素敏感性分析基础上进行，且分析的基本原理与单因素敏感性分析大体相同，但需要注意的是，多因素敏感性分析须进一步假定同时变动的几个因素都是相互独立的，且各因素发生变化的概率相同。

（二）多元线性回归分析

在财务管理中我们经常要研究变量与变量之间的关系。变量之间的关系一般分为两种。一种是完全确定关系，即函数关系；一种是相关关系，即变量之间既存在着密切联系，但又不能由一个或多个变量的值求出另一个变量的值。对于彼此联系比较紧密的变量，人们总希望建立一定的公式，以便变量之间互相推测。回归分析的任务就是用数学表达式来描述相关变量之间的关系。

一元线性回归是一个主要影响因素作为自变量来解释因变量的变化，在现实问题研究中，因变量的变化往往受几个重要因素的影响，此时就需要用两个或两个以上的影响因素作为自变量来解释因变量的变化，这就是多元回归。当多个自变量与因变量之间是线性关系时，所进行的回归分析就是多元线性回归。

我们设 x_1，x_2，$\cdots$，x_p 是 p 个可以精确测量或可控制的变量。如果变量 y 与 x_1，x_2，$\cdots$，x_p 之间的内在联系是线性的，那么进行 n 次试验，则可得 n 组数据：（y_i，x_{i1}，x_{i2}，$\cdots$，x_{ip}），$i = 1$，2，$\cdots$，n。

它们之间的关系可表示为：

$$\begin{cases} y_1 = b_0 + b_1 x_{11} + b_2 x_{12} + \cdots + b_p x_{1p} + \varepsilon_1 \\ y_2 = b_0 + b_1 x_{21} + b_2 x_{22} + \cdots + b_p x_{2p} + \varepsilon_2 \\ \cdots\cdots \quad \cdots\cdots \\ y_n = b_0 + b_1 x_{n1} + b_2 x_{n2} + \cdots + b_p x_{np} + \varepsilon_n \end{cases}$$

为简便起见，将此 n 个方程表示成矩阵形式：

$$y = bx + \varepsilon$$

其中，是 b_0，b_1，b_2，$\cdots$，b_p 为 p+1 个待估参数，b_0 表示当所有自变量为 0 时因变量的总体平均值的估计值。b_1，b_2，$\cdots$，b_p 称为偏回归系数，表示当方程中其他自变量保持不变时，某个自变量变化一个单位时，因变量平均变化的单位数。ε_i 表示第 i 次试验中的随机因素对 y_i 的影响。由于受各变量量纲的影响，多元线性回归方程中的各个偏回归系数的大小并不代表其对应变量的作用大小，而标准化偏回归系数消除了变量的量纲，其绝对值大小反映了自变量对应变量的作用大小。此外对偏回归系数也需要进行假设检验，以判断相应的自变量对回归是否有作用，及作用的大小程度，以此我们便可以得到对因变量影响较大的关键价值驱动因素了。即偏回归系数越大的因素就越关键。而对于偏回归系数的估计我们可以采用 Excel 或 SPSS 软件等来实现。

（三）问卷调查法

问卷调查是社会调查的一种数据收集手段。当一个研究者想通过社会调查来研究一个现象时，比如什么因素影响顾客满意度等，研究者可以用问卷调查收集数据，也可以用访谈或其他方式收集数据。问卷调查是以书面提出问题的方式搜集资料的一种研究方法。研究者将所要研究的问题编制成问题表格，以邮寄方式、当面作答或者追踪访问方式填答，从而了解被调查对象对某一现象或问题的看法和意见，所以又称问题表格法。问卷法的运用，关键在于编制问卷，选择被试和结果分析。

企业也可通过问卷调查的方式，将所有认为可能的价值驱动因素作为调查问卷中的被选对象提供给管理人员进行选择，调查中各部门或各层管理人员要选出其业务范围内几个最有价值的驱动因素，或在调查问卷中写出自己认为最关键的价值驱动因素，并写出与之对应的业绩指标。调查结束后将问卷中的结果按财务驱动因素及非财务驱动因素、不同部门不同层级进行分类，利用统计的方法，按被提到次数的多少对各价值驱动因素进行排序，统计整理得出初步的各部门各层级的被选中次数相对较多的价值驱动因素。

此外，还要进行专家评定，企业要将初步做出的问卷调查结果送至专家评定组，经过专家结合企业实际可完成情况及 EVA 的理论基础对选出的关键价值驱动因素进行第二次筛选，进一步得出经专家评定后的关键价值驱动因素。

三、EVA 关键价值驱动因素与 KPI 设计

有了 EVA 分解的众多指标及关键价值驱动因素方法，就可以进行关键价值驱动指标 KPI 的设计了。如果企业忽略了关键价值驱动及 KPI 的设计，而仅是使用分解后的驱动因素，可能不仅不会使企业的业绩上升反而更糟，因为企业可能仅使用了不重要的或不敏感的指标因素而浪费了大量的资本，没有任何提升业绩的效果。

那么什么是关键价值驱动因素呢？我们一定要分清关键和重要是不一样的，关键不仅包括重要的驱动因素比如销售利润率及权益资本成本，还包括那些需要改进及修正的指标。而对于那些重要但不敏感的指标就不是关键驱动因素了，而有些企业往往误认为其是关键驱动因素而对其投入大量的资本，结果业绩提升效果并不显著。

价值驱动因素分析举例：H 公司经营火力发电，试点 EVA 考核当年，在对年度既定价值目标的自上而下逐层分解中注意到，有些 EVA 构成指标的分解值大于下级成员企业的承诺值，以至于各项构成指标的承诺值加总小于集团设定的 EVA 目标值。也就是说，目标分解链条中的某一个或数个节点指标，既不能消化来自作业流程的投入，又不能生产出目标分解所要求的产出，这一个或数个指标就是所称的经营目标实现的瓶颈。为系统、完整地归集所有瓶颈，并以此为线索准确地识别影响 EVA 目标值实现的关键驱动因素，公司管理人员绘制了一组关键驱动因素搜寻图（见图

17 – 5）。

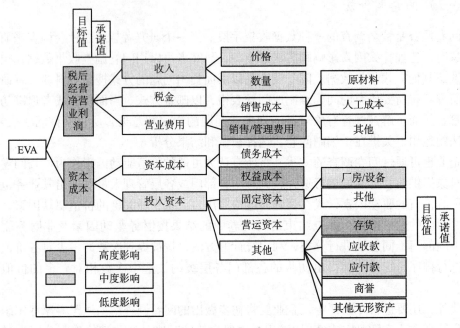

图 17 – 5　关键驱动因素分解

　　图中标记重网线的（"▨"）的项目为重要驱动因素。公司管理人员将每个节点的目标值与可行值（承诺值）进行比较，以便找出瓶颈。

　　图 17 – 6 展示了完整的当期 EVA 目标确定、目标分解及瓶颈识别与各分解节点指标承诺值的还原汇总，通过前期 EVA 及 EVA 改善值确定本期的 EVA 目标值，但工作并不是到此为止了，我们要继续将 EVA 各构成部分进行分解，分解的目标值是企业期望的指标，而每期还要由下向上汇报其各部门的 EVA 预算指标或通过实际调整的可行值指标，当目标值与可行值存在差异时即产生了瓶颈，如果不及时解决就会出现 EVA 管理上的失误，导致 EVA 目标管理的不切实际，从而达不到一定的业绩提升效果，所以每期要通过调整最终确定本期的 EVA 目标值。那些瓶颈指标可能将成为我们要找的关键价值指标之一。同时我们还要考虑这些指标的显著性、可测性及可控性。只有满足以上条件的瓶颈指标才是关键价值驱动因素之一。

　　此外还要将每期的指标进行横向与纵向的对比，因为关键价值驱动因素是有可能变化的，所以要进行跟进记录。将管理者认为的所有可能性的价值驱动因素进行测试，如表 17 –1 所示。

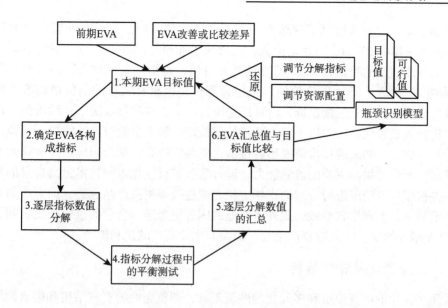

图 17 - 6　EVA 目标值制定

表 17 - 1　　　　　　　　　　　　EVA 驱动因素排序和分析表

驱动因素	本年数	上年数	行业平均	差异值	影响 EVA 值	排序	敏感系数
指标1							
指标2							
指标3							
指标4							

　　通过与上年度及行业平均值的对比，企业可以找出在横向及纵向上影响 EVA 的关键价值驱动因素。分别计算每个指标对 EVA 的影响程度，即将每个指标的差异值代入 EVA 及计算公式算出 EVA 的变化值，以计算出的 EVA 变化值的绝对值为标准，将指标由大到小进行排序，排名靠前的指标为"重要性指标"。在进行敏感度分析时为计算简便采用单因素分析法，分别测算每个指标相对于 EVA 的敏感程度，需要注意的是我们要结合排序与敏感程度的结果共同来决定哪些是关键价值驱动因素，即如果指标很重要但不敏感那么不能算作关键价值驱动因素，如果企业误将其当做关键价值驱动因素，将大量资源投入该部分得到的业绩提升效果会不明显，从而造成 EVA 管理上的失败。

四、关键价值驱动因素的提升策略

（一）提高资本的盈利能力

　　首先，要卸掉那些绩效差的劣等项目，这些投资不能弥补资本成本甚至在赔钱。不能弥补资本成本的投资应该被清算或退出资产，因为当投资回报率小于资本成本率时，

EVA 为负，退出投资或清算能够改善现有资产的价值。但是我们在处置资产时要考虑三个不同的量度方式：（1）延续价值，它反映了如果继续现有投资至最终的话，预期现有价值所能创造的价值；（2）清算或救赎价值，是指如果现在终了该项目，公司所能得到的净的价值；（3）出售价值，是指愿意接手该投资项目的出价最高者所愿意支付的价格。企业是愿意继续投资、清算还是出售一个投资项目取决于延续价值、清算价值和出售价值三者孰高。如果三者中延续价值最高，那么企业应该继续投资，即使它不能弥补资本成本。如果清算价值或出售价值比延续价值高，则公司应选择清算或出售。

其次，企业要提高主业的盈利能力，通过掌握本行业先进的技术提高自身的核心竞争力，并根据自身情况进行合理的市场定位，通过改善提高产品性能，提高产品竞争力和销售毛利率，实现增收增效。此外将企业的闲置资金进行合理的投资，投资到那些可以使 EVA 增加的项目或金融资产上去，提高非主业资产的盈利能力。

（二）合理调整资本结构

采用多元化的融资渠道和多元化的融资工具，调整企业的资本结构和融资期限，可以为企业提供一个具有供应弹性和可选择的资金融通体系，使企业融资随经营业务和理财需求而随时调整，统一调度。保持资本结构的弹性化，有利于企业规避风险，保持经营上的自主和灵活性。实际中企业融资决策时可以按照保持与企业资产收益风险相匹配、维持合理的资信和财务弹性的融资决策和资本结构管理的基本准则，借助财务顾问的专业知识，利用税法等政策环境和金融市场有效性状况，确定融资类型、设定弹性条款、选择融资时机和地点等因素，才能更好地匹配资产收益风险，降低融资成本。具体做法是：企业在确定债务融资后。应利用税法对资本收益和利息收益税率的差异，发行零票息债券；或针对企业与资本市场投资者对金融市场利率变化趋势或时间的预期差异，采用浮动利率，或含有企业可赎回或投资者可赎回条款的债券、可赎回股票等方式。在股票市场高估企业投资机会价值时，可采用增发股票的方式。另外，当企业的业务竞争能力增强、市场地位比较稳定、现金流的稳定性和可预测性较高时，应该适当增加债务，特别是长期债务，减少股权资本规模，降低资本成本。

（三）降低税负

EVA 和企业的税率密切相关，如果能够减少营业利润的税率，则为股东创造的财富就会增加，尽管有税法的约束，但是从长期来看，企业仍可以合理避税：（1）跨国公司可以通过高关税地区的利润向低关税或零关税地区转移，从而达到合理避税的效果。（2）企业为了未来的发展可以并购亏损公司，合并报表后营业利润减少从而使赋税降低。（3）企业还可以通过风险管理降低长期平均税率，因为在大多数税收体制下，随着利润的上升。通过风险管理将利润平滑化，使利润相对稳定、波动较小，从而降低承担税率的可能。

（四）提高企业的公司治理效率

公司治理效率体现在组织结构的设计、营运效率等方面，好的组织结构设计可以使得企业的反应速度更快，行动执行力更强，企业要根据自身特点选定是使用扁平化的组织结构还是垂直型的组织结构，并且随着企业规模扩大、人员增加，企业的运行效率会由于组织结构的不合理而效率低下，这时要对组织结构进行调整，调整中要考虑业务发展、客户导向、资源利用率、管理运营效率四个关键因素。此外，营运效率在决定企业营业利润方面起到了关键作用。提高营运效率需要构造科学的预测体系，包括销售预算、采购预算、投资预算、人工预算、费用预算等，编制这些预算能使企业尽可能预测风险，并及时采取措施，提高效益。对于企业而言，编制预算需要把握市场变化，尽可能增加销量。同时根据企业自身的情况降低成本，需要注意的是只有当被削减的资源既不能增加现有营业利润，又不能转变为未来的增长时，这种行为才会增加价值。相反，如果被削减的开支是支持企业未来增长而必需的，如研发和培训支出，那么即使营业利润有所增加，公司的价值也会受损。实际中提高营运效率最简单的方法是将企业的市场占有率、成本等指标与同行业特别是业绩优良的企业进行对比，找出差距，寻找产生差距的原因，努力弥补。

（五）建立良好的客户关系

保持与客户的适当联系是建立良好客户关系的前提，通过了解客户的爱好、习性等基本特征，锁定客户的价值定位，有时在产品生产中企业可提前预测客户需求，以达到良好的销售业绩，此外企业要及时处理客户提出的各种问题，减少客户的等候时间。在客户与市场方面我们将债权人与投资者也作为企业的客户，对于债权人，企业要保证债权人所关心的债务比率处于可信赖的水平；积极、有效地与债权人协调、沟通，通过多种方式与其建立良好的合作关系。而对于投资人，企业需要通过一系列外部沟通的手段来塑造企业在投资人心目中稳定发展的企业形象。谈到与经销商及供应商的关系，企业要认识到供应链环境下，上下游资源及销售是否顺畅直接影响着企业价值的提升，供应商是企业资源的来源，我们可以通过与供应商合作，共同管理企业的原材料，试图让供应商成为对企业有利的资源仓库，那么建立良好的沟通是必要的，供应商要掌握企业在需求变化方面的信息，而企业也要掌握供应商在价格变化方面、供应量变化方面的信息。经销商与企业也要构建双赢的合作关系，由于经销商控制一定区域或者范围的顾客资源，能够为一定范围内的顾客提供优质服务，从而经销商的需求和特征也是需要企业来关注关怀和细分的。

（六）提高员工素质营造良好的企业文化

在当今这个知识经济时代，企业最具价值和最重要的资源已不再是物质资本，而是知识和智力，即智力资本。人才智力资源的价值在知识经济中得到充分的体现。而人的智慧和创新，依赖于知识或有效信息的积累、增值和实现。从而企业在广招优秀人才的同时，要注重对员工进行培训指导，使员工的知识不断更新，并有意识培养员工的创新能力，鼓励员工对企业的价值提升多提建议，并且企业要重视员工建议，使好建议得到采纳和奖励，使员工积极参与到企业治理中。

第三节 EVA 关键驱动因素的管理

一、中央企业 EVA 关键驱动因素管理应做好的工作

（一）EVA 创造贡献点的分析

企业集团跨地域、跨行业的特点决定了 EVA 价值创造贡献点的多样性与隐蔽性，企业要以股东价值最大化为目标，通过系统的方法和工具，比如回归分析、敏感性分析等去挖掘价值贡献点，鼓励在贡献点的投入，进而减少乃至消除毁损点的投入，使企业发展更具有目标性。

（二）EVA 价值创造协同性分析

在资源有限的前提下，如何发挥资源投入的最大效益是 EVA 要解决的问题之一。企业集团内部各板块、各子公司之间通过资源的有效分配和调度，可以起到利益协同化的效应。举个简单的例子，一家子公司的工具器具处于闲置状态，另外一家集团内子公司这种器具严重短缺，那么如果在合理的内部定价机制下有效的调度这些资产，将会给集团整体带来增值效果。这种例子在实务中不胜枚举，却往往由于各方面的原因没有得到应有的重视。

（三）EVA 价值创造冲突点分析

在集团内部还存在价值创造的冲突点，即一家子公司创造经济利益的同时可能会毁损其他子公司的利益，甚至导致集团整体的价值下降。例如，上游企业定价过高，导致下游子公司企业成本上升出现长期的亏损，则有可能导致企业集团整体的纳税成本上升，从而降低价值水平。同时资源过多地投放在一家公司的低效投资上，尽管这些投资表面上看也有收益，但是由于丧失了另外一家子公司最赚钱的投资机会，此时也会出现冲突点。这在目前大多数公司集团内部也是常见的现象，应该引起足够的重视。

二、中央企业二级子公司的价值驱动因素管理

子公司在进行价值驱动因素管理时，最重要的是从战略的高度确立明确的价值驱动因素，并把对价值驱动因素的管理作为基本经营策略。由于影响 EVA 的驱动因素较多，每个子公司都要根据自身特点通过回归分析、敏感性分析等方法挖掘关键价值贡献因子，并从财务与非财务两个角度对价值驱动因素进行管理。

此外，企业在日常价值驱动因素的管理中，一项非常重要的任务就是将价值驱动因

素细化分解，它要求企业对每个业务单位进行动态价值要素分析，企业各部门都要按其业务范围、组织结构、从上至下逐层将价值驱动因素进行分解，建立价值驱动因素的树形图，使这些关键价值驱动因素成为产品开发、生产、营销、理财、信息系统以及人力资源开发与利用过程的控制变量。

最后，企业还要跟踪价值驱动因素的影响力及执行效果，要将价值驱动因素与业绩指标一一对应，使得每种价值驱动因素都能在实际工作中得以执行和考核。企业还要明确的是价值驱动因素的制定与考核不是静态的，而是一种动态分析的过程，企业在每期结束后都要对价值驱动因子的贡献进行测评，对相关人员的业绩进行记录，确定其完成情况。企业可以采用预算管理的方式，每期给各价值驱动因素对应的业绩指标设定目标值，并在期末进行考核，记录目标值与实际情况间的差异并分析差异产生原因，以便对指标对应的业务进行改进，并最终达到增加企业价值的目的。

三、中央企业 EVA 关键驱动因素管理的难点及建议

（一）中央企业价值驱动因素管理的难点

1. 认识度不够，执行力不强

EVA 价值驱动因素管理最基本的要求在于所有员工包括高管要接受 EVA 的理念，必须要求价值驱动因素的全方位覆盖，涵盖从企业主要负责人到副职、职能部门、管理人员，从集团公司到所属全部子企业或单位的全体员工，确保企业资产保值增值的责任和压力从上到下层层传递，而不是仅仅是一张皮。很多央企由于组织结构臃肿，最大毛病之一就是执行力差，制度流于形式，先进理念的深入人心再到决策方法、管理手段、激励方式等方面的全面转变非一朝一夕的事。

2. 分解价值因素的实际工作较为复杂

由于部分央企组织结构复杂，价值驱动因素在分解后可能涉及多个部门，在制定业绩目标及业绩考核的过程中，实际工作较难执行。这种部门间相互扯皮、职责不清的现象较为常见。

3. 部分价值驱动因素无法量化

在分析企业价值驱动因素的过程中，我们也发现企业的价值驱动因子很多，分为财务与非财务的，很多因子虽然重要，但是量化很难，例如企业与供应商及经销商的关系是确定企业是否能及时以合理的价格购进原材料，保证资源不短缺，产品销路畅通的关键因子，但是该因子却无法通过量化为指标，加以衡量和改进。

（二）对 EVA 关键驱动因素管理的建议

首先，各央企要树立对 EVA 价值创造的正确认识。传统衡量央企经营成果的利润指标仅考虑了债务资本成本，未计算股权资本成本，难以真实反映央企的经营业绩。实施 EVA 考核从净利润中扣除股权资本的机会成本后，可如实反映央企资产价值创造能

力。推动监管央企实施以价值管理为导向的 EVA 考核，有利于进一步强化央企的资本成本和价值创造理念，引导央企关注资本利用效率，改善生产经营业绩，调整产业经营结构，提升央企核心竞争力，实现国有资本保值增值。

其次，各央企要清晰地勾画出与创造价值目标相一致的战略，挑选出与战略相关的关键业绩指标。在挑选关键业绩指标的过程中，不能仅将识别关键业绩指标的范围局限在企业内部的可利用资源上，而要扩展到如顾客及供应商经销商那里，在分解价值驱动因素的过程中，为避免职责不清，企业可根据驱动目标精简或单设部门，根据价值驱动因素来安排部门的组织结构和工作流程，这样不仅使企业价值创造更加明晰化流程化，精简了臃肿的组织结构，更有利于 EVA 的业绩考核。

最后，对 EVA 价值管理起到推动作用的是与 EVA 价值驱动因素相联系的业绩衡量指标。各央企要将关键的衡量标准同管理薪酬相挂钩，不仅要在高层实施，而且要扩展到底层管理人员。执行正确的沟通计划，以支持业绩衡量，一旦衡量指标被采用，还可以用该沟通计划强化对这些衡量指标的使用，保证这些衡量指标深入到整个企业内部。此外还要保证所有的非财务性衡量标准以某种间接的方式同财务业绩的总结标准 EVA 相关联，防止总体上的目标脱离，避免浪费大量的时间和财力。还需要注意的是给每个层级定下的与价值驱动因素相关联的业绩指标数量不宜过多，要控制在 20 个以内，且关键业绩指标的结果至少每个季度汇报一次。

价值管理：案例篇

神华集团基于价值导向的
"五型企业绩效考核"①

一、神华集团公司概况

神华集团有限责任公司（简称神华集团）是于 1995 年 10 月经国务院批准设立的国有独资公司，是中央直管国有重要骨干企业，是以煤为基础，电力、铁路、港口、航运、煤制油与煤化工为一体，产运销一条龙经营的特大型能源企业，是我国规模最大、现代化程度最高的煤炭企业和世界上最大的煤炭经销商。

截至 2012 年年底，神华集团共有全资和控股子公司 21 家，生产煤矿 62 个，投运电厂总装机容量 6 323.11 万千瓦，拥有 1 466.53 公里的自营铁路、1 亿吨吞吐能力的黄骅港、4 500 万吨吞吐能力的天津煤码头和现有船舶 11 艘的航运公司，在册员工 21.15 万。神华集团"五年实现经济总量翻番"的目标已经提前两年实现。

截至 2012 年末，神华集团原煤生产连续 5 年实现 4 000 万吨级增长，煤炭销售同比增加近 1 亿吨，市场份额进一步扩大；企业规模进一步壮大，企业总资产由 2010 年的 5 509 亿元上升到 2012 年的 8 219 亿元，火电装机容量达到 6 009 万千瓦，成为全国第五大火电企业；发展质量稳健提升，2012 年盈利增幅达 6%，经济增加值突破 400 亿元，位于央企前列。神华集团国有资本保值增值率处于行业优秀水平，企业经济贡献率连续多年居全国煤炭行业第一，年利润总额在中央直管企业中名列前茅，安全生产多年来保持世界先进水平。神华集团从 2010 年世界 500 强排名 356 位晋升到如今的 178 位，4 年间排名位次提升了 1 倍。

① 本案例是在《神华集团产业链价值创造协同化》项目报告和笔者长期对神华集团绩效考核跟踪了解的基础上整理而成，感谢神华集团公司企业管理部为案例撰写提供的资料和给予的大力支持。

二、神华集团"五型企业"管理模式

（一）"五型企业"管理模式及内涵

2006 年，神华集团党组决定，用 3~5 年的时间，将神华集团建设成"本质安全型、质量效益型、科技创新型、资源节约型、和谐发展型"的"五型企业"。2012 年，党的十八大报告提出了"实施创新驱动发展战略"和"大力推进生态文明建设，坚持节约资源和保护环境的基本国策，着力推进绿色发展、循环发展、低碳发展"等理念，对科技创新型和资源节约型建设提出更高、更全面的要求。为此，集团公司党组决定，将神华集团公司"五型企业"建设重新修订为："本质安全型、质量效益型、创新驱动型、节约环保型和和谐发展型"。"五型企业"管理模式框架如图 1 所示。

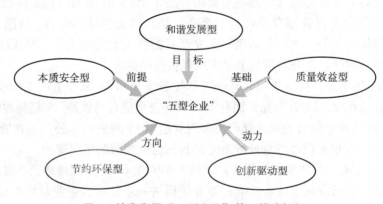

图 1　神华集团"五型企业"管理模式框架

"五型企业"管理模式是神华集团落实党和国家的有关精神，创新发展模式、提高发展质量的一个重大举措；是神华集团深入贯彻科学发展观，坚定走新型工业化道路的重要实践；是全面提升神华集团核心竞争力，建成具有国际竞争力的特大型能源企业的基本途径；是神华集团实现持续、协调发展，增强中央企业的控制力、影响力和带动力的具体要求。"五型企业"管理体系的基本理念如下：

建设"本质安全型"企业，就是坚持"以人为本"，以危险源辨识和风险评估为基础，以风险预控为核心，以不安全行为管控为重点，通过制定有针对性的管理标准和措施，达到"人、机、环、管"最佳匹配。从项目的开发论证、设计、建设到生产，直至项目结束的各个环节，都始终将安全放在首位，实现安全发展。

建设"质量效益型"企业，就是要以转变经济增长方式为目标，以产品、产业结构调整和集约化生产、集约化经营、科学化管理为手段，进一步走内涵发展道路，实现企业发展速度和质量、结构、效益的协调统一,推动企业又快又好地发展。

建设"创新驱动型"企业,就是要以实现自主创新为目标,抓住技术开发和市场开发两个关键环节,努力提高原始创新、集成创新和消化吸收再创新能力,加快科技成果向现实生产力转化,加强知识产权保护,积极推进管理创新、制度创新、流程创新,促进全面的管理提升。

建设"节约环保型"企业,就是要以不断提高煤炭资源回收率,提高资源综合利用率,以节能、环保、减排、降耗为主要目标,推进生态文明建设,贯彻落实节约资源和保护环境的基本国策,着力推进绿色发展、循环发展、低碳发展,努力将集团构建成以煤为基础,以电力、煤制油和煤化工为主导,以延伸产业链条、综合利用废弃资源为补充的矿、路、电、港、油、化一体化循环式生产、产业循环式组合的大循环经济体系,推动企业可持续健康发展。

建设"和谐发展型"企业,就是要以全面构建和谐、宽松的发展环境为目标,正确处理各种关系,着力推进产业和谐、企业内外部和谐、企业文化和谐、企地关系和谐,实现协调发展。

(二)"五型企业"管理模式取得的成效

神华集团将"创世界一流"、管理提升等活动都纳入到"五型企业"建设中来,不断充实理论与实践,使得"五型企业"管理模式逐步完善,内涵得到不断丰富,以创新驱动产品、工艺、过程、管理体制等优化提升,进而实现节约环保、卓越质量、本质安全,使企业持续稳定地实现价值最大化,积极发挥中央企业社会责任。

自"五型企业"管理模式实施以来,"五型企业"建设取得了显著成绩,神华集团生产经营能力大幅提高,管理水平和工作效率显著提升,安全生产效率达到先进水平,神华集团以煤为基础,煤、电、路、港、航、煤化工一体化、产运销一条龙的运营模式不断完善,产业链价值创造能力不断增强。

2009年以来,"五型企业"建设逐步在集团基层企业落地生根。部分企业全面开展"五型企业"建设,探索有效的"五型企业"建设实施体系,建立全方位、多层次的考核评价体系,考评结果与薪酬兑现挂钩、与职务调整挂钩、与个人荣誉挂钩,各级组织与员工积极参与。"五型企业"作为管理模式和管理体系,极大地发挥了各项管理要素的合力。本质安全筑起了生产保障,质量效益提升了运营品质,科技创新增添了发展活力,资源节约谋划了未来长远,和谐发展促进了内外团结。2010年,神华集团"五型企业"建设成果,荣获第十七届国家级企业管理现代化创新成果一等奖。集团公司连续三年被国资委评为"央企业绩考核工作先进单位",经营业绩考核结果连续九年为A级。在中央企业管理提升活动中,集团公司荣获国资委授予的"2012年度中央企业管理提升活动优秀组织单位"称号,并得到通报表扬。"五型企业"各项工作取得的成绩,为神华集团创建世界一流企业创造了良好的基础和条件。

三、基于价值导向的"五型企业"绩效考评体系

近年来，神华集团以科学发展观为指导，着眼于企业的又好又快发展，逐步形成以建设"五型企业"为主体的业绩考核考评体系。2009 年神华集团公司制定了《神华集团公司"五型企业"建设年度绩效考评暂行办法》，"五型企业绩效考核办法"自 2010 年 1 月 1 日起施行。

"五型企业"年度绩效考评指标体系由考核指标体系和评价指标体系组成。考核指标体系侧重于年度经营结果；评价指标体系侧重于过程控制和企业可持续发展。

（一）"五型企业"考核指标体系

"五型企业"考核指标体系由"本质安全型"、"质量效益型"、"创新驱动型"、"节约环保型"、"和谐发展型"指标组成。

1. "本质安全型"考核指标。包括安全生产责任死亡事故、较大以上直接经济损失事故、重大环境污染事故、矿井瓦斯抽采量、采煤工作面回采前煤的可解吸瓦斯量、百万吨死亡率、设备事故率等。

2. "质量效益型"考核指标。包括反映生产经营、效益效率类指标，反映财务状况、管理效率类指标和反映投资、基建情况类指标。

（1）反映生产经营、效益效率类指标。包括经济增加值（EVA）、总资产报酬率、利润总额、净利润、货款回收率、产（销）量、发（售）电量、运量、装车量、港口吞吐量、车板价、平均结算净价、年度投资预算完成情况等。

（2）反映财务状况、管理效率类指标。包括流动资产周转率、可控成本费用占收入比重、销售成本费用率、单位成本、可控成本、吨煤存货比、百万吨公里存货比、存货周转率、货车综合周转时间、修车辆数等。

（3）反映投资、基建情况指标。处于基本建设期的子分公司，考核指标包括当年投资完成情况、工程进度完成率、工程质量合格率、试车小时数、管理费用控制额等。

3. "创新驱动型"考核指标。包括研发投入、科技创新成果和科技创新效益指标。

4. "节约环保型"考核指标。包括资源回收率指标（煤炭资源采区回采率）、节能指标（万元增加值综合能耗、供电煤耗、万吨公里综合能耗、万吨吞吐量综合能耗）和减排指标（SO_2 减排量、COD 减排量）。

5. "和谐发展型"考核指标。包括政治建设、企业文化建设、党风建设及反腐倡廉、企业稳定及社会责任指标。

例如，神华集团对神华宁煤公司五型企业考核指标体系（见表1）。

表1　　　　　　　　　　　神华宁煤集团五型企业绩效考核指标

项目	指标	权重
质量效益	经济增加值（万元）	30
	利润总额（万元）	20
	单位成本（可控成本）（元/吨）	15
	流动资产周转率（次）	15
	煤质	—
本质安全	安全事故	
	原煤生产百万吨死亡率	
	瓦斯抽采量、可解吸瓦斯量	
节约环保	资源回采率	
	万元产值综合能耗（吨标煤/万元）	
	SO_2 排放减排量（吨）	
	COD 排放减排量（吨）	
创新驱动	研发投入强度（%）	5
	科技创新成果与效益	5
和谐发展	和谐发展	10

（二）"五型企业"评价指标体系

"五型企业"评价指标体系由"本质安全型"、"质量效益型"、"创新驱动型"、"节约环保型"、"和谐发展型"评价指标组成。

1. "本质安全型"评价指标。由组织领导机构、企业安全管理责任、安全制度、宣传培训、应急救援、事故责任追究、安全创新指标组成。

2. "质量效益型"评价指标。由反映效益类的企业财务效益状况、资产营运状况、偿债能力状况和反映质量类的过程及质量控制、产品和服务水平等方面的指标组成。

3. "创新驱动型"评价指标。由反映科技创新类的体制与机制、成果与效益、实力与能力指标、反映管理创新类的"五型企业"建设指标和全面风险管控体系指标组成。

4. "节约环保型"评价指标。由反映资源回收类指标、节能减排目标类指标和节能减排措施类指标组成。

5. "和谐发展型"评价指标。由企业与环境和谐、企业与社会和谐、地企和谐、员企和谐、领导班子和谐、党群与干群和谐、企业文化和谐、战略管理、党风建设及反腐倡廉、企业危机处理等指标组成。

（三）"五型企业"绩效考评体系修订和优化

集团公司于2011年和2012年对"五型企业"绩效考评体系进行了修订和全面优

化。2010 年集团公司全面开展基于经济增加值导向的"五型企业"绩效考核，鼓励子分公司提升价值创造能力；提出与先进企业对标，追求卓越绩效；进行企业经营难度研究，适度区别对待经营难度不同的企业；对所属企业提出结果性目标之外的过程性目标，逐步加强过程监督。2010 年，集团公司绩效考核工作进一步加强，绩效考核与战略、计划、预算、执行、分配的关系进一步明确。2011 年，首次采用"考核"加"评价"的计分模式，促进企业加强制度建设和"软实力"提升；首次应用经营难度系数，提高考评工作的公平性和科学性；首次出台以所属企业为对象的管理报告，辅导所属企业提升绩效。2012 年启动的神华信息化工程（SH217）子项目"绩效管理决策支持系统"，致力于建立以经济增加值为中心、以"五型企业"建设为特色的绩效考评体系，引导所属企业共同追求集团整体价值最大化。

三、基于价值导向"五型企业"绩效考核主要做法

神华集团公司从 2007 年开始，在部分子、分公司开展经济增加值考核试点，2009 年被国资委列为经济增加值考核试点单位。经过三年的试点，经济增加值考核在引导集团公司以及各子分公司科学决策、控制投资风险、提升价值创造能力等方面发挥了积极的作用。2010 年，集团有 22 家子、分公司引入了经济增加值考核。到 2012 年，除尚未正式开展生产运营的子、分公司外，其他 26 家公司全面引入了经济增加值考核，占全部子、分公司总数的三分之二以上。在全面开展经济增加值考核工作的基础上，并根据子分公司所在板块及产业链布局等因素，区别设置经济增加值考核指标所占权重，EVA 考核权重最高达 40%。经济增加值考核指标完成情况对子分公司负责人薪酬的影响也进一步加大。神华集团在建立基于价值导向的"五型企业"绩效考核体系方面主要有如下几个方面的做法和探索：

（一）深入分析诊断各板块价值创造能力

集团公司通过对近 5 年来集团、各板块和重点公司 EVA 指标的完成情况进行深入诊断分析，经过诊断发现神华集团"煤、电、路、港、油"各板块的价值创造能力差异较大，集团各产业链之间价值创造的协同性有待提升。集团各板块价值创造呈现出如下特点：

1. 煤炭板块创造价值能力最强，但煤炭板块对销售板块的依赖较大，资本投入也很高；

2. 电力板块价值创造受国家上网电价政策、资产规模快速扩张和煤炭价格上涨等影响，创造价值不太稳定、受宏观经济影响波动较大；

3. 铁路板块创造价值能力较好，始终保持在较高水平，但受煤炭板块产量和电力企业发电量的影响较大；

4. 港口板块效益规模尚未与资产规模相匹配，受煤炭产量及销售流向分配影响很大，创造价值能力需进一步改善。

5. 煤制油化工板块由于其投入大，行业成熟度低、见效慢等因素，EVA 指标目前为负数，对集团公司 EVA 指标带来了一定程度的降低，但随着煤制油化工板块设备的稳定运行，产能的不断释放，经营业绩不断得到改善，近两年煤制油化工板块 EVA 指标改善非常明显。

（二）明确各板块在集团价值创造中的定位

神华集团基于产业链整体价值最大化目标，通过分析各板块在集团产业链中价值创造状况，结合神华集团发展规划，明确了各板块在集团产业链价值最大化目标中的价值定位。

以煤制油化工板块价值创造定位为例。煤制油化工板块是神华集团实现能源结构转型的战略性工程，承担着占领煤直接液化技术制高点，成为集团未来经济增长点和效益增长点的历史使命。煤制油化工板块目前行业成熟度低、项目投资额大、资本占用量高、投入产出低、资产收益率偏低，待煤制油化工项目实现安全、稳定和长周期运转后对于神华集团 EVA 指标的提升意义重大。

（三）制定集团经济增加值提升总体思路

EVA 考核和价值管理的开展将对神华集团的综合经营管理能力提出更高的要求，结合自身实际情况制定提升 EVA 指标的具体措施，建立价值创造的长效机制，就显得尤其重要和迫切。

神华集团将 EVA 指标及其核心理念导入战略规划、生产经营、投资决策、预算管理、业绩考核、薪酬激励等各个方面；将价值最大化目标与企业的战略规划、科学管理和有效执行等措施有机地结合，以提高科学管理水平，最经济地使用和配置资源，提高投入产出效率，从而不断提升集团公司的价值创造能力。

通过对神华集团目前盈利能力、资产结构、投资项目、运营和管控模式的分析，神华集团价值管理提升的总体思路确定为："盘活存量资产、调整业务结构、优化资源配置、科学合理投资、提高盈利能力、限制非主业经营、严格控制成本费用和提升核心竞争力。"

（四）实施差异化的绩效考核体系

1. 为所属各行业板块制定符合行业特点的考核体系

神华集团成员公司包括煤炭、电力、铁路、港口、航运和煤制油行业的公司，还包括金融、信息、科研、地质勘探、招投标等为主业提供贴身专业化服务的公司。不同的行业有不同的特点，在统一的考核体系下，经过长期实践探索，神华集团为每个行业均定制一套指标体系，考虑所在行业，做到指标要反映行业特点。比如，对电力公司，业务量考核发电量，节能减排考核供电煤耗；相应的，对煤炭公司分别考核煤炭产量、资源回采率。

2. 为所属各公司量身定制符合自身特点的指标体系

在行业较为统一的考核体系下，根据核心业务、战略定位不同，为各公司量身定制最终的指标体系。以铁路行业为例，朔黄铁路、神朔铁路以运煤为主，包神铁路以煤炭装车为主，货车公司以修车和提高车辆周转为主，在不同的核心业务体系下，各公司的指标体系不尽相同，尤其是业务指标有很大差异。此外，尽管属于同一行业，其战略定位不同也会带来不同的考核指标，如货车公司在目前定义为成本中心，利润不属于集团关注的重点，所以不加以考核，利润在其他铁路公司属于重要的考核指标。

3. 根据任务重心确定科学合理的指标权重体系

对同一家公司而言，在指标体系较为固定的前提下，由于不同年度任务重心不尽相同，各年度指标权重实行动态管理。以黄骅港务公司为例，近两年承担了集团公司煤炭外运下水通道的建设重任，这一任务直接决定集团公司"五年经济总量再翻番"目标能否实现，关系集团公司长远发展和长期利益，理应成为考核的重点，相对而言，利润指标退出中心位置。

4. 根据任务完成难易程度确定科学的计分标准

部分公司业务到达瓶颈，或者进入稳定发展期，难以维持高速增长，在计分标准上予以体现。如神华集团核心企业神东集团经过多年千万吨级增长后，产量增长无法保持以前幅度，在近年的考核中计分标准做出相应调整。部分新公司，发展潜力大，集团公司在制定计分标准时，也会做出适当的考虑。

5. 设定差异化的资本成本率和会计调整项

按照国资委对神华集团的业绩考核要求，神华集团的资本成本率为5.5%。神华集团对各分子公司进行"五型企业"年度绩效考评时，均选用5.5%的统一标准。在2013年新修订的《经济增加值考核细则》中，神华集团明确采用差异化的资本成本率，以体现不同板块对集团公司产业链价值的贡献程度。资本成本率依据资本资产定价模型，考虑股权成本和债权成本，结合近三年数据加权平均计算得出，最低标准不得低于5.5%，并每年进行调整。2013年度确定的各板块资本成本率为：煤炭板块7.96%、铁路板块5.76%、港口板块6.47%、航运板块8.36%、电力板块5.5%、煤化工板块5.5%。同时明确了所得税税率标准，针对非经营性在建工程等事项的调整内容进行了严格规范，充分考虑各调整事项对投入资本的影响。

(五) 强化对标在绩效考核中的应用力度

为贯彻国资委关于加强对标管理的要求，集团公司 2011 年 4 月下发《关于在集团系统开展对标管理工作的通知》，明确对标原则和方法，集团公司对标工作全面启动。集团公司总部部门、所属企业积极开展对标工作。以财务管理领域为例，所属煤炭板块、电力板块和煤制油板块成本对标工作已经完成，对标工作中也取得阶段性成果，成本控制能力得到有效提升。

自国资委提出"培育一批具有国际竞争力的世界一流企业"的目标以来，集团公司积极响应，并将创建具有国际竞争力的世界一流煤炭综合能源企业作为发展战略，积极主动开展创建世界一流企业理论研究和实践探索，形成以对标为主要方法创建世界一流企业的总体思路。研究确定世界一流企业成功的关键驱动因素，为集团公司进一步明确对标方向，抓住对标重点，形成通过"对标世界一流"到"创建世界一流"的总体思路。

随着管理提升活动和创世界一流企业的有序推进，对标工作得到不断深入，对标在考核中的应用力度也在逐步加大。通过对标找出所属企业短板，定位提升重点，确定考核指标及指标权重；通过对标找出指标的优秀值、良好值和基本值，结合企业实际，确定其考核目标值、评价标准、计分体系；通过加强行业数据研究，设计各行业对标系数对考核结果进行合理修正。

2013 年，神华集团对评价体系做了较大调整，搭建了能力评价体系，引入对标管理方式，指导分、子公司开展价值创造、精益运营和可持续发展三个能力建设。能力评价体系包含 10 个二级维度、15 项评价内容。一是价值创造能力，重点是对分、子公司盈利能力、业务成长性、价值贡献等方面的能力进行评价。能力评价计分采用对标方式，包括企业自评、板块内部对标、外部对标三种模式。外部对标数据来源于国资委发布的绩效评价标准值或上市公司行业数据，板块对标数据来源于神华内部行业数据，自评则与自身历史数据做对比，全面衡量公司各方面发展水平。条件成熟后还将引入国际上的先进行业数据，与一流企业对标。

四、神华集团"五型企业"绩效考核取得的主要成效

国务院国资委决定从 2010 年开始，在中央企业全面推行经济增加值（EVA）考核，并且占整体考核权重的 40%，2013 年第四任期开始 EVA 进一步加大到 50%。随着神华集团基于经济增加值导向的"五型企业"绩效考核工作的不断深入，神华集团资产规模、资产结构、经营效益等绩效指标不断改善，集团公司整体价值创造能力、资本保值增值能力、风险控制能力和可持续发展能力均得到了全面提升。

（一）价值创造能力实现持续提升

神华集团公司自推行经济增加值考核工作以来，集团公司主要质量效益指标得到了极大提升，比如：经济增加值由 2007 年的 120 亿元增长到 2012 年的 405 亿元；利润总额由 2007 年的 298 亿元增长到 2012 年的 768 亿元；营业收入由 2007 年的 298 亿元增长到 2012 年的 3 440 亿元；资产总额由 2007 年的 3 587 亿元增长到 2012 年的 6 389 亿元；研发投入由 2009 年的 2.49 亿元增长到 2012 年的 37.4 亿元。

（二）价值创造理念实现全面融入

神华集团自经济增加值考核实施以来，先后邀请了国务院国资委的领导和财政部科研所的 EVA 专家为神华集团高管和子分公司领导作了系统培训。通过实施经济增加值核心理念、价值管理体系、EVA 提升思路、EVA 考核工作关键环节等方面的知识培训，价值创造理念在集团得以全面普及和深化。

神华集团提升价值创造能力的实施路径，主要是优化完善"五型企业"管理模式，以"五型企业"考评为抓手，强化价值创造理念，构建以经济增加值为核心的价值管理体系。将价值创造理念导入战略规划、生产经营、投资决策、预算管理、业绩考核等各个环节，提高科学管理水平，最合理地使用和配置资源，提高投入产出效益。

2013 年随着煤炭行业全球化步伐加快和产能过剩，国内煤炭行业将在较长一段时期内处于消费低速增长期。神华集团积极应对复杂多变的市场形势，为将市场下滑对经营效益的影响降至最低，更加强调按照价值规律办事，优化产业结构，向管理要效益，在"五型企业"管理模式的基础上，全面融入价值创造理念，提升集团公司整体价值创造能力。

（三）绩效管理实现信息化、实时化和集成化

为了建立以"五型企业"建设为基础，以价值创造为中心，以经济增加值考核为统领的绩效管理体系，神华集团于 2012 年正式启动《绩效管理决策支持项目》。从而为"五型企业"绩效管理体系提供数据支持，建立分析、监控、预警模型，加强过程管控。

2013 年年底，神华集团将构建以"五型企业"建设为基础，以价值创造为中心，以经济增加值考核为引领的绩效管理体系。同时建立绩效管理信息系统，通过信息化手段，对经济增加值开展实时分析和预警监控，将价值管理理念深入到各个单元。

五矿集团价值管理与优化资源配置[①]

一、中国五矿集团公司概况

中国五矿集团公司（简称"五矿集团"）成立于1950年，是一家国际化的矿业公司，秉承"珍惜有限，创造无限"的发展理念，致力于提供全球化优质服务。公司主要从事金属矿产品的勘探、开采、冶炼、加工、贸易，以及金融、房地产、矿冶科技等业务，主要海外机构遍布全球28个国家和地区，拥有17.7万员工，控股8家境内外上市公司。

进入21世纪，中国五矿集团深入推进战略转型，通过富有成效的国内外重组并购和业务整合，已从过去计划经济色彩浓厚的传统国有企业转变为自主经营、具有较强竞争力的现代企业，从单一的进出口贸易公司转变为以资源为依托、上下游一体化的金属矿产集团，从单纯从事产品经营的专业化公司转变为产融结合的综合型企业集团。目前，公司拥有有色金属、黑色金属流通、黑色金属矿业、金融、地产建设、科技六大业务中心，其中在金属矿产三大核心主业方面，公司上中下游一体化产业链基本贯通，形成了全球化营销网络布局；在三大多元化主业方面，公司优化产业结构，推进产融结合，加速经营布局，逐步提升对核心主业的协同与支撑能力。

在新的世纪里，中国五矿集团公司形成了"以贸易为基础，集约多元，充分发展营销网络；以客户为中心，依托资源，积极提供增值服务；使中国五矿成为提供全球化优质服务的金属矿产企业集团"的发展战略。五矿集团"十二五"期间，将打造"3"个新定位："中国最具优势的有色金属资源商，中国最大的铁矿资源供应商和中国最大的钢铁产品流通服务商"；实现"管理体系、竞争能力、经营绩效、发展方式和体制机制"5个方面的新再造。

中国五矿，从2004年到2011年，仅用7年时间，一路高歌猛进，年营业收入从150亿美元迅速增长到545亿美元，实现了令人啧啧称奇的3.63倍增长。2012年，中国五矿集团公司实现营业收入3 250亿元，利润总额80亿元，位列世界500强排名第169位，其中在金属类企业中排名第4位。2013美国《财富》杂志世界500强排名第

① 本案例根据五矿集团规划发展部提供的资料整理而成，感谢五矿集团规划发展部为本案例撰写给予的支持。

192 位，其中在金属类企业中排名第 5 位。

国资委2013 年7 月公布了中央企业2012 年度和2010～2012 任期业绩考核结果，中国五矿集团公司均被评为 A 级企业。中国五矿集团公司已连续 7 年获评年度考核 A 级，连续三个任期获评任期考核 A 级和荣获"业绩优秀企业"称号。

二、五矿集团围绕价值管理的考核体系

五矿集团以金属和矿产资源采掘、冶炼、加工及流通为核心主业，长期秉承"珍惜有限，创造无限"的发展理念。有限的不仅是矿产资源，还包括企业发展所需的其他各种资源，如财务资源、社会资源等，都应该受到重视，被合理的利用，以创造最大的价值。正是基于这种管理理念与企业文化，五矿集团在近十年内，不断探索价值管理方法，完善 EVA 考核相关制度，逐步建立起了一套围绕价值管理的考核体系。

（一）五矿集团战略管理体系

五矿集团战略管理体系包括集团发展战略、发展规划、年度计划、年度预算、业绩考核和业绩激励的完整循环，战略管理体系及闭循环具体如图1 所示。

发展战略是指导企业长期经营的方向、方针、路线和指导原则；发展规划是发展战略在中长期内的实施纲要，主要包括规划目标、战略举措、资源配置、保障措施；年度计划是集团发展规划在当年的具体体现；年度预算是年度计划在财务资源上的具体配置，为实现集团的年度计划，集团在财务资源上进行相应的分配；业绩考核与业绩激励是落实集团发展战略、实现年度计划的重要保障手段。

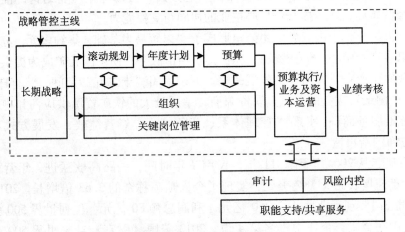

图1　战略管理体系闭循环

在五矿集团战略管控定位下，业绩管理是五矿的七大核心管控职能之一。战略管理

体系完整的循环，使企业的发展轨迹有条不紊地向着预定的目标前进，最终实现企业的使命与战略愿景。

（二）五矿集团业绩考核体系

业绩考核是集团公司核心管控手段之一，是落实经营责任、促进战略落地、确保经营目标实现的重要手段，常常被形象地比喻为"指挥棒"，为促进集团改革发展发挥了重要作用。业绩考核是集团公司指挥和协调所属单位开展各项工作最直接、最有效的工具。为充分发挥考核导向作用。

1. 业绩考核原则

业绩考核遵循以下原则：

一是以战略为导向。考核任务书内容与战略规划、经营计划、预算、投资紧密衔接，有力促进战略落地。

二是以价值创造为核心。秉承"珍惜有限、创造无限"理念，提高投入资本的回报水平，改善经济增加值（EVA）。

三是个性化考核原则。针对不同单位特点，考核个性化的关键指标或经营管理短板，例如，对矿山企业重点关注生产成本、对培育型业务重点关注战略举措落实情况、对科研院所重点关注科技类指标完成情况等。

四是突出目标管理。引导各单位承接经过努力能够实现的、具有挑战性的目标，达到持续改善、精准、行业对标领先三项要求。

2. 业绩考核流程

年度业绩考核工作流程如图2所示，即：

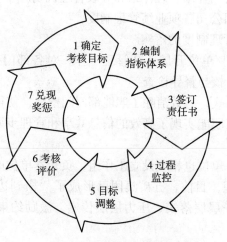

图2 年度业绩考核流程

（1）每年年底完成下一年度业绩考核任务的沟通和确定。

（2）每年年初签署年度业绩考核任务书。

（3）经营过程中对业绩完成情况进行跟踪和监控。

（4）年中根据内外部环境变化与发展需要，提出考核任务调整方案。

（5）每年年底与下年年初对业绩考核任务书进行评价，二季度完成考核结果的反馈和奖惩兑现。

任期考核任务书于任期第一年签署，在任期结束次年进行考核，根据任期业绩考核结果兑现奖惩。

3. 业绩考核制度

在业绩考核制度方面，集团目前制定了包括《业绩管理规定》、《业绩管理办法》、《风险金管理办法》、《总裁奖励基金管理办法》、《业务协同奖励办法》、《业绩考核计分细则》、《业绩考核奖金核定细则》、《经济增加值考核细则》的相对完备的制度体系。

（三）五矿集团业绩管理组织体系

业绩考核是集团公司核心管控手段之一，是落实经营责任、促进战略落地、确保经营目标实现的重要手段，常常被形象地比喻为"指挥棒"，为促进集团改革发展发挥了重要作用。

五矿集团专门成立了业绩管理工作组，业绩管理工作组是负责业绩管理工作的专业机构，由集团主管领导任组长，成员单位包括企业规划发展部、人力资源部和财务总部，日常办事机构为企划部。五矿集团公司业绩管理工作组职责主要包括如下内容：

（1）建立完善集团公司业绩管理体系和分级管理机制。

（2）制定和修订集团公司各项业绩管理制度。

（3）组织协调业绩管理制度的落实。

（4）协调指导各部门/单位开展业绩管理工作，对各部门/单位业绩管理体系、制度建设与落实情况进行审核与督导检查

采用联合工作组的方式，有效消除了职能部门间壁垒，使得规划、计划、预算、考核、薪酬等几大核心管控职能实现了高效的信息共享和管理步调一致，管理效果得到大幅提升。

五矿集团所属各业务单位也相应设立工作组，负责本单位的业绩管理工作。通过实施责权利匹配的分级管理，目前，五矿集团已形成了"横到边、纵到底"的全方位考核覆盖，建立起了"责任层层落实、压力层层传递、激励约束层层连接"的业绩分级管理体系。

（四）经济增加值考核的发展历程

2004 年，五矿集团根据管理需要，在年度业绩考核中创造"综合回报率"指标，关注财务资本回报，抑制所属企业抢占资源的冲动；2007 年，参加国资委第二任期 EVA 考核试点，并研究设计了 EVA 敏感性分析模型；2009 年，五矿集团将 EVA 作为跟踪指标纳入考核体系，并于 2010 年转为正式考核指标，在所属企业业绩考核任务书中赋予特定权重。

2011 年，五矿集团在前期摸索和实践基础上，针对内部考核中反映出的问题，如战略导向作用需加强、EVA 调整项需规范、明确、控制和改善 EVA 的手段不足等，认真总结经验，积极开展内外部调研，制定了《经济增加值考核实施细则》。《细则》的制定，标志着五矿集团的 EVA 考核迈入了更加科学规范的新阶段。

2012 年，五矿集团进一步细化优化经济增加值考核工作。逐项梳理资本占用构成，如将"集团对各单位往来款"调整为视同有息负债计算资本成本，使 EVA 计算更加反映实际价值创造能力。同时，积极开展 EVA 关键驱动因素研究，在原有杜邦分析法静态测算基础上，利用所属企业历史数据进行动态测算，分 6 个层级找到对 EVA 影响最大的关键驱动指标。通过这些关键驱动指标，重新审视和改进现有考核指标体系，使价值导向更加突出。

目前，五矿集团经济增加值考核已全面覆盖各二级业务中心，业务中心对下属各级企业的 EVA 及分解指标考核也已全面落实。主要业务中心经济增加值及价值创造相关指标（如综合回报率、带息负债比例）考核权重达到 30% 以上。

三、五矿集团价值管理工作主要做法

在开展价值管理工作过程中，五矿集团从战略规划、经营监控、业绩考核、奖惩落实等多个环节入手，不断探索创新，注重实效，使价值创造的理念和要求贯穿整个管理链条，实现环环相扣的全流程管理。

（一）战略环节：使用 EVA 引导资源配置

为加强资源优化配置，五矿集团将该流程向前向后延伸，将业务优化组合作为规划编制核心内容，重点厘清战略目标实现各影响因素之间的战略逻辑关系，明确资源配置权重；将资源配置能力纳入全面预算管理，确定不同主业配置总量，实施总量控制；将经济增加值作为考核指标，评估资源配置后绩效，考核企业经营结果及战略推进情况，并反馈用于规划的调整和资源配置总量的修订。在具体项目评估节点上，设计战略契合度评价工具，量化评价项目与企业战略契合程度，甄选资源配置项目。

　　经过延伸后的资源优化配置管理，项目在提交决策前自行对照战略规划和能力自检，提交集团层面后则由战略部门、财务部门出具量化评估得分；按照年度工作流程，每年对资源配置绩效进行考核；在实施过程中，预算、考核管理又通过专业分析，提出资源配置的调整意见，强化资源配置的动态和滚动管理。资源优化配置管理整体框架如图 3 所示。

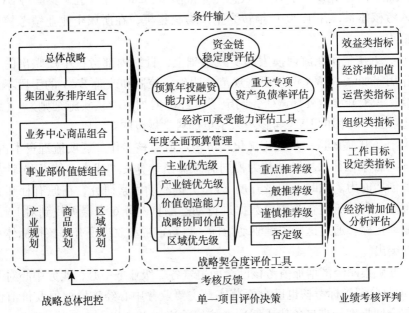

图 3　战略性财务资源优化配置管理框架

　　为引导投资主体有效配置资源，提高资本成本意识，五矿集团制定了《投资项目战略契合度及 EVA 评价管理办法》，将 EVA 引入投资项目评审中。从投资项目所属主业的发展优先级、所属业务（商品）的发展优先级、所处产业链的发展优先级、项目价值创造能力、战略协同价值等维度对潜在投资项目与发展战略的契合程度进行量化打分。其中，项目价值创造能力指标以项目未来一段时期向集团公司贡献的 EVA 大小为主要评价依据，并根据主业性质不同，将指标权重设置在 20% ~ 30%。对于战略契合度不能达到要求的项目，提高投资收益率回报要求或不予配置资源。

（二）经营环节：加强过程监控，确保目标实现

　　五矿集团重点加强经营过程监控的前瞻性，通过月度经营分析和季度战略质询等多种形式，及时跟踪监控经济增加值目标的完成情况，对进度落后的所属企业及时预警，深入查找原因。

　　由于经济增加值的计算涉及多张财务报表，来源多样，内在逻辑复杂，依靠手工表格很难做到及时准确的跟踪及分析，需要借助信息化手段，实现数据采集的自动化和分

析测算的智能化。为此，五矿集团从 2008 年开始着研究 EVA 的信息化实施，在管理决策系统中开辟 EVA 专题，将 EVA 分解为结果类、驱动因素类和报表科目类三个层次的过程指标，并利用敏感性分析得到每项指标对 EVA 变动的量化影响。2011 年，进一步将 EVA 数据采集和分析报表在财务信息报送系统与管理决策系统中固化，为经济增加值的实时监控和分析决策提供了坚实的数据保障。

（三）考核环节：努力提高管理精细化水平

在五矿集团的管理链条中，业绩考核起到承上启下的作用，一方面为落实企业发展战略提供抓手，另一方面为奖惩兑现提供依据，是提升价值创造能力的关键环节。

一是强化目标管理，引导承接具有挑战的 EVA 目标。业绩管理制度中规定，所属企业的 EVA 目标要按照战略规划和年度计划预算内容确定，同时满足持续改善和行业领先的要求。对于达不到要求的企业，EVA 指标计分降低封顶分。同时，为了体现"多用资源多回报"理念，年底考核评价时将各单位占用资源的实际情况与确定目标时的情况进行比较，根据实际占用资源的增减对目标值进行相应调整。

二是突出个性化，抓住关键驱动因素。在选取考核指标时，五矿集团在 EVA 指标之外，还根据所属企业对集团 EVA 的影响程度和企业自身特点，个性化的选取综合回报率、带息负债比、净资产收益率和资产负债率等指标，抓住影响价值创造的关键驱动因素。与 EVA 相比，这些个性化的指标往往对特定企业的针对性更强，使用更灵活，也更易于被考核者理解，可以对 EVA 指标起到很好的补充作用。此外，为更准确的反映价值创造水平，我们还对根据所属企业实际情况，对 EVA 计算公式进行微调，如将财务公司的吸收存款及同业存放在计算资本占用时予以剔除、将"集团对各单位往来款"视同有息负债计算资本成本等。

（四）奖惩环节：重在执行，强化落实

业绩考核的关键是敢于"动真格"，形成问责机制。只有认真落实制度，严格兑现奖惩，才能有效落实责任，树立起"重业绩、讲回报、强激励、硬约束"的理念。

为增强经济增加值考核的激励约束作用，在《业绩管理办法》中明确规定：经济增加值或利润总额完成值低于上一年的经营单位，单位奖金总额不高于上一年；经营单位负责人的奖金根据经济增加值改善情况，上浮或下降一定比例。对于所属企业，五矿集团在考核 EVA 指标的同时，还要考核价值管理工作的开展情况，从单纯关注 EVA 结果向"结果与过程相统一"转变。对于未达到体系建设、考核覆盖、梳理诊断三方面要求的企业，相应扣减业绩考核得分。

为促进健康持续发展，业绩考核制度中还对安全环保、人工成本控制、风险抵押金等工作制定了相应的激励约束手段。

四、五矿集团价值管理取得的主要成效

自国资委试点 EVA 考核以来，五矿集团积极探索，围绕"珍惜有限，创造无限"的发展理念，努力提升价值创造水平和资本使用效率，几年间经济增加值得到了明显改善，一些相关研究也分别获得了国家级管理创新成果奖、中央企业青年创新优秀奖和国资委创新示范表彰。主要成效有以下几点：

（一）"多占资源多回报"的价值创造理念深入人心

通过在考核中强化资本回报的考核，价值创造的理念深入人心。各经营单位在提高价值创造能力的压力下，想尽办法提高资本的运营能力，降低业务活动中的资本成本。具体体现在以下两个方面：

一是努力提高资产收益水平。在改进影响价值创造的关键业绩指标的压力下，各经营单位资本运营管理的能力明显提高，比如提高流动资金的使用率、缩短应收账款的使用期、延长应付账款的期限等。

二是主动减少收益低于资本成本的资产占用。部分经营单位通过出售低效资产，将不能创造价值的运营资产放弃，而集中在那些能创造价值的业务和资产上，从而提高资金使用效率，加快资金流转速度，把资金沉淀从现存营运中解放出来，优化了企业资产结构，最终提高企业核心竞争力。

（二）引导战略性财务资源向核心主业聚焦

通过在投资环节引入战略契合度评价，使能力测算、量化打分、经济增加值分析等一系列工具的引入和使用，使不同项目与战略目标的契合程度在不同主业、不同商品（业务）甚至不同商品（业务）的不同环节之间实现了可比。一些属于核心主业且是重点商品或重点业务环节的项目，由于战略契合度得分较高，得到了集团公司在资源配置上的重点倾斜和优先支持；而一些属于非核心主业且风险较大或竞争优势不明显的项目，由于战略契合度得分较低，被集团投资委员会否决。

经过 7 年多来的实践，五矿集团黑色和有色两大核心业务对集团整体贡献持续提升，2012 年两项业务占集团资产比例达到 51%，收入占比达到 95%，初步完成了多金属、全球化的资源组合布局，基本实现由贸易型企业向资源型企业的转变。

（三）制定实施细则，指导所属企业开展价值管理

2011 年，五矿集团针对内部考核中反映出的问题，如战略导向作用需加强、EVA

调整项需规范明确、控制和改善 EVA 的手段不足等，制定了《经济增加值考核实施细则》。《细则》在规范指标计算和细化考核要求的同时，提供了价值梳理和提升价值创造能力的基本方法以及诊断分析模板，引导企业发现和改善价值驱动因素，推动价值管理实现精细化。

通过制定《经济增加值考核实施细则》，所属企业掌握了价值诊断方法，找准了关键驱动因素，价值改善更具针对性。

中电投集团价值管理体系建设实践[①]

一、中国电力投资集团公司概况

中国电力投资集团公司（简称中电投集团）是国内五大发电集团之一，是集电力、煤炭、铝业、铁路、港口各产业于一体的综合性能源集团，在全国唯一同时拥有水电、火电、核电、新能源资产，是国家三大核电开发建设运营商之一。集团公司组建于2002年12月29日，注册资本金人民币120亿元。

在党中央、国务院的正确领导下，公司认真贯彻落实科学发展观，秉承"四个坚持"发展总方针，即：坚持"电为核心、煤为基础、产业一体化协同发展"的发展思路，坚持"电源结构和产业结构调整"的战略核心，坚持"背靠资源，面向市场"的发展原则，坚持"建设国际一流能源集团"的发展目标。

中电投集团坚定实施"三步走"战略目标。第一步：到2010年，实现控股装机容量7 000万千瓦以上，煤炭产能7 000万吨，产业特点更加突出，资源和区位优势更加显著；第二步：到2015年，实现控股装机容量1亿千瓦，煤炭产能1亿吨，成为在国内居领先地位的能源企业集团；第三步：到2020年，实现控股装机容量1.4亿千瓦，电力装机容量占全国10%；煤炭产能1.4亿吨，煤炭自给率达到50%以上。届时，集团公司火电与清洁能源比例各为50%，火电煤耗达到世界先进水平，大型火电、水电、核电、风电和太阳能发电基地基本形成；蒙东等六大能源产业集群形成规模优势和利润支撑。争取在2020年前成为整体实力突出，可持续发展能力显著的国际一流能源企业集团。

截至2012年年底，电力装机突破8 000万千瓦，煤炭产能7 410万吨，电解铝产能277万吨。实现营业收入1 794亿元，利润总额53.28亿元，EVA14.4亿元，均创历史最好水平。净利润、归属于母公司净利润大幅度增长，资产负债率得到有效控制，下降1.23个百分点，各项指标全面完成国资委考核目标。

2012年财富世界500强排行榜排名第451位。2013年财富世界500强排行榜第408位。2012年8月国务院国资委公布了2012年度经营业绩考核结果，中国电力投资集团公司被评为2012年度经营业绩考核A级。

[①] 本案例根据中电投集团财务部提供的资料整理而成，感谢中电投集团财务部给予的支持。

二、经济增加值考核开展情况

自2007年国资委鼓励中央企业引入EVA考核以来，特别是在2010年发布《中央企业实行经济增加值考核方案》后，中电投集团稳步推进经济增加值考核，成立了以党组书记、总经理陆启洲为组长及相关专业部门负责人为成员的综合业绩考核工作小组和工作机构，结合自身特点以及当前发展面临的现实问题，在国资委EVA考核总体要求下，从以下几个方面对EVA业绩考核进行了细化。

（一）修订和完善了考核办法

先后发布了《中国电力投资集团公司年度综合业绩考核管理办法》、《中国电力投资集团公司本部绩效考评办法》、《工资总额与经济效益挂钩管理办法》。进入2012年，按照集团公司加强、规范工资总额管理的要求，为建立健全效益联动、结构合理、管理规范的收入分配机制，在总结多年工资总额管理实践基础上，对集团公司《工资总额与经济效益挂钩管理办法》进行了修订，发布了《中国电力投资集团公司工资总额预算管理办法》。

（二）EVA考核实现了全方位覆盖

在所属二级单位实现了全覆盖，根据企业战略定位、发展阶段、业务特点等因素，将二级单位划分为生产经营类、经营服务类、建设发展类三大类别，分类实施综合业绩考核管理。综合业绩考核指标分为基本指标、分类指标、约束性指标和保障性指标四类，将EVA率先作为生产经营类和经营服务类基本指标和建设发展类分类指标进行考核。

（三）不断提高EVA考核权重，突出经济增加值考核导向

一是EVA考核指标权重由2010年的20%，提高至30%，生产经营性单位又提高到35%。二是弱化资本占用规模因素影响，仍以EVA率作为考核指标，鼓励实现EVA率改善；三是减少考核目标博弈，根据企业近两年实际EVA率完成情况，按90%、10%权重加权确定基准值，对于低于基准值的上报考核目标，加大计分难度；四是结合集团公司实际，对不同业务板块，根据行业特点，设定不同的资本成本率，同时为控制财务风险，对负债率过高的企业，适当上浮资本成本率。

（四）开展了EVA与驱动因素对标考核

积极开展EVA业绩考核与驱动因素对标考核衔接工作。首先以火电板块为突破口，通过在火电单元建立EVA分析模型，对EVA的关键性驱动要素，如：设备利用小时、

售电单位边际、单位千瓦造价、能耗水平、资本周转效率、不良资产比率等指标开展集团公司系统内部对标和行业对标，寻找制约 EVA 提升的管理短板，不断加以改善，提升存量资产的价值创造能力。目前，集团公司已实现发电企业 EVA 对标，正积极开展煤炭、铝业 EVA 对标驱动因素分解工作。

三、价值管理工作实施情况

中电投集团在实施经济增加值考核以后，围绕增强价值创造能力，开展资本占用分析、价值诊断、结构调整、优化资源配置和提升管理水平方面，制定了《价值管理体系建设实施方案》（以下简称：方案），准备用五年左右时间，在集团系统内建立以价值管理为基础，长期价值创造力为导向，基于 EVA 的企业文化为载体，基于 EVA 的薪酬激励为手段，各专业管理相互融合的价值管理体系。

（一）中电投集团价值管理框架

中电投集团在充分考虑集团业务现状及价值管理需求，结合集团阶段性战略和发展重点基础上制定了中电投集团价值管理框架（见图1）。价值管理确定价值管理理念，对核心管理流程进行梳理分析，明确将战略管理、投资管理、计划预算、绩效考核和激励机制作为设计重点，同时以组织和工具作为支撑，从而形成科学合理的价值管理体系框架。

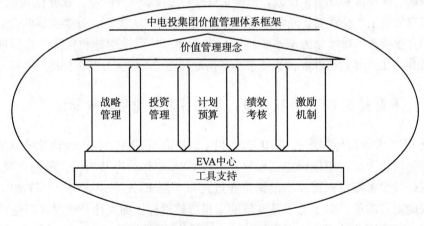

图1　中电投集团价值管理框架

（二）价值管理体系方案重点内容

1. 总体思路

在集团公司统一领导下，按照自上而下的 EVA 指标考核与自下而上的价值管理体系建设两条主线，同时开展工作，在实践中逐步完善，最终形成比较完整科学的价值管理体系。

2. 工作阶段安排

第一阶段（2010～2012年）为引进、试点阶段

（1）主要任务是，引入价值管理理念，树立价值创造思想，探索价值管理体系建设的有效途径。

（2）自2010年起，将EVA作为年度考核的一个基本指标引入现行考核体系，并给予20%的权重，对各二级企业进行考核。

（3）在上海电力、贵州金元进行价值管理体系建设试点，试行现行目标考核与EVA全面考核相结合，并逐步过渡到EVA全面考核；制定并落实价值管理方案，实施基于EVA的内部薪酬激励，把价值管理工具用于辅助决策，逐步扩大到计划、预算等管理。

第二阶段（2013～2015年）为全面推进、融合阶段

（1）在引进、试点基础上，对各二级企业试行EVA全面考核，推进全面建立价值管理体系，实现与现行管理的融合。

（2）进一步强化价值导向，引导企业运用价值管理理念，开展战略、预算、投资等管理。

（3）推动以价值创造为核心的企业文化和组织变革。

（4）与国内外同类企业对标，提升价值创造和可持续发展能力，提升核心竞争力。

3. 第一阶段重点工作内容

全面设计、试行EVA评价考核体系（2012年前完成）。主要工作内容：

（1）建立EVA绩效评价体系。引入EVA工具，对现有业务运作情况进行价值诊断、评估，分解价值驱动因素，划分EVA中心，建立以EVA为中心的绩效评价体系和管理报告体系。

（2）建立与EVA绩效评价体系相挂钩的激励制度。建立EVA分析模型，与国内外同行业先进水平对标，针对价值创造的关键环节及管理短板设计EVA激励制度。

（3）引入EVA考核。不晚于2011年，将EVA作为年度考核的一个基本指标引入现行考核体系，对所属单位领导人员进行考核；EVA考核激励办法完成必要程序后空转试运行，半年后转入与现行考核激励办法双轨运行；条件成熟后，以EVA考核激励办法代替原有考核激励办法。

（4）结合企业实际和行业特点，探讨实践基于EVA的员工激励办法。

引入EVA管理工具，用于辅助决策（2012年前完成）。主要工作内容：

（1）根据价值驱动因素，制定价值提升方案，提升企业价值创造能力。

（2）在现行管理体制下，逐步将EVA工具引入综合计划、财务预算及对标管理。

（3）将提升长期价值创造力作为企业最终目标，导向性的将EVA管理工具用于辅助决策

4. 第二阶段重点工作内容

全面实施价值管理（2015 年前完成）。主要工作内容：

（1）建立基于 EVA 的决策体系，将 EVA 用于战略、投资并购等管理。

（2）借鉴全球领先的同行业业务管理流程，优化资源配置和业务组合。

（3）推动以价值创造为核心的企业组织与文化变革。

（三）上海电力价值管理体系建设

上海电力在集团公司价值管理体系建设方案要求的基础上，实施了基于 EVA 价值管理的 KPI 绩效考核及能力发展体系建设。价值管理试点方案在实施过程中，遵循了"体系化、智能化、客制化和常效化"的原则，在现状分析、对标寻找差异的基础上，设计出针对性较强、实用性较好的价值管理体系。上海电力价值管理体系建设开展了如下三个方面的工作，这些工作环环相扣、层层递进。

1. 绘制战略地图，建立全员绩效指标库

上海电力充分借鉴国际先进管理方法论，将 EVA 分解与战略分析结合起来，一方面引入战略地图和平衡计分卡体系，挖掘过程类的 KPI 指标；另一方面引入 EVA 分解体系，将 EVA 结果指标进行有效分解；最终形成了过程类与结果类指标相结合的公司级关键绩效指标库，进而建立起全员绩效指标库。

第一步，绘制公司级战略地图。基于中电投集团"四个转变"战略，树立了经济价值与社会价值的"双价值"导向，经过公司各级领导深入讨论，得出符合上海电力发展方向的公司级战略地图。第二步，分解 EVA 驱动因素。分发展类、经营类和资产类指标，对 EVA 价值进行分解与分析，形成 EVA 分解树，将关键驱动因素作为指标库 EVA 结果类指标来源。第三步，推导 KPI 驱动因素。从战略目标出发，对业务运营过程进行逐层拆分，找出关键驱动因素及业务驱动因素，形成过程类 KPI 指标分解树。第四步，形成公司关键绩效指标库。基于 EVA 结果类指标和 KPI 过程类指标的推导过程，形成公司级关键绩效指标库。第五步，形成全员指标库。将公司级关键绩效指标在职能范围内进行横向分解，在所属三级单位范围内进行纵向分解，从而形成覆盖个管理层级、涵盖全员的指标库。指标库形成后，再对绩效指标进行规范，明确每个指标的定义、责任划分、评价方式和数据来源。

2. 层层分解指标，逐级签订绩效责任书

在全员绩效指标库形成后，考核方结合每个管理层级的发展战略和年度重点工作，从被考核方的指标库中挑选年度考核指标，并进行指标赋值和设定权重，形成年度绩效责任（认责）书。在此基础上，由公司统一组织从公司副总级开始至一般员工，逐级签约，实现责任目标的全覆盖、全落实。在公司副总层面，根据副总分工职责，将战略

地图中的相应战略目标分别落实到对应责任人，并沟通讨论设定了年度计划值，最终形成公司副总绩效认责书。在部门负责人层面，各职能部门分别根据公司战略地图分解的内容和自身工作范畴，绘制本部门的战略地图，并在公司级研讨会上进行阐述讨论，听取领导班子和其他部门意见。由公司分管领导从各部门指标库中选出年度考核指标，经过指标赋值、权重设定后，最终形成年度绩效责任书。在三级单位负责人层面，各试点单位分别根据公司分解下来的战略目标以及自身发展重点，绘制自己的战略地图。由公司领导从三级单位指标库中挑选年度考核指标，经过指标赋值、权重设定后，最终形成年度绩效责任书。

3. 实施绩效考核，按指标完成情况发放奖金

每年年底，由考核方根据绩效指标完成情况对签订绩效责任（认责）书的被考核方进行评分，根据绩效得分在每个评价组内进行排序，按照绩效等级分布原则评定绩效等级（A－B－C－D），并以此为依据发放绩效奖金。

一是明确绩效考核办法与原则。制定了绩效考核办法，设立了绩效考核组织，明确了绩效考核周期（分为月度、季度和年度三类），根据不同组织属性和岗位属性进行分类逐级考核；同时明确了绩效考核的绩效打分原则、等级评定原则、系数对应原则、薪酬分配原则。在进行等级评定时，部门绩效等级比例为3：7（即 A 的比例不超过30%，B、C、D 不强制分布），岗位的绩效等级比例为3：4：2：1，且与部门绩效相挂钩；同时每个绩效等级都有相对应的绩效系数，该系数在奖金分配时起关键作用。二是年末逐级绩效打分。在年末的实际考核中，上级领导根据指标完成情况进行评分，并乘以权重得出相关指标的实际得分；对绩效责任书中未覆盖的年度重点工作则另外设置了加减分项，由上级领导提出并详细说明理由，进行加减分；最终汇总各项内容得分，得到当年绩效考核的总分。三是公司总部各部门绩效等级评定。在各部门的绩效责任书分数确认后，将所有部门年度绩效得分汇总并进行排序，并评出绩效等级。四是本部员工绩效等级评定。在部门绩效等级确认后，部门内部绩效等级分布比例也由人资部按照等级分布原则分别进行通知，各部门内部将所有员工进行分数的汇总排序，根据最终排名评出绩效等级。五是绩效奖金系数对应。员工的绩效等级按照系数对应原则转换成相应的绩效系数，绩效等级从 A 级到 D 级分别对应从0.8到1.5不等的绩效系数。六是绩效奖金分配。在奖金分配的过程中，严格按照奖金分配原则，计算每个岗位实际的奖金金额。七是绩效评定结果反馈。在年度绩效考核工作结束后，公司分管领导与部门主任、部门主任与部门内员工都对绩效等级进行了充分的沟通，找出本年度存在的问题并提出改进措施与计划，形成绩效沟通反馈表。

（四）贵州金元价值管理体系建设

贵州金元的价值管理体系建设，在具体实施中突出以 ERP 管理为手段、以任务管理为主线，以对标管理为龙头、以预算管理为中心，实现了 EVA 价值管理与企业自身

的各个核心管理流程有机结合。公司上下从全面、全员、全过程、全面预算管理、全面质量管理、全面投入产出管理6个方面开展工作，对金元集团所有产业板块的价值链进行分析和研究，最大限度地防止价值损失，提高价值产出能力。通过对价值因素的分析，明确了下一步工作的目标，找准了工作重点，并进一步确立公司价值改善的重点步骤，包括建立以EVA为中心的目标管理体系、建立以EVA为中心的激励约束机制、建立适应EVA的扁平化的组织体系、加快ERP系统建设，为价值管理提供控制平台等。

贵州金元价值管理体系建设思路是：将价值管理指标层层分解、逐步将价值指标深入拆分至业务操作层面进行指导；同时，形成服务于价值管理的保证体系，为价值管理工作提供保障服务。

1. 贵州金元价值创造体系

（1）贵州金元以价值管理基本理论和实际业务运作情况为基础，建立价值管理创造体系，包括价值管理指标体系、指标标准值的确立。

（2）基于全面性、可控性、重要性和动态性等原则进行EVA价值指标驱动因素的分解；又结合可操作性等实际因素对指标进行选取；指标体系将价值指标逐层分解至业务操作层面，共6个层级。

（3）指标标准值的设定原则包括：历史数据、全国同行业同类机组的先进指标等。

（4）在设定指标值的基础上通过对标管理落实价值管理改进工作，进一步深化价值管理效用。

2. 贵州金元价值管理保证体系

（1）贵州金元建立了价值管理保证体系，以确保价值管理工作的顺利推进，将价值管理工作纳入绩效考评，以及将业务部门、综合管理和监督保障部门动员起来，纳入价值管理保障工作范围。

（2）价值管理保证体系中不仅包含业务部门的职责分工，也将无法直接将业绩与价值管理相连接的综合管理、监督保障部门纳入体系中来，更为科学地反映了价值管理工作对企业内部的管理要求。

（3）提出价值管理为核心的绩效考评管理办法，并逐层分解至机组。

贵州金元以黔北电厂为深化试点单位，实施价值管理方案建设。黔北电厂方案实施的具体工作主要从价值创造因素分析、业绩评价、价值创造保证体系建设和激励管理等方面来开展，取得了有效的成果。

1. 价值创造因素分析

（1）分解火电企业生产价值驱动因素，建立价值管理指标体系

（2）建立相关标准，从源头指标开展对标分析，寻找差距不断改进提高

2. 业绩评价

（1）建立与价值管理相配套制度，包括成本标准和一系列评价办法

（2）从生产运营质量、资产检修质量、物资管理质量以及燃煤采购控制等几个方面制定一系列的价值评估方法，期望通过自评价找到影响价值创造的关键因素

（3）通过制定价值创造保证体系评价办法来评估企业持续得到价值创造的能力

3. 价值创造保证体系建设

（1）编制部门价值管理行为指南，提高员工价值创造意识；编制月度价值报告模板，定期开展预算分析，对价值管理实施过程控制

（2）编制了火电板块价值管理植入 ERP 系统的实施方案，拟将价值管理和对标管理通过 ERP 系统结合在一起，为高效开展各项价值管理分析创造条件

4. 薪酬激励制度

（1）通过制定合理的激励制度，让员工分享企业创造的价值，激发其创造价值的积极性

（2）在黔北电厂试点工作中，贵州金元制定下发了以 EVA 为核心的分板块的资产经营考核管理办法

四、中电投价值管理体系建设实施效果评价

（一）取得的初步成效

在公司领导的高度重视和身体力行下，通过集团各职能部门以及各级成员单位共同努力，集团 EVA 价值管理体系建设已初见成效，圆满完成了公司《价值管理体系建设实施方案》的阶段性要求。

通过价值管理体系建设实践，我们体会到 EVA 更加真实地反映了企业的经营业绩，并建立起有效的激励报酬系统，提高了企业整体管理水平，显示了一种新型的企业价值观，概括起来，一是促进了思想观念的转变。各级经营管理者，不再片面追求规模，更加注重质量、效益。二是促进了管理行为和方法的完善。将 EVA 管理工具，运用于综合计划、财务预算并购管理，以 EVA 指标为切入点，将"聚焦主业发展、着力资源整合、增进产业协同、提升企业价值"作为工作重点，指导公司战略制定、年度预算、投资评价和并购管理。三是促进了集团公司基础管理和重点工作相互衔接、整体推进。将价值管理体系建设与集团公司加强母公司净利润管理、清理四、五级企业、加强资产管理、成本对标、"十二五规划"制定等重点工作结合，相互促进，共同推进。四是促进了经济效益的提高。通过实施价值管理，集团公司经济效益得到了显著提高，归属于母公司净利润、净资产收益率、EVA 等指标获得较大幅度改善。

1. 建立了EVA指标与分解体系

在总结引入EVA考核和试点企业工作的基础上，建立发电企业涵盖主要经济技术指标的价值管理体系驱动因素模型（见图2），确定EVA价值创造的核心驱动因素，建立完整的价值管理指标体系。

通过EVA指标分解，集团公司战略目标得到了层层落实：将集团公司的"四个转变"层层分拆为可衡量的指标和重点行动方案，加强了战略执行力。

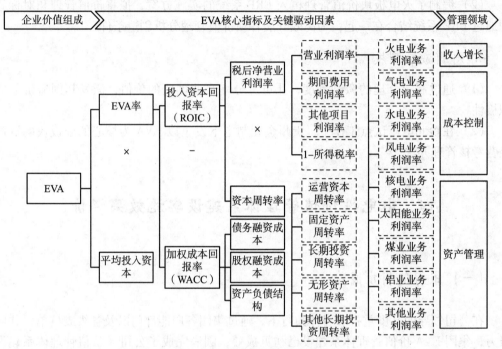

图2　EVA驱动因素分析模型

2. 发掘价值提升点

建立了EVA价值诊断和报告机制，将核心驱动因素对企业EVA价值创造的具体影响、价值改善策略以及具体实施效果等作为价值诊断报告的重要内容。

3. 管理体系逐步完善

在实践中加深了对价值管理体系的了解，构建了EVA与其他管理体系的关系。依据EVA价值创造思路对评价对象、评价指标、评价标准进行优化，建立了EVA业绩评价体系。

4. 完善了薪酬激励方案

通过薪酬激励促进EVA绩效评价指标的改善，全面建立与EVA绩效评价体系挂钩的薪酬激励体系，促进企业 EVA 价值创造的整体提升。

（二）实施价值管理的关键因素

通过对集团公司两家试点单位价值管理体系实施情况进行总结，发现成功实施价值管理的关键因素主要体现在以下 7 个方面：

1. 科学的分析诊断方法

旨在通过 EVA 的分析，建立起一套企业整体的价值管理体系，以分析与提升 EVA 为切入点，分析具体驱动因素，以改善企业整体的业务表现。

2. 完善的绩效管理体系

将 EVA 理念全面引入生产经营各个重要环节，逐级形成公司战略地图和指标库，完成各级别绩效认责书的签订，建立绩效管理制度体系。

3. 强有力的制度流程保障

根据价值管理理念，对公司现有管理制度及业务流程进行梳理，并进行相关业务部门职责的优化，充分体现其价值的创造能力。

4. 科学的试点推广方案

根据公司业务特点选择重点实施单位进行试点，拟在重点实施单位形成可供推广的样本经验后，再全集团范围逐步推广实施，使得价值管理工作有序进行。

5. 公司领导的大力支持

专门成立价值管理体系建设领导小组，由公司领导任领导小组组长，各部门领导积极参与，全力推进价值管理体系建设工作。

6. 有序推进的变革管理

开展全方位的宣贯、培训活动和"增加价值的改进措施"讨论，每位员工结合各自的工作岗位，对价值创造、驱动因素、改善方法进行分析，引导干部员工在观念转变中审视企业的发展和创新。

7. 配套的信息管理工具

完善的信息管理平台，既可以保证价值管理体系的有效实施和落地，又可以将价值分解指标更合理快速应用于公司决策，实现对决策的支持。

华润集团 5C 价值型财务管理体系[①]

一、华润集团公司概况

华润（集团）有限公司（以下简称"华润集团"）是一家在香港注册和运营的多元化控股企业集团，其前身是 1938 年于香港成立的"联和行"，1948 年改组更名为华润公司，1952 年隶属关系由中共中央办公厅变为中央贸易部（现为商务部）。1983 年，改组成立华润（集团）有限公司。1999 年 12 月，与外经贸部脱钩，列为中央管理。2003 年归属国务院国有资产监督管理委员会直接管理，被列为国有重点骨干企业。

华润集团下设 7 大战略业务单元、19 家一级利润中心，有实体企业 2 300 多家，在职员工 42 万人。华润在香港拥有 5 家上市公司，在内地间接控股 6 家上市公司。旗下"蓝筹三杰"，华润创业、华润电力、华润置地位列香港恒生指数成分股。华润燃气、华润水泥位列香港恒生综合指数成分股和香港恒生中资企业指数成分股。华润集团是全球 500 强企业之一，2013 年排名第 187 位，自 2005 年起连续获得国资委 A 级央企称号，2012 年度业绩综合排名第六。华润零售、华润雪花啤酒、华润燃气经营规模全国第一。华润电力是中国业绩增长最快、运营成本最低、经营效率最好的独立发电企业；华润置地是中国内地最具实力的综合地产开发商之一；雪花啤酒、怡宝水、万家超市、万象城是享誉全国的著名品牌。

截至 2012 年末，总资产 9 370 亿港元。2012 年末，实现销售收入 4 057 亿港元。2013 年 8 月，国资委公布了 2012 年度中央企业业绩考核结果。华润集团在 44 家获评 A 级的企业中位列第六，这是华润连续第 9 年获评央企业绩考核 A 级企业。同时，国资委还公布了"2010～2012 年第三任期业绩考核特别奖获奖企业名单"，华润被授予"业绩优秀企业奖"和"节能减排优秀企业奖"。在 2013 年发布的《财富》全球 500 强排名中，华润以 2012 年度营业额 524 亿美元的业绩首次进入世界 200 强，位列第 187 位，较去年上升 46 位。

目前，华润集团正在实施"十二五"发展战略，将在充分发挥多元化企业优势的基础上，打造一批营业额过千亿、经营利润过百亿的战略业务单元，力争在"十二五"

[①] 本案例在参考芮萌等人撰写的《从 6S 到 5C：华润的价值管理试验》和调研材料基础上整理而成。

期间实现集团整体销售额 7 000 亿，经营利润 1 000 亿，总资产 1 万亿的目标，打入世界 500 强的前 250 位，把华润建设成为具有国际竞争力的"世界一流企业"。

二、华润 5C 体系框架与核心内容

在华润近几年的转型过程中，一直在探索提高集团整体决策和管理效率的方法和途径，推动集团总部从行政管理型向价值创造型转变。这是基于一个多元化企业管理的需要，也是为了满足集团业务快速发展的需求。

对于多元化企业来说，价值管理是其不同于单一业务的专业化企业所具有的核心管理理念，而其中，财务是价值管理最典型的手段之一。能够不断地管理资产的流动性，应当成为多元化企业独有的价值创造模式。但是，财务转型非常不容易，从一般营运性管理理念，上升到价值管理层面，要求财务部的专业能力必须大幅提升，同时对财务工作人员也提出了很高的要求。

过去，华润集团一方面在损益表上下功夫，另外一方面在资产负债表上下功夫，不断利用资本市场来放大我们的资产负债表，这个"放大"使我们有更多的资源，去支撑集团的高速成长和发展。但是，华润多年的快速收购扩张占用了大量资本，集团有息负债率快速攀升，价值的管理越来越凸显其重要性。传统财务管理模式和理念已无法满足集团的管理需要，也难以正确引导集团发展方向。强化通过价值管理实现价值创造的理念，进一步向价值型财务管理推进，不仅是构建华润集团财务管理体系的需要，也是完善独具特色的多元化企业管理工具的需要，更是探索华润集团可传承经营管理之道的需要。如何进行"价值"的管理？这是新的市场环境对华润提出的新课题。

2009 年末，在价值创造型总部定位的基础上，集团公司董事长宋林进一步对集团财务管理体系建设给予了具体的指导：财务管理要以资本、资金、资产为核心，最终要上升到价值管理和价值创造，同时确定了以资本结构（Capital Structure）、现金创造（Cash Generation）、现金管理（Cash Management）、资金筹集（Capital Raising）及资产配置（Capital Allocation）为核心的价值型财务管理体系（简称"5C 体系"）。

现在，以价值创造为核心，以资本、资金、资产管理为主线的价值型财务管理体系已见成型。这是集团打造价值创造型总部的一个阶段性成果，也是继 6S 之后，集团在探索多元化管控体系方面的又一重大突破。

（一）5C 体系理论框架

5C 价值型财务管理体系是以股东价值最大化为宗旨，对公司的资本结构、现金创造、现金管理、资金筹集和资产配置五个关键管理要素，进行了理论阐述和逻辑分析，从集团多元化业务的实际情况出发，提出了以价值创造为目标的具体、系统的管理原则和要求。这些管理原则和要求，对集团乃至各战略业务单元（SBU）和利润中心的财务管理工作无疑起到了重要的指导和规范作用。

2011 年 9 月，以资本、资金、资产管理为主线，以资本结构（Capital Structure）、现金创造（Cash Generation）、现金管理（Cash Management）、资金筹集（Capital Raising）、及资产配置（Capital Allocation）为核心的 5C 价值型财务管理体系正式出炉（见图 1）。

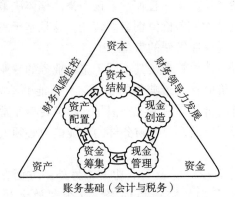

图 1　华润集团价值型财务管理框架

5C 价值型财务管理体系重点关注公司价值的持续增长，聚焦公司价值的关键驱动因素，从财务视角为经理人提供价值管理的方法和工具。

（二）5C 体系内在逻辑

5C 体系的核心是价值。价值管理有几个关键点，首先要考虑资金来源和资金成本，如果赚的钱不能覆盖成本，不能叫价值创造，所以就有了资本结构。有了资金以后一定要创造价值，唯有现金盈利，价值创造才能实现，所以第二个环节叫现金创造。现金创造是一个持续的过程，对持续性的现金流进行管理，一种是派息回报股东，一种是股东做资金归集。公司价值来自增长，为了增长要进行资金筹集，当然包括再融资在内。最后筹资以后要考虑最有效的利用，去进行资产配置，去创造价值。

"华润 5C 体系"系统性强。企业的创值能力受其营业利润率、投入资本周转速度、所得税税赋、资本结构、融资成本以及财务困境等要素的影响。

首先，"5C 体系"明确了资本结构的计量及其对企业价值的影响，阐述了负债比例、融资成本和财务困境的关系，强调优化负债对提高企业价值、防范债务危机的重要性，提出了各类企业、部门和业务单元资本结构的计量、设置和管理办法，以及需要考量的其他要素。可见，优化负债，就是确定合适的债务比例后，根据企业的内外部环境因素进行动态调整，既要保证债务安全，又要降低融资成本，以此提高企业的价值。

其次，"5C 体系"提出了加强经营管理以提高企业的创现能力和创值能力，强调了提高销售收入、加快资本周转速度、控制成本、加强营运资本管理等经营性竞争要素对增加经营净现金和企业价值的影响，系统地提出围绕价值管理这一中心目标，加强现金管理的具体办法。

最后，"5C体系"提出了融资与资产配置，或筹资和投资之间的关系对企业价值的影响，强调一方面应充分利用华润集团多元化的优势提高资金的调配能力，各类企业、部门和业务单元应千方百计降低融资成本，控制财务风险；另一方面应提高资本配置效率，加强投资项目的效益和风险的评估，通过提高企业的融资效率和投资效率，提高企业的价值。

5C体系的5个方面环环相扣，涵盖了公司价值各项要素。5C体系内在的逻辑循环如表1所示。

表1   5C：价值创造的5个关键驱动因素

资本结构	在价值创造过程中，公司应首先考虑资本来源、资本成本和构成比例关系，从而形成公司的资本结构。
现金创造	公司通过经营活动将资本转化为有竞争力的产品和服务，实现现金创造，获得持续增长所需的内部资金来源。
现金管理	通过付息派息，现金周转与资金集中等对持续的现金流进行管理。
资金筹集	通过与资产结构相适配的资金筹集安排，获得外部资金来源。
资产配置	通过新一轮资产配置活动动态调整公司资产组合，以实现价值持续增长，从而形成价值创造活动的良性循环。

（三）5C体系核心内容

1. 资本结构（Capital Structure）

资本结构是价值型财务管理体系的逻辑起点。资本结构管理作为公司的一种主动行为，其目的是寻求并实现使公司价值最大化的最优资本结构。公司通过改变资本结构，可降低融资成本，发挥财务杠杆作用；并充分利用债务资本产生的税盾效应，减少税收成本，从而实现价值创造。

资本结构管理的核心指标是加权平均资本成本（WACC）。基于资本资产定价模型，参考行业最优资本结构，华润测算出各个主要业务单元的，且每半年更新一次，以此作为各个业务单元投资决策时的最低回报基准/折现率。

无论是存量资产的检讨，还是增量资产的投资决策，都将资本成本作为最重要的考量因素之一，从而尽量避免价值毁损的资本支出。2012年集团及各战略业务单元最新的加权平均资本成本如表2所示。

表 2   2012 年集团及各战略业务单元最新的加权平均资本成本

	华润集团	华润创业	华润电力	华润置地	华润水泥	华润燃气	华润医药
无风险回报率 （R_f）	3.5%	3.5%	3.5%	3.5%	3.5%	3.5%	3.5%
风险系数（Beta）	1.00	1.02	0.90	1.20	1.22	0.76	0.87
市场风险溢价 （$R_n - R_f$）	7.7%	7.7%	7.7%	7.7%	7.7%	7.7%	7.7%
权益资本成本 （K_e）	11.2%	11.3%	10.4%	12.7%	12.9%	9.3%	10.2%
税后债权成本 $[K_d*(1-T_c)]$	3.9%	1.8%	4.8%	3.4%	3.7%	3.0%	4.4%
最优债权资本比率 （W_d）	50%~60%	30%	60%	40%	45%	45%	40%
WACC	7.2%	8.5%	7.0%	9.0%	8.7%	6.5%	7.9%
WACC 参考区间	6.7%~7.7%	8.0%~9.0%	6.5%~7.5%	8.5%~9.5%	8.2%~9.2%	6.0%~7.0%	7.4%~8.4%

2. 现金创造（Cash Generation）

现金创造（Cash Generation）指公司通过可持续性的生产经营活动产生自由现金流的过程。现金创造能力决定公司的经营利润和自由现金流水平，是优化资本结构和维持业务增长等所需资金的根本来源。

经营获利能力和营运资本管理能力是影响自由现金流的主要因素。经营获利能力通常以投入资本回报率指标（ROIC）来衡量，业务单元提高经营获利能力既可在一定投入资本下提高盈利能力，也可在一定盈利水平下降低投入资本；营运资本管理能力通常以资产周转率来衡量，业务单元提高营运资本获利能力可通过优化采购、生产和销售等业务流程，缩短现金周期，减少生产经营活动对现金的占用，将盈利能力快速转化为现金。

公司的现金创造能力是实现收入增长的内在动力，在不增加外部融资条件下，公司收入增长所需的资金主要来源于现金创造，此时的增长率是内在增长率。收入增长率要结合回报差量（资本回报率－WACC）考虑：当汇报差量为正，收入增长会增加公司价值；当汇报差量为负，收入增长会毁损公司价值。

3. 现金管理（Cash Management）

现金管理指对现金创造过程中的现金进行合理分配和有效安排，在满足债权人和股东对现金回报要求的基础上，通过现金周期、资金集中和现金持有量的管理提高资金的周转效率和使用效率，以降低资本占用，提升公司价值。

现金管理包括三个管理主题：满足债权人和股东对现金回报的要求；缩短现金周期、提高资金集中度；确定最佳现金持有量、合理安排盈余现金。其相应的管理工具包括6项：现金派息、现金周期管理、资金集中管理、最佳现金持有量、盈余现金、现金预算。

现金管理通过对公司现金流入、留存和流出等现金周期环节进行全流程管理,在保障资金安全和流动的基础上,将多余现金配置到其他高回报的资产类别,提高企业资金利用效率,减少对外部融资的需求,降低财务成本,从而实现价值创造。

现金并不是越多越好的,多余的现金可以归还银行贷款或减低股东投入。提高资源利用效率,增加的价值就更多了。现金必须是总部进行统一调配,GE 有句话:Cash Belongs to the Company,就是说现金是属于 GE 总部的,与华润集团的理念完全一致。管理现金就是管理经营成果,分配现金是价值的分配,现金最终是属于股东的,最终的派息是分给股东的。现金付息的税盾效应和派发股息的积极信号效应影响公司价值。华润集团 2011 年支付利息 103 亿港元,节税 11 亿港元。

4. 资金筹集 (Capital Raising)

资金筹集指公司的自由支配资金无法满足偿还到期债务和战略性资本支出等需要,综合考虑融资环境和可融资空间的约束,制定和实施合理的整体融资方案筹措外部资金的过程。资金筹集对公司价值的影响体现在:影响公司可用于增长的财务资源从而影响未来的自由现金流;改变资本结构从而影响加权平均资本成本。

资金筹集分为债务融资和股权融资。债务融资考虑的核心要素包括期限、利率、币种和信用情况,其融资工具有内部贷款、银行贷款、债券发行、担保和承诺。股权融资需考虑融资成本、市场环境、公司估值、投资者要求等合理安排融资方案。债券融资和股权融资均需达到加权资本成本最低的要求。

资金筹集为公司价值创造活动提供资金支持和保障,同时通过优化融资结构和资金筹集方式,提高资金筹集效率,降低资金成本,直接实现价值创造。

华润集团所属上市公司在香港资本市场已经筹集了 340 港元的资金 (其中:2006年至今,为 255.8 亿元港元),其中再融资比例为 71%,华润置地、华润电力和华润燃气三家上市公司都充分利用了有利的市场时机,成功进行了低成本的再融资。

5. 资产配置 (Capital Allocation)

资产配置指在财务资源有限的约束下,资本在不同资产形式间的分配,表现为业务资产或会计资产的组合。资产配置连接财务战略和业务战略,资产配置是在既定的业务战略下,依托组织能力,通过资本结构、现金创造、现金管理与资金筹集等财务战略的实施,对公司投入资本进行动态分配、检讨与优化的过程,以持续创造公司价值。资产配置的主要决策依据是资产的回报、增长与风险的。

公司融了资以后,怎么创造价值一定要做资产配置。公司赚了钱一定要放到资产上才能创造现金。资产配置要从两个维度去看,一是要看投放到什么业务上去,是水泥还是燃气?水泥是投到水泥厂还是混凝土?燃气是城市供气还是上游气源、甚至是燃气器具?总之,具体怎么配置,在投资的时候要做估值。二是看投放到哪些资产形态甚至是费用支出上去,比如是重资产结构还是轻资产结构。

通过加强投资前价值评估、交易结构安排和投资后变量检讨等环节的管理，可有效提高投资回报率及资产配置效率。增量业务资产价值检讨流程如图 2 所示。

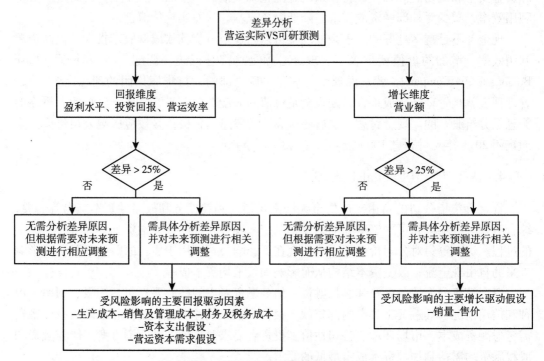

图 2　增量业务资产价值分析流程

三、5C 体系全面推广应用

目前华润正在推进 5C 的本地化过程中，要求各个战略业务单元总部、业务单元和一级利润中心形成自己的 5C 体系。

在集团总部利用强大的财务专业能力制定出 5C 的框架后，5C 相当于一个大的模板，列出了具有共性的价值创造核心要素和关键流程，但最终它还需要落实到每一个业务单元的具体业务层面。而每个行业、公司本身的价值驱动因素和关键环节都有所不同，这要求业务单元在应用 5C 的过程中，主动结合所在行业的价值链和企业业务的各个环节，深入理解 5C，准确适用，从一个统一的格式中细化出符合行业专业化管理需要的内容，从而形成每个业务单元自己的 5C 体系。

这对各个业务单元财务人员的专业能力提出了很高的要求。如何将集团总部的专业思想输出到下属业务单元？这是华润在推行 5C 的过程中，面临的最大挑战。

除了专业能力的挑战外，相配套的组织架构也是推行 5C 的关键一环。目前，集团财务部从 2008 年拆分后的 20 来人增至目前的 70 多名员工，从原先的会计基础职能，发展为资本管理、资金管理、税务管理、会计管理和综合管理 5 项主要财务职能，合计

30 项子职能（见表3）。其中，资本管理组和资金管理组承担 5C 职能，资本管理组负责资本结构和资产配置，资金管理组负责现金创造、现金管理和资金筹集。接下来，华润计划将集团财务部的这种组织架构复制到各个战略业务单元总部，从组织架构上支持配合 5C 的落地应用。

表3　　　　　　　　　　　　　　华润集团财务部职能

资本管理	资金管理	税务管理	会计管理	综合管理
1. 资本结构管理 2. 资产配置优化分析 3. 资本市场动作 4. 资本市场跟踪与分析 5. 价值评估及交易结构安排 6. 资产重组及股权设置	1. 资金集中系统与现金管理 2. 现金创造推动 3. 债权融资及融资关系管理 4. 资金分析报告 5. 财务风险监控 6. 总部资金中心结算	1. 税务管理体系建设 2. 税务筹划与安排 3. 税务风险管理 4. 税务关系维护 5. 业务单元税务支持 6. 税务政策跟踪及分析	1. 总部会计核算 2. 总部开支预算与会计控制 3. 总部会计报告 4. 总部会计系统与会计档案 5. 壳公司和慈善基金会计管理	1. 财务制度建设 2. 股东财务事项 3. 财务合并与审计统筹 4. 财务预算与财务分析 5. 财务信息系统实施 6. 财务领导力发展 7. 财务综合支持

5C 的全面实施离不开卓有成效的培训推广。针对不同部门、级别管理人员进行 5C 的区别培训是全面推广 5C 的应有之义。各级财务部门需要精通 5C，负责 5C 本地化模板的开发；业务人员不需要掌握精确的估值技巧和方法，但他们要深入理解自由现金流的含义，以及影响自由现金流的因素，能够进行大概的估算和决策。因此，对不同部门、级别管理人员，需要有区别、有重点的进行 5C 推广和培训。

2012 年 5 月，华润启动 5C 的全面推广。首轮 5C 培训面向集团内部各业务单元，1 000 多名财务系统核心岗位员工已培训完毕；非财务系统 2 600 多个核心岗位人员的 5C 培训正通过华润大学分批进行中。从 2013 年开始，华润将启动为期三年的 5C 深入培训，分为不同模块，针对不同级别和职能的经理人，区分培训内容，将 5C 推向纵深，让价值创造理念深入人心。

然而，把价值创造上升为企业文化不能一蹴而就，它需要通过价值创造的培训和反馈不断深化员工对价值创造的认识，并在实践中不断提高价值创造的能力。华润 5C 最终能否成功，还需要整个集团长期的坚持和投入。

四、5C 体系在华润电力的应用

华润电力是华润集团控股的战略业务单元。公司于 2001 年 8 月注册成立，2003 年 11 月在香港上市前，这家公司并未控股任何电厂，运营权益装机容量仅为 1 545 兆瓦。截至 2011 年末，华润电力在独立发电商和能源交易商中位列全球第 6，总运营权益装机容量达 22 230 兆瓦，是 2003 年上市时的 14 倍。

自华润集团推广 5C 体系以来，华润电力是整个集团应用 5C 较为成熟的业务板块之一，并在实践中积累了一套经验。

（一）资本结构应用措施

资本在助推公司快速发展的同时，也导致公司债务依赖严重。上市 8 年来，华润电力借助资本优势高速发展，资本投入年复合增长率达 34%。截至 2011 年年底投入资本总额约 1 460 亿港元，其中 16% 来自股东股本投入，6% 来自少数股东，17% 来自留存收益，超过 60% 来自债权人。上市 8 年间，债权人投入占比由 30% 升至 61%，负债总额由 43 亿上升至 889 亿。随着电力行业盈利能力下降，公司自我维持增长能力有限，持续的战略资本支出依赖外部债务融资，负债率持续攀升，利息支出不断上升严重影响利润。

1. 优化财务杠杆。为了能在资本市场募得低成本债权资金，华润电力积极关注评级机构的评级标准，获得标普和穆迪的投资级 BBB 或以上评级，多次发行平均利率低至 3.52% 的投资级公司债券。华润电力在充分考虑自身的风险承受能力及现金盈利能力后，制定了与业务发展和风险管控需求相适配的财务约束框架，以便将财务杠杆维持在最优区间内，公司能够获得较低成本的资金，降低资本成本。

2. 提高资本结构的弹性。弹性大、财务稳健的公司在发生紧急情况或出现突然的投资机会时，进一步举债能力较强，可降低公司资本成本。华润电力通过流动性比率来衡量资本结构弹性。2011 年末华润电力发行美元永久债改善了负债期限结构，提高了财务弹性，降低了加权平均资本成本。

3. 区分独立与非独立公司管理目标。华润电力对各附属公司和分部进行分类管理，资本结构独立的公司计算公司价值时，采用 WACC 折现自由现金流，资本结构非独立的公司计算公司价值时，采用上级资本结构独立母公司的 WACC 折现自由现金流，以自身税负或借贷双方整体的税后融资成本最小化为资本结构管理目标。

5C 应用效果：华润电力通过对资本结构的分类管理，优化财务杠杆改善债务结构，提高资本结构弹性，有效降低加权平均资本成本。

（二）现金创造应用措施

在实践 5C 之前，华润电力出现了成本控制力弱、资本回报下降的情况。电力企业位于电力供应价值链的中端，电厂建设、燃料控制及电厂运营是三个主要的成本环节，燃料成本超过营业额 60%，从 2007 年成本结构图中可以看出，华润电力在折旧、经营费用及税费都显著领先标杆企业。随着燃煤成本、经营费用大幅上升，2011 年的成本结构已发生较大发化，导致净利润率由 2007 年的 23% 降至 9%。由于盈利能力下降，应收电款账期较长，营运资本资金占用增加，2011 年，公司实际自由现金流大幅落后于分析师预期的 25%。

现金创造措施：优化营运资本管理，运用财务战略矩阵管理持续创造价值。公司通过优化燃料采购、生产和销售等营运资本所涉及的各个环节和关键流程进行有效管理，减少生产经营活动现金占用，延迟购煤款支付，缓解应收售电款账期较长的影响，加快存货周转和应收账款回收，提高营运资本管理效率，缩短现金周期，将盈利快速转化为现金，提高资产周转效率，提高资本回报率。此外公司还通过财务战略矩阵分析回报差量与增长差量，并结合回报与增长的持续性，制定有助于提高公司价值的战略决策。通过近几年的持续改进，公司现金流得到了快速大幅提升。

（三）现金管理应用措施

在2009年12月之前，华润电力资金管理比较分散，总部未对附属公司资金实行集中管控，现金主要沉淀于项目公司，项目公司之间无法实现资金的盈缺调剂。存贷及财务费用"三高"较为突出，资金周转效率和使用效率有待提升。同时，总部未制定规范统一的项目公司现金派息政策，整体税盾效应未得到充分发挥。华润电力采取了如下几个方面的现金管理措施。

1. 全面推行资金集中管理，实现内部资金盈缺调剂。2009年8月，集团启动资金集中项目。华润电力作为首批5家试点业务单元之一，于2009年12月15日正式上线。2011年末资金集中公司上线覆盖率已达98%，通过资金管理平台日均归集资金约64亿元，内部资金实现盈缺调剂，减少资金沉淀约81%，全年累计节约财务费用约1.6亿元。2009年至今，累计发放内部贷款约384亿人民币，累计节约财务费用约4.7亿元。

2. 规范现金派息政策，充分发挥税盾效应。2011年电力总部出台了《华润电力利润分配管理办法》，统一股利分配政策，对项目公司分红做出了具体的规定。2011年电力安排境内项目公司将以前年度未分配利润向投资公司派息，共计53亿元，资金的来源为投资公司向项目公司提供股东贷款，从而发挥项目公司税盾效应，节税超过4 000万元人民币。

3. 建立现金预测体系，研究最佳现金持有量。为了将经营活动现金收支与融资安排及战略性资本支出有机结合，实现业务战略资金需求和财务资源约束的动态平衡，公司细化战略目标和关键评价指标，并将指标分解为阶段性目标值和行动计划，进而依托行动计划进行财务资源分配，形成反映行业特征的现金滚动预测体系。同时，公司动态监控现金余额构成，从降低预防性需求和经常性需求入手，研究最佳现金持有量，将盈余现金转化为高回报资产，创造更多价值。

（四）资金筹集应用措施

2007~2011年期间，华润电力的可自由支配资金余额虽有缓步增长，但与当年到期银行借款差距较大，而且自建及收购相关的战略性资本性支出需要不断增加，每年几百亿的资金需求完全依靠外部融资解决。

1. 集中融资权限，区别独立与非独立公司。集中贷款权，总部决定各子公司和业务单元的资本结构，决定它贷多少，股东投多少。然后业务单元再单独融资。资本结构独立公司综合考虑长短期债权融资和股权融资的分配比例，综合成本、风险与财务弹性，遵从 WACC 最小价值最大化原则；非独立公司遵从税务成本最小化原则。

2. 充分利用各种融资平台，维护融资关系。充分考虑股权，长、短期债券对公司灵活性、流动性风险以及资本结构弹性的影响，有效利用境外债权融资平台，以维持最优的 WACC。华润电力约有 31% 债权融资本来自境外低利率银团借款、公司债、永久债等资金，平均利率远低于同行，缓解了资金压力，增加了资本结构弹性。另外，未来重视评级关系和融资关系维护工作也是公司争取长期、稳定、低成本的资金的保障。

（五）资产配置应用措施

华润电力业务资产以火力发电为主，2006 年开始发展风电，2007 年进入水电领域，通过新能源及清洁能源前瞻性布局，紧扣国家能源结构调整方向。为了减小火电资产对燃料价格的风险敞口，2008 年开始，电力投入大量资金发展煤炭板块。然而，各业态、区域的业务资产的行业前景与竞争态势各不相同，部分业务资产的运营结果并未达到资本市场的预期。

华润电力通过设定资产配置标准，提高增量业务资产配置有效性。

1. 符合业务战略，以集中有限的财务资源构建公司的竞争优势与核心能力。

2. 与资本结构和资金筹集能力、现金创造和现金管理能力等相关的财务资源匹配。

3. 评估组织能力、组织发展潜力及过往执行能力，避免因组织能力不支持影响预期目标的实现。

4. 关注不同发展阶段回报与增长的关系，不局限于短期的回报与增长表现；实现风险与回报、增长的平衡。

在财务资源紧张的情况下，仅通过调整新增资产比例优化整体组合较难。华润电力通过检讨存量业务资产配置决策等，动态调整资产组合，同时在合适条件下释放出相对低效率资产，回收资金投入相对高效率资产。根据 5C 设定公司资产配置标准后，公司开始控制资本性支出节奏，并考虑适当减低未来增长放缓、现金创造能力较低及行业风险较高的火电板块的投入，提高风电及煤炭相关板块投入。在着重提升火电资产效率的同时，新增资产优先选择热电联产、沿海大火电项目，继续大力发展风电项目，并考虑优质水电项目。

五、5C 体系在华润电力的应用效果

华润电力通过强化价值型财务管理体系在华润电力各业务板块和公司的有效实施，取得了如下几个方面的应用效果。

1. 华润电力通过对资本结构的分类管理，优化财务杠杆改善债务结构，提高资本

结构弹性，有效降低加权平均资本成本。

2. 现金创造方面的效果：华润电力通过对现金创造过程中的成本控制、资本回报与运营分析，找出影响盈利性和营运性现金创造的不足，并通过再优化营运资本管理，运用财务战略矩阵管理持续创造价值，公司自由现金流持续得到改善，公司价值逐渐得到提升。

3. 现金管理方面的效果：华润电力通过对现金管理分析，采取统一付息与派息政策、推行资金集中管理、优化现金周期等措施，提高现金的周转效率和使用效率，有效降低了资本占用，提升了公司价值。

4. 资金筹集方面的效果：通过对资金筹集的权限分类管理，平衡各种融资的成本与风险，充分维护与利用各种融资平台，提高资金筹集效率，降低资金成本。

5. 资产配置方面的效果：华润电力逐步开始控制资本性支出节奏，根据资产配置标准，对投入资本进行动态分配，平衡公司各发展阶段资产回报与增长，优化公司整体业务资产组合，实现整体价值的持续增加。

中国中化集团全面推进 EVA 考核与价值管理[①]

一、中国中化集团概况

中国中化集团公司（简称"中化集团"，英文简称 Sinochem Group）成立于 1950 年，前身为中国化工进出口总公司，历史上曾为中国最大的外贸企业。中化集团主业分布在能源、农业、化工、地产、金融五大领域，是中国四大国家石油公司之一，最大的农业投入品（化肥、种子、农药）一体化经营企业，领先的化工产品综合服务商，并在高端地产酒店和非银行金融领域具有较强的影响力。作为一家立足市场竞争的综合性跨国企业，中化集团提供的优质产品和专业服务广泛应用于社会生产和衣食住行方方面面，"中化"和"SINOCHEM"的品牌在国内外享有良好声誉。

中国中化集团现在境内外拥有 300 多家经营机构，控股"中化国际"（SH，600500）、"中化化肥"（HK，00297）、"方兴地产"（HK，00817）、"远东宏信"（HK，03360）等多家上市公司，并于 2009 年 6 月整体重组改制设立中国中化股份有限公司。

中国中化集团公司也是最早入围《财富》全球 500 强的中国企业之一，迄今已 23 次入围，2013 年名列第 119 位；并被《财富》评为"2013 年全球最受赞赏公司"，位列贸易行业榜首位。多年来中化集团坚持不懈推进战略转型和管理变革，实现了企业持续、健康、快速发展。在国务院国资委业绩考核中，中化集团连续九年、连续三个任期均被评为 A 级。

中国中化集团公司一方面大力推进五大板块并举的产业战略，巩固提升产业地位与核心竞争力，另一方面扎实开展管理提升，提高关键环节的管理质量和效率，为国有资产保值增值做出了积极贡献。截至 2013 年年底，中化集团已连续三年实现营业收入稳定在 4 500 亿元以上、利润总额 100 亿元以上，此外公司总资产已超过 3 200 亿元，净资产超过 1 100 亿元，良好的经营业绩为中化集团未来的战略发展奠定了更坚实基础。

---

① 本案例根据中化集团调研资料整理而成。

二、EVA考核工作开展情况

在国资委2010年正式推行经济增加值（EVA）考核前，中国中化集团公司已探索并实施多年，在全系统内进行了大量的推广与培训工作。近年来，在国资委的大力支持与指导下，在中化集团公司的认真践行与不断探索下，通过建立有力的组织保障和绩效考核，目前已形成了符合中化发展实际的EVA考核体系，EVA考核越来越广泛地应用于中化公司的各项经济活动中，并取得了良好的价值引导作用。

（一）EVA考核推进的组织保障工作

1. 公司领导高度重视

国资委2010年第三任期《中央企业负责人经营业绩考核暂行办法》出台不久，中国中化集团公司总裁即指示相关职能部门在认真研究国资委新考核办法基础上，结合公司实际情况，提出适合集团公司战略发展要求的考核办法。在集团公司2010年度工作会议上，集团公司提出2010年要重点落实好价值管理工作，在集团公司范围内强化资本成本和价值创造理念，认真评估现有业务的投入产出，以价值为导向调整业务结构、改善资源配置。由总会计师担任主任的预算及评价委员会专门负责EVA考核工作的具体实施。

2. 组织多层次有针对性的专题培训

在2010年度工作会议上，公司安排了经济增加值专题培训，进一步促进企业负责人充分了解经济增加值的精神实质和核心理念，牢固树立资本成本意识。在2010年财务工作会议上，公司组织了面向财务总监的经济增加值专题培训，并围绕公司内部经济增加值考核实施方法组织了专题讨论，引导各级财务人员充分理解国资委经济增加值考核规定和要求。在2012年财务工作会议上，公司再次强调了经济增加值的运用思路及考核方法，要求各单位在梳理自身价值树的基础上，寻找价值驱动因素。目前培训工作已基本覆盖到三级企业领导班子和考核工作部门，提升了公司全体员工价值管理和资本成本意识。

3. 组织开展了多种形式的调查研究工作

2010年，公司向经营单位下发了《关于进一步加强公司经济增加值（EVA）指标考核向经营单位征求意见的通知》，并组织有关职能部门进行集中学习和深入讨论。同时，公司还组织相关部门人员前往兄弟央企五矿集团进行经济增加值考核专题访谈，借鉴兄弟企业实施经验。2011年至2012年上半年，公司利用赴经营单位调研的机会，重点考察调研了经济增加值考核实施情况，从目前情况看，90%以上的单位实现了EVA预算指标的细化分解、将EVA考核纳入下属单位（或业务板块）业绩考核体系并已开展企业内部价值驱动因素的辨识工作。

（二）建立具有中化特点的内部经济增加值考核体系

经济增加值（EVA）的科学性、综合性较强，既包含资产科目，又包含盈利科目；既涵盖短期经营，又涵盖长期经营，但同时又是一个比较复杂的概念。在认真学习领会国资委《经济增加值考核细则》、消化吸收公司试行EVA考核经验及各单位反馈意见、考虑各单位实际情况及公司战略转型特点的基础上，中国中化集团公司本着"先简单、后精准，分阶段、分步骤实施和完善及与国资委业绩考核体系有效衔接和内部适度从严"的原则，完成了《中化公司经济增加值考核暂行办法》制定工作，结合公司战略发展和管理要求，定期对暂行办法进行修订，并在公司规章制度中列示。在暂行办法中结合公司发展实际，重点强调了以下几个方面的内容：

1. 扩展EVA考核方式、增加考核权重，考核覆盖所有二级单位

国资委对经济增加值考核采用目标值完成情况的考核方式（绝对值），为引导各单位更加重视价值创造、价值管理，我们采用绝对值（当年预算目标值完成情况）和差异变化（实际完成值与前三年实际完成值平均值之间的差异）相结合的办法。同时，为完善符合公司发展实际的考核办法、满足国资委和外部评级机构的更高要求，在考核EVA预算执行及改善情况的基础上，增加了对EVA内涵的考核（主要包括资产回报、息税前利润、资本结构）。

2012年，将经营单位的EVA考核权重加大至经营业绩考核的60%，并按月跟踪预算执行情况。通过考核方式的调整，以进一步强化价值导向，鼓励把资源配置给忠诚于公司价值理念、富有创业激情、勇于承担责任的管理团队，人力、资金和薪酬等资源进一步向核心项目、核心业务倾斜。

集团公司对所有下属二级管理单位均进行EVA考核。除个别单位因业务特点原因外，绝大多数单位将EVA指标细化分解，并纳入下属单位（或业务板块）业绩考核体系。

2. 对权益资本提出更高回报要求

国资委对债务资本和权益资本统一设置5.5%的资金成本率，结合公司内部实际情况，为体现股东对资本投入的更高要求、引导经营单位进一步提升股东回报意识，我们对债务资本和权益资本分别设定不同的资本成本率，按照各单位的资本结构确定其综合资本成本率（WACC）。在进行大量敏感性测算的基础上，我们将权益资本成本率设定为6.5%、债务资本成本率设定为5.0%。总体上，绝大多数单位综合资本成本率略高于5.5%的水平。

3. 结合公司主营业务战略发展实际，酌情考虑重大影响因素，引导经营者正确处理长期利益与短期利益的关系，追求长期价值创造

针对国资委考核细则中所涉及的调整事项，结合公司主营业务战略发展实际，我们在内部考核办法中酌情考虑重大影响因素，引导经营者正确处理长期利益与短期利益的关系，追求长期价值创造。如对尚未达到可投产状态的"油气资产"视同"在建工程"，在计算实际占用资本时作减项处理；对重大战略投资建设项目、重大战略性资源收购等对当期经济增加值考核产生较大影响的事项在公司批准的项目可研范围和期限内，酌情予以调整；对国家项目补贴收入、经常性政府补贴收入以及公司下拨研发经费，不纳入非经常性收益调整范围等。

三、价值创造型财务管理体系实施情况

价值创造型财务管理是"以价值管理为核心，发挥财务管理对公司战略推进和业务发展的决策支持与服务功能，使财务成为业务发展的最佳合作伙伴，成为价值创造的重要驱动力，成为帮助企业提升核心竞争力的重要力量。"

中化集团在财务管理体系中，构建了基于 EVA 的 KPI 考核体系，既突出 EVA、ROE、成本费用率、经营现金流量等财务指标，又强调资源储备、网络分销能力等非财务指标，满足了不同层面使用者的需求。

构建价值创造型财务管理体系是一个系统工程。中化集团的价值创造型财务管理体系主要从以下几方面着手实施。

（一）打造价值创造型预算管理

1. 员工应参与预算编制。各部门编制预算时要广泛征求员工意见，既满足员工的角色参与需求，又可利用其智慧发掘新的收入点并削减不必要的支出。

2. 预算编制应强调现金流和成本控制。传统预算编制大多以销售额或利润为起点，忽略了未来利润转化为未来现金的风险等问题。而在价值创造的目标下，不仅体现为利润性，还体现为未来性和效率性，为此预算编制必须强调未来现金流的准确预测以及降低成本费用的意识。

3. 预算执行应刚柔相济。预算方案一经确定就应该严格执行，不得随意调整。但亦不能过于死板，而要善于根据环境变化，通过一定的程序手段及时调整错误的预算指标，并将预算执行效果作为考核指标。

中化集团设计了涵盖战略、财务、风险等子项的全面预算指标体系，指标体系突出了高效率、可控费用以及 EVA 的持续增长理念，还通过对现金流的监控来把脉企业的价值运动。其预算编制注重全员参与，充分发挥前、中、后台的能动性；预算审批后，

集团公司和经营单位之间形成契约关系，以提高执行力并预防"逆向选择"问题和"道德风险"。

（二）打造价值创造型投融资管理

1. 投资活动是价值创造的源泉。价值创造要有未来性，就应规避投资决策的"近视眼"现象，致力于带来持久的现金流入。做决策时，不光要测算投资回报率，更要重点考虑投资回报率与资本成本之间的差额，即剩余利润，正是剩余利润的大小决定了价值的大小。

2. 融资是投资的前提，融资的成本间接影响价值创造的能力。不管是股权或债权融资，都需要考虑各自的成本大小，然后选择最优资本结构，保证融资成本最小化。

对于一些集团型企业来说，可以采用资金集中管理的办法，利用集团平台统一对外融资，以减少融资成本。2011 年，中化集团就先后利用集团平台成功地发行了 35 亿元离岸人民币债券和 40 亿元人民币的中票、短融。债券息票成本为 1.8%，是有史以来最低息票的离岸人民币中资企业债券。

（三）打造基于价值的绩效考评与奖惩体系

没有基于价值的绩效考评和奖惩体系，价值创造就无法落到实处。这个体系要有全面性，强调对未来性价值创造的肯定、成本费用的节约和企业社会形象的塑造等。要防止片面性和短视性，更不能使没有短期利润却创造了未来价值的员工受到委屈。

中化集团建立了一整套绩效评价体系，每季度对各经营单位的经营管理情况进行评价。该绩效评价体系突出了各子公司的贡献度和投入产出效率，将其战略规划推进、成长性、经营安全、管理控制、人力资源等因素都纳入了评价范畴。除了业绩指标考核之外，风险管理工作也纳入考核内容。风险管理考核内容与当期风险管理工作重点一致，重点从三个方面对经营单位风险管理工作进行考核：全面风险管理体系建设情况；经营单位当期风险管理重点工作推进情况；经营单位当期经营质量，凡发生经营事故的，予以扣分。

四、EVA 考核与价值管理取得的主要成效

（一）系统梳理公司 EVA 价值树，寻找价值驱动因素，增加价值创造能力

公司成立专门的项目小组负责 EVA 价值树的梳理工作，将税后净营业利润分解为营业收入、EBIT 利润率、所得税、其他调整项，将资本成本分解为有息长期资本（长

期资产 – 在建工程）及营运资本（流动资产 – 无息流动负债）。通过此分解方法，明确了集团层面及各单位 EVA 与预算差异的来源，进一步明晰了价值驱动因素，实现了价值创造过程的落地。同时，此举也极大地促进了经营单位寻找价值驱动因素的热情，纷纷梳理本单位的 EVA 价值树，激发了价值创造的激情与动力。另外，公司按季度分析资产、资本的分布与收益情况，根据短板和对标管理，深刻剖析各项业务资产收益与行业先进水平存在差距的原因，并提出管理改进建议及要求，促进公司业务的良性可持续发展。

自国资委实施 EVA 考核以来，公司 EVA 呈稳步增长态势，2011 年将一次性收益全部剔除后的 EVA 分别为 13.95 亿元，较 2010 的 8.55 亿元增长 63%，EVA 的增长速度高于利润总额 56% 的增长速度，价值创造能力不断增强。

（二）强化 EVA 考核在项目后评价中的应用

为促进公司已运营项目创造价值，公司在项目后评价要点中增加了 EVA 评价指标用来评价资本获利能力和价值增值能力，同时在评价报告里予以重点体现，进一步增强了 EVA 考核在公司战略转型和业务发展中的评价作用。近年来，公司实业项目盈利能力逐步攀升，2010 年盈利 29.7 亿元，2011 年盈利 46.7 亿元，增长率达 57%。

（三）在 EVA 考核上注重长期价值创造的引导

中化集团在 EVA 考核中，侧重于长期价值创造与当期业绩的平衡，在自身可承受的范围内，为支持下属单位的战略转型升级，在 EVA 考核政策上给予特殊的优惠，以鼓励下属单位在关注当期业务的同时，更注重长期可持续发展能力的培养。

例如，集团公司为鼓励下属中种公司建立国家级种业公司，加强科研投入，提高研发实力，获取自主产权的强势品种，在 EVA 考核时，对其符合集团要求并经认定的科技投入支出视同研发费用全部予以剔除（可剔除项包含包括人工成本类支出，材料设备类支出，研究开发类支出等共计 22 个明细项）。在此政策的支持与鼓励下，中种公司2012 年科技投入预算 32 241 万元，是其当年盈利预算的近 3 倍。

五、深入推进价值管理工作的主要措施

（一）适应公司发展和管理要求，不断完善全面预算管理框架体系，促进价值管理提升

从 2012 年开始，中化集团计划用三年左右时间完善"以市场为导向，以价值创造为核心，以成本控制为基础"的全面预算管理框架体系，将全面预算管理推向新高度。

新框架体系以市场预测及战略规划为起点，围绕价值创造，依据企业各项基本活动制定销售计划、生产计划、采购计划等详细的经营计划，按照企业的管理要求制定风险管理计划、投资基建计划、科技计划、人力资源计划、HSE 管理计划、信息化建设计划、非生产性固定资产计划以及其他管控计划，通过制定统一的价格、成本、费用计划体系，将经营计划转化为具体的财务预算。

（二）强化 EVA 价值树的梳理工作，进一步丰富 EVA 考核内涵

集团公司将在前期梳理 EVA 价值树的基础上，增加对比分析的维度并不断拓宽分析视角，以进一步丰富其考核内涵。一是在目前与预算、同期对比的基础上，增加分析的维度，从营业收入、EBIT 利润率、所得税、其他调整项、有息长期资本、营运资本等角度分析价值创造或毁损的根源，查找产生问题的本质原因并不断改善。二是不断拓宽 EVA 分析视角，增加产品价格、数量结构、边际贡献、成本费用控制、投资组合、资产组合等视角，加大 EVA 考核与业务一线及经营管理的联系程度，切实做到为业务一线提供价值创造的合理建议，为公司领导提供价值创造的决策参考。

（三）推动 EVA 考核在全系统内的延伸

目前，中化集团对所有下属二级管理单位均进行 EVA 考核，绝大多数单位将 EVA 指标纳入下属单位（或业务板块）业绩考核体系，但个别单位因业务特点和绩效管理水平尚未延伸到业务终端。下一步，集团层面将帮助经营单位逐级、逐层、逐业务模块地推动 EVA 考核，各经营单位在完善本级 EVA 考核的基础上，做好将 EVA 考核向下延伸的工作，逐步建立起从二级单位总部到业务终端的完整体系，有效贯彻以价值创造为导向的绩效理念，通过评价过程引导下属单位围绕公司既定目标创造更高价值，使评价结果能够服务于公司战略。

部分中央企业价值提升措施

一、中国航天科工集团价值提升措施

价值创造是指企业生产、集团供应满足目标客户需要的产品或服务的一系列业务活动及其成本构成。目前，航天科工正在着手民用产业价值工程方案的起草工作，希望通过 3~5 年的推行，确立民用产业的核心竞争优势。

中国航天科工集团公司价值提升总体思路：以信息技术和装备制造业为主要发展方向，以价值创造为主要着力点，以技术创新、商业模式创新和管理创新为主要突破口，通过军民融合、信息技术与装备制造融合、产业与金融融合、产品与品牌融合、产业与服务融合，实现民用产业在产业结构、产品技术、商业模式、经营机制、品牌价值等方面转型升级。

价值提升的实现路径为以下七大措施：

（一）完善管理体系　提高组织效率

1. 建立"分层分责"的职能体系；
2. 建立"分权分责"的决策体系；
3. 完善"协同互动"的营销体系。

（二）加强技术创新　增强核心能力

1. 加快研发中心建设，健全军民融合创新体系；
2. 加强"产学研用"结合，提高自主创新能力；
3. 加强国际合作，引进消化吸收再创新；
4. 加大研发投入力度，重点支持优势项目；
5. 创新利益分配机制，促进技术创新。

（三）创新商业模式　拓展盈利空间

1. 建立与行业特点相匹配的商业模式；
2. 整合和利用社会资源，实现协同共赢发展；
3. 发展生产性服务，延伸价值链；
4. 加速产业与金融的融合；
5. 探索建立电子商务交易平台。

（四）创新管理机制　增强企业活力

1. 完善业绩考核评价机制；
2. 实施价值工程，增强产品市场竞争力；
3. 完善激励机制，建立人才价值市场化的薪酬体系；
4. 完善人才成长机制，建设高素质人才队伍；
5. 创建产业发展指数，定期发布产业信息。

（五）优化资源配置　统筹产业布局

1. 着力培育重点产业，提升专业发展能力；
2. 推进产业园建设，形成产业集群优势；
3. 适度开展境外投资和收并购。

（六）加强体系营销　培育知名品牌

1. 建立集团公司营销网络布局；
2. 针对不同行业特点开展体系营销；
3. 培育重点产业领域知名品牌。

（七）聚力资本运营　提供资金保障

1. 打造与集团战略地位相适应的金融平台；
2. 增强上市公司专业化发展能力；
3. 建立多元化、低成本融资通道；
4. 探索海外融资渠道，实现集团公司国际化融资。

目前，中国航天科工集团在价值提升方面，主要开展了如下几个方面的工作。

1. 深化战略管理，建立健全战略分析研判、规划研究制定、计划协调安排、预算资源保障、评价考核导向、动态跟踪管理等闭环管控体系。

2. 强化经营管理，以价值链精细化管理为重点，逐步提高精益研发、精益制造水平。

3. 加强生产作业控制，全面推进航天科工协同供应链信息管理系统的应用和拓展，推进"比价采购、招标采购、集中采购"，有效降低采购成本。

4. 加强对资本占用和价值创造能力的全面分析，通过开展产品、业务经济增加值监测分析工作，理清企业产品、业务价值创造能力，明确发展重点，引导企业突出主业发展。

5. 深化全面预算、现金流和国有资本经营预算管理，建立关键绩效指标监测、分析、预警、改进与考核常态机制，持续改善经济运行质量。

6. 完善和落实开源节流、降本增效等激励措施，有效降低应收账款、存货和成本费用占营业收入比重。

7. 加强"一企一策"研究，解决企业发展难题，对净资产收益率低于4%的单位开展专题诊断。

二、中航工业集团价值提升措施

(一) 中航工业集团价值提升要求

1. 着力提高价值创造能力，狠抓 EVA 管理

当前集团公司 EVA 增长难度大，关键是盈利增长慢，资本占用大，资产利用率不高。为此，各单位一要像抓收入、利润一样，高度重视 EVA 的改善，要继续将 EVA 指标分解落实。二要狠抓影响 EVA 的关键因素，采取切实有效的措施，努力提高资产使用效率，提高盈利能力，尤其是降低资本占用，要通过专业化整合，社会化协作及内部配套，减少资产投入，能协作的尽量协作，努力避免大而全、小而全的现象，从而改善EVA。三要进一步完善 EVA 考核办法。要将各级单位负责人经营业绩考核及薪酬与EVA 目标完成情况紧密挂钩，各单位评先评优与 EVA 改善情况挂钩，从而促进全集团广大员工价值创造意识的树立，大力培育价值创造文化，关注经济增长质量，提升企业价值。

2. 着力提高盈利能力和核心竞争力，加大自主创新投入

各单位要进一步提高对自主创新的认识，要在经济状况不断好转的情况下，紧紧围绕主业和相关产业大力开展技术创新，进一步提高自筹研发投入占营业收入的比重，力争达到5%以上。要进一步促进产学研结合，各单位要充分发挥和利用研究机构和高等

院校专家、学者的作用，要舍得花钱买技术和人才，广泛吸引社会资金包括各类基金的投入用于新产品和技术的研发。要通过技术有偿转让机制，充分调动科研院所等单位转让技术的积极性，促进科研成果尽快转化为生产力。要在大力推进自主创新的同时，坚持引进吸收消化再创新和集成创新。要进一步深化研发体制机制改革，提高研发效率效益，使各项科研投入发挥更大的作用。

3. 着力提高资产运营效率，下大力气盘活存量资产

各单位要通过规范管理和管理创新，在提高资产运营效率上狠下功夫，当前重点是提高存货与各类应收款项的管理水平，加快资产的变现速度，要在去年清理应收款项和存货的基础上，建立应收款项和存货日常管理的长效机制，努力加快资产周转，提高资产运营效率。要通过创新管理等手段完善各类应收款项的管理，努力加快货款的回收。要充分发挥中航国际现代物流的作用，通过与供应商建立战略合作伙伴关系，进一步降低各类存货的占用。通过加强对存货的实物管理和现场管理，加大积压存货的清理和处置力度，力争全年存货、应收款项占销售收入的比例不高于去年，各直属单位对此要有具体的目标和措施。

4. 着力提高投资效益，切实加强投资管理

要切实做好新上项目和技改项目的论证评估，严格把握投资方向，尤其是在当前情况下，对不具备竞争优势和投资能力不足的项目，要认真梳理，该缓建的要缓建，该停的要停。同时，要加快其他项目建设进度，尽快将其转化为生产力，加快投入产出速度。各直属单位和成员单位要树立高度的责任意识，今年要对长期投资项目进行全面调查梳理，进一步完善和加强对外投资项目的管理，建立和完善投资后评价制度，努力纠正重投入、轻产出，重规模、轻效益的现象，努力提高投资效率及效益。今年集团公司将在适当时候组织对直属单位资本金使用和重大投资项目投资的检查评价，强化投资责任制，规范和加强集团公司投入资本金的使用。各单位要从实际出发，进一步缩短投资链条，加快处置非主业低效资产和长期无效资产，该清的要清，该卖的要卖，该合并的要合并，努力做到有进有退。

5. 着力提高资金使用效益，强化现金流管理

加强现金流管理，这是今年提升经济运行质量的重要内容，集团公司拟将现金流管理列入经营业绩考核内容之一。集团公司 2012 年整体经营活动现金净流量目标为正值，各主要企事业单位要力争经营活动产生的现金流净值大于净利润。要继续坚持"现金为王"的理念，高度关注资金安全，合理安排现金流预算，确保科研生产经营的正常需求。要向管理创新要资金、要效率、要效益，尤其是当前现金流周转困难的企业，要积极采取有效措施，坚持有保有压的原则，合理统筹，狠抓货款回收和资产盘活，努力防止现金流断裂。凡使用集团公司统借统还债券和专项贷款的企事业单位，要提前筹划，切实做好还款安排，确保各项统借贷款的按时偿还。集团公司总部和相关直属单位要加

强协调检查，促进各类债券项目建设资金的合规使用和按时还本付息。

（二）中航工业沈飞公司 EVA 提升措施

1. 在资产清理方面，共清查出闲置及不良的原材料、在制品、工具、工装、固定资产，价值近 5 亿元。目前，已结转财务账面成本 3.2 亿元，并将价值 1 080 万元的原材料和固定资产封存，作为专项储备。通过内部利用、调拨、对外出售等方式，处置积压工具、材料近 700 万元。

2. 在降低材料定额方面，两个重点型号项目的单机材料定额分别降低 20 万元和 21.5 万元；风险合作项目 C 系列后桶段工作包，单机材料定额降低率达到了 5.95%，标准件定额降低率达 6.4%；定额优化后单机节约成本为 56 152 元。

3. 在降低综合能耗方面，2012 年 1～10 月万元增加值综合能耗为 0.25 吨标准煤/万元，比去年同期下降 7.41%。

4. 在提升项目运行效率方面，通过改进项目组织和划管理，完善设计、制造流程，有效推进了项目快速试制进程，使某型号 01 架大部件对合周期较以往型号缩短 33%，试飞调试周期缩短 42%。

5. 在优化人员结构方面，引导员工向一线流动，鼓励所属单位控制在岗人员总量。截至 10 月底，沈飞公司本部在岗人员管理人员比例为 8.9%，低于目标值 0.9 个百分点，辅助人员比例 7.4%，低于目标值 0.4 个百分点。

6. 在制造流程梳理方面，对 6 448 道工序进行工艺流程梳理，按站位对工艺流程梳理情况进行了 27 次评审，梳理出的管理问题全部完成整改，修订或新编规章制度 38 份。成立"检验人员工作质量督导队"，对关键要素和重要要素控制进行重点监控。所属生产单位围绕关键要素和重要要素项目，对工艺规程和产品制造记录进行了细化和完善。

（三）中航工业黎阳公司 EVA 提升措施

中航工业黎阳公司主要从净营业利润和资本占用两个方面实施 EVA 提升。

（1）在对净利润的管理上，从市场开拓和成本控制两方面入手，有效地实现销售收入和净利润的同步快速增长。公司将通过加大市场营销力度，同时开展成本控制工作，尤其是对可控费用的有效压缩，避免各项浪费，增加利润总额。同时，如何有效的梳理业务流程，合理的运用会计政策，充分有效的归集研究开发费用支出，也将是黎阳加强 EVA 管理的重要路径之一。

（2）在资本占用管理方面，主要涉及承息债务和所有者权益。黎阳公司将以货币资金预算为着力点，合理安排贷款规模和长短期贷款结构。

（3）只有对公司主要产品线（和主要管理流程）做出 EVA 分析与诊断，才能得到更科学、更细致、更有效的"管理"判断。

（4）建立 EVA 价值体系需要关注两个要素：一是必须建立企业内部市场，在建立全面预算管理细则和基础管理数据的基础上，根据社会平均水平拿出考核指标，并确定考核指标值，使之变成一个量化可考核的体系；二是把被动做法变成主动做法。将 EVA 指标层层分解，落实到"户"，引导企业全员关注资产价值。

（5）最好的管理方式就是管理数据化、管理显性化，最有效的管理策略就是把"外在要求"变为下属的"内在动力"——价值观引领。

（四）中航工业嘉泰分公司 EVA 提升措施

嘉泰分公司改善 EVA 值应主要从以下几个方面进行：

（1）紧跟世界潮流、加强技术创新，为用户提供更满意的产品；

（2）加强市场营销，做好市场策划、市场开拓和售后服务工作，注重构建新的经济增长点；

（3）加强供应商的培育和管理，切实提高生产能力；

（4）严格控制质量成本，加强适航取证管理。

（5）对于综合管理办公室和民航产品部来说，作为机关职能部门，要根据职能部门的特点来改进 EVA。

首先要认识到作为职能部门在 EVA 推行中的重要作用。比如民航产品部在适航管理技术方面、在一些产品开发方面等如果可以降低适航风险或是使得适航过程更优，或是去争取获得更多的国家立项，这些都是在改善 EVA。这些工作都做好了，将比部门节支为公司带来的 EVA 贡献更大。综管办作为公司管理体系的策划和制定单位，关键要建立 EVA 的管理体系框架，引导各个单位正确有效地去推进此项工作；把相关的制度建立起来，以更加科学、规划合理的制度或工作流程使全体员工变被动执行为主动参与。

（6）更有效地经营现有业务和资本，提高经营收入。如减少存货、应收账款周转天数降低、产品设计或工艺改进、试验方法改变、增加盈利产品销售收入，供应商管理、水电费等消耗管理；

（7）减少资本沉淀，如出售增值资产、处置不良资产、盘活存量资产、不断提升资产使用效率；

（8）加强预算管理，提高资金效率，避免资金的滥用和浪费。

（9）基础管理数据化，为公司管理持续改进打下坚实基础。公司战略和经营指标量化分解，提升执行的完整性和准确性，使业绩考核数据化、显性化，更加准确。

（10）加强分、子公司管控，提高资产投资收益率。

（11）优化管理流程，提升管理能力，提高管理效率。

（12）在从事制造业的军工企业，长期受军工产品结构的影响，投入、产出不均衡，产品附加值不高，采购成本占到产品制造成本的大部分，如航空发动机器材采购成本约占到总制造成本的 60%。因此，采购效率的提高、存货周转速度的加快成为影响企业 EVA 的主要驱动因素，成为提升企业 EVA 的主要手段。从而减少存货成本等非增值成本。

比如，市场部门需要关注的是供求关系分析、产品定价分析以及如何将这些分析与 EVA 概念结合起来；技术部门需要关注的是新产品开发、老产品的更新设计，以及如何将这些开发设计与 EVA 结合起来；生产部门需要关注的是如何降低生产成本；管理部门需要关注的是如何提高工作效率等。

三、中国电信集团价值提升措施

（一）转变增长方式，创新发展思路，促进收入可持续增长

毫无疑问，企业收入的增长是创造价值的源头和前提条件，但在目前电信市场激烈竞争及缺乏新的业务增长点的情况下，中国电信实现收入高速增长的难度很大。这就要求我们：一要巩固存量，抢夺增量，确保公司所需的现金流量，稳住市场基本面。确保宽带用户规模的战略扩张及增值业务的多点拉动，推广满足农村用户需求的基本信息服务，抢占农村战略市场，通过发展增量用户带动收入增长。二是抓住重点，创新商业模式，不断创造价值。加强 EVA 为主的新业务拓展，加快推广商务领航、号码百事通业务以及 IT 服务与应用业务，促进企业积极稳妥转型。

（二）加强成本管理与控制，拓展利润空间，实施成本领先战略

一是有效分配使用人工成本。按 ABC 三类用工管理模式，将劳务工费用纳入人工成本总额进行分配，合理安排临时工与合同工的比例，用劳动生产率加以权衡，控制用工人数，增加员工流动比例，建立完善的员工绩效考评机制，合理分配人工成本总额，提高员工的人均工资水平。

二是合理配置营销费用。对于存量用户，建立积分机制，有针对性地使用营销成本，保证在网用户的积极性；对于增量用户，建立业务发展效益评价体系和模型，在此基础上对不同产品配置不同的终端促销费定额标准。

三是精确管理维护费用。将维护各专业工作与相应的分类资产挂钩，逐步建立完整的维护成本定额体系，督促维护单位和维护经理执行，尝试从整体使用和项目管理角度建立维护成本使用效益评测机制，使网络运营维护成本的精确管理落到实处，争取每百元固定资产维护费或百元收入维护费每年下降1%左右。

（三）加强资本开支管控，优化投资结构，提高资产周转率和投资回报率

一是控制投资规模，提高百元资产产出率，降低固定成本。做好投资评估，在按现

有地域、专业分析的基础上，增加按业务类别、客户群的投资回报分析，争取在重点项目前期优化和后期评估上有所突破，逐步实现资本性支出与收入在客户、产品、地域等维度的有机匹配。增加专业部门参与投资的力度，提高投资的透明度和科学性。缩短项目施工周期，加快在建工程转为固定资产的速度。工程设计审查要增加现有设备冗余情况的审核，杜绝盲目新增能力，造成投资资源浪费。

二是优化投资结构，提高投资回报水平，促进盈利性增长。提高宽带与增值业务投资比，适当增加农话投资，满足社会主义新农村建设对通信的需求，降低传统网络、管道的投资规模。

（四）加强企业运营资本管理，提高资产利用效率，合理降低负债

首先，加强企业应收款、存货等运营资本管理，提高资产周转速度。组织做好企业用户欠费管理工作，制定科学的信用和收账政策，对用户的缴费方式和习惯进行引导，加大银行代收及用户预存和自助缴费的比例。网络建设部要组织加强存货管理，根据公司的生产特点，对不同的存货制定最低库存定额标准，优化物流管理，加速存货周转。

其次，盘活用好现有资源，强化固定资产管理。加大资产结构优化及闲置资产出租与清理的力度，提高网络资源利用率，通过挖掘存量资产利用率为企业创造价值。设立资源利用率考核奖励指标，调动各单位利用现网资源的积极性。对闲置和效益低下的资产，要采取调拨、变现、报废或减值等多种方法，尽可能地处置，提高整体资产的创收和获利能力；市区两级要合理调配设备类资产；要合理利用房屋类资产。计划财务部对固定资产的报废、减值准备、逾龄资产残值处理等事项要进行研究，力争分年分批消化，提高盈利质量并保持未来利润的可持续增长。

四、神华集团公司价值提升措施

"效益优先、兼顾总量"是指所有生产经营活动最终目标是为了取得效益，获取利润，创造价值。要把效益作为衡量生产经营的最高标准，既要发展速度、规模，更要发展质量、效益。

（一）抓好原煤稳产高产

要围绕集团年度煤炭生产目标，科学合理组织生产，重点推进煤矿精益化管理工程，进一步提高单产单进水平。要适应市场需求，加大煤质管控力度，狠抓产品结构调整，增加特种煤、高附加值煤产品产量，努力提高煤炭产品质量，提高集团总体效益。加快世界一流矿井建设，建设"安全、高效、绿色、智能"的煤矿。

（二）提升发电盈利能力

一是加强安全管理，提高机组运行水平，控制"非停"，确保全集团全年台均非停控制在 0.5 次以内。二要继续推行精益化管理，进一步节能降耗、降本增效，持续改善供电煤耗、厂用电率、水耗、环保排放等主要技术经济指标。三要落实亏损电厂扭亏增盈工作会精神，力争亏损电厂早日扭亏。力争使国华电力、巴蜀电力、福建能源、神东电力、神皖能源等公司全年无亏损电厂，国能集团焦作、重庆电厂减亏，其他电厂提高盈利能力。四要进一步提高煤炭消纳能力，发挥电力在集团产业链中的"蓄水池"、"稳定器"作用。

（三）提高煤制油化工发展水平

一要抓好各企业的工艺、设备管理，实现稳定、长周期运行，杜绝非停。二要抓好检修技改工作，确保按计划、高标准完成，并严格控制相关费用。三要密切跟踪市场变化，及时调整生产负荷和产品结构，多生产附加值高的产品。乌海能源公司要突出抓好焦炭的市场开拓，实现焦炉煤气制甲醇的高负荷运行，努力减少亏损。四要强化对标管理和节能降耗，进一步降低生产成本。

（四）优化提升预算管理水平

进一步完善全面预算管理办法和滚动预算管理模式，不断提高预算编制和执行分析的科学化水平。以 ERP 试运行为契机，探索信息化环境下预算的优化，实现全面预算管理与 ERP 系统的有机融合，着力加强年度业务计划、日常运营调度与财务预算之间的相互协调，增强预算的可靠性、约束性以及可考核性，提高全面预算对企业经营管理的导向作用。充分利用财务能力评价成果，解决财务关键领域管理优化提升问题。

（五）继续下大力气降本增效

无论是项目投资、生产消耗，还是各项成本费用支出，都要本着厉行节约的原则，从严从紧控制。2013 年还要加大"七项费用"的控制，要在 2012 年的基础上下降 25%。其中：业务招待费、会议费下降 50%，宣传费下降 30%，出国费下降 20%，行政车辆费、办公费、差旅费分别下降 10%。严格控制人工等各项成本。集团总部要率先垂范，加强部门费用管理，集团已经召开总部部门的费用预算审核会，对相关工作做了部署。这里要强调的是，严禁各部门将超支、超标费用转嫁给下属单位，一经发现将严肃处理相关责任人。

1. 压缩各项管理费用，按照招待费、会议费、宣传费下降 30%，车辆费下降 20%，办公费、差旅费下降10%，出国经费下降50%的标准进行控制，节约费用5.16亿元。

2. 科学安排装车站点的进车发运，加强沿线卸车组织，搞好船货衔接，提高装船作业效率，减少船舶滞期费用，节约费用2.04亿元。

3. 充分发挥财务公司内部资金融通平台和结算平台的作用，实施资金集中管理，加大内部资金融通力度，创新融资方式，实行统贷统还，减少利息支出，节约费用3.13亿元。

4. 严格控制新增用工，加大人员内部调剂分流力度，盘活劳动力存量，灵活采用劳务外包管理模式，节约成本1.86亿元。

5. 通过采购平台实施集中招标、框架协议等采购模式，提高集采率，节约成本4.24亿元。

6. 优化煤矿生产和电力机组运行方式，煤矿实现"抽、掘、采、灌"平衡的生产布局，降低电力机组运行材料费和水费，降低成本8.637亿元。

7. 加强技术革新成果利用，将专利技术应用于生产经营过程，并改革铁路企业机车交路方式，提高其运用效率，节约费用5.5亿元。

8. 开展提质增量，增收60亿元，增利11亿元，加强实物资产管理，提高资产使用效率、开展税务筹划合理降低税负等，增利1.3亿元。

五、中石油集团价值提升措施

（一）加快发展国内油气主营业务

坚持资源战略不动摇，巩固上游业务国内主导地位；突出市场导向和效益原则，平稳均衡组织炼化生产；积极适应市场变化，推进成品油销售业务发展；加大天然气市场开发力度，保证安全平稳有序供应。

（二）提升国际化经营水平

深化自主勘探和油气稳产生产，加大新项目开发力度，加强与国际大石油公司和国家石油公司的深度战略合作，深化投资与成本"双控"工作，健全完善风险防控体系，加强国际化人才队伍建设。

（三）提升工程技术等业务服务保障能力

工程技术服务业务按照"六精"要求，努力实现差异化、特色化、高端化发展，工程建设业务努力提升监理水平和PMC能力，装备制造业务继续推进结构调整与转型升级。各服务保障业务要全面加大走出去力度，大力开拓国际市场特别是高端市场，提高海外业务比重。

（四）大力推进科技进步

重大科技专项要坚持一体化组织、一体化设计、一体化实施，实现理论技术创新、生产应用实效和创新能力提升三个目标有机统一。加大有形化核心技术和自主创新产品推广应用力度。全面开展以 ERP 为核心的信息系统应用集成，推进已建信息系统应用。

（五）深化管理提升和内部改革

按照市场化方向完善经营机制，把投资、预算、业绩指标和考核更好地结合，构建规范管理平台。要以控制投资和成本为核心，继续推进开源节流降本增效工作。要以开放包容的心态、灵活务实的措施，全面加强与民间资本、金融资本和国外资本的合作。

1. 严格投资成本控制，优化投资结构

坚持从源头控制投资规模，提升投资质量。严格履行项目前期审批程序，优化投资结构，加强投入和产出分析；在保核心业务、保战略项目、保基础工程的前提下，投资向盈利能力强的业务和企业倾斜，努力提高投资回报率；建立了全方位控制投资工作机制，落实各层级的管理责任。2012 年，实现了投资总规模压减 5% 的目标。

2. 严格成本费用和非生产性费用支出控制

为有效控制单位完全成本，按照下达的成本指标，突出效益优先，进一步统筹优化，加强产出与成本费用的动态调控。通过国产化设备、工厂化作业、市场化运作降低工程项目成本，不断优化生产建设部署和方案，优化工艺流程和生产组织方式，操作成本坚决控制在预算指标以内，大力实施各项技术措施，加强科技攻关力度，广泛应用新技术、新成果，加强费用标准化建设，出台了 17 项费用标准，初步形成费用标准化体系框架，人工成本落实总量控制，不断加强结算集中、资金集中，提高资金使用效率和效益，降低运行成本。大力压缩非生产性费用支出，总部管理层进一步细化了费用控制标准；推动集团公司集中报销信息平台建设和应用，实现源头控制，强化监控。2012 年，办公、差旅、会议、业务招待、出国人员经费五项费用比全年预算指标降低 10%。

3. 严格控制存货规模，提高集中采购效率效益

控制原油成品油库存规模，降低石化产品库存占用，优化库存管理；通过加快物资

处置，制定储备定额，减少储备占用。物资库存周转率平均达到 10 次，促进了仓储成本的有效降低。加大闲置资产盘活力度，降低占用成本，重点推进全生命周期效益型资产管理体系建设，提高地区公司调剂处置闲置资产的积极性，提高了资产使用效益。强化物资集约化采购。实行国际、国内市场的公开招投标，降低大宗设备采购成本；加大国产化设备、材料的应用。两级集中采购度达到 90% 以上，战略采购占一级物资集中采购额的 50% 以上。

六、中国石化集团价值提升措施

（一）要树立价值管理理念，建立价值导向的决策管理体系

实施 EVA 考核核心是注重资本成本，鼓励价值创造，促进企业靠内涵发展而不是靠外沿发展。要深刻理解实施 EVA 考核的目的和意义；要加强研究，促进工作，增强油田的可持续发展能力。

（二）要加强对 EVA 关键驱动要素的管理

提升价值创造和可持续发展能力，重点要做好以下工作：

1. 加强经营过程管理，提高产品竞争力，增加营业收入，减少各项经营性支出，实现利润最大化。

2. 加强权益类指标管理，合理控制投入资本和留存收益的规模，盘活存量资产，提高资本利用效率。

3. 加强财务管理，优化债务结构，提高资金使用效率。

4. 加强投资控制，建立项目投资激励约束机制，谨慎投资，提高投资回报率。

（三）加强和提升原油、物资采购管理

密切关注市场变化，加强分析科学预测，灵活把握原油采购节奏；加大集团化集中采购力度，加强对企业自采物资的监管，努力降低采购成本。

（四）加强和提升资金管理

重点监控应收账款、存货等指标，努力控制流动资金占用；优化债务结构，严控付息债务规模；积极做好筹融资工作，保障生产经营资金供给。

（五）加强和提升费用管理

牢固树立过紧日子的思想，深化全员目标成本管理，建立成本量化考核机制，增强员工责任感和主动性，严控不必要的和非生产性的开支，努力降本减费。

（六）加强和提升投资管理

为了抑制盲目争投资、争项目的现象，发挥考核的约束和导向作用，建立投资约束长效机制，考核方案对新建投资项目 EVA 考核做出了单独的规定。具体操作上，包括事前控制和事后考核两个方面。事前控制主要是在项目审批过程中增加 EVA 评估环节，规定未开展 EVA 分析以及预计年度投资回报率低于国资委核定集团公司年度资本成本率的项目不予立项；事后考核主要是对新建投资项目和存量资产实行不同的资本成本率。

按照"抓住关键、突出效益、区别对待、有保有压"的原则，不断优化和控制投资规模。

（七）完善和提升经营管理机制

建立了全员参与的改善经营管理建议工作机制，有力地调动了广大员工积极参与企业经营管理的积极性，尤其是对于生产一线的基础项目和短周期项目，建立了"短平快"运行方式，简化工作流程，开辟绿色通道，随时提出，随时解决，随时奖励。

七、宝钢股份价值提升措施

（一）转变投资管理理念

宝钢股份在转变投资管理理念方面，将继续深入开展配置优化等工作，确保后续稳定基础上降低设备投资；开拓设计思维方式，从源头控制工程实物量；采取灵活、多样的合同模式，降低项目建设风险；进一步完善投资控制责任体系，确保责权利相统一。在提升建设系统管理能力方面，将重点推进 BPMS 系统功能应用；重点加强工程实施阶段设计变更以及现场签证的完善、管理；摸索和优化海外项目、首发产品项目和主线大型技改项目管理模式；持续推进建设体系能力提升三年行动计划；高质量完成 2014 年固定资产投资年度计划及专项推进计划编制等工作。

（二）加强资产运营效率管理体系建设，提升资产运营效率

提升资产运营效率，是宝钢近两年应对危机、优化资源配置的一项重大的战略措施，也是一项系统和长期的工作。宝钢全面推进资产运营效率管理，在企业经营中进一步强调投入资本的产出效率，由损益管理转换为资产负债管理，推动企业经营者在追求盈利增长的同时，也开始注重资源的优化配置和投入的有效回报。宝钢通过提升资产运营效率，降低资本占用，"瘦身"资产负债表，"夯实"资产负债表。

为了配合资产运营效率管理工作的推进，宝钢引入了以经济增加值为核心的经营业绩考核指标体系，既体现了回报股东的要求，又反映了对全部资产使用效率的要求，树立了资产运营效率工作推进的目标。

宝钢积极探索提升资产运营效率的方法及思路，认真总结实践中好的做法，在集团内进行宣讲和推广，与之配套的激励机制也在紧锣密鼓的制定之中，给公司和每一位管理者都带来前所未有的机遇和挑战。各单元结合自身特点，提出了诸多提升资产运营效率的方法及思路，并开展了卓有成效的工作，效果初显。

八、中国华能集团价值提升措施

（一）狠抓降本增效，进一步提高盈利水平

一是狠抓扭亏增盈。二是狠抓市场开拓。三是狠抓燃料成本控制。四是狠抓成本费用管理。

2013 年将扭亏增盈作为提升经营业绩的关键，并将扭亏增盈思路细化到管理、政策、发展和资本运作等各个方面，明确管理、政策、发展和资本运作扭亏增盈的思路，围绕提高归属集团母公司净利润和降低亏损面，抓对标、抓重点、抓督导、抓考核，多措并举，多管齐下，盈利能力大幅提高，盈利结构明显改善。

（二）优化结构调整，进一步提高发展质量

结构调整是加快转变发展方式的重中之重。要坚持战略统领、效益为先，加大结构调整和布局优化力度，进一步提高发展质量和效益。一是推进有效、有度、有序发展。二是加快电源结构调整。三是推进产业结构调整。四是加强"走出去"工作。

（三）推进产业协同，实现经济效益最大化

一是深化煤电协同。二是抓好煤炭开发。三是统筹发展交通运输产业。四是做强做

优金融产业。

（四）坚持有进有出，抓好资本运营和国际化经营工作

一是优化存量资产。二是做好有关公司的上市和再融资工作。三是适时增持、盘活有关股票资产。四是加大闲置资产、拟退出股权的清理盘活。五是做好国际化经营工作。六是积极开拓海外电力技术市场，逐步扩大清洁能源技术、产品和工程服务出口。

（五）推进科技创新，提高自主创新能力

一是完善科技创新管理体系。二是抓好示范工程。三是研发前沿技术。四是加强研发平台建设。

（六）扎实推进创一流工作，深入推进管理提升活动

一是继续抓好创一流和管理提升实施工作。二是进一步深化改革。三是加强战略研究和战略规划管理。四是大力推进精细化管理。五是加强预算管理。六是推进内控体系建设。七是加强内部审计。八是加强信息化建设。九是加强物资和燃料管理。

2013 年中国华能集团着重从以下几个方面提升集团公司价值创造能力。

1. 在战略规划管理方面。按照加快产业转型升级和产业布局管理的要求，完成了 2 个煤电基地规划，完善港电基地规划，优化火电、水电、风电项目规划，梳理交通产业规划。

2. 在电力营销管理方面。加强对电量、利用小时、机组状态的动态跟踪，建立了"日跟踪督导、周协调通报、旬对标分析、月考核奖惩"的工作机制，千方百计增发电量。

3. 在扭亏增盈方面。制定了扭亏增盈工作方案，成立了由总经理担任组长的扭亏增盈工作领导小组和 5 个督导小组。集团领导按照分工深入生产一线，帮助基层企业找扭亏增盈问题、想办法，加大督导工作力度。截至 2012 年年底，中国华能生产及管理费用比预算少支出 4.6 亿元，实现合并利润 120.7 亿元，同比增加 59.3 亿元。大部分火电产业公司实现利润领先预算日历进度，火电基层企业亏损面同比下降 23.1 个百分点。

4. 强化资本运营与资金管理工作。坚持信贷为主、债券为辅、多元化融资产品为补充，创新融资方式，置换高息贷款，非信贷融资占比达到45%，同比提高 1.7 个百分点，债券融资占比达到34%，同比提高 0.5 个百分点。

5. 在国际对标方面。中国华能聘请了国际知名咨询机构协助完成了与德国意昂公司（E. ON）、德国莱茵公司（RWE）、意大利国家电力公司（ENEL）和西班牙伊维尔德罗拉公司（Iberdrola）等 18 家优秀电力企业的全面对标工作，系统评估了中国华能

相比世界一流能源企业所具备的优势以及存在的差距，摸清了在创建世界一流企业进程中所处的位置，提出了用8年左右时间，分步骤完成管理提升、产业升级、国际拓展三大重点任务，逐步实现创建世界一流企业的总体目标。在对标工作的基础上，中国华能形成了一套涵盖业绩、规模、运营、发展潜力、科技创新、国际化经营、人力资源、品牌等8个维度，共20余项指标的创一流指标体系。同时，通过年度预算、综合计划以及年度重点工作安排，把创一流主要指标目标逐年落实到年度工作中，逐项分解到各单位。

九、大唐发电集团价值提升措施

（一）坚持"一个理念"，即坚持价值思维和效益导向

这是贯彻落实党的十八大精神和中央经济工作会议、中央企业负责人会议精神的集中体现，是适应新的业绩考核办法的必然要求，更是推进集团公司经营局面持续好转、提升发展质量和效益的治本之策。坚持价值思维和效益导向，就是坚持一切工作以经济效益为中心，把提升效益、创造价值作为决策的首要依据，作为检验工作成果的首要标准，成为全体员工特别是领导干部的工作准则和行为习惯。项目发展、安全生产、经营管理、工程管理、资本运作、选人用人、绩效考核、宣传工作、企业文化等各项工作都要把效益和价值作为决策和评判的标准，以促进资金、市场、人才、技术、信息等重要资源向有利于提升效益、创造价值，有利于可持续发展的领域配置和流动。要统筹协调整体与局部、当前与长远、内部与外部的关系，促进规模速度与质量效益的统一，促进供应链、产业链、价值链的有效延伸，促进企业与人、与社会、与资源环境共生共赢，从而实现经济价值、社会价值以及员工价值最大化。

（二）深化"四全"管理，即全面计划、全面预算、全面风险和全面责任管理

要通过计划、预算、风险和责任的有效衔接和刚性控制，增强集团管控能力，优化内部资源配置，实现整体价值最大化。全面计划、全面预算管目标，强调科学性、准确性、严肃性，一切工作都要有计划、有预算，凡是没有列入计划的事项原则上不安排预算，凡是没有列入预算的原则上不安排资金计划。全面风险是保障，要把风险管理融入经营管理全过程，加强风险辨识、分析和评价，采取有效策略防范各类风险，确保经营安全，确保计划、预算目标实现。全面责任管落实，要按照新的业绩考核办法，突出价值思维和效益导向，优化全面责任体系和绩效指标体系，把责任落实到位，把绩效考核到位，确保计划、预算执行到位，风险控制到位。

（三）突出"六个着力"

1. 着力夯实安全基础

着力夯实安全基础，就是要充分认识历史欠账和多元发展等给安全生产带来的新要求、新风险，牢固树立以人为本、安全发展理念，狠抓责任制度落实和问题整改，狠抓安全意识和素质提升，狠抓重点领域和高危行业防控，着力提高事故防范能力和本质安全水平，持续保持安全稳定局面。

2. 着力调整"四大结构"

着力调整"四大结构"，就是要扎实推进"十二五"产业发展规划，做好滚动调整，进一步加快调整产业结构、电源结构、区域结构、股权结构，切实增强发展的系统性、整体性、协同性，加快构建"电为基础、多元经营，七大板块、协调发展"的产业格局。

3. 着力提升管理水平

着力提升管理水平，就是要持续深化管理提升活动，确保完成各阶段重点任务，着力解决制约企业效益和价值提升的突出问题，理顺体制机制，完善制度标准，优化管控流程，促进效率、效益的持续提升。

4. 着力推动科技创新

着力推动科技创新，就是要促进科技创新与生产经营发展紧密结合，充分发挥各级企业的创新主体作用，通过原始创新、集成创新、引进消化吸收再创新和协同创新，掌握一批核心关键技术，培育一批前沿领先技术，充分发挥科技创新对转方式、调结构的支撑引领作用。

5. 着力提高经济效益

着力提高经济效益，就是要加强对形势的研判，及时调整经营策略，加大营销力度，强化对标管理，规范成本核算，实施精细管理，开源节流、降本增效，创新产品经营和资产经营，推进战略重组，盘活存量资产，止住"出血点"，增加"造血点"，确保实现全年"一保一降"目标。

6. 着力加强党建工作

着力加强党建工作，就是要牢牢把握先进性、纯洁性建设这条主线，加强党的思想建设、组织建设、作风建设、反腐倡廉建设、制度建设，建设学习型、服务型、创新型党组织，全面提高党建科学化水平。

十、中国国电集团价值提升措施

（一） 强化投资管控

提高总部管控能力，强化综合计划的全过程闭环管理，切实维护计划执行的严肃性，坚决杜绝三个"计划外"。严格执行投资决策程序。深化项目前期工作，开展比选评优，确保优中选优。积极争取优质资源，加强项目储备。健全项目问责制，加强项目后评估。

（二） 加大集中管理力度

以整体效益最大化为目标，加强重大事项集中管控，提高总部资源配置能力。加强资金集中管理，确保资金归集度100%。加强下水煤统一管理，强化煤炭现货采购管理，主要产煤省国有大矿实行集中采购。加强物资集中采购，加大区域物资代管推广力度。加强招投标集中管理，扩大集中招标范围。加强技改资金集中管控，根据轻重缓急优选项目和调控资金。

（三） 完善创新预算管理体系

以整体经营目标倒算经营和投资业务预算。建立财务指标对标管理常态机制，加强对国资委考核指标的跟踪监测分析。创新筹资融资手段，严格融资预算管理，提高少数股东权益。加强非经常性损益管理。加大资产重组力度，下决心处置一批不良资产和控制力弱、效益差的参股资产。

（四） 加大科技投入力度

多渠道筹措研发资金，构建以企业为主体、各类资本参与的多元化投入格局，争取获得国家科技资金1.5亿元以上。加大高层次人才引进力度，培养国家级科技带头人和高水平研发团队。加强知识产权管理，力争在国家级科技奖项上取得新突破。

（五） 深化激励约束机制改革

以国电科环、资本控股公司为试点，加快推进相关产业劳动用工和薪酬市场化改革，开展科技人才分红权、技术入股、股权激励等试点。健全完善内部考核体系，与国资委新考核办法全面接轨。在年度考核中合理考虑各单位为执行总部集中化管理部署，在资源、利润等方面做出的贡献，有效调动各方积极性。

（六）优化资产，防范风险

优化资产，防范风险，进一步提升资产质量。牢固树立优化资产也是发展，是更深层次发展的理念，坚定不移推进优化资产工作。要坚持战略引领，划清处置界线，完善和落实低效无效资产处置三年规划，尽快止住出血点。要切实防范财务风险，严格资金管控，严格财务杠杆边界管理，坚持合法合规经营。

2013年，中国国电集团深入推进管理提升活动。加强和改善基础管理，提升标准化、制度化和规范化水平。对标国内外先进企业，针对管理短板和瓶颈问题抓好专项整改。建立管理改善和管理创新长效机制，推动整体管理水平再上新台阶。加快推进信息一体化平台和专业应用系统建设，强化数据共享和分析预测功能，提高总部研判信息、科学决策和指导工作的能力。

1. 大力开展"争电量、控煤价、保目标"活动，加大治亏扭亏力度，火电业务扭亏为盈，实现利润6.9亿元，同比减亏增利66.7亿元。火电企业亏损同比降低21%。

2. 加强对标管理，开展综合治理，深化星级企业创建活动，生产管理成绩突出。主要指标处于可比先进水平。供电煤耗同比降低2.6克/千瓦时。厂用电率同比降低0.25个百分点。累计掺烧经济煤种4 250万吨，节约燃料成本20亿元。

3. 强化基础管理，加强市场分析，控制采购节奏，燃料管理更加精细，控价保供能力进一步增强。到厂标煤单价781.6元/吨，同比下降60.6元/吨。

4. 开展智慧营销，不断创新方法，开拓市场。完成发电量4 898亿千瓦时，同比增长2.7%。供热量18 297万吉焦，同比增长31.4%。全年设备利用小时4 592小时，高于全国平均水平20小时。完成发电权交易、跨省跨区交易、大用户直售电356.5亿千瓦时，获得边际收益31.7亿元。

5. 深入推进电厂转型。充分发挥电厂生产过程副产品效益。加强热电联产改造，对外供热收入增长50%。粉煤灰、灰渣、石膏综合利用率超过70%，实现利润5.9亿元。

6. 燃料采购成本得到了有效控制，全年到厂标煤单价同比下降60.64元/吨，预计全年利润较上年增长95%。

十一、中国华电集团价值提升措施

（一）坚持价值创造，实现理念引领的可持续

创造价值是企业的重要使命，是可持续创造价值发展理念的核心内容，也是公司实

现全面向好的制胜法宝。不论内外部形势如何发展变化，我们都要始终遵循可持续创造价值的发展理念不动摇。要用可持续创造价值的发展理念统一思想，贯穿到生产经营发展的全过程，使持续创造价值成为一切工作的立足点和出发点，成为干部员工的自觉行动，成为衡量业绩的首要标准，成为企业文化的灵魂所在，真正让这一理念入脑入心，落地生根。要用可持续创造价值的发展理念统领战略，滚动调整公司中长期发展规划，完善各区域、各产业规划，做好发展对接，强化战略协同，做到发展的思路目标围绕价值来确立，结构围绕价值来调整，布局围绕价值来优化，使战略实施过程真正成为价值创造的过程。要用可持续创造价值的发展理念统筹发展，处理好当前和长远的关系，既抓紧解决当前存在的突出矛盾和问题，更要着眼长远发展，把宝贵的资源用于支撑长远发展的产业和项目上，绝不能因短期利益牺牲未来；处理好局部和整体的关系，既鼓励支持各区域、各产业各显其能、主动发展，更要坚持全公司一盘棋，形成分工合理、优势互补的发展格局；处理好规模和效益的关系，既保持一定的发展速度，形成与公司地位相匹配的规模实力，更要保证投资回报，提高发展质量和效益。

（二）坚持以质量效益为中心，实现盈利能力的可持续

持续、稳定的盈利能力是公司可持续发展的前提。要进一步把发展的着力点放到提高质量和效益上来，继续向经营型企业转型，既做强增量，严格落实资本金回报率要求，切实解决好配套工程问题，落实好投资条件，加强设计优化，把握建设节奏，降低工程造价，确保上项目就要有效益，增容量必须增业绩；更要做优存量，深挖潜力，提升存量资产运营效益，继续保持净资产收益率、EVA 行业领先。要加强经营管理。在我国整体经济增速放缓、生产经营成本刚性上升的背景下，要坚持以成本领先、市场领先为目标，以控制成本为关键，实施全要素、全过程、全员参与的成本控制措施，积极学习西门子等世界优秀企业的做法，引入价值链管理、供应链管理、作业成本法等管理工具，降低各类成本，特别是与市场密切相关的燃料、资金和设备等变动成本，到2015 年，力争发电企业的能耗指标、煤炭企业的吨煤成本、工程技术企业的成本费用率达到行业最优。把开拓市场作为主攻方向，加强对行业发展趋势、生产要素条件变化和国内外市场需求的研判，及时调整经营策略，创新市场营销，巩固和扩大市场份额，实现增产增收。要加强资本运作。坚持有进有退，有效盘活存量资产，处置不良资产，对非主业、非盈利、非可控资源和资产，坚决压缩，及时退出；用好产权市场、股票市场、债券市场，综合利用引入战略投资、优质资产上市、上市公司股份回购和股权融资等方式，优化资本结构，提高资源配置水平和资本运营效率。要加强风险防范。健全风险管理体系，建立风险评估和内控评价机制，加强重大风险管控、效能监察和过程监督，使风险防范意识深入人心，融于经营管理全过程。要防范发展风险，进一步加大项目评估和责任追究力度，确保发展质量。要防范并购风险，加强并购重组论证、过程监督和并购后的整合管理，提高并购重组效果。要防范生产经营风险，科学设置考核目标，保证设备改造、基础设施、科技研发等基本投入，清偿历史欠账，合理休养生息，

让企业更稳健更持久地向前发展。继续控制负债率，严格财务杠杆边界管理，优化债务规模与结构，力争到2015年公司负债率降到80%左右。

2013年中国华电全力强管理、抓扭亏、拓市场、控成本，企业管理由生产型向经营型转变，企业盈利能力和竞争能力持续增强。

1. 加强经济运行监测分析，改进经济活动分析模式，紧紧盯住煤价、发电量、净利润、EVA等重点指标，深入分析诊断，及时调整应对策略。

2. 加大对亏损大户减亏扭亏督导力度。召开火电企业扭亏增盈专题会，对亏损大户逐个分析亏损原因，制定扭亏脱困措施，湖北等7个区域整体扭亏为盈。

3. 强化市场营销工作。积极应对用电需求不旺、火电价格下调、电量竞争激烈等不利形势，强化运营协调，优化电量结构，稳发多发电量，提前筹划应对国家电价调整，加强政策研究和争取，取得较好成果。分片区组织召开电量计划落实研讨会，积极争取电量。

4. 严控成本费用，强化费用预算过程控制，节约财务费用20亿元，推进"阳光采购"，入厂电煤单价低于行业平均价格，通过燃煤掺配节约成本超过16亿元，增加粉煤灰收益近4亿元。

5. 加强负债率和负债规模"双控"管理。合理配置超短融、私募债等融资产品，降低融资成本，节约融资费用8亿元。

十二、中电国际价值提升措施

（一）加强和改进战略规划管理

深化中电国际战略规划，强化战略预警、制定、实施、跟踪、控制和评价全过程闭环式的统一管理，着力建设战略规划、综合计划、项目前期、后评价管理四位一体的战略管控体系。加强对发展战略实施的组织领导，进一步完善公司战略管理和规划管理制度，优化资源配置，提高运行效率。深入开展战略分析研究，实时跟踪战略规划实施情况，建立战略规划滚动调整工作制度，保障战略的科学性和指导性。开展战略有效性的评价和检验，加强战略风险管理，制定风险应对措施。建立战略管理后评估制度，以指导新一轮战略规划和战略实施工作。

（二）加强和改进经营绩效管理

紧抓"两价一量"，保持公司稳健经营和可持续发展。突出电量管理，强化"度电必争"和"发电效益最大化"理念，开展营销对标，提高机组利用小时数和边际效益。优化电量结构，开展政策营销，提升单位电量效益。加强燃料管理，深化"一厂一策"，根据煤炭市场变化及时调整采购结构和采购策略，有效应对价格变化。实施目标预控及精细化管理，降低矿厂热值差，最大程度控制燃料成本。

（三） 加强和改进全面预算管理

以经营预算为基础，进一步梳理预算管理体系，强化预算组织、编制、执行、控制、监督与考核等关键环节，完善管理流程。加强经营预算与财务预算、投资预算、薪酬预算的有序衔接，以全面预算管理引导成本控制，提高预算控制力。强化预算过程控制，突出企业经营绩效跟踪预警、成本费用控制和资本性支出监控。开展中长期滚动预算编制，增强中长期资源统筹配置能力，有效提升预算管理对中电国际中长期发展的引导与监督约束能力。

（四） 加强和改进价值及成本管理

坚持以效益为中心，全面构建和落实以价值管理为导向的 EVA 考核体系。在完善考核体系、着重考核净利润的基础上，继续深化 EVA 考核对价值管理的引导作用。强化资金计划管理，防止资金断链，重点防范资金风险。开展价值驱动因素诊断与分析，建立涵盖主要经济技术指标的价值驱动因素模型，确定 EVA 价值创造的核心驱动因素，建立完整价值管理指标体系、EVA 价值评价与考核体系，实行全员价值管理。严格执行《火电产品标准成本》，继续完善和优化物资代储联备、联储模式。采取积极措施，努力控制好资产负债水平。

1. 持续压降燃料成本

与内地在境外上市的发电公司相比，公司的单位售电燃料成本还处于高位；尽管公司上市电厂主要集中在煤价偏高区域，但仍有一定的压降空间。在煤炭市场发生根本变化的情况下，原有库存标准、采购办法、付款方式需要进一步研究调整，以获得现有市场条件下的最优燃料管理方式。

2013 年上半年入厂标煤单价 696.98 元/吨，同比降低 93.96 元/吨。入厂入炉标煤单价差 18.75 元/吨，同比下降 5.43 元/吨。供电煤耗 310.37 克/千瓦时，同比下降 4.96 克/千瓦时。售电单位燃料成本 225.16 元/兆瓦时，同比降低 37.72 元/兆瓦时。

2. 有效降低资金成本

充分利用香港融资平台，办理美国银行 6.15 亿元低利率人民币贷款，发放平圩发电 3 亿元人民币境外股东贷款。发放内部委托贷款 5.7 亿元，委贷总量增至 28 亿元。通过多种低成本融资方式，上半年共节约利息支出 1.3 亿元。

通过开拓诸如融资租赁、海外直贷、中期票据等多种形式的融资渠道，实现了贷款利率 10% ~20% 不同程度的下浮，有效地降低了融资成本。上半年，置换上浮利率贷款 17.37 亿元，截至 6 月底，中电国际下浮利率贷款余额 512.10 亿元，占带息负债总额的 76%。

3. 强化价税政策争取工作

水电和火电售电单价上半年同比分别提高 2.77 元/兆瓦时和 4.93 元/兆瓦时。常熟 5 号机组及时取得商业运营电价批复；清河发电追溯结算 1 号机组上年脱硫电价补贴 0.32 亿元；福溪、芜湖、平圩、常熟共 6 台脱硝改造机组全部如期取得脱硝电价。

4. 持续改善财务状况

上半年实现 EVA 率 1.27%，比考核指标高 0.89 个百分点；净资产收益率 3.67%，比预算进度高 1.9 个百分点；资产负债率 64.86%，比考核指标低 1.64 个百分点，为集团同类二级单位中最低。

十三、中国兵器装备集团价值提升措施

（一）进一步提升全面预算管理水平

兵装集团在预算编制中高度重视价值创造能力的提升，避免企业不顾效益地盲目追求增长率和经营规模。在年度预算编制中强调体现 EVA 改进效果，要求各企业 △EVA 必须为正、EVA 率要比上年有所提高，同时还把上述 EVA 要求固化到全面预算编制软件中，凡不符合上述 EVA 要求的企业，其预算将无法上报。

1. 加强产业研究，做到以业务预算驱动财务预算。要深入挖掘产业运行趋势性和苗头性问题，以业务预算为龙头，指导资本预算、财务预算和资金预算的编制和管理工作，进一步提高全面预算管理科学化水平。

2. 加强全面预算管理与资源配置的刚性化结合。要严格控制低效无效甚至亏损的投资项目，并将以 EVA 为代表的衡量价值创造水平的指标作为考核评价的主要内容。要强调管理风险，处理好发展速度、效益和资金之间的平衡关系。

3. 加强预算体系化建设，进一步做好预算执行控制、分析和评价工作。要强调预算刚性控制和滚动预算控制相结合。要格外重视销售业务预算执行情况分析，进一步加强对标评价和 EVA 考核工作。

（二）开展 EVA 跟踪监控，确保 EVA 应用落在实处

兵装集团将 EVA 纳入经济运行监控体系，按月对各产业、各企业 EVA 实现情况进行分析，分析内容包括 EVA 的实现情况、EVA 同比变动情况以及 EVA 驱动因素剖析，

尤其是关注资本回报率、税后净营业利润、资本周转率等关键驱动因素的变动情况，从中发现各企业价值创造过程中存在的问题和不足；按季度在集团内网上以《经济运行绩效看板》的形式对各企业 EVA、△EVA 进行排名通报，以引起企业的高度重视；对 EVA 出现异常变化的企业提出预警通知并要求其限期整改。

（三）加强对标管理，力求 EVA 持续改进

兵装集团一直致力于建立和健全以价值创造为核心的对标管理体系，通过对企业数据以及对标企业和行业数据的比较分析，总结企业优势和劣势。目前，兵装集团每年向各企业下发 EVA 和 EVA 率对标标杆值，并要求各企业对对标标杆值进行自评价，按季度上报经济运行对标改进分析报告，指导企业抓住 EVA 对标中存在的关键问题和内部管理"短板"，实施有针对性的改进措施。同时，集团总部定期对各企业对标改进情况进行评价，对于差距较大的企业，将发出预警通知或限期整改令，督促其制定和实施切实可行的改进方案。此外，兵装集团还将 EVA 对标改进情况与经营业绩考核挂钩，对达到行业良好水平以上的企业给予加分鼓励，对未达到行业良好水平的企业给予扣分惩罚。

（四）提升集团管控能力，推行财务集中管控模式

几年来，兵装集团不断加强集团化财务管控模式建设，逐步建立起以集团发展战略（Strategy）为牵引，以优化配置财务资源（Resource）为核心，以有效管理财务风险（Risk）为重点，以持续创造企业价值（Value）为目标的"SRRV"集团化财务管控模式。在该模式指导下，兵装集团近几年陆续推行了资金集中管理、财务信息联网运行、总会计师集团委派、财产保险统一代理、财务资源集中配置等一系列措施，这些措施在实践中取得了明显成效，既发挥了集团资源整合优势，又激发了各企业积极性，在确保国有资本保值增值的同时，促进了集团经济的跨越发展，保军能力大幅提升，运行质量逐年改善，集团对企业控制力明显提高。

（五）提升成本控制能力，创新降本增效工作体系

兵装集团始终将提升成本竞争能力作为一项常抓不懈的重要工作，大力开展"成本领先行动计划"，积极打造降本增效工作体系。通过推行"面向成本的设计方法"，致力于依靠设计优化降成本；通过推行《质量成本管理规范》，致力于依靠质量改进降成本；通过推行精益生产和精益管理，致力于依靠效率提升降成本。兵装集团编撰并推行了《成本领先三十六招》，为企业提供了降本增效方法体系。通过上述工作的开展，兵装集团初步形成了各部门、各企业合力降本增效的工作体系。2007～2009 年，兵装集团整体实现降本 52.5 亿元。集团上下合力推进降本增效工作机制的建立和完善，为增

强价值创造能力奠定了坚实的组织基础。

（六）提升风险防范能力，建立全面风险管理体系

为加强投资、担保、抵押、质押、对外借款等重点环节的风险管理，兵装集团先后制定了《成员单位信贷规模控制办法》、《成员单位固定资产投资项目自筹资金能力评估制度》、《成员单位三年资产负债结构改进方案》、《成员单位财务风险预警评估办法》等制度，并重新修订完善了《兵装集团担保管理办法》、《兵装集团借款管理办法》。风险预警和控制机制的不断完善，有效控制了投资风险、运营风险和财务风险，为增强价值创造能力起到了保驾护航作用。

十四、中国东方航空集团价值提升措施

经济增加值作为国资委对东航集团公司考核的主要指标之一，具有不可替代的重要性。东航集团公司自 2007 年启动投资公司经济增加值考核试点工作，将中免和传媒两家公司设为经济增加值的首批试点企业，并一直积极稳妥地推进该项工作；2010 年，将经济增加值指标正式纳入股份公司考核体系，并按照"考核为战略服务"的理念，围绕公司"十二五"战略规划的方向，制定了考核办法；截至 2012 年，所有辅业公司均已参加经济增加值考核试点；从 2013 年起，将经济增加值作为主要指标纳入辅业公司年度考核，并增加考核权重。

东航集团各投资公司通过年度考核工作的实施，使得以经济增加值为核心的价值管理理念深入人心。在此基础上，结合企业发展实际大胆探索，积极实践，进一步强化了考核的价值导向，有效地提高了经营业绩，为集团公司顺利完成国资委下达的年度考核指标奠定了基础。其中，通过开展经济增加值考核，航空主业的经营业绩得到平稳提升。主要表现在投入产出比持续改善，市场把握能力进一步增强，收益管理卓有成效，客座率和座公里收入不断提高，战略性指标进步明显，"两舱"收入、大客户收入、电子商务收入大幅增长，国际中转旅客数、常旅客数快速增加。同时，还有效地控制了成本费用的增长。经济增加值考核的价值管理导向作用日益显现，将经济增加值作为主要考核指标，为促进企业完善管理，提升价值创造能力，圆满完成年初制定的战略目标和实现长远发展提供了可靠支持。

1. 在采购管理领域，一是全面梳理、优化业务流程共计 36 个。识别出岗位权力运行中的 53 个风险防控点，完善了 159 项风险防控措施；二是抓流程落地，降低成本费用 1 280 万元，重大项目平均采购周期较上年缩短 44.06%；三是完善采购规则、程序和评审办法并运用到具体项目中。在 HCC、营销服务数据集市和电子文档管理系统等项目中节约直接和间接成本约 2 000 万元。

2. 全力开源增效益。（1）加快航线枢纽建设，发挥枢纽效应，使得上海浦东、西

安、昆明三地中转旅客数同比增加 6.4%。（2）持续进行航线网络优化工作，2012 年 7～8 月份旺季增收 7.87 亿元，边际贡献增加 2.82 亿元。（3）加大空铁联运力度，实现长三角 11 个城市与上海两机场的双向联运，连接班次超过 230 个。（4）全力提升国际航线销售组织能力，到 2012 年 10 月底第六航权旅客人数和收入同比分别增加 19% 和 7.8%，11 月份国际航线公务舱客座率同比上升 4 个百分点。

3. 严控成本提效益。（1）实施"提高运行质量，向管理要效益"为主题的管理点项目，如电子飞行包（EFB）项目通过减重降低飞行油耗，年节约成本约 2 000 万元。（2）通过飞机性能分析和调整，有效减少航班冗余油量，年节约燃油成本 4.3 亿元。（3）积极开展机身和发动机的各类索赔工作，实现降本增效 400 万美元。（4）成立餐食超收审核小组，加强超收审核，每月为公司节省餐食采购金额约 50 万元。

4. 压缩投资挖效益。（1）压缩固定资产投资，仅虹桥西区二期建设项目和四川分公司牧马山项目 2 项就压缩了年度现金流支出约 3.5 亿元。（2）严格审核非生产性车辆投资，规模控制在年度车辆投资总额的 10% 以内。（3）对于购买公务机等新增投资项目，在可行性、必要性等方面进行严格的审查。

5. 管控资金保效益。（1）加强资金保障，积极与各金融机构广泛合作，有效扩宽融资渠道，在节约财务费用 1.10 亿元的同时，将资金成本控制 4.95% 的较低水平，远低于同期贷款利率。（2）实行资金集中管理，集中度达到 80% 以上，充分发挥集团资金的规模效益。（3）加强收入支出预测与控制，结合生产情况合理安排资金进度，严格控制非计划资金支出，加大资金计划的时间跨度，进一步增强融资能力。

十五、中国三峡集团价值提升措施

（一）大力实施成本领先战略

从项目的设计、招标采购、建设施工到运营维护等各个环节，着力加强成本控制，最终的目标是要反映到度电成本上，做到建设成本和运行成本特别是度电成本低于同行，树立我们的优势。

（二）大力实施创新驱动发展战略

加强研发平台、人才队伍、体制机制的建设，注重协同创新，推进内外科技资源整合，加快建立产学研相结合的科技创新体系，打造具有行业领先水平的重大技术研发平台。紧紧围绕集团公司战略，加快"十二五"科技规划实施，集中优势资源，加大研发投入，努力突破一批关键核心技术，为集团公司又好又快发展提供驱动力，在创新型国家建设中发挥骨干带头作用。

（三）完善绩效考核体系

不断健全"工作有标准、管理全覆盖、考核无盲区、奖惩有依据"的全员考核体系，才能做到"千钧重担众人挑、人人身上有指标"，确保经营责任落到实处。只有将考核结果与薪酬分配、岗位调整和员工奖惩等紧密挂钩，才能形成有效的激励约束机制和追求价值创造的企业文化，为企业持续健康发展注入生机和活力。

要紧紧围绕集团公司发展战略，引进先进的考核方法和理念，并结合不同业务之间的差异性特征，完善全员绩效考核办法，建立科学、精准的考核评价体系。强化考核结果的运用，充分发挥绩效考核的战略引导作用，促进集团战略目标的实现。

（四）深化薪酬分配制度改革

薪酬分配制度改革的重点是优化分配结构。要按照效率优先、兼顾公平的原则，合理调整不同岗位层次之间的收入差距。完善子企业负责人薪酬激励机制，根据子企业规模、发展阶段、市场化程度和对集团公司的业绩贡献等因素，实行分类管理，形成不同业务板块差异化薪酬体系。

要认真贯彻落实国资委要求，严格控制人工成本，规范各级领导人职务消费。完善工资总额预算管理体系，实现工资增减与经济效益相匹配，做到效益增、工资增，效益减、工资降。

中国三峡集团全面解析了各业务板块中决定集团公司 EVA 持续均衡增长的驱动因素，制定了如下几个方面的价值提升措施：

（1）已投产的运营项目（业务）要挖掘潜力，提高产量，降低经营成本；

（2）新增投资项目的立项评审标准应符合 EVA 考核最低要求；

（3）在建工程要加强建设过程管理，确保工程质量和工期，落实项目执行概算控制责任，降低单位千瓦造价，及早筹划测算，争取合理上网电价；

（3）对外参股投资总额与前期工作经费要有预算控制；

（4）加快处置无效、低效、闲置资产，加快整合、清算非主业的三级以下子企业，缩短管理链条；

（5）退出亏损业务，降低资本占用，

（6）回收现金集中偿还贷款，等等。

十六、中国联通集团价值提升措施

虽然近几年中国联通营业收入和资产规模呈现快速发展的态势，但中国联通收入规模的快速增长并没有带来企业效益的显著改善，业绩水平和盈利能力不高仍是一个突出问题。公司在营销成本的精细化使用、投资资源的科学配置、网络资源的有效利用、人力资源和人工成本的结构优化、各类管理成本的管控等诸多方面还有巨大的改进和提升空间。

当前，移动互联网、物联网、云计算等新技术新业务，对传统电信业的产业结构、商业运作和管控模式正带来重大影响。以语音为主、自上而下、层层响应的传统运作管理模式，已经难以完全适应移动互联网时代的市场变化。企业的管理运作更多地需要上下快速协同决策、协同运作、协同考核、协同应对变化，从而实现"向管理要增长、向管理要质量、向管理要效益。"

中国联通采取了如下几个方面的措施来提升价值创造能力。

1. 完善组织机构、强化组织保障。成立了以总经理为组长的领导小组，设立综合、市场、网络维护、投资建设、信息化、人力共6个工作组，建立了集团领导与总部各部门开展降本增效的调研、沟通和质询机制。

2. 明确工作目标、落实管理举措。各专业线和各级分公司均提出了明确的工作目标和具体的落实举措，做到"目标可量化、措施可落地、结果可考评"。如广东分公司深化全成本管理，构建了渗透价值链各环节，覆盖五条管理线、八大领域、35个重点项目、122项关键举措的价值链全成本管理体系。

3. 深化全成本应用，引导对标改善。按照市场经营、网络运营、投资建设、信息化支撑、行政综合五条专业线持续深化全成本管理，强化纵向穿透力。各专业线通过设定控制目标对成本费用进行过程管控，运用对标管理、定额管理等手段加强跟踪分析，对成本费用管理的重难点问题进行专题研究。

4. 深入开展节能减排，有效节能降耗。明确了2012年节能减排工作目标，并分解到各省公司、各专业部门，建立和完善分公司节能减排考核机制，形成了全员、全流程、全方位的节能减排工作体系。

十七、中国交通集团价值提升措施

1. 在市场开拓方面，积极开拓铁路、市政、轨道交通市场，发展海洋工程、环境工程、岩土工程等新兴行业，创新航务、航道市场经营管理模式；加强高端市场运作，开展大客户营销和高端对接。

2. 在成本控制方面，优化投资项目设计方案，控制工程造价成本；

（1）建立毛利率、经营性现金流、应收账款和存货、资本性支出等主要经济指标季度生产监控管理台账；

（2）建立人工成本预警机制，按季度跟踪分析所属单位工资发放情况；

（3）严格审批工资总额，坚持工资总额低于经济效益增长、人均工资低于劳动生产率增长的"两个低于"原则，将工资总额执行与企业效益挂钩；

（4）加强成本费用预算管理工作，严格执行费用预算审批程序，大力压缩非生产性开支；

（5）推行新技术、新材料、新工艺、新设备应用，实施资源综合调配、再生资源综合利用，加快淘汰落后工艺设备，推广采用资源节约的生产方式。

十八、中国一汽集团价值提升措施

1. 开展了全价值链业务优化工作。全面梳理了从"商品策划、研究与开发、生产准备、制造、销售、服务、产品退市"等汽车企业核心价值链和增值环节，理清主要业务间彼此关联关系。

2. 对标大众和丰田汽车公司等国际一流汽车公司，研究和分析其管理和业务流程，找出国际一流汽车公司有而一汽集团缺失的重要管理和业务流程，优化采购的同步开发、全体系财务介入、人力资源匹配等管理支持类业务的输入输出和协同关系。

3. 进一步推进集团重大风险预警，实现在线监控。对已有的"企业运营驾驶舱"进行整合开发，增加了风险管理和风险预警功能。在驾驶舱系统"体系建设"模块，每一项集团重大风险及解决措施都有集团领导班子成员分工负责，每一位班子成员至少负责一项或一项以上重大风险。重大风险状态用红、绿色灯表示，当风险应对措施未完成或风险预警指标超过预警值时亮红色灯，当风险应对措施按规定完成或预警指标未达到预警值时亮绿色灯。首次实现了中高层管理者对重大风险解决措施完成情况的在线动态监控。

4. 明确了"十二五"期间降低成本的总体目标，以及各体系的分解目标，例如采购体系的单车采购成本逐年降低目标、营销体系的市场占有率提升目标、规划体系的投资偏差目标、研发体系的产品开发目标成本、质保体系的千车索赔频次下降目标等。2012 年，一汽集团实现采购降低成本约 30 亿元，技术降低成本约 3.3 亿元，管理降低成本约 1.5 亿元。

附　录

附录1：中央企业负责人经营业绩考核暂行办法

国务院国有资产监督管理委员会令第30号

第一章　总　则

第一条　为切实履行企业国有资产出资人职责，维护所有者权益，落实国有资产保值增值责任，建立有效的激励和约束机制，引导中央企业科学发展，根据《中华人民共和国企业国有资产法》、《企业国有资产监督管理暂行条例》等有关法律法规，制定本办法。

第二条　本办法考核的中央企业负责人是指经国务院授权由国务院国有资产监督管理委员会（以下简称国资委）履行出资人职责的国家出资企业（以下简称企业）的下列人员：

（一）国有独资企业的总经理（总裁、院长、局长、主任）、副总经理（副总裁、副院长、副局长、副主任）、总会计师；

（二）国有独资公司的董事长、副董事长、董事（不含外部董事和职工董事），列入国资委党委管理的总经理（总裁、院长、局长、主任）、副总经理（副总裁、副院长、副局长、副主任）、总会计师；

（三）国有资本控股公司国有股权代表出任的董事长、副董事长、董事，列入国资委党委管理的总经理（总裁、院长、局长、主任）、副总经理（副总裁、副院长、副局长、副主任）、总会计师。

第三条　企业负责人经营业绩考核，实行年度考核与任期考核相结合、结果考核与过程评价相统一、考核结果与奖惩相挂钩的制度。

第四条　年度经营业绩考核和任期经营业绩考核采取由国资委主任或者其授权代表与企业负责人签订经营业绩责任书的方式进行。

第五条　企业负责人经营业绩考核工作应当遵循以下原则：

（一）按照国有资产保值增值、企业价值最大化和可持续发展的要求，依法考核企业负责人经营业绩。

（二）按照企业的功能、定位、作用和特点，实事求是，公开公正，实行科学的差异化考核。

（三）按照权责利相统一的要求，建立健全科学合理、可追溯的资产经营责任制。坚持将企业负责人经营业绩考核结果同激励约束紧密结合，即业绩升、薪酬升，业绩降、薪酬降，并作为职务任免的重要依据。

（四）按照全面落实责任的要求，完善全员考核体系，确保国有资产保值增值责任广泛覆盖、层层落实。

（五）按照科学发展观的要求，推动企业加快转型升级、深化价值管理，不断提升企业核心竞争能力和发展质量，实现做强做优。

第二章　年度经营业绩考核

第六条　年度经营业绩考核以公历年为考核期。

第七条　年度经营业绩责任书包括下列内容：

（一）双方的单位名称、职务和姓名；

（二）考核内容及指标；

（三）考核与奖惩；

（四）责任书的变更、解除和终止；

（五）其他需要规定的事项。

第八条　年度经营业绩考核指标包括基本指标与分类指标。

（一）基本指标包括利润总额和经济增加值。

1. 利润总额是指经核定的企业合并报表利润总额。利润总额的计算，可以考虑经核准的因企业处理历史遗留问题等而对当期经营业绩产生重大影响的因素，并扣除通过变卖企业主业优质资产等取得的非经常性收益。

2. 经济增加值是指经核定的企业税后净营业利润减去资本成本后的余额（考核细则见附件1）。

（二）分类指标由国资委根据企业所处行业特点和功能定位，针对企业管理"短板"，综合考虑企业经营管理水平及风险控制能力等因素确定，具体指标在责任书中确定。

第九条　确定军工企业等特殊企业的基本指标与分类指标，可优先考虑企业业务特点，具体指标及其权重在责任书中确定。

第十条　确定科研类企业的基本指标与分类指标，突出考虑技术创新投入和科技成果转化等情况，具体指标及其权重在责任书中确定。

第十一条　国资委鼓励中央企业参加对标考核试点。

第十二条　国资委根据需要，可以在年度基本指标和分类指标之外增设约束性指标，具体指标在责任书中确定。

第十三条　年度经营业绩责任书按照下列程序签订：

（一）报送年度经营业绩考核目标建议值。考核期初，企业负责人按照国资委年度经营业绩考核要求和企业发展规划及经营状况，对照同行业国际国内先进水平，提出本年度拟完成的经营业绩考核目标建议值，并将考核目标建议值和必要的说明材料报送国资委。

（二）核定年度经营业绩考核目标值。国资委根据"同一行业、同一尺度"原则，结合宏观经济形势、企业所处行业发展周期、企业实际经营状况等，对企业负责人的年度经营业绩考核目标建议值进行审核，并就考核目标值及有关内容同企业沟通后予以确定。

（三）由国资委主任或者其授权代表同企业负责人签订年度经营业绩责任书。

第十四条 国资委对年度经营业绩责任书执行情况实施动态监控。

（一）年度经营业绩责任书签订后，企业负责人每半年必须将责任书执行情况报送国资委，同时抄送派驻本企业的监事会。国资委对责任书的执行情况进行动态跟踪。

（二）建立较大及以上生产安全事故，重大环境污染事故和质量事故，重大经济损失，重大法律纠纷案件，重大投融资和资产重组等重要情况的报告制度。企业发生上述情况时，企业负责人应当立即向国资委报告，同时向派驻本企业监事会报告。

第十五条 年度经营业绩责任书完成情况按照下列程序进行考核：

（一）企业负责人依据经审计的企业财务决算数据，对上年度经营业绩考核目标的完成情况进行总结分析，并将年度总结分析报告报送国资委，同时抄送派驻本企业的监事会。

（二）国资委依据经审计并经审核的企业财务决算报告和经审查的统计数据，结合年度总结分析报告并听取监事会意见，对企业负责人年度经营业绩考核目标的完成情况进行考核（计分细则见附件2），形成企业负责人年度经营业绩考核与奖惩意见。

（三）国资委将最终确认的企业负责人年度经营业绩考核与奖惩意见反馈各企业负责人及其所在企业。企业负责人对考核与奖惩意见有异议的，可及时向国资委反映。

第三章　任期经营业绩考核

第十六条 任期经营业绩考核以三年为考核期。

第十七条 任期经营业绩责任书包括下列内容：

（一）双方的单位名称、职务和姓名；

（二）考核内容及指标；

（三）考核与奖惩；

（四）责任书的变更、解除和终止；

（五）其他需要规定的事项。

第十八条 任期经营业绩考核指标包括基本指标和分类指标。

（一）基本指标包括国有资本保值增值率和总资产周转率。

1. 国有资本保值增值率是指企业考核期末扣除客观因素（由国资委核定）后的国有资本及权益同考核期初国有资本及权益的比率。计算方法为：任期内各年度国有资本保值增值率的乘积。企业年度国有资本保值增值率以国资委确认的结果为准。

2. 总资产周转率是指企业任期内平均主营业务收入同平均资产总额的比值。计算公式为：

$$总资产周转率 = 三年主营业务收入之和/三年平均资产总额之和$$

企业符合主业发展要求的重大投资，如果对当期经营业绩产生重大影响，经核准，可在计算总资产周转率时酌情予以调整。

（二）分类指标由国资委综合考虑企业所处行业特点和功能定位，选择符合企业中长期发展战略、反映可持续发展能力的指标予以确定，具体指标在责任书中确定。

第十九条　确定军工企业等特殊企业的基本指标与分类指标，可优先考虑企业业务特点，具体指标及其权重在责任书中确定。

第二十条　国资委根据需要，可以在任期基本指标和分类指标之外增设约束性指标，具体指标在责任书中确定。

第二十一条　任期经营业绩责任书按照下列程序签订：

（一）报送任期经营业绩考核目标建议值。考核期初，企业负责人按照国资委任期经营业绩考核要求和企业发展规划及经营状况，对照同行业国际国内先进水平，提出任期经营业绩考核目标建议值，并将考核目标建议值和必要的说明材料报送国资委。

（二）核定任期经营业绩考核目标值。国资委根据"同一行业、同一尺度"原则，结合宏观经济形势、企业所处行业发展周期及企业实际经营状况等，对企业负责人的任期经营业绩考核目标建议值进行审核，并就考核目标值及有关内容同企业沟通后予以确定。

（三）由国资委主任或者其授权代表同企业负责人签订任期经营业绩责任书。

第二十二条　国资委对任期经营业绩责任书执行情况实施年度跟踪和动态监控。

第二十三条　任期经营业绩责任书完成情况按照下列程序进行考核：

（一）考核期末，企业负责人对任期经营业绩考核目标的完成情况进行总结分析，并将总结分析报告报送国资委，同时抄送派驻本企业的监事会。

（二）国资委依据任期内经审计并经审核的企业财务决算报告和经审查的统计数据，结合总结分析报告并听取监事会意见，对企业负责人任期经营业绩考核目标的完成情况进行综合考核（计分细则见附件3），形成企业负责人任期经营业绩考核与奖惩意见。

（三）国资委将最终确认的企业负责人任期经营业绩考核与奖惩意见反馈各企业负责人及其所在企业。企业负责人对考核与奖惩意见有异议的，可及时向国资委反映。

第四章　奖　　惩

第二十四条　根据企业负责人经营业绩考核得分，年度经营业绩考核和任期经营业绩考核结果分为A、B、C、D、E五个级别。基本指标考核得分低于基本分或考核最终得分低于100分的，考核结果不得进入C级。利润总额为负或经济增加值为负且没有改善的企业，考核结果原则上不得进入A级（处于行业周期性下降阶段但仍处于国际同行业领先水平的企业除外）。

第二十五条　国资委依据年度经营业绩考核结果和任期经营业绩考核结果对企业负责人实施奖惩，并把经营业绩考核结果作为企业负责人任免的重要依据。

第二十六条　对企业负责人的奖励分为年度绩效薪金奖励和任期激励或者中长期激励。

第二十七条　企业负责人年度薪酬分为基薪和绩效薪金两个部分。绩效薪金与年度考核结果挂钩。绩效薪金＝绩效薪金基数×绩效薪金倍数。具体计算公式为：

当考核结果为E级时，绩效薪金为0；

当考核结果为 D 级时，绩效薪金按照"绩效薪金基数×（考核分数 – D 级起点分数）/（C 级起点分数 – D 级起点分数）"确定，绩效薪金在 0 – 1 倍绩效薪金基数之间；

当考核结果为 C 级时，绩效薪金按照"绩效薪金基数×〔1 + 0.5 ×（考核分数 – C 级起点分数）/（B 级起点分数 – C 级起点分数）〕"确定，绩效薪金在 1 倍绩效薪金基数到 1.5 倍绩效薪金基数之间；

当考核结果为 B 级时，绩效薪金按照"绩效薪金基数×〔1.5 + 0.5 ×（考核分数 – B 级起点分数）/（A 级起点分数 – B 级起点分数）〕"确定，绩效薪金在 1.5 倍绩效薪金基数到 2 倍绩效薪金基数之间；

当考核结果为 A 级时，绩效薪金按照"绩效薪金基数×〔2 +（考核分数 – A 级起点分数）/（A 级封顶分数 – A 级起点分数）〕"确定，绩效薪金在 2 倍绩效薪金基数到 3 倍绩效薪金基数之间。

但对于利润总额低于上一年的企业，无论其考核结果处于哪个级别，其绩效薪金倍数应当低于上一年。

第二十八条 绩效薪金的 70% 在年度考核结束后当期兑现；其余 30% 根据任期考核结果等因素，延期到任期考核结束后兑现。对于离任的法定代表人，还应当根据经济责任审计结果，确定延期绩效薪金兑现方案。

第二十九条 对于任期经营业绩考核结果为 A 级、B 级和 C 级的企业负责人，按期兑现延期绩效薪金，并给予企业负责人相应的任期激励。对于任期经营业绩考核结果为 D 级和 E 级的企业负责人，根据考核分数扣减延期绩效薪金。

具体扣减绩效薪金的公式为：

扣减延期绩效薪金 = 任期内积累的延期绩效薪金×（C 级起点分数 – 实得分数）/C 级起点分数。

第三十条 在综合考虑中央企业负责人整体薪酬水平和考核对象薪酬水平的基础上，根据任期考核结果给予企业负责人相应的任期激励，具体办法另行确定。

第三十一条 被考核人担任企业主要负责人的，其分配系数为 1，其余被考核人的系数由企业根据各负责人的业绩考核结果，在 0.6 ~ 0.9 之间确定，报国资委备案后执行。

第三十二条 未完成任期经营业绩考核目标或者连续两年未完成年度经营业绩考核目标进入 D 级和 E 级的企业，国资委对相关负责人提出调整建议或予以调整。

第三十三条 对取得重大科技成果、在国际标准制定中取得重大突破和承担国家重大结构性调整任务且取得突出成绩的，年度考核给予加分奖励。

第三十四条 对业绩优秀及在科技创新、管理进步、国际化经营、品牌建设、节能减排方面取得突出成绩的，授予任期特别奖，予以表彰（实施细则见附件4）。

第三十五条 对于全员考核工作开展不力的企业，扣减经营业绩考核得分。

第三十六条 实行企业负责人经营业绩考核谈话制度。对于年度考核结果为 D 级和 E 级的企业，经国资委主任办公会议批准，由国资委业绩考核领导小组与企业主要负责人进行谈话，帮助企业分析问题、改进工作。

第三十七条　企业违反《中华人民共和国会计法》、《企业会计准则》等有关法律法规规章，虚报、瞒报财务状况的，国资委根据具体情节给予降级或者扣分处理，并相应扣发企业法定代表人及相关负责人的绩效薪金、任期激励或者中长期激励；情节严重的，给予纪律处分或者对企业负责人进行调整；涉嫌犯罪的，依法移送司法机关处理。

第三十八条　企业法定代表人及相关负责人违反国家法律法规和规定，导致重大决策失误、重大安全与质量责任事故、重大环境污染责任事故、重大违纪和法律纠纷案件，给企业造成重大不良影响或者国有资产损失的，国资委根据具体情节，对企业给予降级或者扣分处理，并相应扣发企业负责人绩效薪金、任期激励或者中长期激励；情节严重的，给予纪律处分或者对企业负责人进行调整；涉嫌犯罪的，依法移送司法机关处理。

第五章　附　则

第三十九条　对于在考核期内企业发生清产核资、改制重组、主要负责人变动等情况的，国资委可以根据具体情况变更经营业绩责任书的相关内容。

第四十条　国有独资企业、国有独资公司和国有资本控股公司党委（党组）书记、副书记、常委（党组成员）、纪委书记（纪检组长）的考核及其奖惩依照本办法执行。

第四十一条　国有资本参股公司、被兼并破产企业中由国资委党委管理的企业负责人，其经营业绩考核参照本办法执行。具体经营业绩考核事项在经营业绩责任书中确定。

第四十二条　对符合下列条件的企业，国资委授权董事会对高级管理人员的经营业绩进行考核：

（一）公司法人治理结构完善，外部董事人数超过董事会全体成员半数；

（二）经营业绩考核制度健全；

（三）薪酬与考核委员会成员全部由外部董事担任。

第四十三条　国资委依据有关规定，对董事会业绩考核工作进行指导和监督，并结合中央企业整体水平和行业特点，对董事会企业经营业绩进行测试评价。

第四十四条　获得授权的董事会，应根据国资委的要求制定、完善业绩考核办法和程序，科学合理地确定高级管理人员的考核目标和考核结果。上述工作，董事会应事前与国资委进行沟通，事后报国资委备案。

第四十五条　各省、自治区、直辖市国有资产监督管理机构，设区的市、自治州级国有资产监督管理机构对国家出资企业负责人的经营业绩考核，可参照本办法执行。

第四十六条　本办法由国资委负责解释。

第四十七条　本办法自2013年1月1日起施行。

附件1：

经济增加值考核细则

一、经济增加值的定义及计算公式

经济增加值是指企业税后净营业利润减去资本成本后的余额。

计算公式：

经济增加值＝税后净营业利润－资本成本＝税后净营业利润－调整后资本×平均资本成本率

税后净营业利润＝净利润＋（利息支出＋研究开发费用调整项）×（1－25%）

企业通过变卖主业优质资产等取得的非经常性收益在税后净营业利润中全额扣除。

调整后资本＝平均所有者权益＋平均负债合计－平均无息流动负债－平均在建工程

二、会计调整项目说明

（一）利息支出是指企业财务报表中"财务费用"项下的"利息支出"。

（二）研究开发费用调整项是指企业财务报表中"管理费用"项下的"研究与开发费"和当期确认为无形资产的研究开发支出。对于勘探投入费用较大的企业，经国资委认定后，将其成本费用情况表中的"勘探费用"视同研究开发费用调整项按照一定比例（原则上不超过50%）予以加回。

（三）无息流动负债是指企业财务报表中"应付票据"、"应付账款"、"预收款项"、"应交税费"、"应付利息"、"应付职工薪酬"、"应付股利"、"其他应付款"和"其他流动负债（不含其他带息流动负债）"；对于"专项应付款"和"特种储备基金"，可视同无息流动负债扣除。

（四）在建工程是指企业财务报表中的符合主业规定的"在建工程"。

三、资本成本率的确定

（一）中央企业资本成本率原则上定为5.5%。

（二）对军工等资产通用性较差的企业，资本成本率定为4.1%。

（三）资产负债率在75%以上的工业企业和80%以上的非工业企业，资本成本率上浮0.5个百分点。

四、其他重大调整事项

发生下列情形之一，对企业经济增加值考核产生重大影响的，国资委酌情予以调整：

（一）重大政策变化；

（二）严重自然灾害等不可抗力因素；

（三）企业重组、上市及会计准则调整等不可比因素；

（四）国资委认可的企业结构调整等其他事项。

附件2：

年度经营业绩考核计分细则

一、年度经营业绩考核综合计分

年度经营业绩考核综合得分＝（利润总额指标得分＋经济增加值指标得分＋分类指标得分）×业绩考核系数＋奖励分－考核扣分

上述年度经营业绩考核指标中，若利润总额或经济增加值指标未达到基本分，则其他指标最高只得基本分，所有考核指标得分不再乘业绩考核系数。

二、年度经营业绩考核各指标计分

（一）利润总额指标计分。

军工、储备、科研、电力、石油石化企业利润总额指标的基本分为 30 分；其他企业利润总额指标的基本分为 20 分。该指标计分以基准值为基础。利润总额基准值根据上年实际完成值和前三年实际完成值平均值的较低值确定（行业周期性下降或受突发事件重大影响的企业除外）。

1. 利润总额考核目标值不低于基准值时，完成值每超过目标值 2%，加 1 分，最多加基本分的 20%。完成值每低于目标值 2%，扣 1 分，最多扣基本分的 20%。

2. 利润总额考核目标值低于基准值时，加分受限。加分受限按照以下规则执行：

（1）目标值比基准值低 20%（含）以内的，最多加基本分的 15%。

（2）目标值比基准值低 20%~50% 的，最多加基本分的 12%。

（3）目标值比基准值低 50%（含）以上的，最多加基本分的 10%。

3. 利润总额目标值达到或超过前三年最高值的，完成时加满分；未完成时，将基准值作为目标值正常计分。

4. 利润总额考核目标值为负数，完成值减亏部分折半计算，盈利部分正常计算；超额完成考核目标，最多加基本分的 10%；减亏但仍处于亏损状态，考核得分不超过 C 级最高限；扭亏为盈，考核得分不超过 B 级最高限。

（二）经济增加值指标计分。

军工、储备和科研企业经济增加值指标的基本分为 30 分；电力、石油石化企业经济增加值指标的基本分为 40 分；其他企业经济增加值指标的基本分为 50 分。该指标计分以基准值为基础。经济增加值基准值根据上年实际完成值和前三年实际完成值平均值的较低值确定（行业周期性下降和受突发事件重大影响的企业除外）。

1. 经济增加值考核目标值不低于基准值时，完成值每超过目标值（绝对值）1%，加 1 分，最多加基本分的 20%。完成值每低于目标值（绝对值）1%，扣 1 分，最多扣基本分的 20%。

2. 经济增加值考核目标值低于基准值时，加分受限。加分受限按照以下规则执行：

（1）目标值比基准值低 20%（含）以内的，加分受限 0.5 分。

（2）目标值比基准值低 20%~50% 的，加分受限 1 分。

（3）目标值比基准值低 50%（含）以上的，加分受限 2 分。

3. 经济增加值考核目标值达到优秀水平且完成目标值的，该项指标直接加满分。

4. 经济增加值考核目标值在零附近的，计分给予特别处理。

（三）分类指标计分。

分类指标应当确定 2 个。分类指标计分以基准值为基础。年度分类指标基准值根据上年实际完成值或前三年实际完成值平均值确定。

1. 考核目标值不差于基准值时，完成后直接加满分；未完成考核目标的，在满分基础上按差额程度扣分，最多扣至基本分的 80%。

2. 考核目标值差于基准值时，完成后按差额程度加分受限，最多加基本分的 10%；未完成考核目标的，在基本分基础上按差额程度扣分，最多扣基本分的 20%。

三、奖惩计分

（一）奖励计分。

1. 承担国家结构性调整任务且取得突出成绩的企业，国资委根据有关规定视任务完成情况加 0.5－2 分。

2. 对考核期内获得重大科技成果或在国际标准制定中取得重大突破的企业，国资委根据有关规定加 0.1－1 分。

（二）考核扣分。

1. 企业发生重大资产损失、发生生产安全责任事故、环境污染责任事故等，国资委按照有关规定给予降级、扣分处理。

2. 企业发生违规违纪或者存在财务管理混乱等问题，国资委按照有关规定视情节轻重扣 0.5～2 分。

3. 企业全员考核制度不健全，未对集团副职、职能部门负责人、下属企业负责人进行考核的，视情况扣减 0.1～1 分。

四、业绩考核系数

业绩考核系数由企业资产总额、利税总额、净资产收益率、经济增加值、营业收入、职工平均人数、技术投入比率等因素加权计算，分类确定。

附件 3：

任期经营业绩考核计分细则

一、任期经营业绩考核综合计分

任期经营业绩考核综合得分 =（国有资本保值增值率指标得分 + 总资产周转率指标得分 + 分类指标得分）× 业绩考核系数 + 任期内三年的年度经营业绩考核结果指标得分 － 考核扣分

上述任期经营业绩考核指标中，若国有资本保值增值率或总资产周转率指标未达到基本分，则其他指标最高只得基本分，所有考核指标得分不再乘业绩考核系数。

二、任期经营业绩考核各指标计分

（一）国有资本保值增值率指标计分。

国有资本保值增值率指标的基本分为 40 分。该指标计分以基准值为基础。国有资本保值增值率基准值根据上一任期实际完成值和上一任期考核目标值与实际完成值平均值的较低值确定。

1. 国有资本保值增值率考核目标值不低于基准值时，完成值每超过目标值 0.3 个百分点，加 1 分，最多加 8 分。完成值低于目标值，每低于目标值 0.3 个百分点，扣 1 分，最多扣 8 分。

2. 国有资本保值增值率考核目标值低于基准值时，加分受限。加分受限按照以下规则执行：

（1）目标值比基准值低 3 个百分点（含）以内的，最多加 7 分。

（2）目标值比基准值低 3 至 5 个百分点的，最多加 6 分。

（3）目标值比基准值低 5 个百分点（含）以上的，最多加 5 分。

3. 国有资本保值增值率考核目标值达到优秀水平的，完成后直接加满分。

4. 国有资本保值增值率考核目标值低于 100% 的，完成后只得基本分。

（二）总资产周转率指标计分。

总资产周转率指标基本分为 20 分。该指标计分以基准值为基础。总资产周转率基准值根据上一任期实际完成值和上一任期第三年实际完成值的较低值确定。

1. 考核目标值不低于基准值时，完成后直接加满分；未完成考核目标的，在满分基础上按差额程度扣分，完成值每低于目标值 2%，扣 1 分，最多扣至基本分的 80%。

2. 考核目标值低于基准值时，完成后按差额程度加分受限；未完成考核目标的，在加分受限后最高分基础上按差额程度扣分，完成值每低于目标值 2%，扣 1 分，最多扣至基本分的 80%。加分受限按照以下规则执行：

（1）目标值比基准值低 10%（含）以内的，最多加 3 分。

（2）目标值比基准值低 10%～20% 的，最多加 2.5 分。

（3）目标值比基准值低 20%（含）以上的，最多加 2 分。

3. 总资产周转率考核目标值达到优秀水平的，该指标加分不受限。

（三）分类指标计分。

分类指标应当确定 2 个。分类指标计分以基准值为基础。任期分类指标基准值根据上一任期实际完成值或上一任期第三年实际完成值确定。任期分类指标计分规则与年度相同。

（四）任期内三年的年度经营业绩考核结果指标计分。

任期内三年的年度经营业绩考核结果指标的基本分为 20 分。企业负责人三年内的年度经营业绩综合考核结果每得一次 A 级得 8 分；每得一次 B 级得 7.335 分；每得一次 C 级得 6.667 分；每得一次 D 级及以下得 6 分。

三、考核扣分

未完成节能减排考核目标的，视情况扣减 0.1～2 分。

四、业绩考核系数

业绩考核系数由企业资产总额、利税总额、净资产收益率、经济增加值、营业收入、职工平均人数、技术投入比率等因素加权计算，分类确定。

附件 4：

任期特别奖实施细则

一、奖项设立

国资委在任期考核中设立任期特别奖，包括"业绩优秀企业奖"、"科技创新特别奖"、"管理进步特别奖"、"国际化经营特别奖"、"品牌建设特别奖"和"节能减排特别奖"。

二、获奖条件及评定办法

（一）对任期考核结果为 A 级且在该任期中年度考核获得三个 A 级或者两个 A 级、

一个 B 级的企业，授予"业绩优秀企业奖"。

（二）对任期内获得国家级重大科技奖励、中国专利金奖，以及制定重要国际标准的企业，授予"科技创新特别奖"。

（三）资产负债率控制在合理范围内（工业企业 75%，非工业企业 80%），同时符合下列条件之一的企业，授予"管理进步特别奖"：

1. 效益大幅度增加。

2. 盈利水平显著提高。

3. 价值创造能力优异。

4. 扭亏增效成绩突出。

（四）对任期内国际化经营成效显著的企业，授予"国际化经营特别奖"。

（五）对任期内品牌建设取得重大进展的企业，授予"品牌建设特别奖"。

（六）对符合以下条件之一的企业，授予"节能减排特别奖"：

1. 任期末，主要产品单位能耗、污染物排放水平达到国内同行业最好水平，接近或者达到国际同行业先进水平的。

2. 任期内，单位综合能耗降低率、主要污染物排放总量降低率在中央企业居于前列的。

3. 任期内，节能减排投入较大，在节能减排技术创新方面取得重大突破，在推动全行业、全社会节能减排方面做出突出贡献的。

三、奖励方式

任期结束时，由国资委对上述奖项进行评定，并对获奖企业进行表彰。

附录2：关于以经济增加值为核心 加强中央企业价值管理的指导意见

国资发综合[2014]8 号

为深入贯彻党的十八届三中全会精神，以管资本为主加强国有资产监管，指导中央企业进一步深化经济增加值考核，优化资源配置，提升以经济增加值为核心的价值管理水平，促进中央企业转型升级，增强核心竞争能力，加快实现做强做优、科学发展，制定本指导意见。

一、价值管理概念、基本原则、指导思想和主要目标

（一）价值管理概念。

经济增加值是指企业可持续的投资收益超过资本成本的盈利能力，即税后净营业利润大于资本成本的净值。经济增加值是全面考核企业经营者有效使用资本和为股东创造价值的重要工具，也是企业价值管理的基础和核心。本指导意见所称价值管理是基于经济增加值的价值管理，是以价值最大化为目标，以经济增加值管理理念、管理决策和流

程再造为重点，通过价值诊断、管理提升、考核激励、监测控制等管理流程的制度化、工具化，对影响企业价值的相关因素进行控制的全过程管理。

（二）基本原则。

价值管理与企业实际紧密结合。实事求是、尊重企业发展规律，根据企业所处行业、发展阶段、战略目标，推动企业根据资本属性，在战略规划、投资决策、生产运营、财务管理、业绩考核、薪酬分配等方面与价值管理有机结合，实现从注重利润创造向注重价值创造转变。

价值管理与制度建设相互促进。在坚持过去行之有效做法的基础上，遵循价值管理的基本理念、基本方法，将资本成本、资本纪律、风险控制等价值管理要素与现有管理体系有机融合，促进价值管理的制度化、体系化。

价值管理与完善激励约束机制有效衔接。以经济增加值考核为切入点，积极探索以经济增加值创造水平或改善状况与绩效薪酬或中长期激励挂钩的有效做法，建立长效激励约束机制，最大限度调动企业负责人和员工的积极性、创造性。

价值管理与维护各方利益有机统一。既要坚持股东价值最大化，又要模范遵守国家法律法规，统筹兼顾债权人、供应商、消费者、内部员工等相关方的利益，积极履行社会责任，创造互利共赢和谐发展的良好环境。

（三）指导思想和主要目标。

为做强做优中央企业、培育具有国际竞争力的世界一流企业，价值管理的指导思想和主要目标是：以科学发展观为指导，坚持转变发展方式与提升价值创造能力相结合，壮大规模与提高发展质量相统一，短期效益与长期发展相协调，力争用两个任期左右时间，中央企业价值管理体系基本完善，实现诊断科学、考核健全、激励约束有效、监控到位；价值管理更加科学，实现经济增加值从考核指标向管理工具转变、从结果考核向过程控制转变；价值创造能力明显提升，以更优化的资本结构、更有效率的资本运营、更强的主业获利能力，全面提升企业核心竞争能力。

二、不断完善价值管理体系

（四）建立经济增加值诊断体系。

诊断体系是实施价值管理的基础，是明确主攻方向、制定有效措施的重要前提。中央企业要以财务报表为基础，以资本成本为基准，深入企业生产经营的不同层级和不同环节，将经济增加值的构成要素从财务指标向管理和操作层面逐级分解，绘制出要素全、可计量、易识别的价值树，揭示价值形成的途径。要注重运用科学的分析方法，从纷繁复杂的价值树指标中，识别出反应灵敏、影响重大的关键价值驱动因素。要从关键价值驱动因素出发，选取国内外优秀企业作为标杆，找出差距、分析原因，明晰价值管理的薄弱环节。要针对诊断出来的问题，完善战略、预算、执行等方案，形成价值提升策略。

（五）完善以经济增加值为核心的考核体系。

考核体系是实施价值管理的保障，是坚持正确导向，有效落实国有资本保值增值责任的主要抓手。中央企业要坚持提升发展质量和效率的考核导向，将经济增加值作为主要考核指标，并逐步提高其权重。要结合企业内部不同板块、不同发展阶段的特点，科学设定资本成本率、从严把握经济增加值计算调整项，推进差异化考核，有效平衡当期回报与可持续发展。要强化短板考核，从关键价值驱动因素中选取短板指标纳入考核体系，确定具有挑战性的目标，持续改善。要推动组织绩效和个人绩效的有效结合，将经济增加值考核指标逐级分解，层层落实考核责任。

（六）探索建立经济增加值激励约束机制。

创新激励约束机制是价值管理的基本动力，是完善责权利相统一、业绩考核与奖惩紧密挂钩的重要方向。中央企业要把经济增加值及其改善值作为各级出资企业负责人绩效薪酬核定的重要指标，根据经济效益状况、经济增加值贡献大小和业绩考核结果，按照薪酬考核办法确定企业负责人绩效薪酬。中央企业要在坚持考核薪酬分配基本制度的前提下，以管理团队、核心业务骨干为主要对象，积极探索与经济增加值紧密挂钩的任期激励和中长期激励机制，更好地留住关键人才，更加注重企业的可持续发展。

（七）建立健全经济增加值监控体系。

监控体系是价值管理常态化运行的重要环节，是过程控制的关键。中央企业要建立和完善经济增加值监测报告制度，定期分析预警关键价值驱动因素和考核指标变化情况。要参照行业和本企业历史数据，及时发现经济增加值变化的主要原因，对战略、运营、财务、内部控制等方面的不适应性进行调整纠正。要完善经济增加值监控手段，充分应用现代信息技术，逐步提高监测的深度、广度和频度，增强工作的主动性和有效性。

三、不断提升价值创造能力

（八）优化国有资本配置。

中央企业要根据国有资本的特点，合理配置资源，提高配置效率。要着眼于增强国有资本在重要领域、关键环节和战略性产业的控制力和影响力，强化产业整合，掌握核心技术、聚焦系统集成，科学界定主业范围、区域布局和产品边界，不盲目延伸产业链和价值链。对于主业范围内的业务，要结合发展战略、协同效应、价值创造、能力匹配等因素，综合考虑经济增加值创造水平，动态优化价值链管理，突出重点、做强做优；不具备竞争优势的主业，要及时调整，有序退出。超出主业范围、价值创造能力低的业务，要坚决剥离重组；培育新的战略性业务要坚持审慎原则，严格论证，把握节奏，有序进入。要坚持合理分工，与产业链上下游企业形成合理的竞争格局，构建高效和谐的产业生态环境；坚决避免不具备产业链竞争优势的业务自成体系和"大而全、小而全"。要着眼于提高国有资本的回报和保持合理的流动性，遵循资本运作规律，选择各类有发展潜力、成长性好的市场主体进行股权投资，有效规避风险。要积极发展混合所有制经济，通过产业链整合、项目融资、债务重组、网运分开等手段，实现国有资本、集体资本、非公有资本等交叉持股、相互融合，放大国有资本功能，提高国有资本布局结构调整的能力。政策性业务较重的企业，要在保障国家安全、提供公共服务等方面做出更大贡献。

（九）调整存量资产结构。

中央企业要加大内部资源整合力度，使资产规模与价值创造能力相匹配，资产结构与经营效率相协调。要根据企业发展战略和主业定位，定期对不同类别存量资产进行价值分析，制定分类处理方案。对符合国有资本发展方向和企业战略定位、价值创造能力高的存量资产，应优先配置资源，提高利用效率。对战略匹配度低的存量资产，应适当控制规模并逐步优化。对资本回报长期低于资本成本且无发展前景的存量资产，应有序退出。对长期不分红、无控制权的股权投资，应制定专项处理方案。对可有效辅助、延伸主业发展，盈利能力较强、增长前景较好的少数股权投资，要创造条件增强控制力。

（十）强化投资并购管理。

中央企业要积极探索投资与经济增加值挂钩的机制。投资并购决策要以符合发展战略和主业发展方向为前提，把经济增加值作为决策的重要依据，对项目识别、选择、评估、实施以及后评价等主要环节进行系统管理。要运用价值分析方法，从具有发展前途、关系国家安全、国民经济命脉的新技术、新产业中，优选经济增加值回报处于合理区间、战略匹配度高、有利于发挥协同效应的项目。要完善投资后评价制度，将经济增加值作为项目评估的重要内容，持续提升投资决策水平。要健全投资决策责任追究机制，建立董事会或企业主要负责人对重大投资决策负责制，严格考核奖惩。要根据国际化经营战略，稳妥实施境外投资并购，有序开展竞争，在全球范围内优化资源配置，提高产业国际竞争力。

（十一）创新盈利模式。

中央企业要在巩固传统盈利方式的基础上，积极探索新的盈利模式，实现从注重规模向注重质量效益转变，从产业链过度延伸向价值链中高端转变，从国内经营向国际化经营转变，增强价值创造能力。要以价值链为基础，通过职能配置优化和关键业务流程再造，整合内部经营要素和相关资源，最大限度地降低成本费用。以提升价值为重要导向，加大科技投入，加快新技术、新工艺的创新，破解制约企业价值提升的瓶颈。积极开展商业模式创新，适应网络信息技术的发展变化，大力发展电子商务，沿价值链大力发展生产性服务业，引领行业变革，增强增值服务能力。不在价值链的低端领域打价格战，对盈利能力低、不具备竞争优势的生产经营环节，积极探索通过外包、协作等方式予以剥离，增强核心资产盈利能力。要加强品牌建设，重视客户感知，通过提供差异化、物超所值的产品或服务，提高品牌认知度和客户忠诚度，提升品牌溢价能力。

（十二）加快资产周转。

中央企业要围绕资产运营效率的提高，加快资产周转、减少生产经营活动对资本的占用。要紧密结合生产经营计划，将有限的资源优先配置到核心主业、优质资产以及有助于增强长期价值创造能力的项目上，合理控制资产占用规模，完善资产结构。要定期评估厂房、设备等固定资产的利用率与周转率，积极探索通过租赁、承包、转让等方式盘活低效资产，提高固定资产运营效率。要强化应收款管理，落实催收责任，增强收现能力。要加强供应链管理，优化采购、生产和配送流程，加快存货周转。要加强资金预算管理，保障业务发展和现金流平稳顺畅。深化内部资金集中管理，加速资金融通，避免资金闲置。要利用商业信用和相对低成本的供应链融资，降低营运资金规模。要根据行业特征和产业发展周期等因素，合理确定最佳现金持有量，有效安排盈余现金，提高现金的周转效率。

（十三）优化资本结构。

中央企业要综合考虑行业特征、业务特点、资产流动性等因素，合理确定资本结构及财务杠杆边界，力争达到资本成本率最低、财务风险可控。要在预期现金盈余水平可控的情况下，合理利用财务杠杆创造价值。要做好债务融资期限搭配，保持合理的财务弹性，有效应对紧急情况和及时把握投资机会，确保财务结构稳健、有效。要做好融资规划，综合考虑融资方式、期限、成本、币种等因素，拓宽融资渠道，降低融资成本。积极探索国有资本和非国有资本有机融合的方式和途径，发展混合所有制经济，优化股权结构，实现资本结构的动态优化，增强国有资本的带动力。

（十四）强化风险管理。

中央企业要综合平衡好收入增长、资本回报与风险控制的关系，实现可持续发展。要从战略、财务、市场、运营、法律等方面对影响价值创造的关键风险因素进行识别、分析和评估，并根据风险与收益相平衡的原则确定风险的优先管理顺序和措施，降低风险损失，提高风险收益。要建立高风险业务、重大投资并购等重要事项的专项风险评估制度，严格落实责任，强化制度落实和程序执行情况的责任追究。要建立包括专项风险动态跟踪评估、风险管控措施落实情况的跟踪审计等在内的闭环工作流程。要严格财务杠杆边界管理，增强现金盈余保障，审慎运用金融衍生工具。要加强重大风险监测预警管理，将风险管理关口前移，建立风险识别、转移、对冲机制，做好应对预案，降低系统性风险对企业的影响。

四、强化组织保障

（十五）加强组织领导，健全工作机制。

价值管理涉及企业生产经营的方方面面，事关企业发展全局，中央企业要高度重视，加强领导，精心组织，确保落实到位。主要负责人要把价值管理体系建设作为一项重要任务来抓，将价值管理纳入企业发展规划，引入业绩考核与薪酬分配，嵌入生产经营流程，融入企业文化建设。各项相关工作要明确责任部门，有效落实工作责任。要建立协同高效的工作机制，相关部门各司其职，密切配合，形成工作合力，确保价值管理工作顺利推进；加强价值管理人才队伍建设，为进一步提升价值管理水平提供有力支撑。

（十六）加强顶层设计，积极稳妥推进。

中央企业应在贯彻本指导意见要求的基础上，结合自身实际，整体设计、系统规划、全面梳理、抓紧修订和完善相关制度，坚持分类指导、分步实施，把握节奏、统筹协调，形成具有自身特色的价值管理体系，并持续改进。

（十七）广泛宣传理念，加强价值文化建设。

中央企业应充分利用各种传媒方式广泛宣传价值管理理念和基本方法，通过培训、研讨、专题会议、典型示范引导等方式，培训相关知识、介绍成功案例，深入推进价值管理。要高度重视价值创造意识、理念及文化的培育，将资本成本、资本纪律等价值理念融入企业文化，形成价值创造人人有责的良好氛围，切实增强全员价值创造意识。

附录3：黄淑和在2014年中央企业负责人经营业绩考核工作会议上的讲话①

（2013年12月29日）

这次会议的主要任务是，深入贯彻落实党的十八届三中全会、中央经济工作会议和中央企业、地方国资委负责人会议精神，总结2013年中央企业负责人经营业绩考核工作，分析深化国资国企改革对业绩考核带来的新变化，研究下一步完善业绩考核工作的总体思路和重点方向，部署2014年工作。国资委对业绩考核工作历来高度重视，张毅同志对会议作了重要批示，充分肯定了我们取得的成绩，明确提出了做好今后工作的要求。各中央企业要认真学习领会，抓好贯彻落实。下面，我讲三点意见。

一、2013年中央企业业绩考核工作取得了明显成效

2013年，各中央企业认真学习贯彻新修订的《中央企业负责人经营业绩考核暂行办法》（国资委令第30号），紧密结合企业发展实际，把握规律性、突出针对性，不断加强制度建设，创新方式方法，业绩考核工作取得了明显成效并呈现出不少亮点和特色。

（一）业绩考核体系不断健全。

考核导向更加精准。兵器装备集团进一步突出战略导向，年度考核指标大幅精简，效率效益型指标权重占80%，科技创新和管理类指标权重占20%。中国航信、中国外运长航弱化了规模性指标，突出发展质量和短板管理，完善了集团的考核机制。中国石油将价值链高端业务增长率、新增科技创新成果及其推广应用等纳入考核，促进业务转型和科技成果转化。中远集团细化单箱收入、船队租金、燃油成本、基础货源等考核，有序推动产业、船队、市场和客户的结构调整。招商局集团围绕结构调整和转型升级，将新业务开拓、经营模式创新、海外布局优化等作为重点考核内容。武汉邮科院紧紧围绕新的业务组织架构完善业绩考核指标体系，强化了科技创新成果产业化的考核。中国中铁、中国铁建、保利集团引入有息负债指标，引导企业强化风险管控。

---

① 黄淑和，国资委副主任，党委副书记。

目标管理更加科学。武钢、新兴际华在企业内部各层面细化成本、费用、资金占用等考核指标，将指标与岗位职责、重点工作有机结合，形成了人人看指标、想责任、追标杆的良好考核氛围。诚通集团设定考核目标的较高值、基准值和较低值，分别对应不同的考核系数区间，鼓励下属企业自加压力，挑战高目标。中国电科、航天科工完善目标值申报机制，对高于基准目标的，给予考核加分或评级升档。冶金地质总局积极打造"计划－预算－考核"一体化目标管理体系，提高了考核目标的科学性和合理性。

考核监控体系更加健全。中国海油、中国五矿、中智公司等企业加强信息化平台建设，实现了考核的全流程实时监控，提高了工作效率。中航集团定期对经济增加值指标进行跟踪，实现了"一月一通报、两月一考评、每季度一小结"。矿冶总院运用全员业绩考核信息化系统，按季度对员工进行绩效考核，缩短了考核周期。兵器装备集团加强成员单位考核指标完成进度监测，对收到预警通知后限期整改不力或效果不明显的，在考核中予以扣分处理。东风公司通过监测汽车市场增幅、新品投放、产能提升、库存系数等相关指标，提高市场占有率考核指标的含金量。

考核奖惩更加严格。中国黄金对在任期考核中被确定为不称职的企业负责人，予以解聘或撤职。航天科技强化考核指标的刚性约束，对经济增加值为负或下降幅度超过10%、利润负增长且销售利润率低于集团公司平均水平10%、自主研发投入负增长的成员单位，年度考核原则上不得进入 A 级。中国电建对年度考核结果为 A 级的员工，除年终奖金上浮20%外，岗位工资序列晋升一级。中冶集团实行考核结果与资源配置挂钩，对评级靠前的企业，在投资审批、资金调配等方面予以倾斜。

（二）经济增加值考核进一步深化。

加大经济增加值考核力度。大部分中央企业已将经济增加值指标的考核权重提高到了50%，其中中化集团、中国化工分别提高到了60%和70%。中国三峡集团把从事内部服务为主的专业化公司全部纳入经济增加值考核范围，实现了经济增加值考核全覆盖。国药集团经济增加值考核范围已覆盖三级以上企业。南方电网对所属企业考核办法进行了全面整合，突出了经济增加值考核的核心地位。

细化资本成本率。神华集团依据不同板块的资本成本差异，分类确定资本成本率。中国移动根据国资委对集团公司的资本回报要求、美国和香港资本市场对上市公司的资本回报预期、各下属公司运营区域的经济发展水平及行业发展阶段，将资本回报率设置为5挡，实现了经济增加值的精细考核。恒天集团根据企业资产负债水平、融资成本等因素确定企业资本成本率，并严格按照不同的资本成本率进行经济增加值考核。国投制定了《投资指导原则》，分行业明确最低年均投资回报率，据此分类设置权益资本成本率。

积极探索经济增加值激励。航天科技对连续三年净利润超亿元、经济增加值改善值为正的下属单位负责人给予奖励。中国国电、港中旅集团、中国电子建立了价值创造分享激励机制，将年度绩效薪酬与经济增加值或经济增加值改善值挂钩，按照一定比例予以奖励。中国工艺集团按经济增加值实际完成值的3%给予超额绩效奖励。宝钢将经济增加值为正作为实施任期激励的条件，要求下属企业的激励门槛比考核目标值上浮10%，激励额度与经济增加值改善程度挂钩。中国普天实施股权激励的企业，在其授予条件和行权条件中设置了经济增加值指标，并要求经济增加值改善值不能为负。中交集团将经济增加值纳入基薪调节系数，实现了经营者基薪与价值创造挂钩。

加强价值分析和诊断。兵器装备集团要求各成员单位按月编制经济增加值驱动路径表，并将目标分解落实到责任部门。中航工业、南航集团、国投、东方电气集团、中国北车、中国中纺集团等企业实时掌握经济增加值变化情况，并定期进行分析、预警和通报。神华集团运用价值链模型，对集团公司全产业链进行了分析，发掘价值创造的关键因素。哈电集团、中国节能进一步梳理价值链条，定期测算和公布各板块经济增加值完成情况和排名变化，分类确定价值提升的管控重点。

加强生产经营活动的价值管理。航天科工将成员单位投资权限和额度与经济增加值挂钩，经济增加值前三年为负、未来五年经济增加值率低于上年实际水平或集团平均水平的项目，不得进行投资，单项投资额不得超过上年经济增加值的50%。中国石油将经济增加值分析与评价引入油气产品的产、炼、销、储，以及项目的投资、建设、运营等各个环节。一汽集团深入挖掘价值增值的关键要素，并从生产制造延伸到售后服务与衍生业务，促进了全价值链创效。国机集团、中煤地质总局、汽研中心将是否有利于提升经济增加值作为投融资、项目开发的重要前提，合理控制资本增量，优化资本结构。

（三）对标考核迈出新步伐。

加强对标体系建设。中国建筑、中交集团等企业重视对标管理平台建设，分类确定国际领先的标杆企业和对标指标，形成了有标杆、有目标、有激励约束的制度化对标考核机制。港中旅集团建立了"标杆企业池"，要求凡适合行业对标的企业都要选取 3～5 家标杆企业，开展对标考核。中国建材收集 6 大国际建材企业的关键指标数据，对外对标、对内优化，逐步形成了具有行业特色和自身特点的对标体系。中煤集团选定对标指标后，形成数字表格，实现了目标指标化、指标数字化、管理模式化、模式特色化。中国国电制定了三年梯度对标工作计划，按照可操作、重实效的原则，确定了涉及财务、生产、营销、燃料等部门的 23 个对标指标。电信科研院借助沪深 300 指数、行业协会平台数据库等外部信息源，确立考核标杆。

创新对标考核方式。航天科技将总资产周转率、应收账款周转率、存货周转率、盈余现金保障倍数等运营质量指标与其他军工企业进行对标，将排名在第 6 位之后的指标全部纳入考核，争取每年至少前进 1 位。国旅集团将业绩考核、行业对标和年度预算工作有机结合，由"事后对比、查找差距"转化为"事前对比、目标考核"。中国华能每年编制创一流指标三年滚动提升计划，按季度发布所属企业对标排名情况。中船集团对外与韩国现代重工、对内与上海外高桥对标，根据对标结果，将关键短板指标纳入考核，并与企业负责人薪酬直接挂钩。中核集团着重在成本要素、成本结构等方面对标国际同行业领先企业，并根据对标分析结果，编制《主业成本研究手册》，指导各成员单位制定"降本路线图"。

加大对标考核奖惩力度。中核建设集团规定，考核指标达到行业优秀水平的才能进入 A 级。中国石化鼓励具备条件的企业盯住行业领先者，对进入世界先进水平的企业给予表彰和奖励。建筑设计集团对经营净现金流增长率达到集团所属企业优秀水平的，考核给予加分。

（四）分类考核进一步增强。

积极探索科学的考核分类。国家电网针对电网运营、科研、电网建设、金融等业务板块分类设计指标体系，创新考核方式。华润集团从业务定位、战略清晰度、行业领先性三个维度，将所属企业划分为五大类，分别设置考核指标及其权重。中国电科依据发展阶段和业务性质，将成员单位分为持续发展类、初创期类和公益类，对处于初创期的企业实施个性化考核，对公益类企业适度放宽经营指标考核要求。中国联通根据总部特点，将职能部门划分为市场前端、后台支撑和职能管理三大类，以目标管理为重点，增强了业绩考核的针对性。中国海运将所属企业分为经营创新型、控本服务型两类，根据经营管理特点，研究制定对应的考核指标体系。中化集团、东航集团、中国煤炭科工、华录集团针对不同业务类型，个性化设计关键绩效指标，推进差异化考核。

有针对性地完善考核政策。中粮集团实行研发和品牌个性化考核，对实际发生的研发费用视同利润按150%加回。中国电信将新增研究开发费视同利润，调动了各单位加大科技投入的积极性。通用技术集团加大低效无效资产的处置力度，在规范会计核算的基础上，对纳入计划并完成处置的项目，将发生的账面投资亏损和相关费用支出加回利润。中国南车加强新兴产业和海外板块的考核，对重大项目签约、业务收入增长并购重组、合资合作方面取得重大突破的项目给予奖励。中国通号、中国航油在考核办法中，提高安全质量指标考核分值，加大奖惩力度。中国三峡集团建立由个人缴纳和公司配套的安全风险责任金，年终考核兑现，推进本质安全型企业建设。

需要指出的是，2013年经济环境极为错综复杂，保增长任务十分艰巨，各中央企业积极发挥业绩考核的导向作用，认真落实保增长责任，大力挖掘增长潜力，促进了发展质量和效益的不断提升。1～11月，多数企业经济效益继续改善，11户中央企业利润增量超过50亿元，其中中国石化超过100亿元，中国华能、一汽集团、华润集团、中国国电等企业位居前列，亏损企业实现了大幅减亏。在广大干部职工的共同努力下，2013年中央企业创造了良好的经营业绩，全年实现利润总额预计1.3万亿元左右，实现经济增加值继续保持在3 000亿元以上，绝大多数企业可以完成或超额完成考核目标。在国内外经济环境复杂多变的背景下，能够取得这样的成绩实属不易，凝聚了中央企业广大干部职工特别是业绩考核战线同志们的辛勤汗水。在此，我代表国资委和国资委党委，向在座的各位，并通过你们向业绩考核战线上的全体同志致以崇高的敬意和衷心的感谢！

在总结成绩和经验的同时，我们也要清醒地认识到，业绩考核工作也还存在一些需要解决的问题，比如在引导企业提升发展质量、促进结构调整、加强科技创新方面做得还不够深入；经济增加值考核还需不断深化，中央企业价值管理水平有待进一步提升；分类考核还不够科学精准，考核的针对性、有效性有待加强；对标考核尚处于起步阶段，需要进一步加大工作力度。

二、突出改革创新，进一步完善业绩考核

党的十八届三中全会对全面深化改革做出了重大战略部署，提出了一系列新思路、新任务、新举措，也给业绩考核工作带来不少新的课题。我们要把贯彻落实三中全会精神作为完善业绩考核的基本遵循，进一步解放思想，开拓创新，推动业绩考核工作实现新突破，迈上新台阶。

（一）以管资本为主进一步深化经济增加值考核。

三中全会明确指出，要"完善国有资产管理体制"，"以管资本为主加强国有资产监管"。这对提高国有资产监管能力和水平提出了更高的要求。具体到业绩考核工作，要求我们更加重视资本的价值形态，更加重视资本的配置效率。实践证明，经济增加值考核是实现国有资本价值创造的重要引导手段。下一步，我们要进一步深化经济增加值考核，着力在引导企业资本投向更加合理、资本结构更加优化、资本纪律更加严格、资本效率进一步提高上下功夫。具体来讲，要努力做到"三个注重"：一要注重资本投向。中央企业要按照三中全会要求，将资本更多投向关系国家安全、国民经济命脉的重要行业和关键领域，重点提供公共服务、发展重要前瞻性战略性产业、保护生态环境、支持科技进步、保障国家安全。二要注重资本回报。不论是从事产业经营的企业，还是从事资本运作的企业，不论是国有独资公司，还是发展成为混合所有制的企业，都要关注资本回报水平。要围绕资本运营效率的提高，加快资产周转、减少资本占用。对资本回报长期低于最低回报要求且无发展前景的资产，要有序退出；对长期不分红、无控制权的股权投资，应制定专项处理方案。三要注重资本纪律。要坚持底线思维，严禁踩了损害股东价值、超越风险承受能力等方面的红线。要从战略、运营、财务、法律等方面对影响企业健康发展的关键风险因素进行识别、分析和评估，采取有效措施，降低各类风险影响。

（二）积极探索与混合所有制经济相适应的考核方式。

三中全会《决定》指出，"国有资本、集体资本、非公有资本等交叉持股、相互融合的混合所有制经济是基本经济制度的重要实现形式"。发展混合所有制经济，将进一步优化国有企业股权结构，出现国有独资、国有绝对控股、国有相对控股、国有参股等多种形式，这对业绩考核工作提出了新的挑战。在发展混合所有制经济中，中央企业业绩考核要始终注意把握好两点：一要坚持正确的考核导向，更加重视放大国有资本功能，更加重视国有资本有效运作，更加重视国有资本的保值增值和提高竞争力，从而不断增强国有经济的活力、控制力、影响力。二要实现考核责任全覆盖，无论采取何种股权形式，都要明确国有资本保值增值的责任主体，产权延伸到哪里，责任就覆盖到那里。国有独资公司和控股公司要注意发挥董事会的作用，健全董事会考核机制，履行好董事会考核经营层的职责；要积极探索国有参股公司股权代表的考核评价机制，使其忠实履职，依法维护出资人利益。

（三）根据不同国有企业功能完善分类考核。

三中全会对"准确界定不同国有企业功能"提出了新的要求。在党的群众路线教

育实践活动中，不少企业提出了加强分类监管、分类考核的意见。客观上讲，国资委成立以来，始终重视对中央企业的分类考核，并且出台了一系列政策措施。下一步，我们将按照三中全会的要求，进一步完善分类考核。考虑到中央企业遍布多个行业和领域，既有完全参与市场竞争的业务，也有不少保障国民经济发展和国家安全的职能。如何进行科学分类，如何实施有效考核，是一个难点。我们初步考虑，一是在准确界定不同国有企业功能定位的基础上，区分企业的不同性质，按政策性业务和经营性业务实施不同的考核政策。政策性业务较重的企业，基本指标的考核权重可以适当下浮。二是根据不同企业的行业特点和发展基础，在保持基本指标大体统一的基础上，进一步完善分类指标设置，提高考核的科学性和针对性。政策性业务较重的企业，原则上可将政策性业务作为分类指标纳入考核。三是在确保国有资本保值增值的前提下，针对不同类型的企业以及企业的不同发展阶段，确定不同的考核目标。

（四）完善与业绩考核紧密挂钩的长效激励约束机制。

建立长效激励约束机制是三中全会提出的一项重要任务。目前，中央企业实行的是年度考核和任期考核相结合的考核制度，年度考核和绩效薪酬挂钩，任期考核和中长期激励衔接。从执行情况看，中央企业负责人的年度绩效薪酬政策落实得比较到位，但与任期考核相联系的中长期激励尚未建立。这种状况如果长期得不到解决，一方面不利于充分调动企业负责人的积极性，另一方面也容易导致短期行为，影响企业的长期竞争力。考虑到中长期激励的复杂性和国有企业收入分配的敏感性，国资委按照先易后难、稳妥推进的原则，正在研究基于经济增加值的任期激励方案，待时机成熟后推出。各中央企业要结合实际，进行大胆探索。在探索的过程中，要注意把握好三点：一是中长期激励应当与业绩考核紧密挂钩。中长期激励的基础是业绩，要根据考核情况，合理确定激励的范围和水平。二是应把企业是否创造价值作为中长期激励的重要前提。没有创造价值或经济增加值没有改善的，原则上不能实施中长期激励。三是激励的水平要适度，避免引发不平衡和新的矛盾。

上述四个方面的探索，既要积极，又要稳妥，要努力做到"三个结合"：一是继承与创新相结合。实践证明行之有效的，要继续坚持；需要创新的，要遵循三中全会确定的方向，结合企业实际，本着先近后远、先急后缓、先易后难的原则，统筹兼顾，有序推进。二是考核导向与功能定位相结合。既要引导企业重视国有资本保值增值，提高企业经营效率，提升价值创造能力，又要引导企业重视规范经营决策、公平参与竞争、承担社会责任，更好地服务于国家战略目标和任务。三是引导短板解决与长远顶层设计相结合。对当前比较突出的问题，要建立倒逼机制，抓紧研究突破。对涉及全局性长远性的问题，要加强顶层设计，增强系统性、整体性、协同性，努力实现可持续发展。

三、认真做好 2014 年业绩考核工作

2014 年，是深入贯彻党的十八届三中全会精神的开局之年，也是中央企业负责人业绩考核第四任期承上启下之年。做好 2014 年的业绩考核工作，对巩固平稳向好的经

济形势，为全面深化国资国企改革创造条件，具有重要的意义。业绩考核战线的同志们要奋力开拓，积极进取，扎扎实实做好各项工作。

中央企业业绩考核工作的总体要求是：深入贯彻落实党的十八届三中全会、中央经济工作会议及中央企业、地方国资委负责人会议精神，坚持稳中求进、改革创新，围绕管资本为主，健全以经济增加值为核心的业绩考核体系，完善与企业功能定位相适应的分类考核和激励约束机制，提高业绩考核的导向性和针对性，着力引导中央企业提质增效升级，增强市场竞争力，为促进国民经济持续健康发展做出新贡献。

（一）坚持稳中求进，切实做好 2014 年度业绩考核目标确定工作。

2014 年国际国内环境仍然错综复杂，机遇和挑战并存，改革和发展任务十分繁重。我们要抓住有利条件和积极因素，切实发挥业绩考核的导向作用，促进中央企业平稳健康发展。

2014 年中央企业业绩考核目标确定的原则是，统筹当前，兼顾长远，保持合理的增长速度，使经济效益水平与国民经济发展要求相适应，价值创造能力与资本规模相匹配，管理短板继续改善，质量效益继续提升，可持续发展水平继续提高。这样的考虑，既是为全面深化国资国企改革创造条件，又为中央企业结构调整和转型升级创造适度宽松的环境，给企业解决安全生产欠账、加大技术创新和节能环保投入、消化历史遗留问题等留出必要的空间。各中央企业要加强经济形势分析研判，根据企业实际和所处行业变化趋势，提出科学、合理且具有一定挑战性的考核目标。盈利大户要把防止经济效益下滑放在重要位置，高标准、严要求，提出积极的考核目标；亏损企业要奋发有为，打好扭亏脱困攻坚战，切实减亏增效；其他企业要自我加压，提出具有挑战性的考核目标。总之，各中央企业都要突出目标引领，层层传递压力，为提质增效升级做出更大贡献。

（二）抓住薄弱环节，切实做好经济增加值考核工作。

经济增加值考核已经全面实施了四年，但发展还不够平衡，有的企业还没有实现全覆盖，有的企业考核占比还比较低，不少企业激励约束尚处于起步阶段，监控体系也不够健全。各中央企业要结合国资委的总体要求，突出企业特色，继续巩固提高。一是完善考核方式方法。要加大工作力度，将经济增加值作为主要指标纳入企业考核体系。要结合企业内部不同板块、不同发展阶段的特点，科学设定资本成本率和计算调整项。要根据企业战略定位和发展规划，研究探索重大投资并购等资本占用的处理方法，引导企业做强做优，实现可持续发展。二是探索以经济增加值为基础的激励约束机制。要在坚持考核薪酬分配基本原则的前提下，按照责权利相统一、考核与奖惩紧密挂钩的要求，以经济增加值为基础，以管理团队、核心业务骨干为主要对象，依据考核目标完成情况和价值贡献大小，积极稳妥地实施专项奖励和中长期激励。对损毁价值的，要建立健全严格的约束机制。三是进一步健全经济增加值监控体系。要完善经济增加值监测制度，定期分析预警关键驱动因素和考核指标变化情况。要参照行业和本企业历史数据，及时把握经济增加值变动趋势，对战略、运营、财务、内部控制等方面进行适时调整。

为指导中央企业进一步深化经济增加值考核，提升价值管理水平，国资委将于近期出台《中央企业价值管理指导意见》，各中央企业要结合实际，认真贯彻落实。

（三）加大推进力度，切实做好对标考核工作。

自国资委 2012 年鼓励开展对标考核工作以来，中央企业做了大量的积极探索，一些企业已形成了一套比较科学的对标考核体系。但总体上看，实施的面还不够宽，推进的力度还不够大，方法还比较单一，各项基础工作还比较薄弱。下一步，要结合行业特点和企业实际，在以下三个方面下功夫：一要完善对标考核的基础工作。所有企业都要选取一定数量的国内外一流企业作为标杆，在此基础上借助资本市场、行业协会等外部平台和自身多种途径，加强财务、运营、流程等方面数据的收集和维护，完善对标数据库。二要不断扩大对标考核范围。要按照先上路、后规范的原则，在科学诊断和短板分析的基础上，选取针对性和操作性较强的指标作为对标内容，纳入考核。条件基本成熟的企业，尽可能地将更多下属单位纳入对标考核范围。在上年的业绩考核工作会议上，我们提出第四任期要实现对标考核在集团公司层面全覆盖，这项任务时间紧、要求高，没有开展对标考核的企业，要抓紧拿出工作方案，尽快组织实施。三要创新对标考核方法和成果应用。从目标核定、过程控制到考核等级确定等，都要体现对标原则，更加客观地反映企业的努力程度。从 2014 年开始，我们在目标审核时，将更加重视参考标杆企业的发展趋势，完善计分规则，绝不让老实人吃亏；在考核结果核定时，将更加重视考核对象在同行业中的表现，对因产品和服务价格大幅下降造成业绩下滑、考核目标完成不理想，但其盈利能力或资产回报仍处于国际领先水平的企业，业绩考核结果可以进入 B 级。

（四）加强基础建设，切实做好考核信息化工作。

信息化是实现业绩考核工作提质量、上水平的重要保障。目前，中央企业业绩考核部门大多还没有建立一套完整、统一、规范的业绩考核管理信息系统，信息资源的整合与职能部门的工作合力有待进一步加强。各中央企业要以管理提升活动为契机，加强业绩考核信息化平台建设，有效支撑业绩考核工作的开展。一是完善企业内部业绩考核信息系统。依据考核业务流程，构建涵盖数据和信息收集、考核指标设置、跟踪监测、分析诊断、考核评级、结果反馈等内容的系统架构，推动业绩考核工作信息化。二是做好业绩考核系统与财务、运营等信息化平台的有效衔接，实现信息共享，提高工作效率。

最后，我再强调三点：

一要加强新情况新问题的研究。根据三中全会的要求，针对中央企业业绩考核中发现的矛盾，2014 年国资委将启动第五任期考核办法的修订工作，重点是围绕适应市场化、国际化新形势，以管资本为主，深化经济增加值考核，创新激励约束机制，力争使考核办法更加完善、更加定型。各中央企业要认真研究，积极配合，提出建设性意见，共同做好这项工作。

二要加大安全生产和节能环保的考核力度。下一步，国资委将修改完善安全生产考核细则，对发生较大以上生产安全责任事故的，进一步从重处罚。强化节能环保的考核约束，对完不成节能减排目标或造成重大环保事故的，继续从严追责。

三要加大对结构调整的引导力度。企业因重组整合、淘汰落后产能、清理低效无效资产而对当期经营业绩产生重大影响时，国资委在考核目标确定或考核结果核定时将予以酌情考虑。

同志们,当前和今后一个时期,中央企业深化改革、调整结构、提质增效的任务十分艰巨。业绩考核战线的同志们,要以更加开放的视野、更加饱满的热情、更加扎实的工作,锐意进取、大胆创新,努力推动业绩考核工作取得新突破,为培育中央企业新的竞争优势,实现"做强做优、世界一流"的目标做出更大贡献!

附录4:关于认真做好2014年度中央企业负责人经营业绩考核工作的通知

国资发综合[2014]7号

各中央企业:

为深入贯彻党的十八届三中全会、中央经济工作会议和中央企业、地方国资委负责人会议精神,落实中央企业负责人经营业绩考核工作会议部署,进一步提高经营业绩考核的导向性和针对性,引导企业转变发展方式、提升发展质量,全面增强可持续发展能力和服务经济社会的能力,现就做好2014年中央企业经营业绩考核工作的有关事项通知如下:

一、进一步深化经济增加值考核

经济增加值考核已经全面实施四年。各中央企业要认真总结、细致分析,抓住薄弱环节,不断完善经济增加值考核体系。一是将经济增加值作为主要指标纳入企业考核体系,进一步加大考核力度。结合企业内部不同板块、不同发展阶段的特点,科学设定资本成本率和计算调整项。探索研究符合企业战略定位和发展规划的重大投资并购等资本占用的处理方法,引导企业做强做优。二是完善经济增加值监测体系,定期分析预警关键驱动因素和考核指标变化情况。参照行业和本企业历史数据,及时把握经济增加值变动趋势,对战略、运营、财务、内部控制等方面进行适时调整。三是探索以经济增加值为基础,以管理团队、核心业务骨干为主要对象,依据考核目标完成情况和价值贡献大小,实施专项奖励和中长期激励。对损毁价值的,建立健全严格的约束机制。四是结合企业实际,认真贯彻落实国资委《关于以经济增加值为核心加强中央企业价值管理的指导意见》,全面提升价值管理水平。

二、加大对标考核工作力度

对标考核是提高管理水平,提升发展质量,加快创建"世界一流"企业的有效途径。各中央企业要在积极探索、努力实践的基础上,下大力气推动对标考核工作取得新的进展。一是选取一定数量的国内外一流企业作为标杆,借助资本市场、行业协会等外部平台和自身多种途径,加强财务、运营、流程等方面数据的收集和维护,完善对标数据库，推动对标工作逐步系统化、规范化、专业化。二是在科学诊断和短板分析的基础上，选取针对性和操作性较强的指标作为对标内容，纳入考核。未开展对标考核的企业，要抓紧制定工作方案，尽快组织实施。具备条件的企业，要进一步扩大对标考核范围。三是创新对标考核方法和成果应用。从目标核定、过程控制到考核等级确定等，都要体现对标原则，更加客观地反映企业的经营成果。

三、逐步完善分类考核

"准确界定不同国有企业功能"，是党的十八届三中全会对完善国资监管体制提出的新要求。分类考核是实现分类监管，更好地发挥国有企业功能作用的重要手段。各中央企业要高度重视、细致研究、努力创新、不断完善分类考核的方式方法。一是进一步明确企业的功能定位，在国资委核定的主业范围内，根据业务链条和经营领域，抓紧对政策性业务和经营性业务进行梳理，合理划分业务类型和考核分类。二是根据所属企业的功能作用和不同特点，在保持基本指标大体统一的基础上，进一步完善分类指标设置，提高指标的针对性和科学性。对于政策性业务较重的企业，可将政策性业务作为分类指标纳入考核，并适当提高考核权重。三是在确保国有资本保值增值的前提下，针对所属企业的不同类型及不同发展阶段，确定不同的考核目标。

四、持续抓好全员考核工作

各中央企业要紧紧围绕国有资本保值增值，抓好全员考核工作，实现压力层层传递，责任层层落实。一是坚持考核责任全覆盖，对于任何股权形式包括混合所有制经济，都要明确国有资本保值增值的责任主体，积极探索与之相适应的考核方式，确保考核不留死角。二是按照持续改进原则，不断完善短板考核。要紧紧抓住企业发展短板和管理薄弱环节，特别是在投资决策、经营规模、成本控制、风险防范等方面，加强考核引导，着力提升发展质量。三是国有独资公司和控股公司要注意发挥董事会的作用，牢牢把握出资人导向，健全董事会考核机制，履行好董事会考核经营层的职责，指导监督经营层做好对各级企业和员工的考核工作。四是积极探索国有参股公司等其他混合所有制企业股权代表的考核评价机制，使其忠实履职，依法维护出资人利益。

五、建立健全考核工作信息化平台

信息化是实现考核工作提质量、上水平的重要保障。各中央企业要切实加强考核信息化工作，以管理提升活动为契机，加强考核信息化平台建设，有效支撑业绩考核工作的开展。一是依据考核业务流程，构建涵盖数据和信息收集、考核指标设置、跟踪监测、分析诊断、考核评级、结果反馈等内容的系统架构，推动业绩考核工作信息化。二是把考核信息系统列入企业信息化总体规划，做好业绩考核系统与财务、运营等信息化平台的有效衔接，实现信息共享，提高工作效率。三是加强业绩考核信息化培训，提升考核工作人员信息化工作水平。

六、认真做好经营业绩考核材料的报送工作

各中央企业要根据国资委对业绩考核工作的统一部署和总体要求，认真做好业绩考核相关材料报送工作。一是认真做好 2014 年业绩考核目标建议值的报送工作。要加强经济形势分析研判，根据企业实际和所处行业变化趋势，提出科学、合理且具有挑战性的考核目标。有增长潜力的企业要自我加压，盈利大户要防止经济效益下滑，亏损企业要切实减亏增效。中央企业要作稳中求进的中坚力量，努力实现经济效益的持续增长。二是严格按照《中央企业负责人经营业绩考核暂行办法》（国资委令第 30 号）规定和中央企业负责人年度经营业绩责任书的约定，据实申报考核结果核定因素，填写考核指标完成情况，按时报送总结分析报告。三是根据企业十年来业绩考核实践，系统总结工作经验，分析存在的突出矛盾和问题，提出改进意见和工作建议。

附录5：关于认真做好2013年中央企业经营业绩考核工作的通知

国资发综合[2013]3 号

各中央企业：

2013 年是中央企业第四任期经营业绩考核的开局之年，也是深入实施"十二五"发展规划的攻坚之年。为深入贯彻党的十八大、中央经济工作会议和中央企业负责人会议精神，落实中央企业负责人经营业绩考核工作部署，进一步强化经营业绩考核导向，创新考核方法，引导中央企业做强做优、科学发展，现就做好 2013 年中央企业负责人经营业绩考核工作的有关事项通知如下：

一、认真贯彻实施好新修订的业绩考核办法

《中央企业负责人经营业绩考核暂行办法》（国资委令第 30 号）已经公布，各中央企业要认真学习，贯彻实施好新修订的考核办法。一是切实把学习领会新办法作为一项重要工作，企业主要领导和班子成员要带头学习，理解和支持考核工作；分管领导和业绩考核部门同志要深入学习，吃透考核政策，准确把握出资人关注的重点和方向，提高考核工作水平。二是按照国资委新的考核办法的要求，结合企业实际，把业绩考核重点放在引导企业提高发展质量、调整优化结构、加强科技创新、提高国际化经营水平上来，抓紧修订内部考核制度，完善促进科学发展的考核体系和考核机制。三是认真总结考核工作经验和不足，把好的经验加以固化，上升到制度层面；对于突出矛盾和问题，

要抓住薄弱环节，不断改进提升。四是进一步创新考核方法，突出考核导向，增强业绩考核的科学性、针对性和有效性，推动本企业各项重点工作任务的落实和目标的实现。

二、不断深入推进经济增加值考核

各中央企业要认真总结经济增加值考核的经验和不足，进一步明确深化重点，不断深入推进经济增加值考核。一是客观分析企业内外部环境和自身特点，结合发展战略，明确价值提升的方向、目标和路径。深化重点要实现与市场化改革方向、加快转型升级、科学决策、精细化管理和激励约束相结合。二是认真梳理业务链与价值链，深入挖掘价值驱动因素，加强对关键驱动因素和重点经营指标的跟踪、分析，及时掌握企业资本占用和价值创造情况，找出制约企业价值提升的关键环节和重点部位，制定有针对性的整改方案。三是站在提升企业价值创造能力和发展质量的高度，将经济增加值考核融入到企业决策和生产经营管理的各个层面，将考核范围逐步延伸到各级企业和各业务领域，并逐步加大考核权重，提高考核标准。

三、进一步规范和完善董事会考核工作

董事会要准确把握角色定位，切实负起责任，不断提高自身履职能力，扎实做好各项考核工作。一是要加强与国资委的有效沟通，建立健全董事会薪酬与考核委员会和国资委日常沟通机制。二是要贯彻落实国资委统一的考核政策，牢牢把握出资人导向，不断完善对高级管理人员的考核办法，并指导监督高级管理人员做好对各级企业和员工的考核工作。三是对高级管理人员进行经营业绩考核，要注重把握与同行业企业间的平衡。

四、积极探索对标考核

对标考核是实现"做强做优、世界一流"的有效途径，各中央企业要加强探索和实践，努力推动对标考核取得新的突破。一是结合企业实际，在主营业务领域，选择国际先进企业作为标杆，科学构建对标指标体系。对标指标要少而精，可量化、可审核，并保持指标的相对稳定。二是对照标杆寻找差距，将反映企业特点、体现核心竞争力的关键短板指标和可持续发展指标纳入业绩考核体系。三是已经开展对标考核的企业要逐步加大考核力度，进一步完善提高；尚未开展对标考核的企业要尽快启动。四是各中央企业之间要加强经验交流和信息共享，共同提高对标考核工作水平，形成比学赶帮超的良好氛围。

五、认真做好经营业绩考核材料的报送工作

各中央企业要根据国资委对业绩考核工作的统一部署和总体要求，认真做好业绩考

核相关材料报送工作。一是牢牢把握稳中求进的总基调，认真报送 2013 年和第四任期业绩考核目标。要切实加强经济形势研判，在开展行业对标的基础上，结合企业发展规划和经营状况，提出具有挑战性、科学性的考核目标，基本指标要有所提高，分类指标要有所改善。二是健全考核指标监测体系，密切跟踪考核指标执行情况，及时发现问题，及早采取措施，确保考核目标的完成。三是严格按照《中央企业负责人经营业绩考核暂行办法》（国资委令第 22 号）规定和中央企业负责人年度经营业绩责任书的约定，系统总结 2012 年度和第三任期业绩考核各项工作，据实申报考核结果核定因素，按时报送总结分析报告。

附录 6：关于认真做好 2012 年中央企业经营业绩考核工作的通知

国资发综合[2012]8 号

各中央企业：

2012 年是中央企业实现"十二五"改革发展目标承上启下的关键一年，也是全面完成第三任期考核目标的攻坚之年。为深入贯彻中央企业负责人会议和中央企业负责人经营业绩考核工作会议精神，进一步发挥业绩考核的导向作用，引导中央企业有效应对挑战，实现科学发展，现就做好 2012 年中央企业负责人经营业绩考核工作的有关事项通知如下：

一、明确业绩考核工作的主攻方向

2012 年国内外经济形势复杂严峻，中央企业业绩考核工作任务艰巨。各中央企业既要充分认识当前形势的严峻性和紧迫性，统一思想，抓紧做好应对准备工作，更要坚定信心，积极抓住新的发展机遇，实现稳中求进。要把业绩考核工作的主攻方向集中到"保增长、提质量、调结构、抓管理"上来。一是引导企业实现有效益的增长。要聚焦主业，通过优化资源配置、结构优化、科技进步和管理创新等，增强企业活力和竞争力，推动企业实现转型升级、科学发展。二是引导企业提升发展质量。要谨慎投资，减少资本占用，加快资金周转，提高资本使用效率。要加强全成本核算，抓好降本增效，提高盈利水平。三是引导企业调整优化结构。要围绕主业有进有退，向国家需要控制的领域、有技术优势领域、有人才储备领域、有核心竞争力的领域稳步迈进。四是引导企业提高管理水平。要全面开展精细化管理，深化与国际国内一流企业对标找差距。要通过强化管理，有效控制风险，从管理中要效益、求发展。

二、加快推进经济增加值考核

各中央企业要认真总结实施经济增加值考核以来的经验和不足，抓住关键环节，进一步加大经济增加值考核工作的力度，不断拓展考核的广度和深度。一是加大经济增加值考核范围和权重。要认真分析所属单位发展阶段、行业特点、功能定位，逐步扩大经济增加值考核的范围，2012 年争取覆盖到所有三级企业。集团公司对二级企业的经济增加值考核权重要比上年有所提高，具备条件的企业力争达到 40% 以上。二是抓紧建立健全经济增加值动态监测制度。建立包括经济增加值完成情况、各业务单元价值创造能力、主要驱动因素影响等内容的月度监测数据系统。业绩考核部门要加强与运行、财务、投资等部门的沟通联系，加强数据收集、整理和分析，及时发现问题，研究解决办法，确保经济增加值考核和价值管理工作的持续改进。三是全面开展价值诊断活动。对所属企业资本占用和价值创造情况进行全面分析，根据不同的价值创造能力，加强分类指导，优化资源配置，提升价值水平。

三、继续深化全员考核

各中央企业要深入开展全员考核，切实抓好责任落实，实现压力层层传递。一是认真做好副职考核工作。要结合当前中心任务，抓紧组织制定和完善本企业副职考核的具体办法，主要负责同志要亲自抓，分管同志要切实抓好落实，要细化副职考核目标，通过签订责任书等形式，把副职考核工作有效开展起来，充分调动企业副职的积极性和创造性。二是加强对职能部门的考核。要根据企业发展目标，细化职能部门工作职责和考核指标，增强职能部门工作责任和考核压力，促使职能部门有机融合、协同作战、形成合力。三是加强对所属企业全员考核工作的指导和监督。要指导所属企业健全工作机构，完善相关考核制度，定期开展监督检查，及时发现问题，改进工作方式，不断提高企业全员考核工作水平。建设规范董事会试点企业要充分利用自身优势，在贯彻出资人意图、发挥业绩考核导向功能等方面切实起到示范作用。

四、突出抓好短板指标考核

根据做强做优中央企业的总体要求和应对金融危机的新形势，当前，中央企业要把对标工作作为深化短板考核的突破口，把风险管控作为短板考核的重中之重。一是提高对标管理水平。各中央企业要根据发展战略和自身实际，有针对性地选好标杆企业，从经济运行、市场竞争、财务表现、创新能力、人力资源等维度，科学构建一流的对标指标体系。二是深入分析短板。要从业务链和价值链出发，深入分析管理短板，找出差距不足，提出改进的方向。三是加大短板考核力度。要根据不同行业领域、不同发展阶段，分层分类设定不同的短板指标，提高业绩考核的精准性和有效性。尤其要在全面梳理和评估企业投资风险、合同风险和财务风险的基础上，抓紧梳理短板指标，纳入考核体系。

五、切实加强考核基础工作

各中央企业要认真落实"管理提升年"的各项要求，努力夯实考核基础，为考核工作提供强有力的支撑。一是加强队伍建设。要采取多种形式对业绩考核人员进行培训，进一步提高业绩考核工作人员的政策理论水平和履职能力，大力加强考核人才培养和人力资源储备，加快建设一支相对稳定、业务素质高、责任心强的业绩考核队伍。二是加强调查研究。要深入基层，及时了解情况，帮助所属企业解决实际工作中存在的问题，加强对所属企业特别是基层企业考核工作的业务指导。三是加强经验交流。要及时总结推广所属企业的典型经验，主动与其他中央企业进行横向交流，相互借鉴、取长补短，不断改进考核工作方式和方法，全面提升业绩考核工作水平。

六、认真做好年度经营业绩考核材料报送工作

各中央企业要根据国资委对业绩考核工作的统一部署和总体要求，认真做好业绩考核相关材料报送工作。一是准确把握目标报送原则。要深入研究分析所处行业的发展环境，在开展行业对标的基础上，结合企业发展规划和经营状况，提出具有挑战性、科学性的考核目标。利润和经济增加值指标要体现保增长的要求，目标值原则上不能低于前三年的平均水平；分类指标要充分发挥引导企业提升价值创造能力和管理水平的作用，原则上要比上年有较大改善。二是加强考核指标的动态监控。要密切跟踪考核指标执行情况，及时发现问题，及早采取措施，确保考核目标的完成。三是做好考核结果的报送工作。要提前做好考核结果测算工作，客观分析影响考核结果的主观和客观、内部和外部因素，严格按照《中央企业负责人经营业绩考核暂行办法》（国资委令第22号）规定和中央企业负责人年度经营业绩责任书的约定，据实申报考核结果核定因素，按时报送总结分析报告。

附录7：关于认真做好2011年中央企业经营业绩考核工作的通知

国资发综合〔2011〕6号

各中央企业：

2011年是"十二五"开局之年，也是中央企业经济增加值考核深入推进和全员业绩考核不断深化之年。为深入贯彻中央企业负责人会议和中央企业负责人经营业绩考核工作会议精神，按照"完善、深化、创新"的要求，进一步完善业绩考核体系，不断改进和创新考核方式，引导中央企业全面提升整体素质和发展质量，实现科学发展，现就做好2011年中央企业负责人经营业绩考核工作的有关事项通知如下：

一、进一步明确业绩考核工作的主要任务

2011 年及"十二五"时期业绩考核工作的主要任务是：围绕"做强做优中央企业，培育一批具有国际竞争力的世界一流企业"的目标，明确业绩考核主攻方向，完善业绩考核相关政策，引导中央企业夯实发展基础，转变发展方式，提升发展质量，实现科学发展。当前及今后一个时期，业绩考核工作要突出抓好以下五个重点：一是引导企业提高结构调整、资源整合并购重组和经营管理质量，提升价值管理水平。二是引导企业加强能源保障、完成军品任务、落实国家宏观调控政策，着力完成国家重点战略任务，增强服务经济社会发展全局的能力。三是引导企业着力解决历史遗留问题，夯实发展基础。对有政策依据、企业自身有能力解决的，要力争用三年左右的时间予以解决。四是引导企业着力加大研发投入，推动一批关键技术和核心技术取得突破并尽快实现产业化，提高自主创新能力。五是引导企业着力加强安全生产和节能减排，落实责任，严防重特大生产安全责任事故和环保责任事故的发生，实现企业安全发展和绿色发展。

二、深入推进经济增加值考核

各中央企业要进一步提高认识，认真总结经验，完善实施方案，分步骤、有计划地将经济增加值考核推向深入。一是切实把思想和行动进一步统一到国资委的决策部署上来，坚定信心，正视困难，扎实做好推进工作。二是进一步完善实施方案。中央企业要根据所处行业、经济规模、功能定位等，采取更加符合企业实际、更加切实可行有效的实施办法。要根据本企业及所属企业实际情况，逐步扩大经济增加值考核的企业范围，逐步加大经济增加值在考核指标体系中的权重。要研究经济增加值目标的分解落实办法，科学合理地设定所属企业的考核目标和工作任务。三是要把经济增加值考核融入企业管理全过程。要从企业战略规划、投资决策、生产经营、技术创新等各个环节入手，认真梳理企业价值链条，发现影响价值创造能力的关键因素，切实把提高资本使用效率贯穿于企业决策、执行、监督的全过程。四是要主动开展与国际国内同行业先进企业对标，取长补短，提升价值。五是要强化考核结果应用。要积极探索建立与现行薪酬管理制度相衔接、与中央企业实际情况相适应、以经济增加值为核心的中长期激励机制。

三、不断深化全员业绩考核

各中央企业要认真贯彻执行《关于进一步加强中央企业全员业绩考核工作的指导意见》（国资发综合〔2009〕300 号），抓紧完善全员业绩考核体系。一是要完善中央企业负责人副职考核。企业主要负责人要高度重视，切实负起责任。副职考核结果要适当拉开差距，副职绩效薪酬分配系数的确定应当处于企业主要负责人绩效薪酬分配系数的 0.6~0.9 之间。二是要建立健全监督机制，建立监事会监督、企业负责人互相监督、

职工民主监督相结合的监督体系。三是要发挥全员业绩考核在加强企业管理中的作用。要以全员业绩考核为抓手，明确岗位职责，细化工作标准，优化组织流程，实施精细化管理。四是要进一步完善与考核紧密挂钩的薪酬分配等激励约束机制，充分调动好、保护好广大员工的创造性和积极性。

四、稳妥推进董事会业绩考核工作

董事会要切实负起责任，扎实做好各项考核工作。一是要健全制度，规范运作。已获得国资委授权董事会考核高级管理人员的董事会企业（以下简称授权董事会企业），要在总结经验的基础上进一步完善考核制度，增强考核的针对性，提高考核工作水平。尚未获得授权的董事会企业要加快制度建设，尽快建立健全董事会薪酬与考核工作制度，完善对经营层的业绩考核办法，按照国资委有关规定抓紧做好各项工作，争取早日获得授权。二是要完善程序，加强沟通。董事会获得考核授权后，董事会薪酬与考核委员会和国资委之间的日常沟通要制度化、规范化、程序化。业绩考核重大事项在决策前要与国资委充分沟通，决策后要及时报备。三是要加强指导监督，完善考核体系。董事会薪酬与考核委员会要切实承担起指导、监督经营层健全和完善业绩考核体系的职责，指导和监督经营层做好本企业各层级及全体员工的考核工作，确保国有资产保值增值责任链条不断裂。

五、不断提高有效考核水平

实现有效考核是提升经营业绩考核工作水平的基本要求。各中央企业要进一步健全内部考核体系，完善考核机制，强化价值管理，推动企业不断提高有效考核工作水平。一是要认真研究完善企业内部业绩考核体系的相关具体措施，做到既符合国资委对业绩考核工作的总体要求，又符合企业的发展实际和市场经济的一般规律。二是要认真分析企业现状，找准影响企业发展的关键点，提出有效消除影响因素和有效解决企业"短板"的分类考核指标，并根据企业不同发展阶段面临的主要矛盾，适时对分类指标进行调整。三是要切实加强考核工作的组织领导，充分调动各方面积极性，确保各项工作措施落实到位，推动企业可持续发展和科学发展。

六、认真做好年度经营业绩考核材料报送工作

各中央企业要根据国资委对业绩考核工作的统一部署和总体要求，认真做好业绩考核相关材料报送工作。要深入研究分析2011年及"十二五"时期面临的新形势和新任务，在开展行业对标的基础上，结合企业发展规划和经营状况，提出具有挑战性、科学性的考核目标。要加强考核指标执行过程中的动态监控，发现问题，及早采取措施，确保考核目标的完成。请各中央企业严格按照《中央企业负责人经营业绩考核暂行办法》

（国资委令第22号）规定和年度责任书约定，据实申报考核结果核定因素，并按时报送总结分析报告。

附录8：历年中央企业经营业绩考核A级排名

2004～2006年度业绩考核A级企业名单

名次	2004年度A级排名（25户）	2005年度A级排名（28户）	2006年度A级排名（34户）
1	中国石油天然气集团公司	宝钢集团有限公司	中国石油化工集团公司
2	中国石油化工集团公司	神华集团有限责任公司	中国移动通信集团公司
3	上海宝钢集团公司	中国石油化工集团公司	中国石油天然气集团公司
4	鞍山钢铁集团公司	中国电信集团公司	华润（集团）有限公司
5	中国铝业公司	中国移动通信集团公司	中国南方电网有限责任公司
6	武汉钢铁（集团）公司	中国远洋运输（集团）总公司	国家电网公司
7	中国海洋石油总公司	中国铝业公司	中国铝业公司
8	神华集团有限责任公司	中国华能集团公司	中国远洋运输（集团）总公司
9	中国航空工业第一集团公司	鞍山钢铁集团公司	鞍山钢铁集团公司
10	中国船舶重工集团公司	中国兵器工业集团公司	中国海洋石油总公司
11	中国电子科技集团公司	中国海运（集团）总公司	中国华能集团公司
12	中国兵器工业集团公司	中国船舶重工集团公司	中国航空工业第一集团公司
13	中国航天科技集团公司	中国航天科技集团公司	中国电信集团公司
14	中国远洋运输（集团）总公司	中国中煤能源集团公司	中国电力投资集团公司
15	中国海运（集团）总公司	中国船舶工业集团公司	中国船舶重工集团公司
16	中国航空集团公司	中国交通建设集团有限公司	武汉钢铁（集团）公司
17	招商局集团有限公司	中国航空工业第一集团公司	中国船舶工业集团公司
18	中国电信集团公司	中国中化集团公司	中国国电集团公司
19	中国移动通信集团公司	中国航空集团公司	国家开发投资公司
20	中国华能集团公司	中国电子科技集团公司	中国兵器工业集团公司
21	国家电网公司	国家电网公司	中国大唐集团公司
22	中国中化集团公司	中国核工业集团公司	中国中化集团公司
23	中国五矿集团公司	国家开发投资公司	中国兵器装备集团公司
24	中国建筑工程总公司	武汉钢铁（集团）公司	中国五矿集团公司
25	国家开发投资公司	中国海洋石油总公司	中国航空集团公司
26		中国建筑工程总公司	中国交通建设集团有限公司
27		华润（集团）有限公司	中国电子科技集团公司
28		招商局集团有限公司	中国航天科技集团公司
29			招商局集团有限公司
30			东风汽车公司
31			中国建筑工程总公司
32			中国核工业集团公司
33			中国中煤能源集团公司
34			中国华电集团公司

2007~2009 年度业绩考核 A 级企业名单

名次	2007 年度 A 级排名（40 户）	2008 年度 A 级排名（32 户）	2009 年度 A 级排名（38 户）
1	中国石油天然气集团公司	中国移动通信集团公司	中国石油化工集团公司
2	中国石油化工集团公司	神华集团有限责任公司	中国移动通信集团公司
3	中国移动通信集团公司	中国第一汽车集团公司	中国石油天然气集团公司
4	国家电网公司	中国船舶重工集团公司	中国海洋石油总公司
5	中国海洋石油总公司	中国交通建设集团	中国铁路工程总公司
6	中国远洋运输（集团）总公司	中国五矿集团公司	中国兵器工业集团公司
7	中国建筑工程总公司	中国兵器工业集团公司	华润（集团）有限公司
8	华润（集团）有限公司	中国兵器装备集团公司	中国船舶重工集团公司
9	中国电信集团公司	中国航天科技集团公司	中国航天科技集团公司
10	中国华能集团公司	中国中化集团公司	神华集团有限责任公司
11	中国南方电网有限责任公司	中国船舶工业集团公司	中国兵器装备集团公司
12	宝钢集团有限公司	中国中煤能源集团公司	中国第一汽车集团公司
13	神华集团有限责任公司	华润（集团）有限公司	中国航天科工集团公司
14	中国交通建设集团有限公司	中国航天科工集团公司	中国机械工业集团有限公司
15	中国大唐集团公司	中国核工业集团公司	中国航空集团公司
16	鞍山钢铁集团公司	中国海洋石油总公司	中国交通建设集团有限公司
17	中国航空工业第一集团公司	中国航空工业第一集团	中国建筑工程总公司
18	武汉钢铁（集团）公司	中粮集团有限公司	中国航空工业集团公司
19	中国船舶重工集团公司	中国机械工业集团公司	中国国电集团公司
20	中国五矿集团公司	招商局集团有限公司	中国长江三峡集团公司
21	中国船舶工业集团公司	长江三峡工程开发总公司	中国核工业集团公司
22	中国中化集团公司	中国电子科技集团公司	东风汽车公司
23	中国中煤能源集团公司	国家开发投资公司	宝钢集团有限公司
24	中国航天科技集团公司	南方电网有限责任公司	中国储备粮管理总公司
25	中国国电集团公司	东风汽车公司	中国中化集团公司
26	国家开发投资公司	中国铁道建筑总公司	中国建筑材料集团有限公司
27	中国华电集团公司	中国石油天然气集团公司	招商局集团有限公司
28	中国电力投资集团公司	广东核电集团有限公司	中国通用技术（集团）控股有限责任公司
29	中国兵器装备集团公司	国家电网公司	中国电子科技集团公司
30	中国东方电气集团公司	中国建筑材料集团公司	国家电网公司
31	招商局集团有限公司	中国石油化工集团公司	中粮集团有限公司
32	中粮集团有限公司	中国煤炭科工集团	中国铁道建筑总公司
33	中国长江三峡工程开发总公司		中国五矿集团公司
34	中国铝业公司		中国华能集团公司
35	中国航空集团公司		国家开发投资公司
36	中国电子科技集团公司		中国船舶工业集团公司
37	中国南方航空集团公司		新兴铸管集团有限公司
38	中国航天科工集团公司		中国南方电网有限责任公司
39	中国兵器工业集团公司		
40	中国核工业集团公司		

2010～2012 年度业绩考核 A 级企业名单

名次	2010 年度 A 级排名（47 户）	2011 年度 A 级排名（46 户）	2012 年度 A 级排名（44 户）
1	中国移动通信集团公司	中国移动通信集团公司	中国移动通信集团公司
2	中国海洋石油总公司	中国海洋石油总公司	国家电网公司
3	中国石油化工集团公司	中国石油化工集团公司	中国石油化工集团公司
4	中国石油天然气集团公司	中国石油天然气集团公司	中国石油天然气集团公司
5	华润（集团）有限公司	神华集团有限责任公司	中国海洋石油总公司
6	中国第一汽车集团公司	中国建筑工程总公司	华润（集团）有限公司
7	国家电网公司	华润（集团）有限公司	中国兵器工业集团公司
8	中国建筑材料集团有限公司	中国建筑材料集团有限公司	中国第一汽车集团公司
9	中国机械工业集团有限公司	国家电网公司	中国船舶重工集团公司
10	中国航空集团公司	中国第一汽车集团公司	中国国电集团公司
11	中国航天科技集团公司	中国航天科技集团公司	中国华能集团公司
12	中国船舶重工集团公司	中国兵器工业集团公司	中国航天科技集团公司
13	宝钢集团有限公司	中国五矿集团公司	中国保利集团公司
14	招商局集团有限公司	中国机械工业集团有限公司	中国航空工业集团公司
15	神华集团有限责任公司	中国交通建设集团有限公司	中国华电集团公司
16	中国兵器装备集团公司	中国船舶重工集团公司	中国航天科工集团公司
17	中国航空工业集团公司	招商局集团有限公司	中国电力建设集团有限公司
18	中国兵器工业集团公司	中国保利集团公司	招商局集团有限公司
19	中国航天科工集团公司	中国航空集团公司	中国机械工业集团有限公司
20	中国南方电网有限责任公司	中国航天科工集团公司	国家开发投资公司
21	中国铁路工程总公司	中国兵器装备集团公司	神华集团有限责任公司
22	中国五矿集团公司	中国南方航空集团公司	中国长江三峡集团公司
23	中国中化集团公司	中国中煤能源集团有限公司	中国南方电网有限责任公司
24	国家开发投资公司	中国水利水电建设集团公司	中国电子科技集团公司
25	中国东方航空集团公司	中国中化集团公司	中国建筑材料集团有限公司
26	中国南方航空集团公司	中国东方航空集团公司	中国兵器装备集团公司
27	中国水利水电建设集团公司	中国南方电网有限责任公司	中国南车集团公司
28	中国远洋运输（集团）总公司	中国船舶工业集团公司	中国电信集团公司
29	中国建筑工程总公司	国家开发投资公司	中国五矿集团公司
30	东风汽车公司	中国航空工业集团公司	中国中化集团公司
31	中国中材集团有限公司	中粮集团有限公司	中国建筑工程总公司
32	中国长江三峡工程开发总公司	中国南车集团公司	华侨城集团公司
33	中国广东核电集团有限公司	中国电子科技集团公司	中国大唐集团公司
34	中国保利集团公司	中国中材集团有限公司	东风汽车公司
35	中国南车集团公司	中国长江三峡工程开发总公司	中国核工业集团公司
36	中国国电集团公司	中国黄金集团公司	中国北方机车车辆工业集团公司
37	中粮集团有限公司	中国国电集团公司	中国化学工程集团公司
38	中国黄金集团公司	东风汽车公司	中国电子信息产业集团有限公司

续表

名次	2010 年度 A 级排名（47 户）	2011 年度 A 级排名（46 户）	2012 年度 A 级排名（44 户）
39	华侨城集团公司	中国航空油料集团公司	中国电力投资集团公司
40	中国电子科技集团公司	华侨城集团公司	中国通用技术（集团）控股有限责任公司
41	中国华能集团公司	中国北方机车车辆工业集团公司	中国航空油料集团公司
42	中国通用技术（集团）控股有限责任公司	中国通用技术（集团）控股有限责任公司	中粮集团有限公司
43	中国交通建设集团有限公司	中国核工业集团公司	中国煤炭科工集团有限公司
44	中国航空油料集团公司	中国化学工程集团公司	中国交通建设集团有限公司
45	中国核工业集团公司	中国华能集团公司	
46	中国海运（集团）总公司	中国广东核电集团有限公司	
47	中国船舶工业集团公司		

第二任期和第三任期业绩考核 A 级企业名单

名次	第二任期业绩考核 A 级排名（32 户）	第三任期业绩考核 A 级排名（45 户）
1	中国移动通信集团公司	中国海洋石油总公司
2	中国石油化工集团公司	中国石油天然气集团公司
3	中国石油天然气集团公司	中国石油化工集团公司
4	神华集团有限责任公司	国家电网公司
5	中国兵器装备集团公司	神华集团有限责任公司
6	中国第一汽车集团公司	中国建筑工程总公司
7	中国兵器工业集团公司	中国移动通信集团公司
8	中国建筑工程总公司	中国建筑材料集团有限公司
9	中国核工业集团公司	中国保利集团公司
10	中国船舶重工集团公司	中国兵器工业集团公司
11	中国航天科技集团公司	中国兵器装备集团公司
12	中国电子科技集团公司	中国国电集团公司
13	中国航空工业集团公司	中国华能集团公司
14	中国中化集团公司	中国机械工业集团有限公司
15	国家电网公司	中国航天科工集团公司
16	中国华能集团公司	招商局集团有限公司
17	招商局集团有限公司	中国航天科技集团公司
18	中国中煤能源集团有限公司	华润（集团）有限公司
19	中国航天科工集团公司	中国电子科技集团公司
20	中国长江三峡集团公司	国家开发投资公司
21	中粮集团有限公司	中国航空工业集团公司
22	中国海洋石油总公司	中国第一汽车集团公司
23	华润（集团）有限公司	中国电力建设集团有限公司
24	中国机械工业集团有限公司	中国南车集团公司

续表

名次	第二任期业绩考核 A 级排名（32 户）	第三任期业绩考核 A 级排名（45 户）
25	中国交通建设集团有限公司	华侨城集团公司
26	中国铁路工程总公司	中国船舶重工集团公司
27	中国铁道建筑总公司	中国华电集团公司
28	中国建筑材料集团有限公司	中国通用技术（集团）控股有限责任公司
29	国家开发投资公司	中国航空油料集团公司
30	中国国电集团公司	东风汽车公司
31	中国五矿集团公司	中国长江三峡集团公司
32	中国船舶工业集团公司	中国核工业集团公司
33		中国五矿集团公司
34		中国航空集团公司
35		中国北方机车车辆工业集团公司
36		中国南方航空集团公司
37		中国黄金集团公司
38		中国东方航空集团公司
39		中国中化集团公司
40		中国南方电网有限责任公司
41		中国化学工程集团公司
42		中国交通建设集团有限公司
43		中国铁路工程总公司
44		中国广核集团有限公司
45		中粮集团有限公司

附录9：湖南省国资委监管企业负责人经营业绩考核办法

湘国资〔2012〕199 号

第一章 总 则

第一条 为切实履行企业国有资产出资人职责，维护所有者权益，落实国有资产保值增值责任，建立企业负责人激励约束机制，促进企业又好又快发展，根据《中华人民共和国公司法》、《中华人民共和国企业国有资产法》和《企业国有资产监督管理暂行条例》，结合监管企业实际，制定本办法。

第二条 本办法考核的是省人民政府授权省人民政府国有资产监督管理委员会（以下简称省国资委）履行出资人职责的国有独资及国有控股企业（以下简称企业）的下列人员的经营业绩：

（一）国有独资企业和不设董事会的国有独资公司的总经理（总裁、厂长）、副总经理（副总裁、副厂长）、总会计师、总经济师、总工程师、总法律顾问；

（二）设立董事会的国有独资公司的董事长、副董事长、董事（不含外部董事和职工董事）、总经理（总裁）、副总经理（副总裁）、总会计师、总经济师、总工程师、总法律顾问；

（三）国有控股公司中由省国资委推荐担任的董事长、副董事长、董事（不含外部董事和职工董事）、总经理（总裁）、副总经理（副总裁）、总会计师、总经济师、总工程师、总法律顾问。

第三条　企业负责人经营业绩考核，实行年度考核与任期考核相结合、结果考核与过程评价相统一、考核结果与奖惩相挂钩的考核制度。年度经营业绩考核和任期经营业绩考核由省国资委组织实施，采取由省国资委主任与企业法定代表人签订经营业绩责任书的方式进行。

第四条　企业负责人经营业绩考核工作遵循以下原则：

（一）依法考核原则。按照国有资产保值增值、股东价值最大化和可持续发展的要求，依法考核企业负责人经营业绩。

（二）客观公正原则。按照企业所处的不同行业、资产经营的不同水平和主营业务的不同特点，实行科学的分类考核，实事求是、客观公正地考核企业负责人经营业绩。

（三）战略导向原则。按照出资人对企业发展战略的要求，经营业绩考核与企业战略规划管理相结合，引导企业提高战略管理水平，科学合理配置资源，促进发展战略实现。

（四）可持续发展原则。按照科学发展观的要求，引导促进企业转变发展方式，提高发展质量，加强科技创新，不断增强企业核心竞争能力和可持续发展能力。

（五）权责对等原则。按照强激励、硬约束的要求，建立健全企业负责人经营业绩同激励约束机制相结合的考核制度和科学合理、可追溯的资产经营责任制，经营业绩考核结果与企业负责人任免、职务调整和薪酬挂钩。

第五条　建立健全企业内部全员绩效考核制度，促进企业层层落实国有资产经营和保值增值责任，实现经营业绩考核全覆盖。企业要对法定代表人以外的其他负责人以及重要子公司的主要负责人履行岗位职责情况进行内部绩效考核，并将考核办法和考核结果报省国资委备案。

第二章　年度经营业绩考核

第六条　年度经营业绩考核以公历年为考核期。

第七条　年度经营业绩考核包括目标考核、行业对标考核和纵向对标考核。

第八条　年度目标考核指标包括基本指标和分类指标。

（一）基本指标包括考核利润总额、经济增加值和营业收入总额指标。

1. 考核利润总额是指经核定的企业合并报表利润总额。考核利润总额计算可加上经核准的当年消化以前年度潜亏，但应部分扣除当期的非经常性损益。

2. 经济增加值是指经核定的企业税后净营业利润减去资本成本后的余额。

3. 营业收入总额是指经核定的企业合并报表营业收入。

（二）分类指标。由省国资委根据企业所处行业特点、所处发展阶段，针对企业在盈利能力、成本控制、资产质量、债务风险等方面需要改进的重点问题确定。分类指标一般设置 2 个，具体指标在责任书中明确。

第九条　行业对标考核是指对企业资本回报水平、主业盈利能力实施行业对标考核，引导企业查找差距和不足，促进企业加强经营管理，达到并超越同行业优秀水平。行业对标考核指标一般为 2 个，包括净资产收益率、主营业务利润率或总资产报酬率（适用于投资类企业）等指标。

第十条　纵向对标考核是指对企业主业盈利水平和主业盈利能力实施纵向对标考核，引导促进企业不断超越历史较好水平。纵向对标考核指标包括利润总额（不含非经常性损益）、主营业务利润率或总资产报酬率（适用于投资类企业）。

第十一条　年度经营业绩责任书包括以下内容：

（一）双方单位名称、职务和姓名；

（二）考核内容和指标；

（三）考核与奖惩；

（四）责任书的解除和终止；

（五）其他需要规定的事项。

第十二条　年度经营业绩责任书按下列程序签订：

（一）报送年度经营业绩考核目标建议值。企业应按照省国资委年度经营业绩考核要求，结合企业发展战略规划和年度经营预算，对照同行业国际国内先进水平，提出下一年度拟完成的经营业绩考核目标建议值，于每年 11 月底前，将考核目标建议值、必要的说明材料报省国资委，同时抄送省政府派驻本企业的监事会（以下简称监事会）。考核目标基本指标建议值原则上不低于上年考核指标实际完成值或前三年考核指标实际完成值的平均值（处于行业周期性下降的企业和受突发事件重大影响的企业除外），分类指标建议值原则上不低于上年考核指标实际完成值。

（二）核定年度经营业绩考核目标值。省国资委根据宏观经济形势、企业所处行业发展周期及企业实际经营状况，对企业负责人的年度经营业绩考核目标建议值进行审核，就考核目标值及有关内容同企业沟通并听取监事会意见后确定。

（三）签订年度经营业绩考核责任书。省国资委主任与企业法定代表人签订年度经营业绩责任书。

第十三条　省国资委对年度经营业绩责任书执行情况实行动态管理。

（一）年度经营业绩责任书签订后，企业应根据省国资委要求，围绕经营业绩考核目标，将生产经营预算有关资料和有关重点工作举措报省国资委。每季度结束后 10 个工作日内，企业应将经营业绩责任书执行情况及相关说明材料报省国资委，同时抄送监事会。

（二）省国资委利用企业月度财务快报、季度经济运行调度分析和企业重要情况报告等手段对责任书的执行情况进行动态跟踪监控，对经营业绩考核目标进度完成情况严重滞后的企业实施重点督查。

（三）企业应根据有关规定及时向省国资委报告重大事项。重大事项包括：重大生产安全责任事故、不稳定事件、环境污染事故和质量事故、重大经济损失、重大法律纠纷案件、重大投融资和资产重组项目等。

第十四条　年度经营业绩按照下列程序进行考核：

（一）企业负责人总结分析年度经营业绩。每年4月底前，企业依据经省国资委确定的中介机构审计的企业财务决算数据和企业负责人经营业绩考核专项审计报告，对上年度经营业绩考核指标目标完成情况进行总结分析，并向省国资委汇报。年度总结分析报告报省国资委，同时抄送监事会。

（二）省国资委核定企业负责人年度经营业绩。省国资委依据经审核的企业财务决算报告、年度经营业绩专项审计报告、经审查的统计数据和企业所处行业发展情况，结合企业年度总结分析报告并听取监事会对企业负责人的年度评价意见，对企业负责人年度经营业绩考核完成情况进行考核，形成年度经营业绩考核与奖惩意见。

（三）年度经营业绩考核结果反馈。省国资委将最终确认的企业负责人年度经营业绩考核结果与奖惩意见反馈企业负责人所在企业。企业负责人对考核结果与奖惩意见有不同意见的，可及时向省国资委反映。

第三章　任期经营业绩考核

第十五条　任期经营业绩考核以三年为考核期。

第十六条　任期经营业绩考核包括目标考核和行业对标考核。

第十七条　任期经营业绩考核目标指标包括基本指标和分类指标。

（一）基本指标包括国有资本增值保值率和三年营业收入平均增长率指标。

1.国有资本保值增值率是指企业考核期末扣除客观因素后的国有资本及权益同考核期初所有者权益的比率。计算方法为：任期内各年度国有资本保值增值率的乘积。企业年度国有资产保值增值结果以省国资委确认的结果为准。

2.三年营业收入平均增长率是指企业任期内三年营业收入的平均增长情况，计算公式为：

（二）分类指标由省国资委根据企业所处行业特点，结合企业发展战略规划，综合考虑反映企业转型升级、科技创新、管理创新、可持续发展能力及核心竞争力等方面因素确定，分类指标原则上设置2~4个，具体指标在责任书中确定。

第十八条　任期考核行业对标指标包括国有资本保值增值率和三年营业收入平均增长率。

第十九条　任期经营业绩责任书包括以下内容：

（一）双方单位名称、职务和姓名；

（二）考核内容和指标；

（三）考核与奖惩；

（四）责任书的变更、解除和终止；

（五）其他需要规定的事项。

第二十条 任期经营业绩责任书按下列程序签订：

（一）报送任期经营业绩考核目标建议值。考核期初，企业按照省国资委任期经营业绩考核的要求，结合企业发展战略规划和经营状况，对照同行业国际国内先进水平，提出任期经营业绩考核指标的目标建议值，将考核目标建议值和必要的说明材料报省国资委，同时抄送监事会。考核目标基本指标建议值原则上不低于前一任期的考核指标实际完成值或目标值与实际完成值的平均值（处于结构调整期的企业和行业周期性下降的企业除外），分类指标建议值原则上不低于上一任期考核指标实际完成值。

（二）核定任期经营业绩考核目标值。省国资委根据宏观经济形势及企业运营环境，结合企业发展战略规划和企业实际经营状况等，对企业负责人的任期经营业绩考核目标建议值进行审核，就考核目标值及有关内容同企业沟通并征求监事会的意见后加以确定。

（三）签订任期经营业绩责任书。由省国资委主任同企业法定代表人签订任期经营业绩责任书。

第二十一条 省国资委对任期经营业绩考核责任书执行情况实行年度跟踪和动态监控。

第二十二条 任期经营业绩按照下列程序进行考核：

（一）企业负责人总结分析任期经营业绩。考核期末，企业负责人对任期经营业绩考核目标的完成情况进行总结分析并向省国资委汇报。总结分析报告报省国资委，同时抄送监事会。

（二）省国资委核定任期经营业绩。省国资委根据任期内经省国资委确定的中介机构审计的并经审核的企业财务决算报告、任期经营业绩考核专项审计报告和经审查的统计数据及企业所处行业发展情况，结合企业任期经营业绩总结分析报告并听取监事会意见，对企业负责人任期经营业绩完成情况进行考核，形成企业负责人任期经营业绩考核与奖惩意见。

（三）任期经营业绩考核结果反馈。省国资委将最终确认的企业负责人任期经营业绩考核与奖惩意见反馈企业负责人所在企业。企业负责人对考核与奖惩意见有不同意见的，可及时向省国资委反映。

第四章 奖 惩

第二十三条 省国资委根据企业负责人经营业绩考核得分，确定企业负责人年度和任期经营业绩考核结果。考核结果分为 A、B、C、D、E 五个级别。

第二十四条 省国资委根据年度经营业绩考核结果和任期经营业绩考核结果对企业负责人实施奖惩，经营业绩考核结果作为任免企业负责人的重要依据。

第二十五条 企业负责人年度薪酬分为基本薪酬（以下简称基薪）和绩效年薪两个部分。绩效年薪与年度经营业绩考核结果挂钩，等于基薪与绩效年薪倍数的乘积。绩效年薪倍数根据企业负责人的年度经营业绩考核得分计算，计算公式为：

$$绩效年薪倍数 = (考核分数 - 50) \times 0.06$$

考核利润总额或经济增加值较上年下降，企业负责人绩效年薪倍数不得高于上年。考核结果为 E 级时，绩效年薪倍数为 0。

第二十六条　任期经营考核结果为 A 级、B 级和 C 级的企业负责人，按期兑现全部延期绩效年薪。任期经营考核结果为 D 级和 E 级的企业负责人，根据考核分数扣减部分或全部延期绩效年薪，扣减延期绩效年薪的公式为：

扣减延期绩效年薪 = 任期内积累的延期绩效年薪 ×（C 级起点分数 – 实得分数）×0.1。

第二十七条　省国资委根据具体情况，对年度经营考核结果连续两年为 D 级和 E 级，或任期考核结果为 D 级和 E 级的企业负责人进行职务调整。

第二十八条　实行企业负责人经营业绩考核约谈制度。对于年度经营考核结果为 D 级和 E 级、发生重大生产安全责任事故和不稳定事件、重大环境污染责任事故、质量事故、严重违规经营和存在重大经营风险等情形的企业负责人，由省国资委主要负责人对企业主要负责人进行约谈，帮助分析问题、改进工作。

第二十九条　承担省委省政府重大战略任务、完成省国资委交办的重点工作且成绩突出的企业，省国资委可视任务完成情况酌情加分。

第三十条　科技创新和管理创新工作成效明显，创造出显著经济效益，或推动了企业产业升级、技术进步和结构调整的企业，省国资委可视情况酌情加分。

第三十一条　企业违反法律法规和有关规章制度，导致发生以下情况之一的，省国资委可根据具体情节调整年度或追溯调整以前年度经营业绩考核结果，给予考核扣分、考核结果降级处理，并依据有关规定相应扣减企业负责人的当年绩效年薪或者延期绩效年薪；视情节轻重，给予纪律处分或者对企业负责人进行调整；涉嫌犯罪的，依法移送司法机关处理。

（一）虚报、瞒报财务状况以致年度经营业绩严重不实的；

（二）发生较大以上国有资产损失，依据《湖南省国资委监管企业国有资产损失责任追究暂行办法》应追究企业负责人责任的；

（三）发生重大生产安全责任事故，或重大不稳定事件，或重大质量事故，或重大环境污染责任事故的；

（四）发生重大违纪或重大法律纠纷损失事件，给企业造成不良影响的。

第五章　附　　则

第三十二条　考核期内，出现下列情形之一，省国资委可视情况适当调整企业负责人经营业绩考核目标值：

（一）企业上年财务决算结果与自报目标值时预计的上年完成情况差异重大的；

（二）宏观经济、行业发展环境或政策发生重大变化；

（三）严重自然灾害等不可抗力因素影响；

（四）企业重组、上市及会计准则调整等不可比因素；

（五）对企业经营业绩产生重大影响的其他事项。

第三十三条　企业党委（党组）书记、副书记、纪委书记（纪检组长）、党组成员、工会主席、内设监事会主席等其他负责人，参照本办法规定考核。

第三十四条 董事会建设试点企业由省国资委授权董事会对高级管理人员的经营业绩进行考核。

省国资委依据有关规定，对试点企业董事会和董事进行考核评价，对董事会业绩考核工作进行指导和监督。

第三十五条 本办法适用于正常生产经营的监管企业的负责人。对因改制、重组、搬迁等原因，企业处于非正常生产经营状态的企业负责人，由省国资委实行工作目标考核，具体考核事项在责任书中明确。

第三十六条 本办法的解释权属省国资委。

第三十七条 本办法自发布之日起30日后施行，2010年4月29日印发的《湖南省国资委监管企业负责人经营业绩考核办法》（湘国资〔2010〕97号）同时废止。

附件1：

年度经营业绩考核基本指标说明

一、考核利润总额　是指经审计并按照考核口径调整后的企业合并会计报表利润总额，计算公式为：

$$考核利润总额 = 报表利润总额 + 审计调整数额 + 经核准的当期企业消化以前年度潜亏 - 经认定的非经常性损益 \times 50\%$$

（一）审计调整数额包括：

1. 中介机构出具的审计报告、审计专项意见书以及监事会相关监督检查报告中披露的企业违反会计制度或会计准则、应进行会计调整的事项影响当期损益的具体数额。

2. 中介机构出具的非标准无保留意见审计报告中披露的重大事项影响当期损益的具体数额。

3. 省国资委在财务决算批复中要求企业纠正、整改的事项影响企业考核年度经营成果的具体数额。

（二）消化以前年度潜亏，是指企业考核年度消化的按照有关规定统一组织清产核资基准日（2004年1月1日）以前发生的潜亏挂账。

（三）非经常性损益。非经常性损益是指公司发生的与生产经营无直接关系，以及虽与生产经营相关，但由于其性质、金额或发生频率，影响了真实、公允地评价公司当期经营成果和获利能力的各项收入、支出。非经常性损益主要包括：

1. 政府补助，指计入当期损益的政府补助，但与公司正常经营业务密切相关，符合国家政策规定、按照一定标准定额或定量持续享受的政府补助除外。

2. 非流动性资产处置收益，包括已计提资产减值准备的冲销部分；

3. 因不可抗力因素（如遭受自然灾害）而计提的各项资产减值准备；

4. 债务重组收益；

5. 与公司正常经营业务无关的或有事项产生的收益；

6. 除同公司正常经营业务相关的有效套期保值业务外，非投资类企业持有交易性金融资产、交易性金融负债产生的公允价值变动损益，以及处置交易性金融资产、交易性金融负债和可供出售金融资产取得的投资收益；

7. 对外委托贷款取得的收益；

8. 并购产生的商誉；

9. 其他符合非经常性损益定义的损益项目。

二、经济增加值　是指企业税后净营业利润减去资本成本后的余额，计算公式为：

$$经济增加值 = 税后净营业利润 - 资本成本 = 税后净营业利润$$
$$- 调整后资本 \times 平均资本成本率$$

$$税后净营业利润 = 净利润 + (利息支出 + 研究开发费用调整项$$
$$- 非经常性损益调整项 \times 50\%) \times (1 - 25\%)$$

调整后资本 = 平均所有者权益 + 平均负债合计 - 平均无息流动负债 - 平均在建工程

（一）资本成本率的确定：原则上为 5.5%；承担国家政策性任务较重且资产通用性较差的企业，资本成本率定为 4.1%；资产负债率在 75% 以上的工业企业和 80% 以上的非工业企业，资本成本率上浮 0.5 个百分点；资本成本率确定后，三年保持不变。

（二）利息支出是指企业财务报表中"财务费用"项下的"利息支出"。

（三）研究开发费用调整项，是指企业准确归集的、计入当期"管理费用"项下"研究与开发费"科目的、企业从事研究开发活动实际发生的下列费用：

1. 新产品设计费、新工艺规程制定费以及与研发活动直接相关的技术图书资料费、资料翻译费；

2. 从事研发活动直接消耗的材料、燃料和动力费用；

3. 在职直接从事研发活动人员的工资、薪金、奖金、津贴、补贴；

4. 专门用于研发活动的仪器、设备的折旧费或租赁费；

5. 专门用于研发活动的软件、专利权、非专利技术等无形资产的摊销费用；

6. 专门用于中间试验和产品试制的模具、工艺装备开发及制造费；

7. 勘探开发技术的现场试验费；

8. 研发成果的论证、评审、验收费用。

对于勘探投入费用较大的资源类企业，经省国资委认定后，其成本费用情况表中的"勘探费用"可视同研究开发费用调整项按照一定比例（原则上不超过 50%）予以加回。

（四）非经常性收益调整项包括：变卖主业优质资产收益；主业优质资产以外的非流动资产转让收益，即企业（不含投资类企业）转让股权（产权）收益，资产（含土地）转让收益；其他非经常性收益，即与主业发展无关的资产置换收益、与经常活动无关的补贴收入等。

变卖主业优质资产收益包括：企业（不含投资类企业）减持具有实质控制权的所属上市公司股权取得的收益（不包括在二级市场增持后又减持取得的收益）；企业（不含投资类企业）转让主业范围内非上市公司资产取得（包括长期股权投资、固定资产、在建工程、无形资产、其他长期资产等）的收益。

（五）无息流动负债是指企业财务报表中"应付票据"、"应付账款"、"预收款项"、"应交税费"、"应付利息"、"其他应付款"和"其他流动负债"。

（六）在建工程是指企业财务报表中的符合主业规定的"在建工程"。企业在考核年度已完工达到预定可使用状态的、但未转入"固定资产"科目核算的"在建工程"，应按新会计准则有关规定调整计算。

三、营业收入总额　是指经核定的企业合并报表营业收入（投资类企业的"投资收益"可视同营业收入）。

附件2：

年度经营业绩考核计分办法

一、年度经营业绩考核综合计分（总分100分）

年度经营业绩考核综合得分 = 目标考核指标得分 + 行业对标考核指标得分

+ 纵向对标考核指标得分 + 奖励加分 - 考核扣分

二、目标考核指标计分（70分）

目标考核指标得分 = 基本指标考核得分 + 分类指标考核得分

（一）基本指标（50分）

基本指标考核计分以基准值为基础，基准值是指上年完成值与前三年实际完成值平均值中的较低值。

（1）考核利润总额指标分值为20分。目标值不低于基准值时，完成值达到或超过目标值得20分；完成值低于目标值的，完成值每低于目标值4%，扣1分，最多扣5分。目标值低于基准值时，不管完成情况如何，得分不超过18分。

（2）经济增加值指标分值为20分。目标值不低于基准值时，完成值达到或超过目标值得20分；完成值低于目标值的，完成值每低于目标值（绝对值）4%，扣1分，最多扣5分；目标值低于基准值时，不管完成情况如何，得分不超过18分。目标值在零附近的，计分给予特别处理。

（3）营业收入总额指标分值为10分。目标值不低于基准值时，完成值达到或超过目标值得10分；完成值低于目标值的，完成值每低于目标值5%，扣0.5分，最多扣2分。目标值低于基准值时，不管完成情况如何，得分不超过9分。

（二）分类指标（20分）

每个指标分值10分。目标值不低于上年实际完成值时，完成值达到或超过目标值得10分；完成值低于目标值的，完成值每低于目标值一定百分点进行扣分，最多扣2分，具体计分办法在责任书明确。目标值低于上年实际完成值时，不管完成情况如何，得分不超过9分。

三、行业对标考核计分（15分）

行业对标考核指标得分 = 净资产收益率指标对标得分

+ 主营业务利润率（或总资产报酬率）指标对标得分

行业对标计分以行业标准值为基础，按照功效系数法计分原理计分，计算公式为：

单项指标得分＝本档基础分＋〔（实际值－本档标准值）/（上档标准值－本档标准值）〕
×（上档基础分－本档基础分）＋超过优秀值加分

本档标准值是指上下两档标准值居于较低等级一档。

（一）净资产收益率（10分）

净资产收益率指标分值10分，实际值达到行业优秀值、良好值、平均值、较低值和较差值时，对应的基础分分别为8分、6分、4分、2分和0分，实际值处于两个档次之间的，根据功效系数法原理相应计分。实际值每超过行业优秀值1个百分点，加1分，最多加2分。

（二）主营业务利润率（或总资产报酬率）（5分）

主营业务利润率（或总资产报酬率）分值5分，实际值达到行业优秀值、良好值、平均值、较低值和较差值时，对应的基础分分别为4分、3分、2分、1分和0分，实际值处于两个档次之间的，根据功效系数法原理相应计分。实际值每超过行业优秀值1个百分点，加0.5分，最多加1分。

行业标准值，一般由省国资委根据国务院国资委颁布的行业评价标准，结合企业所处行业和企业实际确定，主要根据企业的主营业务领域对照企业绩效评价行业基本分类选用适用的行业标准值。多业兼营、主业突出的企业，采用该主业所在行业的标准值；主业不突出的企业，根据下属企业所属行业，分别选取相关行业标准值，按照下属企业收入总额占企业收入总额比重，加权形成适用于企业的行业标准值。

对依据国务院国资委行业分类标准难以准确界定所属行业或处于特殊行业的企业，省国资委根据企业实际情况，结合企业相关行业信息，在责任书中明确企业行业对标考核标准值和计分办法。

四、纵向对标考核计分（15分）

纵向对标考核指标得分＝利润总额（不含非经常性损益）指标对标得分
＋主营业务利润率（或总资产报酬率）指标对标得分

纵向对标考核计分以历史最好值为基础，历史最好值是指前三年实际完成值中的最高值。

（一）利润总额（不含非经常性损益）（10分）

利润总额（不含非经常性损益）指标分值10分，其中基础分5分。实际完成值达到历史最好值时，得5分，实际完成值超过历史最好值的，实施分档加分，每超过最好值一定幅度加0.5分，最多加5分；实际完成值每低于历史最好值4%，扣1分，最多扣5分。

历史最好值（绝对值）大于10亿元的，完成值每超过历史最好值4%，加0.5分，最多加5分；历史最好值（绝对值）大于5亿元但小于等于10亿元的，完成值每超过历史最好值5%，加0.5分，最多加5分；历史最好值（绝对值）大于1亿元但小于等于5亿元的，完成值每超过历史最好值6%，加0.5分，最多加5分；历史最好值（绝对值）大于0.5亿元但小于等于1亿元的，完成值每超过历史最好值8%，加0.5分，最多加5分；历史最好值（绝对值）小于等于0.5亿元的，完成值每超过历史最好值10%，加0.5分，最多加5分。

（二）主营业务利润率（或总资产报酬率）（5分）

主营业务利润率（或总资产报酬率）指标分值5分，根据历史最好值所处考核年度行业标准值档次设不同基础分。历史最好值处于行业优秀档、良好档、平均档、较低档和较差档对应的基础分分别为4分、3分、2分和1分和0分。实际完成值每超过最好值1个百分点，加1分，最多加到满分5分；完成值每低于历史最好值1个百分点，扣1分，直至扣到0分。

五、奖惩计分

（一）奖励加分。

符合以下条件的企业，可获得奖励加分。出现多种情形的，奖励加分合计不超过8分。

1. 企业承担省委省政府、省国资委重大战略任务或完成省国资委交办的重点工作且成绩突出，视情况加1~8分。

2. 企业积极推动科技创新、促进科技成果转化和高新技术产业化，创造出显著经济效益或社会效益，符合下列条件之一的，视情况加1~4分。

（1）在转化、推广科学技术成果、实施高新技术产业化中做出突出贡献，创造出显著经济效益的；

（2）在关键技术开发项目中，研发出具有自主知识产权的新技术、新产品，经实施应用，明显优于同类产品性能指标和技术经济指标或者推动了本领域技术进步，创造出显著经济效益的；

（3）企业研制的标准成为行业标准、国家标准或国际标准，通过实施应用，有效提升了所在企业的核心竞争力或解决了产业发展中的关键技术或核心技术瓶颈，促进了产业技术升级和结构优化调整。

3. 企业努力实施管理创新，在战略管理、商业模式创新、财务管理、绩效管理、风险管理、信息化管理等方面取得突破并取得显著经济效益，视情况加1~4分。

（二）考核扣分。

1. 企业发生安全生产责任事故、未落实安全生产责任、安全生产管理薄弱、未按规定提取使用安全生产费用、违反安全生产管理等相关规定的，根据有关规定扣分；

2. 企业出现以下情形之一的，视情况扣1~4分。出现多种情形的，合并扣分不超过8分。

（1）发生较大以上国有资产损失；

（2）发生环境污染事故，或未完成年度节能减排工作任务；

（3）发生不稳定事件或法律纠纷事件；

（4）发生企业负责人违法、违规、违纪事件；

（5）没有全面开展全员绩效考核工作；

（6）未按省国资委提升企业管理水平的要求，加强企业内部管理工作；或企业风险管理机制不够健全，且存在较大漏洞；

（7）未按省国资委要求编制国有资本经营预、决算草案，未及时缴纳国有资本经营收益，未及时整改财务决算问题；

（8）重点项目未如期达产达效；

（9）未按要求及时整改监事会监督检查中指出的问题；

（10）未按要求完成省国资委交办的其他重点工作。

六、考核分级

根据企业负责人年度经营业绩考核的综合得分，考核结果分为A、B、C、D、E五个级别。

1. 考核利润总额较上年下降的企业，或经济增加值为正数较上年下降的企业，考核级别不超过B级。

2. 国有资本保值增值率小于100%的企业，或经济增加值由正数变为负数的企业，或经济增加值为负数并较上年下降的企业，考核级别不超过C级。

3. 效益增长、但在岗职工平均工资未增长的企业，或连续处于亏损状态的企业，或潜亏挂账较多且潜亏挂账较上年增加的企业，考核级别不超过C级。

4. 由盈利转为亏损或连续处于亏损状态且较上年增亏的企业，以及发生严重环境污染事故或重大不稳定事件或重大违纪事件或重大法律纠纷事件的企业，考核级别不超过D级。

5. 发生安全生产责任事故，依据有关规定下调考核等级；发生重大安全生产责任事故，考核等级为E级。

6. 会计师事务所出具保留意见审计报告，且不能确定相关事项对各项财务指标具体影响金额的企业，在用报表数据计算考核结果后，考核等级下调一级。会计师事务所出具否定意见审计报告或省国资委财务决算审核批复为"不通过"的企业，考核等级为E级。

附件3：

任期经营业绩考核计分办法

一、任期经营业绩考核综合计分（总分100分）

任期经营业绩考核综合得分=目标考核指标得分+行业对标考核指标得分+任期内三年的年度经营业绩考核综合得分－考核扣分。

二、目标考核指标计分（60分）

目标考核指标得分=国有资本保值增值率考核得分+三年营业收入平均增长率考核得分+分类指标考核得分

目标考核指标计分以基准值为基础，基准值是前一任期的考核指标实际完成值或目标值与实际完成值的平均值中的较低值。

（一）国有资本保值增值率（30分）

国有资本保值增值率指标分值为30分。目标值不低于基准值时，完成值达到或超过目标值得30分；完成值低于目标值的，完成值每低于目标值0.5个百分点，扣1分，最多扣6分。目标值低于基准值时，不管完成情况如何，得分不超过27分。

（二）三年营业收入平均增长率（10分）

三年营业收入平均增长率指标分值为10分。目标值不低于基准值时，完成值达到或超过目标值得10分；完成值低于目标值的，完成值每低于目标值1个百分点，扣0.5分，最多扣2分。目标值低于基准值时，不管完成情况如何，得分不超过9分。

（三）分类指标（20分）

分类指标原则上为2~4个，各指标分值及具体计分办法在责任书明确。

三、行业对标考核计分（20分）

行业对标考核，是指将任期业绩责任书确定的对标考核指标的完成值与行业标准值对比，按照功效系数法计分原理，计算各项指标得分。

计算公式为：

单项指标得分 = 本档基础分 + 〔（实际值 − 本档标准值)/(上档标准值 − 本档标准值)〕× (上档基础分 − 本档基础分) + 超过优秀值加分

任期行业对标指标一般为2个，每个指标达到行业优秀值、良好值、平均值、较低值和较差值对应的基础分分别为8分、6分、4分、2分和0分，实际值处于两个档次之间的，根据功效系数法原理相应计分。实际值每超过行业优秀值1个百分点，加1分，最多加2分。

本档标准值是指上下两档标准值居于较低等级一档。

企业所处行业参照年度经营业绩考核计分办法有关规定确定。

四、任期内年度经营业绩考核结果计分（20分）

任期内三年的年度经营业绩考核结果指标的基本分为20分。企业负责人三年内的年度经营业绩综合考核结果每得一次A级的得7分；每得一次B级的得6分；每得一次C级的得5分；每得一次D级的得4分；每得一次E级的得3分。

五、考核扣分、降级

未完成节能减排考核目标的，考核等级下调一级；发生安全生产责任事故，依据有关规定下调考核等级。

六、考核分级

根据企业负责人任期经营业绩考核的综合得分，考核结果分为A、B、C、D、E五个级别。

国有资本保值增值率小于100%时，考核级别不超过C级。

附录10：陕西省省属企业负责人经营业绩考核暂行办法

陕国资分配发[2011]397号

第一章　总　则

第一条　为了切实履行企业国有资产出资人职责，维护所有者权益，落实国有资产保值增值责任，建立有效的激励和约束机制，根据《中华人民共和国企业国有资产法》、《企业国有资产监督管理暂行条例》等有关法律法规，参照《中央企业负责人经营业绩考核暂行办法》，结合我省实际情况，制定本办法。

第二条　本办法考核的省属企业负责人是指陕西省人民政府确定的由陕西省人民政府国有资产监督管理委员会（以下简称省国资委）履行出资人职责的国有及国有控股企业（以下简称企业）的下列人员：

（一）国有独资企业和未设董事会的国有独资公司的总经理（总裁）、副总经理（副总裁）、总会计师；

（二）设董事会的国有独资公司（省国资委确定的董事会试点企业除外）的董事长、副董事长、董事（不含兼职的外部董事和职工董事），列入省国资委党委管理的总经理（总裁）、副总经理（副总裁）、总会计师；

（三）国有控股公司国有股权代表出任的董事长、副董事长、董事，列入省国资委党委管理的总经理（总裁）、副总经理（副总裁）、总会计师；

（四）列入省国资委党委管理的其他企业负责人。

第三条　省国资委负责组织实施对企业负责人的经营业绩进行考核。考核的方式采取签订经营业绩责任书的形式进行。企业要紧紧围绕完成经营业绩考核目标，紧密结合岗位工作职责和内部分工，认真做好各负责人考核目标分解工作，务求做到定性分解和定量分解相结合，表述准确、重点突出、分条列示、便于考核。

第四条　考核企业负责人的经营业绩，实行年度考核与任期考核相结合、结果考核与过程评价相统一、考核结果与奖惩相挂钩的考核制度。

第五条　企业负责人经营业绩考核工作应当遵循以下原则：

（一）依法考核原则。按照国有资产保值增值和股东价值最大化以及可持续发展的要求，依法考核企业负责人经营业绩。

（二）分类考核原则。按照企业所处的不同行业和类型、资产经营的不同水平和主营业务等的不同特点，实事求是，公开公正，实行科学的分类考核。

（三）考核与激励约束机制相结合原则。按照权责利相统一的要求，建立企业负责人经营业绩同激励约束机制相结合的考核制度，即业绩上、薪酬上，业绩下、薪酬下，并作为职务任免的重要依据。建立健全科学合理、可追溯的资产经营责任制。

（四）按照科学发展观的要求，推动企业提高战略管理、价值创造、自主创新、资源节约、环境保护和安全发展水平，不断增强企业核心竞争能力和可持续发展能力。

（五）按照全面落实责任的要求，推动企业建立健全全员业绩考核体系，增强企业管控力和执行力，确保国有资产保值增值责任层层落实。

第二章　年度经营业绩考核

第六条　年度经营业绩考核以公历年为考核期。

第七条　年度经营业绩责任书包括下列内容：

（一）签约双方的单位名称、职务和姓名；

（二）考核内容及指标；

（三）考核与奖惩；

（四）责任书的变更、解除和终止；

（五）其他需要约定的事项。

第八条　年度经营业绩考核指标包括基本指标和分类指标。

（一）基本指标包括利润总额和经济增加值指标。1. 利润总额是指经核定的企业合并报表利润总额。利润总额计算可以加上经核准的当期企业消化以前年度潜亏，并扣除通过变卖企业主业优质资产等取得的非经常性收益。2. 经济增加值是指经核定的企业税后净营业利润减去资本成本后的余额（考核细则见附件1）。

（二）分类指标根据省国资委确定的重大事项和企业所处行业特点，针对企业管理"短板"，综合考虑企业经营管理水平、技术创新投入及风险控制能力等因素确定，具体指标在责任书中明确。

第九条　年度经营业绩责任书按下列程序签订：

（一）预报年度经营业绩考核目标建议值。每年12月份，企业负责人按照省国资委年度经营业绩考核要求和滚动规划及经营状况，提出下一年度拟完成的经营业绩考核目标建议值，并将考核目标建议值和必要的说明材料报省国资委。考核目标建议值原则上不低于上年考核指标实际完成值或者前三年考核指标实际完成值的平均值。

（二）核定年度经营业绩考核目标值。省国资委根据"同一行业、同一尺度"原则，结合宏观经济形势、企业所处行业发展周期、企业实际经营状况等，对企业负责人的年度经营业绩考核目标建议值进行审核，并就考核目标值及有关内容同企业沟通后加以确定。凡企业年度利润总额目标值低于上年目标值与实际完成值的平均值的，最终考核结果原则上不得进入A级（处于行业周期性下降阶段但与同行业其他企业相比仍处于领先水平的企业除外）。企业由于上报的目标建议值客观性较差，造成基本指标的实际完成值与签订的考核目标建议值相差很大的，将在年度经营业绩考核计分中予以扣分（具体办法见附件2）。

（三）由省国资委主任或者其授权代表同企业法定代表人签订年度经营业绩责任书。

第十条　省国资委对年度经营业绩责任书执行情况实施动态监控。

（一）年度经营业绩责任书签订后，企业负责人每半年必须将责任书执行情况上报省国资委，同时抄送派驻本企业的监事会。省国资委对责任书的执行情况进行动态跟踪。

（二）贯彻重大事项报告制度，企业发生重大安全生产事故、环境污染事故和质量事故，重大经济损失，重大法律纠纷案件，重大违法违纪案件，重大投融资和资产重组等重要情况时，企业负责人应当立即向省国资委报告。

第十一条　年度经营业绩责任书完成情况按照下列程序进行考核：

（一）每年3月底之前，企业负责人依据经审计的企业财务决算数据，对上年度经营业绩考核目标的完成情况进行总结分析，并将年度总结分析报告报送省国资委，同时抄送派驻本企业的监事会。

（二）省国资委依据经审计并经审核的企业财务决算报告和经审查的统计数据，结合企业负责人总结分析报告、监事会对企业负责人的年度评价意见、职工对企业负责人民主评议结果、个别谈话和企业负责人经营业绩述职情况等，对企业负责人年度经营业绩、企业经营管理工作、党的建设工作的完成情况进行考核（经营业绩具体办法见附件2，企业经营管理工作和党的建设工作具体办法另行制定），形成企业负责人年度经营业绩考核与奖惩意见。

（三）省国资委将最终确认的企业负责人年度经营业绩考核与奖惩意见，反馈各企业负责人及其所在企业。企业负责人对考核与奖惩意见有异议的，可及时向省国资委反映。

（四）对年度经营业绩考核指标的完成情况，省国资委可根据需要委托社会审计或组织专项稽核检查和经济鉴证。

第三章　任期经营业绩考核

第十二条　任期经营业绩考核以三年为考核期。由于特殊原因需要调整的，由省国资委决定。

第十三条　任期经营业绩责任书包括下列内容：

（一）签约双方的单位名称、职务和姓名；

（二）考核内容及指标；

（三）考核与奖惩；

（四）责任书的变更、解除和终止；

（五）其他需要约定的事项。

第十四条　任期经营业绩考核指标包括基本指标和分类指标。

（一）基本指标包括国有资本保值增值率和主营业务收入平均增长率（没有主营业务收入的企业的，该项指标由省国资委另行确定）。1. 国有资本保值增值率是指企业考核期末扣除客观因素（由省国资委核定）后的国有资本及权益同考核期初国有资本及权益的比率。计算方法为：任期内各年度国有资本保值增值率的乘积。企业年度国有资本保值增值率以国资委确认的结果为准。2. 主营业务收入平均增长率是指企业任期内三年主营业务的平均增长情况。计算公式为：

（二）分类指标根据省国资委确定的重大事项和企业所处行业特点，综合考虑企业技术创新能力、资源节约和环境保护水平、可持续发展能力及核心竞争力等因素确定，具体指标在责任书中确定。

第十五条 任期经营业绩责任书按下列程序签订：

（一）预报任期经营业绩考核目标建议值。考核期初，企业负责人按照国资委任期经营业绩考核要求和企业发展规划及经营状况，对照同行业国际国内先进水平，提出任期经营业绩考核目标建议值，并将考核目标建议值和必要的说明材料报送省国资委。考核目标建议值原则上不低于前一任期的考核指标实际完成值，或者不低于目标值与实际完成值的平均值。

（二）核定任期经营业绩考核目标值。省国资委根据"同一行业、同一尺度"原则，结合宏观经济形势、企业所处行业发展周期及企业实际经营状况等，对企业负责人的任期经营业绩考核目标建议值进行审核，并就考核目标值及有关内容同企业沟通后加以确定。凡企业预报考核目标建议值低于省国资委确定的重大事项规划要求的，最终考核结果原则上不得进入 A 级（处于行业周期性下降阶段但与同行业其他企业相比处于先进水平的企业除外）。

（三）由省国资委主任或者其授权代表同企业法定代表人签订任期经营业绩责任书。

第十六条 省国资委对任期经营业绩责任书执行情况实施年度跟踪和动态监控。

第十七条 任期经营业绩责任书完成情况按照下列程序进行考核：

（一）考核期末，企业负责人对任期经营业绩考核目标的完成情况进行总结分析，并将总结分析报告报送省国资委，同时抄送派驻本企业的监事会。

（二）省国资委依据任期内经审计并经审核的企业财务决算报告和经审查的统计数据，结合企业负责人总结分析报告、监事会对企业负责人的任期评价意见、职工对企业负责人民主评议结果、个别谈话和企业负责人经营业绩述职情况等，对企业负责人任期经营业绩、企业经营管理工作、党的建设工作完成情况进行考核（经营业绩具体办法见附件 3，企业经营管理工作和党的建设工作具体办法另行制定），形成企业负责人任期经营业绩考核与奖惩意见。

（三）省国资委将最终确认的企业负责人任期经营业绩考核与奖惩意见，反馈各企业负责人及其所在企业。企业负责人对考核与奖惩意见有异议的，可及时向省国资委反映。

（四）对任期经营业绩考核指标的完成情况，省国资委可根据需要委托社会审计或组织专项稽核检查和经济鉴证。

第四章　奖　　惩

第十八条 根据企业负责人经营业绩考核目标的完成情况，年度经营业绩考核和任期经营业绩考核最终结果分为 A、B、C、D、E 五个级别，完成全部考核指标值（经济增加值指标除外）为 C 级晋级点。

第十九条　省国资委依据年度经营业绩考核结果和任期经营业绩考核结果对企业负责人实施奖惩，并把经营业绩考核结果作为企业负责人任免的重要依据。

第二十条　对企业负责人年度薪酬奖励为基薪和绩效年薪两个部分。绩效年薪与年度经营业绩考核结果挂钩（具体办法见附件2）。

第二十一条　对企业负责人任期薪酬奖励为按期兑现全部或部分延期绩效年薪（具体办法见附件3）和根据中长期激励条件给予相应的中长期激励。中长期激励办法由省国资委另行制定。

第二十二条　对在自主创新（包括自主知识产权）、资源节约、扭亏增效、管理创新等方面取得突出成绩，做出重大贡献的企业负责人，省国资委设立单项特别奖；对社会、行业和企业发展做出重大贡献的企业负责人，省国资委设立特别贡献奖。单项特别奖和特别贡献奖的具体办法由省国资委另行制定。

第二十三条　实行企业负责人经营业绩考核谈话制度。对于年度考核结果为D级与E级、重大安全生产责任事故降级、严重违规经营和存在重大经营风险等情形的企业，经省国资委批准，由省国资委经营业绩考核与薪酬管理领导小组与企业主要负责人进行谈话，帮助企业分析问题、改进工作。

第二十四条　企业违反《中华人民共和国会计法》、《企业会计准则》等有关法律法规规章，虚报、瞒报财务状况的，由省国资委根据具体情节决定扣发企业法定代表人及相关负责人的绩效年薪、延期绩效年薪、中长期激励；情节严重的，给予纪律处分；涉嫌犯罪的，依法移送司法机关处理。

第二十五条　企业法定代表人及相关负责人违反国家法律法规和规章及规范性文件，导致重大决策失误、重大安全与质量责任事故、严重环境污染事故、重大违纪事件和法律纠纷损失事件，给企业造成重大不良影响或造成国有资产流失的，由省国资委根据具体情节决定扣发企业法定代表人及相关负责人的绩效年薪、延期绩效年薪、中长期激励；情节严重的，给予纪律处分；涉嫌犯罪的，依法移送司法机关处理。

第五章　附　　则

第二十六条　根据企业分类考核的原则，企业负责人经营业绩考核分为年薪制考核和模拟考核。对正常生产经营且有条件实施年薪制的企业负责人，签订经营业绩责任书，实施年薪制考核。对正常生产经营但暂时没有条件实施年薪制的企业负责人，按照年薪制考核办法实施模拟考核。

第二十七条　国有独资企业、国有独资公司和国有控股公司党委书记、副书记、纪委书记、工会主席的考核及其奖惩依照本办法执行。

第二十八条　对于在考核期内企业发生清产核资、改制重组、主要负责人变动等情况的，省国资委可以根据具体情况变更经营业绩责任书的相关内容。

第二十九条　国有参股企业以及实施被兼并破产企业、基本建设项目法人单位等企业中，由省国资委党委管理的企业负责人的考核参照本办法执行。具体经营业绩考核事项在经营业绩责任书中确定。

　　第三十条　凡列入省国资委国有独资公司董事会试点且外部董事到位人数超过全体董事二分之一的企业，省国资委授权企业董事会对企业经理人员的经营业绩进行考核。省国资委对董事会考核企业经理人员的工作进行指导和监督。具体指导和监督办法由省国资委另行制定。凡列入省国资委国有独资公司董事会试点且外部董事到位人数未超过全体董事二分之一的企业，对企业经理人员的经营业绩考核由省国资委依照本办法执行。

　　第三十一条　省国资委对国有独资公司董事会试点企业的董事会、董事进行评价。具体评价办法由省国资委另行制定。

　　第三十二条　各企业可参照本办法制定对子企业的经营业绩考核实施办法，重要子企业的经营业绩考核要在省国资委指导下进行。

　　第三十三条　各设区市国有资产监督管理机构对所出资企业负责人的经营业绩考核，可参照本办法执行。

　　第三十四条　本办法由省国资委负责解释。

　　第三十五条　本办法自 2011 年 10 月 1 日起施行。

附件 1：

经济增加值考核办法

一、经济增加值的定义及计算公式

经济增加值是指企业税后净营业利润减去资本成本后的余额。

计算公式：

$$经济增加值 = 税后净营业利润 - 资本成本 = 税后净营业利润$$
$$- 调整后资本 \times 平均资本成本率$$

$$税后净营业利润 = 净利润 + (利息支出 + 研究开发费用调整项$$
$$- 非经常性收益调整项 \times 50\%) \times (1 - 25\%)$$

$$调整后资本 = 平均所有者权益 + 平均负债合计 - 平均无息流动负债 - 平均在建工程$$

二、会计调整项目说明

（一）利息支出是指企业财务报表中"财务费用"项下的"利息支出"。

（二）研究开发费用调整项是指企业财务报表中"管理费用"项下的"研究与开发费"和当期确认为无形资产的研究开发支出。对于为获取国家战略资源，勘探投入费用较大的企业，经国资委认定后，将其成本费用情况表中的"勘探费用"视同研究开发费用调整项按照一定比例（原则上不超过 50%）予以加回。

（三）非经常性收益调整项包括：

1. 变卖主业优质资产收益：减持具有实质控制权的所属上市公司股权取得的收益（不包括在二级市场增持后又减持取得的收益）；企业集团（不含投资类企业集团）转让所属主业范围内非上市公司资产取得的收益。

2. 主业优质资产以外的非流动资产转让收益：企业集团（不含投资类企业集团）

转让股权（产权）收益，资产（含土地）转让收益。

3. 其他非经常性收益：与主业发展无关的资产置换收益、与经常活动无关的补贴收入等。

（四）无息流动负债是指企业财务报表中"应付票据"、"应付账款"、"预收款项"、"应交税费"、"应付利息"、"应付职工薪酬"、"应付股利"、"其他应付款"和"其他流动负债"；对于因承担国家任务等原因造成"专项应付款"、"特种储备基金"，视同无息流动负债扣除。

（五）在建工程是指企业财务报表中的符合主业规定的"在建工程"及"工程物资"。

三、资本成本率的确定

（一）资本成本率为企业总资产报酬率行业对标值（与省国资委对企业的绩效评价一致）中平均值的前三年平均值；

（二）资本成本率确定后，一个任期内保持不变。

四、其他重大调整事项发生下列情形之一，对企业经济增加值考核产生重大影响的，省国资委酌情予以调整：

（一）重大政策变化；

（二）严重自然灾害等不可抗力因素；

（三）企业重组、上市及会计准则调整等不可比因素；

（四）国资委认可的企业结构调整等其他事项。

附件2：

年度经营业绩考核计分与奖惩细则

一、年度经营业绩考核的综合计分

年度经营业绩考核综合得分＝（利润总额指标得分＋经济增加值指标得分

＋分类指标得分）×经营难度系数＋奖励分－考核扣分

上述年度经营业绩考核指标中，若某项指标（不含经济增加值指标）未达到基本分，则该项指标正常计分不再乘经营难度系数。

二、年度经营业绩考核各指标计分

（一）利润总额指标计分。利润总额指标的基本分为30分。企业负责人完成目标值时，得基本分30分。该指标计分以基准值为基础。基准值是指上年实际完成值和前三年实际完成值平均值中的较低值。

1. 利润总额考核目标值不低于基准值时，完成值每超过目标值3%，加1分，最多加6分。完成值每低于目标值3%，扣1分，最多扣6分。

2. 利润总额考核目标值低于基准值时，该指标按照以下规则计分：

（1）目标值比基准值低20%（含）以内的，完成值每超过目标值3%，加1分，最多加5分。完成值每低于目标值3%，扣1分，最多扣6分。

（2）目标值比基准值低 20% ~50% 的，完成值每超过目标值 3% ，加 1 分，最多加 4 分。完成值每低于目标值 3% ，扣 1 分，最多扣 6 分。

（3）目标值比基准值低 50% （含）以上的，完成值每超过目标值 3% ，加 1 分，最多加 3 分。完成值每低于目标值 3% ，扣 1 分，最多扣 6 分。

3. 利润总额考核目标值为负数，完成值减亏部分折半计算，盈利部分正常计算；超额完成考核目标，最多加 3 分；减亏但仍处于亏损状态，考核得分不超过 C 级最高限；扭亏为盈，考核得分不超过 B 级最高限。

以上利润总额完成值，超过目标值 36% 以上时，每超过 3% ，扣 1 分，最多扣 6 分（非经常性收益除外）。

（二）经济增加值指标计分。经济增加值指标的基本分为 40 分。企业负责人完成目标值时，得基本分 40 分。该指标计分以基准值为基础（客观因素除外）。基准值是指上年实际完成值和前三年实际完成值平均值中的较低值。

1. 经济增加值考核目标值不低于基准值时，完成值每超过目标值（绝对值）2% ，加 1 分，最多加 8 分。完成值每低于目标值（绝对值）3% ，扣 1 分，最多扣 8 分。

2. 经济增加值考核目标值低于基准值时，完成值每超过目标值（绝对值）3% ，加 1 分，最多加 8 分。完成值每低于目标值（绝对值）3% ，扣 1 分，最多扣 8 分。

3. 经济增加值考核目标值在零附近的，计分给予特别处理。

（三）分类指标计分。分类指标的基本分为 30 分。分类指标加分与扣分的上限与下限为该项指标基本分的 20% 。

（四）考核指标目标值达到行业优秀水平的，企业负责人完成目标值时，该项指标直接加满分。

三、经营难度系数

经营难度系数根据企业资产总额、营业收入、利润总额、净资产收益率、职工平均人数、经济增加值等因素加权计算，分类确定。

四、奖惩计分

（一）奖励计分。

承担国家或省政府结构性调整任务且取得突出成绩的企业，省国资委根据有关规定视任务完成情况加 0.5 ~2 分。

（二）考核扣分。

1. 企业发生重大资产损失、发生生产安全责任事故、环境污染责任事故等，省国资委按照有关规定给予降级、扣分处理。

2. 企业发生违规违纪或者存在财务管理混乱等问题，国资委按照有关规定视情节轻重扣 0.5 ~2 分。

3. 企业全员业绩考核制度不健全，未对集团副职、职能部门负责人、下属企业负责人进行经营业绩考核的，视情况扣减 0.1 ~1 分。

五、考核结果分级

根据企业负责人年度经营业绩考核的综合得分，考核结果分为 A、B、C、D、E 五个级别。

六、年度经营业绩考核结果与奖惩挂钩办法

企业负责人年度薪酬分为基薪和绩效年薪两部分，绩效年薪与年度经营业绩考核结果挂钩。

当考核结果为 E 级时，绩效年薪为 0；

当考核结果为 D 级时，绩效年薪在 0 倍基薪到 1 倍基薪之间；

当考核结果为 C 级时，绩效年薪在 1 倍基薪到 1.5 倍基薪之间；

当考核结果为 B 级时，绩效年薪在 1.5 倍基薪到 2 倍基薪之间；

当考核结果为 A 级时，绩效年薪在 2 倍基薪到 3 倍基薪之间。

但对于利润总额低于上一年的企业，无论其考核结果处于哪个级别，其绩效年薪倍数应当低于上一年（处于行业周期性下降阶段但与同行业其他企业相比处于先进水平的企业除外）。

附件3：

任期经营业绩考核计分与奖惩细则

一、任期经营业绩考核的综合计分

任期经营业绩考核综合得分＝（国有资本保值增值率指标得分＋主营业务收入
　　　　　　平均增长率指标得分＋分类指标得分）×经营难度系数
　　　　　　＋任期内三年的年度经营业绩考核结果指标得分－考核扣分

上述任期经营业绩考核指标中，若某项指标未达到基本分，则该项指标正常计分不再乘经营难度系数。

二、任期经营业绩考核各指标计分

（一）国有资本保值增值率指标计分。

国有资本保值增值率指标的基本分为 40 分。企业负责人完成目标值时，得基本分40 分。该指标计分以基准值为基础。基准值是指前一任期实际完成值和前一任期考核目标值与实际完成值平均值中的较低值。

1. 国有资本保值增值率考核目标值不低于基准值时，完成值每超过目标值 0.4 个百分点，加 1 分，最多加 8 分。完成值低于目标值但大于 100%，每低于目标值 0.4 个百分点，扣 0.5 分，最多扣 4 分；完成值低于 100%，每低于目标值 0.4 个百分点，扣 1分，最多扣 8 分。该指标考核目标值达到行业优秀水平的，完成目标值时直接加满分。

2. 国有资本保值增值率考核目标值低于基准值时，该指标按照以下规则计分：

（1）目标值比基准值低 30%（含）以内的，完成值每超过目标值 0.4 个百分点，加 1 分，最多加 7 分。完成值低于目标值但高于 100%，每低于目标值 0.4 个百分点，扣 0.5 分，最多扣 4 分；完成值低于 100%，每低于目标值 0.4 个百分点，扣 1 分，最多扣 8 分。

（2）目标值比基准值低 30% ~50%的，完成值每超过目标值 0.4 个百分点，加 1 分，最多加6分。完成值低于目标值但高于100%，每低于目标值0.4个百分点，扣0.5分，最多扣4分；完成值低于100%，每低于目标值0.4个百分点，扣1分，最多扣8分。

（3）目标值比基准值低50%（含）以上的，完成值每超过目标值0.4个百分点，加1分，最多加5分。完成值低于目标值但高于100%，每低于目标值0.4个百分点，扣0.5分，最多扣4分；完成值低于100%，每低于目标值0.4个百分点，扣1分，最多扣8分。

（4）目标值低于基准值，但处于行业领先水平的，该指标加分上限可以调整为8分。

3. 国有资本保值增值率考核目标值低于100%的，完成值超过目标值，不予加分。完成值低于目标值，每低于0.4个百分点，扣1分，最多扣8分。

（二）主营业务收入平均增长率指标计分。

主营业务收入平均增长率指标基本分为20分。企业负责人完成目标值时，得基本分20分。该指标计分以基准值为基础。基准值是指前一任期实际完成值和前一任期考核目标值与实际完成值平均值中的较低值。

1. 主营业务收入平均增长率考核目标值不低于基准值时，完成值每超过目标值1个百分点，加1分，最多加4分。完成值每低于目标值1个百分点，扣1分，最多扣4分。该指标考核目标值达到行业优秀水平的，完成目标值时直接加满分。

2. 主营业务收入平均增长率考核目标值低于基准值时，该指标按照以下规则计分：

（1）目标值比基准值低30%（含）以内的，完成值每超过目标值1个百分点，加1分，最多加3分。完成值每低于目标值1个百分点，扣1分，最多扣4分。

（2）目标值比基准值低30%~50%的，完成值每超过目标值1个百分点，加1分，最多加2分。完成值每低于目标值1个百分点，扣1分，最多扣4分。

（3）目标值比基准值低50%（含）以上的，完成值每超过目标值1个百分点，加1分，最多加1分。完成值每低于目标值1个百分点，扣1分，最多扣4分。

（4）目标值低于基准值，但处于行业领先水平的，该指标加分上限可以调整为4分。3. 主营业务收入平均增长率考核目标值为负数，完成值超过目标值，不予加分。完成值低于目标值，每低于1个百分点，扣1分，最多扣4分。

（三）分类指标计分。分类指标的基本分为20分。分类指标加分与扣分的上限与下限为该项指标基本分的20%。分类指标考核目标值达到行业先进水平的，完成目标值时直接加满分。

（四）任期内三年的年度经营业绩考核结果指标计分。任期内三年的年度经营业绩考核结果指标的基本分为20分。企业负责人三年内的年度经营业绩综合考核结果每得一次A级得8分；每得一次B级得7.335分；每得一次C级得6.667分；每得一次D级及以下得6分。

三、考核扣分

剔除重组、结构调整和会计准则调整等因素的影响后，基本指标考核目标值与实际完成值差异超过8个百分点以上的，依据差异程度相应扣减0.1-2分。本款不受其他条款限制。

四、经营难度系数

经营难度系数根据企业任期内最后一年的资产总额、营业收入、利润总额、净资产收益率、职工平均人数、经济增加值等因素加权计算，分类确定。

五、考核结果分级

根据企业负责人任期经营业绩考核的综合得分，考核结果分为 A、B、C、D、E 五个级别。

六、任期经营业绩考核结果与奖惩挂钩办法

依据任期经营业绩考核结果，对企业负责人实行奖惩与任免。

（一）对于任期经营考核结果为 A 级 B 级和 C 级的企业负责人，按期兑现全部延期绩效年薪。

（二）对于任期经营考核结果为 D 级和 E 级的企业负责人，除根据考核分数扣减延期绩效年薪外，将根据具体情况，对有关责任人进行谈话诫勉、岗位调整、降级使用或免职（解聘）等。

具体扣减绩效年薪的公式为：

扣减延期绩效年薪＝任期内积累的延期绩效年薪 ×（C 级起点分数 – 实得分数）/C 级起点分数。

附录 11：北京市国有及国有控股企业负责人经营业绩考核暂行办法

第一章　总　则

第一条　为切实履行企业国有资产出资人职责，维护所有者权益，落实国有资本保值增值责任，建立有效的激励和约束机制，根据《中华人民共和国企业国有资产法》和《企业国有资产监督管理暂行条例》等有关法律、法规，参照《中央企业负责人经营业绩考核暂行办法》，结合本市实际，制定本办法。

第二条　北京市人民政府国有资产监督管理委员会（以下简称市国资委）履行出资人职责的企业（以下简称企业）董事长的经营业绩考核适用本办法。党委书记和总经理（经理）纳入经营业绩考核范围。

企业其他负责人的经营业绩考核办法由企业依据本办法制定并组织实施。

第三条　市国资委负责组织实施对企业负责人的经营业绩考核工作。

第四条　企业负责人经营业绩考核工作遵循以下原则：

（一）按照加快转变经济发展方式，调整优化经济结构，提高经济增长质量、效益及国有资产保值增值、股东价值最大化的要求，依法考核企业负责人经营业绩；

（二）按照"优化一产、做强二产、做大三产"的要求，落实北京市重点产业调整振兴规划，推动企业提高战略管理、价值创造、自主创新、资源节约、环境保护和安全发展水平，不断增强企业核心竞争能力，实现企业科学发展；

（三）按照权责利相统一的要求，建立企业负责人经营业绩同激励约束相结合的考核制度，即业绩上、薪酬上，业绩下、薪酬下，并作为职务任免的重要依据。建立健全科学合理、可追溯的资产经营责任制；

（四）按照全面落实责任的要求，推动企业建立健全内部经营业绩考核体系，增强企业管控力和执行力，确保国有资产保值增值责任层层落实；

（五）按照保障职工合法权益的要求，建立健全职工工资增长保障机制，完善企业负责人经营业绩考核体系，构建企业负责人薪酬水平与职工收入关系协调的分配格局。

第二章　经营业绩考核

第五条　对企业负责人经营业绩的考核，实行年度经营业绩考核和任期经营业绩考核。

（一）年度经营业绩考核期为每年度 1 月 1 日至 12 月 31 日；

（二）任期经营业绩考核以三年为一个考核期。由于特殊原因需要调整任期考核时间的，由市国资委决定。

第六条　经营业绩考核采取签订经营业绩考核责任书的方式进行，经营业绩考核责任书主要包括下列内容：

（一）签约双方的单位名称、职务和姓名；

（二）考核内容及指标；

（三）考核与奖惩；

（四）责任书的变更、解除和终止；

（五）其他需要约定的事项。

第七条　经营业绩考核指标包括基本指标和分类指标。

（一）年度经营业绩考核基本指标包括年度利润总额、经济增加值和净资产收益率指标。

1. 年度利润总额为经核定后的企业合并报表利润总额。企业年度利润总额计算可以加上经核准的当期企业消化以前年度潜亏，并扣除非经常性收益（指与企业正常经营业务无直接关系，以及虽与正常经营业务相关，但其性质特殊并具有偶发性特点的各项交易和事项所产生的收益）。

2. 经济增加值是指企业税后净营业利润减去资本成本后的余额。

3. 净资产收益率是指企业考核当期净利润同平均净资产的比率，计算公式为：

$$净资产收益率 = \frac{净利润}{平均净资产} \times 100\%$$

其中：净资产中不含少数股东权益，净利润中不含少数股东损益。

（二）任期经营业绩考核基本指标包括国有资本保值增值率、主营业务收入平均增长率（利润平均增长率）和绩效评价得分。

1. 国有资本保值增值率是指企业考核期末扣除客观因素后的国有资本及权益同考核期初国有资本及权益的比率，计算方法为：任期内各年度国有资本保值增值率的乘积。

客观因素由市国资委根据国家有关规定具体审核确定。

企业年度国有资本保值增值率以市国资委确认的结果为准。

2. 主营业务收入平均增长率是指企业主营业务连续三年的平均增长情况。计算公式为：

$$主营业务收入平均增长率 = \left(\sqrt[3]{\frac{考核期内三年主营业务收入之和}{考核期前三年主营业务收入之和}} - 1 \right) \times 100\%$$

没有实体经营的投资性企业，经批准可以选用利润平均增长率指标，计算公式为：

$$利润平均增长率 = \left(\sqrt[3]{\frac{考核期内三年利润总额之和}{考核期前三年利润总额之和}} - 1 \right) \times 100\%$$

3. 绩效评价得分。参照《中央企业综合绩效评价管理暂行办法》（国务院国有资产监督管理委员会令第 14 号），依据《关于贯彻落实〈中央企业综合绩效评价实施细则〉有关问题的通知》（京国资评价字〔2006〕81 号）的规定计算的年度绩效评价得分。

（三）年度和任期分类指标由市国资委根据企业所处行业特点，综合考虑反映企业技术创新投入和产业情况、经营管理水平、风险控制能力及资源节约和环境保护水平等因素确定，具体指标及其权重在责任书中确定。

第八条　考核指标评价按照指标实际完成值和目标值进行比较，根据指标完成情况和对应的权重计算分值（年度和任期考核的计分细则见附件）。

第九条　经营业绩考核责任书按下列程序签订：

（一）企业预报经营业绩考核目标建议值。

1. 年度经营业绩考核目标建议值，由企业于每年 11 月份按照市国资委年度经营业绩考核要求和企业发展规划及经营状况提出，并将目标建议值和必要的说明材料报市国资委。考核目标建议值原则上不低于前三年考核指标实际完成值的平均值。

2. 任期经营业绩考核目标建议值，由企业于考核期初按照市国资委任期经营业绩考核要求和企业发展规划及经营状况提出，并将目标建议值和必要的说明材料报市国资委。考核目标建议值原则上不低于前一任期经营业绩考核指标实际完成值。

3. 在预报经营业绩考核目标建议值时，应当同时说明企业考核期初的资产状况、会计核算方法和考核指标统计口径。

（二）市国资委核定经营业绩考核目标值。

市国资委根据"同一行业，同一尺度"原则，结合国家和本市宏观经济形势、企业所处行业运行态势、企业发展规划及经营状况，对企业负责人的经营业绩考核目标建议值进行审核并确定考核目标值。

（三）签署经营业绩考核责任书。

由市国资委主任（或其授权代表）同企业董事长（或其授权代表）签订经营业绩考核责任书。

第十条　市国资委对经营业绩考核责任书执行情况实施动态监督：

（一）企业每季度将经营运行分析情况上报市国资委，市国资委对责任书的执行情况进行动态跟踪；

（二）企业发生重大的生产安全责任事故和质量事故、重大经济损失、重大投融资、重大担保事项和资产重组等重要情况时，应当依据有关规定向市国资委报告。

第十一条 市国资委建立预警制度。对经营管理中的突出问题发出警示通知单，提醒企业重视，督促企业采取应对措施。

第十二条 经营业绩考核责任书完成情况按照下列程序进行考核：

（一）企业在年度经营业绩考核期满90日内或任期经营业绩考核期末，依据经审计的企业财务决算数据，对上年度和任期经营业绩考核目标的完成情况进行总结分析，并上报市国资委，同时抄送派驻本企业的监事会；

（二）市国资委依据经审计并经审核的企业财务决算报告和经审查的统计数据，结合企业总结分析报告并听取监事会对企业的评价意见后，对企业负责人经营业绩考核目标的完成情况进行考核，形成企业负责人经营业绩考核与奖惩意见；

（三）市国资委向各企业反馈企业负责人经营业绩考核与奖惩意见。企业负责人对考核与奖惩意见有异议的，可向市国资委提出；

（四）市国资委根据需要委托中介机构或组织，对企业经营业绩考核指标的完成情况进行审计或专项稽核检查。

第三章 奖 惩

第十三条 根据企业负责人经营业绩考核得分，年度和任期经营业绩考核最终结果分为A、B、C、D、E五个级别，完成考核目标值为D级晋级点。

第十四条 市国资委依据年度经营业绩考核结果、任期经营业绩考核结果和综合考核评价结果对企业负责人实施奖惩。

第十五条 对企业负责人的奖励分为年度薪酬奖励和任期激励。

第十六条 企业负责人年度薪酬分为基薪和绩效年薪两个部分。

（一）基薪按照《北京市国有及国有控股企业负责人薪酬管理暂行办法》（京国资考核字〔2004〕3号）执行；

（二）绩效年薪与年度经营业绩考核结果挂钩，按以下方式确定：

1. 当考核结果为E级时，绩效年薪为0；

2. 当考核结果为D级时，绩效年薪按"基薪×（考核分数－D级起点分数）/（C级起点分数－D级起点分数）"确定，绩效年薪在0倍基薪到1倍基薪之间；

3. 当考核结果为C级时，绩效年薪按"基薪×〔1+0.5×（考核分数－C级起点分数）/（B级起点分数－C级起点分数）〕"确定，绩效年薪在1倍基薪到1.5倍基薪之间；

4. 当考核结果为B级时，绩效年薪按"基薪×〔1.5+0.5×（考核分数－B级起点分数）/（A级起点分数－B级起点分数）〕"确定，绩效年薪在1.5倍基薪到2倍基薪之间；

5. 当考核结果为A级时，绩效年薪按"基薪×〔2+（考核分数－A级起点分数）/（A级封顶分数－A级起点分数）〕"确定，绩效年薪在2倍基薪到3倍基薪之间。

第十七条 企业负责人绩效年薪的70%在年度经营业绩考核结束后当期兑现；其余30%根据任期经营业绩考核结果等因素延期到任期经营业绩考核结束后兑现。对于离任的企业负责人，还应当根据经济责任审计结果，确定延期绩效年薪兑现方案。

第十八条 企业董事长、党委书记和总经理（经理）分配系数为1；企业其他负责人的分配系数根据其责任和贡献，由企业在0.5~0.8之间确定，报市国资委备案。市国资委自收到相关备案材料之日起10个工作日内未提出异议的，企业方可执行。

经过上级有关部门批准，引进的特殊人才的薪酬不受本办法限制。

第十九条 企业负责人任期经营业绩考核结果及任期综合考核评价结果是企业负责人奖惩与任免的重要依据。

（一）对于任期经营业绩考核结果为A级和B级的企业负责人，除按期兑现全部延期绩效年薪外，给予相应的任期激励。

（二）对于任期经营业绩考核结果为C级和D级的企业负责人，按期兑现全部延期绩效年薪。

（三）对于任期经营业绩考核结果为E级的企业负责人，扣减延期绩效年薪，按以下公式计算：

扣减的延期绩效年薪 = 任期内积累的延期绩效年薪 ×（D级起点分数 - 实得分数）÷ D级起点分数。

（四）对于任期经营业绩考核结果为A级和B级，同时领导班子任期综合考核评价结果为"优秀"等级的企业负责人，追加一定比例的任期激励；对于领导人员任期综合考核评价结果为"不称职"的企业负责人，扣减一定比例延期绩效年薪。

第二十条 未完成任期经营业绩考核目标或者连续两年未完成年度经营业绩考核目标，且无重大客观原因的，对企业负责人予以调整。

第二十一条 对做出特别贡献的企业负责人，市国资委按照《北京市国有及国有控股企业负责人特别奖励暂行办法》（京国资考核字［2007］82号）给予特别奖励。

第二十二条 实行企业负责人经营业绩考核谈话制度。对于年度经营业绩考核结果为E级、发生重大生产安全责任事故和重大环境污染责任事故、严重违规经营和存在重大经营风险等情形的企业，经市国资委主任办公会议决定，与企业主要负责人进行谈话，帮助企业分析问题、改进工作。

第二十三条 强化企业负责人收入增长与职工工资增长的联动机制，将职工工资发放情况纳入企业负责人经营业绩考核体系。对于当年本企业职工实际平均工资未增长的企业，企业负责人绩效年薪不得增长。

第二十四条 企业有以下情形之一的，暂缓兑现企业负责人绩效年薪：

（一）拖欠职工工资和"五险一金"等违反劳动法律、法规及规章的；

（二）未按照市国资委要求落实监事会监督检查报告整改意见的。

第二十五条 企业有以下情形之一的，给予企业负责人降低考核等级、降薪处理：

（一）违反《中华人民共和国会计法》、《企业会计准则》等有关法律法规规章，虚报、瞒报财务状况的；

（二）发生较大（含）以上生产安全责任事故的；

（三）未完成维护稳定工作责任书规定任务的；

（四）与市政府签订节能目标责任书的企业未通过节能目标责任考核的；

（五）未完成市国资委确定的年度重点专项工作的。

第二十六条 企业负责人违反国家法律法规和规章，给企业造成国有资产损失的，按照《市国资委监管企业资产损失责任追究暂行办法》（京国资发〔2009〕6号）相关规定执行。

第四章 附 则

第二十七条 对于在考核期内企业发生改制重组、负责人变动等情况或由于宏观经济形势、国家及本市重大政策、战略规划调整及不可抗力等因素影响企业负责人经营业绩考核指标的，市国资委可以根据具体情况调整经营业绩责任书的相关内容。

第二十八条 对董事会试点经营层企业，市国资委授权董事会对经营管理人员的经营业绩进行考核，并依据有关规定对董事会经营业绩考核工作进行指导和监督，具体办法另行制定。

第二十九条 企业应当建立健全内部经营业绩考核体系，加强对二级企业及市国资委确认的二级以下重要子企业负责人的经营业绩考核与薪酬管理工作，并将其考核薪酬管理办法及薪酬兑现方案报市国资委备案。

第三十条 城市公用类企业负责人经营业绩考核与薪酬管理工作按照《北京市城市公用类企业负责人经营业绩考核与薪酬管理暂行办法》（京国资发〔2009〕19号）执行。

第三十一条 国有资本参股企业中，由市国资委党委管理的企业负责人的经营业绩考核可参照本办法执行。

第三十二条 本办法自2010年1月1日起施行。

附件：1. 年度经营业绩考核计分细则

2. 任期经营业绩考核计分细则

附件1：

年度经营业绩考核计分细则

一、年度经营业绩考核的综合得分

年度经营业绩考核的综合得分＝年度利润总额指标得分×经营难度系数＋经济增加值指标得分×经营难度系数＋净资产收益率指标得分×经营难度系数＋分类指标得分×经营难度系数。

上述年度经营业绩考核指标中，若某项指标没有达到基本分，则该项指标不乘以经营难度系数。

二、年度经营业绩考核各指标得分

（一）年度利润总额指标的基本分为20分。

企业负责人完成目标值时，得基本分 20 分；超过目标值时，每超过 3 个百分点，加 1 分，最多加 4 分。低于目标值时，每低于 3 个百分点，扣 1 分，最多扣 4 分。

（二）经济增加值指标的基本分为 10 分。

企业负责人完成目标值时，得基本分 10 分；高于目标值时，每超过 2 个百分点，加 1 分，最多加 2 分。低于目标值时，每低于 2 个百分点，扣 1 分，最多扣 2 分。

（三）净资产收益率指标的基本分为 40 分。

企业负责人完成目标值时，得基本分 40 分；高于目标值时，每高于 0.4 个百分点，加 1 分，最多加 8 分。低于目标值时，每低于 0.4 个百分点，扣 1 分，最多扣 8 分。

（四）分类指标的基本分为 30 分。加分与扣分的上限与下限为该项指标基本分的 20%。

企业年度利润总额目标值高于前三年实际完成值的平均值，但主营业务利润率未达到行业良好值，原则上年终考核级别不得进入 A 级；企业年度利润总额目标值高于前三年实际完成值的平均值，但主营业务利润率未达到行业平均值，原则上考核级别不得进入 B 级。（处于行业周期性下降阶段但与同行业其他企业相比处于领先水平的企业除外）。主营业务利润率是以国务院国资委统评局出具的企业绩效评价标准值为依据。

为促进考核水平更加精确，对利润总额指标目标值与实际完成值差异超过 50% 的，依据差异程度相应扣减 0.1~2 分。

三、经营难度系数

经营难度系数在 1~1.2 之间，其指标为净资产收益率、资产总额、主营业务收入、利润总额、职工平均人数、离退休人员占职工人数六项，前四项指标各占 20% 权重，后两项各占 10% 权重，用回归方程的方式加权计算，分类确定。

四、考核分级

根据企业负责人年度经营业绩考核的综合得分，考核结果分为 A、B、C、D、E 五个级别。

附件 2：

任期经营业绩考核计分细则

一、任期经营业绩考核的综合得分

任期经营业绩考核的综合得分 = 国有资本保值增值率指标得分×经营难度系数 + 主营业务收入平均增长率（利润平均增长率）指标得分×经营难度系数 + 分类指标得分×经营难度系数 + 绩效评价得分 + 任期内三年的年度经营业绩考核结果指标得分。

上述任期经营业绩考核指标中，若某项指标没有达到基本分，则该项指标不乘以经营难度系数。

二、任期经营业绩考核各指标得分

（一）国有资本保值增值率指标的基本分为 25 分。

企业负责人完成目标值时，得基本分 25 分；每高于目标值 0.4 个百分点，加 1 分，最多加5分。低于目标值但大于100%（即资本保值率）时，每低于目标值0.4个百分点，扣0.5分，最多扣3分；低于100%时，每低于目标值0.4个百分点，扣1分，最多扣5分。

（二）主营业务收入平均增长率（利润平均增长率）指标基本分为15分。

企业负责人完成目标值时，得基本分15分；超过目标值时，每超过1个百分点，加1分，最多加3分。低于目标值时，每低于1个百分点，扣1分，最多扣3分。

（三）绩效评价得分指标基本分为20分。考核期内每年得分之和的平均值乘以20%即为此项得分。

（四）分类指标20分。分类指标加分与扣分的上限与下限为该项指标基本分的20%。

（五）任期内三年的年度经营业绩考核结果指标的基本分为20分。

企业负责人三年内的年度经营业绩综合考核结果每得一次A级的得8分；每得一次B级的得7分；每得一次C级的得6分；每得一次D级的得5分；每得一次E级的得4分。

三、经营难度系数

经营难度系数在1~1.2之间，其指标为任期内平均的净资产收益率、资产总额、主营业务收入、利润总额、职工平均人数、离退休人员占职工人数，前四项指标各占20%权重，后两项各占10%权重，用回归方程的方式加权计算，分类确定。

四、考核分级

根据企业负责人年度经营业绩考核的综合得分，考核结果分为A、B、C、D、E五个级别。

附录12：辽宁省省属企业负责人经营业绩考核暂行办法

第一章 总 则

第一条 为切实履行企业国有资产出资人职责，维护所有者权益，落实国有资产保值增值责任，科学、客观评价企业负责人经营业绩，建立有效的激励和约束机制，根据《中华人民共和国公司法》、《中华人民共和国企业国有资产法》、《企业国有资产监督管理暂行条例》和《辽宁省企业国有资产监督管理实施办法》等有关法律、法规和规章，制定本办法。

第二条 本办法适用于由辽宁省人民政府国有资产监督管理委员会（以下简称省国资委）履行出资人职责的国有独资和国有控股企业（以下简称企业）。

第三条 本办法所称企业负责人是指由省委和省国资委党委管理的企业领导人员。

第四条 企业负责人的经营业绩，实行年度考核与任期考核相结合、结果考核与过程评价相统一、考核结果与奖惩任免相挂钩的考核制度。

第五条　年度经营业绩考核和任期经营业绩考核采取由省国资委主任或者其授权代表与企业负责人签订经营业绩责任书的方式进行。

第六条　企业负责人业绩考核工作遵循以下原则：

（一）依法考核原则。根据《企业国有资产法》和《企业国有资产监督管理暂行条例》等有关规定，按照国有资产保值增值以及股东价值最大化和可持续发展的要求，依法考核企业负责人经营业绩。

（二）科学发展原则。按照科学发展观的要求，鼓励企业加大自主创新、技术改造和投资力度，优化产业结构和投资结构，推动企业提高战略管理、资源节约和环境保护水平，不断增强企业核心竞争能力和可持续发展能力，促进企业稳步健康发展。

（三）分类考核原则。在体现出资人对企业共性要求，突出投资回报水平的基础上，按照企业所处不同行业、规模大小、资产经营不同水平和主营业务等不同特点，分类确定符合企业个性化要求的指标，实施科学分类考核，不断提高企业整体管理水平和竞争能力。

（四）行业对标原则。经营业绩考核指标在兼顾企业历史发展水平，采取企业自身纵向比较的基础上，引入全国同行业平均值，实行横向比较，鼓励企业进行行业对标，与国内同行业同类型先进企业相比较，通过持续改进，逐步达到标杆企业的先进水平。

（五）精准考核原则。引导企业合理确定考核目标，将实际完成值与考核目标值的差距控制在合理范围内，不断提高企业经营业绩考核工作水平。

（六）激励奖惩原则。按照权责利相统一的要求，建立企业负责人经营业绩同激励约束机制相结合的考核制度，将考核结果作为企业负责人薪酬核定及职务任免的重要依据，形成强激励、硬约束的考核机制。

（七）全员考核原则。按照全面落实责任的要求，推动企业建立健全全员业绩考核体系，增强企业管控力和执行力，确保国有资产保值增值责任层层落实。

第二章　年度经营业绩考核

第七条　年度经营业绩考核以公历年为考核期。

第八条　年度经营业绩考核指标包括基本指标、分类指标、保障指标和安全指标。

（一）基本指标包括利润总额、净资产收益率和经济增加值指标。

1. 利润总额是指经核定后的企业合并报表利润总额。利润总额计算可以加上经核准的当期企业消化以前年度潜亏，并扣除通过变卖企业资产等取得的非经常性收益。

2. 净资产收益率是指企业考核当期净利润同平均净资产的比率，计算公式为：

$$净资产收益率 = 净利润/平均净资产 \times 100\%$$

其中：净资产中不含少数股东权益，净利润中不含少数股东损益。

3. 经济增加值（简称EVA）是指经核定的企业税后净营业利润中减去资本成本后的余额（考核细则见附件1），其计算公式为：

$$EVA = 税后净营业利润 - 资本成本$$
$$= 税后净营业利润 - 调整后资本 \times 平均资本成本率$$

（二）分类指标根据企业所处行业特点，针对企业管理"短板"，综合考虑企业经营管理水平、技术创新投入、资产经营效率及风险控制能力等因素，由省国资委与企业协商，并在责任书中确定。原则上，各企业分类指标在三年任期内不再变动。

（三）保障指标为企业必选指标，包括节能、减排和职工工资总额预算执行情况，由省国资委依据节能、减排和劳动工资等管理部门的相关要求予以确定，具体指标在责任书中明确（其中节能、减排指标为工业类企业必选指标）。

（四）安全指标以安全管理部门的考核指标为准。

第九条 年度经营业绩考核内容所占权重：

1. 基本指标所占权重为60%，其中，利润总额所占权重为20%，净资产收益率所占权重为30%，经济增加值所占权重为10%（省国资委将视具体情况，适时调整各项指标及其所占权重）。

2. 分类指标所占权重为40%，视各企业分类指标分别确定权重。

3. 保障指标为扣分指标。

4. 安全指标为否决指标。

第十条 年度经营业绩责任书按下列程序签订：

（一）提出年度考核目标建议值。每年第四季度，企业负责人按照省国资委年度经营业绩考核要求和经营状况，对照同行业先进水平，预报当年各项考核指标完成情况，提出下一年度拟完成的经营业绩考核指标目标建议值，并将目标建议值和必要的说明材料报省国资委。考核指标目标建议值原则上不低于上年考核指标实际完成值或前三年考核指标实际完成值的平均值。基本指标中的净资产收益率和分类指标中的相关指标的目标建议值采取行业对标方式确定。

保障指标和安全指标按有关部门下达的目标值确定。

（二）核定年度经营业绩考核目标值。省国资委根据"同一行业，同一尺度"原则，结合宏观经济形势、企业所处行业运行态势、经营管理现状等实际发展状况等，对企业负责人的年度经营业绩考核指标目标建议值进行审核，并就考核指标目标值及有关内容同企业沟通，由省国资委主任会议确定。

（三）省国资委主任或者其授权代表同企业负责人签订年度经营业绩责任书。年度经营业绩责任书包括下列内容：

1. 双方的单位名称、职务和姓名；

2. 考核内容及指标；

3. 考核与奖惩；

4. 责任书的变更、解除和终止；

5. 其他需要规定的事项。

第十一条 为准确、合理确定企业经营业绩考核指标，每年7月份，省国资委将根据各企业上年度财务决算审计结果，对企业的考核目标值进行确认调整。

第十二条 省国资委对年度经营业绩责任书执行情况实施动态监控。

（一）年度经营业绩责任书签订后，省国资委结合企业月度快报、季度经济运行分析、工作调度和企业重要情况报告等，对年度经营业绩责任书的执行情况进行动态跟踪检查与监控。企业每年7月和10月将企业负责人责任书的半年和前三个季度执行情况分别报送省国资委，同时抄送派驻本企业的监事会。对上半年和前三季度经营业绩责任书执行情况明显滞后的企业，省国资委将向企业负责人提出预警并进行督导。

（二）建立重大生产安全事故、环境污染和质量事故，重大经济损失、重大法律纠纷案件，重大投融资和资产重组等重要情况报告制度。企业发生上述情况时，企业负责人应立即向省国资委报告，同时向派驻本企业监事会报告。

第十三条　年度经营业绩责任书完成情况按照下列程序进行考核：

（一）上报考核指标完成情况。每年4月底前，省国资委委托中介机构在决算审计的同时，形成年度经营业绩完成情况专项稽核报告；企业对上年度经营业绩考核目标的完成情况进行全面总结分析并形成报告，报送省国资委，同时抄送派驻本企业监事会。

（二）审核、确认考核指标完成情况。省国资委依据经审计并经审核的企业财务决算报告、经审查的统计数据和专项稽核报告，结合企业负责人年度总结分析报告并听取监事会对企业负责人经营业绩的年度核查意见，对企业负责人年度经营业绩考核目标的完成情况进行考核（计分细则见附件2），并将考核结果反馈各企业负责人及其所在企业。企业负责人对考核结果有异议的，可及时向省国资委反映。

（三）通报经营业绩考核结果。各企业年度经营业绩考核情况经省国资委主任会议审定后，形成最终的企业负责人年度经营业绩考核结果，并向企业和干部管理等有关部门通报。

第三章　任期经营业绩考核

第十四条　任期经营业绩考核以三年为一个考核期。

第十五条　任期经营业绩考核内容包括任期经营业绩考核指标的完成情况和任期内三年的年度经营业绩考核指标完成情况。任期内各年度经营业绩考核指标完成情况以省国资委年度考核结果确定。

第十六条　任期经营业绩考核指标包括基本指标、分类指标和保障指标。

（一）基本指标包括国有资本保值增值率、营业收入平均增长率和次级不良资产比率。

1. 国有资本保值增值率。该指标是指企业考核期末扣除客观因素（由省国资委核定）后的国有资本及权益同考核期初国有资本及权益的比率。其计算公式为：

国有资本保值增值率 = 任期内各年度国有资本保值增值率的乘积

年度国有资本保值增值率 = 年末国有资产总额/年初国有资产总额×100%

国有资产总额 = 国家资本 +（资本公积 + 盈余公积 + 未分配利润 - 国有独享部分）

×（国家资本/实收资本）+ 国有独享部分

企业国有资本保值增值率指标核定及考核时，需考虑各种客观增减因素，具体客观增减的调整因素按《企业国有资本保值增值结果确认暂行办法》（国务院国资委令第9号）规定，由省国资委具体审核确定。

2. 营业收入平均增长率。该指标是指企业任期内三年营业收入的平均增长情况。

其计算公式为：

$$营业收入平均增长率 = \left(\sqrt[3]{\frac{考核期内三年营业收入之和}{上一考核期内三年营业收入之和}} - 1 \right) \times 100\%$$

3. 次级不良资产比率。该指标是指企业考核期末次级不良资产同考核期末资产总额的比率，其计算公式为：

$$次级不良资产比率 = [任期期末资产减值准备余额 + 任期期末存货$$
$$+ 任期期末应收账款(含其他应收款)] \div (任期期末资产总额$$
$$+ 任期期末资产减值准备余额) \times 100\%$$

（二）分类指标由省国资委根据企业未来发展情况和所处行业特点，综合考虑企业技术创新能力、可持续发展能力及核心竞争力等因素，与企业沟通后确定，具体在任期经营业绩责任书中明确。

（三）保障指标为企业必选指标，由省国资委综合考虑企业资源节约、环境保护、劳动工资，并依据相应管理部门的有关要求予以确定，具体指标在任期经营业绩责任书中明确（其中节能、减排指标为工业类企业必选指标）。

第十七条 任期经营业绩考核内容所占权重：

（一）任期经营业绩考核指标所占权重为80%，其中：

1. 基本指标所占权重为60%，其中：国有资本保值增值率所占权重为30%；营业收入平均增长率所占权重为20%；次级不良资产比率所占权重为10%。

2. 分类指标所占权重为20%，视各企业确定的分类考核指标分别确定权重。

（二）任期内三年的年度经营业绩考核指标完成情况所占权重为20%。

（三）保障指标为扣分指标。

第十八条 任期经营目标核定的基本程序

（一）提出任期考核目标建议值。考核期初，企业负责人按照省国资委任期经营业绩考核要求和三年规划及经营状况，对照同行业先进和平均水平，提出任期经营业绩考核指标目标建议值，并将考核指标目标建议值及必要的说明材料报省国资委。考核目标建议值原则上不低于前一任期的考核指标实际完成值或不低于目标值和实际完成值的平均值。第一任期考核目标建议值原则上不低于前三年实际完成值的平均值。

（二）核定目标值。省国资委根据"同一行业，同一尺度"原则，结合企业所处行业运行态势及企业实际发展状况等，对企业负责人的任期经营业绩考核目标建议值进行审核，就考核目标值及有关内容同企业沟通后，由省国资委主任会议确定。

（三）签订责任书。省国资委主任（或其授权代表）与企业法定代表人（或其授权代表）签订任期经营业绩责任书，明确任期内企业负责人资产经营责任。任期经营业绩责任书包括下列内容：

1. 双方的单位名称、职务和姓名；

2. 考核的内容及指标；

3. 考核与奖惩；

4. 责任书的变更、解除和终止；

5. 其他需要规定的事项。

第十九条　省国资委对企业任期经营业绩责任书中的经营业绩考核指标执行情况实施跟踪和动态监控，掌握企业任期经营目标完成情况。

第二十条　任期经营业绩指标完成情况的考核程序：

（一）上报完成情况。任期结束后，企业负责人对任期经营业绩考核目标的完成情况进行总结分析，形成总结分析报告报省国资委，同时抄送派驻本企业的监事会。

（二）考核经营业绩。省国资委依据任期内经审计并经审核的企业财务决算报告和经审查的统计数据，结合中介机构出具的企业任期经营业绩考核指标专项稽核报告和企业负责人任期经营业绩总结分析报告，并听取监事会对企业负责人经营业绩的任期核查意见，对企业负责人任期经营业绩考核目标的完成情况进行综合考核（计分细则见附件3），并将考核结果反馈各企业及企业负责人。企业负责人对考核结果有异议的，可及时反馈省国资委。

（三）通报考核结果。省国资委经主任会议审定后，形成企业负责人任期经营业绩考核结果，并将最终确认的企业负责人任期经营业绩考核结果向企业和干部管理等有关部门通报。企业要在职工代表大会等适当范围内通报企业负责人考核结果。

第四章　考核结果的运用

第二十一条　省国资委根据企业负责人经营业绩完成情况综合打分，分别确定企业负责人年度和任期经营业绩考核结果，并按各企业考核综合得分的正态分布，依次确定为 A、B、C、D、E 五个级别。

第二十二条　省国资委依据年度经营业绩考核结果和任期经营业绩考核结果对企业负责人实施奖惩，并把经营业绩考核结果作为企业负责人任免的重要依据。

第二十三条　凡企业年度利润总额和净资产收益率目标值低于上年目标值与实际完成值的平均值的，最终考核结果原则上不得进入 A 级（净资产收益率达到行业优秀水平的除外）。

第二十四条　对于任期经营业绩考核结果为 A 级、B 级和 C 级的企业负责人，依据《辽宁省省属企业负责人薪酬管理暂行办法》按期返还全部风险保证金。根据考核结果、经济增加值改善情况等，给予企业负责人相应的任期奖励或者中长期激励。

第二十五条　未完成任期经营业绩考核目标或者连续两年未完成年度经营业绩考核目标，且无重大客观原因的，对企业负责人予以调整。

第二十六条　对业绩优秀及在自主创新、管理增效、节能减排等方面取得突出成绩的，给予特别奖励（奖励办法另行制定）。对承担国家及省重大结构性调整任务且取得突出成绩的，年度考核给予加分奖励。

第二十七条　对于年度考核结果为 D 级与 E 级、发生重大安全生产责任事故降级、严重违规经营和存在重大经营风险等情形的企业，由省国资委与企业主要负责人进行谈话，帮助企业分析问题、改进工作。

第二十八条　对任期经营业绩考核结果为 D 级和 E 级的企业负责人，除依据《辽宁省省属企业负责人薪酬管理暂行办法》扣减部分或全部风险保证金外，省国资委将视企业具体情况，对有关责任人进行谈话诫勉，或建议有关部门进行岗位调整、降职使用或免职（解聘）等。

第二十九条　各企业要切实加大推进全员业绩考核工作的力度，建立健全业绩考核组织体系，努力完善全员业绩考核办法，真正实现考核的全方位覆盖。全员业绩考核工作具体实施意见由省国资委另行制定。对于全员业绩考核工作开展不力的企业，扣减经营业绩考核得分（计分细则见附件2）。

第三十条　企业法定代表人及相关负责人违反国家法律、法规、规章和纪律，弄虚作假，导致重大决策失误、重大安全与质量责任事故、严重环境污染事故、重大违纪事件、严重违规经营和存在重大经营风险等给企业造成重大不良影响或造成国有资产流失的，将按有关文件规定处理。

第五章　附　　则

第三十一条　省国资委将视具体情况，对个别具有特殊性质的企业考核指标体系单独设定，具体指标内容及权重在经营业绩责任书中明确。

第三十二条　对于在考核期内企业发生清产核资、改制重组等情况的，省国资委可以根据具体情况变更经营业绩责任书的相关内容。

第三十三条　本办法由省国资委负责解释。

第三十四条　本办法自 2010 年 1 月 1 日起施行。《辽宁省国资委监管企业负责人年度经营业绩指标核定与考核暂行办法》（辽国资［2006］87 号）同时废止。

附件：1. 经济增加值考核细则
　　　2. 年度经营业绩考核计分细则
　　　3. 任期经营业绩考核计分细则

附件 1：

经济增加值考核细则

一、经济增加值的定义及计算公式

经济增加值是指企业税后净营业利润减去资本成本后的余额。

计算公式：

$$经济增加值 = 税后净营业利润 - 资本成本 = 税后净营业利润$$
$$- 调整后资本 \times 平均资本成本率$$

$$税后净营业利润 = 净利润 + (利息支出 + 研究开发费用调整项$$
$$- 非经常性收益调整项 \times 50\%) \times (1 - 25\%)$$

$$调整后资本 = 平均所有者权益 + 平均负债合计 - 平均无息流动负债 - 平均在建工程$$

二、会计调整项目说明

（一）利息支出是指企业财务报表中"财务费用"项下的"利息支出"。

（二）研究开发费用调整项是指企业财务报表中"管理费用"项下的"研究与开发费"和当期确认为无形资产的研究开发支出。对于为获取国家战略资源，勘探投入费用较大的企业，经省国资委认定后，将其成本费用情况表中的"勘探费用"视同研究开发费用调整项按照一定比例（原则上不超过50%）予以加回。

（三）非经常性收益调整项包括：

1. 变卖主业优质资产收益：减持具有实质控制权的所属上市公司股权取得的收益（不包括在二级市场增持后又减持取得的收益）；企业集团转让所属主业范围内且资产、收入或者利润占集团总体10%以上的非上市公司资产取得的收益。

2. 主业优质资产以外的非流动资产转让收益：企业集团转让股权（产权）收益，资产（含土地）转让收益。

3. 其他非经常性收益：与主业发展无关的资产置换收益、与经常活动无关的补贴收入等。

（四）无息流动负债是指企业财务报表中"应付票据"、"应付账款"、"预收款项"、"应交税费"、"应付利息"、"其他应付款"和"其他流动负债"；对于因承担国家任务等原因造成"专项应付款"、"特种储备基金"余额较大的，可视同无息流动负债扣除。

（五）在建工程是指企业财务报表中的符合主业规定的"在建工程"。

三、资本成本率的确定

（一）省属企业资本成本率原则上定为5.5%。

（二）承担国家政策性任务较重且资产通用性较差的企业，资本成本率暂定为4%。

（三）资产负债率在75%以上的工业企业和80%以上的非工业企业，资本成本率上浮0.5个百分点。

（四）资本成本率确定后，原则上三年保持不变。

四、其他重大调整事项

发生下列情形之一，对企业经济增加值考核产生重大影响的，省国资委酌情予以调整：

（一）重大政策变化；

（二）严重自然灾害等不可抗力因素；

（三）企业重组、上市及会计准则调整等不可比因素；

（四）省国资委认可的企业结构调整等其他事项。

附件2：

年度经营业绩考核计分细则

一、年度经营业绩考核综合计分

年度经营业绩考核综合得分＝（基本指标得分＋分类指标得分＋保障指标扣分）

＋奖励分－考核扣分

二、年度经营业绩考核各指标计分

（一）利润总额指标计分

利润总额指标的基本分为20分。企业负责人完成目标值时，得基本分20分。该指标计分以基准值为基础。基准值是指上年实际完成值和前三年实际完成值平均值中的较低值。

1. 利润总额考核目标值不低于基准值时，完成值在5 000万元（含5 000万元）以上的，每超过2%，加1分，最多加4分；低于目标值时，每低于2%，扣1分，最多扣4分。完成值在5 000万元以下的，每超过3%，加1分，最多加4分；低于目标值时，每低于3%，扣1分，最多扣4分。

2. 利润总额考核目标值低于基准值时，该指标按照以下规则计分：

（1）目标值比基准值低20%（含）以内的，完成值在5 000万元（含5 000万元）以上的，每超过2%，加1分，最多加3分；低于目标值时，每低于2%，扣1分，最多扣4分。完成值在5 000万元以下的，每超过3%，加1分，最多加3分；低于目标值时，每低于3%，扣1分，最多扣4分。

（2）目标值比基准值低20%~50%的，完成值在5 000万元（含5 000万元）以上的，每超过2%，加1分，最多加2分；低于目标值时，每低于2%，扣1分，最多扣4分。完成值在5 000万元以下的，每超过3%，加1分，最多加2分；低于目标值时，每低于3%，扣1分，最多扣4分。

（3）目标值比基准值低50%（含）以上的，完成值在5 000万元（含5 000万元）以上的，每超过2%，加1分，最多加1分；低于目标值时，每低于2%，扣1分，最多扣4分。完成值在5 000万元以下的，每超过3%，加1分，最多加1分；低于目标值时，每低于3%，扣1分，最多扣4分。

3. 利润总额考核目标值为负数，完成值减亏部分折半计算，盈利部分正常计算；超额完成考核目标，最多加3分；减亏但仍处于亏损状态，考核得分不超过B级最高限。

（二）净资产收益率指标计分

净资产收益率指标的基本分为30分。企业负责人完成目标值时，得基本分30分。利润总额在5 000万元（含5 000万元）以上的，完成值每高于目标值0.2个百分点，加1分，最多加6分；低于目标值时，每低于0.2个百分点，扣1分，最多扣6分。利润总额在5 000万元以下的，完成值每高于目标值0.3个百分点，加1分，最多加6分；低于目标值时，每低于0.3个百分点，扣1分，最多扣6分。

企业净资产收益率指标完成考核目标，达到或超过行业优秀水平的，其考核得分可以直接加满分。

（三）经济增加值指标计分

经济增加值指标的基本分为10分。企业负责人完成目标值时，得基本分10分。该指标计分以基准值为基础。基准值是指上年实际完成值和前三年实际完成值平均值中的较低值。

1. 经济增加值考核目标值不低于基准值时，完成值每超过目标值（绝对值）2%，加0.5分，最多加2分。完成值每低于目标值（绝对值）3%，扣0.5分，最多扣2分。

2. 经济增加值考核目标值低于基准值时，完成值每超过目标值（绝对值）3%，加0.5分，最多加1分。完成值每低于目标值（绝对值）3%，扣0.5分，最多扣2分。

3. 经济增加值考核目标值在零附近的，计分给予特别处理。

（四）分类指标计分

分类指标的基本分为40分，按设定的不同分类指标，确定每个指标的基本分值。分类指标按以下规则计分：

（1）各分类指标实际完成值达到目标值时，得该项指标基本得分；绝对指标每超过3%，相对指标每增加0.3个百分点，加1分，最多加该项指标基本分的20%；绝对指标下降3%，相对指标减少0.3个百分点，扣1分，最多扣该项指标基本分的20%。

（2）各分类指标实际完成值完成考核目标，达到或超过行业优秀水平的，其考核得分可以直接加满分。

（五）保障指标计分

保障指标为扣分指标，根据保障指标的年度考核结果，其中一项指标低于目标值的，扣3分。

（六）考核指标目标值达到行业优秀水平的，企业负责人完成目标值时，该项指标直接加满分。

三、奖惩计分

（一）奖励计分

承担国家及省结构性调整任务且取得突出成绩的企业，省国资委根据有关规定视任务完成情况加0.5~2分。

（二）考核扣分。

1. 企业发生重大资产损失、发生生产安全责任事故、环境污染责任事故等，省国资委按照有关规定给予降级、扣分处理。

2. 企业发生违规违纪或者存在财务管理混乱等问题，省国资委按照有关规定视情节轻重扣0.5~2分。

3. 企业全员业绩考核制度不健全，未对集团副职、职能部门负责人、下属企业负责人进行经营业绩考核的，视情况扣减0.1~1分。

4. 剔除重组和会计准则调整等客观因素影响，利润总额目标值与完成值差异超过50%以上的，依据差异程度相应扣减0.1~2分。本条款不受其他条款限制。

附件3：

任期经营业绩考核计分细则

一、任期经营业绩考核综合计分

任期经营业绩考核综合得分＝基本指标得分＋分类指标得分＋任期内三年的
年度经营业绩考核结果指标得分＋保障指标扣分
－考核扣分

二、任期经营业绩考核各指标计分

（一）国有资本保值增值率指标计分

国有资本保值增值率指标的基本分为 30 分。企业负责人完成目标值时，得基本分 30 分。该指标计分以基准值为基础。基准值是指前一任期实际完成值和前一任期考核目标值与实际完成值平均值中的较低值。

1. 国有资本保值增值率考核目标值不低于基准值时，完成值每超过目标值 0.3 个百分点，加 1 分，最多加 6 分。低于目标值但大于 100% 时，每低于目标值 0.3 个百分点，扣 0.5 分，最多扣 3 分；低于 100% 时，每低于目标值 0.3 个百分点，扣 1 分，最多扣 6 分。该指标考核目标值达到行业优秀水平的，完成目标值时直接加满分。

2. 国有资本保值增值率考核目标值低于基准值时，该指标按照以下规则计分：

（1）目标值比基准值低 30%（含）以内的，完成值每超过目标值 0.3 个百分点，加 1 分，最多加 5 分。低于目标值但大于 100% 时，每低于目标值 0.3 个百分点，扣 0.5 分，最多扣 3 分；低于 100% 时，每低于目标值 0.3 个百分点，扣 1 分，最多扣 6 分。

（2）目标值比基准值低 30% ~ 50% 的，完成值每超过目标值 0.3 个百分点，加 1 分，最多加 4 分。低于目标值但大于 100% 时，每低于目标值 0.3 个百分点，扣 0.5 分，最多扣 3 分；低于 100% 时，每低于目标值 0.3 个百分点，扣 1 分，最多扣 6 分。

（3）目标值比基准值低 50%（含）以上的，完成值每超过目标值 0.3 个百分点，加 1 分，最多加 3 分。低于目标值但大于 100% 时，每低于目标值 0.3 个百分点，扣 0.5 分，最多扣 3 分；低于 100% 时，每低于目标值 0.3 个百分点，扣 1 分，最多扣 6 分。

（4）目标值低于基准值，但处于行业领先水平的，该指标加分上限可以调整为 6 分。

3. 国有资本保值增值率考核目标值低于 100% 的，完成值超过目标值，不予加分。完成值低于目标值，每低于 0.3 个百分点，扣 1 分，最多扣 6 分。

（二）营业收入平均增长率指标计分

营业收入平均增长率指标基本分为 20 分。企业负责人完成目标值时，得基本分 20 分。该指标计分以基准值为基础。基准值是指前一任期实际完成值和前一任期考核目标值与实际完成值平均值中的较低值。

1. 营业收入平均增长率考核目标值不低于基准值时，完成值每超过目标值 1 个百分点，加 1 分，最多加 4 分。完成值每低于目标值 1 个百分点，扣 1 分，最多扣 4 分。该指标考核目标值达到行业优秀水平的，完成目标值时直接加满分。

2. 营业收入平均增长率考核目标值低于基准值时，该指标按照以下规则计分：

（1）目标值比基准值低 30%（含）以内的，完成值每超过目标值 1 个百分点，加 1 分，最多加 3 分。完成值每低于目标值 1 个百分点，扣 1 分，最多扣 4 分。

（2）目标值比基准值低 30% ~ 50% 的，完成值每超过目标值 1 个百分点，加 1 分，最多加 2 分。完成值每低于目标值 1 个百分点，扣 1 分，最多扣 4 分。

（3）目标值比基准值低 50%（含）以上的，完成值每超过目标值 1 个百分点，加 1 分，最多加 1 分。完成值每低于目标值 1 个百分点，扣 1 分，最多扣 4 分。

（4）目标值低于基准值，但处于行业领先水平的，该指标加分上限可以调整为4分。

3. 营业收入平均增长率考核目标值为负数，完成值超过目标值，不予加分。完成值低于目标值，每低于1个百分点，扣1分，最多扣4分。

（三）次级不良资产比率指标计分

次级不良资产比率指标基本分为10分。企业负责人完成目标值时，得基本分10分。低于目标值时，每下降1个百分点，加1分，最多加2分。高于目标值时，每超过1个百分点，扣1分，最多扣2分。

（四）分类指标计分

分类指标的基本分为20分，按设定的不同分类指标，确定每个指标的基本分值。分类指标按以下规则计分：

（1）各分类指标实际完成值达到目标值时，得该项指标基本得分；绝对指标每超过3%，相对指标每增加0.3个百分点，加1分，最多加该项指标基本分的20%；绝对指标下降3%，相对指标减少0.3个百分点，扣1分，最多扣该项指标基本分的20%。

（2）各分类指标实际完成值完成考核目标，达到或超过行业优秀水平的，其考核得分可以直接加满分。

（五）任期内三年的年度经营业绩考核结果指标计分

任期内三年的年度经营业绩考核结果指标的基本分为20分。企业负责人三年内的年度经营业绩综合考核结果每得一次A级的得8分；每得一次B级的得7.335分；每得一次C级的得6.667分；每得一次D级及以下的得6分。

（六）保障指标计分

保障指标为扣分指标，根据保障指标的年度考核结果，其中一项指标低于目标值的，扣3分。

三、考核扣分

剔除重组、结构调整和会计准则调整等因素的影响后，基本指标考核目标值与实际完成值差异超过8个百分点以上的，依据差异程度相应扣减0.1~2分。本款不受其他条款限制。

附录13：山东省管企业负责人实施经济增加值考核意见

为贯彻落实省委、省政府转方式调结构部署要求，引导企业更加注重价值创造，实现资源优化配置和产业升级，保持持续健康发展，确定对省管企业负责人实施经济增加值（EVA）考核，提出意见如下：

一、实施经济增加值考核的重要意义

经济增加值是一种全面评价企业有效使用资本和价值创造能力，体现企业最终经营目标的业绩考核工具，也是企业价值管理体系的基础和核心。实施经济增加值考核，可以更加真实全面地反映企业经营业绩，促进企业完成战略目标，实现资源配置、资产重组和战略投资的有效管理，全面提升企业经营管理水平。对于增强企业价值创造能力、提高企业发展质量、促进企业可持续发展等具有重要意义。

（一）有利于增强企业价值创造能力。经济增加值考虑了资金机会成本和股东回报，其"有利润的企业不一定有价值，有价值的企业一定有利润"的评判标准，能够促进企业找出自身不足，确定改进和努力方向，有利于企业围绕实现价值创造制定战略目标和工作重点，为所有者持续创造财富。

（二）有利于提高企业发展质量。资本成本的导向作用将使企业的投资决策更为谨慎和科学，有利于企业避免盲目投资，防范风险、提高资本使用效率。能够促进企业将成长性好、升值空间大、股东回报率高的优质资产配置到主营业务上，尽量剥离或限制发展非主营业务，提高发展质量。

（三）有利于促进企业可持续发展。经济增加值计算中的会计调整，不鼓励企业以牺牲长期利益来夸大短期效果，而是要求经营者着眼于企业的长远发展，关注于企业长期业绩的提升，有利于引导企业进行长远利益的投资决策，加大涉及企业可持续发展的投入，避免短期行为。

二、经济增加值考核的原则

（一）突出主业原则。经济增加值以主营业务利润为基础确认，并对非经常性收益等在确认时予以剔除，以促进企业将成长性好、升值空间大、资本利润率高的项目与资源配置到主营业务上，引导企业做强做大主业。

（二）风险控制原则。将提高资金使用效率、降低资产负债率等作为经济增加值关键驱动因素，以引导企业控制经营风险，提升经济效益。

（三）可持续发展原则。将科技投入、资源勘探等涉及可持续发展的费用支出，作为经济增加值调整事项，以引导企业关注长期、可持续的价值提升，增强企业核心竞争能力。

（四）分类指导原则。区别企业类型和所处行业特点，分别确定不同水平的资本成本率，体现企业不同类别、不同发展阶段的个性化特点。

三、经济增加值的计算

（一）经济增加值的定义及计算公式

经济增加值是指企业税后净营业利润减去资本成本后的余额。计算公式为：

经济增加值 = 税后净营业利润 − 资本成本 = 税后净营业利润 − 调整后资本 × 资本成本率

其中：

税后净营业利润 = 净利润 + （利息支出 + 研究开发费用调整项

− 非经常性收益调整项）× （1 − 所得税税率（25%））

调整后资本 = 平均所有者权益 + 平均负债 – 平均无息流动负债 – 平均在建工程

（二）会计调整项目

依据企业财务决算反映数据以及有关专项审核意见，对以下会计事项予以调整：

1. 利息支出是指企业利润表中"财务费用"项下的"利息支出"，在税后净营业利润中加回。

2. 研究开发费用调整项是指企业利润表中"管理费用"项下的"研究与开发费"和当期确认为无形资产的研究开发支出，具体按照税务部门对企业研究开发费用税前扣除相关标准及实际发生额进行确认，并在税后净营业利润中加回。

对于为获取主业矿产资源，勘探费用支出较大的企业，将计入当期损益的勘探支出视为研究开发费用调整项并按 50% 的比例予以加回。

3. 非经常性收益调整项在税后净营业利润中扣除，包括：

一是变卖主业优质资产收益：减持具有实质控制权的所属上市公司股权取得的收益（不包括考核期内在二级市场增持后又减持取得的收益）；转让所属主业范围内非上市公司资产取得的收益；

二是主业优质资产以外的非流动资产转让收益：转让股权（产权）收益、资产（含土地）转让收益（不含投资类企业资本运作性质的转让收益）；

三是其他非经常性收益：与主业发展无关的资产置换收益等。

4. 无息流动负债是指企业资产负债表中"应付票据"、"应付账款"、"预收款项"、"应交税费"、"应付利息"、"其他应付款"和"其他流动负债"，在资本中予以扣除。

5. 在建工程是指企业资产负债表中符合主业规定的"在建工程"（剔除超过省国资委可行性研究报告确定的建设期，应转资未转资的在建工程），在资本中予以扣除。

（三）资本成本率的确定

省管企业资本成本率原则上在任期考核期初，依据同期银行三年期贷款利率（5.5%）确定；对于特殊行业，由省国资委另行确定。资本成本率确定后，三年保持不变。但对于资产负债率较高的企业，资本成本率上浮 0.5 个百分点，具体如下：

1. 工业企业（包括煤炭、钢铁、黄金、机械等企业），资产负债率高于 70%（含本数，下同）的；

2. 交通运输企业（包括高速、交运等企业），资产负债率高于 75% 的；

3. 商贸、投资企业（包括商业贸易、投资、酒店等企业），资产负债率高于 80% 的；

4. 其他企业，资产负债率高于 75% 的。

（四）其他调整事项

发生下列情形之一，对企业经济效益产生重大影响的，省国资委酌情予以调整：

1. 重大政策变化；

2. 严重自然灾害等不可抗力因素；

3. 企业重组、上市及会计准则调整等不可比因素；

4. 省国资委认定的调整结构、淘汰落后产能事项，其中，淘汰落后产能项目按照省政府公布的有关淘汰落后产能目标任务确认；

5. 涉及经省国资委批准的重大投资项目，依据可行性研究报告确定的亏损期及亏损额内的实际亏损额作为调整事项；

6. 经省国资委批准认可的其他事项。

对于上述调整事项，省国资委将建立调整事项备忘录，与业绩考核结果一并公布。

四、经济增加值考核的实施

1. 经济增加值将作为重要考核指标纳入省管企业负责人业绩考核指标体系，在2011～2013 年考核任期实施考核。各省管企业应进一步建立健全内部业绩考核制度，积极探索实施经济增加值考核。

2. 经济增加值考核原则上按照经济增加值增长幅度进行考核，并依据其占净资产比重高低实行分档计分。

3. 经济增加值依据经审计的企业财务决算数据计算。其中，对于审核发现的决算数据不实事项予以调整。同时，对于通过补提以前年度减值准备、核销以前年度资产损失等方式冲减年初权益、增加当期利润的，予以调增资本成本及调减净利润。

附录14：湖北省国资委出资企业经济增加值 (EVA) 年度考核试行办法

鄂国资规[2011]1 号

第一条 为切实履行企业国有资产出资人职责，发挥业绩考核导向作用，引导国有企业增强价值创造能力，根据《中华人民共和国企业国有资产法》、《企业国有资产监督管理暂行条例》等有关法律法规，参照《中央企业负责人经营业绩考核暂行办法》（国务院国资委第 22 号令），结合省出资企业实际，制定本办法。

第二条 企业负责人的年度经营业绩实行经济增加值考核遵循：国有资产保值增值和股东价值最大化原则；科学分类考核原则；经营业绩同激励约束机制相结合原则；企业可持续发展原则。

第三条 经济增加值（EVA）年度经营业绩考核指标为经济增加值（EVA）总额和资本回报率。

经济增加值（EVA）总额是指企业税后净营业利润减去资本成本后的余额。计算公式为：

$$经济增加值总额 = 税后净营业利润 - 资本成本 = 税后净营业利润 - 调整后资本 \times 平均资本成本率$$

税后净营业利润 = 净利润 + (利息支出 + 研发费用 - 非经常性收益 × 50%)

$$\times (1 - 25\%)$$

调整后资本 = 平均所有者权益 + 平均负债合计 - 平均无息流动负债 - 平均在建工程

第四条　利息支出、研发费用、在建工程是财务报表中的数据；非经常性收益是指股权减持收益、资产转让收益和与经常活动无关的补贴收入等。

第五条　无息流动负债是指企业财务报表中"应付票据"、"应付账款"、"预收款项"、"应交税费"、"应付利息"、"其他应付款"和"其他流动负债"；对于因承担国家任务等原因造成"专项应付款"、"特种储备基金"余额较大的，可视同无息流动负债扣除。

第六条　资本回报率是指经核定的企业税后净营业利润同调整后资本的比率。计算公式为：

资本回报率 = (税后净营业利润 ÷ 调整后资本) × 100%

第七条　资本成本率原则上定为 5.5%。省国资委可以根据省出资企业的类型和行业特点等不同情况调整。资本成本率确定后，三年不变。

第八条　经济增加值（EVA）年度目标值原则上不低于上年实际完成值或者前三年经济增加值（EVA）实际完成值的平均值。由企业向省国资委提出考核目标建议值，省国资委予以确定。

第九条　省国资委与企业签订经济增加值（EVA）年度经营业绩责任书。其程序按《省国资委出资企业负责人经营业绩考核办法》（鄂国资考核［2009］391 号）第二章执行。

第十条　企业负责人经营业绩实行考核计分。

经济增加值（EVA）总额指标的基本分为 70 分。企业负责人完成目标值时，得基本分 70 分。目标值不低于基准值时，完成值每高于目标值 1%，加 1 分，最多加 14 分。完成值每低于目标值 1%，扣 1 分，最多扣 14 分。目标值低于基准值时，完成值每高于目标值 2%，加 1 分，最多加 14 分。完成值每低于目标值 1%，扣 1 分，最多扣 14 分。

资本回报率指标的基本分为 30 分。企业负责人完成目标值时，得基本分 30 分。完成值每高于目标值 0.5 个百分点，加 1 分，最多加 6 分。完成值每低于目标值 0.5 个百分点，扣 1 分，最多扣 6 分。

第十一条　年度经营业绩考核的综合计分

综合得分 = 年度 EVA 总额指标得分 × 综合经营难度系数
　　　　　+ 资本回报率指标得分 × 综合经营难度系数

第十二条　企业综合经营难度系数为 1 ~ 1.15，根据企业经济增加值（EVA）总额、资产总额、营业收入、利润总额、资本回报率、职工平均人数等指标加权计算，分类确定。

第十三条　企业年度经营业绩考核分 A、B、C、D、E 五个级别。E 级为 80 ~ 84 分，D 级为 85 ~ 99 分，C 级为 100 ~ 110 分，B 级为 111 ~ 120 分，A 级为 121 ~ 138 分。

第十四条　企业负责人年度薪酬分为基薪和绩效薪酬两个部分。绩效薪酬与经济增加值（EVA）年度经营业绩考核结果挂钩。绩效薪酬倍数计算公式按鄂国资考核〔2009〕391号第二十六条执行。考核结果为E级，绩效薪酬为零。

第十五条　凡经济增加值（EVA）总额年终考核为负值的，考核结果不能定为A级。

第十六条　本办法有效期五年，自下发之日起试行。

第十七条　本办法由省国资委负责解释。

参考文献

1. ［美］S. 戴维·扬、斯蒂芬·F·奥伯恩：《EVA 与价值管理：实用指南》，社会科学文献出版社 2001 年版。

2. ［美］汤姆·科普兰、蒂姆·科勒、杰克·默林著，郝绍伦、谢关平译：《价值评估——公司价值的衡量与管理》第 3 版，电子工业出版社 2002 年版。

3. ［英］思腾恩著，曾嵘等译：《EVA 挑战——实施经济增加值变革方案》，上海交通大学出版社 2002 年版。

4. 大卫·格拉斯曼、华彬主编：《EVA 革命：以价值为核心的企业战略与财务、薪酬管理体系》，社会科学文献出版社 2003 年版。

5. 国务院国有资产监督管理委员会业绩考核局编：《企业价值创造之路——经济增加值业绩考核操作实务》，经济科学出版社 2005 年版。

6. 赵治纲主编：《中国式经济增加值考核与价值管理》，经济科学出版社 2010 年版。

7. ［美］保罗·尼文著，胡玉明等译：《平衡计分卡实用指南》，中国财政经济出版社 2003 年版。

8. ［美］A. I. 埃巴著，凌晓东等译：《经济增加值——如何为股东创造财富》，中信出版社 2001 年版。

9. 艾志群：《企业财务管理目标：EVA 最大化》，《上海会计》2002 年第 4 期。

10. 原斌芳：《EVA 在财务投资决策中的应用》，硕士学位论文，山西财经大学，2010 年。

11. 王喜刚、赵丽萍、赵恩昌：《EVA 在企业项目投资决策中的应用》，《吉林大学学报（工学版）》2003 年第 4 期。

12. 王寿君：《中央企业投资基本情况及特点》，《经济研究参考》2013 年第 14 期。

13. 姜军：《EVA 约束与企业并购行为》，中国会计学会 2011 学术年会论文集。

14. 王纪平、高静静：《企业集团如何设置 EVA 中心》，《财务与会计》（理财版）2013 年第 3 期。

15. 李照亮：《基于 EVA 的企业全面预算管理体系构建研究》，硕士论文，哈尔滨工程大学，2011 年。

16. 梅劲：《基于 EVA 的薪酬激励体系的改进研究》，《学术论坛》2009 年第 1 期。

17. 赵应来：《基于 EVA 的央企考核体系研究》，《中国外资》2011 年 1 月总第 233 期。

18. 罗丽萍、周晓东、郭岚：《基于 EVA 的知识型员工股票期权激励模式》，《经济研究导刊》2011 年第 1 期。

19. 方启来、吕回：《基于经济增加值（EVA）的企业价值管理探析》，《会计之友》2010 年第 12 期。

20. 张蕊：《企业战略经营业绩评价指标体系研究》，中国财政经济出版社 2002 年版。

21. 池国华：《基于经济增加值的价值管理模式》，《经济管理》2003 年第 22 期。

22. 曾旗：《EVA 和 BSC 的整合——综合记分卡》，《财会月刊》2006 年第 10 期。

23. 胡文龙：《发电企业负债率高企缘由多》，《中国社会科学报》2013 年 3 月 27 日。

24. 卢小青：《EVA 对 A 企业资金管理的作用及影响研究》，MBA 研究生学位论文，南昌大学，2010 年 12 月。

25. 刘明：《浅谈企业资金管理对经济增加值的影响》，《经济论坛：财经界（学术版）》2013 年第 2 期。

26. 李兆英：《浅析国有企业改制中的职工持股问题》，《市政技术》2007 年第 3 期。

27. 聂丽洁、王俊、王玲：《基于相对 EVA 的股票期权激励模式研究》，《会计研究》2004 年第 10 期。

28. 赵军营、周培峰：《基于相对 EVA 虚拟股票期权激励模式研究》，《市场周刊（理财版）》2009 年第 2 期。

29. 曲芳芳：《基于相对 EVA 的经营者虚拟股票期权激励机制设计》，《财会月刊》2010 年第 35 期。

30. 王小瑞：《浅析非上市公司虚拟股票期权激励机制》，《中国证券期货》2010 年第 6 期。

31. 罗丽萍、周晓东、郭岚：《基于 EVA 的知识型员工股票期权激励模式》，《经济研究导刊》2011 年第 1 期。

32. 刘圻：《经济增加值与企业价值管理创新流程模式研究——基于国资委第 22 号令中 EVA 考核指标的应用视角》，《宏观经济研究》2011 年第 8 期。

33. 李光：《薪酬管理研究》，中国社会科学出版社 2010 年版。

34. 徐琳：《基于 EVA 的管理会计报告体系构建及其应用——以房地产企业为例》，硕士学位论文，东北财经大学，2010 年。

35. 张先治、刘媛媛：《企业内部报告框架构建研究》，《会计研究》2010 年第 8 期。

36. 闫军芳、李涛、张国厚、朱炬兵：《新考核体制下 EVA 财务性价值驱动因素的研究》，《中国电力教育》2011 年第 33 期。

37. 葛竹青：《EVA 业绩考核体系研究——解读国资委 22 号令》，《现代商贸工业》2010 年第 13 期。

38. 翁世淳：《从价值创造到市值管理：价值管理理论变迁研究评述》，《会计研究》

2012 年第 4 期。

39. 汤谷良、林长泉：《打造 VBM 框架下的价值型财务管理模式》，《会计研究》2003 年第 12 期。

40. 安佳·V·扎柯尔（Anjan V. Thakor）著，徐育才译：《价值大师——如何提高企业与个人业绩》，上海交通大学出版社 2002 年版。

41. 沈漪文、卢智健：《公司价值创造驱动因素的理论综述》，《工业技术经济》2008 年第 12 期。

42. 王雪梅：《经济增加值、平衡计分卡及其整合研究》，《北京工商大学学报（社会科学版)》2011 年第 1 期。

43. 芮萌、王娜丽、钮键军：《从 6S 到 5C：华润的价值管理试验》，《哈佛商业评论》2013 年第 1 期。

44. 纳超洪、芮萌：《5C 应用案例：华润电力》，《哈佛商业评论》2013 年第 1 期。

45. 国务院国资委网站：http：//www. sasac. gov. cn。